BIBLIOTECA DE DERECHO PRIVADO

Enrico del Prato
(Director)

Carlos Antonio Agurto Gonzáles
Sonia Lidia Quequejana Mamani
Benigno Choque Cuenca
Luis Alejandro Luján Sandoval
Edmundo Trujillo Blas
(Coordinadores Generales)

Josef Esser
Profesor Emérito de la Universidad de Tubinga
(Alemania)

Principio y Norma en la elaboración Jurisprudencial del Derecho Privado

Edición al cuidado de
Carlos Antonio Agurto Gonzáles
Sonia Lidia Quequejana Mamani
Benigno Choque Cuenca

Ediciones Olejnik

Título de la edición original:
Grundsatz und norm in der richterlichen fortbildung des privatrechts, J. C. B. Mohr (Paul Siebeck) Tübingen, 1956

Título: Principio y norma en la elaboración jurisprudencial del Derecho privado

Traducción del alemán por Eduardo Valentí Fiol

Huérfanos 611, Santiago - Chile
E-mail: contacto@edicionesolejnik.com
Web site: http://www.edicionesolejnik.com

Primera edición en ediciones Olejnik: 2019

ISBN: 978-956-392-278-3

Diseño de Carátula: Ena Zuñiga
Diagramación: Luis A. Sierra Cárdenas

Impreso en Argentina 2019 Printed in Argentina

ÍNDICE

ABREVIATURAS 13

PRIMERA PARTE
PRINCIPIOS Y PENSAMIENTOS JURÍDICOS GENERALES, Y FORMAS QUE ADOPTAN EN EL DERECHO PRIVADO

CAPÍTULO I
DESLINDE DEL TEMA; SU SIGNIFICACIÓN
.... 17

CAPÍTULO II
LA CREACIÓN JURISPRUDENCIAL, CAMPO DE ACCIÓN DE LOS PRINCIPIOS JURÍDICOS
.... 29

CAPÍTULO III
IMPORTANCIA DEL DERECHO COMPARADO EN NUESTRO PROBLEMA
.... 43

CAPÍTULO IV
NOCIONES PREVIAS SOBRE EL CONCEPTO Y NATURALEZA DE LOS PRINCIPIOS GENERALES DEL DERECHO
.... 53

CAPÍTULO V
IMPORTANCIA DE LOS PRINCIPIOS CONSTITUCIONALES POSITIVOS PARA LA CREACIÓN JURISPRUDENCIAL
.... 79

SEGUNDA PARTE
LOS PRINCIPIOS EN DERECHO Y SUS DISTINTOS TIPOS; INTENTO DE UNA CLASIFICACIÓN Y DEFINICIÓN
.... 97

CAPÍTULO VI
LOS TIPOS DE PRINCIPIOS JURÍDICOS EN SENTIDO ESTRICTO
.... 99

CAPÍTULO VII
LOS PRINCIPIOS PARA EL DESCUBRIMIENTO DEL DERECHO
.... 115

CAPÍTULO VIII
GENERALIDADES ACERCA DE LA RELACIÓN ENTRE PRINCIPIO, NORMA Y FUENTE DE DERECHO
.... 137

TERCERA PARTE
EL PAPEL DE LOS PRINCIPIOS JURÍDICOS EN LA CONSTRUCCIÓN DEL DERECHO PRIVADO CODIFICADO Y EN EL JUDGE-MADE LAW

CAPÍTULO IX
PRINCIPIO Y NORMA EN EL DERECHO CIVIL CODIFICADO
.... 147

CAPÍTULO X
«PRINCIPLE AND RULE» EN EL DERECHO DEL CASO
.... 181

CAPÍTULO XI
ANÁLISIS COMPARATIVO DEL PAPEL DE LOS PRINCIPIOS EN LOS DOS SISTEMAS JURÍDICOS, AXIOMÁTICO Y PROBLEMÁTICO
.... 211

CUARTA PARTE
LA FORMULACIÓN DE PRINCIPIOS JURÍDICOS GENERALES POR EL JUEZ CONTINENTAL

CAPÍTULO XII
LOS PRINCIPIOS GENERALES COMO BASE DE LA INTERPRETACIÓN CREADORA Y DEL PROGRESO DEL DERECHO
.... 233

CAPÍTULO XIII
LA RELACIÓN DE PRINCIPIO Y PRECEDENTE EN LA ELABORACIÓN JUDICIAL DE LOS DERECHOS CONTINENTALES
.... 253

CAPÍTULO XIV
IMPORTANCIA DE LOS PRINCIPIOS DESARROLLADOS
POR LA JURISPRUDENCIA PARA LA ESTABILIDAD Y CONTINUIDAD
DEL DERECHO
.... 271

CAPÍTULO XV
LA PARTICIPACIÓN DE LA CIENCIA DEL DERECHO
EN EL DESARROLLO DE LOS PRINCIPIOS EXTRALEGALES
.... 285

QUINTA PARTE
LA FUTURA IMPORTANCIA DE LOS PRINCIPIOS UNIVERSALES
DEL DERECHO EN COMUNIDADES JURÍDICAS SUPRANACIONALES

CAPÍTULO XVI
EL DESTINO DE LOS PRINCIPIOS ANTE LOS CAMBIOS
DEL DERECHO NACIONAL
.... 305

CAPÍTULO XVII
SITUACIÓN DE LOS PRINCIPIOS EN EL ESPACIO DEJADO
ENTRE LOS DIVERSOS ORDENAMIENTOS JURÍDICOS
.... 313

CAPÍTULO XVIII
LOS PRINCIPIOS UNIVERSALES COMO BASE DE LA COMPARACIÓN
FUNCIONAL DE LAS INSTITUCIONES DE DERECHO PRIVADO
.... 321

A

Max Rheinstein

ABREVIATURAS

ABGB	:	Allgemeines Bürgerliches Gesetzbuch (austríaco)
AcP	:	Archiv für die civilistische Praxis
AkDR	:	Akademie für Deutsches Recht
Am. Bar Ass. J	:	American Bar Association Journal
Am. J. Int. L	:	American Journal of International Law
Am. Journ.of Comp. L.	:	American Journal of Comparative Law
Am. Jur	:	American Jurisprudence
Ann. Inst. Phil	:	Annuaire de l'Institut International de philosophie du droit et de sociologie juridique
Arb. J	:	Arbitration journal
Arch. Giur	:	Archivio giuridico
Arch. öff. R	:	Archiv des öffentlichen Rechts
Can. Bar R	:	Canadian Bar Review
Cass	:	Cour de Cassation
c. c	:	codigo civil
c. can	:	codex canonici
Civ	:	Cour de Cassation (section civile)
Clunet	:	Journal de droit international privé
Col. L. Rev	:	Columbia Law Review
Cornell L. Q	:	Cornell Law Quarterly
C. proc. civ	:	Code de procédure civile (codice di procedura civile)
D	:	Dalloz
D.H	:	Dalloz hebdomadaire
DJZ	:	Deutsche Juristenzeitung
DRW	:	Deutsche Rechtswissenschaf.
DRZ	:	Deutsche Rechtszeitschrift
Etudes Capitant	:	Etudes de droit civil à la mémoire de Henri Capitant
Etudes Ripert	:	Le droit privé français au milieu du XXe siècle, Etudes offertes à Georges Ripert
GIUNF	:	Sammlung zivilrechtlicher Entscheidungen des österreichischen Obersten Bundesgerichts
Gruchot	:	Beiträge zur Erläuterung des deutschen Rechts
GrünhutsZ	:	Zeitschrift für das Privat- und öffentliche Recht der Gegenwart
Harv. L. Rev	:	Harvard Law Review
Hdwb. d. RWiss	:	Handwörterbuch der Rechtswissenschaft
Iher. Jb	:	Ihenngs Jahrbücher
Int. H. K	:	Internationale Handelskammer
IURA	:	Rivista Internazionale di Diritto Romano e Antico

JBl	: Juristische Blätter
J. Comp. Leg. and Int. Law.	: Journal of Comparative Legislation and International Law
J. droit int	: vid. Clunet
Jur. Rdsch	: Juristische Rundschau
JW	: Junstiche Wochenschrift
JZ	: Juristenzeitung
Louisiana L. Rev	: Louisiana Law Review
L. Q. Rev.	; Law Ouarterly Review
L.Z	: Leipziger Zeitschrift
MDR	: Monatsschrift für Deutsches Recht
Mém. Acad. Inst	: Mémoires de l'Académie internationale de droit comparé
Mélanges Hauriou	: Mélanges Maurice Hauriou
N	: Nota
NJW	: Neue Juristische Wochenschrift
Nouva Riv. dir. comm.	: Nuova Rivista di diritto commerciale
RabelsZ	: Zeitschrift für ausländisches und internationales Privatrecht
Rec. des Cours	: Recueil des Cours-Académie de droit international
Recueil des Arrêts	: Recueil de la Cour Internationale de Justice
Recueil Gény	: Recueil d'études sur les sources du droit en l'honneur de F. Gény
Recueil Lambert	: Recueil d'études en l'honneur d'Edouard Lambert
Rev. crit	: Revue critique de droit international
Rev. trim	: Revue de droit international et de droit comparé
Rev trim dr. civ	: Revue trimestrielle de droit civil
Riv dir civ	: Rivista di diritto civile
Riv dir comm	: Rivista del diritto commerciale
Rvgl. Hwb	: Rechtsvergleichendes Handwörterbuch
Req.	: Cour de Cassation (requêtes)
S	: Sirey
Tijdschr. v. R.	: Tijdschrift voor rechtsgeschiedenis
Trav. ass. Capitant	: Travaux de l'Association H. Capitant pour la culture juridique française
Tulane L. Rev	: Tulane Law Review
Univ. of Chicago L. Rev.	: University of Chicago Law Review
Univ. of Pa. L. Rev.	: University of Pennsylvania Law Review
Yale L.J.	: Yale Law Journal
ZAkDR	: Zeitschrift der Akademie für Deutsches Recht
ZBl Jur. Prax	: Zentralblatt für die juristische Praxis
ZöffR	: Zeitschrift für öffentliches Recht
ZSR	: Zeitschrift für Schweizerisches Recht
ZSS rom. A	: Zeitschrift der Savigny-Stiftung, romanistische Abteilung
ZtStW	: Zeitschrift für die gesamte Strafrechtswissen schaft
ZZP	: Zeitschrift für Zivilprozess

PRIMERA PARTE

PRINCIPIOS Y PENSAMIENTOS JURÍDICOS GENERALES, Y FORMAS QUE ADOPTAN EN EL DERECHO PRIVADO

CAPÍTULO I

DESLINDE DEL TEMA; SU SIGNIFICACIÓN

«Principios del Derecho», «ideas directrices», «pensamientos jurídicos generales»: he aquí unos términos empleados continuamente por la teoría y la jurisprudencia, sin que jamás se haya procedido a un análisis sistemático de su respectivo sentido y alcance, ni se haya intentado siquiera arrojar luz sobre la función y procedencia de los conceptos en ellos expresados. De ahí deriva que estos conceptos elementales sean usados para las tareas más diversas, se les pida más de lo que pueden dar, se abuse de ellos como panacea universal para resolver todo linaje de cuestiones, y se les enjuicie del modo más contradictorio. En otro lugar[1] he expuesto ya tal estado de cosas a propósito de las «ficciones»; hoy vamos a exponerlo de nuevo con relación al tema propuesto. Pues la idea de unos principios o pensamientos jurídicos que actúan «independientemente», ya sean generales o particulares de una ley, me parece tan necesitada de aclaración, como la fe en la eficacia automática de unas ficciones legales autónomas. En un caso como en el otro, una discriminación defectuosa da lugar a prejuicios apresurados. La vaguedad de dichos conceptos generales es propicia a toda clase de abusos, en la política y en el foro; una expresión como «el principio inspirador del artículo tal» se presta fácilmente a toda suerte de razonamientos superficiales. Cuando una novedad jurídica de este tipo se pone de moda, los juristas conscientes tienen motivos sobrados para mirarla con prevención y desconfianza, exigiendo un examen y un análisis más detenidos de estas concepciones unitarias, que tanto enturbian nuestra visión de los procesos reales de la formación del derecho. Así, pues, lo que aquí pretendemos es hacer luz sobre nuestras concepciones relativas a la integración de todo ordenamiento jurídico privado efectuada por la teoría y la práctica, con ayuda de «primeros principios no escritos». Nuestro estudio no puede limitarse a los países de derecho codificado, sino que debe comprender también el nacimiento y la operación de los principios jurídicos en el derecho judicial de los países donde rige un *common law,* para tener así un cuadro unitario de las causas de nuestras ideas y de nuestros errores. Es común en nosotros la idea de que, en el fondo de las reglas positivas, hay siempre latente un principio de derecho que, una vez descubierto, tiene en sí mismo impulso suficiente para cobrar automáticamente un rango igual al de la ley misma; tal idea se explica a la luz de la insuficiencia de las antiguas codificaciones. A pesar de la necesidad práctica de superar las estrecheces del derecho positivo, de eliminar las deficiencias que una ley ha heredado de su época y de las condiciones de su redacción, el jurista continental es ideológicamente incapaz de fundamentar y delimitar

[1] *Wert und Bedeutung der Rechtsfiktionen* (1940).

la autoridad jurídica de su propio acto de creación. Esta debilidad y el platonismo o idealismo que informan su teoría jurídica, tanto si está teñida de «ilustración» como de romanticismo, ha dado lugar a la formación del mito de los «principios ocultos». Pero es que también el jurista anglo-americano, mucho más realista, profesa ideas místicas sobre la operación del *principle,* va por el solo hecho de no plantearse cuestiones abstractas sobre las fuentes y el método del derecho. Parece, pues, oportuno para ambos círculos jurídicos emprender una investigación sobre lo que de verdad hay que pensar de la existencia, el modo de obrar y la efectividad positiva de los principios generales, y en virtud de qué y por medio de quién se define y determina esa realidad.

Basta una observación superficial para percatarse de que es muy heterogéneo el conjunto de cuestiones que incluimos entre los principios generales del derecho: «consideraciones» de la jurisprudencia y axiomas y máximas propuestos por la doctrina. Se encontrarán, en efecto, principios didácticos y constructivos, ideas dominantes en un sistema jurídico nacional y principios abstractos en que se inspira una institución universal, principios que se derivan como *ratio* de los fundamentos vigentes del derecho, y otros que han sido introducidos por la tradición, unos que han sido propuestos por la práctica jurisprudencial y otros que la estructura política ha proclamado obligatorios, principios materiales y principios heurísticos o técnicos de la aplicación del derecho, y finalmente principios generales superiores que por definición informan «todo derecho».

De todo ello se deduce una idea muy clara: no es posible dar una contestación unitaria a la pregunta acerca de la naturaleza de estos principios. Antes bien, al investigar la medida en que tales principios constituyen derecho positivo, hemos de empezar trazando una adecuada exposición del fenómeno entero; solo entonces podremos abordar cuestiones tales como fuentes, obligatoriedad, revisibilidad, etc. Pero incluso un cuadro puramente objetivo queda siempre matizado por las ideas en cada caso dominantes acerca de la misión del juez en el proceso de elaboración del derecho, y acerca de su relación con la masa de normas de derecho material *(rules, règles)* y con los principios que las dirigen *(principles, directives).* Sería, por tanto, anticientífico enfocar el tema a partir de una determinada doctrina nacional.

Pero la significación que los principios poseen para la evolución jurídica, sufre también importantes cambios de una época a otra. Hoy en día, ni siquiera los sistemas de derecho civil codificado se dan por satisfechos con los principios sacados por inducción de los textos legales en los que antes parecía estribar todo el problema. Su descubrimiento fue ya un gran mérito de la ciencia jurídica del pasado siglo. Hubo un tiempo en que se consideró como un gran adelanto una sentencia del Tribunal Supremo alemán:[2] «Atañe a la jurisprudencia, y sobre todo a la judicatura (cuya función consiste en corroborar los dictados de aquélla mediante una directa intervención en las situaciones prácticas) el sacar a luz los principios que, aun sin estar concretados en una norma general, están sin embargo expresados en la ley, y aplicarlos a los casos que la ley no menciona expresamente, pero nos vienen dados por la vida y caen bajo aquellos principios».

El carácter de innovación precursora que poseía esta resolución no se aprecia bien hasta que se la lee en relación con la substancia concreta de la sentencia corres-

2 RG I. ZS. 2.2.1889, RGZ 24, 50.

pondiente. Hoy ésta nos parece la cosa más evidente y trivial. Pero en su tiempo obligó al Tribunal Supremo a entrar en consideraciones de índole fundamental acerca del alcance que podía darse a la aplicación jurisprudencial de los principios, frente a la autoridad del texto legal. Cuán en serio se tomaba el Tribunal esta brecha abierta en el derecho legislado, nos lo muestra ya el tono defensivo y expostulatorio en que se expresa: «No puede exigirse del legislador que exponga rodos los principios generales en artículos de tal claridad, que de ellos puedan derivarse, por una simple deducción, las consecuencias aplicables a todos los casos especiales que caigan bajo los principios en cuestión. Además, no es tampoco misión del legislador sentar una norma especial para todos y cada uno de los supuestos concretos que la vida va presentando. Finalmente, no incumbe al legislador adivinar todas las argucias técnicas que pueden imaginarse para frustrar el propósito de la ley (frente a una jurisprudencia que se atiene exclusivamente a la letra de la misma). Atañe más bien a la jurisprudencia...» (sigue la nueva directiva citada más arriba).

¡Cuánto se ha ampliado hoy, en cambio, el horizonte de la elaboración jurisprudencial! El presidente del Tribunal Supremo Federal da por supuesto que el juez, en las numerosas posibilidades que se le ofrecen de crear derecho, además de aquellos «pensamientos jurídicos generales» de la ley, atiende también a los principios de un «derecho superior y previo» al escrito. Es más: no solo deben inspirarle tales «principios supremos de universal obligatoriedad» de un «derecho válido para todos los tiempos», sino que aun los principios estructurales de la configuración aparentemente técnica y conceptual del derecho, le han de dar a conocer «aquellos principios ideales y patrones de valor» que constituyen la *ratio* del sistema jurídico vigente.[3]

¿Han sido realmente necesarias las conmociones de la última guerra y posguerra, para que la jurisprudencia se diera cuenta de que los «meros conceptos jurídicos» y el «sistema» positivo no están en situación de suministrar ningún criterio de valor aplicable a tareas no conocidas, o no reconocidas hasta ahora? Ningún jurisconsulto experimentado ha dejado de ver nunca que la «armadura lógica de la ley solo conduce hasta el punto... en que surgen las cuestiones de valor decisivas», para las cuales «la ponderación de los intereses no es ninguna varilla mágica», si faltan los principios a que esta ponderación debe subordinarse.[4] La culpa de tal superstición, la tienen las escuelas. La jurisprudencia práctica, la continental incluso, y dentro de ésta la alemana, ha explorado estos problemas del valor, a pesar de toda su «fidelidad a la ley». Su conocimiento le ha permitido sentar principios, sostenidos a despecho de la presión política, que en substancia, si no en la forma, significaban un *tus* exterior a la *lex*. Un buen ejemplo es la denegación a los médicos de un derecho profesional a menoscabar la integridad corporal de un paciente responsable de sus actos en contra de la voluntad de éste.[5]

Ni la cohonestación ideológica de nuevas necesidades higiénicas ni las excepcionales medidas legislativas en el campo de la salud pública y de la política racial consiguieron inducir al Tribunal Supremo del Reich a alterar *sus* principios sobre los límites de la intromisión ajena y sobre la inviolabilidad corporal. «El principio

---

3 WEINKAUFF, *Richtertum und Rechtsfindung in Deutschland*, conferencia (1952) 15, 16, 20, 22, 25.
4 WEINKAUFF 1. c. 25, 27.
5 RGZ 151, 349; JW 1936, 3112 con notas de KALLFELZ.

de que la intervención médica requiere el consentimiento del enfermo, solo puede suspenderse en los casos de inmediato peligro de muerte para el paciente o de un superior e inmediato interés general», declaró el Tribunal contra los intentos de ampliar el supuesto de un estado de urgencia supralegal. Ahora bien, ¿dónde «está escrito» este principio? No es más que una pieza de aquel ordenamiento de valores anterior a toda legislación, de aquella cultura que constituye derecho por vía del poder legislativo político, pero que no actúa menos en la jurisprudencia; verdad es que el juez continental adscribe todo esto a la ley, declarándolo parte integrante de ésta —y de la ley lo deriva. Luego veremos con qué resultado.

Este proceder podemos observarlo en todas partes. Pero ya los ejemplos clásicos de reducción de «pensamientos jurídicos generales» a artículos concretos de una ley, como la de la subrogación real en el patrimonio separado a los ejemplos conocidos,[6] o la del *venire contra factum proprium* a «la idea contenida en el § 162 BGB», si se sirven de esta forma demostrativa para subrayar cómo los principios en cuestión nacen «de la ley», es solo en aras al sistematismo. La verdad es que, en tanto que principios, son eficaces con independencia del texto legal. Su justificación les viene de la naturaleza de la cosa o de la institución respectiva, y constituyen una pieza funcionalmente necesaria de toda solución concreta que entre en este círculo común de problemas. De ahí que, dadas unas circunstancias análogas, sean igualmente bien conocidos en todos los sistemas jurídicos, incluso allí donde ninguna ley los «conoce». La necesidad, en conjunción con una armonía, no bastante estudiada aun, en las ideas de justicia formadas en el curso de la historia, da lugar, en iguales conflictos de intereses, a soluciones coincidentes —aún en ausencia de «ley» y de todo «concepto» doctrinario. En cuanto a la subrogación real, demostraré lo dicho en la parte comparativa,[7] en cuanto al «pensamiento» del § 162 BGB, me remito al ABGB austríaco, donde la ausencia de un artículo análogo no ha impedido que exista una jurisprudencia en el mismo sentido.[8]

No nos dejemos, pues, extraviar por lo exterior[9] en la comprobación del fundamento objetivo de un principio que, entre otras cosas, puede ya venir previamente dado en la elección de un determinado ordenamiento (libertad contractual, autonomía privada), organización o institución.[10] Así, nuestro juicio sobre los criterios de valor que se siguen de un sistema o del «simple concepto de derecho», no será tan negativo como el que el horror a una estéril lógica conceptual hace emitir a una escuela contemporánea, sino que acaso aprendamos a valorar la formación de conceptos y sistemas en

---

6 RGZ 105, 84; 120, 297 y 348; 138, 45; distintamente 115, 31.

7 Infra págs. 213 ss., 462. Cf. también DEMOGUE en Revue Critique 30 (1901), 236, 295, 346 y DAWSON, Unjust Enrichment (1951), 149, 192.

8 Cf. REICHEL, *Gesetz und Richterspruch* (1915) 118, quien remite también a las sentencias correspondientes al «pensamiento» del § 181 BGB; cf. también REICHEL en el programa inaugural de Zúrich (1914) 112. Cf. también el *selfdealing trustee*.

9 «Una cosa es el método de disposición, otra el análisis de un principio legal; sin embargo, este último es el asunto real de la jurisprudencia», observaba BUCKLAND ya 60 años atrás en sus «Difficulties of Abstract Jurisprudence»: 6 L. Q. Rev. 436 (444), y: «No habrá ya unidad de principio obscurecida por diferencias de terminología, sino diferenciación de principio, bajo la influencia de causas sociales, en cuanto a las leyes generales que pueden ser instituidas.»

10 Esto lo ha puesto en claro por primera vez FRITZ VON HIPPEL, *Zur Gesetzmässigkeit juristischer Systembildung* (1931).

su condición de acervo de principios.[11] En este sentido, «sistematismo» no es una arbitraria construcción geométrica, sino el encuadramiento necesariamente consecuente del individuo en su inmanente vinculación a determinados problemas permanentes de un complejo problemático igualmente determinado y real, como «el negocio jurídico», «la perturbación del tráfico», «la protección de la confianza», «la seguridad del tráfico», «el riesgo de empresa», etc.[12] Tal complejo problemático se presenta en forma sorprendentemente afín en todos los sistemas jurídicos de una misma cultura, y es enfocado y resuelto con medios sorprendentemente parecidos: he ahí la verdadera base de un derecho comparativo realista.

Sin embargo, este sistema, que podríamos llamar funcional, no es en modo alguno idéntico al histórico y dogmático que ha hallado su concreción en la estructuración positiva de las leyes y codificaciones del Derecho civil. A este último lo llamaremos el sistema doctrinario o teórico. Los principios de valoración y de orden que la práctica desarrolla, inventa o pretende extraer de la ley —citemos, por ejemplo, el «principio de la confianza» — son siempre descubiertos y comprobados en una problemática concreta, de modo que es el problema, y no el «sistema» en sentido racional, lo que constituye el centro del pensamiento jurídico.[13]

Hasta tal punto es así que algunos autores modernos, consecuentes en la aplicación de un método jurídico que valora los intereses en juego, solo reconocen, como «elementos» puesto a disposición del juez, reglas derivadas de los problemas, o sea principios en su «ponderación», y quieren ponerlos en lugar de las construcciones vinculadas a un sistema y de las subsunciones a base de los supuestos de hecho.[14] Pues el petrificado sistema doctrinal, con su lógica de conceptos, se revela cada vez con mayor claridad como un obstáculo para la moderna jurisprudencia, enfrentada con la discusión de problemas ético-jurídicos y con la necesidad de formular principios. Solo que hay que preguntarse si justamente estos «obstáculos» no constituyen insubstituibles garantías del derecho e importantes puestos de control. Acaso sea también cierto que todo principio, separado de su problemática original, conduce a unilateralidades y antinomias,[15] pero no es menos verdad que la misión del «sistema» consiste precisamente en evitar tales rigorismos y contradicciones: el sistema

---

11 Cf. mis estudios: *Elementi di diritto naturale nel pensiero giuridico dogmático*, y *La garanzie della dogmatica del diritto ed il cosidetto formalismo giuridico*: Nuova Riv. Dir. Comm. 5 (1952) 1 y 284. Más detalles infra capítulo XV, 2.

12 «Al contestar el legislador a estas preguntas, crea un código de Derecho civil», VON HIPPEL, 1. c. (nota 10), 9.

13 Cf. últimamente VIEHWEG, *Topik und Jurisprudenz* (1954) 64-75, y sobre ello infra p. 58 s., 278 ss.

14 Así WILBURG, *Entwicklung eines beweglichen Systems im bürgerlichen Recht* (1951); sobre esta obra mi recensión en AcP 151, 555 y RabelsZ 18 (1953) 165.

15 Así WILBURG 1. c. 12 ss., quien denuncia la práctica de oponer uno a otro los diversos principios, por ejemplo el de «culpa» contra el de «riesgo», aunque sin distinguir claramente entre principios materiales y teóricos. Es tambien sugestiva la jurisprudencia por él citada y generalmente conocida sobre el principio» del § 817 ap. 2 BGB. Volvemos sobre esto infra, cap. XV, 6, en conexión con el aforismo *Nemo auditur culpam suam allegans*. Sería útil para demostrar la necesidad de que un principio esté vinculado a un problema, exponer, por ejemplo, el origen y la crítica de la idea del «deber de atender a la segundad del tráfico». Cf. sobre este punto *mis* observaciones: *Die Zweispurigkeit unseres Haftpflichtrechts*: JZ 1953, 129 ss. (132, 133). Más sobre la cuestión de las antinomias, infra cap. II *in fine*.

establece la recta relación entre la regla y la excepción, y parte de la comprobación de que los principios —aun cuando se presenten como axiomas— solo pueden funcionar cuando es permitido escapar de su rigor de acuerdo con la realidad objetiva.[16]

Por esta razón todos los principios tienden a la formación de un sistema y a un esquema de jerarquización lógica, por el que la «materia» queda reducida a un mínimo de axiomas universalmente utilizables y prácticamente fecundos, y de conceptos que se prestan a la deducción. Así en todas las culturas jurídicas se repite el mismo ciclo: descubrimiento de problemas, formación de principios y articulación de un sistema. Lo que la tradicional controversia metódica presenta como una supuesta pugna entre un pensar «abierto» y problemático por una parte, y un pensar 'cerrado», conceptual y deductivo por otra, es en gran parte un metabolismo necesario y que procede a empellones entre las nuevas experiencias de la práctica casuística y las energías formales de la escuela.[17]

Una palmaria característica de nuestra época es que el examen de los problemas se confía cada vez más a especialistas. Éstos se ven obligados a levantar los principios efectivos de su materia al margen de las fosilizadas figuras de la ley. Solo con laxitud los puede hacer encajar en el sistema de éstas. Pero cuanto más nos distanciamos del superado *mos geometricas,* que a pesar de todo constituye la base de nuestra técnica codificadora, tanto más clara se hace la crisis de nuestra teoría de las fuentes del derecho. Para ésta es particularmente instructivo el fenómeno de la moderna «jurisprudencia de principios», que conviene no silenciar por más tiempo. En los puntos candentes de nuestro tráfico jurídico, los frutos que ha dado la jurisprudencia en sus «pensamientos jurídicos» se han convertido en fuente de derecho. Así, quien se proponga exponer el estado internacional del moderno derecho delictual civil, tendrá que titular su primer capítulo, como Duden,[18] «Principios jurídicos generales», pues no otra cosa es en todas partes la base de los más importantes

---

[16] Así con razón Wilburg 1. c. y Viehweg 1. c. 72.

[17] De todos modos existen diferencias básicas de estructura entre los *sistemas* que históricamente se aferran a la tradición «abierta», y a la técnica casuística, y los asentados sobre un acervo «cerrado» y pretendidamente «intemporal» de principios de escuela, figuras dogmáticas y posibilidades de solución: tipo del *codified law* y del *case latu,* cf. infra parte III. En el primero, todas las normas son por igual «derecho vigente», mientras que en el segundo hay *rules* (incluso las derivadas de *statutes)* que son actuales y otras que son absolutas. Sus *authorities* siguen siendo hechos históricos, sus conceptos conservan su carácter histórico, sus argumentos continúan orientados hacia la historia del problema y su sistema hacia los *remedies* históricos. El desarrollo del derecho no representa aquí una «mejor» construcción derivada de un sistema de pensamiento intemporal, sino un proceso abierto de reproducción e innovación *in consimili casu* por analogía, *action on the case,* ficción y quasi-suplemento. Cf. los estudios de W. S. H. Landon, Plucknett y P. H. W. en L. Q. Rev. 47, 47, 334; 52, 68 y 220; 53, 568 sobre *the origin of the action on the case.* Los «principios básicos» del derecho siguen siendo argumentos abiertos acerca de la justicia material del caso mismo, que en una situación de necesidad se sobreponen a las doctrinas «técnicas», aunque tras hacer muchos sacrificios en casos difíciles. Cf. Wright en 57 L. Q. Rev. 184 respecto al caso *United Australia Ltd* v. *Parkieis Bank, Ltd* (1941) A. C. 1.

[18] Duden, *Haftung für Schädigung durch Sachen*: ponencia alemana en el II Congreso Internacional de Derecho comparado de La Haya (1937) 216 ss. Duden enumera aquí las sentencias que se han concretado en normas jurídicas en lo relativo a la causalidad, la presunción de culpa, responsabilidad por riesgo de empresa y personal, el establecimiento de deberes de cautela generales y particulares. En los derechos extranjeros hace tiempo que todo esto constituye una parte de un campo de «normas jurisprudenciales» reconocidas por todos. Cf. para el derecho francés: Marton, *Les fondaments de la responsabilité civile* (1938).

supuestos de responsabilidad. Pero incluso fuera de los numerosos campos de iniciativa judicial, es cada vez más frecuente en el pensamiento jurídico continental una fundamentación directa de las sentencias a partir de «principios jurídicos generales», incompatible con la idea del *Codex*, sea por causa de la insuficiencia de las leyes, sea como punto de partida de valoraciones y concepciones totalmente nuevas.[19]

Con eso no pretendemos en modo alguno pasar por alto los penosos casos en que el término «pensamiento jurídico» no es sino un manido recurso para salir del paso, cuando el juez es incapaz de precisar un punto dogmático o no sabe extraer con exactitud la substancia positiva de las resoluciones anteriores —o sea, la *rule* propiamente dicha.[20] Pero aparte de tales abusos de la técnica, en el hecho de que los jueces apelen a los «pensamientos» que se esconden detrás de las «normas» jurídicas positivas, se anuncia una nueva concepción de su labor de elaboración del derecho: se expresa la idea de que dicha labor en modo alguno se limita a colmar blancos y llenar lagunas, sino que obliga al juez en general *à s'orienter au-delà de la lettre.*[21] Siempre que se trabaje con un franco espíritu de creación de derecho, al margen de toda interpretación escolar, es inevitable que surja la pregunta de cuál es la fuente de la que dimana la autoridad y la fuerza persuasiva de la nueva formula de solución, pues, después de todo, el juez no la saca «de la nada».[22] Aquí, la remisión a los pensamientos y principios jurídicos que se han «descubierto», ofrece una legitimación de las normas formuladas por el juez que por lo menos deja a salvo el «sistema». Sin embargo, desde este punto de vista la significación de los precedentes aparece a una luz totalmente nueva para el sistema continental.[23] Aún más inquietantes resultan los numerosos casos en que no se formulan ni se citan en absoluto los principios de que se echa mano, adscribiéndolos expeditivamente a nuestra «conciencia jurídica», lo único en que se escuda el juez.[24] Por todo esto es más de extrañar el hecho de que el fenómeno en cuestión merezca tan poca atención en la literatura continental, y no la reciba en absoluto en la alemana. Pues por más que nos admiremos de cómo «un derecho vigente está impregnado de principios, hasta sus últimas ramificaciones»,[25] ello no nos ahorra de preguntarnos con asombro de dónde reciben, súbitamente, su legitimación estos principios, al margen de la legislación, que es la única a la que se concede fuerza de obligar. Aquí empieza la *terra*

---

[19] Cf. BOULANGER en su ponencia general «*La méthode de l'Interpretation juridique» a la Semaine internationale de droit,* en París, octubre de 1950, organizada por la Association Henri Capitant y la Société de Droit Comparé, citada aquí por su versión italiana en Riv. Dir. Comm. 49 (r951) 257 ss.: Si vede molto spesso il giudice fare appello ai principi... etc. (p. 271). Es también instructivo DU PASQUIER, Les lacunes de la loi et la jurisprudence du Tribunal fédéral suisse sur l'art. 1er. CCS: Basler Studien zur Rechtswiss. 31 (1951) 10, 45 ss., y el mismo, Modernisme judiciaire et jurisprudence suisse: Recueil de travaux publiés par la faculté de droit de l'Université de Neuchâtel (1929) y Introduction à la théorie générale et à la philosophie du droit[3] (1948) VIII : Interprétation.

[20] Cf. por ejemplo, PALANDT[14], nota 8 al § 823 BGB con referencia al RGZ I2i, 404 como material del llamado «pensamiento jurídico» del deber de atender a la seguridad del tráfico. Se puede demostrar que esto no concuerda en absoluto. Cf. ESSER (N. 15) 132 ss.

[21] DU PASQUIER (N. 19) 111; cf. mi recensión en RabeisZ 17 (1953) 167 s.

[22] En este sentido BOULANGER (N. 19) 272, quien por esta razón eleva precipitada y sumariamente los principios generales a derecho positivo.

[23] Cf. GERMANN, Präjudizielle Tragweite höchstinstanzlicher Urteile: ZSR 68 (1949) 267 ss7 Más sobre esto infra cap. XII y XIII.

[24] SIMONIUS, *Über Bedeutung, Herkunft und Wandlung der Grundsätze des Privatrechts*: Festgabe der ZSR «100 Jahre Schweizerisches Recht» (1952) 237 ss. (238).

[25] SIMONIUS, ibídem.

incógnita del Derecho natural, con su ausencia de conceptos bien definidos; entonces leemos ingenuidades tales como las siguientes: «El Derecho» «se expresa» en autoridades, llamadas fuentes, que se desarrollan alternativamente en forma de ley, costumbre o principio jurídico general;[26] o bien: los principios que no pueden verificarse sobre una ley, no son otra cosa que «arbitrio judicial objetivado».[27] Un solo paso fuera de la doctrina aceptada acerca de las fuentes del derecho, y ya nos falla el suelo bajo nuestros pies: el problema no está en saber para qué sean *necesarios* los «pensamientos básicos»; pero cuál sea el papel que realmente representan, y cómo se compadecen con nuestra doctrina oficial sobre las fuentes, ésta es la cuestión que entre nosotros se evita con todo cuidado, como en todo lo que toca al monopolio que en punto a fuentes detenta el Estado.[28]

Ahora bien, no es posible silenciar por más tiempo que el intento armonizador de concebir todos los principios jurídicos maestros como «partes» de las ordenanzas particulares sentadas por el Estado, infiriéndolos deductivamente del «derecho positivo», era una táctica positivista de muy cortos horizontes.[29] Esta forma de elaboración secreta del derecho, que introduce positivamente ordenado los juicios puramente teoréticos, haciéndolos pasar por sabiduría del legislador hasta entonces no reconocida, no es ni útil a la ley (necesitada de corrección), ni a la jurisprudencia (puesta en una innecesaria de-

---

26 Así SABADIE, *Les sources du droit civil espagnol*, N.° 1 de Études de droit privé espagnol de l'Institut du droit comparé de Toulouse (1926) 43.

27 ENNECCERUS-NIPPERDEY, Parte Gral.[14] 1952) § 58 n. 25.

28 Constituye una saludable excepción la reciente obra de LESS, *Vom Wesen und Wert des Richterrechts* (1954). En cambio, una obra clásica como la citada de NIPPERDEY sigue diciendo en su última edición (1952), sin hacer caso de las tendencias modernas que predominan aún en la teoría continental: «En sí misma, la jurisprudencia no es fuente de derecho» (§ 42 I, 1, p. 168) y se deshace del problema transponiéndolo a la formación de un supuesto «derecho consuetudinario judicial» y al trabajo de interpretación correctiva, hecho en trío y disimuladamente, al que se atribuye la misión de ir modificando la ley según «los propios pensamientos básicos de ésta y (!) según las necesidades y experiencias de la vida, siempre que no se oponga a ello (!) decididamente la exigencia de salvaguardar la seguridad del tráfico» (p. 214). Sobre la ciencia del derecho como fuente, se escriben 10 líneas: le incumbe una misión directiva, pero no una «fuerza de creación de derecho». Según ello, los principios jurídicos solo existen como auxiliares de la interpolación y el descubrimiento del derecho en las lagunas ofrecidas por la ley (ibíd.). Este único puesto concedido a la creación judicial ni siquiera ha conducido a la adopción de una actitud clara ante el problema de la formación de principios y ante el de las fuentes, en la discusión ya clásica sobre este punto (cf. las citas en ENGISCH, *Der rechtsfreie Raum*: Zt. StW 108 [1952] 385 ss., 426; más detalles infra cap. XV). Es ejemplar al respecto: RADBRUCH, *Einführung in die Rechtswissenschaft*[9] (1952) ed. por ZWEIGERT, 86. Así ya siempre: cf. sobre el problema de las lagunas y la prohibición de negar la justicia, su estudio en Arch. Soz. Wiss. 22 (1906) 355 ss. En general se prefieren formulaciones que no comprometen a nada, como: «Derecho realmente (!) vigente no es ya lo que figura en la ley, sino lo que la jurisprudencia reconoce y aplica como mandato del derecho» (ENDEMANN, *Die Rechtsquellen des bürgelichen Rechts und ihre Auslegung*s: Die RG-Praxis im deutschen Rechtsleben I [1929] 148). Mejor ya REICHEL (N. 8) 134.
En el derecho francés se ha dado una evolución más antigua que ha conducido al análisis de la formación jurisprudencial del derecho, cf. PERREAU, *Technique de la jurisprudence en droit privé I* (1923) XVII. Para el comparatista, el reconocimiento del *fait jurisprudentiel* es cosa hace tiempo decidida. Cf. RABEL en RabelsZ 16 (1951) 345 y LAMBERT, *La fonction du droit civil comparé I* (1903) 208 ss.

29 El llamado «positivismo armónico», cf. ESSER, *Grudlagen und Entwicklung der Gefährdungshaftung* (1941) 63. Sobre este punto ahora también LESS (N. 28) 21.

pendencia), ni a la ciencia (que se engaña a sí misma en el conocimiento de la realidad).[30] Veremos, en efecto, que esta «fantasmagoría de la dialéctica jurídica» en el esfuerzo de sistematización positivista, «la cual pretende otorgar a lo positivo el nimbo de lo lógico»,[31] no ha hecho otra cosa hasta ahora que enmascarar la función de los principios. Así se nos escamotea aquella elemental constatación que ya formuló FEUERBACH: que a partir de un determinado límite, es imposible «hacer marcha atrás y derivar directamente lo general de lo particular, por lo que no queda otro recurso que empezar hallando la regla independientemente de lo dado». De lo cual deduce: «Aquí debo, por tanto, salir de lo positivo para volver a entrar en lo positivo».[32]

En esta frase se encierra todo un programa metódico. La pretensión de totalidad elevada por el sistema positivo, tal como se expresa en nuestras codificaciones y en su técnica de interpretación, nos cierra el acceso a la comprensión de este programa. Lo mismo puede decirse del iusnaturalismo axiomático, cuyas decepciones son moralmente responsables de la desvalorización de los puntos de vista pre-positivos en la argumentación científica.[33] Así, la perogrullada: «Un derecho sin principios no puede haber existido jamás» (R. GOLDSCHMIDT), ha resultado estéril para la investigación positivista, ya que solo parece adecuada para ordenar lo ya existente, no empero para conocer lo que está en trance de devenir, o sea, hasta qué punto, al margen del derecho supuestamente cerrado, se está formando un nuevo derecho positivo sobre principios que la realidad misma impone.

Quien se plantee semejante tema, ha de librarse tanto del optimismo positivista acerca del «sistema vigente» como también de las especulaciones iusnaturalistas, cuyo objetivo es afirmar la existencia de un *sistema* estático de derecho natural previamente dado, «más allá» de los elementos formativos históricos de los ordenamientos positivos. Por desgracia, semejante apologética se introduce subrepticiamente en los estudios filosóficos dedicados a nuestro tema,[34]

---

30 Repetido así con todo énfasis: FRITZ VON HIPPEL, primero en Formalismus und Rechtsdogmatik (1935), 147, últimamente en ZZP 65 (1952) 424 ss. (461).

31 IHERING, *Geist des römischen Rechts III* 1 (1865) 299.

32 FEUERBACH, Über *Philosophie und Empirie in ihrem Verhältnis zur positiven Rechtswissenschaft* (1804) 76. Pero cf. también DEL VECCHIO, Die Grundprinzipien des Rechts, infra N. 34.

33 Cf. RADBRUCH sobre los «austinianos» en 52 L. Q. Rev. 530 ss.; BRYCE observa, a la inversa, sobre la doctrina alemana del derecho natural: «El follaje es exuberante, pero los frutos escasos», Studies in History and in Jurisprudence II (1901) 172.

34 Así especialmente en DEL VECCHIO, quien ha tratado con predilección este tema, cf. *Sui principi generali del Diritto* (Bologna y Módena 1921), así como Les príncipes généraux du droit, en Recueil Gény II 69 ss. A esto se añade todavía la intromisión del concepto romano del *tus naturae,* cf. BRUGI, *I principi generali del diritto e il diritto naturale*: Arch. Giur. 90 (1923) 160 ss. Además PACCHIONI, ibíd. vol. 91 (1924) 133 ss.; MICELU: Riv. Dir. Civ., 1923, 33 ss., y SCADUTO, Sulla identificazione dei principi generali di diritto (Perugia, 1926). Pero cuán hondo ha calado en nuestro pensamiento civilista la idea de que todo principio sea *vrai dans tous les temps et tous les lieux,* lo demuestra la ponencia de ROUBIER, un crítico normalmente tan agudo, en la Semaine internationale de droit de Paris (Trav. Ass. Capitane VI [1952] 47 ss.). «La méthode depuis le Code Civil de 1804 au point de vue de la technique juridique» (p. 51). Véase de momento el tratado de derecho internacional general de ROUSSEAU, *Principes généraux du droit international public I* (1944) en la parte III: «Les sources subsidiaires» (p. 891 ss. con bibliografía completa sobre el tema, p. 889/890). Volvemos sobre este punto infra cap. III y IV.

haciendo ver en éste una oportunidad para llevar el agua al molino de una determinada doctrina de derecho natural, mientras se ignora la importancia real y metódica que el fenómeno mismo posee para la formación jurisprudencial de derecho positivo. Particularmente seductora parece ser esta tendencia para teóricos del derecho de gentes, para los cuales los *principes géneraux du droit reconnus par les nations civilisées* según el art. 38, ap. I, núm. 3 de los estatutos del Tribunal Internacional Permanente (y ahora del Court of Justice de las N.U.) constituyen derecho de gentes común y positivo — o, según otras doctrinas, pueden llegar a serlo por sentencia judicial. ¡Cuán natural es que se intente corroborar una concepción iusnaturalista del derecho de gentes con la demostración de que estos «principios» universales de todos los derechos civilizados forman parte del derecho natural![35] La polémica que las escuelas sostienen acerca de naturaleza de estos principios y de las fuentes del derecho de gente; les hace olvidar el estudio de su función real en el proceso de formación del derecho.[36]

Menos aún debemos esperar de las discusiones y programas políticos que pretenden estabilizar en ciertos regímenes principios nacionales, populares o «ideológicos», haciéndolos pasar como principios jurídicos necesarios.[37] La único que consiguen es hacernos dudar de si puede ser misión del poder legislativo político el sentar principios generales del derecho. Toda teoría que, renunciando a investigar el fenómeno mismo, hace declaraciones autoritarias e inmediatas sobre su naturaleza y contenido, debe quedar científicamente descalificada, cualesquiera que sean los intereses especulativos que en ello jueguen.

Tenemos, pues, que asentir a BOULANGER, el mejor conocedor de la materia, cuando dice: *La théorie des principes juridiques n'a fas encore été entreprise*».[38] A BOULANGER corresponde el mérito de haber escrito el primer estudio analítico, no sobre la

---

35 Así sobre todo VERDROSS, *Les principes généraux du droit dans la jurisprudence internationale*: Recueil des Cours (1935 II) 195 ss. y ACHON en Rev. Droit Int. 1931, 446 ss. Cf. también V. D. HEYDTE, *Glossen zu einer Theorie der allgemeinen Rechtsgrundsätze*, Friedenswarte 33 (1933) 289. La presentación filosófica sufre de suyo —en oposición a la hecha desde el punto de vista del derecho internacional, como la de ERICH KAUFMANN— de una subvaloración del problema de la positivización. Cf. infra p. 37 ss., 42 ss., 132 ss.

36 También la moderna teoría del derecho político esquiva esta cuestión de la positivización de «principios generales jurídicos», cuya existencia reconoce al margen del texto constitucional. Últimamente H. J. Wolff (Münster) yuxtapone «como fuentes del derecho, principios jurídicos y decisiones básicas de eficacia constituyente» (*Gedachtnisschrift für W. Jellinek* [1955] 33). En oposición a los últimos, ve en los primeros «derivaciones del principio jurídico», unas generales y otras especiales, en el sentido de la teoría de FRIES y NELSON (39 ss.). Cf. infra p. 109.

37 Con valor documental: Las deliberaciones del «Convegno Nazionale Universitario sui principi generali dell'ordinamento giuridico fascista, tenuto in Pisa nei giorni 18 e 19 Maggio 1940-XVIII» (Pisa 1940) (sobre ello infra capítulo XVI, 1) y la colección subsiguiente de 19 comunicaciones de especialistas: «*Studi sui principi generali dell'ordinamento giuridico fascista*» (Pisa [1]943)- Cf. también CHIAVELLI, *I principi generali dell'ordinamento giuridico fascista*, en Stato e Diritto (1940), 89 ss.; PERTICONE, en Arch. Giur. 1940, y CRISAFULLI, lus 1940, 193 ss. Con mayor extensión infra cap. XVI, n. 16.

38 *Études sur le rôle du juge en cas de silence ou d'insuffisance de la loi*, conferencia en la sesión de la Association Henri Capitant del 25.2.1949, Trav. Ass. Capitant V (1951) 61 ss. (68).

formación y función de los principios en el proceso judicial, pero sí sobre los tipos y categorías de principios jurídicos, que echa el cerrojo a los eternos juicios unitarios sobre su «naturaleza»[39] y nos fortifica en la opinión de que solo una encuesta precisa sobre la labor judicial y científica, o sea, «jurisprudencial» en distintos sistemas jurídicos puede arrojar luz sobre el papel real de los principios de derecho.

---

[39] «*Principes généraux du droit et droit positif*': Le Droit Français au milieu du XXe siècle, Études offertes à Georges Ripert I (1950) 51 ss. BOULANGER, además de una primera caracterización de las diversas clases de principios (por ejemplo, de la diferencia: principios de derecho político, principios materiales y principios especulativos jurídicos) y de una serie de observaciones previas que solo parecen triviales, ofrece sobre todo criterios elementales para distinguir entre regla y principio, y una porción de ideas felices.

CAPÍTULO II

LA CREACIÓN JURISPRUDENCIAL, CAMPO DE ACCIÓN DE LOS PRINCIPIOS JURÍDICOS

Dada la abundancia de material y de temas, solo una visión unitaria puede asegurar la unidad de nuestra investigación: cómo los principios del derecho se forman y cambian, cómo operan y perecen, cuál es su naturaleza jurídica en las distintas fases de su desarrollo, y su misión en los dos sistemas básicos del derecho codificado y judicial *(judge made law)*. No podemos esperar buenos resultados de ninguna otra orientación que no sea la observación del proceso real de la creación efectiva de derecho. Solo en él se hace comprensible y palpable la significación y la eficacia de los principios, tanto para el pensamiento jurisprudencial como para el dogmático. Verdad es que, incluso en esta fase, el tema resulta extremadamente polifacético. Las cuestiones que debemos abordar nos conducen a todos los problemas concretos de la teoría de las fuentes y de la interpretación, y requieren una previa labor descriptiva y ordenadora antes de que se pueda pensar en la formulación y demostración de una tesis. De todos modos, una simple descripción, que no se apoye en una auténtica teoría, carece de sentido y de interés. Por esto, ya en la parte descriptiva he tenido que adelantar asertos que en mi intención primera hubieran debido correr a cargo de los hechos mismos. Ellos invitan a la formulación de nuevas tesis doctrinales, como por ejemplo, la del primado de las verdades prejurídicas (por ejemplo, éticas) en principios e instituciones[40] o la del carácter pluralístico (y no solo su «escalonamiento») de nuestras fuentes de derecho.[41] En

---

40 Desbrozó aquí el camino la obra de Ripert, *La règle morale dans les obligations civiles*[4] (1949). Para nosotros nos resultará aún más importante la impresionante obra de su vejez, *Le déclin du droit* (1949) (véase mira capítulo XIV, 5).

41 Esta concepción, opuesta al positivismo continental, era en su origen una pieza del programa sociológico-jurídico clásico de Gény, Lévy, Hauriou, Radbruch y otros: partir, no de axiomas políticos de la formación del derecho, sino de los hechos de la experiencia. Sobre el estado actual cf. los trabajos de Gurvitch, *L'idée du droit social* (1932) y *L'expérience juridique et la philosophie pluraliste du droit* (1935), además los autores franceses citados en el capítulo siguiente y en el XIV —los juristas italianos, con pocas excepciones (Santi Romano, y entre los actuales sobre todo Ascarelli, véase infra nota I, 55), piensan de un modo totalmente estatalista— así como las monografías españolas de Dualde, Una revolución en la lógica del derecho (concepto de la interpretación de derecho privado) (1933), Herzog, *Le droit jurisprudentiel et le Tribunal Supréme en Espagne*, cuaderno 6 de Études de droit privé espagnol, de l'Institut de droit comparé de Toulouse (1942) y Puig Brutau, *La jurisprudencia como fuente del derecho* (Barcelona, sin año, 1951 o 1952). Este último trabajo,

todo ello las repercusiones del punto de partida teórico son demasiado vanadas, para que pudiera yo omitir precisarlas después de una debida exposición del estado internacional de este debate, tantas veces pasado por alto en nuestra literatura, aunque ello significara recargar las notas al pie de página.

Finalmente, en cuanto a las partes comparativas, me hubieran parecido excesivamente fragmentarias de haberme limitado a explicar la distinta situación de los principios en el proceso de creación jurisprudencial, sin destacar la notable similitud substancial que adquieren las instituciones de las más distintas estructuras nacionales y formaciones históricas, cuando se las enfoca bajo el ángulo de los principios inmanentes que vienen determinados por los problemas.[42] Tal semejanza, en el campo de la iniciativa jurisprudencial, que va ampliándose por doquier, llega a menudo a convertirse en pura y simple uniformidad,[43] lo que la hace acreedora a un creciente interés por parte del Derecho comparado[44] y del Derecho internacional

---

que mereció ser destacado por YNTEMA en Am. Journ. of Comp. L. (1952) 291, intenta establecer el enlace con la *Analytical School* y se apoya en el artículo tan fértil en sugerencias, de POUND, *Hierarchy of Söurces and Forms in Different Systems of Law*: 7 Harvard L. Rev. 475 ss., trad, francesa en Mém. Acad. Int. II 2 (1934) 9 ss. En cambio, la teoría escandinava realista de las fuentes del derecho (ALF ROSS) sigue, como es sabido, un camino propio. Detalles infra, cap. XIV.

42 Este hecho ha llamado muchas veces la atención en el derecho comparado. Cf. RABEL, *International Tribunais for Private Matters*: The Arbitration Journal 1948, 209 ss. (212): «Sin embargo, en derecho privado existen principios generales del modo más efectivo y amplio. La historia legal y los modernos sistemas de derecho presentan una gran riqueza de ideas comunes. *Common law y civil law* nunca han sido tan antagónicos como presume el prejuicio tradicional, y más recientemente se han apreciado el uno al otro en más de un respecto». La teoría general belga habla acertadamente de *régularités fondamentales venant de la nature de l'institution:* HAESAERT, *Théorie générale du droit* (1948) 290 ss. BOULANGER, en la mencionada Semaine internationale de droit celebrada en París, repartió entre los ponentes de los diversos países sobre el tema «Interprétation judiciaire» cuestionarios acerca de hasta qué punto eran reconocidos determinados grupos de *principes généraux.* El resultado fue el siguiente: «*Séparés par leurs regles et par leurs concepts, les différents droits positifs se rejoignent par leurs principes, qui sont l'essentiel.*» BOULANGER concluye que «*l'affirmation des principes est menée avec un instinct si sûr qu'à travers les droits positifs de la même famille spirituelle, les mêmes principes apparaissent*» (Trav. Ass. Capitant VI [1952] 63). Pero el juicio de RABEL sobre el *Common Law* nos es confirmado una y otra vez en familias jurídicas radicalmente distintas. Cf. DÖLLE, *Theoretische Jurisprudenz in Nordamerika*: Gruchot 68, 492, quien observa a propósito de HOHFELDT, *Fundamental Legal Conceptions*, publ. por W. WHEELER COOK (1923): «El jurista alemán sacará la impresión de que, aunque los fundamentos positivos del derecho...sean distintos de los nuestros en más de un respecto, sin embargo los resultados de principio coinciden en un lado y otro.»

43 Lo cual no consiste solo en la creciente unidad de la moderna vida jurídica y en la uniformidad de su problemática y de sus ideas conductoras, sino también en la influencia unificadora que la doctrina y la vida pueden ejercer sobre la formación jurisprudencial, y que es más intensa que la ejercida sobre el poder legislativo nacional. Cf. infra cap. XV.

44 La *comparative jurisprudence* se convierte más y más en el centro del derecho comparado a título de estudio comparativo de los fundamentos, y sobre todo como análisis comparativo de la jurisprudencia, y ello no solo en el pensamiento angloamericano, sino también en el continental. Francia sobre todo posee aquí, desde LAMBERT, una gran tradición, cf. la exposición de CORNIL, *La complexité des sources du droit comparé* (la terminología es equívoca) Recueil Lambert (n. 28) I, 358 ss., pero ya también Perreau (n. 28) p. XVII. También Italia en estos últimos decenios ha apartado algo la mirada de la comparación legislativa. Cf.

privado, este último tan atormentado por el problema de la cualificación.[45] Pero lo que hay aquí de comparable, no depende de la forma que le dé una doctrina oficial o una ideología, sino que solo puede ser juzgado a base de un exacto conocimiento de la función real de sus principios, la cual puede conferir un valor totalmente distinto a reglas y máximas que son idénticas en cuanto a su formulación literal.

Esto es justamente lo que tan difícil y preñada de responsabilidad me ha hecho esta parte, pues, a lo sumo, solo en la materia del derecho delictual, o de los *torts*, puedo pretender sentar criterios para la comparabilidad real de los principios, de la mano de la práctica judicial de nuestra sistemática continental y de la del *common law*. Pues carezco también de la ayuda de una visión histórica propia que me permita discriminar críticamente entre muchos fenómenos, y he de remitirme a exposiciones clásicas como las de PRINGSHEIM, KOSCHAKER, F. SCHULZ, PLUCKNETT, HOLDSWORTH, etc. En todo caso, sin mis estudios realizados en el Instituto Max-Plank de Derecho privado extranjero e internacional, de Tubinga, y en el *Institut International pour l'Unification du Droit Privé* de Roma, a los que recuerdo con gratitud, esta parte de mi trabajo jamás hubiera sido escrita. Hoy mismo no hubiera osado darla a la publicidad, si no estuviera seguro de que en ella se exponen cuestiones que, una vez puestas al descubierto, pondrán bajo una nueva luz nuestra teoría de las fuentes y la posibilidad de un derecho común universal, con solo que se dedique a este tema un suficiente número de estudios monográficos. En este sentido, mi trabajo ofrece el armazón de aquellos estudios comparativos en el campo de la teoría de la interpretación, que junto con KEGEL propuse en el congreso del grupo de especialistas en el estudio de los principios fundamentales que el 5-6-1952 celebró en Badenweiler la «*Gesellschaft für Rechtsvergleichung*».[45a]

Mi primitivo plan consistía en ilustrar la fuerza creadora de reglas que posee también la jurisprudencia continental, a la luz de algunas series de la tradición judicial del Continente, en que aparecen casos típicos de nuevas formaciones. Ello me permitió ya observar la importancia que los *principia iuris* poseen, a título de *guides*, para la creación de derecho por la judicatura, y que obliga a reflexionar

---

SCARFATTI en 38 L. Q. Rev. 371 ss. y las meritorias series de «*Giurisprudenza comparata*» que el Istituto Italiano di Studi Legislativi continuó publicando hasta en las difíciles circunstancias de la guerra bajo la dirección de GALCANO. El derecho comparado alemán ha contraído méritos sobre todo en lo referente a la *doctrine comparée*, que ha sido siempre su fuerte gracias a la tradición de la escuela histórica; ello y los esfuerzos de la *législation comparée* por obtener uniformidad en las nuevas regulaciones, le ha hecho dejar algo de lado el tema metodológico de la *jurisprudence*, a pesar de que en nuestro país los fenómenos de la jurisprudencia según principios y de la redacción de directrices no son menos notables que en otras partes, y es reconocida sin ambages la importancia del material judicial para una comparación funcional; cf. RABEL en *Festgabe für*; E. KAUFMANN (1950) especialmente 309-311. Sobre las muy intensivas investigaciones suizas cf. SIMONIUS (n. 24) y ya en *Gesetzesauslegung und wissenschaftliche Tradition*, Basler Festgabe für Speiser (1926) 83 ss., así como mi recensión de los trabajos de DU PASQUIER y MEIER-HAYOZ en RabelsZ 18 (1953) 167 ss.

45 Cf. los continuados esfuerzos de RABEL, desde 1931 (*Das Problem der Qualifikation*: RabelsZ 5 [1931] 341 ss.) hasta los últimos tiempos (por ej., *The Conflict of Laws* [1945] 44 ss.) en pro del desarrollo de conceptos homogéneos de calificación; últimamente WENGLER, *Die Funktion der richterlichen Entscheidung über internationale Rechtsverhältnisse*: RabelsZ 16 (1951) 1 ss. Más detalles infra cap. XIV, 4 y XVII, 2.

45a Cf. RabelsZ 18 (1953) 124-126.

sobre su doble función en el proceso creativo y en la construcción de «sistemas». Pero en este encuadramiento, las series de ejemplos, como partes del cuadro conjunto, fueron pasando más y más a segundo plano, muy a pesar mío, pues lo que más me seducía era el análisis casuístico, no el examen teórico y metodológico.

Acaso los análisis dichos deberían reservarse siempre para estudios de índole monográfica, como años atrás intenté hacer con relación a puntos particulares del derecho de responsabilidad civil,[46] y como ahora he hecho, de un modo ilustrativo cuando menos, en la idea del enriquecimiento injustificado. Esta vez me daría por pagado con haber expuesto el estado general de la problemática del derecho judicial en el régimen codificado, y haberla encuadrado dentro de nuestra doctrina de modo tal que en mi exposición se encontrara el enlace con la teoría metódica extranjera que en cierto modo se nos ha anticipado, sobre todo en Francia.[47] La comparación jurisprudencial me parece propia para ayudarnos a cubrir el abismo que separa la filosofía especulativa del derecho y la comparación positivista del material, y éste es justamente el fin principal que a mi entender debe perseguir la colección de estudios, inaugurada con el presente libro, que publica la «*Gesellschaft für Rechtsvergleichung*».

Este trabajo me fue sugerido, entre otros, por la obra de BOEHMER sobre las «Bases del ordenamiento jurídico civil» (*Grundlagen der bürgerlichen Rechtsordnung*),[48] que en el libro II, sec. 2 describe la formación judicial del derecho como uno de los fundamentos de nuestro sistema; al intentar explicar las formas modernas con los procedimientos interpretativos tradicionales, BOEHMER incita a la contradicción, sin que empero fuera posible hasta ahora presentar como entidades independientes la «creación del derecho *praeter legem*», y la «interpretación correctiva de la ley». Parecióme, al leer la obra, que ésta nos obliga a encontrar finalmente, por medio de un estudio comparativo, «un suelo firme para sentar una teoría de la ley y el poder judicial, desarrollada a partir de la realidad jurídica».[49] Ahí presento, pues, un primer ensayo en esta dirección.

Este ensayo parte de una contraposición de nuestra doctrina oficial y de la creación judicial en el continente con la práctica y actual teoría del *common law*. Tal proceder no se justifica solo por el fin didáctico de ilustrar y controlar nuestras ideas con el contraste de un sistema que reconoce a los tribunales autoridad legal para la creación de *principles* y *rules*.[50] Debemos a la teoría del *common law*, además

---

46 (N. 29) 11-44, así como últimamente en JZ 1952, 257 ss. y 1953, 129 ss.

47 Esto me ha inducido a exponer con alguna extensión la bibliografía extranjera, recargando las notas al pie más de lo que hubiera deseado. La *jurisprudence comparée* como rama moderna de la investigación sociológico-jurídica es propiamente una creación de LAMBERT. Son fundamentales: *Le gouvernement des juges et la lutte contre la législation sociale aux États-Unis* (1921) y *La lutte judiciaire du capital et du travail organisés aux États-Unis* (1924). Su extensa obra —cf. la bibliografía en los estudios a él dedicados «Introduction à l'étude du droit comparé I» (1938) 7-10— tendió a ser incomprendida como simple acopio de reportajes y estadísticas. Sobre la teoría de las fuentes en general cf. ROUBIER, *Théorie générale du droit* (1946) 6 ss., y MAURY, *Observations sur la jurisprudence en tant que source de droit*: Études G. Ripert **1** (1950) 28 *ss*.

48 3 partes, Tubinga 1950-1952; cf. mi reseña en AcP 152, 87 ss. y 386 ss.

49 En la reseña AcP 152, 386 in fine.

50 Esto no se aplica solo al *common law*, sino también a los demás ámbitos del *case-law*, sobre todo *equity* y *admiralty*, pero en gracia a la sencillez usaremos regularmente solo el término *common law*. Cf. cap. X.

del ensanchamiento de horizontes que supone habernos liberado del monopolio del poder legislativo político, el desarrollo de una «escuela analítica» sociológica de la jurisprudencia, que ha aplicado con todo rigor el programa de una *rechercbe clinique*[51] de la creación judicial, y que, por encima de esto considera de modo general al derecho no como una continuidad estática, sino, desde el punto de vista de la profesión judicial,[52] como algo que *se* encuentra siempre *in statu nascendi,* estudiándolo, pues, tal como «opera» *(law as it works,* o también: *law in action,* derecho en acción).

Esta expresión fue acuñada por POUND como contraposición a *law in the books* (el derecho libresco), y a menudo es usada simplemente para designar una práctica judicial que discrepa del derecho «oficial». Semejante elaboración clandestina del derecho se da justamente en materias «espinosas», por ejemplo en materia de divorcio, donde los «fundamentos» se convierten más y más en una cuestión de forma independiente del verdadero motivo y en una simbólica creada de común acuerdo (*botel-evidence* en Nueva York, *extreme and repeated cruelty* en Illinois) lo que por lo demás corresponde a la auténtica misión metódica de los supuestos de hecho jurídicos. *Law of the books* es todo aquello que, por razones ideológicas, o porque al legislador le faltó valor para establecer una necesaria y honrada componenda entre los dogmas y las fuerzas efectivamente operantes, hace caso omiso del código de honor y moralidad por el que actualmente se rige la vida social. Entonces es el juez el que —a pesar de las «máximas oficiales»— debe cerrar los ojos ante un orden social realmente reconocido y ante los perjurios. Éste es un aspecto del concepto *law in action.* El otro aspecto, en el que aquí hacemos hincapié, es la evolución legal y judicial. Pero este enfoque, en el sentido aquí usado de elaboración sociológica del derecho, es propio de todo el círculo de los llamados «realistas», dentro del cual LLEWELLYN viene a representar el pensamiento científico.[53] Como puede demostrarse, la idea misma viene de la influencia de la escuela sociológica europea, sobre todo de EHRLICH, en cuyo programa entraba exponer, en calidad de «vigente», el derecho efectivamente aplicado y analizar su operación. Sin embargo, esta dirección por desgracia apenas ha ejercido influencia alguna sobre la doctrina continental de las fuentes. Obras como la de REICHEL, «*Gesetz und Richterspruch* (Ley y sentencia judicial) (nota 8), que tienen el valor de sacar la consecuencia de que el derecho vigente es solo el cuño que los tribunales imprimen sobre las normas jurídicas, merecen tan poca atención como los sutiles análisis de ISAY sobre la formación de las sentencias. Solo en nuestros días aparecen síntomas de que empieza a desvanecerse el temor a reconocer oficialmente la

---

51 Expresión de GUTTERIDGE en su artículo «*L'unification du droit de la vente*» en la miscelánea en honor de H. Capitant (1939) 273 ss. (279), en el que estima los trabajos del *Institut pour l'unification du droit comparé* de Roma como una contribución para la formación de un *droit comparé appliqué,* cuya *oeuvre maitresse et inégalée* considera el libro de RABEL, *Recht des Warenkaufs* (p. 280). Como modelo de análisis jurisprudencial, incluso desde el punto de vista del derecho comparado, pero proponiéndose el fin de someter a una crítica dogmática las soluciones codificadas, citaré la obra de F. v. HIPPEL (n. 30).

52 Cf. LLEWELLYN, *The Normative, the Legal, and the Law-Jobs: The problem of Justic Method:* 49 Yale L. J. 1.400 ss.

53 Cf. el estudio «*A realistic Jurisprudence - The Next Step*», 30 Columb. L. Rev. (1930) 431 ss. Los comienzos de esta dirección se remontan en la teoría hasta GRAY (véase apartado siguiente), en la práctica hasta el *justice* O.W. HOLMES («*The Path of the Law*»: 10 Harv. L. Rev. [1897] 457 ss.).

existencia de una tercera fuente de derecho». Cf. el reciente trabajo de LESS (nota 28) y los nuevos estudios suizos citados infra (nota 69).

La *Analytical School* no es, originariamente, otra cosa que nuestra Teoría General del Derecho, o sea, es enciclopédica y formalística en sentido positivista. Se comparan conceptos, no funciones, en el mejor de los casos estructuras institucionales, no los principios de éstas. Su autor clásico es HOLLAND, *The Elements of Jurisprudence* (1880), cuya obra se parece en todo a la Teoría General alemana en tiempos de RUDOLF MERKEL (teoría de los preceptos jurídicos, clasificación de los derechos, estructura del ordenamiento jurídico, derecho público y privado, derecho y su aplicación) excepto en una cosa: la insatisfecha necesidad de sistematización que se siente en el derecho anglosajón hace que ésta obra sea editada aún hoy (utilizamos la reimpresión de 1937). Sobre la reacción contra ella cf. LEFROY, 27 L. Q. Rev. 182; RANDALL, 41, ibíd. *86;* RADBRUCH, 52 ibíd. 537 y CAMPBELL, 58 ibíd. 334. Hoy se entiende por *Analytical School* la dirección sociológica fundada por Gray (Nature and Sources of Law, 1909) y continuada en Norteamérica por POUND, HOLMES y CARDOZO, la cual presenta como derecho substancial las «reglas seguidas por los tribunales y los principios implícitos en dichas reglas» —últimamente llamada también *historical, sociological o comparative school*—, la cual desde POUND ha degenerado en los EE.UU. a ser una prognosis puramente behaviorística de la actuación judicial (*Legal Realism*).[54]

Es sabido que la doctrina continental se aferra aún a la descripción sistematización dogmática de las instituciones «legales» —como si presentaran el actual conjunto del derecho.[55] En cambio, para la jurisprudencia comparativa la institución legal y el precepto codificado solo constituyen una categoría dentro de los factores y materiales que intervienen en la formación de la sentencia: lógica, principios y conceptos del derecho, precedentes y otros veneros de *rules*,[56] Todos estos factores contribuyen a determinar el proceso de «interpretación» y «enjuiciamiento» o «clasificación» del caso, en lo cual la unidad del «sistema», en vista del necesario antagonismo de diversos factores y principios, no radica en un *corpus iuris* previamente

---

54 Sobre el estado actual cf. la exposición de STONE, *The Province of Jurisprudence redetermined*, en The Province and Function of Law (1947, ^{2}1950) con un especial enjuiciamiento a fondo de la *Sociological of Functional* (sic.) *Jurisprudence* (31 ss.). Cf. además: COHEN, *The Problem of Functional Jurisprudence*: 1937, Modern L. Rev. 5 ss. y últimamente las contribuciones a la miscelánea en honor de POUND «*Interpretations of Modern Legal Philosophies*», ed. por SAYRE (1947), en especial el artículo de HALL sobre una *integrative jurisprudence;* lástima que falten los juristas continentales. Justamente RADBRUCH tenía aquí cosas muy importantes por decir. Ésta es también la opinión de FRIEDMANN (en la reseña 64 L. Q. Rev. 545), el mejor conocedor de la dirección insular del realismo legal (*Legal Theory* ^{1}1944, ^{2}1947, ^{3}1953); véanse por de pronto allí las brillantes formulaciones de págs. 117 ss. acerca de la teoría general positivista.

55 Cf. ASCARELLI, *Studi di diritto comparato e in tema di interpretazione* (1952), preámbulo IX-XI, que defiende con insistencia la *Comparative Jurisprudence,* el *Law in Action.* Pero cf. también la fundamental crítica del punto de vista continental en la doctrina de las fuentes en Ross, *Theorie der Rechtsquellen* (1929) en la primera parte (histórica) de la obra, donde en particular se enjuicia también la emancipación de la doctrina inglesa de las fuentes, del dogma de un derecho material «prejudicialmente» existente de concepción estatal o romántica (derecho consuetudinario), haciéndose resaltar su importancia para la comprensión de la creación jurisprudencial.

56 Cf. PUIG BRUTAU (n. 41), especialmente 79 ss., quien entre los autores continentales es quien mejor ha aplicado a nuestra problemática las sugerencias de la *analytical school.*

dado,[57] sino que cada vez se instaura de nuevo en el acto de interpretación.[58] De consiguiente, los principios del derecho tampoco son elementos estáticos de una construcción escolástica cerrada, sino *topoi*, puntos de vista discrecionales de la estimación jurisprudencial, base autorizada y legal de la argumentación.[59] Observemos aquí que, desde el punto de vista puramente empírico, no es posible apelación alguna a principios «necesarios» del derecho; el empirismo deja en suspenso la cuestión de si las «nociones necesarias del derecho» se basan realmente, o solo por convención, en las «fuerzas generales de la naturaleza humana»,[60] lo cual nos previene contra esta debilidad de una teoría puramente empírica, tan sarcásticamente denunciada por KANT. Si importante es la «investigación empírica del proceso judicial» para el estudio de los principios efectivos del derecho, es también, y en la misma medida, incapaz de *fundamentar* dichos principios. Ahora bien, la excusa del «realismo jurídico» es que por lo menos «explica» el proceso, es decir, hace de la perspectiva sociológica una perspectiva psicológica.

Su representante más en vista es Jerome Frank, los títulos de cuyas obras («*Courts in Trial*», «*What Courts do in Fact*», «*Are Judges Human?*») anuncian ya la disolución psicologista del derecho en actos mentales. Su obra capital, *Law and the Modern Mind*» (1949) contiene un psicoanálisis de la hipocresía judicial, que tiene que satisfacer la necesidad burguesa de una autoridad paternal y omnisciente y el deseo infantil de sentirse protegido por un cuerpo jurídico material fijo, completo y calculable. A este «mito básico» (págs. 3, 48 ss.) opone Frank la tesis de que «las reglas no existen previamente» (p. 36), pues «la ley consiste en decisiones, no en reglas» (p. 128), las cuales en todo caso podrían llamarse eufemísticamente, con CARDOZO, «hipótesis provisionales» (página 236). La ley existente tras la jurisdicción es un platonismo (p. 96), nacido de un ilusorio mundo infantil, en el que la necesidad de autoridad, la magia verbal y la fe en la seguridad y el control paterno de la vida conducen al «verbalismo» y al «universalismo» (p. 82). El único remedio es aquí «deshacerse de la necesidad de la autoridad paterna» (p. 243) y la franca confesión de que tras la decisión no existe nunca una *rule o* un *principle* dotado de realidad, y no solo dentro de lo «discrecional», como cree POUND (p. 207 ss., 213 ss.). La seguridad jurídica es una ilusión (p. 237 ss.) y las prácticas judiciales se dirigen solo a revestir de un atuendo racional, ante sí y los demás, lo que no es sino emocional (p. 27-30). Lo único que puede hacerse es trazar una cartografía de la mentalidad de los jueces en su calidad de «oráculos vivientes» (p. 32). Tanto en Frank como en las especiales experiencias hechas con un tipo nacional de juez y de tribunal, se trata evidentemente de una situación urgentemente necesitada de análisis; sin embargo, la tendencia ha hecho escuela. Su última fase parece ser la teoría «egológica» de CARLOS COSSIO, la cual, puesto que el derecho no consiste en normas, sino en acciones humanas, toma como objeto de interpretación no las normas, sino el obrar humano, por ejemplo la conducta de los jueces.[61]

---

57 Sino que allí está solo «sobre el papel», cf. LLEWELLYN y HOEBEL, *The Cheyenne Way* (1941) 60.

58 ASCARELLI (n. 55) XLIII.

59 «Autorizados puntos de partida para el razonamiento jurídico», dice PÜIG BRUTAU (n. 31) 183, siguiendo a POUND.

60 GRAY, *Jurisprudence*[8] (1930) 2.

61 Cf. COSSIO, *La teoría egológica del derecho y el concepto jurídico de libertad* (1944); el mismo, *El derecho en el derecho judicial* (1945), y *Panorama de la teoría egológica del derecho* (1949). La teoría británica de la jurisprudencia, con su más firme enlace histórico (HOHFELD, GOODHART, SALMOND), se ha mantenido conservadora, y tiende a derivar las tesis de la *sociological school*

Por fortuna, este empirismo extremado nos depara un nuevo atisbo en los elementos pre-positivos de los principios del derecho —si se acepta que el derecho positivo es creado *exclusivamente y por primera vez* en los dictámenes judiciales.[62] A partir de aquí se observa luego: «El proceso judicial es solo un aspecto del orden jurídico, y en modo alguno lo agota».[63] Si la «experiencia de los letrados» no basta para dilucidar «la vida del derecho», y no digamos entenderla, puesto que sin principios *presupuestos* «la experiencia puesta a disposición del juez es una experiencia muerta»,[64] entonces hay que reintroducir la «superada» suposición de una «ley detrás de la ley», y corregir la afirmación del *legal realism:* «El derecho no puede ser otra cosa que jurisprudencia», en este otro aserto: «El derecho no es meramente el resultado del funcionamiento del proceso judicial, es una parte de la conciencia social como pauta de conducta concretizada en reglas legales: una parte de la cultura».[65]

De contragolpe, la «escuela realista» de la «jurisprudencia analítica» nos lleva a considerar la extensión y riqueza originarias del *corpus inris* real, que no se restringe ni a «la» ley ni a un sistema interpretativo de ésta, sino que comprende un acervo siempre maleable de principios, máximas y reglas susceptibles de convertirse en positivos y que constituyen partes de la convicción viviente de los jueces —y con respecto a las cuales, debe, pues, plantearse de una vez el problema de su localización y procedencia.[66] Además, la elaboración judicial del derecho no apare-

—principal representante inglés: ALLEN (*Law in the Making*² [1930])— de la perspectiva histórica perfeccionada por SUMMER MAINE (sobre éste: ROBSON en *Modern Theories of Law* [1933] 160 ss.), la cual representa una feliz agilización de la teoría general conceptualista. Es de notar, de todos modos, que el impulso hacia el realismo legal pasa por haber sido dado por un aserto de HOLLAND: «Los pronósticos acerca de lo que los tribunales harán efectivamente: he aquí, lisa y llanamente, lo que yo entiendo por derecho.» (Collected Legal Papers 1921, 173).

62 Tal es la doctrina, no solo norteamericana, sino también inglesa sobre el *common law.* Fundamental: SALMOND, *The Theory of Judicial Precedents,* 16 L. Q. Rev. (1900) 376; véase infra cap. IX. Informativo: ARMINJON-NOLDE-WOLFF, *Traité de droit comparé* II (1950) 500. Pero justamente esto, como observa LÉON en 52 L. Q. 440, es lo que hace particularmente aguda la cuestión de los principios que aseguran la coherencia de este derecho «decisionista» (término disparatado, que la teoría anglo-norteamericana ignora, como todas las demás categorías especulativas de este tipo). LÉON concluye: «La idea de ley natural tal como se entendía entonces, ¿no es aún hoy el punto a partir del cual puede alcanzarse tal perspectiva (de unidad)?». Cf. también PUIG BRUTAU (n. 41), quien en especial cree que la «interpretación de principios» (!) puede servir de base para una «regla estricta» que tienda un puente entre el derecho natural y el positivo; conceptos cuya vaguedad no remedia por el procedimiento de traer a colación, con LASERSON (*Positive and Natural Law and their Correlation: Interpretations of Modern Legal Philosophies* 445 ss.), la formación del *ius honorarium,* que más bien contribuye a hacer más confuso el concepto de derecho natural (p. 92/93).

63 Quintaesencia del libro de HUNTINGTON CAIRNS, *The Theory of Legal Science* (1941) según la reseña de C. H. Z. en 58 L. Q. Rev. 517.

64 GLANVILLE L. WILLIAMS en 58 L. Q. Rev. 520 con referencia a un dicho de HOLMES sobre la central importancia de la «experiencia de los letrados», muy citado en la escuela realista, cf. RADIN, *Law as Logic and Experience* (1940).

65 C. H. Z. en la reseña citada supra (n. 63).

66 Lo cual es uno de los tres cometidos a cumplir en el tratamiento de las fuentes *y* del material, no solo en el sentido de la moderna teoría analítica, sino ya según el programa de la escuela histórica; cf. los sugestivos apuntes de un curso de SAVIGNY del semestre de invierno de 1802/03: «Anregung zu einem eigenen Studium der Jurisprudenz», publicado con el título: Juristische Methodenlehre por WESENBERG (1951).

ce ya como un simple apéndice de la ley y como una prótesis pudorosamente oculta para subsanar sus deformidades —que en el fondo así la consideraba y sigue considerando el derecho de codificación[67]— sino como una parte funcionalmente normal y necesaria de la creación de preceptos jurídicos en general,[68] que solo llama la atención cuando unos principios y pensamientos jurídicos no positivizados ya por la *lex scripta se* condensan en normas e instituciones concretas y utilizables por el desarrollo judicial de las reglas de aplicación. En este sentido, el aumento de importancia, comprobado por doquier, de dicha «legislación judicial» en el continente[69] corre parejas con el reconocimiento de que el centro de gravedad va desplazándose lentamente desde el sistema codificado a una casuística judicial orientada según principios.

---

[67] Empezando con las conocidas palabras de PORTALIS : *On ne peut pas plus se passer de jurisprudence que de lois* y terminando con la observación de COING, Grundzüge der Rechtsphilosophie (1949) 254: no entra «primariamente» en la misión del juez el convertirse en fuente de derecho, pero es una cosa que en todos los tiempos se ha acabado aceptando. PUIG BRUTAU (n. 41) 188 observa acertadamente que basta la continua referencia a la simple apreciación de la *mens legis* para llamarnos la atención sobre la discrepancia «entre lo que se dice y lo que se hace». Las ficciones de las «aplicaciones» de la ley y de sus «medios lógicos» no alcanzan ya a salvar este abismo creciente. Hoy se habla ya de una «aplicación de la ley en dos grados», para encuadrar la riqueza de formaciones judiciales dentro del esquema de la ideología de la codificación. (Cf. ZIMMERMANN: NJW 1954, 624).) Con ello se abandona el concepto de «aplicación» en sentido técnico (véase infra cap. XII).

[68] Así HERZOG en su obra citada en n. 41, notable contribución al análisis jurisprudencial en el sistema continental, en la pág. 124 distingue certeramente, siguiendo a GÉNY, entre el «poder pretorio» del juez en el sentido antiguo para suplir y corregir el derecho material, y la fuerza «normativa» de toda interpretación judicial, antes de pasar al estudio del alcance de las innovaciones judiciales independientes. De éstas dice, después de descartar su tradicional enmascaramiento como «derecho consuetudinario judicial»: *La règle jurisprudentielle est una règle de droit objectif autonome. Elle ne doit rien à la rèole légale et ne se confond pas avec la règle coutumière stricto sensu* (p. 160).

[69] Para nuestra concepción de la ley, el término resulta a primera vista desconcertante y perturbador, pero es significativo que haya sido acogido en el continente («legislación judicial»), PUIG BRUTAU (n. 41) 193; cf. también BOULANGER (n. 38). La expresión procede de W. VON HOLMES, cuya obra The Common Law[32] (1938) ha hecho época, y de la cual son las frases siguientes: «En substancia, el crecimiento del derecho es legislativo. Y esto es, de hecho, nuevo, en un sentido más profundo de lo que los tribunales declaran haber sido siempre el derecho. *Es la legislación en sus cimientos.* Justamente las consideraciones que más raramente mencionan los jueces, y siempre dando excusas, son la raíz secreta de la que el derecho extrae toda la savia de la vida» (p. 35). De hecho, la realidad del derecho judicial tiempo a que está reconocida en el continente, incluso dentro del ámbito alemán. Sin embargo, entre nosotros se prefiere hablar de «derecho consuetudinario judicial» (cf. ENNECCERUS-NIPPERDEY[14] § 51 II p. 196 y LEHMANN, Parte General [1947] § 3 IV, p. 16 ss.). La teoría francesa opone reparos a ello, cf. ANGEL, Case Law ín France: J. of Comp. Leg. and Int. Law 16 (1934) 1; últimamente también la suiza, cf. MEIER-HAYOZ, Der Richter als Gesetzgeber (1951) y DU PASQUIER (n. 19). Sobre ello mi reseña en RabelsZ 18 (1953) 167 ss. y 170 ss. Una primera reorientación de principio de la doctrina alemana es la intentada por la obra de LESS (n. 28). Me declaro conforme con él. Lo único acertado en nuestra teoría del «derecho consuetudinario» es el reconocimiento de la fuerza normativa que de hecho posee la *consuetudo* y *desuetudo* judiciales. Pero con ello no se hace justicia a la importancia de una auténtica *inventio* en los *leading cases.* Más detalles sobre este punto infra, en cap. XII y XIII.

En esta fase de retroceso del culto a la interpretación conceptualmente deductiva,[70] se refleja, si no nos engañan todos los síntomas, un cambio sufrido por el concepto de ley,[71] cambio efectuado, como ya indica el término de «legislación judicial», en el sentido de una reinclusión de las soluciones que han escapado al «sistema» de la ley.[72] En la medida en que el texto y la estructura de un derecho codificado dejan de aparecer como símbolos de la sapiencia legisladora y como garantía de soluciones preconcebidas, el pensamiento jurídico que hasta ahora argumentaba ateniéndose rígidamente «a la ley», debe atreverse a tomar como base de su argumentación principios que solo a duras penas pueden fundamentarse en la ley, pero que según la *communis opinio doctorum* forman parte del conjunto del derecho.[73] Al desvanecerse la fe en la autoridad dogmática del legislador, cuyas falsas representaciones han provocado a menudo inútiles seudoproblemas, y han impedido o dificultado la adopción de soluciones de urgente necesidad,[74] se ha desmoro-

---

70 Cf. ASCARELLI, L'idea del codice del diritto privato e la funzione dell'interpretazione, en su miscelánea citada supra (n. 55) 165 ss., reproducido también en «Saggi giuridici» (1949) 41 ss., esp. 59 ss.

71 Le precedió, como es natural, un cambio en el concepto procesal de ley. En efecto, *toda* norma positivamente eficaz ha de ser revisable. De ahí que una ley procesal como la Ley Procesal civil (§ 550), considera como «conculcación de la ley» en sentido totalmente general, el hecho de que una «norma jurídica», cualquiera que sea su origen, «no haya sido aplicada o no lo haya sido rectamente».
«La existencia de un cuerpo de normas jurídicas... contiene más derecho en potencia que el oficialmente proclamado», dice PUIG BRUTAU (n. 41) 190, remitiendo a la regla general en la que «tácitamente» se piensa, como por ejemplo, «la regla general de que nadie puede enriquecerse en perjuicio ajeno» (p. 192). En este sentido, el «conjunto del derecho» no era lisa y llanamente *lex,* cf. la conferencia citada supra de SAVIGNY (n. 66). El aparente «legalismo» de la concepción filosófica: *Magistratum esse legem loquentem; legem autem mutum magistratum* (CICERÓN, De legibus, III, 1 se explica fácilmente por la mayor amplitud del concepto de *lex: Non ergo a praetoris edicto, ut plerique nunc, neque a duodecim tabulis, ut superiores, sed penitus ex intima philosophia hauriendam iuris disciplinara putas* (ibíd. I, 5). Sobre la antítesis entre *lex y ius* disimuladamente implícita en el derecho continental, cf. infra capítulos XII y XIV.

72 Es ésta una observación que hoy hacen todos los teorizantes continentales del derecho. Cf. la conferencia de VRIJ, Nieuw Leven in de verhouding Wetgever-Rechter, Groningen (1952). Cf. infra cap. VII, 2.

73 Por su origen, la ciencia de los juristas y su arte profesional constituyen principios o *regulae* de un decidido valor de convicción y deducción, creado sobre los problemas y a ellos condicionado. Cf. VIEHWEG n. 13) 20 ss., 26 ss., 51 ss. Esta fuente de derecho acrece continuamente la masa del *ius,* y no como un *ius honorarium* extraordinario, sino también cuando se «descubren» los principios que originariamente se suponen inmanentes al núcleo del derecho civil, que así es como el estamento de los juristas acostumbra a disimular su *auctoritas.* En cambio, los pensamientos generales de una *lex,* prescindiendo ahora de la interpolación de tales principios generales y transmitidos por la tradición de los juristas, constituyen partes propias del derecho legislativo y, en la misma medida, derecho legal positivo. Así la doctrina inglesa, que no busca principio alguno en el *statute-law* en general (véase infra cap. VII), distingue entre *legal principles* como parte del *common* o *statute law* positivo, y los que, previos a éstos, elevan una propia pretensión de validez. Cf. Salmond, Junsprudence[10] (1947) 155 ss.: «Principios legales últimos —sin fuentes legales» y «principios legales derivativos— sacados de fuentes legales.» Sobre el análogo afán del juez inglés de fundamentar en cada caso los principios sobre el material histórico y ocultar su *auctoritas* tras una «ficticia teoría declaratoria de precedentes», cf. ibíd. 194 e infra cap. X.

74 Se anticipó a denunciar esto, en el derecho civil, HECK, quien en sus compendios de derecho de obligaciones y de cosas expone un sin fin de tales seudoproblemas. Es una labor que falta hacer para el derecho sucesorio. Aporta últimamente interesantes ejemplos también

nado también una parte de la idea del milagro de la codificación, y los descubrimientos de un solo civilista o procesualista son capaces, según sea su filiación, de prolongar la vida de un sistema durante una generación más o de derribarlo. La creciente complicación de las tareas jurídicas y los fallos cada vez más frecuentes del poder legislativo —piénsese en nuestra reforma del derecho de familias— obligan a volver la atención hacia aquella multiplicidad de ideas y principios jurídicos no sistematizados, que en la práctica fueron siempre el apoyo de la casuística jurisprudencial y que si se negaban, era solo por el deseo de encasillar axiomáticamente todas las verdades jurídicas en un sistema lógico de conceptos. Este cambio, que desde el punto de vista legalista aparece como crisis funcional de los «métodos de interpretación»,[75] es un hecho, no una cuestión de «permisibilidad» que pueda resolverse dogmáticamente.[76] Los fenómenos de la jurisprudencia según principios y de las modernas formas de formación de precedentes y redacción de directrices no piden ser justificados, sino encauzados y ayudados.

«Decisiones según principios» hoy las hay en dos sentidos: en el tradicional, como fijación de un criterio o de un resultado interpretativo en una cuestión concreta de derecho que hasta ahora había sido tratada diversamente; y en un sentido nuevo, como elevación de un principio que hasta ahora solo en casos singulares había gozado de la consideración de positivo, a la condición de «pensamiento jurídico general». En ambos casos se trata de formación judicial de derecho, con un sedimento permanente en la práctica y en la doctrina, que por la publicación de su «substancia directiva» en los comentarios, colecciones de casos y obras de consulta, va destacándose más y más frente al hecho «solamente» casuístico y dado una sola vez. También para el continente es solo cierto con reservas que tal formación judicial de derecho signifique ya sacrificar el ideal de la «segundad jurídica» en aras de la evolución social y de la adaptación jurídica. Pues también esta creación de derecho ofrece destacadísimas garantías de estabilidad, es más, en cuanto a continuidad, puede incluso convertirse en un sostén de la segundad jurídica frente a un poder legislativo que por razones políticas se ha alejado de la objetividad.[77] En la bibliografía comparativa se encuentra con frecuencia la esquemática afirmación de que en el derecho casuístico la jurisprudencia tiene carácter formativo y estabilizador, mientras que en el codificado actúa como un factor de agilidad.[78] Frente a esto se puede demostrar que también la jurisprudencia continental poseen una tendencia

---

BOEHMER (n. 48) I[1] 2 (1951) p. e., páginas 6-72, §§ 22-24. Para derecho procesal, cf. por ejemplo las desencaminadas ideas sobre el derecho privado y público en materia de ejecución forzosa en el 8.° libro de la Ley Procesal Civil (situación del ejecutor judicial, embargo y fundación de un derecho prendario, etc.) que solo ha corregido STEIN con su monografía «Grundfragen der Zwangsvollstreckung» (1913). Puede decirse que con ello, y respetando el texto, se ha constituido un nuevo derecho de ejecución forzosa, y no solo un nuevo «sistema» doctrinario.

75 Cf. ASCARELLI (n. 55) en especial 176 ss., 193 ss., también BONNECASE, *The Problem of Legal Interpretation in France*: J. of Comp. Leg. and Int. Law 12 (1930) 58.

76 Así BOEHMER (n. 48) 3. Cf. en cambio mis observaciones AcP 1953, 389.

77 Cf. la interesante obra de RIPERT, *Le déclin du droit* (1949), más a fondo infra, cap. XIV.

78 Cf. por ejemplo HERZOG (n. 41) 221: *La jurisprudence est appelée a jouer un role différent dans chaqué systéme juridique: dans les pays anglo-saxons, elle doit donner un caractere de certitude a un ordonnancement renda confus par l'absence de codification; dans les états du continent européen elle est chargée d'assouplir une législation cristallisée par les codes.* Cf. desde la perspectiva anglosajona: GOODHART en 50 L. Q. Rev. (1934) 40, 180 y 196; el mismo también en 51 L. Q. Rev. 333, 441 y 587 y en Ann. Inst. Phil. de Droit (1934/35) 37. Más detalles infra cap. XI.

estabilizadora y no solo personifica «la ley en marcha»,[79] mientras que por otra parte es sabido tiempo ha que el efecto estabilizador del «precedente» y de la doctrina de *stare decisis es* neutralizado por diversos caminos, cuando se trata de la nueva creación de *principles* y de revocación de precedentes *(overruling of precedents).*[80] Todo cuadro general que sea forzado, conduce solo a bizantinismos especulativos como los siguientes: la ley es encarnación del formalismo, la cláusula general y el principio representan el idealismo en derecho, la formación casuística el realismo; siempre están en lucha tres factores: el orden (tendencia formalista), la justicia (tendencia idealista) y el progreso (tendencia realista):[81]

Solo el abandono de una idea esquemática de segundad abre el camino para estudiar las más profundas garantías del pensamiento jurídico, del autocontrol dogmático y de los principios y tradiciones formadas *lege artis.* Pues la eterna antinomia entre los postulados de la seguridad jurídica y de la adaptación a la vida queda así puesta en un plano más real,[82] en el que se plantea una y otra vez la tarea concreta de poner coto a sus exageraciones, es decir, reducirlas a sus necesidades objetivas, dentro de las cuales es posible una garantía eficaz.[83] Se trata, por tanto, de un asunto totalmente realista, si uno no se deja extraviar por lo indefinido del vago concepto de la «segundad jurídica» [84] y pone la atención en la manera como, bajo los presupuestos efectivos de la elaboración contemporánea del derecho, puede evitarse una nueva oleada de superficialidad y capricho en la utilización de sentencias previas, ideas directrices, opiniones doctrinales y «teorías».[85]

---

79 Como dice COING (n. 67) 255.

80 Cf. STONE, *Fallacies of the Logical Form in English Law*, en: *Interpretations of Modern Legal Philosophies* (1947) 696 ss., y en la obra citada en n. 54. Una buena visión de conjunto en SALMOND (n. 73) 190 ss. y en GOODHART en 40 Tale L. J. (1930) 161 ss. Del lado alemán LAUN, Stare decisis[2] (1947).

81 Cf. ROUBIER (n. 47) Trav. Ass. H. Capitant VI (1952) 47 ss.

82 Lo que en modo alguno queda negado por lo dicho anteriormente. Solo que nada esperamos de la parcialidad especulativa y de los intentos de armonización que dejan en la estacada al juez, obligado a servir a dos señores (cf. PUIG BRUTAU [n. 41] 15 ss., 20), y le fuerzan a hipocresías.

83 Sobre la ideología de la *legal certainty* en el pensamiento liberal positivista se expresa certeramente FRIEDMANN, *Legal Theory*[1] (1944) 117; cf. también la recensión de CAMPBELL en 61 L. Q. Rev. 307 ss. Instructivos ejemplos de la práctica del derecho norteamericano en FRYER-BENSON, *Cases and Material son Legal Method* (1940) 572 ss. Aparece una interacción entre vicios funcionales de un sistema de protección jurídica y las exageradas pretensiones de segundad de su ideología nacional.

84 Qué es el defecto de la «filosofía del derecho» corriente. Nadie pregunta en qué campo de una organización jurídica dada es posible en general la seguridad, y con qué medios puede alcanzarse. Una excepción: STOLJAR, *The Logical Status of a Legal Principle,* 20 Univ. of Chicago L. Rev. (1953) 214.

85 Una propuesta importante en ASCARELLI (n. 70) 178. Nuestra didáctica debería también atender a la técnica elemental de *bow to read a case,* cosa que se omite totalmente, dada la negación oficial del valor como precedente de las sentencias fundamentales. La falta de rigor en su utilización posterior viene en parte de la incapacidad de distinguir entre *ratio* y *dicta,* con lo que la formación de principios a partir de la «jurisprudencia constante» queda a menudo muy caprichosa e incontrolable. Cf. mi estudio en JZ 1953, 129. Los primeros inicios de una técnica para la distinción entre *ratio decidendi y obiter dicta,* se encuentran en la polémica sobre el alcance de la fuerza obligatoria de las sentencias del Tribunal Federal Constitucional, según el § 31 de la Ley de éste (véase infra, cap. XII, 1), pero también en otras decisiones del Tribunal Supremo. Cf. por ej., Tribunal federal del Trabajo de 3-6-1954, NJW 1954, 1095.

El problema de qué garantías regulan el uso unívoco y adecuado de los llamados principios y pensamientos generales, se plantea por sí mismo en una época de creciente «jurisprudencia según principios». Por falta de una sólida tradición continental en el uso de los precedentes para precisar mejor un «principio reconocido», será necesario echar una ojeada al método anglosajón de definir los *principles* partiendo de los *precedents*. Si nuestro régimen judicial reconoce que la *misión* de ir elaborando el derecho es de «fundamental importancia» (GVG § 137), no pueden quedar sin control jurídico los *medios* que permiten resolver tales problemas con una autoridad que rebasa la simple decisión de un caso dado. Con otras palabras, hay que hacer luz sobre la relación entre principio y casuística, sobre la importancia del principio y del precedente para la formación de tales soluciones creadoras.

CAPÍTULO III

IMPORTANCIA DEL DERECHO COMPARADO EN NUESTRO PROBLEMA

Solo una sección horizontal a través de los sistemas de diversas familias jurídicas permite saber si un principio posee significación universal o solo particular, mientras que su papel específico en un determinado régimen positivo ha de mostrarse por medio de una sección vertical practicada a lo largo del proceso de formación del derecho. De momento resulta de todo punto problemático la medida en que los principios generales en el derecho —en el civil y en el *common law*— de los pueblos civilizados (como dice el art. 38, I, núm. 3 de los estatutos del Tribunal Internacional permanente) son realmente principios «comunes», y en qué medida coinciden solo de hecho. Por otra parte, incluso siendo distintos los principios estructurales en que se basa una construcción nacional, las instituciones singulares, aun siendo correlativamente diferentes, pueden estar animadas por el mismo pensamiento jurídico. Es una tarea altamente útil del derecho comparativo (cf. el problema de calificación del derecho internacional privado) la de arrojar luz sobre la diferencia estructural, históricamente explicable, de sistemas positivos, haciendo ver cómo están asentados sobre principios regulativos e inmanentes reconocidamente comunes,[86] y cómo en una problemática producida en las mismas condiciones dichos principios constituyen también un «derecho detrás del derecho» realmente comparable.[87] No que los principios comunes puedan derivarse sin más ni más de la «naturaleza humana» como necesarios, según afirman las escuelas iusnaturalistas —pues están también afectados por las variantes de la vida social—, pero la institución positiva concreta nos lleva, desde el detalle de la solución nacional, a la identidad de principios y funciones, cuando son iguales las tareas.[88] Una razón principal que abonaba el desvío de la ciencia frente a toda comparación «ahistórica» de prin-

---

[86] La jurisprudencia solo es normativa si utiliza lo idiográfico (en el sentido en que emplea este término S. WINDELBAND) como un simple medio para la inteligencia del pensamiento creador de normas. Cf. RADBRUCH (n. 28) 3(1932) 119/120. Es más, solo puede *ex-poner* una norma cuando está en situación de distinguir las formas de la substancia y fundamentar lo común sobre postulados necesarios de la cosa, para deslindar lo peculiar y explicarlo desde el punto de vista histórico-cultural. Cf. a este propósito BOBBIO, *Scienza e tecnica del diritto* (1934).

[87] Este tirulo de un trabajo de DICKINSON en 29 Columbia L. Rev. (1929) 285, equivale a todo un programa.

[88] Cf. v. HIPPEL (n. 10), también ESSER, *Einführung in die Grandbegriffe des Rechtes und des Staates* (1949) 12 ss., detalles infra cap. XVII.

cipios, consistía justamente en la reacción contra aquella especulación racionalista a partir de la «naturaleza» humana.[88a] De todos modos, no deja de ser fructífera la idea de que los conceptos elementales de la propia cultura jurídica están acordes con un *ius naturale, quo omnes utuntur,* como lo demuestra la concepción romana y moderna de un *ius gentium.* Desgraciadamente, no puede decirse lo mismo del positivismo conceptual, de actitud también ahistónca, el cual considera idealmente necesarios no los principios materiales, sino la estructura dogmática de su derecho nacional, haciendo caso omiso de las continuas alteraciones introducidas por la evolución social y, por consiguiente, cerrando los ojos a la evolución de hecho, o considerándola como un capricho de la naturaleza substraído a su responsabilidad. Argumentos tales como: tal o cual institución es desconocida del BGB o del «derecho alemán», tienen una base de partida por completo inutilizable como perspectiva científica. Con todo, esta base se encuentra no solo en el pensamiento ahistórico que priva bajo los regímenes codificados, sino incluso en el *common law* tradicionalista. Así, por ejemplo, la famosa repudiación del contrato a favor de terceros en el derecho inglés hecha por LORD HALDANE en *Dunlop Pneumatic Tire Co. Ltd.* v. *Selfridge y Co. Lid*[89] con la afirmación de que «nuestro derecho nada sabe de un *ius quaesitum tertio,* nacido por contrato», es tan antihistórica como el partir de la doctrina (aún vigente) de la *consideration,* la cual en 1550 no suponía obstáculo alguno, puesto que era extraña a las demandas antiguas basadas en *covenant, detinue y debt.*

La doctrina general se había percatado con razón de que una "teoría jurídica de los principios» (BIERLING, 1894-1917) descansa sobre la regularidad que la identidad objetiva de situación y problemas aportan siempre a toda creación de derecho. Solo incurrió en el error de buscar la base de dichas coincidencias en el plano de los conceptos jurídicos, sin prestar atención a la relación que éste guarda con los planteamientos fijos y sus soluciones.[90] Con ello quedaron sin vida los complejos funcionales descubiertos por la escuela histórica, petrificándose en simples catálogos de conceptos, o sea, de símbolos.[91] En nombre de este positivismo intelectualista la ciencia limitó su interés a estudiar los principios formales de estructura de los diversos derechos, con lo que cerró al derecho comparativo la visión de los elementos prejurídicos que son comunes a instituciones del mismo valor funcional. RIPERT,

---

88a Cf. RADBRUCH, *Anglo-American Jurisprudence through Continental Eyes*: 52 L.Q. Rev. (1936) 338/339.

89 (1915), 113 L.T.R. 386.

90 LESS (n. 28) habla de una «gramática jurídica». La «sintaxis» no se hace plenamente clara hasta las modernas formaciones normativas jurisprudenciales con sus planteamientos y soluciones, tan sorprendentemente coincidentes, cuyo reconocimiento en calidad de «principio» (p. ej., «protección a la confianza») facilita luego el núcleo de cristalización para un ulterior desarrollo que sea homogéneo incluso en la estructura. Un instructivo ejemplo, que he expuesto en otro lugar (JZ 1953, 129), es el desarrollo de la responsabilidad por riesgo en los derechos francés, alemán y anglo-norteamericano (detalles al respecto infra, capítulo XVIII); también es interesante el paralelismo entre nuestra jurisprudencia *ad vocem «culpa in contrahendo»* y la doctrina del *common law* sobre el «interés de la confianza» (*reliance interest;* cf. FULLER y PERDUE, 46 Yale L. J. (1937) 52 ss. 373 ss.).

91 Esta certera imagen es usada por RADBRUCH (n. 88 *a)* 536. En mi trabajo «*Elementi di diritto naturale nel pensiero giuridico dogmatico*» (n. 11) 1, ss., 284 ss., he intentado demostrar que no solo la «norma» sino ya su elemento, el concepto jurídico, es calificado por estimaciones de intereses de procedencia pre-positiva, y esto es justamente lo que hace posible la reintegración del «sistema» a través de la conexión, aparentemente solo lógica, de los conceptos y del aprovechamiento deductivo de las soluciones preordenadas en aquéllos.

en su importante obra «*La régle morale dans les obligations civiles*»[92] demuestra con todo detalle la fertilidad de esta perspectiva con el ejemplo de la conversión de principios éticos en jurídicos en el derecho contractual francés. De lo cual resulta que todo principio lleva consigo sus tareas y formas de corrección, del mismo modo que la autonomía privada comporta las formas de la limitación de la libertad: las consecuencias de atentar contra el derecho y la moral, la protección de las partes en el tráfico, el auxilio en caso de *laesio enormis* y usura, los límites del lícito ejercicio del derecho, el reconocimiento jurídico de los más primitivos deberes de decoro y del deber elemental de ayuda, la frustración de un uso fraudulento de la forma: nada de esto constituye una obra de juristas privativa de un momento histórico o de una nación dada. Las soluciones, incluso las que son independientes desde el punto de vista histórico y estructural, ofrecen aquí una sorprendente semejanza, debida a la ubicuidad de los principios éticos y funcionales, y al limitado número de alternativas puestas a disposición de la técnica. Lo mismo se diga en los casos en que necesidades semejantes han dado lugar a figuras análogas *(fiduciaTreuhand, trust).* Para la doctrina del derecho común estos principios representan aun partes positivas del sistema,[93] pero desde BERGBOHM [94] y hasta la época de la escuela de Viena, han quedado descalificados en calidad de «derecho natural» y, «por consiguiente», eliminados. La idea de un *tus gentium* general, negada a este título desde BERGBOHM, solo puede aún hallarse en el suelo todavía inculto de una comparación estructural y funcional a los fines de la unificación del derecho.[95] Aquí, en efecto, se impone la necesidad de reducir, *sub specie functionis,* a un principio jurídico generalmente reconocido aquellas figuras básicas, discrepantes en su estructura histórica, como *Vertrag y contract,* «cesión» y *assignment, Verwikung y estoppel,* causa jurídica *y consideration* para solo citar algunos de los más dispares elementos de nuestro sistema y el anglosajón.

En estos puntos, las tareas y la problemática son siempre iguales, pero la representación dogmática y la configuración técnica son diversas por razón de la estructura. Sobre el concepto puramente obligatorio de *contract* cf. infra capítulo XVIII. *Assignment es* transmisión, pero no de la acción, sino de la relación jurídica. Igual que en el derecho romano, la *privity of contract* se opuso durante largo tiempo a la cesión de derechos personales. Es verdad que también la compraventa de una pretensión conocida en Francia desde el siglo XIII y regulada por el *Code Civil* en los

---

92 4.ª ed. (1949) especialmente 39-136.

93 Cf. también AHRENS, *Naturrecht oder Philosophie des Rechtes und Staates*[6] (1870), y la íntima unión entre las doctrinas de derecho común y las tradiciones prácticas de la *naturalis ratio* extrañas a las fuentes en sentido romanístico.

94 *Jurisprudenz und Rechtsphilosophie* (1892) 420 ss.

95 Tarea que por necesidad se restringe a las materias particularmente urgentes, de la compraventa de mercancías, de los valores, de la protección industrial, de la navegación marítima e interior, del transporte, etc., y que sin embargo, una y otra vez desemboca en las cuestiones generales de la comparabilidad de instituciones y principios. Cf. RABEL (n. 44) 358: «Necesitamos constataciones que tengan eficacia en el ámbito entero de la cultura occidental.» Sobre la importancia de esta comparación de principios para la labor práctica de unificación, cf. HAMEL, *Perspectives et limites de l'unification du droit privé* (Roma, 1915) 61 ss. Cf. también PILOTTI ibíd. 335 ss. Da una buena visión de conjunto SCHERRER, *Zur Frage der internationalen Vereinheitlichung des Privatrechts* (Basilea, 1939), y acerca de la situación ideológica. MOSSSA, (*Di un diritto generale dell'Europa*, Nuova Riv. Dir. Comm. 6 (1953) 1 ss.; sobre el derecho de obligaciones véase especialmente NIPPERDEY, Gesetzgeberische Vereinheitlichung des Rechts der Schuldverhältnisse (1939).

arts. 1.689, 1691, discrepa desde el punto de vista dogmático de nuestra cesión «abstracta», pero el *assignment* sigue significando como antes novación, y el principio de que «un derecho de crédito no es cedible» sigue siendo *common law,* aunque en la práctica haya perdido su significación desde 1873 (*Judicature Act*, cf. sec. 25, ss. 6) por la posibilidad de aplicar la *equity* sin diferencia alguna. Entretanto, desde 1923 (*Law of property act,* sec. 136) se han abierto también *at law* brechas en aquel principio.

En cuanto a las discrepancias técnicas, la *Judicature Act* exige, al igual que otros países como Escocia, Argentina y Suiza (art. 165 I OR), que el contrato esté totalmente por escrito, pero justamente el *equitable assignment* no es un *contract,* sino un *trust.* Es verdad que aquí como en Francia (art. 1.690 C. c.) la *signification* o en su caso la *formal notice* al deudor es constitutiva, pero la *equity* parte de una efectiva protección a la buena fe, de modo que en la práctica rige lo mismo que con el BGB, el cual de un modo muy semejante, por la observancia de los principios con la vista puesta en su función, superó la antigua polémica dogmática acerca del paralelo papel constructivo de la *denuntiatio* y la *traditio.* También es posible derivar solo del principio los §§ 1395/96 del ABGB austríaco, art. 186 ss. OR suizo y art. 1.526/27 del C. c. español.[96]

Sobre la identidad de función y similitud de principio de la *Verwirkung* y el *estoppel in pais,* con sus diversos efectos como idea del silencio, del *nemo auditur culpam suam allegans* y del *venire contra factum proprium,* cf. infra capítulo XVIII. Pero el alcance práctico abarca también la protección a la confianza en la declaración de voluntad, y en la "información errónea no culpable» *(innocent misrepresentation)* substituye otras formas de protección: el declarante queda *estopped* por una «presunción *juris et de jure*» para impugnar los hechos que se deducen de sus declaraciones inequívocas aunque no necesariamente expresas y que evidentemente decidieron a la otra parte a la conclusión del contrato.[97]

El silencio solo permite este recurso de la «*equity*» cuando una anterior conducta activa obligaba a hablar. *Johnson* v. *Credit Lyonnais* (1877) L. R. 3, C.P.D. 32. «Tiene que haber un derecho y una oportunidad para hablar y, además, una obligación o deber de hacerlo», he aquí cómo los letrados practicantes de Norteamérica, que no se distinguen precisamente por la pedantería de los conceptos, formulan este principio, en un sentido apenas distinguible de nuestra propia doctrina.[98]

Por tanto, a diferencia de lo que ocurre en Alemania, la usucapión o el silencio es una institución vecina de base idéntica.[99]

---

96 Sobre el desarrollo judicial de la protección al deudor en el C. c. francés cf. SCHUMANN, *Die Forderungsabtretung im deutschen, französichen und englichen Recht* (1924) 162 ss. y ARNDT, *Zessionsrecht 1. Teil: Rechtsvergleichung* (1932) 76 ss.

97 *Low* v. *Bouverie* (1891) 3 Ch. D. 106.

98 19 Am. Jur. 664, *ad vocem "Estoppel»,* § 55, páginas de citas judiciales.

99 Ibid. 611, *Estoppel by silence or inaction (estoppel* por silencio o inacción), descansando también sobre el principio: «Quien calla cuando debería hablar, no sería oído si habla cuando debería callar.» Igualmente 650: «No se permitirá a una de las partes que ocupe posiciones discordantes, o que con respecto a una materia dada asuma una posición que es directamente opuesta, o incompatible con otra previamente asumida por ella.» «La parte que ha tomado una posición gracias a la cual se ha beneficiado a expensas de otro, queda impedida *(estopped)* de repudiarla y de tomar otra posición inconsecuente en perjuicio del otro.»

Ahí tenemos un buen ejemplo de la fuerza de expansión de pensamientos que relegan a un segundo plano instituciones históricas más estrechas (por ejemplo, para la *Verzwrkung* en sentido estricto, los de *laches* o negligencia imputable) y dan realidad a una idea de ética jurídica partiendo de un sistema totalmente distinto. Así, esta idea del estar *estopped* resuelve cuestiones tan heterogéneas como el problema del sinalagma en la autorresponsabilidad del perjudicado por la imposibilidad,[100] o las consecuencias de una voluntad no advertible de representación, y lo hace igualmente bien y con resultados sorprendentemente iguales a los obtenidos por nuestras disposiciones especiales del § 324 o del § 164 I del BGB.[101] Y sin embargo, en cuanto a su estructura, todo ello no es más que una simple regla de prueba.[102]

El aparente obstáculo dogmático de la clasificación en cuanto al derecho material fue ya expuesto por LORD BOWEN en el caso arriba citado *Low* v. *Bouverie:* «No es posible basar una acción sobre el estoppel.» También en otras concepciones iguales o parecidas sobre la causa jurídica se entrecruzan, de modo semejante al caso expuesto, los distintos ámbitos estructurales: la *consideration* no se funde con el concepto de causa, pero tampoco se agota en el principio de sinalagma,[103] por lo que aun siendo iguales las tendencias es inevitable que se produzcan resultados divergentes. Aún da más qué pensar el hecho de que se produzcan una multitud de consecuencias a primera vista absurdas, que se justifican desde otros puntos de vista que nos parecen curiosos. Así, por ejemplo, la sentencia *Stilk* v. *Myrink* [104] no me parece a mí tan extravagante como suelen presentarla nuestros autores. A los marineros que, al substituir a sus camaradas huidos, no hicieron más que cumplir con su deber, tampoco nosotros les hubiéramos concedido una acción al plus de paga especial, solo que no lo hubiéramos justificado alegando que la promesa estaba falta de causa. Es también instructiva la gran cantidad de *remedies* heterogéneos que suplen la ausencia en el *common law* del contrato a favor de tercero,[105] entre los cuales desempeñan el papel principal, como en el problema de la *restitution (unjüst enrichment)*, el *trust* o el *constructive trust.*[106]

---

[100] *Hoare v. Rennie,* 5 H § N. 19: *Pollack, C.B. and Duke of St. Albans v. Shore,* 1 H Bt. 273 según RHEINSTEIN, *Die Struktur des vertraglichen Schuldverhältnisses im anglo-amerikanischen Vertragrecht* (1932) 221.

[101] *John* v. *Littledale* (1837) 6 A. & E. 486; cf. también *Sullivan* v. *Constable* (1932) 48 T. L. R. 369, C. A. y de la justicia penal americana: *Ex parte Winters* 10 Okla. Crim. Rep. 592, 140 P. 164; 51 L. R. A. (N. S.) 1087.

[102] Cf. WINFIELD en POLLOCK, *Principles of Contract*[11] (1946) 421: «La regla no lo es de ley substantiva en el sentido de que no establece ningún derecho o pretensión inmediatos. Es una regla de prueba, pero capaz de tener los más graves efectos sobre los derechos substantivos de las partes.»

[103] Cf. RHEINSTEIN op. cit., también RABEL (n. 44) 343; más detalles infra, cap. XVIII.

[104] (1809) 2 Campb. 317.

[105] Se ha introducido en el *statute law,* cf. Third Parties (Rights against Insurers) Act (1930), *Workmans Compensation Act* (1925) c. 84, sec. 7 (1) y Road Traffic Act (1930) c. 43, sec. 36 (4).

[106] Cf. CORBIN, *Contracts for the Benefit of Third Persons*: 46 L.Q. Rev. 12 ss. y de análisis crítico sobre este tema de KASER, *Vertragliche Drittrechte im englischen Common Law* (tesis, Tubinga, 1952) 48 ss. Detalles infra, capítulo XVII.

Aun en los casos en que no hay una urgente necesidad de unificación que obligue, como en el derecho contractual, a la armonización de los sistemas,[107] se producen llamativas coincidencias en los elementos,[108] que nos descubren la existencia de principios generales en la base de instituciones de análoga finalidad y nos sugieren una teoría comparativa de las instituciones desde el aspecto de la función. Algunos pasos en este sentido ha dado, como hemos dicho, el Derecho Internacional Privado, en el que no podría obtener carta de naturaleza ni un solo concepto jurídico si solo estuviera encarnado en cada caso en una figura francesa, anglosajona o alemana. La realidad es, empero, que no solo se ha demostrado la efectiva coincidencia de numerosas instituciones en base a principios universales,[109] sino que toda aplicación de un derecho extranjero descansa en la inteligencia de su significación funcional según los «principios de la justicia natural», sin la cual ningún juez puede decidir si la institución en cuestión es «esencialmente extraña» a la *lex fori*.[110]

Las representaciones generales en base a las cuales se realiza el reconocimiento *y* la calificación de las instituciones positivas de derecho nacional son, por consiguiente, una pieza de la realidad jurídica que trasciende los límites del derecho

---

107 Así, por ejemplo, en el derecho de familias, que en estados federativos puede seguir siendo totalmente particular, a despecho de lo cual la comunidad de cultura y de historia (laicización de los elementos cristianos) da con frecuencia lugar a inesperadas uniformidades. Así los mismos supuestos del divorcio son en lo elemental idénticos, sin haber ido mucho más allá del adulterio, las insidias y sevicias, y la *desertio malitiosa,* siempre que la idea de disolución -también ésta entendida siempre en el mismo sentido — no haya eliminado enteramente la técnica de los supuestos de hecho, como en las democracias populares (ley checoslovaca de 7.12.1949, ley polaca de 27.6.1950; cf. ukase del Pres. del Soviet Supremo de 8.7.1944 y la instrucción al respecto del Comisario del Pueblo, ratificada el 27.11.1944; no así Yugoslavia, cuya ley de 3.4.1946 conserva supuestos de hecho). Como tantas otras veces, se salen completamente de la línea las originales soluciones de Suecia en la ley de 11.11.1920, capítulo XI, art. 3-5. Pero la evolución general del pensamiento de disolución es completamente homogéneo. Si unitarias son las verificaciones de la idea cristiana del sacramento, igualmente uniformes son los métodos por los que se ha efectuado en la práctica la secularización y liberalización del derecho matrimonial (fuera de los estados totalitarios y de los confesionales). (Cf. Rhienstein, *Trends in Marriage and Divorce Law of Western Countries: Law and Contemporary Problems* 18 [1853].) Carentes de unidad en la misma medida son empero las repercusiones sentimentales de la idea de la culpa dentro del problema de la averiguación, tanto si reconocen una «doctrina de recriminación» oficial como si en la práctica dan una importancia legal aún mayor al concepto de la culpa propia en el «derecho de contradicción» en el caso de disolución (§ 48 II ley matrimonial alemana) que en la acción por faltas matrimoniales (§ 43 II ley matrimonial).

108 Como se comprende, donde más claramente visibles quedan los principios generales racionales, es en el derecho contractual. Cf. por ej., la absoluta coincidencia de los supuestos de impugnación, en los que la heterogeneidad de los conceptos (como *duress y violence,* o *undue influence y vis compulsiva*) no es obstáculo para el desempeño de una idéntica función. Más pormenores en Juca, *La violence comme vice de contract et du consentement en droit comparé* (1930) y en Haupt, *Die Entwicklung der Lehre vom Irrtum beim Rechtsgeschäft seit der Rezeption* (1941). Aquí existen justamente principios jurídicos universales desarrollados a partir del problema.

109 Sirva de ejemplo el trabajo de SCERNI, *L'abuso di diritto nei rapporti internazionali* (1930), especialmente 55 ss., 113 ss. Para información véase sobre todo el estudio citado infra n. 119 de RIPERT. Series comparativas propias infra, capítulo XVIII.

110 Cf. RIEZLER, *Internationales Zivilprozessrecht* (1949) 233 ss. Una formulación solo distinta en apariencia es la usual: que la institución, en cuanto a su eficacia, no ha de ser extraña a la *lex fori*. Cf., p. ej., WENGLER (n. 45), 18.

nacional, cualquiera que sea la interpretación que se dé a la supuesta supremacía de la *lex fori* incluso sobre la cuestión de la calificación.[111] Ahí tenemos la única importancia palpable que los principios jurídicos, independientes de la estructura, poseen para un derecho universal. Pues a partir de ellos se constituye, no solo una doctrina universal, sino también un «aparato supranacional de conceptos», por más que discrepen entre sí las estructuras históricas y por más que sus escuelas y tribunales reaccionen contra la «extranjerización». Verdad es, empero, que lo último que produce una evolución semejante es un concepto dogmático unitario, pues la fijación técnico-axiomática sigue siempre a gran distancia a la coincidencia objetiva en los puntos de principio.

La otra prueba de su existencia consiste en el hecho y en el reconocimiento de un *droit commun des gens,* o sea en la importancia, dentro del derecho de gentes, de los *principes généraux du droit reconnus par les nations civilisés.* El art. 38, núm. 3 del Estatuto del Tribunal Internacional permanente de La Haya (o del Tribunal de las N.U.) menciona estos principios como fuente de derecho después de los tratados internacionales y después del derecho consuetudinario internacional, pero con precedencia sobre la fuente subsidiana de los precedentes y con plena independencia frente al poder de decisión facultativa según la equidad.[112]

Aquí tenemos, pues, una auténtica ordenación de rango, no una simple enumeración.[113] En ella los principios jurídicos como tales ocupan una posición aún no bien formulada, anterior a todas las demás fuentes, y que con VERDROSS (nota 36) 207

---

111 Así la mayoría de doctrinas nacionales, entre las continentales sobre todo la francesa y la italiana. Cf. MAURY, *Regles générales des conflits des lois: Recueil des Cours* 57 (1936 III) 333 ss., 476 ss., y AGO, *Regles générales des conflits des lois: Recueil des Cours* 58 (1936 IV) 245 ss., y últimamente, con mayor moderación, en *Scienza giuridica e diritto internazionale* (1950). Por desgracia, ei plano de calificación está vinculado con la polémica escolástica sobre la teoría «internacionalista» con respecto a la fuente de validez del derecho internacional privado. Así se explica la tenaz resistencia contra las tesis de RABEL (*Das Problem der Qualifikation,* RabelsZ 5 [1931] 241 ss.), NEUNER, *Der Sinn der international privatrechtlichen Norm, Eine Kritik der Qualifikations theorie* [1932]) y NIEDERER (*Die Frage der Qualifikation ais Grundproblem des IPR* [1940]); en el mismo sentido ya FRANKENSTEIN, IPR I, 278; cf. MAURY loc. cit. 504, pero también los recientes esfuerzos de distinción de WENGLER op. cit. entre el plano supranacional de la calificación (11 ss.) y el proceso nacional creativo de la decisión (23). El mismo también antes en RabelsZ 8 (1934) 148 ss. sobre la necesidad de convertir en base de calificación conceptos preestructurales en el sentido de principios del derecho universal. Mis propias consideraciones sobre el papel de los principios jurídicos en el problema de la calificación y en la superación de las trabas estructurales de la *lex fori* –que FRANKENSTEIN llama con razón el fin del derecho internacional privado se encuentran en los caps. XIV y XVII.

112 Art. 38 (ap. I): «La Cour applique:
1° les conventions internationales soit genérales, soit spéciales,
2° la *coutume* internationale comme preuve *d'une* pratique générale acceptée comme étant de droit,
3° les principes généraux du droit reconnus par les nations civilisées.
4° sous réserve de la disposition de l'art. 39 (autorité relative de la chose jugée) les décisions judiciaires et les doctrines des publicistes le plus qualifiés des diverses nations comme moyen auxiliaire (!) de détermination des règles de droit.
(Ap. II) La présente disposition ne porte pas atteinte à la raculté pour la Cour si les parties sont d'accord de statuer ex aequo et bono.

113 Cf. DE VISSCHER, *Contribution à l'étude des sources du droit international*: Rev. Droit Int. (1933) 412 y últimamente en: *Théories et Réalités en Droit Intern. Public* (1953) 426 ss.

hay que distinguir de los principios elevados a *droit commun des gens* en sentido positivo, sea estar universalmente reconocidos, sea por darse una coincidencia efectiva dentro de los distintos ordenamientos nacionales. En este último caso los principios solo valen en derecho de gentes porque coinciden en tener validez en los derechos particulares, como parte de ordenamientos positivos. Pero entonces constituyen fuente primarias del derecho internacional, y no subsidiarias, como aun puede leerse en los tratados modernos.[114]

En cambio, la clásica concepción alemana de que los principios venérales son de rango superior al tratado internacional,[115] solo está justificada cuando no se trata de los *principes généraux* del art. 38,3, sino de los principios básicos del mismo derecho de gentes: por ejemplo, el principio de neutralidad (donde por lo demás la «Cour» sentenció: el tratado tiene precedencia, pues la *declaración* de neutralidad tiene solo carácter unilateral; una funesta confusión). Los principios de los derechos nacionales positivos mencionados en la cifra 3 del art. 38 solo valen en tercer lugar, y únicamente porque están «reconocidos por las naciones civilizadas» y en la medida en que lo estén. Aumenta la confusión la ausencia de todo criterio sistemático en la enumeración, habitualmente indiscriminada, de las instituciones «reconocidas» (como intereses en caso de mora, prescripción, fuerza mayor, resarcimiento por costas procesales) al lado de principios que pertenecen genuinamente al derecho de gentes y junto a otros principios indispensables que formarían parte del derecho internacional aunque no fueran mencionados en el artículo 38 (como *pacta sunt servanda,* prohibición del abuso del derecho, principio del «derecho bien adquirido», principio de la autoridad de la cosa juzgada) y por último reglas puramente heurísticas (por ejemplo, reglas de interpretación y sobre la carga de la prueba, reglas de la «lógica jurídica» como *nemo plus iuris transferre potest, quam ipse babet*), todas las cuales son aplicadas indistintamente como derecho internacional por Tribunal permanente (y en parte ya por el Tribunal Arbitral permanente) y figuran en los manuales con la misma promiscuidad.[116] La distinción es, efectivamente, difícil, ya que muchos principios, como 4 de la buena fe en el tráfico jurídico o la compensación por culpa o la idea del enriquecimiento injustificado, han nacido históricamente de detalles positivos, a pesar de lo cual la actual ética jurídica les concede el rango de axiomas de la *ratio naturalis.* Y sin embargo, la distinción propuesta es indispensable, tanto dogmáticamente como desde el punto de vista práctico.[117]

El art. 38 I, 3 habla de principios de derecho, no de principios del derecho internacional,[118] y con ello se incluyen también, como posibles fuentes, los principios del derecho civil, en virtud de su validez positiva *in foro domestico* de las naciones civilizadas, no en calidad de principios, premisas o postulados de derecho natu-

114 Cf. ROUSSEAU (n. 34) 229.

115 Por ej., SCHUCKING, Publ. de la Cour Int., Serie A B, n.° 5 (1923) 47.

116 Cf. Por ej. ROUSSEAU, *op. cit.,* 900-912.

117 Cf. infra, cap. XVII.

118 Principios que son específicamente de derecho de gentes valen o bien ya por el n.° 1 o 2 (así los del derecho de guerra 1, o bien, independientemente de toda formulación, en virtud de la naturaleza del derecho internacional (así el superior rango de las reglas de derecho de gentes, el divergente reconocimiento de un ámbito exento de derecho — ROUSSEAU op. cit. 899 — y el principio de la continuidad de los sujetos del derecho internacional en caso de cambio de gobierno). Sobre el conjunto de estas cuestiones: ROUSSEAU, op. cit. 913 ss.

ral.[119] La coincidencia de análogas instituciones positivas en derechos nacionales distintamente estructurados abona la muy difundida idea de que tales fenómenos particulares descansan sobre un principio común.[120] Es, en efecto, asombrosamente larga la lista de tales instituciones universales que se dan ya solamente en el derecho civil,[121] y que evidentemente poseen el carácter de «principio» sin presentarse como partes del derecho consuetudinario internacional,[122] y que por tanto en la

---

[119] Esto lo expone con particular claridad RIPERT, quien ha dedicado una meritoria obra al estudio de los principios de derecho civil en el derecho internacional: *Les regles du droit civil applicables aux capports internationali (Contribution a l'étude des principes généraux du droit visés au Statut de la Cour Permanente de Justice Internationale)*: Recueil des Cours 44 (1933 II) 569 ss. Cf. página 573. Bibliografía completa en pág. 661: bibliografía más reciente a ROUSSEAU op. cit. 889 ss.

[120] Cf. VERDROSS (n. 36) 207.

[121] Cf. RIPERT op. cit. 588-655. No es distinta la problemática en el derecho *penal* internacional, ya que la remisión a los «principios generala comprende también los principios penales universalmente reconocidos. Tampoco aquí existe la menor duda sobre la necesidad de su aplicación, aunque sí sobre su naturaleza jurídica. Todas aquellas obscuridades acerca de los límites del derecho positivo que encontramos en la consideración de los principios de derecho civil se repiten en este caso, si se parte de la «cualidad iusnaturalista» de los principios penales universalmente aceptados. Cf. JESCHECK, *Die Verantwortlichkeit der Staatsorgane nach Völkerstrafrecht* (1952) 201 ss.

[122] Como supuesto aquí figuran solo las *lois nationales* en el sentido del artículo 38 n.° 3 (cf. *arrét* n.° 7 del Trib. Perm. de 25.5.1926, Serie A, 18). Puede discutirse si aquí el *statut* es la base de validez, o si lo es ya el hecho de que los principios constituyen, más allá de todas los *fora doméstica,* un círculo jurídico propio, *quo omnes gentes utuntur* (así Lord PHILLIMORE en la comisión de redacción). Pero en todo caso no se trata de un simple caso especial del derecho consuetudinario internacional (n.° 2), como se inclina a creer la escuela positivista (CAVACLIERI, SCELLE), ni tampoco del Derecho del caso, como supone ANZILOTTI (*Traite de droit International,* trad. por GIDEL, 118), en franca contradicción con el n.° 4. Pero tampoco se trata de principios de «derecho natural», como en general admiten VERDROSS, SPIROPOULOS» y otros. Aunque puede aplicárseles este predicado, su recepción no se basa en esta cualidad interna, sino en su uso universal como derecho positivo. (Así acertadamente ROUSSEAU [n. 34] 892, también ya STRUPP, Recueil des Cours I [1934] 336). Aquella controversia ha convertido la teoría del derecho internacional en un campo de batalla de las dos doctrinas extremas acerca de la validez jurídica de los principios generales del derecho», que podemos designar con WÜRTENBERGER (*Zur Rechtswidrigkeit der Knegsverbrechen, Festschrift für E. Mezger* [1954] 113 ss., 201) con los nombres de dirección «idealista del derecho natural» y dirección «empírico-histórica». La teoría auténtica debe superar la aparente oposición de tales verdades parciales, estériles y de base simplemente especulativa («escuelas») por el análisis de los procesos positivos, tomando en consideración ambas cosas: el elemento histórico de lo que se presenta como intemporal (por ejemplo, en la formación de la doctrina) y el núcleo de derecho natural «necesario» contenido en la formación político-histórica de las instituciones (así, en su lógica objetiva y en su regularidad funcional, en los «pensamientos básicos» universales, etc.). Semejante "síntesis de los ensayos de solución iusnaturalistas y positivistas» no constituye un mero compromiso académico, sino, como demuestra WÜRTENBERGER con los ejemplos que aduce, una tarea efectivamente necesaria, ya que «la apelación al imperio de la idea del derecho en el sentido ... de un derecho natural, en ningún caso puede garantizar al juez la objetividad de su sentencia» (op. cit. 210: cf. a este propósito mis observaciones infra, capítulo VII, 2, sobre la significación material de los «principios del descubrimiento del derecho»). Justamente dentro del marco del art. 38 n.° 3 del estatuto de La Haya se advierte claramente la necesidad de «comprobar siempre en los detalles, si una investigación empírico-histórica es capaz de hacer luz sobre la validez social y el reconocimiento efectivo de estos supremos criterios de valor dentro de la comunidad de pueblos civilizados históricamente constituida».

práctica del Tribunal son aplicadas en gran parte con ayuda de la norma de recepción del art. 38, 3 del Estatuto.[123] Lo cual, repetimos, no es de extrañar, si se piensa en que justamente las ordenaciones de derecho civil contienen una gran abundancia de doctrinas y soluciones de validez general, que han penetrado en calidad de concepciones básicas en los derechos continentales y anglosajones, a despecho de su diferencia de estructura. Por tal razón el derecho privado, con *estas* partes, constituye un útil arsenal para el desarrollo del derecho público, y ésta es justamente también en el derecho internacional la causa de la transformación.[124] Solo que el derecho internacional, con su menor densidad [125] y con su estructura ajustada a la solución de problemas, y no a un determinado sistema, proporciona a la doctrina y a los principios y máximas generales por ella desarrollados, un mayor grado de eficacia y un más amplio campo de actuación que el derecho intraestatal, sobre todo el codificado. Es más, en la función de los principios generales hay que distinguir dos estadios: el anterior a la codificación y el posterior a ella. En estos estadios son también distintos los métodos de aplicación de los principios, y tendremos que considerar por separado el papel del principio o del «pensamiento» en el proceso de formación de normas, en el *case law* de una parte, y en el derecho codificado por otra.

Resumiendo, tres perspectivas se abren para nuestro trabajo: 1.° Los principios jurídicos en la construcción de ordenamientos de derecho privado; 2.° los principios jurídicos en su desarrollo por obra de la acción judicial, tanto (a) en el derecho casuístico como (b) en el codificado; y, 3.° los principios jurídicos en el espacio dejado por sistemas distintos, especialmente como base para la comparación institucional de los derechos. En todo ello, y como hemos dicho, tendremos siempre en vista su función real en el proceso de inquisición del derecho por parte del *juez* como base de comparación para la configuración efectiva del derecho *(law in action)*. Solo a partir del modo y el fin de la aplicación pueden hacerse afirmaciones concretas y objetivas acerca de la procedencia y destino de los principios jurídicos, formulando una tipología o clasificación que posea un valor comparativo práctico.

---

123 Los casos en que se acude a los principios como fuente autónoma a tenor del n.° 3, han sido reunidos con gran cuidado por Verdross en el *Rapport á l'Institut de Droit International*, Session d'Oslo (1932) 2 ss.

124 Así acertadamente Ripert (n. 119) 579 ss. A este propósito se refiere también al obstáculo de la diferencia estructural de la configuración, que obliga a una comparación teleológica. de los principios preestructurales o, como él dice, ideas (p. 585).

125 Cf. Oppenheim-Lauterspracht, *Treaty of International Law*[7] (1948) § 553 p. 856 ss.

CAPÍTULO IV

NOCIONES PREVIAS SOBRE EL CONCEPTO Y NATURALEZA DE LOS PRINCIPIOS GENERALES DEL DERECHO

1. La ojeada que acabamos de dar a la situación de los problemas en el derecho de gentes y en el derecho internacional privado nos ha suministrado algunas enseñanzas: No nos será posible separar de antemano los principios de un ordenamiento positivo, tanto si constituyen partes del ordenamiento jurídico material como principios teóricos o prácticos de la construcción jurisprudencial, de los principios de la «mera» ética jurídica. Aún más difícil resultará fijar la línea divisoria entre un principio «teorético» de la doctrina y uno que venga determinado por los problemas y, por tanto, sea por necesidad «inmanente» a una institución. Sin embargo, deberemos siquiera ver de hallar la linde que separa los meros postulados o *guides* de las partes positivas, obligatorias y sancionadas (¡revisión!) de un ordenamiento jurídico vigente. Justamente aquí la práctica (y no solo ella) se contenta con la incontrolable atribución de un principio a la *ratio legis*. Pero si esta *ratio* misma es *lex* o solo *ethos*, constituye una cuestión que recibe distintas respuestas según la posición ideológica y política que se adopte. Así se hace comprensible que, por ejemplo, la tendencia moralizante de la concepción cristiana sea capaz, incluso en sus representantes más constructivos, de disolver en lo «metajurídico» una dogmática conceptualmente petrificada,[126] mientras que los sistemas no dogmáticos no ven dificultad alguna en la introducción de postulados morales en calidad de principios de derecho, una vez iniciada la descomposición de la fuerza vinculatoria de las formas históricas, como ocurre hoy en la práctica del *common law* en Norteamérica y, con mayor resistencia [127] pero ahora con arrolladora velocidad, en Inglaterra. En tales sistemas, a la pregunta: «Los ideales de esta suerte (o sea, los morales), que se aceptan, ¿forman parte del derecho?», se contesta sin el menor reparo: «Hay ideales autorizadamente reconocidos que forman parte del derecho en la misma medida que los preceptos». Y también: «Es un error destacar el elemento ideal como algo que posea una validez independiente por encima del derecho como en el antiguo sistema de la ley natural».[128] El alcance de este aserto y la profundidad del proble-

---

126 Cf. RIPERT (n. 40).

127 Cf., por ejemplo, la actitud de LORD SUMNER contra la atenuación «equitativa» de MANSFIELD en la *action of money bad and received* en *Sinclair* v. *Broagham* (1914) A. C. 398.

128 POUND: 47 Harv. L. Rev. 3/4.

ma metodológico no se advierten hasta que un caso concreto pone a la vista, de un modo igualmente inexplicado y elemental, las antinomias de lo éneo y de la «certeza legal».[128a] No se trata de desvalorizar los principios como meros *guides,* sino de hacer salir a la luz el propio proceso de positivación que es decisivo para la eficacia configuradora real de los principios. Por otro lado, una consideración discriminadora deberá deshacerse de la simplista idea de que todos los principios posean, como «elementos del derecho natural», una validez independiente de la configuración estatal positiva[129] -pues aquí debemos referirnos a la pretensión de validez jurídica, no lógica y epistemológica. Es perfectamente posible que una ontología del derecho, o una filosofía material de los valores consiga establecer una jerarquía de «supremos valores jurídicos»,[130] de los que el filósofo pueda decir que «son verdaderos en todos los tiempos y lugares»;[131] pero nadie negará por ello la mutabilidad histórica, en su vigencia como derecho, de los principios positivamente reconocidos, siempre que no se confundan todas las categorías de «principios» y se los proclame indiscriminadamente «fuentes de derecho» —falta en la que por desgracia incurren incluso tratadistas bien informados.[132] No es beneficioso ni para la estabilidad ni para la evolución del derecho el ocultar de este modo el punto crítico en el que, con palabras de Feuerbach, «hay que salir de lo positivo para volver a entrar en lo positivo». Debemos distinguir entre los principios que son derecho vigente, y aquellos que solo adquieren tal condición para un determinado círculo de casos gracias a una jurisprudencia concordante— dentro del marco de las normas formuladas judicialmente. Muchas cosas pueden ser válidas lógicamente, sin ser por ello derecho positivo. Tampoco la prioridad ontológica de un principio implica su validez; la positividad depende más bien de la incorporación histórica en el *corpus inris.* Aunque podamos decir, en el sentido del realismo escolástico: *principium est primum, a quo aliud oritur,* debemos también reconocer la distinción aristotélica según la cual un principio según naturaleza (πρότερον φύσει no significa principio para nosotros (πρότερον πρός ἡμᾶς), y que la calificación jurídica de principio solo se da a lo que durante siglos se ha venido usando como solución concreta, aisladamente y sin valor fundamental.

Esto no es óbice para que solo la formulación teórica de un principio haga posible el establecimiento de un derecho común más amplio. Ahí radica la fuerza creadora de derecho de glosadores y comentaristas, sobre todo después de mediados del s. XV. Cf. a este propósito el ejemplo del desarrollo del principio de enriquecimiento en Dawson (n. 7). Favoreció este proceso la circunstancia de que, en lugar de heterogéneos grupos de casos pudieran introducirse categorías de «causa», en cuanto el concepto aristotélico de causa, en sus diversas matizaciones escolásticas, hubo abarcado todas las formas del saber, inaugurando un método científico

---

128a Sobre esta delimitación metodológica cf. Fuller, Reason and Fiat in Case Law, 49 Harv. L. R. (1946) 376.

129 Así Verdross (n. 36) 205 ss. Cf. infra en el texto a nota 137.

130 Cf. últimamente Coing, *Die oberste Grundsätze des Rechts, Ein Versuch zur Neugründung des Naturrechts* (1947), el cual empero en último término postula una investigación empírica del derecho natural (p. 155) y, lo mismo que nosotros, considera el análisis jurisprudencial como el punto de partida.

131 Así Roubier en la ponencia citada supra (n. 34).

132 Como también Roubier loc. cit. 51 ss., donde por ejemplo el principio de la no retroactividad de la ley (art. 2 C. c.) es citado junto con el del *pacta sunt servanda.* Con plena consecuencia, R. pide la codificación de *todos* los principios del derecho (!).

universal. Sobre las nuevas categorías de causa se procedió primero a sistematizar las fuentes, y la introducción de un sistema racional significó, para el principio y los primeros trabajos De la doctrina, liberarse de las angosturas de la exégesis casuística. Empieza entonces la época productiva de las «escuelas» continentales. El siglo XIX es tan rico en éxitos doctrinales, que no solo viven de ellas las codificaciones civilistas nacidas en sus últimos anos, sino que también en el derecho internacional las opiniones doctrinales y la ley son concluyentes *pari passu* para el establecimiento de «principios generalmente reconocidos.[133] Ya en 1795 encontramos exactamente delimitado como supuesto de hecho y usado el concepto de fuerza mayor en el famoso *affaire* NEPTUN: es derecho común, no en virtud de la costumbre, sino ya en virtud de la doctrina. Finalmente, en lo que afecta a los principios específicamente de derecho de gentes, solo existe un origen clásico: el de la doctrina que asumió el papel conductor con GROTIUS.

Hasta aquí la afirmación de que el *«droit commun des gens»* solo es una positivación de principios,[134] queda comprobada filosóficamente, pero no en sentido jurídico; lo cual nos obliga a estudiar de qué hecho depende el que un principio reconocido forme parte del derecho positivo de un sistema. Pues es igualmente apropiado preguntar cuándo empieza la positivación de un principio, y qué conclusiones sacadas de normas positivas concretas deben ser consideradas necesariamente como derecho positivo a la par que éstas, y cuáles se limitan a ser máximas, postulados o ideas directrices que «deben aguardar» una positivación ulterior. Es la fundamental cuestión sistemática que en el derecho codificado aparece como un problema de interpretación, y en el Derecho del caso se plantea en el problema de la formación analógica.[135] Lo que se esconde detrás de ella no es una antinomia epistemológica y una alternativa práctica, sino la reducción funcional de ambos elementos a un mismo y único proceso de ordenación; y esto es justamente lo que hemos querido indicar con nuestro título «Principios y Normas en la elaboración de los ordenamientos de derecho civil». Verdad es que en esta observación de las coincidencias existe un factor que siembra la confusión: el hecho de que la «heterogeneidad de los fines» (WUNDT) induzca a menudo a aplicar un principio reconocido a los casos más diversos. Por consiguiente, no solo las normas singulares más divergentes aparecen como hijas legítimas de un mismo principio, sino que incluso las doctrinas fijadas históricamente y sus residuos obtienen inesperadamente una nueva significación: ¿Son, pues, «idénticos» ambos «principios», en funciones y sistematizaciones tan distintas?[136]

Para pronunciarnos sobre la naturaleza jurídica de los principios, deberemos, pues, examinar dos distintas cuestiones de referencia: i) las categorías de los principios en su origen y función. Para los principios que afectan al derecho internacio-

---

133 Cf. por ejemplo la sentencia en la cuestión arbitral francoveneciana FABIANI de 30.12.1896 (LA FONTAINE, *Pasicrisie Internationale* [1902] 356), en la que se usa la característica expresión: *Les principes généraux du droit des gens, c'est-à-dire les règles communes à la plupart des législations ou enseignées par la doctrine...*

134 Así VERDROSS (n. 36) 207.

135 Cf. ROUSSEAU (n. 34) 892.

136 Esto se aplica a la mayoría de paremias y brocardos, que apoyados en una supuesta autoridad clásica (cf. el famoso catálogo del Digesto L. 50, 17 *De diversis regulis iuris antiqui)*, han obtenido en la práctica, y no solo del continente, una central importancia como soluciones a problemas, con aplicación distinta según el derecho de cada lugar.

nal, la tarea ha sido iniciada por VERDROSS.[137] Éste propone la clasificación siguiente: Principios idealmente necesarios *(principes tirés directement de l'idée du droit,* entre los cuales cuenta, junto con otros, el principio de la buena fe y, de un modo también discutible, ciertas reglas de interpretación, como *ut magis valeat quam pereat);* principios incorporados en instituciones (*principes dones implicitement avec une institution*), y en tercer lugar los principios aludidos en el art. 38, 3 del Estatuto del Tribunal Permanente de La Haya (*les principes affirmés par le droit positif des nations civilisées).* Los principios de las dos primeras clases son válidos con independencia de la norma de transformación del Estatuto, pero no cabe decir en general con VERDROSS que sean «supra-positivos» y que en su aplicación la jurisprudencia sea la instancia de positivación creadora de derecho. Esta concepción iusnaturalista, que tiene mucho en su favor, no es satisfactoria en el caso de los principios institucionales «inmanentes», que son derecho positivo *junto con* la institución. Tampoco es verdad que haya aquí «lagunas», como dice VERDROSS; distinta es la situación en el caso de que ni la institución como a tal, ni los derechos positivos de las naciones civilizadas coïncidentes en el sentido del art. 38, 3, permiten sentar un principio, y en evitación de un *non liquet* hay que decidir libremente según los «principios generales de la justicia y la equidad».[138] Esto tampoco justifica la afirmación general de que todos estos principios no pueden ser derogados por el derecho positivo, puesto que constituyen su base.[139] En cambio, no se ha empezado aún a investigar la influencia que los tipos constructivos de los sistemas jurídicos ejercen sobre el cambio de sentido y función de un principio aparentemente idéntico. 2) El estudio comparativo debe, pues, en segundo lugar, separar las categorías de sistematización jurídica, para entender los efectos de principios que aparecen como siendo del mismo tenor o discrepantes. A este propósito, y de acuerdo con lo apuntado más arriba, distinguiré *grosso modo* entre dos formas de construcción: el «sistema cerrado», tal como viene representado por la idea de la codificación, y el «sistema abierto», cuyo prototipo moderno será el método del Derecho del caso inglés y angloamericano.[140] En efecto, de la estructura axiomáticamente cerrada o problemáticamente abierta de un sistema jurídico depende que los pensamientos básicos sean *principia* en sentido aristotélico, a partir de los cuales se «concluye» deductivamente, o crite-

---

[137] (N. 36) 204 ss. Análogamente para el derecho constitucional H. J. WOLFF (n. I 36 *a)* 39 ss.

[138] Cf. LORD PHILLIMORE y el Presidente DESCAMPS en la comisión de redacción citados por VERDROSS 222, 224.

[139] VERDROSS (n. 36) 205/206 remitiendo a VON DER HEYDTE (n. 35) 289. Es en cambio meritorio el intento de distinción, ya que la práctica del derecho internacional desde siempre ha confundido los «principios generales» con las regles de droit universellement reconues admitidas por el art. 38. Cf. LORD PHILLIMORE, op. cit. 316, además, por ejemplo, la sentencia citada arriba in re Fabiani, así como la sentencia arbitral de 29.3.1900 en el asunto de la concesión ferroviaria de Lourengo Marques, Pasicrisie Internationale (1902) 402, y la jurisprudencia de la Cour Permanente d'Arbitrage, citada por VERDROSS 212-219.

[140] Los términos «sistema abierto» y «cerrado» proceden, que yo sepa, de FRITZ SCHULZ, Prinzipien des Romischen Rechts (1934) e History of Roman Legal Science (1946), obteniendo acceso en la doctrina comparatista. La adopto a causa de su expresividad. El «sistema abierto» no es necesariamente evolucionista. Su carácter progresivo o su conservadurismo casuístico dependen de los factores políticos bajo los cuales trabajan los juristas. En Roma los pretores, dada la libertad de que gozaban, podían crear un derecho casuístico evolucionista; los juristas clásicos tenían que aplicar su arte de moda que sus responsa fueran fructuosos para los edicta — inaccesibles a un estudio más profundo de los principios— y desarrollar éstos, si no se concedía una actio in factum.

rios pragmáticos *(topoi)* de la justicia material o, en su caso, de los Enes fijados por la política jurídica, que renuncian a una conexión deductiva coherente y atacan el problema, en su entidad aparentemente aislada, partiendo libremente de los dictados generalmente reconocidos de la razón, del *common sense,* como puntos de ataque «retóricos» (en el sentido antiguo) de la argumentación.

El pensamiento jurídico clásico no «concluye», y el sistema escolástico de GAYO le es extraño. Los *responsa* son soluciones del pensamiento discursivo vinculadas a los problemas: *Solvitur ambulando,* a la manera del *sic et non* escolástico. La controversia no es negada o «superada» dogmáticamente, antes expuesta abiertamente a debate y acompañada de una «opinión» que empieza con giros tales como *magis puto...* o *varius est, ut...* A menudo encontramos solo partes de la alternativa. Pues la comisión recopiladora de TRIBONIANO eliminó muchas de semejantes discusiones, por haberse ya creado soluciones auténticas por medio de una *lex,* para dejar solo el «resultado» que le parecía plausible. Para el pensamiento planificador y codificador de los juristas imperiales, el *sic et non* de las discusiones retóricas no era sino una fase previa y ya superada de la solución unitaria legal, que a lo sumo se mencionaba con una fórmula en la que se traslucía el orgullo por el progreso realizado: *Post magnas varietates obtinuit...* Pero estas soluciones clásicas, como más de una vez ocurre con nuestras "teorías», aparecen yuxtapuestas como *inventiones* aisladas, en lo cual radica justamente la oposición entre investigación de fuentes y afán sistemático, fundamentando las típicas preocupaciones interpretativas, de la romanística. Podríamos hablar aquí de pensamiento aporético y argumentación retórica, puesto que la actitud mental corresponde al tipo aristotélico-escolástico. De todos modos, hasta la época postclásica la retórica y la tópica no recibieron en el pensamiento jurídico aquella estructura aristotélica que, gracias al *trivium* escolástico, pasó al pensamiento occidental en calidad de «clásica».[141] Por consiguiente, clasificaciones como *essentialia - naturalia - accidentalia* son *topoi* específicos de la idea aristotélica de la «naturaleza» de las cosas, que ya los juristas bizantinos incorporaron a su mundo conceptual. Los principios «generales», ni siquiera en su sentido problemático son obra de los juristas clásicos. A lo mejor se citan como *obiter dicta* y luego constituyen autoridades póstumas en las *regulae antiqui iuris.* Cf. el famoso pasaje de POMPONIO, D. 50, 17, 206, que contiene el principio del enriquecimiento, el cual no existía en absoluto como tal en el derecho clásico, aparte de que la *condictio* clásica en modo alguno afectaba al «enriquecimiento injustificado» en sí mismo, sino que se dirigía *ad certam rem* o *ad certam pecuniam,* y aún solo en la *datio.*[142] El derecho clásico no conocía ninguna *condictio* general *sine causa,* e incluso los casos particulares citados por SCHWARZ para refutar la tesis también favorable a los principios de ERHARDT, según la cual la *iusta causa* había sido un principio moral (cf. D. 25, 2, 25 y 12, 7, 1), no demuestran la existencia de ningún principio constructivo de una causa técnica en el sentido de base de derecho, hubiera representado una corrección general de «desplazamientos patrimoniales» injustificados. Los pasajes despiertan sospechas de «ela-

---

[141] Cf. sobre este punto STEINWENTER, *Rhetorik und römischer Zivilprozess,* ZSS (1947) rom. A. 2, 65, 101 ss., m ss. Sobre la influencia de la filosofía aristotélica en la evolución de la jurisprudencia romana, cf. COING (n. 130) 2, 24 ss., 69.

[142] Cf. O. 12, i, 32 y 12, 6, 49, también 12, 6, 33, más citas en SANFILIPPO, *Condictio indebiti I* (1943) 56 ss. Cf. FRITZ SCHWARZ, *Die Grundlage der Condictio im klassischen römischen Recht,* 1952. Visión de conjunto sobre el estudio moderno de la *condictio* en KADEN, ZSS 71 (1954) 555.

boraciones y aportan argumentos procedentes de distintos estratos.[143] La idea directriz clásica carece de fuerza instrumental, es un puro *topos*. La alegación de un «principio básico» es moderna, así como la utilización inconscientemente instrumental de una *inventio* ligada a un problema a los fines de la *public policy*. Tales avances son justificados sin rebozos por los juristas clásicos acudiendo a la *utilitas*.[144] La *causa* clásica no es una expresión técnica, sino un libre concepto general de la retórica forense. La prohibición del enriquecimiento injustificado en calidad de principio y sus efectos sobre el concepto de causa es debida, según ha demostrado PRINGSHEIM,[145] a influencias cristianas. Pero cf. también BECK, Christentum und nachklassiche Rechtsentwicklung,[146] quien a este propósito remite a la ética estoica y, dentro de ella, a CICERÓN.

Ya el concepto de *inventio,* que CICERÓN introduce en la dialéctica, aleja, si hemos de seguir a VIEHWEG (n. 13), la retórica de su estilo antiguo: la remisión apodíctica a verdades del *common sense,* que al modo de la ἔνδοξα aristotélica, «aparecen como verdaderas a los ojos de todos, o de la mayoría, o de los sabios, y entre los sabios o a todos, o a la mayoría o a los más conocidos y prestigiosos».[147] Es éste un rasgo que aparece siempre en el pensamiento jurídico clásico (y ello nos interesa para señalar idénticos puntos de parada en las concepciones anglonorteamericanas, como *reasonableness* y *natural justice),* y la remisión a lo «evidente» no se omite ni siquiera cuando figuras del *ius strictum,* como la *condictio,* excluyen las consideraciones de equidad: *Nam hoc natura aequum est, neminem cum alterius detrimento fieri locupletiorem* (D. 12, 6, 14). La insistencia en que algo es «natural» o «justo» o «generalmente admitido» —aunque esté disimulada en una oración incidental (como: *quod vulgo respondetar,* cf. JULIANO, D. 41, 3, 33) —no significa aún una «irrupción» del ámbito de la equidad en el *ius civile,*[148] sino la obligada apelación al *communis consensos* y a lo evidente o indiscutido, que en los sistemas abiertos substituye la obligatoriedad de las deducciones axiomáticas. De ahí también la sugestiva fuerza de las ficciones y otras técnicas (por ejemplo, la designación como un «quasi», como una simple variedad de lo conocido y resuelto), y la importancia del ejemplo escolástico, en modo alguno limitada al campo didáctico, a base del cual se introduce el *responsum* del nuevo caso con un *quaero, an...* (o sí).[149] El *ius civile* sigue siendo «una decepción para el sistemático»,[150] ya que sus principios, a pesar del arte escolástico de los bizantinos, no recibieron significación axiomática algu-

---

143 Cf. D. 23, 3, 50 y 19, 1, 11, véase también H. J. WOLFF, IURA 3 (1952) 382, contra DAWSON (n. 7) 5 ss., quien considera al pensamiento del enriquecimiento como un «instrumento» *(working tool)* de los clásicos y entiende en sentido moderno el valor del principio como siendo «a la vez una aspiración y un criterio para el juicio».

144 Así WOLFF op. cit., quien califica sin ambages las «alusiones matizadas de retórica» citadas por DAWSON de «palabrería escolástica sin trascendencia, dudando incluso de que procedan de los compiladores. De todos modos, es de influencia aristotélica (cf. COING [n. 130] 40 ss.), la cual en la época bizantina pone en evidencia lo específicamente «injustificado» del *cum alterius detrimento locupletior fieri* y enseña su tratamiento técnico.

145 Die römische aequitas der christlichen Kaiser, Acta Congressus Juridici Internationalis I (Roma, 1934) 121 ss. (147).

146 *Atti del Congresso Internazionale di Diritto Romano* II, 91 ss.

147 ARISTÓTELES, *Tópica,* I, cap. I, ap. 5, prop. 3.

148 Cf. PRINGSHEIM ZSS 52 (1922) rom. A. 643 ss.

149 Sobre esta cuestión: MEYER, *Die Quaestionen der Rhetorik und die Anfänge juristischer Methodenlehre,* ZSS 68 (1951) rom. A. 30 ss. Cf. también STEINWENTER (n. 141) 67 ss.

150 VIEHWEG loc. cit.

na.[151] De la misma raíz procede la profunda desconfianza contra el valor derivativo de los propios términos técnicos, cuya fijación hubiera deparado un peligroso quebranto al pensamiento problemático. De ahí la advertencia de JAVOLENO en D. 50, 17, 202: *Omnis definitio in iure civili periculosa est: parum (rarum?) est enim, ut non subverti posset.* Con mayor razón es recomendable esta reserva frente a los preceptos generales de las *regulae,* que incluso cuando están investidas de la autoridad de las *regulae veterum* y al servicio de la jurisprudencia regular,[152] frente al *ius* solo tienen consideración de *topoi,* no de principios, es decir, carecen de valor de derivación en el sentido axiomático: *Non ex regula ius sumazur,* dice PAULO (D. 50, 17, 1), *sed ex iure quod est regula fiat.* Pues las reglas solo suministran preceptos directivos *(brevis rerum narratio traditur).* Pero los tres lamosos *precepta iuris* de ULPIANO ni siquiera son preceptos directivos en el sentido del repertorio en D. 50, 17, sino propiamente máximas en sentido kantiano.[153] Tales máximas estaban de acuerdo con la filosofía popular estoica, pero no obtuvieron prestigio jurídico hasta la época postclásica, con cuyo «espíritu religioso-moral»[154] se avenían, del mismo modo que hoy la doctrina retórica de la *aequitas* ha recibido importancia substancial como base de la decisión.[155] Como demuestra VIEHWEG en su obra citada, estaba reservado a VICO redescubrir, en la época de un pensamiento sistemático axiomáticamente afianzado, la significación clásica de los tópicos en su relación con el *sensus communis* haciendo tanteos en el campo de los *verisimilia* (*De nostri temporis studiorum ratione,* 1708). Un precursor de la moderna «teoría científica» demuestra aquí en el punto de partida del *primum verum,* cómo el pensamiento deductivo a partir de principios echa mano de la riqueza y fertilidad del pensamiento tópico. Esto ilumina también la peculiaridad y la doble posición del pensamiento «según principios» en el derecho, tanto en el régimen sistematizado y cerrado como en el abierto. Tenemos un paralelo obvio en la opinión de N. HARTMANN,[156] de que la solución casuística se equivoca al considerar aislado «su» problema, ya que éste solo se hace visible partiendo de un sistema, aunque no se confiese (= conexión de derivación), y solo es soluble por medio de una «acertada» clasificación dentro de éste. Aquí se verifica, pues, de la mano de los planteamientos de problemas, una selección entre los sistemas, del mismo modo que, viceversa, la elección del sistema trae consigo una selección de problemas, y lo que cabe preguntar es solo dónde está el factor fijo y dónde el móvil. En la jurisprudencia, como señala VIEHWEG, la constancia del problema aparece como el punto de partida fijo, que descansa en una conexión presistemática y en una comprensión precientífica, y éste es el plano en el que los principios jurídicos preestructurales actúan como índices del derecho comparativo. Un «sistema» de cuño nacional, con su 'perfección», parece hacer superflua la remisión al pensamiento tópico basado en el *sensus communis* y a *inventiones* procedentes de otras estructuras; pero esto es cierto solo en apariencia. Pues no hay problema que sea privativo y exclusivo de este sistema particular. Pero incluso con respecto al sistema, el pensamiento axiomático que opera sobre nexos deductivos solo puede ser fructífero, si la base de los axiomas es lo bastante amplia y verificable inductivamente sobre el *common sense* del presente. De ahí la superioridad de los sistemas menos

---

151 Cf. FRITZ SCHULZ (n. 140) 36 ss.

152 JÖRS, *Röische Rechtswissenschaft zur Zeit der Republik* I, 283 ss.

153 Cf. BRUGI (n. 343) 160 ss.

154 COING (n. 130) 44.

155 Cf. PRINGSHEIM op. cit., especialmente 647.

156 Kantstudien 29 (1923) 160 ss.

rígidos. «La inducción debe preceder la deducción, ya que para poder deducir necesitamos una generalización inductiva de la que podamos sacar nuestras deducciones'; así formula STOLJAR lo que parece una perogrullada,[157] pero que en modo alguno es obvia en la jurisprudencia continental. A pesar de VICO nuestro pensamiento rígidamente metódico ha marcado, aun en los últimos tiempos, verdaderos récords de la más supersticiosa especulación axiomática de la «pura teoría jurídica», que incluso imponen respeto a la teoría anglosajona cuando ésta se olvida de sus tradiciones empíricas, haciendo necesario redescubrir la tesis de Vico: «Una vez más, deducción e inducción, lejos de ser antitéticas, constituyen en efecto procedimientos complementarios.»[158]

En nuestro pensamiento codificador moderno se han introducido una multitud de principios producto de la invención «abierta», arraigando hasta tal punto en la dogmática, que con el aparato conceptual de ésta e han convertido en parte de un pensamiento en apariencia puramente axiomático, en el que las consideraciones de «política jurídica» y la casuística vinculada a problemas se han establecido, como islotes aparentemente extraños al sistema, dentro del marco de las cláusulas generales normas en blanco e instituciones de reciente creación. Así observamos, una al lado de otra, tres clases de principios: Principios axiomáticos en el sentido constructivo moderno, principios problemáticos o ideas básicas en el sentido retórico, y principios dogmáticos. Es verdad que éstos surgieron en un momento dado en virtud de una situación histórica, pero hoy están de tal modo fundidos con la estructura jurídica o la «lógica» de un sistema positivo, que parecen poseer un valor de deducción utilizable independientemente. Solo la jurisprudencia de intereses, ques la gran irrupción del pensamiento problemático en nuestro pensamiento codificador a la que hoy asistimos («interés» es pura y simplemente un *topos)*,[159] ha hecho luz sobre su valor de construcción puramente pragmático, restringiendo su «lógica» a la interpretación objetiva de los problemas. Un principio axiomático de nuestro derecho civil sería, por ejemplo, la libertad de contratación o también la relatividad de una vinculación obligatoria; un principio retórico sería la «idea de enriquecimiento» o también el llamado «principio de la confianza» en el tráfico jurídico;[160] pensamientos dogmáticos (más propiamente, dogmatizados) serían, por

---

157 N. 84, 186.

158 STOLJAR, op. cit.

159 De ahí el gran éxito de IHERING (en su segunda fase) en la filosofía legal angloamericana.

160 Sobre ambas clases, como típicos núcleos de cristalización de una evolución del derecho judicial observable en todas partes, infra cap. XVIII. De los principios ligados a problemas y con un ámbito precisamente delimitado, podrían distinguirse los principios «heurísticos» de la *lex artis* jurídica, los cuales (generalmente en forma de paremias y adagios, como *error iuris baud excusat)* encierran a menudo un sentido y un campo de aplicación heterogéneos, a pesar de lo cual son expresión de una acreditada ciencia jurídica. La primera razón de ser histórica de semejantes principios suele ser de índole heurística y retórica. (En el conocido ejemplo de Paulo D. 22, 6, 9, 5 in fine: *quod imperitia lapsi legis Falcidiae beneficio usi non sunt, sciant ignorantiam facti, non inris prodesse nec stultis solere succurri, sed errantibus.*) Tuvo que venir una época de espíritu moralizante y sistematizador para que, al encontrarse con este material, sacara de él un principio racional.
El tránsito a los principios problemáticos es fluctuante. Cf. la famosa fórmula: *In pari turpitudine melior est causa defendentis (possidentis),* cuyos campos de aplicación son más estrechos o más anchos según sea el pensamiento básico que aquí se descubre (cf. la *clean hands-doctrine* de la *equity),* y que entre nosotros vacila todavía entre las dos significaciones.

ejemplo, el de la naturaleza abstracta del negocio de cumplimiento o el principio de accesoriedad de las fianzas.

Puede citarse una gran cantidad de otros *topoi* modernos que se han convertido en elementos conceptuales de un complejo derivativo que funciona lógicamente. Cf. las parejas de conceptos: parte esencial y pertenencias, mora e imposibilidad, etc. Pero en cada caso el sistema solo es cerrado en apariencia. Con el «riesgo de empresa» se introduce en la concepción de nuestro BGB la *inventio* de una unidad problemática prejurídica, que ya no puede disimular su carácter de extraña al sistema como la «violación positiva del contrato», en apariencia solo interpolada. Es igualmente extraña a los complejos deductivos de nuestro pensamiento la invención de la «base del negocio» con referencia al error» o a la «causa jurídica». Es sabido de qué modo tan artificioso estableció OERTMANN el complejo deductivo del § 779 BGB. Pero así ocurre con todos los principios originariamente vinculados a un problema y que descansan en una *inventio.* Muchas veces se renuncia a dar carácter de principio a un *topos* que en la práctica es decisivo. En tal caso, como ocurre con nuestro concepto de 'bien jurídico», sigue en circulación junto al sistema oficial hasta que poco a poco, partiendo de la doctrina y de su esquema constructivo, va llenando los conceptos legales con un nuevo contenido (cf. infra cap. XVIII, acerca del paralelo proceso de sistematización en los *torts,* que en los EE.UU. aparece ya claramente). En el derecho anglosajón los conceptos históricos tales como *torts negligence, mistake* y *misrepresentation,* quedan exentos de toda carga axiomática —con gran escándalo de nuestros juristas— y por consiguiente solo son susceptibles de fijación en su contexto histórico, nunca en su contexto teórico. De ahí la heterogeneidad —a menudo excesiva para nuestra necesidad de sistematización— de sus figuras singulares. *Common-matual-unilateral mistake* están tan lejos de situarse «sistemáticamente» en un mismo plano, como entre nosotros base del negocio —disenso— error en la declaración; lo único que puede constatarse es el enlace pragmático con conceptos introducidos históricamente. Cf. también la posición del concepto de *frustration* «entre» la doctrina de la imposibilidad y la de la base del contrato, la de la *consideration* «entre» la teoría del sinalagma y la de causa, y la de *nuisance* «entre» el derecho delictual y el de vecindad (véase infra, cap. XVIII).

Esta anticipación de la ulterior clasificación de los principios era inexcusable porque la discrepancia de estas tres formas básicas impide toda definición unitaria del concepto, lo que explica la disparidad de las definiciones propuestas, según sea el tipo en que piense el autor.[161] Así, por ejemplo, desde la forma axiomática se llega a la banal constatación, ante la cual sobran todos los esfuerzos delimitadores, de que «toda regla más general posee, frente a otra más concreta, el carácter de principio».[162] Entonces se considera solo como esencial la posibilidad de deducir del principio reglas más concretas,[163] sin que nunca se abra el acceso a los simples

---

161 Así ya CICERÓN usa ese término referido a uno de sus temas favoritos, en distinto sentido: como concepto filosófico de la lógica y como principio substancial de la justicia, con lo que una vez más los *praecepta iuris* hacen de intermediarios entre los principios tópicos de la jurisprudencia y las máximas de la ética estoica, cf. *De Legibus* I, X, 28 y *De Oratore* I, 42, 190; sobre este punto BRUGI (n. 34) 161. No ocurre hoy de otro modo: cf. BOULANGER (n. 35) 51 ss. y SIMONIUS (N. 24) 239.

162 Así SIMONIUS op. cit.

163 Así la concepción axiomática —erróneamente llamada «escolástica»— aunque también puede presentar matices, no solo racionalistas, sino organicistas. He aquí, por ejemplo,

principios vinculados a problemas. Tales principios son tratados solo como puntos de partida no vinculantes de la argumentación, que por su falta de precisión solo podrían adquirir el carácter de derecho si cristalizaran en normas concretas.[164] Esta característica es perfectamente acertada desde el punto de vista del pensamiento axiomático. En éste los principios «auténticos» poseen valor de deducción. Pero tales limitaciones a una determinada técnica jurídica son prematuras. De momento solo puede precederse al establecimiento de una *terminología* unitaria. A este fin me parece importante la formulación negativa, aplicable a todos los tipos, de que un principio jurídico no es un precepto jurídico, ni una norma jurídica en sentido técnico, en tanto no contenga ninguna instrucción vinculante de tipo inmediato para un determinado campo de cuestiones, sino que requiere o presupone la acuñación judicial o legislativa de dichas instrucciones. Los principios jurídicos, a diferencia de las normas de derecho, son contenido en oposición a forma, aunque el uso de estas categorías aristotélicas *no* debe inducirnos a pensar que la forma sea lo accesorio de algo esencial. Puede haber épocas de la cultura que, argumentando sobre la base del contenido ético-jurídico, «expliquen» o también dejen de lado, las formas del derecho.[165] Histórica y efectivamente, la forma, entendida procesalmente como

---

cómo empieza Bellini su estudio «Il principio generale dell'effecttivitá nell'ordinamento internazionale (Anuario di dir. comp. e di studi legisl. 27 [1951] 225): *Un ordinamento non e una pura somma di valutazioni giustaposte. Esse si combinano in un complesso organico gerarchicamente ordinato.* La primera frase es ya equívoca, por cuanto *un ordinamento* presupone una unidad sistemática, que dado el pluralismo de nuestras fuentes de derecho y el encabalgamiento histórico y las necesarias antinomias de nuestros «supremos valores jurídicos» nunca estamos en situación de verificar. Con este *petitio principii* enlaza el mito de una «construcción» orgánicamente homogénea, cuyos sótanos son la casuística, las normas de supuestos la planta baja, las reglas generales el piso superior, y los principios la techumbre (p. *228).* Huelga decir que también los principios están a su vez clara y limpiamente estructurados según jerarquía. Se establece una conciliación entre las fuentes epistemológicas y las jurídicas en sentido histórico, y de la realidad técnica de un utilitario y graduado complejo de normas se deduce una metafísica definición de esencia. Se levanta con razón contra la idea de una jerarquía de los principios Simonius op. cit. 240. No existe un «principio supremo», ya que todas las funciones del derecho se pueden expresar en principios que cada vez actúan antinómicamente.

164 Generalmente los autores se expresan con vaguedad. Cf. Stati, *Le standard juridique* (París, 1927) 56: *Le principe juridique diffère de la règle juridique par le défaut de précision.* Con igual vaguedad se insinúa luego el concepto de principio axiomático: en derecho el principio es algo *qui est à la base de plusieurs règles juridiques* (loc. cit.). De todos modos se contraponen principio y regla de un modo que en modo alguno es de aceptación general. Cf. Ripert (n. 119) 575: *C'est une régle, mais une régle générale et importante qui en commande d'autres.* No hay que pensar que tales ingenuas formulaciones sean innocuas, pues fomentan la confusión de los límites del derecho positivo, y están destinadas a fomentarla, como demuestran los propios trabajos de Ripert. El consuelo de Simonius, de que la delimitación de los conceptos no es decisiva, con tal que sea conocido el alcance de cada precepto (n. 24, 241), resulta tardío, si se manejan principios no positivados pura y simplemente como normas del derecho positivo, sin reconocer que se procede a crear derecho, y por tanto sin posibilidad de control.

165 Cf. las indicaciones de Rheinstein, 18 Univ. Chicago L. Rev. 407. Encontramos esto confirmado en el ejemplo de la formación de principios en la poca de los glosadores y postglosadores (véase infra, p. 74/75, que bajo la afluencia de las concepciones jurídicas eclesiásticas y moralizantes fundió sin el menor reparo en principios totalmente ahistóricos (por ejemplo, la prohibición e enriquecimiento *Neminem cum damno alterius locupletiorem fieri*) disposiciones clásicas de índole formal (como las de las *condictiones).*

medio de protección del derecho o materialmente como norma, es siempre lo esencial, lo único que puede conferir realidad y significación jurídica a aquel contenido fundamental, aunque no sea reconocido aún como *ratio.*[166] Por ello tampoco en nuestro moderno derecho legislativo renunciamos a los supuestos «formales» y a las soluciones igualmente formalizadas —o sea, fijadas en forma de instituciones. La pregunta acerca de la *actio* adecuada sigue siendo criterio del pensamiento jurídico (a diferencia del pensamiento ético), si sabemos que todas las formas de protección del derecho no son más que «una metáfora», y que todas las normas singulares matenales (sobre asunción del riesgo, deber de protección, de fidelidad, de notificación, de asistencia, etc.), con el «pensamiento» que las informa, rebasan la institución en la que se han desarrollado históricamente y se han especializado metódicamente. Ya en el concepto de «instrucción» entra un atenerse a supuestos de hecho, sean éstos fijados de antemano o —en las normas formularias— se deduzcan claramente de los modelos reconocidos de los usos del tráfico, etc. El precepto moderno del sistema continental ha de ser «aplicable», es decir, precisado en su alcance y modo de operación por medio de criterios que un cuerpo de funcionarios ha de establecer, en forma comprobable, como dados o no dados. Ya aquí aparece la distancia que separa el concepto continental de «norma» del anglo-norteamericano de *rule:* en ésta el juez no es un funcionario a los efectos de una acción burocráticamente organizada. En la terminología de MAX WEBER, tendría las notas de una forma de soberanía tradicional, no las de una forma burocrática. Esto basta para explicar la razón de que para el pensamiento jurídico continental la diferencia entre principio y norma posea un alcance mucho mayor que, para la concepción del *common law,* la distancia entre *principle* y *rule.*

En éste el problema de la aplicabilidad burocrática y técnica de la regla no se plantea en los mismos términos que entre nosotros. Lo que en nuestro sistema distingue el principio de la norma, no es la «abstracción» o el «carácter general», sino la posibilidad de precisar los casos de aplicación, que es lo que caracteriza al «precepto». Tanto si esta posibilidad viene dada por un supuesto legal, tanto si el ámbito de aplicación está fijado casuística o institucionalmente, tanto si los criterios para la aplicación son precisados por «hechos jurídicos», por convención, dogmática o juicios de valor colectivos (como «buena fe») —en todos los casos, incluso en la llamada «cláusula general», el precepto jurídico da una instrucción para grupos detallables de casos, dejando un espacio mayor o menor a la discreción del juez. Según la concepción continental, el principio no es en sí mismo una instrucción,[167] sino causa, criterio y justificación de esta. Lo cual significa, de todos modos, que, en tanto que ratio legis, está ya incluido en la instrucción, determinando la posición de ésta dentro del conjunto del ordenamiento. El que, además de esto, y en virtud del caso singular pueda convertirse en una instrucción positiva concreta,[168] depende de que exista un sistema susceptible de deducción o bien un método que establezca la

---

166 En este sentido los sistemas de derecho natural son intentos ahistóricos de construir también los elementos formales partiendo de principios racionales.

167 Esto lo niega RIPERT: *Le principe est règle puisqu'il est direction de conduite.* Demostración: *Un homme qui a des principes est un homme qui dirige sa vie suivant les grandes règles de morale...* (!). De ahí *se* pasa a la devaluación de la norma positiva en norma «técnica»: *Les principes du droit sont les regles essentielles sur lesquelles sont greffées des règles secondaires d'application et de technique* (n. 119) 575.

168 Sobre la aclaración de este predicado, tantas veces mal comprendido, cf. últimamente ENGISCH, *Die Idee der Konkretisierung in Recht und Rechtswissenschaft unserer Zeit* (1953).

constitución de la norma singular partiendo de la casuística y en virtud del cual se fije el valor «normativo» o «constructivo» del principio. La primera vía es la del hallazgo del derecho en el sistema cerrado, la segunda es la del Derecho del caso y de todo derecho judicial que se desarrolle al margen de las codificaciones. Sin el nexo deductivo o problemático de un principio, o sea, sin ordenación jurídica en un enlace sistemático o problemático positivo y sin fijación del procedimiento de la creación de derecho, consista ésta en formación de precedentes o en la simple autoridad fáctica de la tradición judicial o doctrinaria, el desarrollo de las normas por obra de la acción judicial carece de garantía en cuanto a su constancia y consecuencia. La disposición de que el juez, lo mismo que un legislador, debe crear la norma bajo la representación de su alcance general, o sea, vinculada al sistema (art. 1, II ZGB), dada la irrealidad de este supuesto y el conflicto en que las contemporáneas incitaciones a hacer uso de su facultad creadora entran con la concepción histórica, hoy tan necesitada de complemento, tampoco substituye la instrucción concreta, cualquiera que sea la manera como el juez deba entender esta solución legisladora. Pues la solución que el juez tiene que encontrar, no debe pretender solo a ser aplicable a un tiempo dado, sino a todos los tiempos en general. De ahí la concluyente remisión del ap. III a la communis opinio científica y cultural («la doctrina y la tradición acreditadas»), queb supone, por tanto, la existencia de una convicción general de la época susceptible de ser precisada. Volveremos sobre ello en el cap. V.

2. Bajo el influjo de semejante sujeción al sistema o al procedimiento, § la sentencia judicial, tanto la particular como la masa de una jurisprudencia constante,[169] puede convertirse en agente transformador de principios pre-positivos en preceptos e institutos positivos.[170] Mas para la construcción de nuevas normas particulares, que amplíen el círculo cerrado del ordenamiento positivo, el juez tiene que recurrir a principios extrasistemáticos (tópicos). En casos en que solo el círculo más amplio del ordenamiento positivo, la constitución, facilite principios de orde-

---

[169] Aquí se deja el más amplio margen a la solución nacional, desde el prejuicio decisorio de todo *leading case,* pasando por la restricción de la vinculación a las sentencias del Tribunal Supremo (o solo a determinadas de ellas) hasta la excepcionalidad de la obligatoriedad dados determinados presupuestos, cf. por ejemplo la peculiaridad de la doctrina legal española p. 149 n. 32. Solo es insatisfactoria una situación en que no haya ningún principio legal de desarrollo del derecho, lo cual obliga a desleales intentos de deducción y deja sin control la eficacia factual de los precedentes.

[170] Esto lo demuestra RIPERT (n. 40) para la positivación de principios éticos en el derecho de obligaciones (cf. también BOEHMER [n. 48] I, 12 ss.), aunque con la tendencia ya advertida de postergar la labor de creación judicial en favor de la supuesta operación automática de los principios éticos. En suma, yo resumiría así la vía de transformación que se deduce de los casos por él descritos: El principio ético se convierte en parte del derecho positivo: *a)* por incorporación en la estructura de una institución, *b)* por formación de un nuevo principio constructivo o sistemático, *c)* por fusión interpretativa en normas legales o en la *ratio* de éstas, *d)* por interpolación de un llamado pensamiento jurídico, que se supone común a varias figuras de derecho, *e)* por la «brecha» que las normas en blanco y las cláusulas generales abren, en el sistema cerrado, a los *topoi* extrasistemáticos de la jurisprudencia, *f)* por la libre conversión judicial de deberes éticos en deberes jurídicos (cf. infra sobre el concepto de «deber de auxilio», y también bajo los términos «deber de asistencia», «deber de lealtad» y «deber de atender a la seguridad del tráfico»), y *g)* mediatamente por formación de una opinión doctrinal o un concepto dogmático de valor deductivo. (Ésta suele ser la última fase.)

namiento más o menos formales, el juez debe tomar sus criterios materiales de valor del ámbito pre-positivo de los principios de la ética jurídica y de la convicción general, ευδοξα, o, en la terminología del *common law:* de la *public policy y* el *commort sense.*[171] Pero semejantes principios derivados de la moderna, en el tratamiento regular de los casos están ya en la base de la elección de normas y en la selección de supuestos de hecho: tanto en el proceso silogístico como en el razonamiento legal de un caso a otro caso *(legal reasoning from case to case)* Ellos controlan la aplicación de la ley y la labor conceptual, que aparentan obedecer a la mecánica lógica. Si la labor conceptual se desvía del «sano» sentimiento jurídico, entran en acción los principios y proceden por su cuenta a formar nuevas normas y preparar su reconocimiento técnico. Pasan por un tiempo de incubación y, al producirse un caso ejemplar, franquean el umbral de la conciencia e irrumpen en el pensamiento jurídico.[172] El proceso sigue un curso análogo en los dos cipos de derecho, el casuístico y el codificado: el momento crítico de la revocación de un precedente *(overruling)* — que entre nosotros sale a la luz cuando se acude al argumento: «No puede ser ésta la intención del legislador»— sigue a un más largo proceso desarrollado en la inconsciencia, durante el cual el principio en cuestión, informulado todavía, va cobrando fuerzas gracias a la inadecuación de las sentencias legales que se van dictando, anunciándose en contraargumentos también legales y en opiniones divergentes *(dissenting opinions).*[173] Hasta que finalmente la evidencia, la *inventio* de un pensamiento hasta entonces no formulado encuentra de súbito una formulación convincente, que prescinde de la simple interpretación y construcción de los preceptos positivos dados.[174]

---

[171] «Todo principio importante que se desarrolla por la vía de litigio es de hecho y en el fondo, el resultado de concepciones sobre el interés público más o menos precisamente comprendidas; sin duda lo más comente, en nuestra práctica y tradición, es que sea el resultado inconsciente de preferencias instintivas y convicciones inexpresadas, pero no menos reducibles, en último análisis, a las concepciones sobre el interés público» (HOLMES [n. 69] 36). Cf. también SALMOND, *On Jurisprudence*[7] (1942) 202: «¿De dónde, pues, derivan los tribunales nuevos principios o *rationes decidendi,* con los que complementan la ley existente? En realidad no son otra cosa que los principios de la justicia natural, el interés práctico o el sentir común.» Cf. todavía ALLEN, Precedent and Logic: 41 L. Q. Rev. 335.

[172] Cf. CARDOZO, *Paradoxes of the Legal Science* (1928) 59 (*Select Writings,* p. 286) e ibíd. 60: «El derecho tiene sus intuiciones agudas, sus momentos de tensión apocalípticos.» La fertilidad de tales momentos depende de jue el caso, que da lugar al paso decisivo, sea realmente típico y fundamental, es decir, fructífero para el desarrollo del derecho, y no solo emocionalmente provocativo o abstruso en su situación. A tales casos se refiere el adagio: *Hard cases make bad law.*

[173] «Con «respecto al proceso de positivación de los principios, no debe desconocerse la importancia de los votos particulares oficiales de los jueces. Sin embargo, incluso un principio «reconocido» llevará en el momento de nacer la deformación impuesta por el «caso»: *Beaucoup des idées juridiques —et peutêtre toutes— sont apparues à leurs débuts à l'état informe* (KOCOUREK, Le développement du droit...: Recueil Lambert I [1933] 78 sub n.° 4). Luego se va delimitando por todos lados en una larga serie de sentencias.

[174] « ... *arriva a formulare nuovi principi generali,* ASCARELLI (n. 70) 7, donde se examinan ambas alternativas: una antigua regla o norma recibe un nuevo sentido, o también una nueva ley es interpretada y aplicada por el *gouvernement des juges* (Lambert) *secondo i vecchi principi.* En el *case law* el principio no es parte de la autoridad del precedente, no forma parte de la regla obligatoria, pues solo dirige la *ratio decidendi,* cf. infra cap. X. Aunque hasta los simples *dicta* de jueces prestigiosos gozan de autoridad factual, no se admite la formulación del principio más allá de la regla, exactamente como en la jurisprudencia problemática clásica (más detalles infra p. 247 ss.). El estilo retórico del franco pensamiento proble-

Un bello ejemplo de la multiplicidad de influencias judiciales y doctrinales que colaboran en la formulación definitiva —o sea la óptima para un tiempo determinado— de un principio positivado, es el deber de atender a la seguridad *del* tráfico. Partiendo de una situación totalmente especial (ausencia de una norma de responsabilidad de derecho público) y con una falaz apelación a principios del derecho común y a decisiones previas, que para este caso solo suministraban *obiter dicta,* la VI Sala de lo civil del Tribunal del Reich procedió en el 23-3-1903 a entronización como instituto jurídico positivo de un principio que rebasa el sistema delictual del BGB. Cf. la muy precisa historia *del* nacimiento de este principio en HOFACKER, *Die Verkehrsicherungspfiicht* (1929) 7 ss.; además, mis observaciones en JZ, 1953, p. 129 e infra, cap. XVIII. Sobre el descubrimiento del principio en Francia, en virtud de un proceso exactamente análogo, véase SAVATIER, *Le gouvernement des juges en matière de responsabilité civile*: Recueil Lambert I (1933) 453 ss. En Francia un texto que venía «dormitando» desde hacía 100 años (art. 1.348 I C. c.), cobró nueva vida gracias al descubrimiento de este problema. En ambos países la doctrina ha suministrado ulteriormente nuevas «teorías» para satisfacer la necesidad sistemática (*théorie du risque,* acción a propio riesgo, doctrina del riesgo de empresa, etc., cf. además, mi obra «Grundlagen und Entwicklung der Gefährdungshaftung», especialmente p. 65), las cuales empero por su parte no presentan más que simples *topoi,* sin intervenir decididamente en la pugna entre el deseo de ampliar el deber de responsabilidad y la reflexión sobre los límites de la necesaria responsabilidad propia. Cf. la crítica en la nota de CAPITANT en D.H. (1931) 18 ss. acerca del tema «Le passage clouté», luego las decisiones, influidas por el seguro de responsabilidad civil, de la Cour de Cassation D. 1934, **1**. 41 y 1936 **1**. 81, y finalmente la exposición en SAVATIER op. cit. quien habla de una *règle de paresse* (464). En el derecho inglés y norteamericano se advierte la actuación de las mismas fuerzas antagónicas en la pugna sobre un principio, en el entretanto ya convertido en positivo, de responsabilidad por negligencia en mantener el edificio en una condición razonablemente segura. De un gran número de reglas singulares bien establecidas *(well settled rules)* acerca de los deberes que incumben a los propietarios, poseedores de tiendas, etc., dirigidos a «poner un cuidado razonable en prevenir los daños

---

mático (*solvitur ambulando*) da justamente pie a los jueces de espíritu creador a argumentar exclusivamente a partir del *sic et non* de la comparación de casos y de la base del sentir común. Así, por ejemplo, CARDOZO, al que se deben tan importantes contribuciones a la citada evolución de los deberes de responsabilidad, como *McPherson* v. *Buick,* 217 N. Y. 382 (1916) y *Palsgraf* v. *New Jersey Railroad Co.,* 248 N. Y. 339 (1928), renuncia gustoso a todo aserto doctrinal y de principio en favor de una lengua judicial de arcaica sencillez. No siempre está libre de lugares comunes, ni de efectismo; es justamente retórica en todos los sentidos Léase, por ejemplo, el comienzo de los considerandos de su sentencia en *Wagner* v. *International Railway,* 232 N. Y. 176 (1922), en la que se contiene una franca exposición de la base psicológica de la responsabilidad por riesgos y su fundamentación con elementos del *common sense.* Empieza así: «El peligro llama al socorro. El grito de angustia es la llamada al auxilio. El derecho no hace caso omiso de estas reacciones de la mente al seguir la conducta hasta sus consecuencias», etc. «El riesgo del auxilio, con tal que no sea temerario, nace de la ocasión. La necesidad produce al hombre. Acaso el malhechor no haya previsto la llegada de un salvador. Es imputable como si lo hubiera previsto.» En lo que sigue no se ata un solo precedente, o en todo caso no se cita uno solo con referencia a la regla que aquí interesa, y sin embargo, a la manera antigua, la regla es expuesta a base de ejemplos sencillos. Solo al final observa Cardozo autoritariamente: «La regla es la misma en otras jurisdicciones».

derivados de los peligros inherentes a sus tierras y afectos, y de la conducta de otras personas en sus locales», ha surgido un principio unitario, en el que se han incorporado las tradicionales gradaciones de responsabilidad frente a *invitees y licensees* de diversos grados,[175] pero que en conjunto fundamenta una responsabilidad estricta *(strict liability)*, solo por excepción evitable,[176] y que, tratándose de obras peligrosas, no puede ser excluida en el caso singular para los contratistas independientes gracias a una prueba de exculpación. Cómo esta responsabilidad se convierta en accionable, es *cura posterior*. La negligencia puede constituir una acción (y entonces tenemos la paradoja de una «negligencia sin falta», como titula EHRENZWEIG su estudio sobre el tema publicado en 1952), pero también una molestia *(nuisance)*. Tampoco esta evolución es reversible ni llegada ya a su término (cf. mi estudio JZ 1953, 221), lo mismo que la paralela evolución relativa a la afectación de garantía para la seguridad de bienes producidos e introducidos en el tráfico.[177] Sin embargo, en los manuales se sigue leyendo la consoladora frase, repetida en muchas sentencias, de que el propietario no es un asegurador de accidentes.[178] Pero tales desarrollos obedecen a una propia ley de la gravedad sociológica. Cf. cap. XVI, 3 sobre la «senda humanitaria del derecho».

Si consideramos hoy aquel acervo de principios éticos y de sentido común, lo encontramos en gran parte preordenado por influencias de la historia religiosa y filosófica, que han dejado aquí su sedimento. La influencia que las concepciones estoica, aristotélica, escolástica, racionalista y utilitaria han ejercido sobre la facilidad y manera de crear principios, ha sido ya expuesta en otras obras, cada una de ellas escrita desde un especial punto de vista ideológico.[179] Aquí nos interesan las formas mentales constantes, en las que se realiza de un modo típico la transformación de juicios prejurídicos de valor en auténticas estimaciones jurídicas. Las representaciones fundamentales que suministran una base específicamente jurídica para la interpretación y argumentación, facilitando así el enlace del pensamiento técnico con los patrones sociales de valor en el sistema cerrado y en el abierto, son cuatro: La *naturalis ratio* y la «naturaleza de la cosa»,[180] la *aequitas* y la llamada «lógica jurídica» esta última en tanto no sea una

---

175 Cf. HONIG, RabelsZ 16 (1951) 408/409 y PROSSER, On torts (1941) 601 ss., 38 Am. Jur. 754 ss.; infra cap. XVIII.

176 No hay cesión privada de la responsabilidad: *Ramírez* v. *Cheyenne*, 34 Wyo. 67, 42 A. L. R. 245; *Steppe* v. *Alter*, 48 La. Ann. 363, 55 Am. St. Rep. 281.

177 Cf. los bellos análisis de LEVI, *Introduction* (n. III 187) 3 ss., cf. también el «caso de la triquina», ESSER, Gefährdungshaftung p. 29 y el caso completamente equivalente *Greco* v. *Kresge Co.* (1938) 277 N. Y. 26, 12 N. E. (2d.) 5571, y sobre él BROWN, *The Liability of Detail Dealers for Defective Food Products*: 25 Minn. L. Rev. (1939) 595.

178 «El propietario no garantiza la seguridad...», cf. 38 Am. Jur. 752, con 10 sentencias de este tipo MAX WEBER. Las exposiciones de historia ideológica, que esto suelen reducirse las «historias de la filosofía del derecho», son poco interesantes para nuestro planteamiento metodológico; también la historia del derecho privado carece en gran parte de interés específicamente científico.

180 Sobre ello el conocido trabajo de GUTZVILLER, *Zur Lehre von der Natur der Sache*, Festgabe der jur. Fak. d. Univ. Fribourg zur 59. Jahresver. d. Schweiz Jur. Ver. (1924) 282 ss. Aún más importante en sentido metodológico: RADBRUCH, *Die Natur der Sache als juristische Denkform*: Festschr. f. R. Laun (1948) 157 ss. Sobre el papel clásico en el siglo XIX: NEÜHAUS, *Savigny und die Rechtsfindung aus der Natur der Sache*: RabelsZ 15 (1949) 364 ss.

pura técnica de deducción axiomática, sino que designe la lógica objetiva y la estimación conservadas en el concepto jurídico.[181] El papel de la lógica jurídica no podría tener la importancia constitutiva que de hecho posee, si no fuera un reflejo de últimas valoraciones y decisiones de justicia.[182] Y esto no solo en base a conceptos «guarnecidos» de ideas de valor, sino por el continuo paralelismo en que discurren el pensamiento finalista y la fórmula lógica, la cual expone lo jurídicamente adecuado presentándolo simplificadamente como una necesidad mental. Tal necesidad solo es, pues, derivativa, condicionada por el fin. El valor puramente heurístico de semejantes fórmulas se demuestra, por ejemplo, en su polifacética aplicabilidad. *Plus quam semel res mea esse non potest* no solo declara «lógicamente» superflua la duplicidad en el acto de transmisión, sino que con ello impide la posibilidad de que se añadan cargas a un derecho que se ha adquirido ya desgravado. *Electa una via non datur recursus ad alteram* es un principio con el que se puede dar formulación lógica a los más distintos tipos de protección, según sea el tipo de proceso, etcétera.[183]

Tampoco el concepto jurídico dogmático o técnico posee el valor substantivo que parece atribuirle su tratamiento escolástico al final de una larga evolución: fórmula de demanda —supuesto de hecho aislado o ideográfico— principio general o «natural» —formación dogmática de categorías y sistematización de los supuestos— concepto jurídico técnico especificado topográfica y funcionalmente. En ningún caso, ni siquiera en la jurisprudencia conceptual de fin de siglo, que no comprendió su valor de índice, el concepto jurídico ha sido objeto del capricho sistemático o instrumento de ocurrencias arbitrarias, sino siempre custodio de un complejo de cosas y tareas (aunque doctrinariamente disfrazado) frente al puntillismo de los juristas y la imperiosidad legislativa: Representa justamente un «pensamiento jurídico», aún no acotado conceptualmente, vinculado a los problemas y atento a la objetividad.[184]

Ejemplos escolares de la evolución de un supuesto de hecho singular hasta convertirse en principio, son las demandas por delito y las responsabilidades por enriquecimiento. El *common law* nos ofrece el más vivo cuadro de casos de protección de un derecho originariamente desvinculado (las distintas acciones de *torts* específicos y los *remedies* aun hoy difusos en las materias que solo doctrinariamente se han fundido en una figura única: enriquecimiento injusto *[unjust enrichment]),* y en nuestro derecho civil los supuestos de delitos y de enriquecimiento muestran una tendencia general a la exclusión de pensamientos fundamentales y elementos generales. Los dos últimos siglos nos han aportado una serie de profundos estudios

---

181 Cf. mi trabajo citado supra (n. 11) sobre el «contenido iusnaturalista» del concepto jurídico y de la construcción jurídica. Sobre la complejidad de la lógica material y de estructura ENGISCH, *Logische Studien zur Gesetzesanwendung*, Heidelberger Akad. d. Wiss., Phil.-Hist. Kl. 1941/42 y últimamente SCHEUERLE, Rechtsanwendung (1952).

182 Mis estudios (n. 11) y ya antes CALOGERO, *La logica del giudice ed il controllo in cassazione* (1943).

183 Sobre esta significación y función de los principios heurísticos, en especial de las paremias de derecho común, cf. cap. VI, 1; véase también capítulo X, 4.

184 Es característico que en italiano se use el mismo término, *concetto,* según sea la dirección de la escuela, para designar conceptos jurídicos o también pensamientos en nuestro sentido. Cf. sobre el debate italiano del problema: CALOGERO, *La polemica sui concetti giuridici*: Riv. Dir. Comm. (1945) 112 ss.

sobre el carácter clásico y postclásico del concepto de causa, y sobre la teoría de la *condictio,* que atestiguan también la primacía de la casuística. Remito a las obras de PRINGSHEIM, SCHULZ, SANFILIPPO, etc.[185] Según ellos se mantuvo en pie el uso primitivamente no técnico y «asistemático» del concepto de causa, así como la falta de relación de la *condictio* civil con la «idea de enriquecimiento». Sobre esto es instructivo ver cómo a la acción *a certa pecunia* solo el derecho pretorio añadió otra *ad id quod pervenit,* cómo la ciencia de las escuelas bizantinas confiere eficacia no solo a ideas cristianas y aristotélicas, sino también a las de la antigua filosofía popular (estoica), al fundir en una *condictio generalis* en el sentido de D. 12, 6, 14 y , D. 50, 17, 206 los *obiter dicta* de la tópica retórica de los clásicos, y cómo solo entonces *iusta causa* recibió una significación específica. No menos instructivo es el descubrimiento en la Edad Media de las categorías, escolásticamente concebidas, de la causa (*finalis,* etc.) en su significación pararla moderna creación de sistemas jurídicos y la elaboración especulativa de un *universal principle* de la prohibición de enriquecimiento en los glosadores (sobre todo MARTINUS), sobre la cual, según DAWSON (p. 64 ss.), los postglosadores *more italico* (sobre todo en BARTOLUS) pudieron levantar sus constructores de la sistemática del enriquecimiento, que a pesar, o justamente a causa, de su demostración carente de toda crítica histórica, partiendo de textos erróneamente entendidos como expresión de esta idea, suministraron el más fértil suelo para el desarrollo del *usus modernus,* como por ejemplo la escuela crítica de París. Sobre la análoga situación actual en el *common law,* especialmente en los EE.UU., donde el «Restatement of the Law of Restitution» (Am. Law Institute 1937) introduce incluso doctrinalmente un sistema totalmente «histórico» de reglas de enriquecimiento con arreglo a supuestos de hecho en lugar de las formas de acciones desde antiguo desgastadas y fundidas, cf. infra, p. 243. El desprestigio del sistema de acciones constituye aquí, como en la Roma de Justiniano, el presupuesto para la formación de principios de derecho material y, en general, de un propio sistema material de derecho. Para el *common law* inglés resulta aún inaudita la urbanización del capítulo 1 del citado «Restatement»: *Topic 1, «Underlying principles», Topic* 2, *«Procedure» (remedies and forms of action).* De todos modos, en la elaboración técnica del concepto, en este caso el de causa, nunca se sigue el camino señalado por el derecho civil, por mucho que avance la formación de criterios vinculados a supuestos de hecho (infra, p. 243 ss.).

En las distintas materias jurídicas, el grado de este revestimiento técnico y dogmático, *y* por tanto de posibilidad de «solución» formularia y lógica, de problemas constantes típicos, es muy distinta según sea la tradición, la necesidad de seguridad y la labilidad política de una disciplina. Pero incluso en las partes doctrinariamente solidificadas, como en la doctrina general del derecho penal o en la del derecho de obligaciones, el pensamiento jurídico, solo heurísticamente traducido en fórmulas teóricas y conceptuales, vela con su valor ético substancial sobre la finalidad de la institución. Esto es cierto incluso allí donde ello no se hace visible gracias a la permanente antítesis de dos «teorías», que representan abiertamente la multiplicidad de valores y postulados en colisión. Por doquier se hace visible que se trata siempre de juicios de valor, basados en criterios prejurídicos, o sea éticos y de política social, los cuales sin embargo necesitan ser transformados en verdades jurídicas, para que puedan encajar en un complejo deductivo ya existente con vigen-

---

185 Confrontación en COING (n. 130) 40 ss. y H. J. WOLFF en la reseña supra (n. 143) citada de DAWSON.

cia positiva. En el 99 por ciento de los casos esta tarea es llevada a cabo por los métodos tradicionales de interpretación, y el problema conjunto de la relación entre la fijación prejurídica de valores y la acuñación de normas, puede designarse, en un profundo sentido, como un problema de interpretación. Pero incluso en sistemas cerrados aparentemente bien meditados quedan como residuos aquellos no resueltos problemas de estimación, en los que el juez debe acudir a verdades prejurídicas sin enlace axiomático con los principios del derecho.

Por esta razón, el aserto de que lo que en Economía es función y en Ética postulado, en el campo jurídico son la cualidad y la institución, no solo se aplica a los conceptos que, como el de causa en el derecho civil o el de acto en el derecho penal, transforman intereses y juicios de valor prejurídicos, sino también a los principios, *regulae,* brocardos y otros aforismos jurídicos orientados hacia los problemas. Vale tanto para la regla hecha por el juez como para los preceptos del derecho consuetudinario y legal, y en sus supuestos «notativos» o abiertamente necesitados de cumplimiento posterior, es aún más fácil de verificar que en los «normativos», o sea, petrificados en criterios fijados técnicamente. La «estimación abierta», incluso en características notativas, como las de la usura, del error, de la *fraudulent misrepresentation* o de la frustración del fin del contrato, es una estimación de cualidad jurídica. Por lo demás, no introduce aquí diferencia alguna el uso de supuestos de hechos generales o especiales. Ambos pueden cristalizar normativamente, y los primeros lo han hecho en la elaborada técnica conceptual de nuestro derecho (cf. §§ 823 I, 812 BGB) a menudo de un modo más categórico que las regulaciones singulares que reflejan el antiguo y gráfico supuesto de hecho de las acciones históricas (cf. §§ 824, 825 BGB). En realidad, el supuesto de hecho general representa la completa superación del esquema de acciones, y sin embargo el «principio», que aquél pone en evidencia por primera vez, sigue siendo puramente jurídico: refleja lo ético-político en un plano del pensamiento en el que se ha reducido ya a una fórmula la pugna de los valores y su relación a los postulados específicamente jurídicos del ordenamiento. Es sabido que esta incorporación no siempre se hace con éxito. En tal caso, el valor ético, revestido de una fórmula francamente jurídica, como la *exceptio doli generalis,* subsiste en una antinomia frente a su valor jurídico, que por su parte es intocable, por ejemplo, la «seguridad jurídica». La solución del conflicto, o sea aquí el hacer innocua la eficacia de una sentencia que *de iure* debe aceptarse, pero moralmente debe rechazarse por haber sido obtenida subrepticiamente, pasa entonces al primer plano. La solución es posible dogmáticamente situándose en el plano de «derecho y ejercicio del derecho», pero la inconciliabilidad substancial de los principios jurídicos formales y los principios morales sigue siendo evidente.

Esta labor de traducción de lógico o político al plano de lo jurídico con ayuda de los medios tradicionales de la ευοοζα, da un mentís a los representantes de un monismo del derecho y la ética, entendido en el sentido del derecho natural. Contradice también la idea histórica o política del supuesto carácter autónomo de las reglas y figuras positivas frente a todo lo «metajurídico».[186] La labor judicial significa el restablecimiento continuamente renovado de la comunicación entre valores

[186] Sobre la primera concepción supra p. 43 ss. e infra p. 178 ss. acerca de la naturaleza de los *principes généraux de droit* reconocidos en derecho de gentes. Acerca de los primeros cf. la justificada polémica de RIPERT en su estudio citado (n. 40) 23 ss. y mis dos artículos italianos (n. 11).

éticos substanciales (elementos de derecho natural, *irreductible droit naturel* como dice GÉNY) y los valores formales e institucionales del derecho.[187] Para el sentido de este proceso de integración es indiferente que se verifique inadvertidamente en el curso de la interpretación, o que se haga abiertamente por traducción de un postulado ético al plano jurídico de las «buenas costumbres», o de un principio político a los criterios de la *public policy, o* sea, del *ordre public*,[188] y en general por la intercalación de los *topoi* específicamente jurídicos, como *naturalis ratio, aequitas* y lógica de la cosa.[189]

Con todo eso, no debemos subestimar la importancia de este proceso de fusión del «derecho» y la «moral» en el plano de lo que en apariencia es pura técnica: ni para la superación de una positivista fe ciega en la ley, ni para la superación de un desesperado e irreal dualismo de ley y ética. Sería nefasto que los conceptos y argumentos jurídicos fueran erigidos en categorías independientes: el método jurídico quedaría estéril sin la incorporación de aquellas verdades morales reducidas a evidencias de fuerza lógica o social. El hecho de que hoy se prefiera designarlas como «verdades sociológicas», es todavía un resultado de la actitud defensiva contra la tutela que pretende ejercer el pensamiento iusnaturalista. Pero esto no lo explica todo: hoy reconocemos el valor propio del pensamiento jurídico-institucional incluso en la cualidad *formal* de aquel precepto. Haciendo caso omiso de su alcance político y de su eficacia jurídica inmediata (por ejemplo, en virtud de postulados de la constitución) el rango mayor o menor que le pertenezca sigue siendo una cuestión del sistema de derecho positivo, no una calificación ético-política. La creación

---

187 El término «valor substancial» quiere designar la efectividad de una estimación prejurídica determinada en oposición a formulaciones abstractas y programáticas de ideales éticos, tan carentes de fuerza de convicción normativa, como las definiciones teoréticas de «la» justicia. Cf. RIPERT (n. 40) V/VI y 12 ss., y en especial su certera observación de que el renacimiento de un idealismo ético-social, advertible después de 1918, no se ha repetido después de la última guerra mundial. De ahí que el periódico «retorno del derecho natural» ostente esta vez claros rasgos de valoración ética material, cf. los trabajos citados de COING (n. 67, 130). Es además característico: WELZEL, *Naturrecht und materielle Gerechtigkeit* (1951); pero también trabajos como los de BÉCKER en AcP 150 (1948) 97 ss., mis dos estudios publicados en la Nuova Riv. Dir. Comm. y mi ponencia «Die Wertbezogenheit der Rechtsordnung» en Jb. Bd. 2 de la Int. Hochschulwochen Alpbach (Salzburg 1947) p. 169. En análogo sentido: WIEACKER, *Privatrechtsgeschichte der Neuzeit* (1952) 348 ss. Sobre la pluralidad de sentidos del concepto iusnaturalista de sistema, últimamente ERIK WOLFF, *Das Problem der Naturrechtslehre* (1955) 87 ss.; también ya mi trabajo «*Rechtstheorie und Praxis*», ponencia y reseña de RYFFEL, *Das Naturrecht* (1944) Z. off. R. 334 (1948).

188 Sobre el proceso de transformación de principios políticos en jurídicos y acerca de la necesidad de establecer un compromiso, ya en el plano de la discusión prejurídica, que permita la estabilización y el reconocimiento en derecho, véase el cap. siguiente (V). Un ejemplo de dicha transformación: la igualdad de derechos civiles. También aquí la delimitación jurídica del problema es la característica del principio actualmente vigente frente al postulado, y nada caracteriza tan certeramente el proceso de reducción y relativización en la conversión en derecho de principios político-morales, como el concepto de «*ordre public*». Cf. los ejemplos en Philonenko, *La notion de l'ordre public International*: J. Droit Int. (1953) 781 ss., en especial los casos de derecho matrimonial en p. 785 ss. Es también instructiva la tesis de la Cour de Cass. sobre la relación de los tres motivos para la *illicité* de una causa a los efectos del artículo 1.133 C. c.: *Contraríete a la loi aux bonnes moeurs y a l'ordre public,* así como la gradación *ordre public interne y ordre public externe.* Más sobre este principio en cap. VI.

189 Más detalles sobre la importancia de estos *topoi* de transformación en cap. VI.

«formal» de sistemas y principios ha quedado desacreditada por el arbitrario manejo de postulados éticos en un plano jurídico que no es solo accesible a ellos, y que no lo es sin reservas; pero en este desprestigio quedan aspectos obscuros que solo admitimos con vacilaciones, bajo la impresión de las pretensiones «idealísticas» del derecho natural.[190] Creemos que los «daños a distancia» resultantes de una confusión entre los planos del derecho y la moral han sido estimados aún por debajo de su valor efectivo, si no se atiende a la pérdida de autoridad de la jurisprudencia científica y se devalúa o transvalora artificialmente lo institucional por medio de lo ético. Los principios morales suministran el conveniente enlace entre la norma y el patrón ético *(ethical standard)* del sistema jurídico, pero no su construcción institucional.[191] Aquí la estabilidad de lo positivo y, en la misma medida, la observancia de la forma, es un valor propio que, lo mismo que la eliminación de cuestiones de intención interna, asegura a la verdad jurídica y a los principios del enjuiciamiento en derecho una dimensión propia frente a todo intervencionismo moralizante. Pero el dualismo aparece también en los *topoi* determinantes, cuya antítesis más conocida es la de la intención frente al acto, o la del motivo frente al fin del negocio.[192]

El mantenimiento de esta conformación jurídica de criterios, máximas y postulados éticos, el respeto a los compromisos programáticos obtenidos y formulados *lege artis,* es un mérito del pensamiento positivista, que la teoría moralizante pero también armonizante del derecho natural desconoce profundamente.[193] Pero es igualmente desacertada la reacción de la teoría positivista, que cierra los ojos al contenido iusnaturalista de su labor de construcción. Así los iusnaturalistas monísticos y

---

[190] Pero véase últimamente RIEZLEK, quien en un artículo programático «*Der totgesagte Positivismus*» en el *Festschrift Fritz Schulz* II (1951) 330 ss. (espec. 340 ss.) pone a la vista la ambivalencia práctica del monismo iusnaturalista y declara que los daños causados por un mal entendido «movimiento antipositivista» superan a sus beneficios.

[191] Cf. RHEINSTEIN, *What should be the relation of Morals to Law*: t. J. of Public L. (1952) 287.

[192] Si se cree que esto se dice de un modo demasiado «filosófico», léase por ejemplo en 1 Am. Jur. 421, Actions § 25, la nota 20: «Los motivos maliciosos hacen peor una causa ya mala, pero no alcanzan a hacer ilícito lo que en su esencia (es decir, esencia legal) es legítimo. Cuando un acreedor que lo es de una deuda justa, deduce demanda o insta la ejecución, aunque lo haga por pura enemistad a su deudor, está seguro. En la difamación, si el demandado demuestra que lo dicho es cierto, su intención de difamar al demandante divulgando su infamia no frustra su justificación. Quien demande a otro por un delito no es necesario que demuestre que ha actuado movido por sentimientos honorables, si puede probar que tenía buenas razones para creer que la acusación era fundada.» Sigue una gran cantidad de sentencias completamente conformes con nuestra delimitación. Siempre que nosotros admitimos la *exceptio doli,* incluso en el caso límite de abuso u obtención subrepticia de una sentencia firme, se han formado ya puntos de vista específicamente jurídicos. Detalles sobre la universalidad del principio de la separación de la ética y el derecho infra en capítulo XVIII.

[193] Solo en los 'últimos tiempos se reconoce esta importancia de la sobriedad jurídica y la necesidad de delimitar metódicamente un campo de argumentación positivo y dogmático. Cf. sobre todo el citado estudio de RIEZLER y la conferencia de E. SCHMIDT, *Gesetz und Richter, Wert und Unwert des Positivismus* (1952), que no solo es una apología de la labor jurídica en este sentido (cf. p. 22: «el positivismo ha muerto, viva el positivismo»), sino que muestra también los requisitos de semejantes elaboración y aplicación positivas del derecho: vuelta a un concepto de ley, que más allá de los «efímeros oportunismos» permita conocer la intención de contestar, objetivamente y de acuerdo con los problemas, las cuestiones de justicia inmanentes a la cosa.

los positivistas dualísticos puros compiten infructuosamente en formulaciones antinómicas, cada una de las cuales recibe de la unilateralidad del partido contrario («sistematismo metodológico») argumentos suficientes para enmascarar sus propias deficiencias. La central importancia de la labor judicial de transformación por intermedio de los *topoi* sea del mundo dogmático o conceptual, sea de los principios que fijan la εὐδοξα jurídica, pasa inadvertida por ambos bandos. De este modo no se obtiene ninguna representación adecuada de lo que significan f realmente para el proceso de formación del derecho etapas específicas de transformación tales como *bona fides o Tren und Glaube.* Se evita aquí reconocer las «irrupciones» de criterios éticos de validez jurídica en el ordenamiento del derecho, dándose así una imagen de lo más insatisfactoria del proceso de transformación. Luego se intenta mantener la unidad del enjuiciamiento jurídico con representaciones místicas tales como la de que derecho *y* moral constituyen un «tapiz de normas», en el que se deben «distinguir los distintos hilos normativos», pero sin «cortar» el tapiz.[194]

Por lo demás, debemos guardarnos de atribuir una significación intemporal a alguna de estas fases de transformación en el proceso de la positivación del derecho. También ellas nacen, se extienden hasta cubrir el horizonte jurídico universal, se restringen luego a campos especiales, que en una codificación tan enteramente axiomatizada como el BGB (a diferencia del ABGB austríaco), hacen más bien el efecto de cotos tolerados. La idea del «sistema cerrado» de una codificación, que como el BGB pudiera apoyarse sobre el sistematismo doctrinariamente omnicomprensivo de la civilística del derecho común, con coda su ilusión de ser completa y carente de lagunas, solo acudiendo a estos *topoi* específicos permitía llegar a soluciones objetivamente adecuadas, sobre todo en los conceptos axiológicos, fórmulas en blanco y cláusulas generales, o sea en aquellas normas que se convirtieron en los «parágrafos clave» del desarrollo judicial del derecho: §§ 138, 157, 242 BGB, etc. Por lo demás, la formación judicial de normas quedaba reducida a una mera «labor *de* interpretación» o a una «estimación heurística de las circunstancias singulares. No así el § 7 del ABGB austríaco,[194a] que reconoce en principio el problema de las lagunas, y también el § 1 ZGB suizo, quien penetra en la labor de estimación «complementaria» del juez y se anticipa en subrayar los *topoi,* como «arbitrio equitativo», «apreciación general de la naturaleza de una institución», «causas importantes», etc., como la parte judicial en la nueva formación del derecho. Solo que aún bajo el imperio de este positivismo legalista, que en virtud de la herencia de la perfección conceptual pandectística podría mantener en pie la ilusión de una posibilidad deductiva carente de lagunas, sigue inimpugnada la central posición de la lógica objetiva, *aequitas* y *naturalis ratio,* aunque ahora limitada a las «tareas interpretativas». Y aun estos límites se ampliaron, a medida que la turbulenta vida social del siglo XX, con el desarrollo de derechos especiales, por ejemplo en los campos del trabajo y la economía, fue eliminando aquella ilusión de la omnipoten-

---

[194] VERDROSS, *Die systematische Verknüpfung von Recht und Moral: Forum der Rechtsphilosophie,* ed, por SAUER (1950 9 ss. Sobre la delimitación de principios éticos y jurídicos, cf. infra cap. VIII.

[194a] Es sin embargo característico que su remisión a los «principios naturales del derecho» no haya tenido ni una fracción del éxito de nuestro § 242 BGB: los principios doctrinales —contra lo que creía el s. XVIII— no suministran norma alguna; pero la *aequitas* es la indispensable cámara obscura en la que la jurisprudencia, expuesta a la luz del caso, revela la ética en forma de derecho, hasta que la doctrina forma una institución sobre el desarrollo «puntual»; véase infra cap. XV.

cia del sistema. Estas figuras especiales, desarrolladas sin rebozos de la mano de problemas singulares y en virtud de la novedad de éstos, han vuelto a disipar el entredicho en que la técnica codificadora había colocado al pensamiento tópico.

En esta época la idea de equidad rompe del mismo modo los lazos históricos que en el derecho inglés la habían mantenido vinculada a una escuela, de modo que, petrificada formalística y tradicionalmente, hasta el *Judicature Act* (1873/75) pudo llevar su existencia propia como sistema separado al lado del f *common law.* Entra en la naturaleza de lo jurídico el que una formación de derecho política y estructuralmente independiente, puesto que actuaba como antagónica a partir de la idea de equidad, debiera petrificarse históricamente por sí misma, lo mismo que el derecho estricto, hasta que por fin sus elementos de justicia penetran uno tras otro en este último, cada vez en las formas que habían recibido en la historia *(actions).* Formalmente, tanto la *equity* como el *ius honorarium* siguen siendo una propia masa de derecho, y los *Judicature Acts* no significaron una fusión de los sistemas, sino solo de la organización judicial. Pero de hecho los *remedies at law y* los *equitable remedies* fueron usados promiscuamente.[195] La «subsidiaridad» de los *equity-remedies* se redujo a mera doctrina, puesto que apenas hay un solo campo que no esté tan imbuido de *equitable principles* como entre nosotros de los principios de la buena fe, de la apariencia jurídica, del principio del riesgo, etc. La cuestión escolar de si la «causa de la acción es por naturaleza legal o equitativa», es decir, si la materia demuestra un carácter «equitativo», no impide la aplicación de un *equitable remedy,* si no hay a mano ningún *adequate remedy at law.* También en los EE.UU., donde en algunos estados las facultades de equidad de los tribunales de *common law* están todavía restringidas y donde no existe una jurisprudencia uniforme sobre la cuestión de hasta qué punto, en situaciones *stricti iuris* (por ejemplo, en materia de títulos valor), ha de agotarse hasta el límite los *remedies* legales disponibles,[196] en los tribunales federales se admite siempre la *equitable defense.* Pues la equidad ya no es (solamente) «un sistema de jurisprudencia», sino que al mismo tiempo significa «los principios de criterios en este sistema», tan profundamente introducidos en el sistema legal, que ya se ha dicho: «Equitativo e inequitativo significan justo e injusto.»[197] De este modo la equidad recorre las siguientes fases: en el tribunal real, jurisprudencia libre del canciller sobre una base personal (el dicho de que la equidad depende de lo que apriete el zapato al Lord Canciller, está históricamente —no metodológicamente— mejor fundado que el chiste que se oye en nuestras conferencias: es inmoral lo que repugna al sentimiento de decoro de todos los jueces federales de la sala competente, que piensan según los dictados de la justicia y la razón) entendida como paliativo contra la rigidez de un derecho estricto puramente mecánico con sus trabas de índole gremial: desde Eduardo III (1348/49); institucionalización de la *Court of Chancery*: desde Ricardo II (finales del siglo XIV); estructuración por medio de doctrinas y precedentes: desde el siglo XVII; pasajera atenuación en el sentido de dejar más libre campo a la justicia natural de cuño racionalista en el siglo XVIII (Lord MANSFIELD) incorporación por obra de la acción judicial: desde 1873; incorporación de los principios en los campos de la pura materia del *common law:* desde la primera guerra mundial, conforme a la evolución

---

195 Cf. la ojeada de conjunto en HOLDSWORTH, *Equity* 1885-1933: 51 L. Q. Rev. 142 ss.

196 Jurisprudencia en 19 A. Jur. 48.

197 *Sloman-Polk Co.* v. *Detroit,* 261 Mich. 689; 247 N. W. *95; 87 A, L.R. 1294, sobre la igualdad de tratamiento en materia fiscal.*

ocurrida entre nosotros y a la substitución de la escuela analítica positiva por la dirección sociológica.[198]

Sin los tópicos del *aequum et bonum* en su múltiple relación con los argumentos de la concepción ética civil, la eficacia de la dogmática de nuestro derecho civil sería de antemano ilusoria. Por esto debemos habituarnos a utilizar las cláusulas generales, con *topoi* tales como «buena fe», en calidad de autorización para la creación judicial de instituciones.[199] También esto contribuyó a confundir cada vez más la distinción histórica entre el derecho estricto y la jurisprudencia según equidad. Con ello, la equidad ha pasado en gran parte su monopolio, en su origen localmente delimitado, a la «idea de equidad», la cual sirve a la atenuación del derecho penal y a su compenetración con consideraciones de justicia y de imputabilidad. En consecuencia, hoy no es reconocido ya como un principio jurídico moralizante de naturaleza propia, sino solo como una necesaria perspectiva de justicia social dentro del mismo sistema de ordenamiento.[200]

Sobre la conexión sociológica de la *aequitas* y el sentimiento civil ya en el derecho romano clásico, cf. PRINGSHEIM,[201] aunque éste separa por completo los procedimientos de la τέχνη retórica y la función procesal de la *aequitas*, pero sin dejar de

---

[198] Sobre la actual situación de los frentes, cf. por ejemplo WILLIAMS, *The Doctrine of Repugnancy*: 59 L. Q. Rev. 358 y 60 L. Q. Rev. 69 y 190, donde se hace ver cómo esta moderna perspectiva de equidad («la equidad atiende a la esencia de la transacción») en su tendencia sociológica y antihistórica empieza a deformar el *common law* hasta en instituciones de tal arraigo tradicional como el derecho de prenda —atenuando la importancia y la fuerza de la forma—, con gran espanto del *common lawyer*, quien ve en ello una intromisión del moderno revisionismo e intervencionismo judicial en el campo de la autonomía privada. A ello se refieren las palabras finales de WILLLAMS, p. 194: «Si así se les antojara a los tribunales, apenas hay un límite a la extensión con que podría usarse como pretexto para controlar contratos y cesiones.» Sobre esta tendencia cf. infra, cap. X, 6. Cf. HANBURY, *The Field of Modera Equity*: 45 L. Q. Rev. 196, y ya en *A Periodical Menace to Equitable Principles*: 44 L. Q. Rev. 468; además WINDER, *Precedent in Equity*, 57 L. Q. Rev. 245 y, naturalmente, las obras clásicas, como MAITLAND-BRUNYATE, *Lectures on Equity* (1936) (revisión de la obra clásica de Maitland[1] [1909]), así como exposiciones históricas como las de PLUCKNETT y HOLDSWORTH.

[199] Cf. el polifacético catálogo de los deberes de prestación, que el arbitrio judicial ha desarrollado a partir del «pensamiento básico del § 242 BGB», y, otras formaciones constructivas, en un comentario moderno al BGB, como el de SOERGEL (-SIEBERT)[8] (1952). Sobre la significación jurídica universal de semejante constitución judicial de instituciones, véase infra, cap. XVI.

[200] CF. Du PASQUIER (n. 19) 44 y mi reseña n. 69) 169. De ahí se pasa luego a la tajante negación de la equidad como un principio jurídico de naturaleza constructiva, es decir, se la considera como un postulado instructivo de muy diversa significación pragmática (RÜMELIN, *Die Billigkeit im Recht* [1921] 15, 39 ss.), que solo puede entenderse como «principio regulador» (GRAMSCH, *Die Billigkeit im Recht* [1938] 10 ss.), cuando no se le confunde con el cuadro ideal del «derecho justo», en busca del cual se supone que andan todos los sistemas (SEAGLE, *Weltgeschichte des Rechts* [1941]. ed. alemana [1951] 267), o bien se le declara ser un principio ético que, según se adopte una actitud iusnaturalista o positivista, es presentado como ajeno al derecho positivo y actuando en sentido correctivo de éste (ROTONDI. *Equità e principi generali del diritto nell'ordinamento giuridico italiano*: Recueil Gény II 403 ss.), y por tanto solo válido en el caso singular en virtud de autorizàEión positiva (BRUCI [n. 34] 164 ss.), o a la inversa, como aquel núcleo ético por naturaleza inmanente que se deja sentir siempre que no sea postergado por la razón política (RIPERT [n. 119] 573 ss., y en sus monografías [n. 40] y *Le déclin du droit* [1949]; sobre ello infra, cap. XIV).

[201] *Bonum et Aequum*, 52 ZSS rom. A. (1932) 78 ss.

ver la «subcorriente» de ambos aspectos en el sentimiento vital del *civis Romanus*. La acentuación teórica de la *aequitas* en el derecho no clásico *(In omnibus quidem, máxime tamen in iure, aequitas spectanda est,* D. 50, 17 90) como contrapeso ético al rigor formal de los juristas y como perspectiva social de la «esencia de la transacción», de la incipiente separación categoríal del contenido y la forma del derecho, es perfectamente posible que, como proclama continuamente PRINGSHEIM, sea bizantina. En cambio, explicar sin más ni más la equidad como un producto del pensamiento romano oriental, significaría sobrevalorar la fuerza configurativa de la ciencia escolástica y sus doctrinas en un estado totalitario, para poner de acuerdo la causa y la forma de una actitud espiritual. Por esto, aunque el *topos natura aequum est*[202] sea en cuanto a su forma inequívocamente aristotélico (traduc. literal del φύσει δίκαιον), no es por ello un pensamiento de Berito y Bizancio.[203] La historia de las ideas no es historia de las funciones. Para el sentido del *topos naturalis ratio* en la construcción del *ius gentium* más allá del concepto griego y filosófico del derecho natural, las instituciones de Gayo suministran el más abundante material[304] Pero incluso temporalmente el *topos* de lo *natura aequum* en el sentido de adecuado a la cosa, no se restringe a una época determinada. La representación de «modos naturales de adquisición de la propiedad» en el campo de actos adquisitivos originarios[205] es, en el antiguo derecho romano, una parte del mismo pensar que, por ejemplo en Gayo, fundamenta como *ius gentium* la adquisición por tradición (D. 41, 1, 9, 3). Solo ahora ha recibido una forma escolástica y puede argumentar partiendo de nuevas pruebas, aquí, por ejemplo, del dogma la voluntad: *nihil enim tam conveniens est naturali aequitati quam voluntatem domini volentis rem suam in alium transferre ratam haberi.*

Sobre la génesis, desarrollo y superación del dualismo *ius* y *aequitas* en la época moderna, debemos también limitarnos a unas pocas sugerencias. Si se quisiera hacer visible la retransformación de este pensamiento escolástico dualista en un pensamiento problemático polifacético dentro del mismo sistema jurídico, habría que exponer los puntos culminantes de esta evolución, por ejemplo, en los *leading cases* del derecho inglés. Como tal punto culminante en la etapa de llenar el petrificado sistema de *equity* con un contenido ético de «justicia natural», que a su vez había de hacer posible y forzosa la transformación de instituciones jurídicas por

---

202 D. 12, 6, 14, D. 50, 17, 206, etc.; PRINGSHEIM (p. 145 ss.) reúne no menos que 28 lugares semejantes justamente del campo del enriquecimiento, que así y con giros isotópicos revelan su formulación bizantina.

203 Cf. la correspondiente y puramente doctrinal remisión de la *naturalis ratio,* en el sentido de la escuela romana de los s. III/V, a la ética estoica vía Cicerón-Panecio en COING (n. 67) 42.

204 Cf. últimamente SCHWARZ, Zur Einleitung der Gaiusinstitutionen, ponencia en la jornada alemana de historia del derecho (Würzburg, 1952). SCHWARZ hace ver cómo *naturalis ratio,* de ser una idea popular de un orden vital inmanente, que se la supone erróneamente alejada del carácter nacional romano (pues elementos como *bona fides* son justamente romanos), pasó a convertirse en un *terminus technicus* formador de sistema. En ello fue ayudado por su sentido escolar dentro de la ética estoica, importado por la retórica. En la época postclásica, este contenido ético crea un *ius naturale* allende la realidad del *ius gentium.* Sobre la realidad predogmática del *ius gentium* cf. FREZZA, Jus gentium, en 2 RIDA (1949: Mélanges E. de Visscher, tomo I) 295 ss. y GROSSO, Gaius III, 133, Riflessioni sul concetto di ius gentium (1947) y, acentuando la originaria unidad del pensamiento iusnaturalista técnico y profano: Diritto umano e «ius gentium», XVI Studia et Docum. Hist. et Iuris (1950) 254 ss.

205 Cf. KASSER en 65 ZSS rom. A. (1947) 219 ss.

obra de criterios de las «doctrinas equitativas», debería figurar el caso *Moses* v. *Macferlan.*[206] En el campo del problema de la restitución, este avance, más tarde repudiado, de Lord Mansfield significa la primera irrupción en una *exclusive action at law (for money had and received)* de un pensamiento de equidad, que ya no está orientado hacia el sistema histórico-técnico de la equidad del Lord canciller, sino hacia el concepto, originariamente no técnico, del *aequum et bonum,* al que el siglo XVIII ha infundidc nueva vida. Sobre la reacción del positivismo cf. luego, por ejemplo, Lord Sumner en *Sinclair* v. *Browham*[207] quien devuelve la *money had and received* al lugar que le correspondía en el *common Law* en calidad de cuasicontrato, y cuando no es posible ya fingir ninguna promesa implícita, renuncia a una solución *at law* y exige una aplicación sistemática de los *equitable remedies* (aunque por otra parte los selecciona según sus elementos susceptibles de evolución dentro del derecho moderno, aquí el *tracing* en el *constructive trust).* El ritmo de estas fases, que significan aflojamiento y robustecimiento, moralización y formalización de un derecho, dista mucho de ser uniforme, y la moralización de los derechos que puede seguirse en conjunto (en Roma desde hacia los años 60 del último siglo a. C. con la *actio de dolo malo* de Aquilio Galo), en ninguna cultura jurídica constituye un proceso dotado de continuidad, sino que a cada momento pasa por fases de retroceso. Influencias opuestas, como la moralizante de la Iglesia y la formalizadora de la sociedad feudal, pueden conducir, como indica el ejemplo de Inglaterra, a una superposición de los sistemas de ordenamiento. En él abigarramiento de formas de soberanía existentes en el continente y la independiente formación de derecho por parte de príncipe y país, gremio y mercado, corona e iglesia, semejante pluralismo tenía el carácter de lo «orgánico». Pero la concepción de un « estado nacional y el centralismo económico no toleran la coexistencia de los sistemas, y por tanto fuerzan a la equidad a volver a asumir el papel de un *topos* ético dentro de un sistema único, como el de un código, para lo cual la doctrina del derecho racional ha realizado una labor de preparación por ambos lados. La plurivalencia de la consideración tópico-problemática en el «proceso interpretativo» substituye entonces el dualismo de derecho estricto y derecho equitativo, del cual no quedan ahora más que algunas ideas borrosas.[208] Pero también el derecho judicial anglosajón con la unificación de la organización de justicia ha experimentado el inicio de semejante fusión de los principios ordenadores en un nuevo concepto del derecho, en el que fueron absorbidos los *equitable doctrines y remedies* —cada vez más descompuestos—, y que no deja ni siquiera al árbitro espacio para una decisión asistemática *ex aequo et bono,*[209] fuera de los casos en que así lo estipulara la voluntad de las partes (cf. art. 38 II del Estatuto del Tribunal Permanente de La Haya). Por consiguiente, el término *equitable* es usado en un doble sentido: en sentido técnico-sistemático y en sentido no técnico y ético. Pero tampoco esta significación tópica de «lo que se considera justo y razonable dadas las circunstancias» legaliza arbitrariedad alguna, sino solo una aplicación, enriquecida por ideas de equidad, de normas jurídicas substanciales *(rules).*[210] Junto a la *aequitas*

---

206 (1760) 2 Burr. 1005.

207 (1914) A. C. 398.

208 Cf. entre otros v. Tuhr, Allg. Teil (1926) 209 y Enneccerus-Nipperdey (n. 27), 190.

209 Véase infra cap. XVII. Cfr. el Arbitration Act. (1950).

210 Así incluso entre los jueces más populares de EE.UU. Cf. por ejemplo CARDOZO en *Evangelical Lutberan Church* v. *Sahlem,* 254 N. Y. 161 (1530), o en *Nann* v. *Raimist,* 255 N. Y. 307 con un aserto como: «La equidad no actúa en favor de cualquier perjuicio vago o insubstancial.» Así también nuestra jurisprudencia al § 242 con la no admisión de una «libre» sentencia según equidad ad hoc.

los demás principios de conversión arriba citados «rozan de escaso prestigio, pero no es menor su interés metodológico. Así sobre rodo concepto transformador, muy popiular, de la «razonabilidad» *(reasonableness)* de la *ratio naturalis,* de la lógica jurídica y objetiva, y sobre todo el de la «naturaleza de la cosa», que desde Savigny[211] es un *todo, más* aún, una categoría del pensamiento civilista sistemático, obteniendo su coronación legislativa[212] por obra de Eugen Huber.[213] Tampoco aquí hay que confundir la ciencia escolástica y la vida del derecho, y no digamos subordinar las conclusiones de la auténtica teoría al arte mecánico de la dogmática de división conceptual, a cuya sobrevaloradón debemos la introducción en nuestras codificaciones de más de un falso problema. Por otra parte, si el llamado positivismo «científico» del siglo XIX, en el que descansan las pretensiones sucesorias, realmente exageradas, del positivismo lógico legal, no hubieran sido otra cosa que especulaciones de escuela, resultaría inexplicable el auténtico éxito de nuestras instituciones bajo el sistematismo del BGB. El juicio desfavorable sobre aquellos logros de la construcción conceptual, que hoy tantas veces se oye, no es compartido por las escuelas civilistas extranjeras de tradición romanística. Cf. también infra acerca de la fijación de la jurisprudencia conceptual en la teoría del *common law.* Lo que perjudicó este método no es la falta de *topoi* pre-positivos, sino su petrificación en un sistema deductivo axiomático, que solo la jurisprudencia de intereses ha vuelto a hacer más ágil.

211 *System des heutigen römischen Rechts* I (1840) 206 ss. y V (1841) 511 ss.

212 Sobre su constructiva labor en el derecho común, en gran parte olvidada, cf. Coing (n. 67) 118 ss. Sus convincentes ejemplos sacados de la Pandectística hacen aparecer perfectamente fundado su juicio de que la comprensión de la inmanencia del problema previamente dada, oculta bajo el modesto topo 'naturaleza de la cosa», ya en el s. xix se ha ido ampliando más y más hasta convertirse en la idea de una ordenación constante de las cosas (p. 122).

213 Ztschr. f. *Rechtsphilosophie* vol. I y en «*Realien der Gesetzgebung*»: Recht und Rechtsvergleichung (1925) 281-319.

CAPÍTULO V

IMPORTANCIA DE LOS PRINCIPIOS CONSTITUCIONALES POSITIVOS PARA LA CREACIÓN JURISPRUDENCIAL

1. Si, como consecuencia de todo lo dicho hasta ahora, la cualidad jurídica de un principio no es definible *in abstracto,* sin conocer el método de descubrimiento del derecho empleado en una constitución dada, podemos sin embargo sentar dos afirmaciones: *a)* Ningún principio actúa por sí solo como creador de normas, sino que únicamente posee fuerza constitutiva o valor constructivo en unión con el conjunto del ordenamiento reconocido, dentro del cual le incumbe una función bien definida. Este conjunto puede ser el de un sistema axiomático que confiere al principio un valor de derivación conceptual, lógico o en todo caso asegurado racionalmente. En tal caso, el principio mismo es una parte jurídicamente dogmatizada del sistema de normas, opera «normativamente». Cabe, empero, otra posibilidad: que el principio forme el punto de arranque de un desarrollo jurisprudencial abierto todavía. Entonces debe apoyarse en un método de formación de normas afianzado por la tradición, método que gracias a la existencia de un acervo de reglas técnicas acerca de la elaboración de una norma partiendo de «precedentes obligatorios» y otras autoridades legales, garantiza la continuada concreción de las simples máximas en una instrucción exacta, *b*) En uno y otro caso, un principio solo es apto para la formación de normas cuando es accesible a la argumentación específicamente jurídica desde los puntos de vista de la justicia y de la adecuación, es decir, si las decisiones valorativas que aún son necesarias para su configuración no pertenecen a un programa político todavía en curso de realización, sino que consisten en la adecuada solución, con medios jurídicos, de una tarea fijada o de un problema que en cada momento puede circunscribirse del mismo modo.

Un principio cuya misión deba aún decidirse políticamente, no está todavía maduro para ser fijado en sentido jurídico.[214]

---

[214] Sobre todo con los medios del pensamiento jurídico, en la medida en que sirvan para llevar a cabo juicios de valor extrajurídicos. Que estos juicios no sean en absoluto de la incumbencia de los juristas, solo lo ha creído aquél positivismo conceptualista del s. XIX, al que el simbolismo de las deducciones de la lógica no le dejó ver el irremitente trabajo de valoración jurídica y de ética social. Justamente los *topoi* generales citados de estimación substancial, en el proceso de interpretación y elaboración dan un mentís a esta prohibición positivista de los previos juicios de valor. Pero la misión impuesta al juez ha de permitir

Resulta claro hasta aquí que la disyunción entre principio jurídico o principio extrajurídico, es cuestión que depende del sistema, no de la arbitraria decisión del legislador o del autor de la constitución. Pero no se decide con esto si un principio que no haya sido fijado, puede convertirse en parte del derecho positivo como postulado del mismo, si así lo dispone la autoridad legal.

Esta cuestión no es uno de tantos seudoproblemas insolubles entre las posiciones jusnaturalistas y positivistas, sino que es susceptible de una contestación en todo punto realista, si en lugar de precipitarnos a dar una respuesta unitaria y prematura empezamos por establecer las pertinentes distinciones. Una solución ficticia y capciosa sería, por ejemplo, decir: Todo principio es derecho positivo dentro del ámbito en que ha sido positivizado. Pues de aquí deducirían unos que lo importante es saber si ha sido formulado en alguna parte, en último extremo en el texto constitucional, mientras que otros solo considerarían como positivación su expresión pormenorizada en una norma o institución creada por la lev o la jurisprudencia.[215] Ambas actitudes son falsas. Los principios no escritos son los más fuertes, aun en el campo de lo positivo. Donde más evidente es esto, es en materia constitucional, donde vemos a cada paso cómo principios escritos son pronto desplazados por obra de la coyuntura política, mientras que las verdades elementales permanecen incólumes. Verdad es que tampoco éstas están a resguardo de discusiones, pero han realizado ya el paso de postulado a principio. Es más, con su incorporación institucional se zafan de la polémica acerca de su índole positiva. Lejos de discutirlas, se parte de ellas. Hasta tal punto constituyen la base de complejos enteros de reglas e instituciones, que, de no ser reconocidas, el ordenamiento entero quedaría falseado en su sentido y ninguna de las disposiciones concretas podría funcionar. Por ello constituyen derecho positivo: no como instrucciones independientes o separables, sino como condición inmanente, del ser y del funcionar de las disposiciones singulares.[216] El principio de la libertad de contratación constituye

tomar una decisión según los criterios de la justicia y la conveniencia objetiva dentro del marco de tales *topoi* jurídicos. Debe contener, por tanto, una cuestión de ordenamiento que, partiendo de un fin señalado por la política jurídica, solo es accesible a la razón jurídica discursivamente, o sea, de modo que su problemática inmanente y la solución de ésta constituyan un asunto de adecuación jurídica.

215 El primero es el antiguo punto de vista del positivismo legal, el segundo es el del positivismo sociológico. Éste ve con razón que una ley no se hace positiva por su promulgación y en el sentido que al ser promulgada se daba a su texto, el cual se conserva todavía sin la menor alteración literal *(law in the books)*, sino por su interpretación actual y con todo el aparato que para ello han creado los jueces. *Law in action* significa: Hoy rige el BGB tal como lo aplica la jurisprudencia, y entiéndase la de hoy, no la de 1900.

216 Aquí vendría también a cuento el término, víctima de tantos abusos, de «integración», si quisiéramos explicar el *modus operandi* de estos principios elementales. Pero las palabras nada cambian. Podemos hablar de principios de estructura o constructivos, con tal que quede claro que no «introducimos elementos doctrinarios, políticos o extraños a la cosa, sino que solo se emite un juicio analítico sobre el originario complejo de disposiciones e instituciones singulares dotadas de vigencia positiva. El principio no es aquí solo un concepto heurístico teórico para algo que se encuentra unido por azar, sino la clave funcional (la «vida») de todo el ordenamiento de la materia jurídica, llevado a cabo para una determinada misión y un determinado círculo de problemas. De ahí que la cuestión de por qué las normas singulares «deben ser reducidas a principios» (SIMONIUS [n. 24]256), carezca substancialmente de objeto. Solo se justifica como una introducción didáctica a los nexos ordenadores de toda institución.

derecho de obligaciones positivo, el principio de la división de poderes es, en nuestro ámbito jurídico, derecho constitucional positivo —sin necesidad de estar consignados expresamente, sin constituir una instrucción. No es «derecho natural» en sentido dualista, sino derecho positivo en virtud de la legalidad objetiva. Aquí podemos hablar con BACHOF[217] de un «derecho constitucional material». Por consiguiente, también en el derecho constitucional existen principios no escritos válidos, pues son presupuestos positivos y necesarios de aquél. Las bases de la organización de una determinada forma estatal son «derecho constitucional no escrito», es más, por lo regular representan «normas constitucionales de rango superior», que pueden convertir en «anticonstitucionales» a otras disposiciones secundarias. Justamente el concepto «material" de constitución descansa en la admisión de semejantes principios inmanentes y obligatorios.[218] Pero tales «principios constitucionales no escritos» consisten, en cada ordenamiento elegido, en una determinada materia, una vez la elección se ha cumplido. La dificultad solo se produce cuando la elección no es inequívoca: ¿hay aquí o no un principio de derecho? BACHOF, tratándose de principios no condicionados institucionalmente y que no han recibido una corporización concreta, parece fijarse en si han sido positivizados en el texto de la constitución.[219] Considero engañoso este criterio. Existen formas de positivación distintas de la incorporación a un texto, y por otra parte ésta sola no es aún garantía suficiente de una formulación inequívoca. Pues no basta que en el acto de redactar la constitución se afirme categóricamente que semejante principio no se limita a ser una simple directiva, sino que vincula directamente al legislador y a la jurisprudencia (así respecto al art. 1 III de la Constitución de Bonn). Pues semejante principio material puede ser útil al legislador; pero que pueda servir también al juez, depende de lo que esté expresamente dispuesto en la ley fundamental, no del precepto constitucional.

Tal precisión puede obtenerse, por ejemplo, haciendo que un principio de suyo obscuro y jurídicamente ambiguo haga referencia expresa al «orden público» existente. Así ocurre en el art. 2 de la Const. alemana, que hace apto para ser llevado a juicio el derecho fundamental del libre desarrollo de la personalidad» al añadir: «dentro del ordenamiento constitucional». Con ello se erige como criterio no solo el derecho constitucional positivo (escrito o no), sino también la totalidad de los principios maestros de nuestro derecho civil, desde el *pacta sunt servanda* y el de la buena fe, hasta el de la responsabilidad por culpa y el de la garantía patrimonial universal por deudas. Si a ello se añaden los principios de la justicia conmutativa y distributiva incorporados en instituciones y reconocidos en todos los países civilizados, se hace posible ejercer un control judicial en cuestiones tales como las de beneficios y riesgos del empresario, de la obligatoriedad de los seguros sociales en las profesiones liberales, etc. Sin aquel aditamento, tal cosa sería imposible.

En el art. 3 II de la Const. tenemos, en cambio, un ejemplo de indecisión en la opción de un orden jurídico. ¿Qué habrá, pues, del efecto normativo de este «principio» de la equiparación de los sexos, allí establecido?

---

217 *Verfassungswidrige Verfassungsnormen* (*Recht und Staat*, Heft 163/164, 1951).

218 Cf. también E. v. HIPPEL, *Ungeschriebenes Verfassungsrecht (Veröff.* d. Vereinigung deutscher Staatsrechtslehrer Heft 10 [1952] 1 ss.) y KRÜGER ibid. 63 ss.

219 Cf. p. 45: «Parece discutible si puede también ser incluido en la constitución (no escrita) el derecho supralegal, cuando éste no ha sido positivizado por su conversión en derecho constitucional escrito.» Sobre la aplicación del Derecho «supralegal» cf. ibíd. 31.

He dedicado a esta cuestión un pequeño estudio especial, en el que he intentado sacar provecho de algunas de las tesis fundamentales del presente libro para la elucidación de este problema social; me remito, pues, a él.[220] Le dio pie la discutida constitucionalidad, hoy claramente sentada por el Tribunal constitucional, del art. 117 I, el cual sin atender a las lagunas jurídicas que ello produciría, anulaba a partir del 1-4-1953, todas las normas materiales que se opusieran al art. 3 II. Era mi opinión que, en vista de comprobada función creadora de derecho que ejerce también la judicatura continental, no procedía exagerar el temor a la «inseguridad jurídica» producida por la laguna, y que por otra parte no había que confiar en un «derecho judicial alemán sin una previa comparación crítica de los métodos de formación del derecho; procedía más bien investigar en concreto la adecuación judicial de un principio c institucional como el art. 3 II, y distinguir:

a) las posibilidades de adaptación interpretativa del actual derecho legislado por medio de una interpretación propiamente dicha y un tranco desarrollo de las instituciones legalmente reconocidas;

b) las posibilidades constructivas de creación de instituciones por parte del juez a que da pie el principio constitucional.

En este segundo punto carecemos de una definición jurídica, dogmáticamente deducible o en todo caso aprovechable, del concepto de «equiparación». El sentido de este concepto debe fijarse con ayuda de argumentos jurídicos «prepositivos», como el de «naturaleza de la cosa», etc., y siempre partiendo de las concepciones vigentes en la época. La cuestión de si ello es una tarea judicial o ya política, aparecerá como carente de objeto a la luz de un más exacto conocimiento del proceso interpretativo. Es innegable que mientras no se haya formado una teoría y una jurisprudencia coherentes, se dará una inseguridad relativa Lo mismo ocurre también con otros principios constitucionales. En una ponencia presentada en el Congreso de civilistas alemanes de 1953 en Schlangenbad,[221] me he referido a casos de esta índole, en los que solo la doctrina y la jurisprudencia han *hecho* justiciable un concepto de la constitución, citando como ejemplo el lento trabajo que ha costado el precisar el concepto de expropiación. Que lo mismo podría hacerse con el concepto de equiparación, lo demostré sirviéndome de la literatura ya existente y de la jurisprudencia alemana y austríaca.[222] El único problema real es el del tiempo y sacrificios que este proceso nos cuesta, dada la poca inclinación de nuestros jueces a la exacta aquilatación de los precedentes. De todos modos — así decía yo —, el estado de vacío que se había de producir después del 1.4.1953 no podía tampoco calificarse de «caos jurídico», gracias al amplio margen de que disponía la adaptación interpretativa. Concluía mi exposición con máximas de una progresiva elaboración «abierta», que se han acreditado en todos los casos en que nuestra usual construcción dogmática quedaba inconexa. Falta explicar que la gran mayoría de principios de derecho, incluso los de derecho civil, acuden a estos medios y a criterios tales como *standards* morales, convicciones sociales, etc., a pesar de lo cual

---

220 *Interpretation und Rechtsneubildung im Familienrecht*: JZ 1953, 521 ss.

221 «Presupuestos y límites de la creación judicial del Derecho a partir de principios.» Cf. el resumen en AcP 153 (1954) 167.

222 Entre otros RAISER, *Der Gleichheitsgrundsatz im Privatrecht*, ZgesHR III (1948) 75 ss. y BOETTICHER, Der Anspruch auf Gleichbehandlung im Arbeitsrecht: R. d. Arbeit 6 (1953); BVG austríaco al art. 7 I, BV austríaco, Slg. 651, 1426 y 1526.

exigen y obtienen una utilización y atención inmediatas por parte de los jueces. Este fenómeno general, al que hice referencia en mi ponencia citada, se explicará en lo que sigue.

2. Hemos dejado sentado que un principio puede ser derecho positivo, sin que en sí mismo posea el contenido de un precepto de derecho material.[223] ¿Qué ocurre, empero, cuando no suministra ninguna indicación clara, ni siquiera en unión con instituciones concretas de nuestro derecho, porque su sentido no está aún precisado, y porque la elección de un orden jurídico solo tendrá lugar después de una polémica dentro de la constitución? Es evidente que hay principios que no necesitan polémicas de esta clase, puesto que se deducen de pormenores positivamente reconocidos que sin ellos no serían rectamente inteligibles, o porque constituyen los presupuestos indispensables para el funcionamiento de una institución positiva. A estas notas constitutivas de instituciones positivas puede dárseles el nombre de principios "necesarios», o bien, en atención a su utilización real en el sistema, «normativos». Y hay principios que solo son incorporados a un sistema positivo en calidad de postulados de naturaleza ética o política: han sido ya anclados en él estructuralmente, pero hace falta aún un proceso en el que la vinculación jurídica quede separada del ideal político, llevando a cabo aquella transacción que confiere estabilidad a los principios. En esta transacción se verifica el paso de un ideal a un principio de derecho, apto para encarnarse en supuestos de hecho y en conceptos jurídicos. A tales principios, que necesitan una previa trasposición al campo jurídico, porque no figuran aún en la sistemática actual de éste, sino que cada vez deben serle incorporados después de una decisión de principio aún no efectuada y después de la solución positiva de conflictos de intereses existentes, se les ha dado el nombre de principios «útiles», completando así la pareja de conceptos escolástica.

Esta propuesta, que tiene en su favor la tradición, y en contra la experiencia, procede de RADBRUCH.[224] Este autor llega a limitar los principios «necesarios» a los que deben ser hallados analíticamente (en el sentido de KANT), y les opone todos los demás en calidad de «útiles» en el sentido de la utilidad social, apoyándose para ello en AUSTIN. Yo creo que hay muchos más principios que vienen dados inmanentemente, y en todo caso declararía positivo todo lo que NELSON hace entrar en el «concepto» de derecho. Pero sobre todo son también «necesarios», en mi opinión, los principios que han entrado ya en la estructura de un ordenamiento, puesto que éste no puede pensarse sin aquéllos; actúan «normativamente», cualquiera que sea su origen histórico, y tanto si fue acertada o errónea la manera como fueron entendidos en un comienzo. Se han convertido en elementos maestros de un ordenamiento jurídico. Así ocurre también con la llamada lógica jurídica y su aparato conceptual dentro de un sistema determinado. Hablaremos más a fondo de ello en lo que sigue y en los caps. X, 5 y XI, 5. Por lo demás RADBRUCH protesta con razón contra la estrechez de miras que suele reinar en el positivismo estatalista, el cual considera que todos los principios de que él no puede prescindir, son univer-

---

223 Las disposiciones constitucionales sobre los «derechos fundamentales» de los ciudadanos son derecho positivo (lo serían aunque no estuvieran consignados), y además, a diferencia de la constitución de Weimar, son derecho efectivo, no una simple obligación para el legislador. Son normas substanciales, mientras no lo son los principios de organización de la democracia parlamentaria 7, sin embargo, constituyen derecho constitucional positivo lo mismo que aquellos derechos fundamentales. Cf. BACHOF (n. 217).

224 N. I 88 a, 532.

sales hasta el punto de que «sin ellos es inconcebible un sistema de derecho, o un sistema de derecho en una comunidad civilizada». Con ello se incurre en una confusión: puesto que las estructuras jurídicas solo son comparables a b ase de categorías filosóficas e histórico-culturales, y «ni nuestra presente época ha conseguido aún establecer una tabla de categorías jurídicas que con toda seguridad comprenda todas las nociones necesarias del derecho y solo las necesarias»,[225] se da por supuesto que hay que renunciar a todo intento de delimitar objetivamente los principios universalmente «necesarios», distinguiéndolos de los que en cada cultura han sido reconocidos como «útiles». En algo puede haber contribuido a esta confusión el relativismo histórico-cultural de RADBRUCH. Lo que sí es seguro es que la capciosa terminología de un principio «necesario» tiene su parte de responsabilidad en el escepticismo sentido frente a la posibilidad de deslindar dentro del derecho los principios objetivamente dados e inmanentes y los principios axiológicos heterónomos. Es indiscutible que la expresión «principio necesario», por el hecho de partir de unas presupuestas «verdades fundamentales», misiones y límites del ordenamiento jurídico, revela una actitud próxima al derecho natural, o en todo caso no empírica. De ahí también que sea tan discutida en la actual teoría angloamericana.[226]

Atendiendo a la función, y para que no parezca que semejante predicado prejuzga el dictamen objetivo, resulta más recomendable adoptar los términos de principios «inmanentes» e «informativos».[227] Tales principios aún no «incorporados», a falta de cualquier otra forma de positivación, no son derecho substancial (o material, para decirlo con nuestra terminología usual), sino «directrices» *(guides).* A veces obligan al legislador, y en este caso en el derecho constitucional se habla de «directivas»,[228] mas para el individuo no constituyen derecho efectivo. Les falta, en efecto, aquella precisión que es indispensable a una instrucción objetiva. Pero también pueden obligar al juez a que acuda al principio constitucional para sacar de él derecho inmediato y material. Esto es lo que se quiere indicar al hablar de la «validez actual ' de un principio. Esta validez constituye, en general, la característica de nuestros actuales derechos fundamentales y ha sido reconocida claramente por la jurisprudencia en otros casos, como en el art. 6 de la Constitución.[229] En este

---

225 Loc. cit. 533.

226 Cf., por ejemplo, STONE (n. 54) 67 ss., en oposición con AUSTIN (Lectures [I-IX]).

227 Este par de conceptos fue ya propuesto por la doctrina italiana del Derecho internacional privado. Cf. sobre todo AGO, Lezioni di diritto internazionale (1943) 61 ss. y SPERDUTI, L'individuo nel diritto intemazionale (1950) 7/8.

228 La doctrina general del Derecho francesa usa el término *directive* con otro significado. Cf. MAURY, Observations sur les modes d'expression du droit: Règles et Directives: Recueil Lambert (*Introduction à l'étude du droit comparé*) I (1938), 421 ss. *Directive* es aquí una técnica legislativa, a saber todo lo que nosotros llamamos cláusulas generales, normas en blanco, etc., incluyendo los *standards,* o sea, una norma positivamente substancial con renuncia a la formación de supuestos de hecho o con una ampliación de las facultades discrecionales del juez. Es prototipo de la creación del derecho judicial dentro de la libertad, legislativamente reconocida, del argumentar sobre los problemas. Aquí el juez, en virtud de la claridad del problema en sentido jurídico y de los *standards* legales o sociales, se encuentra en situación de desarrollar una casuística que llena de substancia una disposición que, por sí misma, está «vacía».

229 Cf., por ejemplo, BGHZ 6, 360 ss. Cf. también la antigua tradición del Tribunal Supremo suizo sobre diversos principios de la constitución helvética, que no es tenida en cuenta por el Tribunal constitucional federal —por ejemplo, sobre la prohibición de la doble tributación

estado embrionario se halla hoy también el principio de la equiparación en derechos, que en virtud de una ordenanza constitucional positiva fue declarado expresamente como derecho efectivo. El problema consiste solo en si semejante declaración puede subsanar la ausencia de una formalización jurídica, mejor dicho, de una auténtica elección jurídica de ordenamiento. Pues tal positivación es solo formal. La lucha parlamentaria en torno a la significación del principio dentro del ordenamiento, en torno a su transformación en instituciones dotadas de un contenido jurídico, no ha dado ningún resultado concreto. Por esto no hay nada que pueda llenar la laguna que dejaría abierta la anulación de lo que hasta ahora fue derecho material, por ejemplo en el derecho matrimonial y de filiación, al aplicarse el art. 117 I de la Constitución. De ahí se ha sacado la consecuencia de que el art. 117 I, al faltarle los requisitos para su efectividad, no es aplicable en tanto que no se haya creado aún el nuevo derecho material.

Ahora bien, el trabajo de inferir normas de un principio informativo, así como la puesta en práctica de una directiva, puede también confiarse a la jurisprudencia, a la formación del derecho por el juez. Pero entonces este principio debe siempre dar a conocer una elección entre los distintos órdenes, elección que permite jurídicamente la formación de la norma singular, facilitando su concreción en el caso individual. Mas no es éste el caso en los principios políticos, a diferencia de los ligados a problemas, que constituyen el punto de partida típico del derecho judicial. Ni siquiera la incorporación al texto constitucional altera esta situación, como demuestra el art. 3 II, del que se han inferido ya las más absurdas consecuencias.[230] Le falta un deslinde elemental y una fijación de objetivo —cosa comprensible, dada la historia de su origen. Cuando el poder político sienta un postulado como principio, debería también asumir la responsabilidad de transformarlo en instrucciones jurídicas claras. Es muy duro para una judicatura oficialmente privada de funciones creadoras tener que cubrir la brecha que debería ser cerrada por el poder legislativo, justamente en el punto en que faltan no solo patrones axiológicos racionales para la multiplicidad de posibilidades de solución constructiva, sino también puntos de vista utilizables judicialmente o que se deduzcan claramente del sistema. Es, pues, comprensible que algunos de los tribunales que han tenido que ocuparse de tales casos, en ausencia de un principio objetivamente aprovechable y con solo un postulado sentado como derecho constitucional efectivo, se haya negado a considerar caducado el antiguo derecho material a tenor del art. 117 y a proceder a la formación de un derecho casuístico.[231] Abona su actitud la inadecuación de nuestro actual

---

en el art. 46 II de la Const. suiza—, práctica que ha inducido a los observadores americanos a dictaminar, sin duda precipitadamente, que en Suiza los tribunales son «intérpretes» generales de la Constitución, con excepción de las normas calificadas de políticas. Así RICE, *The Position of International Treaties is Swiss Law*. 46 Am. J. Int. L. 641.

230 No era solo en el derecho penal (el § 175 C. pen. alemán ¿es ahora anticonstitucional?) y en el derecho internacional privado (¿no existe ya ningún enlace unilateral?) que se podían oír «consecuencias» que movían a asombro (sobre ello NEUHAUS: JZ 1952, 523 ss.); también en derecho laboral (equiparación de las disposiciones de protección, admisión de varones en las bolsas de trabajo femeninas o como ayudantes de partos no titulados según la ordenanza de comadronas, para no hablar del derecho de tarifas) se han defendido las conclusiones más curiosas. Sobre los efectos del matrimonio en materia personal y patrimonial cf. entre otros trabajos el estudio de DÓLLE citado infra n. 231.

231 Así OLG Frankfurt del Main, sent. de 22.4.1953, NJW 1953, 746, LG Giessen 18.4.1953, JZ 1953, 281 ss. y otras resoluciones recientes de tribunales territoriales, recopiladas en PATSCHKE: BB 1953, 490, las cuales estiman necesario que se presenten mociones al Tribunal consti-

procedimiento para la formulación de normas partiendo de principios que no están vinculados ni a los problemas ni al sistema, pues les falta, de una parte, la delimitación de los problemas propiamente dicha, y de otra parte, la posibilidad de ser controlados por un sistema dogmáticamente privilegiado. En su favor habla la economía jurídica: pues según el régimen de nuestro derecho la sentencia singular no crearía derecho objetivo, sino que cada caso recibiría «su» solución, por falta de criterios, peor todavía, por falta de un contenido palpable del principio —que solo lo adquiriría al cabo de un largo desarrollo de una jurisprudencia constante. ¡Cuán trabajoso sería este camino, tratándose de conceptos y principios no determinables desde puntos de vista inmanentes y objetivos, y que ostentan todavía la tornasolada multiplicidad de la aún no resuelta lucha ideológica y política acerca de la adecuada elección de ordenamiento! Contra aquella actitud habla, en cambio, la necesidad de reconocer a nuestros derechos materiales la condición de derecho substancial, y la de salvaguardar, incluso en un caso aparentemente desesperado, la transformación judicial de aquel derecho prelegislativo, como camino viable de la creación concreta de derecho.

Pero nada ayuda a decidir esta cuestión el querer paliar las disonancias existentes dentro de la nuestra situación y disimular la insuficiencia de nuestros métodos continentales para formular normas al margen de los complejos deductivos previamente dados; conviene, al contrario, establecer una clara distinción entre lo posible y lo imposible, y hacer luz sobre el proceso de formación judicial de normas a partir de principios constitucionales. A este propósito dictaremos el siguiente diagnóstico sobre el art. 3 II de la Constitución: Aquí no se sienta ningún principio *constructivo* para la jurisprudencia. No se suministra punto de apoyo alguno para decidir cómo ha de ser reconfigurada positivamente la institución jurídica singular, familiar o laboral. En cuanto a la organización, todas las cuestiones quedan igualmente abiertas. Ni el contenido ni la orientación del principio permiten saber con qué figuras del derecho positivo debe cubrirse un objetivo conocido, cómo, por ejemplo, deben aplicarse elementos del derecho laboral o social al caso de cónyuges que ejerzan una profesión, o cómo se encuadran en el derecho laboral las formas de la protección pública al obrero, o puntos de vista policiales.

Verdad es que un principio constitucional nunca puede ser constructivo, y el art. 3 II tampoco quiere operar en sentido constructivo, sino *selectivo*. Lo que en nuestro derecho vigente sea incompatible con la idea de la equiparación jurídica de marido y mujer, debe ser o anulado o adaptado. Esto resulta sobre todo evidente si nos remitimos a los arts. 3 III y 117 I. Pero esto no significa que esta fuerza «actual» del principio de la equiparación eche al suelo sin más ni más todo lo que parezca serle inconciliable («teoría de la *tabula rasa*»). En el estudio antes citado he expuesto la necesidad y la posibilidad práctica de una «teoría de adaptación», según la cual el

---

tucional federal para comprobar la constitucionalidad del art. 117 I, mientras que la mayoría de tribunales se adscribe a la opinión predominante en los autores (compilación ibíd. n. 3) y defendida por Dölle (*Die Gleichberechtigung von Mann und Frau im Familienrecht*: JZ 1953, 355 n. 6) sobre la vigencia actual del art. 3 II, y toma sobre sí la «interpretación» de este principio, como siendo de incumbencia judicial. De hecho, el principio de la equiparación es «inmediatamente» vinculante para la administración y la jurisprudencia, como permiten ver los artículos 1 III y 3 III, pero no ha sido transformado en una instrucción positiva, y falta además una concepción general que determine su significación jurídica. En realidad es la jurisprudencia la que debería inaugurar esta concepción —un camino totalmente nuevo para nuestro sistema.

art. 3 II invita a proceder a una adaptación interpretativa y constructiva de las instituciones vigentes. Pero, debemos preguntarnos aquí, tal invitación ¿es realmente eficaz y vinculante, más allá de las posibilidades de interpretación propiamente dichas? ¿De dónde sacará el juez los pensamientos constructivos? ¿Podemos al menos utilizar el principio para perfilar caso a caso el alcance y la orientación de nuevas disposiciones? Tomado en sí mismo, el principio nos falla también en esto. Un principio que deja en la obscuridad los criterios que hay que usar en la selección, ni suministra al juez un justificante para la nueva construcción, ni permite distinguir claramente entre los preceptos del derecho hasta ahora vigente que deben ser definitivamente anulados y los que deben subsistir aunque en forma modificada. Dicho con mayor precisión: El principio solo no informa sobre estos extremos. Pues los criterios exactos para juzgar lo que es compatible con el «principio de la equiparación» y lo que no lo es, no dependen solo de la concepción jurídica, sino del conjunto de ideas que informan la cultura en su totalidad. Que el legislador recurre con frecuencia a los elementos formales prejurídicos del derecho, nos es de sobras conocido. Y también el juez conoce este proceder, sobre todo con referencia a las concepciones y usos del tráfico, en el derecho matrimonial a propósito de normas en blanco tales como «conducta antimatrimonial», «apreciación moral o recta de la naturaleza del matrimonio», «mal uso» de una exigencia, «restablecimiento de una convivencia de acuerdo con la naturaleza del matrimonio», etc. En el postulado de la equiparación de derechos, al que faltan hasta normas positivas singulares del tipo de las en blanco, el juez no puede acudir ni siquiera a tales «ventanas» de las normas; su situación es la del legislador en otras materias: debe pasear libremente su mirada sobre el campo entero de los valores sociales admitidos en el mundo contemporáneo, en los que se concreta una conciencia cultural apoyada en la tradición pero sujeta a un proceso de renovación constante, y cuyo precipitado es un ordenamiento social del que la constitución escrita no es más que una expresión parcial.

En la conferencia citada hice ver que ya los principios «constructivos» quedan por completo estériles sin la ayuda de estos criterios «metajurídicos». Esto es cierto no solo de las llamadas cláusulas generales con sus instrucciones en blanco, que por su calidad de preceptos formales no creo que puedan contarse entre los principios en sentido estricto, sino también de los pensamientos básicos que la judicatura extrae de las soluciones singulares dadas por las leyes y de su propia casuística; estos pensamientos, como el principio de la *Verwirkung,* de la prohibición del abuso de derecho, del *venire contra factum proprium,* del deber de observar los contratos, de la protección de la confianza en el tráfico jurídico, del deber de atender a la seguridad del tráfico, etc., se encuentran al término de una evolución, no en sus comienzos. Ambas cosas nos dan que pensar a propósito de los principios programáticos; mucho menor es el fruto que de éstos puede obtenerse, sin ayuda de *standards* y criterios extrapositivos. A esto se añade que los principios de la jurisprudencia civil, de los que allí hablaba, son modificaciones de instituciones positivas aseguradas de otro modo, no fórmulas para la constitución de instituciones nuevas.

A estos principios que compendian o generalizan un precepto jurídico ya existente, formado por vía legislativa o judicial, les he dado ya el nombre de principios institucionales. Son justiciables, porque las instituciones en que se encarnan, representan figuras y estimaciones concretas del derecho positivo, de las que el juez puede sacar deducciones *lege artis.* En ellas nos encontramos todavía en el campo de la interpretación. Pero ésta llega a su fin, una vez se ha agotado la substancia positiva del texto y de su *ratio,* o de los precedentes y de la *ratio* de éstos. La idea directriz o el principio solo son interpretables en tanto estén incorporados en una institución. Con otras palabras, el principio del enriquecimiento injustificado, el de la responsabilidad por deudas o el de la responsabilidad por los auxiliares, el principio *nemo auditur culpara propriam allegans* o el que deducimos del § 162 BGB en calidad de pensamiento jurídico general, son todos ellos derecho inmediatamente válido solo dentro del marco de este reconocimiento institucional, y en virtud de tal reconocimiento. Por vía de creación judicial pueden dar lugar a nuevas instituciones del derecho positivo. Los casos son legión. A propósito del alcance del pensamiento encamado en el § 162 BGB he recordado el trabajo de Schiedermair,[232] he citado además la ulterior elaboración en todo el derecho contractual del llamado principio de la confianza, sacado de las angostas figuras del derecho de representación. Ahí tenemos principios que saltan fuera del estrecho marco de la casuística o del texto legal, en calidad de principios informativos para la creación de nuevas instituciones positivas. Y aquí nos encontramos con los casos más famosos de elaboración jurisprudencial del derecho: para no salir del derecho de obligaciones, desde la elaboración a que Ihering sometió la idea de *culpa in contrahendo para con*vertirla en un auténtico concepto de ordenamiento, hasta la formulación que Oertmann dio a la base del negocio, principios cuyo descubrimiento no ha sido empequeñecido, sino robustecido por la creciente exactitud de su conocimiento dogmático y por la delimitación conforme a los precedentes de sus supuestos y efectos.

Pero semejantes principios informativos o, como entonces los llamaba yo, heurísticos, solo son justiciables cuando entre los caminos de construcción lógicamente posibles permiten ejercer una opción que descansa sobre una valoración diáfana en cuanto a la «política jurídica». La inescapabilidad de la deducción lógica solo poseía fuerza convincente en el pensamiento escolar de la época de nuestras codificaciones. Entre tanto, muchos principios, fuera ya de los complejos deductivos conceptuales, no resultan ya adecuados para las tareas de nuestro derecho. Ahora no es ya la fertilidad dogmático-conceptual, lo que hace justiciable a un principio, sino la unívoca significación del patrón de valor al que remite, la de las convicciones generales o *standards* existentes, la de la concepción general de la lógica de la cosa, *reasonableness* o naturaleza de la cosa, concepción que reclama una determinada solución constructiva, justificándola y permitiendo comprobarla.[233] Para esto último es necesario, sin embargo, que la casuística y la dogmática hayan condensado las soluciones singulares en una formulación general, una regla o *rule,* que permita la comprobación *lege artis* desde el punto de vista jurídico, y no simplemente desde el de la política jurídica. Y éste es el tributo a la inseguridad política que en sus inicios ha de pagar toda nueva formación jurisprudencial.

En las modernas concepciones codificadoras existen, como hemos dicho, una multitud de principios en su origen libremente creados, que se han asimilado por completo a nuestro aparato conceptual o se han enquistado en el sistema a modo de islas, de suerte que para nosotros constituyen partes genuinas de la ley, a pesar de que la casuística que, vinculada a los problemas, ha ido desarrollándose de la mano

---

[232] *Das Anwendungsgebiet des § 162 BGB*, Bonner rechtswiss. Abh., 9 (1929). Cf. Esser (n. 1) 89 ss.

[233] De ese punto se trata más pormenorizadamente en el próximo capítulo.

de estos principios o cláusulas generales, ostenta claramente los rasgos de un razonamiento abierto, que procede según precedentes de un caso a otro caso. En tal situación creemos encontrarnos ante principios provistos de un valor deductivo, por así decir, independiente: axiomas de la dogmática de nuestro derecho civil. Solo la jurisprudencia de intereses, que ha sido la gran irrupción del pensar problemático en nuestra axiomática conceptual —pues «interés" es un auténtico *topos* tal como lo entendía la retórica clásica — ha hecho que a través de los conceptos técnicos se transparentara la importancia objetiva del problema y ha reducido el valor de la construcción lógica al que tuvieran sus resultados. En nuestro sistema se reduce cada vez más la distancia entre los principios jurídicos dogmatizados, abiertamente pragmático, o sea, axiomas con valor deductivo lógico, de una parte, y las máximas vinculadas a los problemas de la lógica objetiva, del *common sense* y de la *public policy*.[234] Hoy vemos que incluso axiomas del rango de los grandes principios del derecho de obligaciones: autonomía privada, libertad de contratación, fidelidad a lo pactado, relatividad del vínculo contractual, para estar de acuerdo con la verdad han de sujetarse a límites y correcciones que van implícitas en la realidad (permisibilidad del derecho, causa lícita, *legality of object,* interpretación según criterios objetivos tales como usos del tráfico, buena fe, etc.). También ellos atienden cada vez a una sola faceta de la protección del interés, la cual por su parte depende de la concepción jurídica que en aquel momento prive y que es la que en cada época determina la ruta a seguir entre los principios. Pues estas soluciones reales no vienen en modo alguno determinadas por los axiomas de escuela, necesariamente unilaterales. El juez sigue las ideas de su tiempo, las cuales fijan la situación positiva entre estos principios categóricos y solo de un modo imperfecto se reflejan en el código. En todo caso, «principios» son solo el perfil de la solución, no la solución misma. Son fórmulas que operan en sentidos opuestos. Si el «principio de la voluntad» expresa necesariamente la protección de las partes en su libertad de volición y de obligarse, el principio de la confianza representa la protección del tráfico. Asimismo, la posibilidad de principio de impugnar contratos celebrados defectuosamente o de obtener su resolución judicial, está dirigida por los intereses de la protección del tráfico, que exigen también que estas posibilidades y sus efectos sean en principio limitadas en atención a terceros y a las situaciones jurídicas que se han creado definitivamente, y tienen por tanto el carácter de reales. Pero también establecen una razonable compensación de aquel primer principio por medio de adecuadas modalidades de procedimiento, así como por una recta distribución del riesgo, bajo el lema de «daños a la confianza». La oposición entre los supremos objetivos de la protección jurídica provoca también en todas partes —y esto no

---

[234] En la propia construcción codificadora aparece cada vez más claramente la identidad de los principios de valor materiales y los principios constructivos, porque estos últimos son ya expresión de un determinado programa de política jurídica, mientras los primeros implican una determinada estructuración técnica. Es sabido que si hay desarmonía entre el fin de la protección o la elección del valor y la estructura dogmática, el resultado son graves incongruencias y anomalías en las figuras jurídicas correspondientes. En general la lógica objetiva se conquista una forma institucional adecuada, aunque tenga que vencer la resistencia de estructuras históricas. Publicidad, *numerus clausus,* principio de rango, etc., son principios de la lógica objetiva, que en el derecho de cosas se han ganado un carácter dogmático no inferior al de la accesoriedad de los derechos de prenda: funcionan, por así decir, a ciegas: a pesar de que hemos aprendido a comprobar caso a caso el carácter axiomático a partir de la situación de los intereses, o sea, de la substancia del problema. Detalles infra, capítulo IX.

debemos perderlo de vista en la situación aparentemente tan confusa creada por el principio de equiparación de derechos —una tensión polar entre varios principios. En el pensamiento constructivo dogmático ya los conceptos jurídicos tienen en cuenta esta contraposición, pues contienen ya en forma fijada técnicamente una previa elección de los conflictos propios del problema, es decir, necesariamente vinculados a su tarea de ordenación, independientemente de la solución histórica especial.

Por todas estas razones la referencia del juez a aquel acervo de criterios éticos y de *common-sense*, es un fenómeno que se produce siempre que se saca a colación un principio del derecho. No es un síntoma de falta de «justiciabilidad» —siempre que exista efectivamente aquel acervo de criterios, que permita y garantice un juicio según la «naturaleza de la cosa», la *aequitas* y la *naturalis ratio,* del modo que más arriba hemos descrito bajo el epígrafe de «pensamiento problemático».[235] Vuelvo a insistir en que este acervo está formado por las influencias religiosas y filosóficas que, en el curso de la historia, han orientado cada vez el pensar jurídico. Aquí solo hemos hecho atención a tres concepciones que se remontan a la tradición aristotélica, estoica y cristiana y que desde entonces han sido reconocidas universalmente, caracterizándolas como las categorías en las que se realiza de un modo típico la transformación de juicios de valor prejurídicos y principios no justiciables en auténticas estimaciones de derecho: son las ideas fundamentales de naturaleza de la cosa o de la *naturalis ratio,* de la *aequitas y* de la llamada lógica jurídica —esta última en la medida en que no se limita a ser una deducción esquemática, sino que sigue la lógica de la cosa y la valoración conservadas dentro del concepto jurídico. En efecto, la lógica jurídica no podría desempeñar aquel papel constitutivo, si en último término no fuera un reflejo de valoraciones y decisiones acerca de la justicia. Y esto no solo por el recurso de conceptos cargados de elementos valorativos, sino por un continuo paralelismo entre ideas utilitarias y fórmulas lógicas, que reproduce lo jurídicamente adecuado simplificándolo como constatación lógicamente necesaria. El concepto jurídico entendido técnicamente, cuyo manejo sistemático constituye el término de una larga evolución, tampoco representa un valor por sí mismo. Nunca, ni siquiera en la jurisprudencia conceptual de fin de siglo, que cerraba los ojos ante su valor de símbolo, obra como instrumento de arbitrarias ocurrencias, sino que en todas partes es guardián de un complejo natural frente a la tiranía legislativa. Representa un pensamiento jurídico aún no acotado conceptualmente, sino expresado en una *regula iuris,* una paremia o máxima. Que este pensamiento se apoye realmente en la tradición que se le supone, no es un punto decisivo. ¡De cuántas de estas fórmulas no ha demostrado la romanística de los últimos decenios que eran «falsificaciones» debidas a glosadores o postglosadores! Si se quisiera partir de la simple autoridad histórica de un texto, se descubriría que toda la dogmática de nuestro derecho civil, que tomó como verdades de derecho común aquellas ideas de los comentaristas, se sostiene sobre pies de barro.

Pues bien, en este punto descubrimos la gran dificultad de nuestro «principio»: podría parecer que hoy carecemos de aquella conciencia total de ordenación social que es capaz de preformar la solución de nuestro círculo de problemas, haciéndolo accesible a la acción creadora de la judicatura. Por lo visto, esto es lo que temen precisamente los fautores de una utilización constructiva del art. 3 II de la Constitución, los cuales quisieran fingir un principio justiciable en sentido positi-

[235] Cf. supra p. 47 ss.

vo, o sea, constructivo, con el que sin atención a esta conciencia cultural se pudiera fundamentar determinadas soluciones particulares dándolas sin más ni más como derecho vigente.[236] No por estar libre de trabas ideológicas se ve impedido el juez de levantar la vista desde 1o estrictamente jurídico a las tradiciones culturales de su país y al actual sentimiento vital de su pueblo. Esto no significa que deba sumisamente averiguar cuál es la idea que la mayoría numérica abriga acerca de la adecuada relación de los sexos, ni siquiera en el derecho de familias.[237] El sentimiento jurídico de todos los que «piensan justa y rectamente» siempre ha sido decidido por el propio juez. Pero este papel directivo y creador es por su parte una función de la conciencia social —no de la ideología estatal. A lo mejor el Estado no posee ideología alguna, o las concepciones políticas andan muy divididas. Nada de esto es un obstáculo para el juez. El tipo normal de un ordenamiento social democrático — diríase casi que ya no podemos imaginárnoslo — no es aquel en que falta, además de una ideología estatal, también una concepción social homogénea, y el tipo normal de un principio jurídico no está, en una constitución democrática, anclado en una determinada ideología política.

Pero allí donde las fuerzas sociales no muestran ninguna nueva orientación dominante y clara, que el juez deba atender como código de costumbres y del sentir común de su tiempo, el derecho solo tiene una misión, y del todo elemental: la salvaguarda de una tradición cultural que sigue aún viva en la conciencia general de la sociedad. El Derecho y la justicia son, en cuanto a su misión, fuerzas estabilizadoras y mantenedoras. es decir, «conservadoras». Siguen las innovaciones solo en la medida en que estas se imponen a lo tradicional, y tanto solo legitiman el «mínimum de evolución». Esto puede también decirse de los elevados preceptos programáticos de las nuevas constituciones. Las mismas innovaciones revolucionarias, una vez aplacado el primer período de ímpetu, deben sujetarse a una medida de reforma que pueda aún enlazar con la tradición de la antigua conciencia de: Derecho, sin romper la continuidad del espíritu y la cultura jurídica. En el ejercido de la judicatura, más aún que en el derecho codificado, esta continuidad constituye el mandamiento supremo. Hasta el más amplio poder judicial que conoce un derecho continental, el tan conocido art. 1 II del Código Civil suizo, la presupone. Pues el art. 1 III añade: En esto (o sea, al establecer aquella regia que él podría defender si fuera legislador) debe ajustarse a lo que hayan sentado la teoría y la tradición.»[238] La tradición acreditada es la última base real a partir de la cual las opiniones de los juristas, que de otro modo se perde-

---

[236] Así, por ejemplo. DÖLLE (n. 231) 353 ss. (355). Cf. las soluciones particulares elaboradas en sentido constructivo que han sido deducidas como derecho vigente para el derecho de descendencia (p. 360). Es, en cambio, cauteloso el enjuiciamiento de las cuestiones patrimoniales del derecho matrimonial (p. 358 ss.), que se limita a dirigir recomendaciones a la futura labor judicial de configuración.

[237] Quizá es por esto que se ha renunciado de antemano a utilizar los métodos modernos de pulsar la opinión según el sistema Gallup, para fundamentar las proposiciones de reforma. Sin embargo, para la opción práctica, por ejemplo, en materia de la situación de los bienes, tal método sería completamente adecuado. Cf. el trabajo inspirado por mí, de un doctorando de Mainz ALKEBRAND, *Eine Enquête zur Reform des chelichen Güterrechts*, publicado fragmentariamente en AcP 152 (1953) 373.

[238] Sobre la significación práctica de esta vinculación entendida como una tradición de bienes culturales, cf. DU PASQUIER (n. 19) y mi reseña (n. 69) 169. Cf. también las referencias a la importancia como fuente, originariamente independiente, de este *passus* en el primer proyecto del C.c. suizo en mi reseña de MEIER-HAYOZ, ibíd. 174.

rían en la tierra de nadie de las ideologías, pueden desplegar su energía creadora frente a las contrapuestas tendencias «ideológicas».

Si aceptamos esto, veremos todo el alcance de nuestro criterio sobre la «justiciabilidad» de un principio que no nene aun un puesto fijo ni en lo jurídico ni en lo social, sino que debe recibirlo de la judicatura. Una vez aceptada la responsabilidad de afirmar y dar forma jurídica a una convicción actual del derecho, los jueces no pueden ya volver a abandonarla. De ahí que a ellos se apliquen las máximas aducidas al final de mi artículo citado: *Primum nihil nocere,* ponderación de los bienes dignos de protección no a partir de un programa, sino basándose en la realidad y los valores consolidados de la tradición, limitar la innovación a lo que es capaz de funcionar dentro del sistema total del Derecho, enlazar con formas acreditadas y observar un riguroso canon de la ponderación de los precedentes para sacar de ellos una jurisprudencia realmente sólida:[239] tales son las máximas de toda elaboración «abierta» del Derecho en el *judge-made law,* impuestas por la mayor responsabilidad que tal función supone en comparación con la simple labor interpretativa.

Pues justamente en nuestro caso debemos poner bien en claro que se plantean tareas de creación que rebasan toda especie de interpretación. No se trata de que sobre la base de un principio normativamente eficaz se «descubra» solo un nuevo derecho actual de matrimonio, patrimonio conyugal, filiación, etc., sino que más allá de lo que es interpretable se plantea una nueva tarea de creación de derecho para la que el principio constitucional no suministra ni criterios ni medios constructivos, y que remite al juez a una conciencia jurídica que no está aún concretada en absoluto. Esto es lo que demasiado fácilmente se olvida, cuando se dice que lo que aquí hace falta es que los jueces procedan, del modo que sea, a positivizar un principio.[240]

A esto se añade lo siguiente: En nuestro ámbito jurídico la positivación no se lleva a cabo por la sentencia como tal: ésta se agota en el caso juzgado y por sí misma no constituye ningún precedente vinculante, no tiene «autoridad jurídica», sino que su acción creadora la tiene solo como parte de una «jurisprudencia constante» que se va lentamente perfilando en una serie ininterrumpida de sentencias (es lo que erróneamente se llama «derecho consuetudinario judicial»), cuya autoridad no es de orden legal, sino institucional.[241] Pero exige un gran dispendio de tiempo y energías, hacer que semejante proceso, después de describir incontables

239 JZ 1953, 526.

240 Así también VON ZWEIGERT, quien en su nota: *Gleichberechtigungjudge made?* JZ 1953, 248, parte sin reparos de la suposición de que no se trata sino de un paralelo con el método del Derecho del caso, que de antiguo viene practicando el Derecho judicial partiendo de principios. Pero el Derecho del caso es una creación del Derecho común transmitida por la historia y libre de toda intromisión política. Sus principios, como veremos, están vinculados a los problemas y dotados de una estructura jurídica. Cuando interviene con su planificación el *statute law,* tales principios pierden su eficacia. Por su parte, el programa implícito en la elección de un determinado ordenamiento, elección realizada con sentido político, debe ser interpretado de modo autónomo, o sea, partiendo solo de la orden dictada por el soberano. Las tradiciones de la creación judicial del Derecho, sus *leges artis* y los principios de Derecho común desarrollados sobre los problemas, le son extraños. Más detalles infra cap. XII, 7.

241 Su sanción jurídica se muestra entre otras cosas en la responsabilidad de un notario cuando al asesorar las partes hace caso omiso de una jurisprudencia constante. Aunque su opinión sea acertada según el «Derecho libresco», su intransigencia frente el «Derecho en acción», es error técnico. Más sobre este tema infra cap. VII.

meandros a lo largo de los casos singulares y entre los polos de la adecuación objetiva a las cosas y la estabilidad en las normas, desemboque en una regla clara. Una infinidad de litigios en los que nadie para mientes hacen de coro a los pocos *leading cases,* y sin embargo, para el desarrollo de la regla son tan importantes como estos últimos, en los que se da la solución oficial de un problema, por ejemplo, la nueva forma legal de la situación de los bienes.[242] Así, de lo que en un caso particular es lo «recto», surge, pero solo después de muchos peligros y sacrificios de las partes interesadas y de los acreedores, «el derecho», o sea, la norma judicial paso a paso liberada de las deformaciones del pensamiento casuístico.

Que este precio sea demasiado elevado depende principalmente del valor a que se cotice la seguridad jurídica, que en la tabla de los antinómicos «supremos valores jurídicos» cambia de puesto al compás de las distintas culturas y concepciones sociales. Todavía en tiempos de RADBRUCH, o sea bajo la Constitución de Weimar, la *legal certainty* valía también entre nosotros como principio supremo e indiscutido. La Europa actual está tratando de compensar la ausencia de estabilidad política y las deficiencias del poder legislativo por medio de un desplazamiento de estos valores jurídicos, reconociendo la existencia de un derecho judicial elaborado sobre los problemas mismos, por desgracia sin las tradiciones y privilegios de un *common law* —y esto en el mismo momento en que el mundo angloamericano los está demoliendo pieza a pieza en favor de *statutes* de planificación social.[243]

Después de nuestra primera exploración de los requisitos que hacen posible la formación judicial de instituciones a partir de principios, hemos de constatar que toda jurisprudencia ha de acudir a la dogmática o a los precedentes y su ponderación técnica —o sea, a un enlace sistemático o problemático con la doctrina y la tradición en el sentido del art. 1 III C.c. suizo —, si los postulados de la constitución política han de concretar, gracias a ella, en instituciones materiales. La ligereza con que esta exigencia es presentada muchas veces como una cuestión de «valentía moral» y «gozo en tomar decisiones», no se explica solo por la urgencia y circunstancias de la situación, sino que es también debida al hecho de que en el continente hoy se subvaloren los presupuestos históricos y metodológicos de la formación de un derecho común por obra de los jueces, y a la difidente distinción en el valor de los «principios». Nuestro pensamiento civilista, con sus hábitos axiomáticos, oscila entre la ilusión de una simple aplicación de la ley y la explotación puramente lógica de unas *rationes legis* que se suponen siempre a mano, y la ilusión no menos funesta de una «creación» del derecho a partir de «sus» principios por vía de la *libre recherche.* Sin las energías configuradoras de la conciencia social y de sus tradiciones, que se expresan en el sistema de una doctrina jurídica o en el método de senes de sentenciasbasadas en precedentes y que avanzan por vía de argumentación, semejante «creación» solo puede conducir a arbitrarias expresiones de opiniones subjetivas.[244] Solo podemos

---

242 Cf. mi estudio JZ 1953. 521. en el que establezco una cuidadosa distinción entre las inseguridades de las innovaciones casuísticas y las posibilidades positivas de una auténtica interpretación.

243 Más detalles infra cap. VII, 2 y en mi reseña de GLANYILLE L. WILLIAMS, *Joint Torts and Contributory Negligence*: RabelsZ 18 (1953) p. 751.

244 La norma, ni existe ya, ni es «creada» libremente, sino que es en todas partes reintegrada en calidad de *rule,* partiendo de la adecuación efectiva al caso y del programa hasta entonces reconocido. Para esta cooperación entre libertad y vinculación constituyen, en cuanto a la función, garantías equivalentes el pensamiento axiomático de la lógica jurídica y el *Legal reasonning* sobre precedentes y ateniéndose al problema.

llamar jurídico, en el sentido de «justiciable», un procedimiento que sea comprobable racionalmente según notas susceptibles de precisión, pues así demuestra poseer una fundamentación inequívoca y compleja.[245] El abandono de las posibilidades de deducción axiomática obliga además a establecer un aparato de fijaciones metódicas para el procedimiento del desarrollo judicial de los problemas. Esto explica la tendencia que observábamos a propósito de la «libre» creación de derecho según el art. 1 II ZGB, pero existente también entre nosotros, a proteger las nuevas creaciones extrañas a nuestro sistema con una atención a los precedentes que carece de reconocimiento oficial en nuestro ámbito jurídico. El hecho de que toda incitación al libre descubrimiento del derecho sea una quimera, si solo concede un lugar de honor a los reales factores de conformación y vinculación de la doctrina y los precedentes,[246] nos fuerza a plantearnos la pregunta de qué carácter jurídico poseen aquellas reglas técnicas de la creación judicial que han sido siempre observadas efectivamente y que obligan al juez a que, en la formulación de principios y pensamientos generales del derecho fuera de un sistema cerrado, no proceda de cualquier modo, sino *lege artis et doctrinae*[247] Pues si es cierto que tenemos que «barrer los escombros de una doctrina de las fuentes del derecho que nos resulta inutilizable — incluso cuando el juez la hace servir de cobertura» —, no es menos verdad que esta labor solo puede llegar a feliz término si previamente hemos establecido, por medio de un estudio comparativo, qué tipo de vinculación incumbe por esencia a la creación jurisprudencial.[248]

Esto se aplica también al reconocimiento de los «principios constitucionales no escritos», cuyas distintas capas han sido recientemente investigadas por H.J. Wolff, Miinster, en su estudio arriba citado.[249] Aquí principios generales del Derecho, con pretensiones iusnaturalistas, se topan con «decisiones fundamentales con valor constituyente» de origen político. Hasta ser reconocidos por el tribunal constitucional, a unos y otros les falta la cualidad de norma jurídica con validez y configuración positivas. Sin embargo, este proceso de transformación, que se realiza en todas las ramas de la judicatura, según sea la especie del principio, no es considerado por Wolff como una fuente real de Derecho. Prefiere explicar los principios jurídicos supremos de naturaleza iusnaturalista — tanto los «generales» como los particulares» — como «derivaciones del propio principio del Derecho», contándolos entre las fuentes de más alto rango (37 ss.), a pesar de que el carácter simplemente limitativo del principio de Derecho, establecido por Fríes y Nelson, solo le permite derivaciones substantivas de la índole más elemental.

De hecho, el carácter de fuente poseído por dichos principios supremos ha de quedar completamente vago, si son presentados como derecho objetivo que «rige» sin atención al estado y condiciones del proceso de positivación en la casuística y en

245 Cf. mi reseña del discurso rectoral de Wilburg: *Entwicklung eines beweglichen Systems im bürgerlichen Recht*, en RabelsZ 18 (1953) 165 (167).

246 Así el coincidente resultado de la investigación citada supra (n. 19) de Du Pasquier y Meier-Hayoz sobre el art. 1 II ZGB. Así también Zweigert, *Juristische Interpretation*: Studium Generale (1954) 380 (385).

247 Así mi planteamiento en la reseña citada 174,/175.

248 Ibíd. 175 contra la idea de Wilburg de que se puede realizar su plan de un «sistema móvil» (ibíd. 167) con nuestra continental libertad de la sentencia singular, o sea, sin formación de precedentes.

249 N. I 36.

la doctrina. A las normas de derecho natural WOLFF les atribuye validez inviolable, pero solo subsidiaria. «Pretenden» desplazar a todas las demás fuentes del Derecho —es decir, no pueden hacerlo, sobre todo porque por sí mismas no dan ninguna «respuesta inequívoca» (ibíd. 47). La validez de estos erráticos y no labrados bloques de Derecho natural en un sistema positivo sería, desde el punto de vista del Derecho de la ley, un milagro jurídico.[250] El hecho de que nuestra época se muestre transitoriamente dispuesta a creer también en tales milagros, no debe ocultarnos la dificultad y gravedad de la empresa de presentar claramente a la conciencia la verdadera razón de validez de tales normas en la sentencia judicial, así como su alcance, para proceder también al estudio de las condiciones que regulan la función de dicho proceso.

No sucede otra cosa con lo que WOLFF llama «decisiones fundamentales con valor constituyente», que en forma de supremos principios de la Constitución, en parte no escritos, deberían ser también fuente de Derecho ya antes de su concretización, en calidad de «ideas directrices» ocultas detrás de estas acuñaciones: aunque no como un intemporal derecho natural, sino como «expresión de las concepciones que sobre el mundo y la vida profesa el poder soberano» (ibíd. 49). Por vía de deducción del texto constitucional, deben valer como «fuentes del Derecho no escritas», sobre todo cuando tácitamente están en la base de las regulaciones particulares, imprimiéndose en ellas. Una vez más esta deducción, el reconocimiento como fuente de Derecho y la conformación positiva, incumbe en exclusiva a los «órganos encargados de descubrir y ¿e aplicar el Derecho».[251] Pero entonces resulta también problemática en esta fuente de Derecho la relación con la autoridad de la sentencia judicial creadora que asume la responsabilidad de liberarla de sus «concretizaciones» en el procedimiento deductivo, o incluso, si es necesario, de la conciencia general, en la que es frecuente que existan vivientes de un modo inmediato. Cf. también infra nota II 154 ss. y pág. 176 ss.

---

[250] De ahí las previsoras fórmulas de recepción de muchas codificaciones (cf. Infra p. 191), que si embargo no pueden influir ni el proceso de positivación judicial ni la cualidad jurídica de un principio.

[251] WOLFF, ibíd. 51, defendiendo aquí la interpretación histórica; distintamente en las págs. 122 ss., 170 s., cf. también cap. XII, 5 y 6.

SEGUNDA PARTE

LOS PRINCIPIOS EN DERECHO Y SUS DISTINTOS TIPOS; INTENTO DE UNA CLASIFICACIÓN Y DEFINICIÓN

CAPÍTULO VI

LOS TIPOS DE PRINCIPIOS JURÍDICOS EN SENTIDO ESTRICTO

1. Los equívocos y discrepancias a que da lugar la polémica acerca de la llamada ''justiciabilidad» de los principios constitucionales, constituyen una prueba suficiente de que el intento de distinguir y diferenciar las varias categorías de principios jurídicos nene en vista fines perfectamente prácticos, y que en modo alguno debe considerarse como un bizantinismo científico. De hecho, siempre que se suscita la cuestión del alcance de un principio como auxiliar de la interpretación o como derecho directamente vigente, se produce en todos tiempos y lugares la misma confusión de doctrina. Esto no procede solo de la indiferencia que el positivismo sentía hacia la teoría pura y de la ilusión por él acariciada de que un sistema de derecho tiene que concretar en supuestos de hecho todas las tareas del ordenamiento: más bien se debe a no distinguir entre la causa de la validez de los principios en la concepción sistemática, y la causa de su validez en la concepción casuística. Así, ya desde el punto de vista histórico-dogmático, en los derechos codificados se esfuman los límites entre las cuestiones nacidas del sistema y las planteadas por los problemas. En la doctrina francesa[1] encontramos, por ejemplo, el principio de la autoridad de la cosa juzgada expuesto como *pendant* de los principios de la interpretación o de la carga de la prueba. Sin duda alguna esto es en sí mismo desconcertante, ya que el principio de la *res iudicata* posee la fuerza de una institución positiva, y no se limita a tener importancia heurística como regla técnica. Ahora bien, el hecho de que en la doctrina francesa se haya introducido esta clasificación errónea, se explica históricamente porque es tradicional estudiar aquella institución dentro del marco problemático de la llamada *théorie des preuves.* Se considera que se trata de una *présomption absolue de vérité,* enlazada con la sentencia: *res iudicata pro veritate habetur.*

Semejante afirmación debe al propio tiempo hacernos reflexionar sobre qué diferencia real puede existir entre la tesis de que un principio lo sea de derecho material, o «solo» lo sea del arte jurídico, es decir, o de la doctrina o de la práctica judicial. Es ésta una cuestión a la que habremos de dedicar algunas consideraciones. Por de pronto basta consignar que el error en el enjuiciamiento teórico del principio nunca influye sobre su eficacia real. Sus límites, su alcance y su contenido pertenecen al número de aquellas verdades jurídicas que, a los efectos del art. 38, 3

---

1 Ripert (n. I 119) 650 ss.

de los estatutos del Tribunal Permanente de La Haya, son universalmente reconocidos por todas las naciones civilizadas. *Res inter alios iudicata aliis neque prodest neque nocet.* El principio de la cosa juzgada y de sus límites, goza de la aceptación universal. Igualmente reconocido es la distinción entre la *ratio decidendi* y el simple *dictum: Les motifs contenus dans une decisión tout au moins dépassant la portée du dispositif n'ont pas la force obligatoire entre les parties.*[2]

Es evidente que nos encontramos aquí con un principio de eficacia institucional, cualesquiera que sea su origen. Llamamos institucionalmente eficaces aquellos principios que se han materializado en instituciones positivamente reconocidas. Si más arriba los calificaba de principios normativos, no hay que perder de vista que esta validez positiva solo se da en la medida en que el principio está materializado institucionalmente. El principio de enriquecimiento, el principio *Nemo auditur culpam propriam allegans,* el de responsabilidad por culpa, el de responsabilidad por colaboración, el que deducimos del § 162 BGB como pensamiento general, todos ellos solo valen inmediatamente dentro de los límites de su reconocimiento institucional. Sin embargo, por la vía de la elaboración jurisprudencial, pueden dar lugar a nuevas normas judiciales. Tales casos cuentan entre los acontecimientos más importantes que ocurren dentro de la evolución del derecho material. Pero también el derecho procesal toma parte en este desarrollo. El principio de la inversión de la carga de la prueba, por ejemplo en el caso de que la contraparte frustre la prueba, tal como es también reconocido por el *comrnon law* en el concepto *to carry on with the evidence,* no tiene un origen distinto que aquel que hallamos ya materializado en el § 162 BGB. En *estos* ámbitos aún no incorporados, el principio normativo empieza siendo el iniciador de la construcción jurídica, es decir, hace de «principio instructivo». Así ocurre, entre otros, con el principio de la confianza, que la doctrina deduce de numerosos casos particulares de nuestro derecho de obligaciones, pero también de algunas reglas fundamentales de nuestro tratamiento de los negocios jurídicos y del derecho de representación: es un principio instructivo que sirve para la formación de nuevas normas judiciales en el campo del tráfico jurídico. No otra cosa sucede con el principio de la prohibición del abuso de derecho, que en cuanto a su forma tiene el carácter de paremia, como el famoso *en fait de meubles possession vaut titre* del derecho francés. Tanto si son máximas doctrinales como si son pensamientos extraídos de casos singulares, tales principios, al rebasar los límites de su incorporación ya realizada, no son otra cosa que *guides.* Constituyen, a tenor de la clasificación arriba formulada, principios informativos.[3] Con razón les atribuye AGO, en este sentido, un *carattere decisamente pregiuridico,* mientras que SPERDUTI intenta incluirlos dentro del sistema positivo, puesto que su eficacia se manifiesta en las normas jurídicas singulares. Pero lo que justamente habría que comprobar, es si tal eficacia es inmediatamente positiva incluso en ausencia del reconocimiento institucional, o si es solo la jurisprudencia la que convierte los principios en «efectivos», es decir, en elementos del derecho positivo. Es una comprobación que en general nadie se preocupa de hacer. Así BOULANGER, en el estudio ya citado de las Mélanges Ripert,[4] declara a todos los principios sin distinción elementos del derecho positivo; aunque no constituyan una regla jurídica, dice, son sin embargo derecho material, puesto que «dirigen» las reglas singulares. Lo que aquí se echa de

2 Cf. Avis consultatif n.° 11, serie B, pág. 29.
3 AGO (n. I 227) 62. SPERDUTI (n. I 227) 7.
4 N. I 39, 55.

menos es solo la distinción entre los casos en que dicha «dirección» es un efecto normativo de principios ya materializados, y aquellos en que solo es el resultado de la labor judicial de interpretar y crear el derecho, labor que aquellos principios estimulan. Verdad es que también BOULANGER parece abonar el punto de vista metafísico de que todos los principios «están aquí», sin más ni más,[5] y el interpretador no tiene que hacer sino descubrirlos. De ahí que opine que la ciencia no crea principios, puesto que éstos «existen» aunque no sean descubiertos;[6] pero más tarde tiene que admitir que algunos descubrimientos de la teoría, como por ejemplo *l'idée du risque* de SALEILLES (1890), en modo alguno podían encontrarse preanunciados en el sistema del Código civil, y que la famosa resolución de la Cour de Cassation del 13.2.1930, con su afirmación de que el art. 1.384 C.c. es una expresión de dicho principio, o sea, que quien dirige una empresa debe soportar también sus riesgos, es en realidad un acto de creación de derecho.[7] Más adelante volveremos sobre el problema de los orígenes. En todo caso, en la bibliografía francesa la fórmula: *l'interprétation a donné naissance à une règle juridique*[8] no hace sino encubrir a medias la situación real de la «creación de derecho por parte de los jueces». Después de lo dicho se comprenderá que nuestra clasificación de los principios en «normativos» e «informativos» no debe considerarse definitiva en el sentido de que tales categorías se enfrenten inconciliablemente entre sí, sino que los principios que están al margen del derecho material se convierten en «normativos» cuando obtienen reconocimiento dentro ce un determinado círculo de problemas.[9]

Hecha esta reserva, podremos proceder a establecer la primera distinción fundamental entre principios del derecho y principios jurídicos; en otras palabras, entre principios jurídicos en sentido material y principios que orientan el trabajo y la investigación de los juristas. Verdad es que ni los unos ni los otros son mencionados en nuestras codificaciones. Están agazapados en los conceptos dogmáticos, y la técnica codificadora los presupone, o bien aparecen como principios estructurales en los proyectos de codificación y en la regulación de las distintas instituciones.[10] Conviene observar aquí que el pensamiento axiomático parte de tres concepciones erróneas de la técnica codificadora. En primer lugar: que a cada norma le corresponde un principio; en segundo lugar, que solo es principio aquello que se desprende inmediatamente del texto; y tercero, que todo principio posee un ámbito de

---

5 Op. cit. 57.

6 Op. cit. 67.

7 Op. cit. 68. Cf. También JOSSERAND, *De la responsabilité du fait des choses* (1930). Es sabido que la judicatura alemana, a pesar de la ampliación de los supuestos de hecho legales, no ha adoptado esta teoría. De ahí la dificultad de demostrar la culpa. Es, por otra parte, satisfactorio que el Tribunal Supremo Federal haya reaccionado negativamente a la tendencia a substituir los supuesto: de hecho por «pensamientos generales»: 'El derecho vigente no conoce una responsabilidad derivada de «principios generales» (BGB 14.1.1954, II ZR 221/52, NJW 54, 913).

8 BOULANGER op. cit. 69.

9 Esto se aplica también a los principios doctrinales, cf. SPERDUTI (n. I 227) 9 e infra cap. XV. SPERDUTI dice con razón de los *principi scientifici,* que, *una volta affermati,* devienen igualmente principios normativos (en la institución correspondiente). En nuestra doctrina hasta ahora se ha desconocido la importancia de los principios científicos en este sentido. Insistiremos sobre ello en el curso de este capítulo.

10 Más tarde volveremos sobre el punto de la afición a los principios, o sea, a la exposición teórica de los principios que en las distintas épocas codificadoras han servido de base a la institución concreta.

efectividad bien delimitado y privilegiado, dentro del cual el problema de su colisión con otros principios está resuelto *a priori*. Ninguna de estas tesis es sostenible.[11] Al pensamiento axiomático han de quedarle necesariamente extraños aquellos conceptos jurídicos específicos que expresan, en forma de aforismos o paremias, máximas de la problemática concreta encerradas ya en fórmulas fijas. Tales máximas pueden tener el carácter de proposiciones lógicas, como *Nemo dat, quod non habet* o *Genera non pereunt*. Pero también cabe que expresen claramente el carácter pragmático de la exigencia material de justicia, imponiéndose como mandamientos de equidad, como en el principio *Ubi emolumentum, ibi onus*. Estos principios no lo son de la ciencia jurídica o de la *lex artis*, sino principios materiales; no principios de la τέχνη, sino del νόμος. A esta serie podemos añadirle un tercer grupo: el de los principios heurísticos de trabajo, entre ellos los de la sistemanzación científica o judicial. Se trata aquí de hallar, en una multiplicidad de figuras jurídicas, los criterios superiores que permiten obtener uniformidad y un creciente refinamiento en la aplicación del derecho. En la concepción axiomática esto se logra gracias a la búsqueda de principios y figuras de índole dogmática, a los que puedan «ser reducidos» los fenómenos singulares. En este sentido debe entenderse, por ejemplo, lo que Savigny[12] dice de las *condictiones:* «Todavía se ha hecho otro intento de reducir a un principio la distinción entre las *condictiones* y las *actiones bonae fidei*», Después de desarrollar estas últimas en una larga serie de tipos conocidos, Savigny procede a abstraer el principio que se les supone común para hacerlo servir de pensamiento constructivo de una concepción teórica unitaria. De un modo muy distinto se procede con los principios de los sistemas abiertos y vinculados a los problemas, que son los puntos de partida para un «razonamiento legal de caso a caso». Veremos que lo que les es típico no es el carácter de deducción lógica, sino su contenido objetivo en tanto que máximas o *regulae iuris*. Tengo la impresión de que en este plano reina sobre los principios la mayor obscuridad. Los intentos de clasificación hechos hasta ahora se pierden en innecesarias distinciones conceptuales, mientras que la masa más importante de los principios queda situada expeditivamente bajo la rúbrica de «principios de razón». He aquí, por ejemplo, la clasificación que hallamos en Boulanger:[13] principios de orden político (por ej., igualdad, libertad, individualidad, laicismo), principios de orden jurídico (seguridad), principios de orden moral, principios de orden técnico (p. ej., publicidad), principios del estado de las costumbres (p. ej., incapacidad de la mujer casada), y luego, bajo el título de «principios de la razón», todos los principios imaginables de la justicia material, del arte jurídico y de la lógica, formando, como dice el propio Boulanger, una *pittoresque cobue*.[14] El principio: *en mariage trompe qui peut, o res mobilis, res vilis,* o *qui a compagnon a maître,* aparecen mezclados con principios jurídicos propiamente dichos, a pesar de que ni siquiera se trata aquí de principios doctrinales. Pues lo seguro es que de los aforismos de esta índole no puede decirse lo que Boulanger afirma de una manera general: «Los principios son los materiales gracias a los cítales la doctrina puede edificar con confianza la construcción jurídica».[15] Su clasificación es ya más clara en su trabajo posterior: *Étude sur le role du juge en cas de silence ou d'insuffisance de la loi*.[16]

---

[11] Así también Boulanger (n. I 39).

[12] *System des Heutigen Römischen Rechts* V (1841) 510.

[13] Op. cit. 57 ss.

[14] Pág. 62.

[15] Pág. 66.

[16] N. I 38, especialmente 68/69.

Aquí distingue entre principios de la lógica (aunque sin separar los principios de trabajo de los principios materiales de la lógica objetiva), principios políticos trasladados a la escala de valores jurídicos, luego principios de orden moral, de razón y buen sentido (con la misma confusión de géneros arriba señalada), y finalmente principios de carácter pragmático (por ej.: *error communis facit tus)* y principios de organización técnica de las relaciones jurídicas. Los ejemplos que se dan no consiguen convencer de que se haya dado aquí con una delimitación certera. Se aproxima más a nuestras ideas y a nuestros intentos de clasificación la postura de SPERDUTI,[17] quien establece la división siguiente, aunque sin caracterizar la importancia objetiva de las distintas categorías: 1.° principios científicos; 2° principios normativos; 3.° principios informativos. Estas tres categorías corresponden respectivamente a las siguientes: 1.° principios sistemáticos *y* doctrinales, así como los de la *lex artis* jurídica; 2° principios inmanentes de las instituciones positivas y los principios lógicos que se imponen inmediatamente al pensamiento jurídico; 3.° principios de la justicia material, en tanto que no hayan recibido una incorporación positiva, y otros principios directivos o *guides.* A esta última categoría pertenecen también los principios llamados políticos y los heurísticos de la teoría. De todos modos, SPERDUTI hace de éstos un grupo especial, y prosigue enumerando: 4.° las reglas del arte, principios de la interpretación y reglas de la prueba; 5.° los axiomas de la lógica y la experiencia jurídicas, y finalmente, 6.» las máximas y *regulae iuris,* aunque en su opinión —él mismo preconiza un sistema axiomático— su valor es más didáctico que constructivo o substantivo. Más adelante veremos que la teoría del Derecho del caso parte en este punto de una concepción totalmente distinta, tal como había hecho también la jurisprudencia romana de la época clásica.

2. Saliendo de este primer plano de clasificación conviene observar ahora las categorías que se han establecido partiendo de la naturaleza del principio o de la norma. Una clasificación de este tipo la encontramos sobre todo en PUIG BRUTAU.[18] Partiendo de la doctrina de POUND sobre la jerarquía de las normas jurídicas, distingue entre reglas adheridas a un supuesto de hecho, principios de derecho, conceptos jurídicos y *standards* o prototipos de conducta razonable. Junto a las reglas directamente esenciales, considera como normas en sentido amplio los principios del razonamiento jurídico *(legal reasoning),* los conceptos o categorías de la calificación jurídica y finalmente, sin encajarlos más precisamente en su sistema, los proverbios y parábolas. Acaso intervenga aquí una parcial confusión acerca de las ideas de POUND[19] en sus obras *Social Control througb Law* y *Hierarchy of Sources and Forms in Different Systems of Law,* al identificar las formas arcaicas de reglas de derecho adheridas a supuestos de hecho angostos y rígidos con el *ius strictum,* equiparando en cambio las normas flexibles o el derecho elástico con el derecho equitativo *(aequitas).* Las «recias estrictas» no pueden ser calificadas sin más de formas arcaicas del derecho, como tampoco es característica de los derechos antiguos la formación de supuestos normativos susceptibles de ser «aplicados» por un uso mecánico de la lógica; por el contrario, lo que aparece en primer ulano es el elemento notativo de la estimación factual. Pero este punto no nos interesa aquí. Más importante y valioso es el hecho de que PUIG BRUTAU designe a los «principios de razonamiento» como principios de elección, y los entienda, siguiendo el ejemplo de la doctrina angloamericana, no ya axiomáticamente como principios de la lógica jurídica, sino como

17 N I 227, 7 ss.
18 N I 41, 171-207.
19 N. I 41, 483.

puntos de partida del razonamiento jurídico, en el sentido heurístico. Con ello se aparta ya de la tendencia rigurosamente axiomática que hasta ahora había privado en el pensamiento continental. En todo ordenamiento jurídico la multiplicidad de instrucciones y normas obligan a distinguir entre diversos planos. La estructura del ordenamiento no puede reducirse a un diagrama de «grados en la formación del derecho» en el sentido de Adolf Merkl, sino que aun en el mismo «girado» aparece todo un armazón de normas de distinta densidad y amplitud, según sea el tema y el destinatario (solicitante o aplicador del derecho).[20] Estén o no codificados, los principios que sitúan a una determinada norma en su contexto debido, forman parte del ordenamiento mismo y se manifiestan, por vía de interpretación, como derecho vigente, no como derecho que debe ser creado.[21] De ahí que los redactores de nuestro BGB suprimieran, como la cosa más natural, la remisión a los «principios que se desprendan del espíritu del ordenamiento», tal como era corriente en las codificaciones anteriores y hacía aún el § 1 del Proyecto.

El deslinde de derecho positivo y principio pre-positivo o *guide* es, por tanto, importante en diversos aspectos. En el capítulo anterior nos hemos ocupado del problema de la calidad jurídica de los principios constitucionales escritos y no escritos. Pero en todos los campos se impone la constatación de que los textos formulados como tales nunca agotan la totalidad de una materia jurídica positiva.[22] Aunque los principios no sean «reglas jurídicas», al menos en el sentido técnico de este término, constituyen en cambio, como *ratio legis,* un derecho positivo posible, expresado en la interpretación y transformado así a un grado más concreto. Por otra parte, también los principios que han nacido como simples *guides* del razonamiento jurídico (máximas retóricas y doctrinales), gracias a su formulación judicial dentro de una tradición jurídica, pueden recibir el carácter de normas de derecho positivas (creación de derecho en sentido propio).[23] En todo caso, lo cierto es que todo *corpus iuris* consta de una riqueza de normas muy superior a la textualmente formulada. Basándose en esta observación Pound[24] clasifica las normas según las siguientes categorías: 1.° *rules* o reglas de derecho en sentido estricto (normativas y notativas), 2° *principles,* o sea, principios que son parte del derecho material, sin constituir supuestos de hecho fijos y que sirven de simple «pauta» *(pattern)* para una situación recurrente, en la que falta aún la *legal authority* o los precedentes que sientan una regla propiamente dicha; 3.° *legal conceptions,* o sea, lo que nosotros llamamos conceptos jurídicos, fecundos para la dogmática; 4.° *doctrines;* 5.° *standards.* A la teoría angloamericana de las fuentes del derecho le resulta sin duda duro haber de considerar como elementos constitutivos de la *legal authority* conceptos, doctrinas y principios válidos solo como «pautas», aunque ello venga abonado por una autoridad como Pound. Lo cierto es que en los Estados Unidos el desarrollo del pensamiento dogmático y con ello el arte conceptual al estilo del sistematismo continental ha hecho progresos mucho más

---

20 Es característico que, de las teorías continentales, sea la francesa la primera en descubrirlo; cf. Bonnard, Mélanges Hauriou 1929) 33.

21 Con lo cual no se contesta la pregunta acerca de la cualidad creadora de normas de la interpretación. Ésta es explicación de normas (véase infra página 322 ss.), es decir, aplicación de normas y al mismo tiempo creación de normas (de un grado más concreto).

22 Así con razón Rheinstein (n. I 191) 295.

23 Pound, *Philosophy of Law*, en *Twentieth Century's Philosophy*, 1943, 82.

24 Pound loc. cit., y también en «Les diverses sources du droit, leur équilibre et leur hiérarchie, dans les diverses systèmes juridiques», Annuaire II (1934).

considerables que en Inglaterra.[25] De todas maneras, al «derecho judicial», en gracia a su origen, le resulta mucho más fácil que al positivismo estatal del continente,[26] incorporar los conceptos jurídicos en el *corpus iuris* de un sistema cualquiera, como elementos constitutivos del derecho.

Dentro de este mismo plano, puede hacerse otra clasificación: regla adherida a un supuesto de hecho, cláusula general y principio jurídico. Dos cosas intervienen aquí como factores de confusión: la primera, que, como dice HEDEMANN, el concepto de cláusula general no es delimitable en ningún sentido,[27] la segunda, que la contraposición de supuestos de hecho generales y especiales conduce a la confusión de los primeros con los principios jurídicos. El error sobre la relación entre principio y norma no es aquí solo terminológico,[28] sino también objetivo, por cuanto se busca la distinción en el plano de lo general y no en el de la calidad, o sea en el de la validez inmediata. De ahí que tantas veces se confiera a reglas jurídicas el dictado de principios, solo porque estén formuladas de un modo general, particularmente en una codificación que formula como principios supuestos generales y básicos del tipo de nuestro § 823 BGB, como en el art. 1.382 del C.c. francés o en el 41 del Derecho de obligaciones suizo.[29]

Se prestan a confusiones análogas los conceptos legales de valor y los *standards*. Siguiendo a la doctrina angloamericana, se entiende por *standards* normas que hacen alusión al «sentido común», a las concepciones y conducta del tráfico «normal». Pero mientras la teoría americana los usa de un modo cada vez más anodino, a saber, como normas jurídicas en sentido general, que solo se distinguen por el lugar que en ellas ocupa la atención prestada a la «conducta razonable»,[30] en el continente los *standards* gozan de una atención creciente como un tipo especial de normas de derecho. La relación entre el criterio de un *standard* y la norma sujeta a un supuesto ha sido estudiada sobre todo en las obras de STATI[31] y Al-Sanhoury,[32]

---

[25] El propio POUND observa en este estudio (pág. 17): «El desarrollo doctrinal de los conceptos es en la práctica la base importante de la decisión, cualquiera que sea la jerarquía de las formas», entendiendo con ello un efectivo derrumbamiento de la *legal theory* oficial acerca de la autoridad de hecho del pensamiento conceptual.

[26] ¿De dónde vendría, si no, incluso en este último, la preocupación de la ciencia por la exacta definición de los conceptos jurídicos, no de otro modo que en los sistemas del derecho del caso? Cf. RHEINSTEIN (n. I 191) 290/291.

[27] Die Flucht in die Generalklauseln (1933) 53. Sin embargo, parece *ser debido menos a una obscuridad objetiva que a una falta de reflexión, el* que no se pueda hacer un deslinde racional de normas en blanco y cláusulas generales, o el declarar sin más ni más que la idea básica de la cláusula general es la equidad. Cf., por ejemplo, ENNECCERUS-NIPPERDEY (n. 127) § 50, 191. «El derecho equitativo con sus cláusulas generales.»

[28] Caso que es bastante frecuente, sobre todo en la terminología francesa, que llama *règle* a lo que nosotros llamamos «norma jurídica», entendiendo en cambio por *norme,* «un schème complet de direction» (HAESAERT [n. I 42] 395, 413, 433).

[29] Cf. RIPERT (n. I, 119) 610.

[30] Cf. SHARTEL, *Our legal system and how it operates* (1952) 37 ss., 83 ss., 108 ss., cf. sobre todo pág. 83: «El *standard* jurídico no opera por sí mismo», «como a tal, el *standard* es una mera fórmula, palabras solo». Lo que se quiere decir es que aquí la norma jurídica solo adquiere importancia efectiva gracias a la estimación judicial de la imputabilidad y de lo «razonable». Pero la creación de una *rule* y el control de la conducta social siguen siendo dos cosas distintas.

[31] STATI (n. I 164).

[32] AL-SANHOURY, *Le standard juridique*: Recueil Gény II 144 ss.

basadas a su vez en los trabajos de ROSCOE POUND.[33] A este propósito se cree erróneamente descubrir en *standards* tales como la buena fe o *Treu and Glauben,* las «costumbres del tráfico» o el criterio del *diligens pater familias* o la diligencia razonable, una técnica moderna. Justamente es el carácter notativo de tales criterios[34] lo que explica la popularidad de que estas normas gozaban ya en los derechos antiguos, en los que no falcaban ni criterios generales de índole racional y social ni conceptos de cuño ideológico que fijaban la conducta exigible. Por consiguiente, el carácter general de la norma *standard* no debe hacernos creer que se trate de un simple principio. El principio descansa en sí mismo, tanto si es una máxima corno un axioma. En cuanto a tal, ni procede de una determinada concepción ni suministra criterios. El *standard* proporciona un criterio, por el procedimiento de remitir a las concepciones vivientes de lo que es valor, deber o diligencia, o también por inclusión de un concepto valorativo que ha de ser substanciado a discreción del juez.[35] En cambio, en modo alguno se trata tampoco aquí de una estimación libre, sino que siempre se hace remisión a las valoraciones que privan en los respectivos círculos del tráfico. Lo que en todo caso puede observarse aquí es, no un principio como base de la argumentación judicial, sino una determinada técnica de la formación de normas.

Sin embargo, el fenómeno del *standard* merece también una especial atención al estudiar la relación existente entre principio y norma, pues desempeña un papel central allí donde no existe un sistema de deducción axiomático para la formación de conceptos jurídicos. Es «el robot jurídico»[36] que sirve para formar normas en ausencia de reglas fijas, y en este sentido representa el correlato del principio propiamente dicho.[37] La previsibilidad, que de otro modo solo posee la norma fijada con ayuda de conceptos lógicos, es obtenida aquí por remisión al «tipo normal» de una «conducta social correcta de esta categoría». En la elaboración judicial del derecho es éste un criterio del todo suficiente, pues los precedentes permiten inferir el grado medio de diligencia y cumplimiento del deber que en el campo respectivo ha de ser exigido por el juez. El *standard* del comerciante ordenado, de la competencia honrada, de la información periodística lícita, de la seguridad del tráfico, de la lealtad en el trabajo, etc., determinan, cada uno en su materia, el grado aplicable de tolerancia jurídica. Y aunque esté en dependencia de la opinión pública de la época,[38] muestra sin embar-

---

33 POUND, Administrative Application of Legal Standards: A. B. Rep. 44 (1919) 445 ss.

34 El *standard* jurídico puede consistir en la remisión a la conducta habitual en el lugar, como en el derecho de vecindad, puede venir determinado por las costumbres del tráfico en un determinado círculo profesional, puede venir fijado por un criterio legal o por la experiencia de la judicatura. Pero incluso en los criterios que han de ser considerados «nonativos», se trata de un patrón «normativo» en el sentido del concepto hoy usual, es decir, cuya eficacia no consiste en un aserto sociológico, sino en una ordenación jurídica vinculante.

35 Cf. sobre este punto HAURIOU, *Police judiciaire et fond du droit: Rev. trimestrielle* (1926) 265 ss., quien quisiera distinguir en este sentido el *standard* de la *directive.*

36 HUTCHESON, Recueil Gény II 537. Sobre la importancia del *standard* en el derecho internacional, cf. VERDROSS, *La jouissance et l'exercice des droits civils par rapport à la nationalité: Actes du Congrès Int. de droit Privé,* vol, 2. de la serie del Instituto para la unificación del Derecho privado (Roma, 1951) 83 (85).

37 Cf. CARDOZO, *The Nature of the Judicial Process* (1922) 112: «Mi análisis del proceso se reduce, pues, a esto y a poco más: Lógica, historia y costumbre, utilidad, y los prototipos aceptados de la conducta correcta, tales son las fuerzas que, aisladas o en conjunción, informan el progreso del Derecho.» Cf. también POUND, *An Introduction to the Philosophy of Law*[7] (1946) 118 ss.

38 Cf. CARDOZO en: *Pocora* v. *Wabash Airway Co.,* 292 US Reports (1934) 98: «Los *standards* de conducta son a veces formulados por los tribunales, pero son aplicados a los hechos de la

go la tendencia a petrificarse en formas fijas que es característica del mundo jurídico. En efecto, justamente en el derecho judicial es frecuente que durante decenios se vayan aplicando *standards* prescritos por una tradición venerable que han dejado ya de estar de acuerdo con las concepciones de la sociedad.[39] En el razonamiento problemático de la evolución del derecho del caso, el *standard* ocupa, incluso metodológicamente, el lugar del principio fundamentador de derecho. «El *standard* de una diligencia razonable y normal» opera allí constitutivamente, es decir, que solo en él se asientan los deberes de acción, tolerancia, publicidad, contacto social y solidaridad. Y esto no ocurre solo en el sistema de acciones (negligencia y otras demandas por daños), puesto que no se atiende solo a la antijuridicidad de un modo aislado y dogmático, sino que afecta también a nuestro derecho judicial de los §§ 823 ss., 276 ss., en cuanto se plantea la pregunta del porqué una determinada omisión es contraria a derecho. Pero si en muchos trabajos de juristas prácticos e investigadores vemos elevado a causa jurídica de la responsabilidad el criterio del § 276 BGB en su conocida e impugnable forma, de un modo mucho más amplio en el *common law* la «falta de la diligencia debida» es utilizada tácitamente como la auténtica base del derecho y, en apariencia, como la única.[40]

Tenemos ahí un típico procedimiento de creación de derecho por influencia de puntos de vista no dogmáticos sobre la jurisprudencia. Trátese del establecimiento de nuestros deberes de atender a la seguridad del tráfico, o del enjuicia-

---

vida. Con extensión aún mayor en: *Schichowski* v. *Hoffmann* (1933), 231 N. Y. 389, en relación con los deberes *de* fideicomisario de un notario: «Nuestros conceptos de los deberes jurídicos no se mantienen estáticos en un mundo cambiante, sino que crecen y cambian a medida que surgen nuevas condiciones.» Cf. también *The Restatement of the Law of Torts II, Negligence*, cap. 19 § 500 ss. sobre el tema: «Diligencia razonable y falta de seguridad». Ofrece buenos ejemplos sobre todo el derecho de vecindad. Mientras nosotros solo paramos mientes en los cambios factuales del cuadro cultural en el estado y el *Land* (caso Oberhausen, RGZ 154, 161), la jurisprudencia norteamericana del *common law* admite también abiertamente la necesidad de valorar atendiendo a la política social y estatal. Cf. los conocidos casos *Stevens* v. *Rockfort Granite Co.*, 216 Mass. 486; 104 N. E. 371; Ann. Cas. 1915 B. 1054 y *Susquehanna Pertilizer Co.* v. *Malone* 73 Md. 268: 20 A 900; 9 L. R. A. 737; 25 Am. St. Rep. 695, con asertos como los siguientes: «En una república cuya prosperidad material depende hasta tal grado del continuo desarrollo y ampliación de la fabricación de diversas variedades, no pueden imponerse derechos extremos.» Otros ejemplos en 39 Am. Jur. 325 ss., Nuisance § 45. Sobre el *standard* en el derecho de vecindad francés cf. AL-SANHOURY (n. II 32) 152 ss.

39 Aunque esto tampoco es raro en nuestros *standards,* sobre todo en materia de «sensibilidad moral», en que la judicatura se siente llamada a velar formalmente) por la virtud. Por esto en la jurisprudencia relativa a materias tales como adulterio, etc., podemos ver los campos favoritos de la hipocresía jurídica.

40 Cf. las observaciones críticas de BUCKLAND, The Duty to Take Care en 51 L. Q. Rev. 637 y Standard of Reasonable and Ordinary Care, en 52 L. Q. Rev. 8. En las enciclopedias jurídicas norteamericanas se declara sin rebozos que «el deber de aplicar diligencia» es una cuestión del *standard;* «y esto es cierto tanto si a la obligación se la llama legal, moral o razonable» (!); pero cf. también las observaciones de POLLOCK, Law of Torts (1887) cap. I: «Si la colección de reglas que llamamos derecho delictual civil *(law of torts)* está fundada en principios generales de deber y responsabilidad, tales principios no han sido sentados en parte alguna de un modo autorizado. Y lo que es aún más notable, apenas parece que nadie haya sentido la necesidad de tener principios investidos de autoridad. Acaso no tengamos derecho a dar por supuesto que usando medios honestos vamos a descubrir ningún principio general.»

miento del deber social de asistencia en caso de accidente, o de cuestiones del derecho de vecindad, o del deber de observar la buena fe en un contrato de arrendamiento, cuando hay que juzgar acerca de la antijuridicidad de un acto, no se plantea una cuestión dogmática, sino una valoración con arreglo a un *standard.*

Nos encontramos aquí en el campo del pensamiento jurídico que se atiene a los problemas, un rasgo típico del cual es la renuncia a una deducción dogmáticamente clara. Causa jurídica y criterio, antijuridicidad y culpa, deuda y causalidad, se confunden insensiblemente unas con otras.[41] En el razonamiento problemático, a diferencia de la deducción dogmática, lo que en su origen era solo una exigencia moral, elevada máxima, puede muy rápidamente adquirir el peso de un principio de derecho.[42] Aun entonces puede presentarse como formulación de una máxima, que al propio tiempo representa el carácter formal del principio, como las típicas máximas de la equidad: «Nadie debe sacar provecho de su propia iniquidad, ni obtener ventaja de su propio desafuero», o «Quien ha sido beneficiado por el acto, debe soportar el coste de su realización».[43] Puede también prescindir de semejante formulación general e incrustarse en una institución en calidad de «pensamiento jurídico general», como en el derecho de vecindad el principio del mutuo deber de amoldamiento y consideración.[44] En ningún caso se ve la jurisprudencia impedida de elevar un pensamiento de este tipo, en vista de su admisión constante, a la consideración de axioma que, presentándose ya como un postulado eterno de la justicia material, no requiere ninguna otra fundamentación. En tal situación se encuentra hoy el llamado principio de culpa, que de llevar una existencia aislada en el pensamiento tópico ha pasado a ser un

---

41 Es altamente significativo que Traeger en su obra clásica: *Das Problem der Unterlassungsdelikte im Straf-und Zivilrecht* (Festgabe für Enneccerus [1913] 1 ss.) vea aquí solo un problema de causalidad, en cuyo primer plano está la cuestión de la antijuridicidad, que él considera solo como un medio para establecer la causalidad; cf. también V. Liszt: *Die Deliktsobligationen im System des BGB* (1898) 72 ss., el cual cree que según el § 826 toda omisión inmoral constituye un supuesto de hecho con responsabilidad plena. Pasa por encima de la cuestión de qué relación especial con el suceso dañoso es necesaria para que mi omisión sea inmoral, puesto que aquélla no puede deducirse dogmáticamente, y solo puede recibir una respuesta positiva gracias al ulterior desarrollo casuístico de un *standard.*

42 Cf. sobre el rapidísimo desarrollo judicial del deber de auxilio en los EE. UU., Bohlen, The Moral Duty to Aid Others as a Basis of Tort-Liability: 56, Univ. of Pa. L. Rev. (1908) 217, 316 y Ames, Law and Morals, 22 Harv. L. Rev. 97 (112) frente la posterior exposición de Cardozo (n. I 172); o sentencias más antiguas, como *Union Railroad Co.* v. *Cappier,* 72 Pa. 281 (1903), 69 L. R. A. 513, o *Grisswoold* v. *Boston and NE Railroad Co.,* 183 Mass. (1903) 434, frente a sentencias más recientes, como *Osterlind* v. *Hill* (1928) 263 Mass. 73 o la jurisprudencia moderna sobre el deber solidario de auxilio del chófer, pasando por las disposiciones acerca del *Hit and Run Driver* (chófer que echa a correr después del atropello), por ej. en *Simonsen* v. *Thoring* (1931), 120 Nebr. 684; 234 NW 628; o en *Rose v. Buchanan,* Tex. Civil Appeal (1940) 140 SW 2nd 203.

43 *Ubi emolumentum ibi onus.* Cf. sobre esto: 1 Am. Jur. 414, Actions § 16, y Bohlen, Incomplete Privilege to Inflict Intentional Invasions of Interests of Property and Personality: 39 Harv. L. Rev. (1926) 307, 316; también Prosser (n. I 175) 139.

44 Cf. la jurisprudencia referente al § 906, pero también la del § 909 BGB. En EE.UU. cf. 39 Am. Jur. 325 ss. A lo que aquí se atiende en concreto, es, entre otras cosas, la «Ventaja del negocio y la prosperidad de la comunidad», lo que es una cuestión de concepción social: cf. supra n. II 38.

axioma, a lo cual han contribuido diversas corrientes, sobre todo en los campos del derecho eclesiástico y del derecho natural.[45]

En los sistemas que se atienen a los problemas, es solo la aplicación constante de criterios asimilables al derecho, lo que determina la evolución de un principio, convirtiéndolo ora en doctrina, ora en máxima, En el pensamiento aporético según casos y problemas, *principium* no tiene el sentido de un axioma que se presta a la deducción, pues no poseyendo un sistema, carece también del carácter de «norma de las normas», de *primum verum*. Debe más bien considerarse como una receta sacada de la práctica, como autorizados puntos de vista para una y la misma regla.[46] Esto es tan cierto del derecho romano como del anglosajón.[47] La máxima es aquí expresión de una verdad jurídica no vertida en conceptos técnicos, de un postulado de justicia que vale por sí mismo más allá de la dogmática y la teoría: sin que ello sea obstáculo para conferirle una formulación teórica de la mayor concisión posible.[48] En este respecto se opone diametralmente al «concepto» dogmático, como la más amplia tecnificación de un postulado semejante. La doctrina, el dogma representa en cierto modo un enlace entre las dos formas, una racionalización del postulado entendido solo como instrumento, de modo que puede ser usado más o menos esquemáticamente en determinados contextos, sea como axioma en un sistema, sea como un topos técnicamente fijado en una situación recurrente.

3. Con esto hemos penetrado en un tercer plano en nuestro problema de distinguir las categorías de principios: el plano de las formas de pensamiento, o sea las del pensamiento axiomático y las del problemático. Para éstas los principios poseen un carácter distinto en atención a su cualidad, que es o la de obligar por la

---

45 Cf. DABIN, Philosophie de l'ordre juridique positif (1929) 506 ss., 530 ss., 545 ss. y sobre la evolución del derecho positivo en especial: PLANIOL-RIPERT-BOULANGER, Traite élémentaire de droit civil² II (1947) no. 950, 325: «Falta es el acto contrario a la ley. No siendo necesario que haya violación de una disposición legal expresa para que exista responsabilidad, la palabra falta designa tanto el acto contrario a la legalidad como el acto contrario a la moralidad o a la habilidad.» No puede reconocerse más claramente que sigue tratándose como un tópico lo que goza de la consideración de un principio elevado ya a la condición de axioma.

46 El concepto de las *regulae iuris* o *regulae veterum*, tal como se aplicaba en la jurisprudencia regular (cf. JOERS [n. I 152] y nos ha sido transmitido en D. 50, 17 «De diversis regulis iuris antiqui», contiene máximas autoritativas que sin embargo carecen de valor deductivo sistemático como axiomas. Son más bien normas en el sentido de la dialéctica aristotélica, «que son admitidas por todos, o por los más, o por los mejores». Las antiguas *regulae* ocupan un lugar de honor en el *mos italicus* en calidad de *loci communes*, pues constituyen el punto de partida del pensamiento tópico. GRIBALDUS MOPHA las llama «sedes materiarum» (De methodo ac ratione studendi libri tres 1551). Tópicos semejantes son frecuentes en la primera mitad del s. XVI, como los de OLDENDORP o de CANTIUNCULA. Cf. Últimamente también VIEHWEB (n. I 13).

47 Cf. JOLOWICZ, *Roman Regulae and English Maxims*, en la miscelánea italiana en honor de Koschacker: L'Europa e il Diritto Romano I (Milán, 1953) 213 ss.

48 Cf. las famosas «Maxims of Eauity» con sus fórmulas fijas del tipo de «equidad es igualdad», «quien solicita equidad debe hacer equidad», «la equidad tiene en cuenta la intención de cumplir una obligación» o bien «la equidad considera como hecho lo que debía haberse hecho»; además: «la equidad atiende a la substancia más que a la forma», etc., cf. infra cap. X, página 216. Sobre la definición que hemos dado de la máxima, cf. DONALD J. KISER, Ourlines of Equity (1927) 5: «Máxima es la formulación concisa de una verdad fundamental o principio».

fuerza de la lógica, o la de convencer por su valor objetivo. Una innovación como la teoría del riesgo, la prohibición del abuso de derecho, la del enriquecimiento injustificado, la de la alegación de defectos de forma por el mismo que los ha causado, posee siempre el carácter de una máxima rigurosamente orientada a un determinado círculo de problemas. El contenido de justicia que posee el principio no ha sido todavía traducido en un pensamiento jurídicamente axiomático por efecto de una construcción conceptual dogmática. Es característico del establecimiento prejurídico de valores realizado por este pensamiento tópico, el concepto del «interés bien entendido». Es un término sinónimo de la ponderación que el juez debe realizar cié los intereses privados y colectivos, canto de lOs afectados por el resultado objetivo de la medida concreta, como de los que en general están enlazados con el ordenamiento jurídico del punto en cuestión. Tales cuestiones de valoración están todavía reducidas a «sofismas», es decir, argumentos *ad hominem,* sin estar trabadas por ninguna clase de fijación lógica. El paso siguiente consiste en sentar un principio jurídico que sitúa ya su valor prejurídico dentro del marco del pensamiento institucional: el principio de la «naturaleza de la cosa». Aquí la cualidad jurídica no es deducida del resultado, y aun menos de la fuerza legitimadora de un hecho dogmáticamente adherido a un supuesto, ni de una premisa mayor de la axiomática lógica, sino exclusivamente de la misión ordenadora atribuida a una determinada institución.[49] Verdad es, sin embargo, que también aquí se esconde un elemento de índole filosófica y especulativa. De ahí que en las modernas concepciones dogmáticas y codificadoras se señale a la «naturaleza de la cosa» un campo lo más reducido posible. En este campo los fines de las instituciones positivas están fijados y tecnificados de tal suerte, que en apariencia no tenemos ya que acudir al ámbito de intereses prejurídicos para hacer nuestras valoraciones, y mucho menos sacar consecuencias de las cualidades «naturales» (en sentido empírico) de la cosa: pues, en el mundo del derecho, ¿cómo vamos a distinguir entre lo que es natural y lo que es artificial? Y sin embargo, en toda interpretación, como HECK nos ha enseñado, se hace necesario remontar a la finalidad general («natural») de una institución, más allá de su estructura dogmática, pues solo desde allí —en conjunción con la atención prestada a la adecuación prudencial— resulta posible resolver los problemas concretos. En apariencia, empero, la argumentación no rebasa el marco del contenido legal dado, mas lo que en verdad hace es transformar en derecho positivo juicios que no es posible deducir de las fuentes formales. «Cuando el juez», dice Puchta,[50] se ve abandonado por las fuentes exteriores, tiene que acudir a los principios del derecho vigente (no al derecho llamado natural) en demanda de la norma que ha de aplicarse; la encuentra, partiendo de la naturaleza de la cosa, por la vía de la consecuencia jurídica y de la analogía». Ahora bien, es curioso que esta analogía no lo sea en sentido técnico, sino que consiste en la comparación de instituciones desde el punto de vista de su finalidad, en una palabra, no es lógica formal o conceptual, sino lógica de las instituciones.[51] Dicha comparación de los fines institucionales

---

49 A menudo se defiende la errónea opinión de que este principio no es otra cosa que un denominador común de todos los *facteurs libres, o* sea los juicios de valor, correcturas y cuestiones de la ulterior elaboración, que no pueden ser tratados sistemáticamente. Con el tiempo, tal masa de normas de «equidad» se convierten en un sistema fijo de autoridad tradicional (así también ROSS n I 55,182).

50 PUCHTA, *Pandekten* (1883) 22.

51 En efecto, toda interpretación se mueve en dos planos, ya que tiene por objeto un ser ideal materializado. No solo debe hacer justicia a las condiciones de la materialización, en este

allende su estructura dogmática, es lo que viene reclamando desde SAVIGNY[52] el derecho internacional privado, pues en éste, no siendo uniforme la estructura dogmática de las instituciones, es indispensable partir de la «idea general» que informa una institución. De ahí la insistencia con que se vuelve una y otra vez sobre este pensamiento.[53] Pues, como dice NEUNER, las instituciones se muestran siempre congruentes en sus fundamentos objetivos. Lo que es distinto es solo la técnica con que persiguen su fin, y a veces solo su estructura dogmática. Era inevitable que el positivismo estatal se sintiera aquí enfrentado con un vacío, que parecía obligarlo a la inadecuada aplicación de estructuras jurídicas estatales, generalmente la *lex fori,* a los conceptos de calificación. Pues a este positivismo legal le resultaba inimaginable que hubiera que conceder a la naturaleza de la cosa un papel interpretador no vinculado a las fuentes políticas del derecho.[54] Gutzwiller fue el primero en reconocer que un principio puede ser «solo» principio de interpretación, y sin embargo poseer al mismo tiempo importancia creadora como principio heurístico. En su obra citada[55] da un bosquejo histórico de lo «adecuado a la cosa» en sentido aristotélico bajo el punto de vista del Derecho internacional privado. Se trata no solo de problemas referentes a las condiciones de eficacia y a los «*realia* de la legislación», sino también de construcciones derivadas de la pertinencia práctica de cada institución (por ejemplo, de la «naturaleza» del negocio, art. 99 II C. de obligaciones suizo) y de su análisis funcional. No hay inconveniente entonces en adoptar formas metafóricas, como la famosa formulación que SAVIGNY da del centro de gravedad de la obligación, que, como él dice, carga sobre el deudor. El sentido está claro: puesto que el problema de la prestación y de la responsabilidad debe resolverse sobre el deudor, está de acuerdo con la naturaleza de la cosa que «a falta de otros puntos de referencia, el derecho vigente en el domicilio del deudor domine la obligación en su aspecto material».[56]

---

caso de la lengua, sino también a la idea representada, cuyos pensamientos están así representados, y que paralelamente a la lógica conceptual que la refleja, posee una propia lógica material. Así acertadamente BETTI, *Interpretazione della lege e degli atti giundici* (1949) 173 ss. (últimamente también en el Festschrift für Rabel II [1954] 79), quien por su actitud romántica afirma la indivisibilidad de ambas tareas. Con mayor realismo SACCO, II concetto di interpretazione del diritto (1947), 69 ss.

52 N. II 12 (1948) vol. VIII, 28 ss. Cf. NEUHAUS en el estudio citado «*Savigny und die Natur der Sache*», RabelsZ 15 (1950) 364 ss.; igualmente importantes son, empero, las exposiciones de MÜHLENBRUCH, BLUNTSCHLI, VANGEROW y WAECHTER.

53 Cf. KAHN, Iher. Jahrb. 49 (1898) 75 ss. y NEUMER (n. 1 IIII). Más a fondo infra cap. XVII, 2.

54 Cf. la exposición de DICKES, *Zur Lehre von den Rechtsquellen* (1872) y v. BAR, *Das materielle Prinzip des IPR* 17 (también «*Theorie und Praxis*» I, 107 ss.); en contra el equívoco texto de GUTZWILLER (n. I 180) 282 ss. (299): «Como fuente de derecho, a la naturaleza de la cosa le taita la legitimación. Razón de más para que preste buenos servicios en el ámbito de las lagunas, cuando la ley no suministra ningún precepto.» La actual posición del positivismo está expuesta con especial claridad en la obra citada de AGO: *I principi generali del diritto internazionale* (1934) 268, donde el autor, desde el punto de vista del estatalismo, polemiza tanto contra la teoría de la naturaleza de la cosa de GUTZWILLER y RAAPE, como contra la perspectiva abierta por MARTIN WOLFF de una «comunidad superior», olvidando que también la convicción jurídica internacional, como fruto que es de la época posterior a los glosadores, es una auténtica fuente de derecho: «El derecho internacional privado de Wolff no tiene, pues, existencia alguna positiva. No puede suministrar ninguna nueva luz para la resolución de los problemas del derecho internacional privado».

55 GUTZWILLER (n. I 180) 286 ss.

56 REGELSBERGER, *Pandekten*, pág. 174, citado según GUTZWILLER, loc. cit.

Podemos hablar aquí de «principios institucionales», en la medida en que los criterios de la naturaleza de la cosa y de la función de una institución hagan aparecer como necesarios determinados principios en el sistema jurídico dado. «Necesario» en este sentido es, por ejemplo, la *par conditio creditorum* como principio del concurso, donde los pormenores de la aplicación constituyen en sí mismos un problema técnico. En la institución de la servidumbre predial es «necesario» el principio de la vinculación al fin: la servidumbre debe venir limitada por las necesidades del predio dominante. Es empero digno de nota que semejantes principios necesarios sean atendidos del mismo modo en todas las instituciones de idéntica finalidad.[57] En el caso límite, este dominio ejercido sobre las instituciones positivas es tan intenso, que la formulación del principio institucional nos hace el efecto de una perogrullada. Y con razón, pues no hacemos otra cosa que emitir un juicio analítico sobre el fin de la institución. Esto se aplica, desde el principio *pacta sunt servanda,* hasta los pormenores del derecho hereditario o procesal, que vienen determinados por la función del proceso.[58] Similarmente, la prohibición de la analogía o del efecto retroactivo en el Derecho penal no es un principio de interés meramente político, sino una cuestión de la constitución racional del Derecho.[59] Un principio institucional encierra con las condiciones de su funcionamiento toda una serie de consecuencias materiales.

La tutela exige que *se* delimite el ámbito de función del tutor, la titularidad de los derechos reales hace indispensable la publicidad, la libertad de contratación obliga a una delimitación de los negocios jurídicos ilegales no admitidos por el Derecho, etc.[60] Nada de esto es una pura organización técnica, sino que todo viene predeterminado por la misión señalada a una institución. No es el concepto de contrato, sino las condiciones de su funcionamiento lo que obliga a tratar las cuestiones concretas atendiendo a la realidad: empezando desde la equiparación de las partes, la consideración a las faltas de voluntad y lealtad al contrato, hasta las formas necesarias de corrección del contrato por intervención judicial.[61] No hay que

---

57 Cf. sobre este punto en el derecho inglés la equivalente doctrina del *easement.* Sobre el problema total DOLLE, *Die Zivilgesetze der Gegenwart* II 469. Hasta qué punto la naturaleza de la cosa prejuzga también la construcción dogmática, aparece claramente en las figuras procesales de índole compleja, como la unión de demandas. Cf. el criterio de la «identidad de partes y derechos» en la doctrina de las «uniones de causas de acción», que en el derecho angloamericano está dominada por los mismos principios dogmáticos que ha desarrollado nuestra intrincada doctrina de la comunidad de litigio: cf. la jurisprudencia en L. Am. Jur. 459 ss. 480.

58 Aunque las diversas ideologías políticas adoptan cada vez determinadas máximas, las verdades funcionales de un procedimiento de conocimiento son iguales en todas partes.

59 Sobre el problema de la retroactividad en general cf. ESSER (n. I 1) 171 ss. El art. 2 del Código civil francés formula una verdad funcional necesaria al decir: *La loi ne dispose que pour l'avenir; elle na point d'effet rétroactif.* No es, pues, sin motivo que a tales principios se les ha dado el nombre de Derecho natural dogmatizado. (Cf. RIPERT [n. I 40] 12.) Se trata sin embargo de verdades jurídicas positivas funcionalmente condicionadas, que solo nosotros no introducimos en nuestra sistematización axiomática. Pero es erróneo creer que al atribuirles un lugar de honor en el Derecho natural su posición resulta afianzada. «Es un error destacar el elemento ideal como algo que posea un valor independiente y por encima de la ley, como en los antiguos sistemas del Derecho natural». (POUND, 47 Harv. L. Rev. 4).

60 Cfr. ANSON, *Principles of the English Law of Contracts* 17 (1929) 219 ss.: *Illegal Contracts,* VI Chap. 51, § 1.726 ss., con enumeración casuística de los límites reconocidos universalmente.

61 Cf. sobre la interpretación complementaria de un contrato LORD Wright en el caso Fibrosa (1943) A. C. 32 (170).

olvidar aquí el conflicto que por doquier se presenta entre los fines de la autonomía privada y los del ordenamiento público. También éste ha dado lugar a una tendencia hacia el intervencionismo que se desarrolla paralelamente' en todos los sistemas nacionales, y que tiene por consecuencia una extraordinaria similaridad en la evolución institucional de las diversas naciones.[62]

No por esto hay que pasar por alto los principios de la razón nacional. No es una mera cuestión técnica la de saber si un sistema reconoce un derecho hereditario forzoso o no (Inglaterra), si la sucesión hereditaria y la responsabilidad de los herederos es establecida por la entrada inmediata del sucesor o por afectación de la herencia por vía administrativa (Austria), etc. En todas partes se trata de valoraciones que en una determinada concepción social pueden ser inflexibles ante una regulación extraña y entonces adoptan el carácter del «orden público».[63] Frente a esto, los principios constructivos y estructurales pasan a un segundo plano, como elementos puramente doctrinarios, y sin embargo también ellos tienen consecuencias inmediatas de carácter positivo: empezando con la distinción entre derecho público y privado[64] y terminando con la división sistemática del Derecho civil en figuras delictuales y de negocio jurídico.[65]

---

62 Cf. la exposición infra cap. XVIII, 8 b.

63 Cf. LÉVI, *L'ordre public comme but esentiel de tout ordre juridique*, Annuaire de l'Inst. Intera, de Phil, du Droit et de Sociol. juridique 3 (1938) (n. II 35).

64 Cf. ya MONTESQUIEU, Esprit des lois XXVI, 15: *Il ne faut point regier par les principes du droit politique les choses qui dépendent des principes du droit civil.*

65 Esta división no es simplemente dogmática, sino impuesta por la realidad. El intento de sentar, en una codificación iusnaturalista como el ABGB, un principio común como éste: «Todo daño inferido culpablemente debe resarcirse» (§ 1.295) no conduce a ningún resultado palpable. Bienes jurídicos, interesados, cuestiones de causalidad y antijuridicidad, responsabilidad para los auxiliares, etc., tienen de suyo en el tráfico de los negocios jurídicos límites de modalidad distintos que en el derecho de accidentes. Es un retroceso, confundir estos límites procediendo a la catalogación de todas las formas posibles de responsabilidad; cf. los esfuerzos de BIENENFELD, Die Haftungen ohne Verschulden (1933). De hecho la jurisprudencia sobre base doctrinaria ha hecho en todas partes las mismas distinciones que la legislación alemana; en Austria, por ejemplo, la novela de 1916 ha entretejido con el sistema de contratos una disposición especial sobre los auxiliares del cumplimiento que se corresponde con nuestro § 278 (§ 1313 a ABGB). Sobre el derecho francés cf. E. WAHL, Vertragsansprüche Dritter im französischen Recht, unter Vergleichung mit dem deutschen Recht, dargestellt an Hand der Fälle der action directe (1935) 204 ss. Una cuestión distinta es hasta qué punto la evolución histórica puede hacer útiles para el derecho contractual las formas de concebir el delito. El *common law* inglés ofrece en este punto ejemplos interesantes. *Breach of contract* no es según la concepción actual un *tort* (delito civil), sino una forma de *wrong* (daño), y sigue determinando la conversión de la responsabilidad convencional en delictual. Cf. M. WOLFF en ARMINJON-NOLDE-WOLFF (n. I 62) III 170. *Discharge by breach* significa liberación de ambas partes del deber de cumplimiento y nacimiento de un deber de resarcimiento, que a partir del s. XVII es prestado generalmente por el *indebitatus assumpsit,* de cuya naturaleza originariamente delictual es fácil convencerse. Esta acción, que solo a falta de un partido mejor se incluye entre los «cuasi contratos», es una acción por quebrantamiento de la confianza. Cf. AMES (n. II 42) 142: «El quid de la acción es el engaño al quebrantar una promesa, confiando en la cual el demandante ha sido inducido a desprenderse de dinero o de otra propiedad.» Sobre las formas ulteriores de la antigua *action of account* (desde el s. XIV), incluso por parte del propietario frente al *receiver* o *bailee,* etc., así como de la acción de *detinue* en cosas que posee el detentor, también la acción de *quantum meruit* (forma anterior: *quantum valebant)* significa un dere-

cho a quedar liberado de ulterior cumplimiento, por lo que obedece necesariamente a otras condiciones que nuestra liquidación del contrato en caso de impedimentos para la prestación. Cada peculiaridad de un sistema está aquí enlazada con todas las demás. Así, por ejemplo, el derecho inglés necesita un concepto formal de daño, puesto que el resarcimiento por daños es la sanción de todo *breach of contract.* El sinalagma funcional, que en nuestras disposiciones acerca de la reciprocidad conduce a una liberación alternativa de la responsabilidad, debe ser proporcionado por una figura, la *consideration,* que se propone misiones totalmente distintas de las de nuestra causa. La técnica de semejante sinalagma condicional plantea requisitos finales distintos que la técnica alemana de la desaparición de la base del negocio o que la *cause* francesa. Más detalles sobre la posibilidad de comparar la substancia de tales figuras estructuralmente diversas infra cap. XVIII.

CAPÍTULO VII

LOS PRINCIPIOS PARA EL DESCUBRIMIENTO DEL DERECHO

1. En el último plano en que nos situábamos, distinguíamos entre principios del Derecho en sentido estricto y principios jurídicos; es decir, principios del Derecho, tanto formal como material, y principios de la aplicación del Derecho (de la *techne,* de la *ars legis*).[66] Esta distinción parece a primera vista objetiva y definitiva, si paramos mientes sobre todo en el carácter heurístico de los principios del descubrimiento del Derecho, en las reglas de la interpretación, de la distribución de la carga de la prueba, etc. En realidad, lo que decide acerca de la cualificación de los principios, es solo el punto de vista adoptado. La consideración histórica ve en ellos la base para el nacimiento del derecho objetivo a partir de la experiencia judicial; una concepción ahistórica, pero sociológica, ve también en las reglas de una técnica procesal adecuada al fin de protección propuesto, un factor de carácter constitutivo para la tarea de entresacar normas objetivas de entre las disposiciones «positivas» sujetas a tantas mutaciones. Solo el positivismo legal, inducido por su afán sistemático, traza prematuramente una tajante frontera entre lo que es obligatorio y lo «puramente» pragmático, entre lo que es substantivo y lo que «solo» pertenece a la doctrina o a la técnica.[67]

---

[66] La distinción entre principios de justicia y principios jurídicos tiene otro sentido; cf. la terminología en Del Vecchio (n. II 156) Ann. Phil. (1934) 20, sobre *le juste* y *le juridique.* Aquí, de acuerdo con las categorías aristotélicas de forma y materia, los elementos llamados «materiales» y en su caso también las ideas de valor lógicamente implícitas en el postulado de justicia, son puestos en contraposición con los principios formales de ordenación jurídica. Sobre lo insostenible de esta concepción dualística, cf. infra p. 148 ss.

[67] Desde Gény (*Science et technique en droit privé positif*) el principio técnico es un concepto favorito de la teoría francesa; cf. Boulanger (n. I 39) 60. Mas por su parte, como observa acertadamente Simonius (n. I 24) 244, solo es función de un principio valorativo; cf. el principio de la libertad de forma en los contratos, el de la validez abstracta de los actos de atribución patrimonial, el de la publicidad, el de tradición, etc. Otro es el caso de los principios estructurales históricamente condicionados, que nacidos en una fase evolutiva objetivamente superada, intervienen en la actual problemática del funcionamiento de una institución. Partiendo de ellos las soluciones nacionales, entre las que hay divergencias prácticas, distinguen si, por ejemplo, los obstáculos en el cumplimiento del contrato han de ser tratados con arreglo al principio del sinalagma o al de la *consideration* (véase infra p. 345 ss.). Las máximas pragmáticas, como las del derecho procesal, están por lo regalar condicionadas por la estructura y la ideología, con un frecuente cambio de los motivos que aparentan representar el mismo principio (demostración legal, máxima de investigación, principio de inmediatez, etc.).

Sin embargo, la unidad real se mantiene claramente visible en los países de derecho no codificado, como en el *case law* inglés. En un sistema basado en acciones, la pregunta «¿Principios del Derecho o de la aplicación del Derecho?» no se plantea en el mismo sentido que entre nosotros, ya que no se parte allí de la existencia conclusa de un *corpas iuris* material. En mayor o menor grado, todas las reglas *(rules)* son creaciones de las «leyes del arte», aplicadas de un modo pertinente. Cuando su «invención» en el *leading case,* no hay más remedio que proteger esta fidelidad al método tradicional contra la acusación de arbitrariedad. Más tarde valen ya como consolidadas, gracias a la tradición jurisprudencial. «Una vez sentadas, hacen el efecto de Derecho» *(Once settled they seem to be law).* Aun entonces no basta la simple alegación de tales *settled rules* de una determinada materia, si la manera de aplicarlas no se compadece con los principios de la argumentación legal. Lo mismo puede decirse de la remisión a doctrinas, máximas y otras normas aisladas de la experiencia jurídica, que a la manera de las *regulae iuris* desempeñan en los sistemas abiertos de Derecho del caso el papel que en otras partes incumbe a la dogmática.[68] También estas máximas solo son capaces de fundamentar una sentencia, cuando son usadas según las normas de la escuela. Escuela designa aquí en general un pensamiento concorde con la técnica, hayan o no recibido sus formas una acuñación doctrinal.[69] Aunque falte el rigor dogmático, la aplicación conforme a sistema de una máxima reconocida, de un *principle of law* técnico, constituye un criterio indeclinable en el *common law.*[70]

El carácter puramente técnico y pragmático resalta con particular evidencia en las reglas del Derecho internacional privado, que en el entretanto han sido admitidas como principios jurídicos.[71] En ellas puede verse como «reglas» de valor puramente de uso adquieren poco a poco la cualidad de normas o principios del Derecho. Pero en este caso se conoce su historia, se sabe cómo partiendo del antiguo «estatuto real», pasando por la *lex rei sitae,* se procedió a establecer enlaces cada vez más concretos, o cómo, a falta de cosa mejor, se echaba mano de representaciones vagas tales como «el centro de gravedad» de la relación obligatoria. Lo que, por ejemplo, inició aquí SAVIGNY con este topos de índole puramente heurística, era nada menos que la cimentación de nuestra

---

68 Por ejemplo así: no se argumenta partiendo de la «necesidad de proteger un derecho», sino apoyándose en una máxima como *De minimis non curat praetor;* no se parte de una «teoría del error», sino acaso de una paremia como *Error iuris baud excusat,* con la que se delimitan, de un modo totalmente antidogmático pero conducente al fin propuesto, determinados casos de *mistake;* cf. LORD ELLENBOROUGH en *Kelly* v. *Solari* (1841) 9 M. & W., 94, y ya también el antiguo caso *Bilbie* v. *Lumley (1802)* 2 East 469.

69 Se llega al mismo resultado tanto si se formula: «no hay norma jurídica sin supuesto de hecho exterior», como «un estado de espíritu no es un agravio» *(a state of mind is not a wrong);* si se distingue dogmáticamente el «motivo» y el «fin del negocio», como si se sienta la máxima : «Haciendo una cosa legal de una manera legal, no se invade ningún derecho legal», y de aquí se pasa a concluir que «los motivos maliciosos no pueden ser objeto de una acción civil» (casos en Am. Jur. 1, 420-425, Action, §§ 20-25).

70 Esto es lo que demuestra la recién citada doctrina del simple motivo en oposición al fin del negocio. La correcta aplicación incluso de la doctrina no dogmática es decisiva para el éxito de una regla como *In pari turpitudine pctior est conditio defendentis;* cf. ANSON (n. II 60) 261, quien para delimitar la *true rule* utiliza de hecho los mismos criterios que la dogmática alemana en cuestión paralela del § 817, 2 BGB.

dogmática autónoma de las reglas del Derecho internacional privado en un ámbito de puro arte profesional. La transformación no está aún hoy concluida: principios del Derecho y principios científicos se imbrican mutuamente. Siguen todavía sobre el tapete muchas cuestiones puramente heurísticas. Éstas constituyen la vida del Derecho internacional privado.

La dogmatización, o sea la racionalización de problemas y soluciones del orden jurídico, tiene también por su parte repetidos efectos de creación. También aquí es vana la distinción entre principios técnicos y principios materiales.[72] Ni una sola de estas *donnés juridiques* supuestamente materiales está en realidad previamente dada, sino que todo consiste en «arte» nacido de la experiencia casuística. Si no hay reglas sobre la utilización de la experiencia jurídica, la ley permanece sin vida, y los resultados obtenidos de la experiencia carecen de efecto obligatorio. Pero la conversión de estos resultados en Derecho, ningún legislador político puede evitarla, por desconfiado que sea (art. 5 C.c. francés). Sería también cerrar los ojos a la realidad el reducir los logros de la doctrina a un simple descubrimiento de posibilidades ofrecidas por la ley, cuyo número se supone cerrado, y de nexos del derecho positivo; en todo caso, no resulta esto mucho más honrado que el negar tajantemente que tales ocurrencias pertenezcan en absoluto al *corpus iuris* positivo. En efecto, la materia entera de la ley vive solo gracias: a los principios y teorías desarrolladas por la jurisprudencia. SIMONIUS inicia acertadamente sus ejemplos referentes al reciente derecho privado suizo[73] con la polémica sobre el principio de «voluntad», o de «declaración» o de «confianza», en la cuestión de la declaración de voluntad en el negocio jurídico. Un lugar igualmente central, y de alcance aún mayor, ocupan las concepciones «teóricas» de principios básicos, totalmente substraídos a la materia de la ley, porque son previos a ésta: injusticia, culpa, causalidad, etc. Aquí, como en todas partes, la «aportación» de la doctrina y de la experiencia de los prácticos al sistema del Derecho no es en modo alguno secundaria, sino que constituye el primer armazón de ordenamiento de toda regulación legislativa imaginable, su presupuesto y su vida. Y al decir esto prescindimos aun de la «masa de derecho» independiente que los juristas han ido colocando sin cesar al lado de la *lex,* tanto en forma de *ius civile* como en forma de *ius honorarium.* Lo que nos interesa aquí es el papel de las *leges artis,* tanto si están corporeizadas en axiomas, teorías o máximas, como si solo consisten en reglas escolásticas referentes a la construcción de dictámenes, sentencias, ponencias y aun meros considerandos. Estas son las que deberían ponerse al lado del *droit positif substantiel* en calidad de un *droit des sources* en el senado de la clasificación de DJUVARA, y no solo el derecho de juristas ya constituido.[74] Pues la cualidad jurídica de estas reglas del arte como partes de una constitución jurídica no descansa sobre una especulación iusnaturalística,

---

[71] Cf. MAURY (n. I 111) 327-369, con la demostración de la unidad de *principes méthodologiques de solution, principes doctrinaux y principes de droit qui régissent la matière,* contra la teoría estatalista de AGO (n. I 111, I 227).

[72] Así con razon HAESAERT (n. I 42) 35/36.

[73] En: Hundert Jahre Schweizerisches Recht (n. I 24) 242.

[74] Como por lo visto cree DJUVARA; cf. *Sources et normes du droit positif;* Ann. Inst. Phil. I (1934) 88.

[75] DJUVARA describe su *droit des sources,* al que pertenecen nuestros «principios técnicos», de un modo demasiado modesto y que se presta a equívocos: *le systeme rationnel des normes genérales, qui expliquent* (!) *ces solutions.*

sino que es algo que puede comprobarse empíricamente en todas las expresiones y efectos del sistema positivo.[75]

Las reglas técnicas de la aplicación del derecho, de la interpretación, de la fundamentación de las sentencias, de la lógica jurídica,[76] de las «normas generales de la experiencia» y su empleo,[77] de las «leyes del pensamiento» y categorías de la percepción y del juicio, vinculantes por convención, como por ejemplo la de «causalidad»,[78] las referentes a las máximas y técnicas procesales, tanto si han recibido una cimentación doctrinal, como la doctrina de la autoridad de la cosa juzgad, como si poseen un perfil histórico, como la máxima del juicio oral, como si en apariencia proceden solo de la rutinaria experiencia de los prácticos, corno la distinción entre cuestión de hecho y de derecho[79] —todas ellas constituyen principios del Derecho ni más ni menos «inmanentes» y «genuinos» que cualquiera de las garantías institucionales expresamente consignadas en el Código.[80] Justa-

---

76 Sobre su papel constitutivo cf. supra n. I 181, 182, y las obras allí citadas de ENGISCH y CALOGERO.

77 Éstas son hoy tratadas generalmente como «normas superiores» y por tanto como revisables (!), cf. ROSENBERG, *Lehrbuch* (1949) 580 ss.; STEIN-JONÁS-SCHÖNKE, nota I, 3 al § 550 y passim. Con esto se confunden insensiblemente el problema de interpretación y la concepción corriente en la vida, aunque en principio son dos cosas distintas examinar un suceso según su sentido y dar su calificación general según la «experiencia de la vida» (problema de los peritos). En verdad la calificación previa de acuerdo con el sentir común, o sea en el sentido del tráfico: si se trata de un insulto, de una prenda de vestir, etc., no puede separarse de la calificación en sentido técnico jurídico («en el sentido de la ley»). Por esto debe el juez, en los patrones notativos y normas en blanco, junto al *standard* social poseer además un *standard* específicamente jurídico, sobre lo que son, por ejemplo, males tratos, difamación o desfiguración en el sentido de una determinada norma de derecho. En este aspecto, su apreciación del «concepto jurídico indeterminado» contiene en una sola la cuestión de hecho y la de derecho.

78 Hoy se reconoce universalmente que el problema de la causalidad no es «empírico», antes presupone un principio valorativo de selección (cf. LEÓN GREEN, *Rationale of the Proximate Cause,* 1927), basado no en estructuras lógicas, sino en puntos de vista de la conveniencia, de la oportunidad y del sentir común; cf. el famoso caso *Palsgraf* v. *Long Island R. R. Co.* (1928), N. Y. 339; 162 N. E. 99; 59 A. L. R. 125-3, con les espléndidos *dicta* de CARDOZO y ANDREWS. Sobre ello también LEVI, *Cardozo and Frontiers of Legal Thinking* (1938) 124-142. En el derecho inglés no solo se da una formulación subjetiva al criterio de la adecuación (regla de previsibilidad, cf. POLLOCK, *On Torts* [1941] 29), lo que hace ya bastante tiempo que se ha introducido entre nosotros (cf. RGZ 50, 219; 69, 57; 72, 324; 81, 359, etc., y también WUSSOW, Das Unfallhaftpflichtrecht² [1941]); sino que en el concepto de causa próxima y de alejamiento del daño contienen otras ideas convencionales, análogamente a nuestra inextirpable figura «interrupción del nexo causal». Cf. la doctrina fundamental en *In Re Polemis* v. *Furners Withy & Co.* (1921) 3 K. B. 560, y *Hambrook* v. *Stokes* (1925) 1 K. B. 156; sobre la práctica en EE.UU.: 38 Am. Jur. (negligencia) §§ 49-84; intento de una dogmatización racional al estilo continental: Restatement of the Law of Torts, Bd. II Negligence (1934) cap. XVI, 430-453. Sobre ello infra cap. XI, 2.

79 La necesidad de esta separación (exigida por el derecho procesal positivo) es afirmada por doquier, cf. ROSENBERG op. cit. 644; STEIN-JONAS-SCHÖNKE, obs. B al § 549; LENT, *Zivilprozessrecht* (1947) 176; NIKISCH, *Zivilprozessrecht* (1950) 494; SCHÓNKE, *Lehrbuch* (1951) 369 etc. En cambio es raro que se conceda la imposibilidad científica de esta separación: cf. n. 77, además ENGISCH (n. 181) 96 ss. 102 ss., GRAF ZU DOHNA, *Strafrechtsprozess²* (1929) 187.

80 Es vano todo esfuerzo de cerrar los ojos al hecho de que estas reglas «técnicas» participan de la obligatoriedad de las normas positivas. En contra ya RIPERT (n. I 119) 649: «Se ha sostenido que había aquí indicaciones dadas por el legislador al juez y que tales indicaciones no son reglas de derecho, sino consejos de lógica. Esta opinión no nos parece exacta, pues el juez no posee una libertad plena de interpretación." Demostración El *contróle en cassation* o la revisibilidad.

mente las reglas acerca del hallazgo del Derecho van pasando cada vez más al primer plano de la consideración científica, desde que también la jurisprudencia continental ha descubierto el papel que la «intuición» (el *hunch,* «corazonada») desempeña en la formación del juicio, y procura elegir el tipo de fundamentación (acudiendo al texto, a la doctrina, al sistema, al derecho comparado, a la lógica jurídica, a la histona de las instituciones, etc.) capaz de ofrecerle los «criterios objetivos» que elevan el juicio por encima del plano de la argumentación técnica para situarlo en el del «hallazgo» del derecho objetivo.[81] En modo alguno se limitan a ser reglas meramente «accesorias» de la técnica y de la práctica, como tampoco lo son los principios de la validez local y temporal del Derecho, o las reglas de la correspondencia, o de la prolongación personal o temporal en el Derecho internacional privado, o los principios de validez y las normas de rango en el Derecho de gentes.[82] Solo la mayor antigüedad de una tradición y la mayor consistencia de una determinada disciplina permite medir la distancia que separa el «Derecho» de la «técnica del Derecho». Viceversa, es frecuente que un principio, que en su origen era una *lex artis* sujeta al control de la ética corporativa y que en el régimen de un «derecho judicial» *(judge made law)* aún hoy viene determinado por la ética y las *mies of courts* autónomas, pase a ser una parte del ordenamiento codificado, reconocido como a tal por el Estado. La pertenencia practica al *corpus iuris* positivo queda ya asegurada por la sola circunstancia de que un principio goce de la plena protección de los tribunales, y que el desatenderlo acarree una reconvención. El acto definitivo de incorporación de un principio, es su reconocimiento como revisable.[83] El derecho procesal moderno, al considerar como conculcación revisaba de una ley el hecho de que «una norma jurídica no haya sido aplicada o no lo haya sido correctamente» (§ 550 ZPO), concede a la judicatura plenos poderes para incorporar todos los principios de la *lex artis* en el Derecho positivo.

---

[81] Cf. POLAK, *Theorie en practijk der rechtsvinding* (1953) 14, 19-45, 76 ss. Con el descubrimiento de la duplicidad de elementos de juicio, racionales e irracionales, queda necesariamente modificada nuestra posición ante el esquema «forma y contenido» de la elaboración del derecho y ante el papel de la dogmática como garantía de la seguridad jurídica. Cf. POLAK op. cit. 71 ss.

[82] Cf. el estudio de BELLINI (n. I 163). Sin embargo, este autor solo conoce principios ''inmanentes» del derecho, puesto que levanta una construcción «escolástica», dando como base de todo ordenamiento positivo un sistema jerárquico de valores. Ventaja: los principios «técnicos» son reconocidos como partes integrantes de un ordenamiento positivo: «Los principios no constituyen ni un *prius* ni un *posterius* en las consideraciones del ordenamiento, sino que son, por así decir, algo inmanente, forman parte del ordenamiento mismo» (p. 229/230). Análogamente ya BRUGI (n. I 34) 164 y Bosco, Lezioni di diritto internazionale (1941/42) 156.

[83] El desarrollo no ha terminado todavía. Las decisiones fundamentales alemanas en favor de la revisibilidad se encuentran desde RGZ 99, 71 en jurisprudencia constante; cf. además OGHBrZ, MDR 1950, 156 y desde RGSt 61, 164 y 64, 352 constantemente. La ampliación de los principios revisables se hace paso a paso. Cf. también RGZ 104, 30 sobre la revisibilidad de las reglas de interpretación, que solo debe concederse cuando estas reglas «emanan por su parte del derecho revisable». Es fácil el círculo vicioso implícito en esta escapatoria. Pues una regla de interpretación «emana» del derecho revisable cuando su reconocimiento como práctica judicial tiene como efecto el que se la adscriba al derecho positivo. Subterfugios análogos con respecto a los principios llamados «científicos» en Bay. ObLG 20, 195. Cf. también BAUMBACH, ZPO[20], nota 1 B al § 549 ZPO para la exclusión de los principios llamados de «filosofía jurídica».

2. Los principios de la lógica jurídica solo a una consideración superficial ocultan su referencia interna a la justicia de las sentencias y su valor constructivo a este efecto. Usan de fórmulas sugestivas expresivas de una necesidad de pensamiento, para revestir cuestiones debatidas de ponderación: *Nemo plus inris transferre potest, quam ipse habet,*[84] *Ea quae initio recte constiterunt, resolvuntur, cum in eum casum reciderunt, a quo non potuissent incipere.*[85] «Si una transacción era válida en el momento de efectuarse, no se invalida por ningún acto u omisión de una de las partes referente a aquélla, por ejemplo, fraude en el incumplimiento de un contrato»,[86] *Genera non pereunt,*[87] *Impossibilium nulla est obligatio.*[88] *Casus a nullo pruestantur,*[89] etc. Es fluido el tránsito a las máximas pragmáticas que parten de

[84] Una fórmula así es empleada para las soluciones más diversas, en el derecho de cosas, en materia de cesiones, de formación de patrimonios separados, etc., incluso en vinculaciones puramente obligatorias, como dentro del marco de una relación sinalagmática. Así en la práctica francesa, cuyas construcciones han dado ya pie a la teoría para lanzar un grito de alarma contra el tratamiento de las obligaciones con arreglo al derecho de cosas, cf. WAHL (n. II 65) 191, n. 39.

[85] El principio llamado de 1a confusión, cf. mi obra *Rechtsfitktionen*, página 164 ss. Completamente similar, con iguales derogaciones (cf. *Nash* v. *De Freville* [1900] 2 Q. B. 72) la fundamentación del *merger* inglés: «Pues una persona no puede contratar consigo mismo» (ANSON [n. II 60] 379). Sobre la doctrina moderna de la «exoneración por unión de derecho y deber» cf. WILISTON, A Treatise on the Law of Contracts[10] (1938) 1875, y el *Restatement of the Law of Contracts*, sec 443.

[86] Cf. 19 Am. Jur. 62, Equity § 38; véase también bajo «*cancellation of instruments*», 9 Am. Jur. 366, §§ 21 ss.

[87] Tipo de una doctrina de derecho común que, bajo la evidencia de una *ratio scripta*, comprende lo que en realidad era el fruto ya ampliamente superado de fuentes temáticamente limitadas, cf. MEIJERS (n. II 90) 102 ss. sobre la formulación original en BARTOLUS, que continuaba la distinción de los glosadores entre *difficultas* e *impossibilitas*. *(Difficultas non tollit obligationem, sed excusat a mora,* ACCURSIUS sobre las glosas a D. 12, 1, 5.) Aquí desde BARTOLUS aun dándose imposibilidad no se niega ya sin más ni más la obligación de cumplir, ni se distingue de la *exculpatio morae*. Cf. sobre las repercusiones en los derechos modernos HEYMANN, *Das Verschulden beim Erfüllungsverzug: Festgabe für Enneccerus* (1913) 125 ss. Ibídem 160 ss., más datos sobre la evolución de la doctrina de la ínimputabilidad.

[88] El derecho civil, con este principio históricamente condicionado (véase supra), se encuentra en un terreno distinto que el *common law*, que considera la cuestión del riesgo *in concreto*, sin presunción en favor del *promisor*, cf. Williston, op. cit. VI § 1979, p. 5-563: «El *common law* parte del principio opuesto, que la promesa es vinculante a menos que el promitente pueda demostrar que cae bajo una cláusula de excepción o que hay una condición implícita.» «Condición» se entiende aquí (a diferencia de en la relación de *warranty)* en el sentido románico (véase infra cap. XVIII). Por tanto, el riesgo lo soporta el declarante, a menos que las circunstancias demuestren la existencia de una reserva o la hagan suponer según equidad, como el conocimiento exclusivo de las dificultades por parte del contrario, etc., cf. *Hills* v. *Sugbrue* (1846), 15 M. & W. 233; *Barker* v. *Hodgson* (1814), 3 M. & D. 267, y *Jacobs* v. *Crédit Lyonnais* (1884) 12 Q. B. D. 589. En cambio, la imposibilidad ulterior inculpable exonera. Cf. sobre la distinción moderna, inspirada en nuestro sistema, WILLISTON op. cit. §§ 1.932-1.935; ibíd. §§ 1.937, 1963 y 1.972 A sobre la división del riesgo y la técnica de la «condición implícita de posibilidad».

[89] Cf. mi obra *Entwicklung und Grundlagen der Gefährdungshaftung*, páginas 45, 69 ss. El concepto de causa parte de la acción humana como causante de daños, y si comprende los «azares» impersonales es solo por una imputación mística a la persona. Es también mística en el moderno derecho de accidentes la imputación al «riesgo de la empresa», ESSER ibíd. p. 18 ss., 112 ss.

axiomas de valor, como el principio de la culpa, por ejemplo, *Culpa perpetuat obligationem.*[90] A menudo reglas de la opinión popular desempeñan aquí un papel más importante que las fórmulas doctrinales. Una máxima como *Qui facit per alium facit per se,*[91] *Respondeat superior,*[92] etc. acaba obteniendo el rango de una *rule,* como hizo la regla *Res ipsa loquitur.*[93] Por lo demás, el carácter puramente heurístico es aquí tan visible como en una doctrina como la de los

---

90 Parte de la doctrina de la culpa, cuya pugna con el principio de la fidelidad a lo pactado no fue solventada hasta el s. XIX. Cf. HEYMANN op. cit. 25, sobre las fases evolutivas de esta paremia tomada de PAULUS D. 45, 1, 91, 3, y a la que se quiso enmendar sin descanso. Como es corriente, el desarrollo en el derecho común discurrió con independencia de la verdad de las fuentes, Cf. GENZMER, ZSS rom. Aa. 44, 99 ss. Las tradiciones romanísticas faltas de crítica, más bien han contribuido a estrechar el horizonte. Así, por ejemplo, la infundada desestimación de una compensación de ventajas y perjuicios, siempre que ésta no sea más gravosa de lo que hubiera sido el cumplimiento, o de otros subrogados apropiados de la prestación, como es posible, por ejemplo, según la doctrina de la *frustration* en el derecho inglés. Puede pensarse en la posibilidad de llegar a un tratamiento unitario en los casos de imposibilidad ulterior y desaparición de la base del negocio; cf. MEIJERS, *La forcé obligatoire des contrats et ses modifications dans les droits modernes*: Actes du Congr. Int. de droit privé, publ. del Inst. para unific. del Der. Priv. II (1951) 100 ss.

91 Esta paremia no constituye una doctrina específicamente inglesa, sino reconocida en todas partes donde falta una regla especia] correspondiente a nuestro § 278 BGB. Cf., por ejemplo, Austria antes de la novela parcial que introdujo § 1.313[a] en el ABGB, la resolución del OHG en G1UNF 13 número 4.906: «En tal caso la ejecución de un encargo no es pasada en absoluto a una tercera persona, sino que es el comisionado mismo el que la lleva a cabo, aunque no sea con su trabajo físico, sino a través de sus auxiliares, que son sus órganos. De ahí resulta que las acciones dañosas realizadas por los auxiliares en la ejecución de su trabajo, deben considerarse como acciones propias del comisionado y como a tales deben ser estimadas en Derecho.»

92 La «prueba del descargo» es desconocida en casi todos los derechos, cf. WEIGERT, Rvgl. HdWb. IV (1933) 43 ss., 50 ss. Sobre todo el derecho angloamericano y también el art. 1.384 del C. c. francés evita nuestro desdichado § 831 BGB. Sobre sus efectos antisociales y la necesidad de reformarlo, cf. páginas 50-63 del ArbBer. n.° 14 de la Academia del Derecho Alemán y ENNECCERUS-LEHMANN (1950) § 26, IV, 109. Véase además la situación paralela en Suiza, que con el art. 55 OR no es más satisfactoria que con la nuestra del § 831 BGB. La práctica del Tribunal Federal suizo era tan rigurosa (cf. WEIGERT loc. cit.), que la revisión convirtió la diligencia «exigible» en diligencia «debida». Pero esto volvió a conducir a un agravamiento de las reclamaciones, cf. v. TUHR-SIEGWART, Allg. T. del SOR I (1942) § 49, 380 ss. y SIMONIUS (n. I 24) 88. El Restatement (Torts, chapt. 15, Topic 2, 8§ 416 ss.) distingue entre la responsabilidad de contratistas independientes y dependientes, y en el caso de los primeros, entre trabajos inherentemente peligrosos, deberes no delegables (entre ellos el deber de atender a la seguridad del tráfico), obras en un lugar público, etc.

93 Regla típica, con la que la *ars iudicis* (prueba *prima facie*) y el derecho «material'' aparecen indisolublemente unidos. Cf. mis observaciones sobre la doctrina y práctica angloamericana en JZ 1953 p. 130 y las observaciones de WUSSOW (n. II 78) 10, de que se hace un tenaz abuso de tal «prueba» en el sentido de una «regla de equidad» social (RGZ 126, 75; 127, 28; 130, 359; 134, 241, etc.), de modo que en realidad no es ya una norma de prueba, sino una «regla general de equidad, incompatible con la ley». No es distinta la práctica de EE.UU., aunque se afirme que en la regla «no se ve más que una regla de prueba, no una regla substantiva de derecho» (así 38 Am. Jur. 994, Negligence, §§ 295 ss.).

conmorientes,[94] o en un adagio como *Pater est quem nuptiae demonstrante*[95] al que sin duda puede también calificarse de una pieza de la lógica jurídica.

Para juzgar sobre la cualidad de normas poseída por principios que pasan por servir meramente a la dilucidación del derecho, ocupan una posición clave las reglas de la prueba y los principios de la interpretación. Los primeros no consisten solo en las llamadas reglas de la carga de la prueba; antes bien se trata de lo que, *lege artis,* debe ser reconocido como base de la libre formación del juicio y, por consiguiente, en la práctica como impresión decisiva del juez.[96] Incluso las reglas de la carga de la prueba son, para los derechos románicos y de acuerdo con su conocida diferencia de estructura, partes del derecho material.[97] Que no pensaban de otro modo los padres de nuestro BGB, puede advertirse por doquier. De hecho, la ciencia de los juristas del Derecho común no establece diferencia alguna entre las *regulae iuris* materiales y máximas referentes a la prueba del tipo de *Quisquis bonus-praesumitur,*[98] *Onus probandi incumbit ei qm dicit*[99] etc., y la fuerza lógica de estos aforismos, cimentada en las circunstancias mismas del litigio o en la relación entre regla y excepción, les ha conferido una validez universal, a diferencia de las formas de prueba y de las cuestiones de la obligación de probar.[100]

---

94 Universalmente: Cf. *Wing* v. *Angrave* (1860), 8 H. L. 183.

95 Primacía de lo social sobre lo biológico en Derecho, justificada no solo por la hoy disipada obscuridad del *Pater semper incertus* (PAULUS D. 2, 4, 5; cf. ya Odisea 1, 216), sino por la heterogonía de los fines: idea patrimonial, idea del respeto a las decisiones privadas, aspectos económicos y de higiene social, efecto estabilizador de reservas íntimas de responsabilidad, todo esto basta para fundamentar semejante principio de un modo independiente.

96 Cf. ya RIPERT (n. I 119) 645: «No se trata aquí de la administración de las pruebas, establecida por el procedimiento civil según las reglas técnicas propias de cada legislación, sino de la cuestión de la admisibilidad de la prueba que toca al fondo mismo del derecho civil, ya que se trata de hacer conocer al juez la verdad y de provocar su convencimiento.»

97 Véase también su influencia sobre el derecho suizo (art. 8 ZGB: «Si la ley no dispone otra cosa, cada parte tiene que probar los hechos que aduce para fundamentar su derecho»).

98 *Quisquis consetur bonus donec contrarium probetur,* pues la naturaleza del ordenamiento jurídico no tolera que como regla se sospeche de nadie cf. JOSSERAND, Cours de Droit Civil Pos. Fr. (1932/33), (3.ª ed. 1938/40) 1, número 860; VOUIN, *La bonne foi* (1939) 245; no así cuando la experiencia de la vida crea reglas especiales, como: *Fraus inter propincuos facile praesumitur* (VOUIN, op. cit. 246), casos de notoriedad reconocida. No es rara la codificación expresa de la regla fundamental. Así en art. 2.268 C. c. francés con respecto a los supuestos de hecho de prescripción, en el art. del ZGB suizo, hasta como regla general. Independientemente de esto, es admitida universalmente por la judicatura. Cf. arrêt n.° 7 del Tribunal Permanente de 25.8.1925: «Un abuso de derecho no se presume, sino que incumbe a quien lo alega el dar la prueba de su alegación.» Igualmente universal es la máxima *In dubio contra proferentem* (Aff. Wimbledon, arr. n.° 1, y Aff. Mavromantis, arr. n.° 5), o *In favorem libertatis,* es decir, los derechos o cargas especiales necesitan una demostración propia. Cf. también la regla fundamental: *Reus in exceptione fit actor.*

99 Formulación más general del conocido *Onus probandi incumbit auctori* y de la forma de inversión citada arriba. Cf. Ripert n. I 119) 646.

100 Es sorprendente que la Cour Permanente (arrêt n.° 7, serie A, p. 72) considere que la libre valoración de la prueba constituya un principio universal en el sentido del art. 38, 3 del Estatuto. Le sigue VERDROSS (n. I 36) 248/49, quien ve aquí, por la naturaleza de la institución, un caso de validez universal de cuño iusnaturalista. De todos modos el sistema de las pruebas legales o formales no se ha extinguido en absoluto, a pesar de haberse marchitado su raíz histórico-mágica; es sabido que pervive en los derechos románicos como una pieza del procedimiento contencioso, por razones de «higiene jurídica» (obligatoriedad del documento). Acertadamente RIPERT op. cit. 648.

Que los principios interpretativos son algo más que simples reglas rutinarias de los prácticos, se infiere ya de su central importancia con vistas a la posibilidad de una interpretación vinculante, cuya existencia depende de la vinculación a una convención clara.[101] Por esto no es aún necesario entender la regla vinculante de interpretación, en sentido positivista, como un subrogado de la desaparecida fidelidad al texto de la ley.[102] Acostumbramos a hablar de «reglas»,[103] a pesar de la advertencia incluida en los §§ 133, 157 BGB,[104] porque confundimos las doctrinas retóricas de la hermenéutica con los principios obligatorios de la interpretación.[105] Verdad es que una doctrina de la jerarquía de medios de interpretación[106] es también necesaria, si no queremos incurrir

---

[101] Definición de *interpréter* según LITTRÉ: *Donner á une chose, par de certaines regles ou inductions, un sens réel ou imaginaire.* Sobre la necesidad de proceder a un ordenamiento obligatorio de las reglas de interpretación, cf. LAUTERPACHT, 43 Ann. Anst. Phil. (1950, I) 373 ss. y Lord Beckett, ibid. 435.

[102] Cf. PLUCKNETT, *L'interprétation des lois* (statutes): Recueil Lambert I (1938) 434 ss. Cf. sobre todo p. 441 sobre la fidelidad inglesa al texto como consecuencia de haberse la jurisprudencia emancipado de la pretensión absolutista: *Eius est interpretan cuius est condere* (C. I, 14, 12, cf. también C. Can. 31 X, *Unde ius prodit interpretatio quoque procedet,* y la divisa tradicionalmente atribuida a Eduardo I, quien prohibió al juez Hengham que comentara su estatuto, pues solo él, que lo había hecho, podía conocerlo). De ahí viene la singular ética inglesa del positivismo, que con su actitud «como si no se supiera nada de lo que no está en la ley», en el *statute law* enmancipa la autoridad jurídica de la política. Sin embargo, contribuye al mismo resultado el desvío general frente al método de interpretación «histórico» (cf. WORTHLEY, Recueil Gény II, 22), sobre todo por no ser costumbre publicar los trabajos previos («motivos», etcétera) de los *statutes.*

[103] Cf. ENNECCERUS-NIPPERDEY[14] § 51 I, 194 ss., con paso ocasional al concepto de un «principio contenido en la regla del § 242 BGB» y evitando toda precisión. Cf. también infra n. III 34/35.

[104] Cf. también los casos en que la norma de interpretación viene dada bajo el atuendo de una regulación «material» subsidiaria (así §§ 2.066-2.077 BGB), o representa un *ius cogens* (§ 2.087 BGB), o cuando la interpretación aparece como parte de un supuesto de hecho total (§§ 2.085/86 BGB). A la misma categoría pertenece la disposición de conversión (§ 140 BGB).

[105] Estas reglas de la hermenéutica en caso de ambigüedad (anfibolía) se encuentran, por ejemplo, en D. 50, 16 (preferencia por la manera usual de expresarse), D. 1, 3, 24 (tener en cuenta la conexión de las frases en el contexto), D. 33, 7, 2 (parar mientes en otras declaraciones y actos del testador), D. 2, 14, 39 (considerar el historial del caso), etc. Lo que ahí tenemos, sin embargo, no son más que situaciones particulares de los *responsa.* También en este caso el derecho clásico desconoce las *regulae.* La primera compilación general es la de DONELLUS en los §§ 1-13 de sus *commentarii,* distribuida ulteriormente al modo itálico y humanístico en más de cien lemas subalternos; cf. WALD-ECKHARD, Hermeneutica iuris[2] (1802). OTTO, Thesaurus iuris Romani (1733) dice que en la obra de FORSTER, famosa en su tiempo, Interpres, sive de interpretatione iuris, etc., se catalogaban mucho más de cien reglas de éstas; se habla incluso de disertaciones que contenían, 342; cf. KISS, Gesetzesauslesung und «ungeschriebenes» Recht: Iher. Jb. 58, 438 n. 2.

[106] Cf. las coincidentes peticiones de los especialistas en derecho internacional, sobre todo de LORD BECKETT, LAUTERPACHT y ÁLVAREZ, citadas infra n. II, 130-137. Además el programa, acertadamente formulado por ASCARELLI (n. IV 34 infra) 99 ss., y en el que hay que incluir los métodos de la formación dogmática de conceptos y de la calificación. Sobre una análoga necesidad de «canoni ermeneutici fondamentali», que excluyan el juego de una secreta preelección del resultado y la fe en «medios y resultados hermenéuticos» solo concretables en algunos casos, BETTI (n. II 51) 17 ss. Frente a estos principios, claramente fundamentados, de la anatomía, actualidad, integralidad y unidad de valoración, cf. la facultativa exposición, aún hoy popular, de «medios" de interpretación utilizables, de los que nadie puede decir por qué el juez ha usado el uno y no el otro, como no sea: porque éste era el más adecuado para «fundamentar a posteriori partiendo del texto, lo que ya se había hallado en un acto creador de complemento del texto», como dice RADBRUCH (Einführung[5] [1952] 161). Igualmente BETTI op. cit. 176 ss.

a cada paso en la trampa escondida en la secreta elección del medio o de la consecuencia «adecuada», de la cual el juez hace uso instintivamente,[107] dando así razón al que dijo: «La interpretación es, así el resultado de su resultado».[108] Pero ante todo conviene deshacerse del prejuicio según el cual las normas jurídicas son solamente mandamientos de conducta (en todo caso mandamientos que «permiten» y «habilitan»)[109] y no también principios para la elaboración y la protección del Derecho.[110] O también el de que la cualidad de norma depende de su incorporación en una codificación.[111] Basta mostrar lo que una interpretación cualquiera contiene en cuanto a determinación de la voluntad y juicio de valor, para hacer evidente la cualidad jurídica de la norma de intepretación[112] y demostrar su revisibilidad, aunque no incurramos va en las ilusiones codificadoras del siglo XIX procediendo a establecer una lista de principios elementales de la interpretación[113] o al menos algunas directrices «lapidarias».[114]

Cuando decimos que la cualidad jurídica es evidente, nos referimos a la pertenencia a la masa del derecho positivo, pero no necesariamente a la pertenencia

---

107 Lo cual le es facilitado por el complaciente obscurecimiento de la cuestión del rango por parte de la ciencia, cuando ésta dice, por ejemplo: «que en el hallazgo del derecho (y en la interpretación), la resolución debe ser hallada partiendo del espíritu, las valoraciones y la ponderación de intereses propia del sistema de normas, que no puede hacer caso omiso de la doctrina acreditada y la tradición, y que debe mantenerse acorde con las concepciones dominantes de índole cultural, social y económica» (ENNECCERUS-NIPPERDEY [n. II 103] 196). Sobre la falta de sentido de una «obediencia meditativa» que oscila entre una fidelidad histórica a la ley y el fin actual de la interpretación, cf. mis reseñas de DU PASQUIER y MEIER-HAYOZ (n. I 44), y también Einführung, 183 ss.

108 RADBRUCH, loc. cit. Lo corriente es cerrar los ojos a esta técnica de secreta preelección de los medios hermenéuticos y al silenciamiento de todo el proceso preselectivo con relación al considerando aplicable a la interpretación; se prefiere continuar con la ficción: «Primero hay que fijar el estado de la cuestión. Sobre este punto el derecho procesal da normas fundamentales. Luego, para adoptar la subsunción correcta, se trata de hallar las normas pertinentes y determinar su sentido» (ENNECCERUS-NIPPERDEY op. cit. 192).

109 Cf. mi *Einführung*, p. 138 ss.

110 En el sentido de las formas procesales de protección, como en el sentido de los *remedies* propios de nuestras instituciones de derecho material, así, por ejemplo, de las demandas por omisión, enriquecimiento, inquietación, etcétera.

111 Cf. supra p. 120. La doctrina no está anticuada en modo alguno. Cf. todavía BRUSIN, *Über die Objektivität der Rechtsprechung* (1949) 62 ss., quien considera las reglas hermenéuticas positivas vinculantes para todo el derecho en forma de ley, y solo queda perplejo ante ésta pregunta: ¿quién da las realas para interpretar estas reglas de interpretación? Por otras razones esta concepción se mantiene también en el ámbito inglés. Cf. BLACK, *Handbook of the Construction and Interpretation of Laws*²(1911) 9: «Las reglas o cánones de la construcción no son reglas del derecho positivo, a menos que vengan expresamente dadas por la ley (!). Descansan en la autoridad de los tribunales y no son imperativamente vinculantes en el mismo sentido que las leyes».

112 En este punto es muy meritoria la labor de BOBBIO, quien en *L'analogia nella logica del diritto* (1938) ha refutado a fondo el prejuicio de que las reglas del pensamiento no lo sean del Derecho (p. 123 ss.).

113 Cf. el § 1 del primer proyecto del BGB de 1888, por fortuna eliminado.

114 Cf. § 2i de Grundregeln und Buch I eines BGB de HEDEMANN- LEHMANN-SIEBERT (1942) y art. 3 de la ley italiana de 12.12.1938, esta ultima con la bien intencionada, aunque disparatada, receta de que no hay que atribuir a la ley otro sentido que el que se desprenda con evidencia del sentido propio de las palabras, de su contexto, y de la intención del legislador. Sobre la controversia entre el método de interpretación histórico y la doctrina del "sentido claro», cf. lo siguiente.

también al derecho material.[115] Sin embargo, sería mirar de un modo demasiado unilateral las normas de la protección jurídica, como también las de la elaboración del Derecho, en su función vital, si al ejemplo de la ciencia procesal del siglo XIX se las encuadraran sin más ni más en el derecho procesal o formal. Encontramos en ellas un campo al que viene al dedillo la calificación, inventada a otro propósito, de «derecho judicial material». Figuran en él no solo las formas y condiciones de la protección jurídica, sino también las formas y reglas de la elaboración del Derecho, o sea las *leges artis* de la constitución judicial del Derecho material, pero también la concretización y desarrollo judicial del derecho positivo «dado» por vía de «aplicación» e «interpretación». Pues también esto es formación de derecho en el sentido de una mayor positivación, en la que no solo se «aplica» Derecho, sino que también es formulado de nuevo y hecho eficaz con ayuda de principios no susceptibles de «aplicación» técnica, de *rationes* y pensamientos jurídicos (y con ayuda de las *leges artis* que determinan su alcance y utilización).

Para el derecho del caso, esta unidad de aplicación y formación de la regla, es algo que se entiende de suyo. La fuente del derecho es el precedente [116] —y no, por tanto, la masa anónima de la tradición, sino aquella sentencia concreta que dio forma a la regla. Desde este punto de vista se explica la pugna, inevitable porque descansa sobre una aporía, entre la «escuela realista» y la clásica doctrina de las fuentes del Austiniamismo.[117] No ocurre de otro modo en el Derecho codificado.

Solo el problema de hasta cuándo ha de durar la fidelidad al texto legal conduce a aquel equívoco que no solo disimula el carácter de fuente poseído por la abierta elaboración judicial del Derecho, sino también el carácter productivo de la

---

[115] Sobre la importancia de la revisibilidad como síntoma de la naturaleza jurídica de un precepto, cf. ya WACH, *Handbuch des Deutschen Zivilprozessrechts I* (1885). Sobre la cualidad de norma de los preceptos de la experiencia habló ya G. KLEIN en Abh. Ost. Zeitg. (1899) 73 ss.; la exposición más moderna con examen de la jurisprudencia es la tesis de Maguncia de BRÜNING, *Die Revisibilität der Erfahrungssätze im Rahmen der Tatsachenfeststellung* (1953). Sobre el desarrollo de la revisibilidad de los errores de interpretación fuera del campo de la «ley», cf. MANIGK, Die Revisibilität der Auslegung von Willenserklärungen, en RG Praxis n. F. VI (1929) 98 ss.; cf. también RGZ 152, 166; 158, 115; OGHZ 1, 39 y 1, 156. Sobre la significación de las *leges artis* para el concepto de procedimiento «ordinario», cf. la ponencia de ED. J. COUTURE, Montevideo, sobre la definición del concepto *Due Process of Law* en el Congreso Internacional de procedimiento civil en Viena, 6.10.1953.

[116] Cf. SALMOND, *Jurisprudence* (1947) 176: «Un precedente judicial en Inglaterra habla con autoridad; no es una simple prueba del derecho, sino fuente de éste; y los tribunales vienen obligados a seguir e. derecho así establecido.»

[117] Cf. los autores citados supra n. 53-61, quienes en el ámbito del *common law* ven en la doctrina del *stare decisis* la demostración de la exclusiva cualidad de fuente de derecho que posee la sentencia judicial, tras de la cual no existe ningún otro derecho común positivo: «Les principios y reglas, en sí y por sí mismo, no son derecho; no son otra cosa que explicación experimentales de las implicaciones encerradas en un juicio», dice CARDOZO, *New York State Bar Address, Select Wridngs* (1947) 21, el cual como de costumbre se guarda de incurrir en la unilateralidad del 'realismo jurídico», y se abstiene de sobrevalorar la doctrina del *stare decisis* como fuente de la *legal authority y* de la «intuición» del juez en lugar de la lógica jurídica y del control conceptual y dogmático, cf. p. 16 ss., 19 ss., 33 ss. Es también el único que utiliza para sacar consecuencias prácticas el paralelismo entre la legislación judicial y parlamentaria, cf. *Paradoxes of the Legal Science* (n. II 72).

interpretación.[118] A despecho de la técnica de «dar forma a la regla» *(shaping tbe rule)*, que también nosotros conocemos, y que está condicionada por la recíproca dependencia de la elección de los considerandos y de la «aplicación del derecho», y que por tanto también en el derecho codificado significa una continua revaloración de una norma que no se encuentra preformada en el texto, como tampoco se hallaba en los precedentes,[119] seguimos temerosamente aferrados a la idea de que la interpretación es una simple constatación de lo ya dado, una conciliación declarativa de texto y *ratio.*[120] De ahí viene la disyuntiva que se plantea a nuestra teoría: «La formación de la sentencia en virtud de principios, debe también entenderla como un acto declarativo de conocimiento? ¿Y cómo es la verdad a que este acto de conocimiento se refiere: de derecho natural o de derecho positivo? ¿O debe, aquí por lo menos, reconocer al juez la doble posición que de hecho tiempo a que le ha conferido, incluso en nuestro país, su *legal authority* en la elaboración abierta del derecho: aplicador y creador del derecho? El término «hallazgo» del Derecho *(Rechtsfindung)* es de lo más apropiado para disimular la confusión metódica que se ha producido en este campo. Gracias a él se puede buscar en cada caso, y según convenga, la manera más adecuada de concebir la sentencia judicial, y llegar por ejemplo a medias soluciones como la de llamarla función declarativa, si basta una «simple» interpretación, o función constitutiva, si hay que «llenar lagunas». Tal es la concepción que hoy parece privar, tal como se manifiesta en la explicación del art. 1 II del ZGB. Pero la endeblez de esta tesis salta a la vista al enfrentarse con los principios jurídicos: éstos son derecho positivo, y sin embargo no «aplicable»; la sentencia es «creadora'', a pesar de no haber ninguna «laguna». Pero mientras no sean reconocidos, no poseen efectividad, y quedan en primera línea como postulados éticos, cuya realización es sancionada plenamente por la función legislativa de la sentencia judicial. Declarar que incluso los principios no reconocidos son ya parte de un sistema «existente», a la manera del Derecho natural, es un gesto supersticioso comparable al altar erigido «Deo ignoto». Este replanteamiento significa un revolucionario programa para nuestra doctrina de las fuentes, y un primer paso en su cumplimiento es la propuesta de Djuvara,[121] de que se complete nuestra doctrina de las fuentes con una nueva disciplina: «derecho de la elaboración del derecho» *(Rechtsbildungsrecht).* Por tanto, las reglas de la elaboración del derecho

---

118 Cf. mis observaciones en la reseña de Du Pasquier (n. I 69) 168. Por lo demás, el mismo disimulo se da también en el ámbito inglés, donde a la sentencia judicial solo se le reconoce el poder de formar derecho en el *case law,* mientras que en el *statute law* se mantiene con rigor aún mayor que entre nosotros la ficción de que la aplicación del derecho es un acto puramente explicativo y declarativo, cf. infra p. 164 ss.

119 De modo que también para nosotros el «problema de subsunción»: «¿Entra el caso dentro de la regla?», no constituye una pregunta meramente lógica y la interpretación no es solo comprobatoria (cognoscitiva), sino que constituye también siempre un acto volitivo que decide en función de ideas de valor. Sobre este punto infra cap. XII, 5 p. 326.

120 Cf. el excelente análisis de Ascarelli (n. I 70) 41 ss.

121 Djuvara (n. II 74). Cf. sin embargo, sobre el equívoco en que incurre, supra n. II 75. También Ripert (n. I 119) 653 habla de un propio ''droit sur l'interprétation», lástima que sin ordenarlo sistemáticamente. En pro de la admisión como principios jurídicos: Verdross (n. I 36), además en Rev. Dr. Int. 1931, 446 ss., y en Ann. Inst. Phil. 1932, 283 ss., y 1934, 484 ss., así como en Recueil Gény III, 383 y en Recueil des Cours 1935 II, 185. En contra de la admisión: Rousseau (n. I 34) 899» quien opina: *Cest confondre les regles juridiques avec les règles du raisonnement logique»* (!). Meditar sobre la función positiva de la «lógica jurídica» es una tarea muy fructífera.

pertenecen al «derecho constitucional» de la formulación de normas por parte de los jueces,[122] al modo que las reglas de la constitución política referentes a la actividad del poder legislativo y sobre todo los «derechos básicos», constituyen la base de la función normativa del parlamento.

3. Que los principios interpretativos constituyen una parte del *corpus iuris* de todo derecho positivo, y por tanto son derecho positivo ellos también, queda obscurecido por la circunstancia de que tales principios, lo mismo que las reglas de la prueba y otras *leges artis,* no prescriben paradigmáticamente ninguna conducta, procedimiento o acción determinadas, es decir, no las enlazan conceptualmente, ni siquiera notativamente, a un supuesto de hecho, sino que en lugar de una vinculación substancial, expresan solo la vinculación a un canon reconocido. Pero lo que define una interpretación como positivamente justificada, no es un esquema de tales cánones, sino a la inversa: la elección entre éstos viene determinada por el objeto a interpretar (testamento, contrato, ley) en sus concretas pretensiones de validez y en su reconocida necesidad de protección y ayuda, así como por el fin de la interpretación que con ellos viene puesto (por ejemplo, *ut magis valeat, quam pereat*). Ahora bien, como sea que estos fines representan valores jurídicos supremos (por ejemplo, seguridad jurídica, publicidad, estabilidad, y por otro lado adaptación, adecuación concreta, atención al fin subjetivo del sujeto), se produce también una inevitable antinomia de los principios interpretativos que piden ser aplicados al caso particular, lo que a su vez parece poner sobre el tapete la obligatoriedad del principio particular, induciendo así a su precipitada devaluación como una regla del arte «meramente técnica».

La más conocida de tales antinomias es la que se produce entre la significación actual, usual en el tráfico, acorde con el estado presente de las costumbres y las convicciones jurídicas, o sea, el sentido objetivo de una declaración o norma materializadas, y el fin subjetivo, que no solo da a conocer el objeto a interpretar en sentido estricto, sino tambien la historia de su nacimiento y la restante conducta de los interesados. No cabe duda que son distintos los métodos a aplicar en el caso de un testamento *(favor testamenti),* que en un contrato elevado a la condición de público (§ 147 BGB). Pero si en el contrato mismo los postulados de la adecuación objetiva al ordenamiento y la descripción «subjetiva» de una voluntad histórica de las partes entran en un inevitable conflicto —conflicto que se tiende más y más a resolver en el sentido de una intervención judicial y de la liberación del contrato de sus circunstancias históricas, «objetivamente» no reconocidas—, cuánto mayor no será esta tensión en la interpretación de un texto legal, donde por una parte interesa respetar un «*sic volo*» de una autoridad completamente distinta, y por otra parte, en atención a la independencia espiritual de un ordenamiento que vive dentro del tiempo, conviene también afirmar con energía su independencia frente a los pensa-

---

[122] Que yo sepa, nunca se ha explicado la cualidad normativa de las reglas para la elaboración del derecho. Se suele adoptar la teoría de la gradación de MERKL y hay también afición a hablar de reglas superiores e inferiores *(regles étagées),* pero callando que entre las primeras figuran justamente las *leges artis* revisables, las normas de construcción. Y ¿dónde habría que colocarlas, si por normas jurídicas solo se entiende la *émanation de l'autorité publique*? Así vemos cómo prometedores intentos de abordar esta cuestión quedan encallados en el positivismo estatalista, cf. DABIN (n. II 22) 19 ss. Por «normas constructivas» entiende el positivismo no normas de la *lex artis,* sino lo que yo llamo «normas de organización» (*Einführung*, p. 139); cf. DUGUIT, *Traite*, 283 II (1929) 37 ss.

mientos que determinaron históricamente su nacimiento. Así, solo a primera vista parecen concordar los principios interpretativos reconocidos universalmente[123] tanto para los contratos como sobre todo para las leyes. Nos encontramos con una sene de máximas que no hay que hacer más que seguir, como: *Odiosa sunt restringenda, Exceptio non est praesumenda, Expressio unius, exclusio alterius*[124], cuya problematicidad solo se vislumbra después de un examen más atento: ¿Quién decide lo que es *odiosum*. lo que es *exceptio,* lo que es *expressum,* y en virtud de qué norma positiva se efectúa esta determinación? Al preguntar así sobre la base de la constitución jurídica judicial, rebasamos el horizonte de la teoría tradicional de las fuentes, y abandonamos la disyuntiva dualista planteada entre el «positivismo» y el «iusnaturalismo». Técnicamente, donde más impresionante resulta esta falla, es en el intento de remontarse cada vez más francamente a las propias «mentes» y decir, por ejemplo: Lo que está «expresado» en el texto, se infiere del conjunto de la situación o del «contexto».[125] Pero, ¿quién determina el conjunto de la situación, quién su pertenencia al contexto, y en virtud de qué? ¿Cómo se mide la *efficacité* de una interpretación como supuesto criterio, si diversos intereses designan como *efficax* cosas contrapuestas, cómo se juzga en tal caso lo que es *mitius,* si se pone por delante la innocua máxima *in dubio mitins*?[126] De acuerdo con la ley, desde luego, o el contrato, o el instrumento positivo correspondiente, pero: ¿según el texto o según el sentido? Y en este último caso, según qué sentido: ¿el que pasa por «natural», el *sens ordinaire,* el *plain meaning,* o según el que históricamente se atribuye al legislador?

Éste es el punto crucial de la interpretación positivista, expresado *en* la antinomia «validez objetiva» —«averiguación de la voluntad del legislador». Y la antinomia no tiene solución ni siquiera en la manera de tratar el contrato, en la que suele ponerse una al lado de otra máximas relativamente innocuas como las siguientes:[127] 1.ª *le respect du texte,* pero siempre que ello no dé resultados fuera de razón o absurdos;[128] 2.ª el respeto a la voluntad de las partes, pero siempre que no entre en colisión con el derecho objetivamente vinculante o la moralidad;[129] 3.ª la precedencia dada a un texto «inequívocamente claro», aunque se pueda demostrar que era

---

123 El mejor criterio es la práctica del Tribunal Permanente de La Haya, cuya actitud frente a los «principios generales reconocidos por las naciones civilizadas» en el sentido del art. 38, 3 del estatuto ha sido analizado por los internacionalistas citados arriba, n. I 112 y II 106. Han sido también tomadas en consideración las reglas hermenéuticas universalmente reconocidas, cf. VERDROSS op. cit. 244-248. Los últimos volúmenes de Sentencias (Recueil des Arrêts) aportan también importante material. Un auxiliar valioso: ROUSSEAU (n. I 34) y la ponencia de LAUTERPACH, *De l'interprétation des traités,* en la 12.ª sesión de la comisión del Institut de Droit Intem. en Bath, Annuaire de l'Institut, vol. 43 I (1950).

124 Recueil des Arrêts (1947/48) 61 ss., 90. 101 ss., cf. AZEVEDO en Recueil (1950) 27 (*Dissenting opinion* a Avis de 3.3.1950).

125 Recueil (1935) 32 ss.

126 Ejemplos en LAUTERPACHT op. cit. 402 ss.

127 VERDROSS op. cit. 244-248 sobre la práctica del Tribunal Permanente.

128 Colección de sentencias del Tribunal Permanente, serie B n.° 11 (citado según VERDROSS).

129 Loc. cit. serie A/B n° 43, p. *144:* VERDROSS cita HUBER y ANZILOTTI en su *dissenting opinion* sobre el caso Wimbledon, que justamente equivale a propugnar un poder judicial en el sentido de nuestro § 157 BGB, y añade la siguiente y notable observación: «Pero no hay que suponer que se haya querido adoptar una idea que conduzca a consecuencias contradictorias o imposibles, o que, según las circunstancias, deba considerarse que rebasan la voluntad de las partes (!)» (p. 245/246). Francamente en contra: LAUTERPACHT (n. II 123) 426.

otra la voluntad de la parte, suponiendo que se esté de acuerdo sobre lo que está expresado «claramente», y los medios a que hay que acudir para resolver esta cuestión del *sens clair*,[130] Pero esto está totalmente obscuro, de modo que la doctrina del *sens clair* es tan contradictoria como la remisión al *sens ordinaire*,[131] Como último remedio (y por tanto, como base real de interpretación), se ofrece en cada caso un criterio «objetivo» exterior al texto: buena fe,[132] el «fin» de una institución o de un ordenamiento colectivo,[133] o los «principios que dominan la materia».[134] Con ello queda cerrado el círculo. La doctrina del *sens clair* exige una valoración previa o posterior según principios jurídicos positivos, cosa que está tan fuera del alcance del positivismo estatal como de una escuela iusnaturalista basada en la ética jurídica. *De* ahí el intento de substraer el *sens clair* a toda clase de interpretación, es decir, de aplicarlo ciegamente sin justificarlo y sin acudir a la *ars legis,* en otras palabras,

---

130 Op. cit. serie A n.° 24; serie B n.° 11. Con esto se vuelve a tropezar con la problemática de la utilización de los materiales o *travaux préparatoires,* que la interpretación «objetiva» daba ya por superada, y que desempeña un papel de primera importancia en el derecho universal, cf. Recueil III (1935) 37 ss., contra lo cual dice la serie B n.° 14 p. 31: No hay que acudir a los trabajos previos, si hubiera que modificar el «sentido natural» del texto (!); también serie B núms. 10 y *16:* no hay recurso si el texto es claro. Parece imponerse cada vez más una mayor moderación en el recurso a los materiales en el sentido del método histórico (cf. LAUTERPACHT, op. cit. 390 ss., y su proposición en n.° 2 op. cit. 443), contra la actitud inglesa clásica: «El texto del tratado, una vez firmado, asume, por decirlo así, una especie de vida propia» (LORD BECKETT sobre la ponencia de LAUTERPACHT op. cit. 444), y a despecho de las justificadas objeciones al «completo irrealismo de la remisión a la supuesta intención del legislador,., cuando de hecho es casi seguro que el caso que se plantea es uno que jamás se le ocurrió al legislador» (ibíd. p. 435). Aunque no se pueda acudir a una supuesta voluntad de las partes, justamente en un punto sobre el que las partes no podían formarse ninguna opinión coincidente (ibíd.), sin embargo en el caso de tratados bilaterales esto está de acuerdo con la práctica del Tribunal (cf. VERDROSS n. I 36, 245, que cita 6 arréts conformes). Los reparos contra la disolución de 1a fuerza ordenadora del texto (cf. LORD BECKETT op. cit. 439) no son aquí tan graves como en los acuerdos plurilaterales o colectivos, mientras que los puntos flacos de la interpretación «sistemática» son relativamente más claros.

131 El cual, como observa LAUTERPACHT (p. 383), demasiado a menudo es idéntico con el sentido literal. Por lo demás, como demuestra LAUTERPACHT (p. 381 ss.) con ejemplos de la práctica del Tribunal (caso UNO, Recueil 1948, 63 y caso Lotus, serie A n.° 10, p. 16), hay la tentación de incurrir en una petición de principio: calificar de «claro en sí mismo» el paso discutido, descartando así todos los afanes de interpretación que no interesen. Con toda razón dice HYDE (International Law[2] II, 1470, citado según LAUTERPACHT op. cit. 378/9) que es inútil y anticientífico entender expresiones primero según su «significado natural» y luego intentar armonizar este sentido con las intenciones o pensamientos y actitud de las partes.

132 Ejemplos en LAUTERPACHT op. cit. 426.

133 LAUTERPACHT ibíd. 428. Pero el ejemplo principal me parece ser el Avis de 3.3.1950 sobre competencia de la Asamblea General para la admisión a las Naciones Unidas (C. I. J. Recueil 1950, 7 ss.), en el que había que interpretar el art. 4 § 2 de la Carta, según el cual la admisión a la ONU se hacía por acuerdo de la Asamblea General «a propuesta del Consejo de Seguridad», y un reconocimiento del «sentido claro» de esta colaboración cumulativa sin reconocimiento de la misión obligada de ambos órganos, y por tanto sin aplicación del criterio del abuso del derecho, había de conducir forzosamente a una paralización del principio esencial de admisión de la ONU: la universalidad de la comunidad de derecho internacional. En este sentido son acertadas las *dissenting opinions* de ÁLVAREZ y AZEVEDO (cf. infra n. II 137).

134 Recueil des Arréts, etc., sene A n.° 23, d. 26, cf. también ROUSSEAU (n. I 34).

a dar una interpretación arbitraria.[135] El método histórico, al no tomar en consideración el fin que actualmente interesa proteger, ni la función y misión del texto a interpretar, hace que éste resulte impotente en los casos difíciles.[136] Pero si uno no quiere ser esclavo ni del texto ni de la arbitrariedad partidista y estatal, sino asegurar ante todo el adecuado funcionamiento del instrumento que el derecho pone en sus manos, no tiene más remedio que resignarse a entrar en el terreno de la valoración social y política (o sea, «metajurídica»), cual no está asistida por técnica alguna y hace del juez un árbitr.[137]

---

135 En su primitiva concepción en VATTEL, *De l'Interpretation*, vol. I del *Systéme du droit int. public.*, cap. 17 § 263, el principio del *sens clair* tiene aún el sentido, realmente razonable, de querer evitar la arbitrariedad interpretadora: "No es lícito interpretar lo que no necesita de interpretación.» Cf. D. 32, 25, i: *Cum in verbis nulla ambiguitas est, non debet admitti voluntatis quaestio* (lugar referente a la interpretación de un testamento). Pero la recomendación de cocer sin calentar, conduce necesariamente a la cocina fría de la moderna táctica de la interpretación, si se entiende de modo demasiado estricto la restricción de VATTEL: *pourun que le sens en est manifeste et ne conduit a rien d'absurde.*

136 Cf. LORD BECKETT (n. II 130) sobre el peligro de que se desarrolle una técnica jurídica de retirada por las partes que quisieran usar los materiales como tabla en un naufragio (p. 439), ante lo cual el tribunal solo puede adoptar una actitud: «Fuera o no coincidente la intención de las partes, el tratado manda, y la tarea del tribunal es dar la interpretación en el punto que está ahora en disputa.» Con respecto a la interpretación de la ley *(statutory interpretation)* la repugnancia anglosajona contra el método histórico se explica por la evolución política, cf. infra n. II 146 ss. En el *common law,* y en virtud de la naturaleza de éste, el método carece totalmente de sentido. Cf. sobre el estado actual de la discusión: WORTHLEY (n. II 102) y LASKI, *Reports on Ministers Powers,* Cmd. 4.060 (1932) 135.

137 En el fondo esto es lo que se esconde bajo el principio de la llamada «eficacia de la interpretación», la cual exige una valoración metajurídica de lo que es digno de triunfar desde el punto de vista social, político, etc.; cf. las sentencias del Tribunal Permanente (serie B n.° 11, A núms. 20, 22, 23 y 24) recopiladas por RIPERT (n. I 119) 654. Cómo a ello se opone la fórmula del *sens clair,* lo demuestra la actitud del Tribunal en el Avis consultatif citado sobre el procedimiento de admisión en la ONU, supra n. 133: El derecho de veto de un solo miembro del Consejo de Segundad, de cualquier forma que se practique, queda confirmado en la práctica, ya que la norma «inequívoca» del art. 4 § 2 de la Carta no admite ninguna interpretación sobre límites y obligaciones del derecho de colaboración del Consejo de Seguridad. «Es un principio fundamental de interpretación que las palabras deben ser interpretadas según el sentido que normalmente tendrían, y que no conduzca a resultados irracionales o absurdos.» Cf. ya serie B n.° 2, p. 22 (39), B 7, p. 20, B 12, p. 19 y A 24, p. 13, donde reaparece siempre la máxima de que frente a un texto que merezca el predicado de *parfaitement net,* o *dont la clarté ne laisse rien à désirer,* el Tribunal tiene, *en premier lien,* el deber *de Rappliquer tel qu'il est, même si les résultats qui s'ensuivent... peuvent sembler peu satisfaisants* (!). Argumenta en contra la clarísima crítica de Alvarez (p. 16 ss.), quien atendiendo a la salvaguarda de la función de una institución internacional, propone descartar tanto el idolátrico respeto al texto como también el método histórico: «Un tratado, un texto, una vez estableados, adquieren una vida propia y, en consecuencia, hay que interpretarlos teniendo en cuenta las exigencias de la vida contemporánea y no las intenciones (¿ocultas?) de los que los redactaron» (p. 18). A pesar de la buena disposición de AZEVEDO, BASDEVANT, VINIARSKI, MCNAIR y READ, a extender la sentencia también a la legitimidad de la actuación de un órgano, que sea impugnable desde el punto de vista de la buena fe (!) o incluso del abuso del derecho (p. 25 ss., 57 ss., 82 ss., 93 ss.), el Tribunal no pudo decidirse a abandonar la doctrina del «sentido claro», pues semejante enjuiciamiento substantivo del fin del estatuto por una parte, y de los motivos del veto por otra parte, hubiera rebasado los criterios «puramente jurídicos». La propuesta de ALVAREZ, de llamar *déraisonnable* todo resultado *qui apparait contraire aux fins de l'institution,* tiene solo un pero: El jurista no se siente llamado a juzgar sobre los fines que no están consignados en el texto a interpretar.

Esto es justamente lo que temen y proscriben los poderes que exigen que la resolución sea «jurídica». Menos lógico es que luego se lamenten del callejón sin salida (aporía) en que se ven metidos los partidarios de una rigurosa fidelidad al arte y a los principios.

Con las reservas que impone la antinomia recién descrita entre los fines y límites de la interpretación, y que afectan a la eficacia real de estas máximas, podemos señalar como «universalmente reconocidos» en el sentido de ser propios de la práctica interpretativa universal, los siguientes principios de la interpretación:[138] 1.° El principio del «respeto del texto», con la clásica salvedad en caso de resultados «indignos» o «absurdos». 2.º El principio de la remisión a la voluntad comprobable de las partes, siempre que esté ya concretada en el texto, aunque solo sea de un modo alusivo.[139] Sin embargo, las circunstancias materiales no pueden anular un texto que sea «inequívoco». 3.° El principio de interpretar del modo más conforme al fin del instrumento escrito (ley, contrato, estatuto), según aparece por el texto y la situación real. Colaboran con este principio: 4.° El principio de independencia y unidad de un instrumento referente al mismo círculo jurídico, con todas las posibilidades, pero también los límites, de una interpretación «sistemática» que de ahí se derivan. 5.° El principio de corroboración y complemento del texto por medio de reglas objetivas, sobre todo principios generalmente reconocidos, usos del tráfico, buena fe; y 6.° el principio del respeto a los derechos bien adquiridos, o, en su caso, el de la «libertad», que impone una interpretación restrictiva de los deberes y cargas asumidas.

Como se ve, no solo los principios 1.° 2.º y 3.° actúan antitéticamente, sino también los 4.°, 5.° y 6.°, que se proponen concretar mejor el 4.° en su atención al fin y objetivo *(aim and scope)* de una regulación. Pues una interpretación integral o sistemática exige al mismo tiempo la autonomía del instrumento; completar éste con reglas objetivas supone destruir su autonomía; admitir la «libertad» frente a lo que no se ha asumido en concreto, impone a su vez límites a dicho complemento, y así sucesivamente. Por doquier aparece aquél insoluble conflicto entre valores e intereses, que podríamos llamar de orientación «aislacionista» e «intervencionista». Más tarde aventuraremos un diagnóstico sobre a quién pertenece el futuro, y aquí nos limitaremos a constatar que las reglas de aplicación automática o las máximas heurísticas de la interpretación, que tan inocentes parecen en su formulación como *regulae iuris,* no escapan tampoco a este conflicto, pues cada una de ellas no es sino una expresión parcial de un determinado complejo de los principios enumerados:

---

[138] Coinciden en general: VERDROSS (n. I 36) 244 ss. y RIPERT op. cit. 648 ss. Más preciso en muchos detalles: MARTY, Rôle du juge dans l'interprétation, ponencia de 25.3.1949 en la Association Henn Capitant, Travaux de l'Association V (1950) 84 ss. En efecto, MARTY entra en la interpretación complementadora del contrato (p. 94) y en el *redressement des contrats défectueux,* sobre todo en las relaciones obligatorias duraderas. Sin embargo, se ciñe al derecho francés, del que saca interesantes ejemplos sobre la técnica de la jurisprudencia de sacar principios hermenéuticos generales de normas particulares (arts. 1.157, *1.161,* 1.164 C. c.) o de entender la ayuda que presta la ley por medio de normas subsidiarias y la remisión a la equidad o los *usus* del tráfico, como la concesión al juez de la facultad de proceder a una interpretación completiva (arts. 1.134 III, 1.135, 1.159, 1.160 C. c.). Cf. también la intervención de LEREBOURS-PIGEONNIÉRE, ibid. 103 ss., sobre todo acerca del desarrollo del intervencionismo judicial aun tratándose de una "cláusula clara y precisa».

[139] Esta limitación se hace en todas partes. Cf. sobre la práctica alemana: REINICKE, NJW 1952, 1.033.

Ut magis valeat es parte de los principios 1.° y 5.°, lo mismo que *Secundum naturam contractas. Expressio unius est exclusio alterius* es parte de los 1.°, 4.° y 6.°. *In dubio contra proferentem, In dubio pro libertate* son clara expresión del 1.° y 6.°; *Specialia generalibus derogant, Exceptio non est praesumenda, Odiosa suni restringenda, In dubiis benigniora,* etc., son a su vez parte de 3.° v etc.[140] Dejamos aquí de lado los simples «artificios» o conclusiones técnicas *(régles de raisonnement),* como *a fortiori, a contrario, ab absurdo,* etc. No poseen valor interpretativo y no representan ningún principio, sino solo con razón respecto al arte «retórico» de los juristas para hallar argumentos según sus conveniencias.[141]

Podemos decir, en general, que tales artificios, y también las regias y máximas de la interpretación que se han aislado del principio, han perdido su prestigio en el derecho continental, después de haber pasado por la escuela de nuestra metodología civilista.[142] Una vez más, en el *common law* el problema de interpretación o construcción apenas ofrece, de suyo, puntos de comparación con el que tenemos planteado nosotros.[143] La universalidad, a que nos hemos referido, de ciertos principios interpretativos se refiere, por tanto, a instrumentos privados, por ejemplo contratos, en los que de hecho aquellas máximas pertenecen al arsenal típico de la práctica jurídica.[144] Pero en la medida en que encarnan la tendencia «aislacionista»

---

140 La génesis histórica es en cada caso completamente original. Cf. sobre la *regula* citada en último lugar Berger en «Seminar» (suplemento anual a «The Jurist») IX (1951) 36 ss. con referencia a pasajes, como D. 50, 17, 56; 28, 43, etc. Sobre *Mugis valeat* cf. el pasaje de Juliano D. 34. 5, 12; por lo demás, vale aquí lo dicho supra, cap. IV, sobre la falsa idea que se tiene acerca de la concepción casuístico-problemática de los clásicos: la utilización sistemática de tales *topoi* al estilo del *usus modernas* es completamente antehistórica, prescindiendo ahora de la cuestión de las fuentes, generalmente discutida. Menos convincentes son todavía las perspectivas filosóficas, como la de Beseler, que en la *regula* D. 50, 17, 56 cree ver «el triunfo de la benignidad sobre la lógica jurídica» (cf. la cita en Berger, loc. cit.). Tan distinto como la génesis es el revestimiento doctrinal. Regia de prueba —regla de interpretador— norma material subsidiaria: todas ellas son a menudo revestimientos substancialmente equivalentes de una misma *ratio.* Así, por ejemplo, el ámbito jurídico angloamericano utiliza la figura del *estoppel* para liquidar determinados problemas hermenéuticos: el que ha propuesto y formulado él mismo unas palabras, queda *estopped* para afirmar que estas palabras no correspondían a su intención o a la *ratio* del contrato. Cf. la jurisprudencia en 19 Am. Jur. 800, Estoppel § 148.

141 Sobre esto mi exposición (n. I 88) 181 ss. También Ripert cree, de estas *regles douteuses: il faut sen méfier* (op. cit. 656). Véase también infra página 326 ss.

142 Esto lo observan sobre todo los que desde nuestro continente miran al otro lado del Océano. Cf. Valverde, *Tratado de Derecho Civil español* (1935); Ruggiero, *Instituciones de Derecho Civil I* (1943) 134; Ramos en 43 Tulane L. Rev. (1949) 348 ss., así como Puig Brutau (n. I 41) y en especial Ascarelli (n. I 70), quien ha dedicado este volumen de sus *«Saggi Giuridici»'* a los colegas de la Universidad de Sao Paulo que lo acogieron como emigrante, dando una razón concreta: allí se abrieron, a un civilista dogmático procedente de una escuela dominada por el positivismo estatal y sus antinomias iusnaturalistas, las perspectivas jurisprudenciales del horizonte angloamericano.

143 Cf. la exposición en cap. X, 5 y XI, 6.

144 Cf., por ejemplo, Anson (n. II 60) 322 ss., quien ya de un modo muy moderno agrupa la multitud de *rules* clásicas (que él cuenta entre las *rules of law,* lo mismo que las *rules of evidence)* bajo las cuatro máximas siguientes: «Palabras en su sentido corriente», «intención deducida del conjunto del instrumento», *Ut magis valeat* (cf. *aim and scope of the instrument*) y «rigurosamente contra la parte que use los términos», en lo que quedan plenamente contenidos los principios que hemos citado. Los recursos técnicos tradiciona-

(*Expressio unius* y otras *regulae* de los tipos 1.°, 4.° y 6.°), desempeñan también un papel importante en la interpretación de la ley *(statutory interpretation)*, pues una de las principales tareas del jurista educado en el *common law* consiste en delimitar el alcance de los *statutes* frente al *law* en su autolimitación y autónomo aislamiento.[145]

les de la interpretación, los rechaza como principios de derecho: «La regla llamada *eiusdem generis* es solo un canon de construcción para los fines de averiguar el sentido y la intención. No es una regla de Derecho» op. cit. 323). Cf. en cambio la amplia repudiación de la opinión subjetiva de la parte y la autonomía del contrato «cuando el fin viene mostrado por el contexto o los medios intrínsecos de remedio elegidos por las partes» (op. cit. 325). La situación autónoma del juez queda reforzada por el hecho de que también el problema de subsunción o calificación (cuál es la figura jurídica que mejor se aviene con la situación creada, por ejemplo el contrato, atendiendo al «verdadero fin» y a los «intereses evidentes de las partes»), es tratado como un problema de «construcción», o sea de interpretación (como en cierto sentido es, en efecto , y aquí, en el descubrimiento de la regla más «similar», el juez decide con plena responsabilidad propia, sobre todo cuando se abandona el sistema de acciones. Sin embargo, desde muy temprano se ha aprendido a materializar la labor de subsunción, dividiéndola en dos fases y no procediendo a buscar la *rule* hasta después de haber ponderado el carácter poseído por la relación dentro de la vida real («el verdadero sentido», «la verdadera eficacia», etc.). Cf. *Royal Exchange* v. *Hope, 138* L. T. R. 446 y también *Gandy* v. *Gandy,* 53 L. T. R. 311. En todas partes vale la norma de la construcción: «El juez no queda obligado por la fraseología de las partes, cuando se ha visto el fin...» etc. (ANSON véase supra.)

145 Los *statutes* son enclaves del poder de ordenamiento político dentro del *common law,* en principio solo debidos a la voluntad del soberano y, por consiguiente, solo interpretables por el círculo esotérico que-sabe lo que el soberano quería. De ahí que la burocratización de una justicia que en su origen era carismática, llevará consigo como resultado inevitable, el abandono de todo método de interpretación que no estuviera basado en una rigurosa fidelidad al texto; cf. PLUCKNETT (n. II 102). Pues, mientras la autoridad de la voluntad soberana es demolida en la ley por los juristas, o es transubstanciada en el texto — cf. el dicho de LORD HALSBURY en 1902, citado por PLUCKNETT (página 448), que la persona menos adecuada para aplicar la ley era la que la había redactado, pues tendía a confundir lo que había querido ordenar con el resultado real de sus expresiones—, le falta sin embargo, a diferencia del *Codex,* el «sistema» capaz de substituir la voluntad del legislador por una *ratio* superior del conjunto del ordenamiento que pueda ser punto de partida para la interpretación. El *common law,* extraño al *statute law,* no constituye un sistema que armonice con los *statutes* y permita a éstos participar en sus principios. Por consiguiente, mientras en su campo es posible la construcción sistemática o teleológica, esta vía es por naturaleza extraña al *statute law,* el cual solo puede recurrir a la «intención del legislador» materializada en la ley. Cf. MAXWELL, *The Interpretation of Statutes*[9] (1946) 1 ss.; GUTTERIDGE, *Comparative law* (1946) 116; FRIEDMANN, *Legal Theory* (1947) 281, y, por otro lado: POUND, *The Theory of Judicial Decision*: 36 Harv. L. Rev. 641 ss. (1923); SPERL, *Case Law and the European Codified Law*: 19 Illinois L. Rev. (1925) 509 (519) y LAMBERT-WASSERMANN, *The Case Method in Canada and the Possibilities of its adaptation to the Civil Laws*: 39 Yale L. J. (1929) 1 ss. Desde nuestro punto de vista: HERZOG (n. I 41) 218, y DE RUGGIERO, *Istituzioni di Dir. Civ.*, citado por HERZOG por la edición española I (1943) 133. «Un *statute*», dice MAXWELL al comienzo de su obra citada, «es la voluntad del legislador, y la regla fundamental de interpretación, a la que todas las demás quedan subordinadas, es que un *statute* debe ser expuesto según la intención del (o de los) que lo hicieron». Y, después de la mencionada transformación de la «voluntad» en «texto»: «La regla fundamental de una interpretación sólida es: *ita scriptum est,* y no es cometido de los tribunales saber más que las leyes y amoldar éstas a las opiniones judiciales sobre lo que es justo o injusto. La letra de la ley es la ley misma.» (SALMOND [n. I 73] 85, citado según RANDALL: 35 L. Q. Rev. 105.) Cf. la «regla áurea» de PARKE, ya clásica, en *Buke* v. *Smith* (1836) *2* M. & W. 195: las leyes solo se interpretan partiendo de ellas mismas, siempre que lo absurdo o manifiestamente contradictorio del resultado no obligue a apartarse del sentido corriente de las palabras. Sobre los pormenores, véase infra p. 290 ss., 335 ss.

Por la misma razón el jurista inglés niega al derecho estatutario *(statute latw)* el beneficio de aprovecharse de los principios generales y construcciones elaborados por el *common law*.[146] Así mientras las antiguas reglas de la *statutory interpretation* del tipo de la regla *eiusdem generis* van quedando cada vez más anticuadas,[147] esta disci-

---

[146] Cf. PATTON, *A Tex-Book of Jurisprudence* (1946) 189, donde se insiste en particular sobre el atenerse exclusivamente a la exégesis textual prescindiendo de principios doctrinales del *common law*. Sin embargo, también la dogmática de este último se remite siempre a una base de *legal authority* (en forma de precedentes), de modo que tampoco él está inmune de la eventualidad de una «laguna». Cf. sobre este punto PATÓN en «Res Judicatae» (1935) 6 ss., acerca de la aplicación de la doctrina *scienti non fit iniuria* a la responsabilidad frente a «invitados». ¿*A* qué hay que dar la primada, a la rigurosa responsabilidad frente al invitado, o a aquella máxima? Y qué hay que decir de la responsabilidad de aquellos que aceptan aquel peligro en ejercicio de intereses públicos? PATÓN se resigna a decir: «En ausencia de autoridad, es difícil ser dogmático.» Las construcciones libres son también impopulares en el *common law*. Así HARRIS, en FRYER-BENSON «*Cases and Materials en Legal Method*» (1949) 633 ss., a propósito del principio anterior del «obrar a riesgo propio», cita ejemplos ilustrativos de los escasos resultados que con él obtiene la práctica. Incluso codificaciones como la de Louisiana, no se liberan de la aplicación tradicional de una máxima, por ejemplo, de la «Scienter-Doctrine», aunque en su forma primitiva entre en conflicto con el programa de la ley, en el sentido, por ejemplo, de que el tenedor del animal debe conocer «la naturaleza peligrosa o irascible» de éste para que sea responsable (art. 2.316 C. L.), a pesar de lo cual se quería introducir la responsabilidad por riesgo. Sobre la superposición, a menudo contraria a la estructura, de los más virulentos métodos del *common law* sobre sistemas jurídicos civilistas, cf. el excelente trabajo de RAMOS, *Interaction of Civil Law and Anglo-American Law in the Legal Method in Puerto Rico*: 23 Tulane L. Rev. (1949) 345 ss. Volviendo al aislamiento de la interpretación de *statutes*, el ejemplo más elocuente de ello lo encontramos en el famoso Handbook of the Construction de BLACK, quien en 12 capítulos (p. 141-610) da una exposición enciclopédica de los «recursos intrínsecos y extrínsecos» en la interpretación del *common law* y en la estatutaria (con todas las particularidades para *mandatory and directory statutes by amendments, revised statutes and reenacted statutes*, que parecen necesarios para el uso profesional de la tradición jurídica inglesa). En cambio, el superior contenido de justicia de los *statutes* queda cerrado a la rutina jurídica: «La sabiduría, prudencia o conveniencia de la legislación, es un punto del que los tribunales no tienen que ocuparse en absoluto. Si una ley dada está o no calculada para cumplir su objetivo declarado, es ésta una cuestión que no cae dentro de la incumbencia de los tribunales ni pueden éstos corregir los excesos u omisiones que crean descubrir en la legislación» (p. 11/12).)

[147] HORACK, *The Disintegration of Statutory Construction*: 24 Indiana L. Rev. (1950) 335, citado según RABEL, RabelsZ 16 (1951) 344 y RADIN, *Statutory Interpretation*: 43 Harv. L. Rev. 868 ss. en p. 872 ss. La regla *eiusdem generis* (admisión de la analogía, cuando el supuesto de hecho o la enumeración son evidentemente entendidos solo como ejemplos) es designada comúnmente como *pons asinorum*, sobre todo por no haber garantía de que las palabras *and others* no sean atribuidas arbitrariamente al texto, si el «fin superior debe ser oficialmente ignorado (RADIN loc. cit.). Su utilización lo hace uno de tantos *sophismes du coeur* (FABRE-GUETTES, *La logique judiciaire* ([2]1926] 435 ss.), que hacen de la *interpretatio* una *divinatio quae recedit a littera* (BACON, Adv. of Learning). Las reglas de la *statutory construction*, enmarañadas hasta lo absurdo, dejan amplio espacio para esta *divinatio*. Cf. la amplia exposición de MAXWELL (n. II 145): 12 capítulos que, desde la *Beneficial Construction* (p. 70) hasta las «intenciones atribuidas al legislador cuando éste no expresa ninguna» (p. 355), contienen máximas heurísticas sin aclarar en absoluto la razón de obligatoriedad de tales recetas del *sophisme du coeur*. Los complejos menos claros son los de las máximas de interpretación extensivas y restrictivas, los principios de la «razón» («la construcción más grata a la justicia y la razón») y el principio de la «interpretación estricta» según el

plina se ve privada de la viva y progresiva reelaboración de que goza nuestra Civilística, y el *statute law* inglés, reducido a una meticulosa autoexposición y a un pedantesco arte de las definiciones, produce una impresión de lo más anacrónica al lado de los métodos interpretativos *de* los juristas continentales.[148]

«sentido corriente» *(plain meaning)* del texto. Véanse las críticas de RADIN op. cit. 863 (868). Ya el problema sobre el «sentido del sentido» es una interpretación allende el ficticio «sentido inmediatamente aparente al simple (!), y leal (!) entender de un hombre ordinario y sensato». En contra RADIN: «Un sentido es claro aunque sea ambiguo como texto. Pues toda expresión legal que intenta encajar con un grupo de eventos, es ambigua. Aún entonces, el sentido es claro, si el fin y objeto de la frase resulta materialmente inteligible a una lectura rápida.» Cf. en cambio la tradicional distinción entre interpretación estricta según el texto cuando el sentido es claro y el inicio de la interpretación teleológica cuando los resultados son absurdos, distinción adoptada también por jueces modernos, como Justice REED. Así en su resolución *U. S.* v. *American Truck Ass.*, 310 U. S. 534 en p. 542 (1940) sobre una «regla inherentemente peligrosa». También F. A. MANN empieza sus reglas de la «interpretación de *statutes* uniformes», por lo demás muy meditadas, en 62 L. Q. Rev. 278 ss., con las dos máximas: «Palabras en su sentido gramatical ordinario» y «Antes que nada hay que buscar en el *statute* mismo cuál sea la intención del legislador». Cf. en cambio, las «Cuatro reglas sentadas en el Caso Heydons» (1584) 3 Co. Rep. 7 *a*, aprobadas también por MANN: Atención al *common law* anterior a la ley, averiguación del abuso a que la ley pretende poner remedio, índole del remedio contenido en la ley, y en conjunto «su verdadera razón»: o sea, puntos de vista declaradamente teleológicos. Por algo MANN pertenece al numeroso grupo de juristas ingleses que piden una mayor independencia del juez frente a las viejas reglas de la *statutory interpretaron y qualification* (cf. sus propuestas op. cit. 289 ss.). También en EE.UU. aumenta el número de los que abogan por poner fin al actual revoltijo de las doctrinas hermenéuticas. Cf. HELEN SILVING, *A Plea for a Law of Interpretation*, Univ. of Pa. L. Rev. 98 (1950) 505. Es significativo que se pongan las esperanzas en un acto legislador, en un punto en que la teoría ha fallado o no ejerce influencia alguna. Así no hay manera de salir de la fase de las técnicas subalternas de la interpretación. Cf. la nota siguiente sobre las experiencias hechas con la ley inglesa de interpretación de 1889.

148 Pues éstas desembocan en una hermenéutica que no puede orientarse en otra cosa que en la lengua jurídica de las leyes. De ahí la extensa bibliografía existente sobre terminología jurídica; cf. HEXNER, *Studies in Legal Terminology* (1941). De ahí también la catalogación, siempre creciente, de los conceptos jurídicos de cada *statute* particular, incluyendo el increíble lastre de disposiciones puramente declarativas, que suplen la ausencia de una dogmática y establecen la existente a partir de la intención unitaria del legislador. Cf. mi reseña del proyecto sistemático de WILLIAM para una nueva codificación de las materias *Joint tortfeasers* y *Contributory Negligence:* RabesZ 18 (1953) 751, El aislamiento en que los *statutes* ingleses se encuentran de todo derecho de juristas, da pie a los más curiosos intentos de resolver todos los puntos terminológicos dudosos por medio de un léxico. Cf. la Interpretadora Act (1889) (52 & 53 Vict. c. 63), que definía auténticamente los conceptos más elementales, y como *New General Rules of Construction* no ofrece sino banales definiciones de nombres de funcionarios, expresiones técnicas (como «año fiscal»), etc., pero en modo alguno reglas o máximas. El desencanto fue muy grande en todos los sectores. La moderna teoría inglesa de la interpretación se sitúa en la «semántica» filosófica del lenguaje jurídico. Empezaron por este camino OGDEN-RICHARD, *The Meaning of Meaning* (1923). Son dignos de nota: CHAFE, *The Disorderly Conduct of Words*: 41 Col. L. Rev. (1941) 381 ss. (Canad. Bar R. página 752 ss.) y WILLIAMS, Language and the Law: 61 L. Q. Rev. 1 ss., 179 ss., 384 ss. (ibíd. p. 72, buena bibliografía). Lo que no hace el método y la interpretación jurídica, se pretende substituirlo por el análisis conceptual. Sobre todo, el proceso de abstracción (muy sobrevalorado) es controlado y se unifica la construcción terminológica.

CAPÍTULO VIII

GENERALIDADES ACERCA DE LA RELACIÓN ENTRE PRINCIPIO, NORMA Y FUENTE DE DERECHO

1. En cuanto unas ideas han pasado por todas las capas descritas de principios de derecho y de la técnica jurídica, no pueden ya ser constreñidas a encajar en la pregunta tradicional: ¿son los principios derecho positivo, o solo directrices *(guides)?* Ni siquiera en aquella pregunta de la teoría de las fuentes: ¿son ellos la fuente del derecho, o este título debe reservarse para el acontecer judicial que les confiere eficacia positiva? Con arreglo a una consideración realista, solo podemos preguntar: ¿*a partir* de qué momento poseen los principios jurídicos el carácter de derecho positivo? Contestación: Desde y en la medida en que han sido encarnados en una institución, por un acto constitutivo del poder legislativo, de la jurisprudencia o de la vida jurídica. Dentro de este marco, todos los principios jurídicos son elementos del derecho positivo que gozan de protección procesal,[149] tanto si aparecen como

---

[149] «Los ideales reconocidos de este tipo, ¿forman parte del derecho?», pregunta POUND (n. I 41) 1 ss., y contesta: «Hay ideales autorizadamente reconocidos que constituyen una parte del derecho en la misma medida que... los preceptos.» «Es un error destacar el elemento ideal como algo de validez independiente por encima del derecho, como en los antiguos sistemas de derecho natural...» Por ideales entiende aquí (cf. p. 11) tanto los principios como también las ideas básicas dogmatizadas, o sea, no los *rationales* que sirven meramente de guías, sino los fundamentos conceptualmente corroborados de las *rules,* o sea las instituciones jurídicas transmitidas por la teoría, de las que dice MAITLAND: «Derecho enseñado es derecho resistente» *(Taught law is tough law).* No vale esto menos en el derecho de acciones que en el sistemático del tipo del Derecho común: «Este cuerpo de ideales, transmitido en los libros de derecho, leído por los estudiantes y enseñado consciente o inconscientemente por los maestros como parte de los fundamentos del pensamiento jurídico, tiene una vida mucho más larga que las reglas particulares de la ley, y los ideales llegan mucho más lejos que éstas en sus efectos». POUND polemiza contra la práctica de limitar el concepto de «ordenamiento jurídico» a la masa de «preceptos» *(The precept element),* e incluye especialmente los principios como «autorizados puntos de partida del razonamiento jurídico, empleados continua y legítimamente cuando los casos no están cubiertos por reglas en el sentido estricto» (p. 15/17), situación ésta que también en nuestro sistema es 1a primera que salta a la vista en forma de «problema de las lagunas». El más antiguo reconocimiento de los principios generales como derecho positivo, no derecho natural, se encuentra acaso en SCIALOJA, *Del diritto positivo e dell'equità* (Camerino, 1880) 25. Después esta concepción fue general en los autores italianos durante

principios sistemáticos o constructivos del derecho material,[150] o como máximas, paremias y reglas técnicas,[151] como figuras fundamentales y comunes a todos los derechos civilizados [152] o como simples reglas técnicas del pensamiento y de la labor jurídica.[153]

En concreto podríamos decir: Son derecho positivo, aunque no normas *(rules)* precisas e independientes del derecho, los llamados pensamientos jurídicos generales, las *rationes legis,* los principios valorativos y constructivos de un sistema, pero

decenios, cf. Rotondi (n. I 200) y los numerosos autores allí citados, 414 n. 14, a los que hay que añadir Brugi (n. I 34). De todos modos, esta explicación es por lo general suspecta, partiendo como parte de la perspectiva estatal del *Codice civile* y su remisión a los *principi generali* (art. 3 de las *Disposizioni Preliminari* del antiguo C. c.), lo que induce a Rotondi a constatar que estos principios no se convierten por ello en fuentes independientes (contra los autores citados en n. 7), sino en parte, es más, en «expresión la más alta y general», del derecho estatal codificado (p. 409, cf. la misma discusión positivista acerca del art. 1 II ZGB). Se propone sobre todo despojar a los principios de la equidad (considerados erróneamente como un principio independiente, cf. infra p. 195) y de la naturaleza de la cosa, de su validez autónoma, oponiéndose a algunos autores muy prestigiosos (Gény, Méthode II p. 88; Asquini: Arch. Giur. 86 [1921] 129). Esta actitud aún hoy día es muy frecuente en Italia, cf. la controversia arriba citada entre Ago y Sperduti (Ago, Scienza giuridica e diritto internazionale [1950] 90 ss.). Ago se niega incluso a reconocer el derecho formado judicialmente a base de los *principi informatori (il diritto spontaneo)* como derecho positivo que, lo mismo que el derecho legal empleado en la sentencia, procedería de una «fuente» (aquí la jurisprudencia), y acude al desesperado recurso de distinguir entre derecho positivo y derecho «solo vigente» para salvar el monopolio legalistico (p. 84 ss., 95 ss., cf. en contra Sperduti [n. I 227, 9]). Sobre la imposibilidad de sostener el estatalismo, sobre todo en el Derecho internacional privado, y la cualidad positiva de los principios de calificación y enlace formados doctrinariamente y de las normas de remisión sentadas por la judicatura, así como las acertadas distinciones de Maury (n. I m) 433 ss., cf. infra. No podemos entrar aquí en las contradicciones inmanentes del sistema de Ago, que por su parte arranca de *norme primarie* (en el sentido de Binding), sin explicar la causa de su validez.

150 Y tanto si son esquemas auténticos de la ley como principios estructurales o conceptuales de la doctrina, transmitidos por la tradición y que han penetrado en aquélla. La fidelidad al contrato, la libertad contractual, el matrimonio civil, el principio de la cosa juzgada, etc., constituyen partes equivalentes del derecho positivo en la medida en que poseen una forma concreta. A la inversa, un principio doctrinario como el de la «confianza» pasa de ser una guía, a ser un elemento de derecho positivo, en la medida en que la jurisprudencia lo materializa prácticamente (por ejemplo, en la materia del derecho de la declaración de voluntad, de la representación, etc.; en un sentido totalmente distinto en la del tráfico público, etc.). Lo mismo puede decirse de los «pensamientos jurídicos generales», en tanto que, allende el círculo de su acuñación legal, inspiran el uso y la creación de normas por parte del juez (así los de §§ 162; 122 y 307; 817 II 2; 281; 843/4, etc. BGB). Vale también para las ideas directrices sentadas judicialmente, o para las «consideraciones fundamentales», siempre que se constituyan normas concretas partiendo de principios tales como deber de fidelidad, de diligencia, de velar por la seguridad del tráfico, de organización, etc.

151 Sobre la importancia de éstos no solo para la judicatura, sino también para el desarrollo de una cultura jurídica en codificaciones, cf. Perreau (n. I 28) 148 ss. Cf. también la exposición en p. 178, 199 ss., según la cual incluso los adagios y brocardos transmitidos *praeter legem* en el s. XIX proporcionaban todavía razones de casación.

152 Cf. lo dicho supra p. 37 ss., 44 ss., 56 sobre el art. 38, 3 de los estatutos del Tribunal Permanente de La Haya, así como los trabajos allí citados de Verdross, Ripert y otros. También aquí se hace referencia solo a principios ya positivizados.

153 Cf. supra p. 143 ss.; cf. empero también, sobre la importancia constitutiva de la formación de conceptos dogmática, p. 266 ss.

también los principios éticos y de justicia que privan en un ámbito jurídico al margen de su sistema escolástico: todos, siempre que hayan obtenido validez en formas concretas del ordenamiento. Además de esto, son directrices *(guides)* o *princifi informatori* para los órganos formadores de derecho, como lo son todas las máximas y reglas de las soluciones transmitidas, concreciones *de* la experiencia judicial. También éstas, usadas *lege artis,* pueden entrar bajo las garantías de las reglas reconocidas para el descubrimiento del derecho y ser protegidas como partes positivas del derecho, independientemente de las figuras singulares a cuya creación han dado lugar.

Con esto queda ya contestada la segunda pregunta: ¿son los principios una fuente especial del derecho? Lo son en cuanto parte del *corpus iuris* total al que pertenecen. Pero no lo son como verdades existentes en potencia, que deben ser descubiertas o valoradas, fuera de lo que ha recibido una realización institucional. Aquí son *guides* para las «autoridades jurídicas», que gracias a ellas crean derecho: el poder legislativo y la jurisprudencia, son aquí las fuentes de derecho, puesto que no se limitan a elaborar materiales dotados de autoridad y reconocidos. Prescindiendo de momento de la polémica ideológica acerca de la competencia del juez para formular principios generales, se trata aquí en primer lugar de un problema de concepción y de terminología: ¿por «fuente del derecho» entendemos el proceso de positivación, o sea el hecho social o la institución que constituye derecho positivo (actitud realista), o al modo de la doctrina iusnaturalista y de los austinianos damos aquel nombre al acervo total de verdades jurídicas «objetivas», o sea en cada caso evidentes, que yo propondría más bien llamar, con mayor precisión, fuente para el conocimiento del derecho? [154] La polaridad que aparece en todo ordenamiento:

---

[154] Cf. mi exposición del problema de las fuentes y del proceso de positivación en *Einführung in die Grundbegriffe*, p. 16 ss. Allí el material positivo es presentado como «fuente de conocimiento», sin atreverme empero a calificar de «fuente de derecho» al proceso de formación de derecho. Pero véase mi estudio n. I 220 y la delimitación: Derecho natural y actos de positivación, cap. IV, p. 52 ss., 63 ss., 76 ss. El problema del austianismo se plantea de un modo algo distinto, por cuanto en él se discute solo la rivalidad entre la masa de derecho transmitida y la sentencia judicial como acto de creación, mientras que en nuestro caso las verdades «pre-positivas» de un derecho racional o natural pretenden poseer el carácter de últimas fuentes. Véase la nota siguiente. En la medida en que aquellos principios de derecho natural expresan complejos objetivos y leyes funcionales del derecho, constituyen parte de un ordenamiento positivo que arranca de tales presupuestos o planteamientos de tareas (cf. en este sentido SIMONIUS [n. I 24] 124 ss. Asimismo, en la medida en que, como última instancia de lo que RIPERT (n. I 89, p. 12) llama una teología moral secularizada, forman parte del contenido ético reconocido de un ordenamiento jurídico y de sus instituciones. En ambas formas los «principios de derecho natural» fueron siempre vivientes en la sistematización doctrinaria y en el pensamiento codificador (cf. RIPERT sobre el C. c. francés; EB. SCHMIDT [n. I 193] 6 ss. para nuestro derecho privado). En tal sentido, la consigna de «superación del positivismo» ha subestimado muchas vinculaciones iusnaturalistas de nuestro sistema conceptual y de nuestra dogmática, a los que se deben el carácter cerrado del edificio del derecho común y del pensamiento codificador; vinculaciones que representan la herencia de la lógica racional y el permanente elemento de la *ratio* en todo lo positivo». (Sobre ello mi estudio *Interpretation und Rechtsneubildung in Familienrecht* [n. I 220]). Pero tratándose de postulados políticos más allá de la problemática inmanente de cuestiones de ordenamiento que exigen una solución positiva, aunque pretenden poseer el carácter de axiomas de derecho natural, solo poseen la calidad de derecho vigente en virtud de un estatuto legítimo o de una jurisprudencia positiva constituida *arte legis.* Estos axiomas o «conceptos primitivos» (FEUERBACH, *Revision*

auctoritas y *ratio*[155] se refleja en el problema de las fuentes: si la obligatoriedad del derecho no descansa en una legalización solo formal (por ejemplo, estatal),[156] que

---

der Grundsätzen und Grundbegriffe des positiven peinlichen Rechts I [1799] con respecto al concepto de pena como preventivo general) no justifican desde un punto de vista jurídico la adopción de un pensamiento deductivo. Sobre este punto hemos hablado ya supra p. 109.

155 Cf. las ordenaciones escolásticas en BONAVENTURA: *Credere - per auctoritatem, intellegere - per rationem, dicere vel enuntiare - per catholicam et rationabilem locutionem,* a lo que corresponden nuestras tres representaciones: *iuris fons - iuris interpretatio - inris dictio.* Sobre la relación mutua de *ratio y auctoritas,* KOSCHAKER, *Europa und das römische Recht* (1947) 89 ss., con la exposición de la interacción histórica y la reciproca influencia de ambos elementos en el proceso de la recepción. El dualismo de dos sistemas: derecho positivo V derecho racional es fruto de las escuelas de Derecho natural de los siglos XVII y XVIII, que solo el absolutismo podía producir. Cf. sobre la dialéctica de este proceso mi estudio *Über Glauben und Wissen im Kampf um das Rechtsgesetz,* en Festschrift für Gustav Boehmer 2954) p. 9 ss. De allí viene el dilema con que se enfrenta nuestra doctrina de las fuentes entre fuentes «ideales» y «positivas del derecho, contando entre las primeras los principios del derecho natural, y entre las últimas las fuentes «formales» en sentido estricto y los hechos constitutivos de derecho. En contra BOBBIO, *La consuetudine come fatto normativo* (1942) 21: es absurdo establecer una violenta separación entre un orden metapositivo de valores armónicos formado por ideas platónicas, y unos inestables intentos de ordenamiento de un mundo caído y caótico, puesto que la idea solo puede manifestarse en el hecho, y se da una fuente de derecho siempre que aparezca una *ratio inris auctoritate ordinis.* La consideración aislada «de» un solo aspecto, es un engaño. Cf. también DJUVAR en Études Capitant (infra n. IV 252) 22i: «Las fuentes formales no constituyen nunca un fin en sí y su autoridad debe tener una explicación positiva» (o sea, substancial o material). Sobre la antinomia forma y contenido, infra cap. IX, 3. Por lo demás, DJUVARA es un dualista y habla de «normas preestablecidas» y de «una realidad lógica que prevalece sobre el derecho de las fuentes», concluyendo: «La ley, la costumbre, la jurisprudencia y la doctrina son realmente a veces verdaderas (!) fuentes de derecho, pero están muy lejos de serlo siempre» (página 234). La «realidad lógica» es un ser del que no puede decirse sin más ni más que prevalezca sobre el plano del ser social.

156 Que semejante legitimación formal y delegada no es suficiente, hoy lo admite todo el mundo; no se admite, en cambio, que casi nunca sea intentada por sí sola; cf. las dos notas anteriores. Es también un mero fantasma la legitimación puramente epistemológica en el sentido de la «pura doctrina jurídica» clásica. Es digno de nota que, de un modo especial se haya admitido la insuficiencia de la legitimación estatal en el concepto tradicional de la fuente formal de derecho. El coincidente resultado de 14 ponencias (DEL VECCHIO, GOODHART, MORIN, SINZHEIMER, etc.) en la 1.ª sesión del Instituto Intern. de Filosofía del Derecho (1934) fue el rechazar como inutilizable el concepto formal de fuente del derecho en este sentido. Sobre el conocimiento de la jurisprudencia creadora de derecho, cf. lo que sigue y en caps. XII-XIV. En GÉNY encontramos además el intento de cuadrar las fuentes formales con la *auctoritas,* y las fuentes de hecho (por ejemplo, la sentencia judicial) con la *ratio.* Llama a las primeras fuentes «primarias», eficaces *ratione imperii,* las ultimas fuentes «subsidiarias», eficaces *rationis imperio.* Pero no es ésta la situación real. Las fuerzas de *ratio* e *imperium* operan en todas las fuentes, y tampoco es cierto que las fuentes no autorizadas formalmente por el *imperium* político sean subsidiarias, sino necesarias y ubicuas. Con esta reserva y reconocimiento, por otra parte, de que la organización de las fuerzas creadoras de derecho no constituye una nota distintiva necesaria para separar las fuentes formales y las no formales, y que solo se da en las formas de soberanía legal provistas de una burocracia propia (así DEL VECCHIO, Le problème des sources: Ann. Inst. Phil. I [1934] 20 ss.), puede mantenerse esta división, usual en todas partes (cf. ROUBIER [nota I 47]). Me parece de todos modos discutible desde el punto de vista de la teoría jurídica el acierto de distinguir con ROUBIER en el último grupo las fuerzas de un «orden social espontáneo». Más clara es la distinción hecha supra en el sentido de los tipos de MAX WEBER. Cf. el texto antes de la nota II 164.

solo teoréticamente nos permite hablar de un «plano de lo que debería ser»,[157] sino que en virtud de su misma substancia representa una entidad ideal, que gracias a su estructura valorativa, su *structure idéale,* convierte en fuente de derecho la suma de los actos empíricos, ¿cómo ocurre que este orden de valores consiga penetrar este otro mundo, totalmente distinto de las expresiones de poder, y cómo pueden estas expresiones llegar a participar de la cualidad de aquella entidad ideal?[158] Son famosas por su insuficiencia las contestaciones que hasta ahora se han dado: por coincidencia casual (dualismo), en virtud de una inmanencia necesaria (HEGEL), por los presupuestos epistemológicos (neokantismo). Yo diría: en virtud de la relación intencional del que crea el derecho y de la relación racional del que lo aplica y vive con arreglo a él. De este modo lo singular y empírico es ordenado a lo total y espiritual, y éste puede así penetrar las manifestaciones del mundo de la materia y de los sentidos, por ser éste también una parte, más todavía, una forma necesaria de encarnación, de sus energías ordenadoras.[159] En este sentido, el acto intencional y creador de derecho de la actividad social con consecuencias jurídicas,[160] es fuente de derecho real; los principios no son en sí mismos fuentes del derecho, sino lo que convierte en fuentes a aquellos actos, por el hecho de orientarlos. No son derecho positivo hasta que, por haber informado esta fuente de derecho, han dado lugar a un determinado resultado jurídico.[161]

---

157 Así la teoría jurídica neokantiana en el sentido de KELSEN, cf. ROSS en el estudio citado seguidamente, p. 179.

158 Así la clara exposición del problema en Ross, *Theorie der Rechtsquellen* (n. I 55) y, con mayor precisión, en: *Le problème des sources...* Ann. Inst. Phil. I (1934) 167 ss. (178 ss.). El realismo de ROSS sufre solo de las antinomias heredadas de KELSEN, que le obligan a separar la *validité* y la *réalité* de un ordenamiento, y distinguir la realidad histórica y social de un derecho de la legitimidad «formal» como derecho. ROSS considera esto como la. «trágica ley» de la teoría jurídica. Así «lo que debe ser» queda en él exento de realidad, y la realidad es solo el resultado de actos psíquicos o físicos que, determinados por representaciones de valores (del derecho), no participan en éstos, sino que quedan siendo hechos empíricos, objeto solo de la psicología y la sociología.

159 La diferencia con el realismo de Ross consiste en que yo considero, con HUSSERL, la intencionalidad como una categoría del ser (y también creo que la intelección es un acto que rebasa el ámbito psicofísico), en la que la conducta social fundamenta su realidad más allá de lo biológicamente empírico (M. WEBER) y toma parte en el «ser espiritual» de los valores (N. HARTMANN) -dicho con mayor precisión, en aquel ser en el que los valores solo en virtud de esta «participación» existen en el mundo—, mientras que el pensamiento neokantiano entiende por «realismo» la consideración del mundo material desaojado de valores, frente al cual se opone un mundo espiritual igualmente desprovisto de materia, ambas cosas ficciones absurdas e irrealistas de una manía metódica de la que ROSS dice: Cuanto más lógica es una teoría monística, más e aleja de la realidad (p. 168). No se da aquí aporía gnoseológica alguna, sino, como ha demostrado N. HARTMANN, una ampliación de nuestra ontología e lo real. Cf. mi conferencia en Alpbach: *Die Wertbezogenheit der Rechtsordnung*, Jb. des Österr. College (Salzburg, 1948).

160 Este atributo, después de decir «creador de derecho», suena como a pleonasmo, pero intenta expresar el «resultado» de la sanción, repetición, etc., sea, la «validez». Al mismo tiempo subraya que lo interesante es el resultado del ordenamiento, no la delegación formal para el obrar del mismo. Con esto se da satisfacción a la repulsa del monopolio estatal, y se incluye la fuente «de hecho» en todas las formas del derecho consuetudinario moderno.

161 Acertadamente: RÉGLADE, Les sources du droit positif dans leurs rapports avec les sources du droit naturel et du droit idéal, Ann. de l'Inst. Phil. Droit I (1934) 103 ss. (106), quien constata que las «normas no codificadas» cuya aplicación es para él una prueba de lo

2. Solo puede esperarse claridad terminológica e inteligibilidad objetiva, si el nombre de «fuente de derecho» en sentido técnico se reserva para el *fait social,* con el que la nueva norma jurídica adquiere eficacia,[162] sin aplicarlo al producto de este acto, o sea a la norma así creada. Esto se aplica también a las normas que han sido corporeizadas en notas o tradiciones, cuya *legal authority* es invocada por el creador de derecho. Por más que sean causa de validez, tal como son todos los principios y reglas revestidos de autoridad tradicional y moral en los que se escudan los actos legislativos para justificar su substancia y realización, no son, sin embargo, fuentes de derecho.[163] Pero la «actividad social» como realidad de la fuente jurídica no se refiere solo y necesariamente al acto singular (así, por ejemplo, del poder legislativo político), sino que puede cambien consistir en actos continuados y uniformes que constituyen una conducta eficaz en su conjunto (derecho consuetudinario), o también en actos previstos institucionalmente (sociológicamente: medidas instituidas por la burocracia), que de suyo y tomados por separado no son una fuente objetiva de derecho, sino expresión de la autoridad institucional (creación judicial del derecho). Según sea la constitución judicial, puede ocurrir que la sentencia singular (precedente, *leading case)* reúna en sí esta autoridad, o bien ésta sea poseída por una sucesión ininterrumpida de sentencias, o solo por algunas sentencias especialmente cualificadas jerárquica u objetivamente. En cualquiera de estos casos sería funesto estampar el sello de «fuente de derecho» a la resolución singular o al acto

---

insostenible de la teoría estatal de las fuentes, han de pasar por dos estadios para formarse: el de la conciencia, o sea del convencimiento de lo que es derecho, y el de la práctica. Sobre la petición de principio en la imagen del «tránsito» y ia mera «formación», cf. nota II, 163.

[162] Así también DJUVARA, Sources et normes (n. II 74) 82 ss., 94 ss., y -aún más claro– en Quelques considérations sur la nature des sources et sur la formation du droit positif, Études de droit civil à la mémoire de H. Capitant (1939) 219 ss (227).

[163] La primera es la difundida opinion que identifica textos y fuente, lo que no solo concuerda con la ideología de la recepción, derecho común y codificación, sino también y de un modo general con nuestra necesidad de dar a la autoridad una realidad clara y tangible. La última, siempre que se parta de principios materiales pre-positivos, es la idea igualmente popular de que «fuente» no es el lugar o el ámbito donde aparece o se revela una «substancia» o «verdad», sino la substancia o verdad hecha manifiesta en su propio ser y razón. Cf. HORVÁTH en su ponencia a la mencionada sesión del Inst. Int. Phil. Droit (n. II 156) 132: «Fuente» no es un hecho al margen del derecho, ni social ni político. Así, del mismo modo que una fuente de agua viva no es ni la roca, ni la roca, ni la abertura en ésta, sino «el agua misma en su tránsito (¡) a un nuevo estadio de utilización», así «fuente del derecho» es solo un tropo del lenguaje metafórico para indicar el momento del «hacerse utilizable» en una «expresión definitiva» (?). Con esto se incurre en la petición de principio de declarar homogénea la «substancia» del derecho antes y después de la fuente, lo mismo que el agua de un manantial. También en la representación del marco o expresión de la fuente se silencia el hecho del acontecer social, que no permite pasivamente que el derecho «fluya» o «aparezca», ni se limita a recogerlo, sino que lo forma activamente partiendo de lo que no ha salido aún a la luz del día. Esta actividad, sus condiciones, su institución es fuente de derecho. En este sentido, la «constitución de la creación de derecho», o sea, el sistema de la elaboración jurisprudencial en gran parte no establecido como «derecho profesional» o *ars legis* entra dentro del concepto de fuente de derecho. Con esto se suprime también la diferencia entre *legal sources* e *historical sources* (SALMOND, Jurisprudence 7, 165 ss.), con la que se separan los materiales autoritativos y la creación personal («el pretor urbano») con inclusión solo de fuerzas «inspiradoras», no jurídicamente «vinculantes». Incurre en los dos errores ideológicos mencionados y es rechazada por la escuela realista como carente de objeto, p. 19 ss.

administrativo como a tal: la fuente no es el acuerdo del Parlamento o la sentencia en tanto que acto; la legislación o la jurisprudencia, es lo que crea la norma. La causa de validez es el sistema y la organización de la actividad creadora de derecho dentro de una constitución jurídica.[164]

En cuanto a la jurisprudencia como institución, apenas se le discute hoy el carácter de fuente de derecho. La necesaria *auctoritas* de la creación de normas por parte de la judicatura, es hoy admitida casi universalmente.[165] En efecto, la existencia de reglas vinculantes para la creación hace también posible la acuñación, ulteriormente comprobable, de aquellos principios de justicia que hasta ahora no habían sido positivizados en la materia respectiva. El papel de estos principios no depende ni de la ideología que impere en las leyes positivas ni de su *impetus* iusnaturalista. Resulta simplemente de la misión propia de toda administración de justicia, de completar, elaborar y renovar el derecho. Dentro de este marco la jurisprudencia es, institucionalmente, fuente de derecho. No lo es la masa de los precedentes, ni las normas jurídicas positivas, ni tampoco los principios pre-positivos. Estos últimos reciben su importancia legislativa por la misión institucional confiada a la jurisprudencia, no por una recepción material en la ley positiva ni por una remisión que se encuentre en ésta. En cambio, semejante remisión puede arrojar luz sobre el alcance del mandato de crear derecho.

Aquí vuelve a sernos instructivo el art. 38 párr. 3 de los estatutos del Tribunal Permanente de La Haya.[166] Al facultar y obligar a éste a aplicar «los principios generales del derecho reconocidos por las naciones civilizadas», no significa esto una recepción y transformación del derecho positivo de un *forum domesticum*. Pues este foro hasta ahora no existe. Se trata más bien de circunscribir el mandato de crear derecho, por remisión a los principios de los que hoy todos los tribunales de las naciones cultas sacan normas positivas, y señalando el modo y alcance con que se efectúa esta formación de normas. La fuente de derecho no es aquí el acto del estatuto, ni la formación de un derecho consuetudinario internacional, ni tampoco la conclusión del tratado, sino la jurisprudencia del Tribunal, que ha recibido el encargo de crear normas positivas de derecho internacional. Pero en vista de los reparos que el comité de la Sociedad de Naciones opuso a que se confiriera al Tribunal una plena facultad legisladora al estilo del puro derecho judicial *(jadgemade law)* (ROOT y LORD PHILLIMORE),[167] se tomó el partido de restringir la autoridad de la sentencia singular a la eficacia de la cosa juzgada, y de limitar la inevitable elabo-

---

[164] Así certeramente DJÜVARA, Sources, 84, y *Considérations*, 234.

[165] Cf. AGO, *Lezioni di diritto internazionale privato I* (1939) 58 ss. y Teoría del diritto internazionale privato I (1934) 87 ss., 137 ss. Son fundamentales LAMBERT (n. I 28) y PERREAU (n. I 28) (vol. II como material, vol. I página 21 ss. para la «técnica»); ROUBIER (n. I 74) y RADBRUCH (Arch. Soz-WiPhil 22 [1906] 358). Cf. en contra las falsedades convencionales en ENNECCERUS-NIPPERDEY[14] 168 (contra p. 208 ss.), que al decir de ROUBIER tampoco son desconocidos en Francia. Sobre la abierta actitud de los autores ibéricos cf. HERZOG (n. I 41), PUIC BRUTAU (n. I 41); RAMOS (n. II 146) y ASCARELLI (n. I 70), éste último influido por los sudamericanos. Sobre la actual actitud en Suiza: DU PASQUIER y MEIER-HAYOZ (n. I 69) con mis reseñas. Desde el punto de vista del derecho comparativo de nuestros días, el propio RABEL (n. I 44), también en RabelsZ 16 (1951) 345 (el derecho judicial al lado del derecho legal es hoy en Alemania tan conocido como lo era antes, y lo es en América, el derecho legal al lado del judicial).

[166] Cf. supra p. 45 ss., y n. I 112.

[167] VERDROSS (n. I 36) 222.

ración judicial del derecho, por medio de la vinculación a los principios universalmente reconocidos, a la medida en que es practicada en todas partes, incluso en los países de derecho codificado. Por consiguiente, la mención de los principios generales en el párrafo 3, que aparentemente amplía las materias positivas de los párrafos 1 y 2, no posee carácter de fuente de derecho, ni receptivo, ni constitutivo, sino que se limita a constatar una norma constitucional de la justicia. Los principios jurídicos generalmente reconocidos aun sin esta disposición hubieran constituido la base necesaria de la jurisprudencia del Tribunal —lo había sido ya para el Tribunal de Arbitraje—, pero la estipulación del párrafo 3 cierra formalmente el *corpus juris* de esta jurisprudencia, de modo que su estructura quede asegurada como derecho de reglas, no como derecho casuístico.[168]

[168] VERDROSS op. cit. 205 ss., 220, subraya con razón que el párrafo 3 no contiene ninguna autorización de efectos constitutivos, y que la jurisprudencia según los principios generales no necesitaba esta «delegación», pero no llega a resultados claros en la cuestión de las fuentes, ya que considera los principios como una fuente del derecho natural (en contra acertadamente STRUPP, Recueil I [1934] 336; ROUSSEAU [n. I 34] 892 y RIPERT n. I 119] 577 ss.), que por consiguiente no puede derogar (!) el derecho internacional positivo de los párrafos 1 y 2 y por tanto no choca en absoluto con el problema estructural de la creación jurisprudencial del Tribunal y con la importancia de los párrafos 1 y 2. Tampoco ROUSSEAU y RIPERT ven este aspecto del problema, pues consideran el párrafo 3 como la recepción material y la transformación de un derecho estatal positivo *(principes... reconnus)* en el derecho internacional que así queda «cerrado».

TERCERA PARTE

EL PAPEL DE LOS PRINCIPIOS JURÍDICOS EN LA CONSTRUCCIÓN DEL DERECHO PRIVADO CODIFICADO Y EN EL JUDGE-MADE LAW

CAPÍTULO IX

PRINCIPIO Y NORMA EN EL DERECHO CIVIL CODIFICADO

1. Lo que positivamente signifiquen los principios jurídicos para la formación de normas, no puede ser objeto de una exposición única que abarque a la vez el derecho del caso y el derecho sistemático. Es verdad que en ambos círculos se da la creación judicial a base de principios; sería una injustificada terquedad seguir negándolo aún hoy. Más por otra parte sería ciego descuidar, con este pretexto, las diferencias que en uno y otro ámbito aparecen en los métodos de la creación del derecho. Es inevitable que el derecho regular y el casuístico gradúen de distinto modo el necesario papel creador de la jurisprudencia, pues en el primero hay normas precisamente formuladas que permiten una «aplicación» en el sentido de la lógica de la subsunción, por muchos elementos voluntarios y valorativos que este acto contenga. Pero en el *case law* faltan incluso estas normas formales: la regla *(rule)* es integrada siempre de nuevo partiendo de los «materiales investidos de autoridad», de modo que los precedentes adquieren el rango de fuente del derecho. Es pues natural que también en cuanto a la posición y función de los principios aparezcan discrepancias en ambos sistemas, aparte de las diferencias de la argumentación y la construcción jurídica y de las peculiaridades de un sistema basado en acciones frente a un ordenamiento de instituciones materiales. Basta recordar lo que hemos dicho más arriba acerca de la distinta importancia de los principios axiomáticos y problemáticos en los sistemas «abiertos» y «cerrados».[1]

Enfrentamos aquí la ideología del derecho casuístico y la del codificado, no la del «sistema legal», pues dada la variedad de significaciones y técnicas del concepto

---

[1] Cf. p. 10, 57 ss. La sobrevaloración de la «ceguera» axiomática del pensamiento jurídico continental ha dado lugar, por otra parte, a los más singulares prejuicios de los *common lawyers* contra la dogmática civilista. Muchos la consideran como un engendro del *mos geometricus* con un método de pensamiento puramente deductivo, cf. infra cap. XIII 5, n. I . 236. Son contados los juristas continentales que salen al paso de esta superstición, cf. por ejemplo E. M. MEIJERS, *Case Law and Codified Systems in Private Law*: J. Comp. Leg. and Int. L. 33 (1951) 8. En este breve e incisivo ensayo —una conferencia dada en Oxford— MEIJERS expone irónicamente y con deliciosas imágenes los malentendidos a que la situación ha dado lugar —y no solo del lado anglosajón—: que el juez continental no es un órgano creador de derecho, que sus precedentes no poseen autoridad jurídica, que la aplicación de la ley es un acto lógico de subsunción, que los *standards* no ejercen aquí la menor influencia, que el derecho legal es menos elástico que el derecho del caso, etc.

de *lex,*[2] ello podría conducir a equívocos. Las codificaciones en el sentido del siglo XIX representan un pensamiento axiomático totalmente unitario, que se caracteriza por devaluar e ignorar los principios valorativos abiertos, las doctrinas, máximas, paremias, etc., los «puntos de partida del razonamiento», como las reglas de la *lex artis* de los juristas. En lugar de ellos pone en primer plano las *rationes legis,* los principios formales de la estructura y de la lógica jurídica, que se acredita en el uso constructivo del sentido del ordenamiento tal como está guardado en el concepto, hasta que un día el pensamiento de los juristas, con el desarrollo judicial de «pensamientos jurídicos generales», constriñe a esta orgullosa construcción sistemática a parar mientes en los progresos de la vida.

De todos modos, no quisiera limitarme a mostrar cómo la moderna vida del derecho con sus «consideraciones acerca de los principios» y con la ampliación, a medida de las necesidades, de algunos «pensamientos jurídicos generales», va socavando el sistema escolástico de nuestras codificaciones; sino que mi propósito es empezar exponiendo lo que tiene de característico la actitud originaria de las codificaciones ante la relación entre principio y norma. Entran en este capítulo: los grados variables y las razones de su afición a sentar principios; la posibilidad de atisbar las ideas directrices que constituyen el espíritu de una codificación; la claridad o la naturalidad con que son puestos en obra los pensamientos sobre el fin y la función de las instituciones singulares; la extensión concedida a los principios estructurales en relación con los principios de la justicia material y de la ética que se han introducido *en* las instituciones; pero entra también en este tema la significación de las cláusulas generales y de las demás «ventanas» que la valoración ética deja para el reconocimiento de tales principios materiales de valor, no menos importante que lo dicho, para el problema de las lagunas, cuya urgencia fue el motivo visible para que se hiciera remisión a los «principios generales». Algunas observaciones sobre la técnica empleada por la jurisprudencia para hacer de unos principios interpolados el núcleo de nuevos desarrollos, y sobre la típica labor interpretativa; reintegración del sistema sobre la base de las opiniones del tiempo (método «sistemático») o fidelidad al espíritu histórico de la obra y sus principios (método «histórico»), completarán el cuadro del doble papel desempeñado por los principios en la concepción codificadora.

En el derecho codificado los principios materiales, que anteriormente ocupaban una posición clave en la mente de los prácticos, poseen oficialmente un interés muy atenuado. Pues desde ahora son los principios estructurales dogmáticamente corroborados los que constituyen la espina dorsal del «sistema», así como los principios básicos de cada institución, coordinados con aquéllos, en los que se ha operado una fusión conceptual de elementos históricos y de opciones legislativas;[3] no en cambio las *regulae universales,* como en tiempos de los postglosadores. De todos modos, la técnica codificadora muestra aquí grandes variaciones de gusto en la elección de los axiomas, entre los dos polos del Derecho natural y de la erudición característica del BGB, y constituye una particularidad de las codificaciones modernas, saturadas de dogma,[4] que los principios elementales de justicia se vean obligados a llevar una existencia disimulada fuera de la sistemática legal, a no ser que hayan podido insinuarse en el contenido de justicia de los conceptos y en las cláu-

2 Más detalles en el cap. VI de mi *Einführung* (n. I 88) 129 ss.

3 Cf. por ejemplo, nuestros principios del derecho de cosas y sucesorio.

4 Se podría hablar de codificaciones tardías, como se dice del hijo que nace después de una gestación más larga que la normal.

sulas generales y *standards*. Pero incluso entre obras de la misma edad existen grandes diferencias en cuanto a la afición a los principios. Así, por ejemplo, el ABGB austríaco (y aún más sus precursores) es un prototipo de destacamiento de los principios en el sentido del derecho natural,[5] mientras que el Code civil francés contemporáneo, a despecho de su predilección por las fórmulas elementales y lapidarias, es en este punto mucho más comedido. Esto nos obliga a poner atención en los antecedentes políticos e ideológicos de las codificaciones. El ABGB es obra de eruditos, un testimonio de la ilustración filosófica de la *Aufklärung* del mundo austríaco, con su aire siempre patriarcal.[6] El Code civil es «ilustrado» con una acritud enciclopédica típicamente francesa reforzada por la voluntad de un nuevo emperador del pueblo de conferir a su obra una sencillez clásica y una inteligibilidad general.[7] Originariamente la *Assemblée genérale* quería salir del paso con un código popular de solo unos pocos centenares de artículos, y el propio Código Napoleón ostenta aún rastros de esta concepción grandiosa, según la cual una ley no podía anticiparse ni a la evolución de los tiempos ni a los progresos de la doctrina, como dice PORTALIS en el *Discours préliminaire*.[8] Visto retrospectivamente, el *code* es: ahistórico, por ser heredero de una revolución; no literario, porque evita adrede todo enlace con la tradición interrumpida en 1793,[9] y hostil a la judicatura (mejor dicho: hostil

---

5 Para no salir del empleo del enriquecimiento injusto: el principio, concebido totalmente en sentido ético, es también responsable del rigorismo que priva en la *condictio ob turpem causam*. Así explican los materiales (HARRASOWSKY, Cod. Ther. III, 339 n. 4) que el principio *Nemo auditur...* no sufre excepción alguna, ni siquiera en el caso de un mutuatario víctima de usura. Cf. además el desarrollo de la prohibición de usura en la forma típica de la *laesio enormis*, § 934 ABGB. Esto dio lugar a una formulación tan general de la figura de la *actio de in rem verso* propia del derecho común, que poco a poco hubo que apartarse de este concepto; cf. WELLSPACHER, Versio in rem (1900) 44 ss., y además el actual § 1.041 ABGB; análogamente el ALR, cf. EWALD, Gruchot 65, 150 ss. Sobre la propia prohibición de enriquecimiento, cf. Cod. Ther. 3 XIX, 38 y XX, 2, 5-68. Sobre el principio entero: DAWSON (n. I 7). Detalles infra cap. IX, p. 214 ss. n. III 119.

6 Cf. SWOBODA, *Das ABGB in Lichte der Lehren Kants*. (1926), y con respecto a la afición a los principios, sobre todo DNIESTRANSKI, *Die natürlichen Rechtsgrundsätze*: Festschr. z. Jahrhuntertfeier des ABGB II (1911) 25 ss.

7 Hizo una cuestión de honor el cumplir la promesa hecha por Siéyes de dar un *code complet et simple*. Cf. el instructivo ciclo de conferencias de GAUDEMET, *L'interprétation du Code civil en France depuis 1804*, Basler Studien zur Rechtswissenschaft Heft 8 (1935) y RIPERT (n. I 40) 14.

8 FÉNET, *Recueil complet des travaux préparatoires du Code civil*, 13 vols. (1827-1832) vol. I 469 ss. Cuando se lee esto, o frases como la siguiente: "La ciencia del magistrado consiste en poner en acción los principios del código» (472) uno creería tener ante sí a un jurista que ha superado la estrechez exegética. Pero los tiempos no estaban aún maduros. Cuando PORTALIS habla de la utilización de principios «fecundos», debe entenderse en el sentido del pensamiento axiomático cómo refiriéndose al «sistema» deductivamente aplicable del *code*. Cf. p. 467: «La misión de la ley es fijar, con visiones amplias, las máximas generales del derecho; establecer los principios fecundos en consecuencias, y no descender a los detalles de las cuestiones que sobre cada materia pueden nacer.»

9 Por esto la inducción basada en una simple exégesis textual fue la primera fase de la nueva civilística. Sin embargo, ya en esta escuela exegética se hace visible la necesidad de armonizar el nuevo positivismo textual con los postulados morales de la época, hasta que un gran retórico, DEMOLOMBE, puede atreverse a afirmar que los códigos napoleónicos son la formulación por antonomasia de los «grandes principios de la ley» (*Traité des contrats*, etc., I n.° 8, citado según GAUDEMENT 40). BONNECASE, L'École de l'exegése en droit civil[2] (1924) habla de un modo totalmente general de un «carácter estatalista» del pensamiento iusnaturalista francés de esta época (p. 148 ss.).

a los juristas), pues también el arte hermenéutico del antiguo cuerpo judicial representaba una pieza del *ancien régime.*[10] Así en el clima inmediatamente posterior al *code* domina una especie de «vacío» histórico, que junto con la clásica sencillez del texto resultó muy favorable para el ulterior despliegue de principios jurisprudenciales libres de toda carga dogmática, afianzando la autoridad de la jurisprudencia. Cuán distinto es el caso del BGB, con su sistematismo heredado del derecho común[11] y su clima de positivismo técnico-legal. Él fue sobre todo el que confirió a la civilística de fin de siglo aquel rasgo de autarquía dogmática, que tenía su sentido en el derecho común, pero que transportado a la codificación hacía imposible la formulación de nuevos principios, a despecho de la amplitud de miras de un Eugen Huber en el art. 1 del ZGB y de los ex abruptos de un FUCHS y un KANTOROWICZ.[12]

Pero en la actitud de un código ante los principios interviene no solo su clima espiritual, su situación sociológica y su programa ético (clara posición de un código inspirado en el derecho natural o de un *Codex Iuris Canonici,* medias tintas del ordenamiento moral y valorativo de una sociedad civil), sino también la necesidad, cambiante según los tiempos, de destacar principios jurídicos universales, o al menos los principios del derecho nacional, o en su caso los principios políticos que lo determinan. Lo primero es un afán de la jurisprudencia y de la doctrina, sobre todo en épocas y regiones de unión cultural o económica,[13] lo último es el deseo favorito del moderno activismo político, que a su vez necesita erigir el edificio de su ideología para, de una parte, obscurecer las verdades de la experiencia y la tradición

10 ROBESPIERRE: «El término jurisprudencia de los tribunales debe ser borrado de nuestra lengua.» Dichos como el famoso de CAMBACERES, «La verdad es una e indivisible» son característicos de aquella actitud reformista, mientras que la especial ingenuidad del naturalismo revolucionario («La Naturaleza es el único oráculo que hemos consultado») era necesario para hacer triunfar la ilusión popular de la bondad de la ley y la maldad de los juristas. Es famosa la exclamación que se atribuye a Napoleón, cuando apareció en 1805 el primer volumen del comentario de MALEVILLE: *Mon code est perdu.*

11 Sobre este punto WIEACKER (n. I 187) 251 ss. Sobre la significación de esta herencia con referencia a las bases interpretativas y constructivas del BGB, cf. mi exposición en JZ 1953, 521/22. Sobre *law* y *lex* en este contexto, infra cap. XIII, 5 y XIV, 5. Sobre la función material de la lógica conceptual en un sistema axiomatizado de este modo, cf. supra cap. VII, 2 e infra capítulo XV, 9.

12 Pero no hay que perder de vista el tipo antropológico y sociológico de jurista propio de cada país, si se quiere entender el porqué de desarrollos tan divergentes. Piénsese en primer lugar en la estatificación de los funcionarios judiciales y en el retroceso de la abogacía. Pero lo decisivo aquí no es solo el carácter de la judicatura y la abogacía, sino también el "espíritu» de los juristas, congenial a cada manera de ser nacional, que es no menos eficaz que el «espíritu de las leyes». Pues bien, este espíritu en Alemania (y en Italia, que en esto sigue nuestro ejemplo) es especulativo y dogmático, mientras que el jurista francés es realista y sociólogo, incluso cuando cree ser positivista de un texto.

13 Cf. por ejemplo la bibliografía canonística o iusnaturalística de todos los tiempos. Sobre el efecto unificador de la labor de los juristas y de la doctrina en el derecho común, cf. GÉNY, *Science et technique en droit privé positif*[2] II (1927) y *Méthodes d'interprétation et sources en droit privé positif II* (1899), pero sobre todo KOSCHAKER (n. II 155) 178 ss., 226 ss. Sobre la misión actual de los juristas: VASSALLI, *La mission du juriste dans l'élaboration des lois,* volumen II de las publ. del Inst. pour l'Unification du Droit Privé (1951) 41 ss. Sobre la importancia de la tradición doctrinaria, supra cap. Mie infra cap. XV.

históricas y de la convención social, y de otra sacar parado de ellas.[14] Verdad es que en la épocas de convulsión, la afición mayor o menor a los principios depende también de la mentalidad del reformador, quien se ve obligado a «esculpir en bronce' para su tiempo lo que en épocas más estables parecía una perogrullada que no necesitaba confirmación alguna.[15] Sin embargo, existen ámbitos en los que principios, que en otras partes pasan por evidentes y solo se mencionan por razones sistemáticas o de inteligibilidad, siguen siendo una pieza del ordenamiento positivo, objeto de continuas discusiones. Así, por ejemplo, la prohibición del *agere in fraudem legis* en los ordenamientos intraestatales de hoy es una verdad incontestable, pero no lo era ni mucho menos en épocas en que la substancia del derecho estaba encarnada en la forma jurídica como tal.[16] En el derecho interestatal y en el de colisión, donde un trato de favor justificado da lugar a abusos y a la circunvención de las barreras territoriales, aún hoy es necesario estipular aquel principio,[17] del mismo modo que, en el interior de un estado, en estos campos donde rigen las costumbres del «Oeste salvaje», como en materia fiscal,[18] donde los límites legales del *catch as catch can* en modo alguno resultan evidentes a una conciencia honrada.

En la práctica la formulación de «principios jurídicos» en las codificaciones choca contra los más serios reparos, que apenas vienen compensados por las venta-

---

14 Cf. GAUDEMET (n. III 7) 9 ss., 24 ss.; además los protocolos del Convegno Nazionale Universitario sui principi generali dell'ordinamento giuridico fascista (1940), citado en la 1ª. Parte (n. 37), y los *Studi sui principi generali* publicados tres años después. Es notable que sea tan fácil satisfacer la necesidad de proclamar tales principios en constituciones y leyes, por el simple procedimiento de incluirlos en la redacción. También el jurista cree que basta esto para que el principio se convierta en parte del ordenamiento. Cf. BRUGI (n. I 34) 164. Sobre el problema de la insuficiencia de las codificaciones, infra cap. XVI.

15 Cf. SIMONIUS (n. I 24) 252/253, sobre el principio de la fidelidad al contrato, cuya formulación en las modernas codificaciones de derecho civil sería simplemente banal. Cf. en cambio el relieve dado a una protección jurídica nueva, como la del derecho de la personalidad, en el art. 19 OR, frente a la actitud del Code civil e incluso del BGB, o un principio como art. 2 ZGB (ninguna protección al abuso del derecho), que, desarrollado casuísticamente en otros lugares, aquí se ha convertido en representante de un principio que no está aún asegurado dogmáticamente. Solo que no hay que confundir las causas con los efectos y creer que el establecimiento de tales principios significa el inicio de una evolución. Significa, sí, un afianzamiento y un estímulo para ésta, pero su comienzo y desarrollo es obra exclusiva de la jurisprudencia. Un principio como el del derecho general de la personalidad, al que hasta ahora se había atendido de manera suficiente con el concepto de «buenas costumbres», al llegar a un determinado estadio de la evolución queda maduro para ser formulado. Entonces su fijación estatutaria es el punto final de un desarrollo judicial «abierto», pero lo es también de un proceso de pensamiento dogmático, y una fijación de lo así conseguido.

16 Son famosos los pasajes del Digesto 1, 29 de leg. 1, 3 y 1, 30 de leg. 1, 3; cf. también 1, 5 C. de leg. 1, 14 de las Const. Theodosiana y Valentiniana. También Cod. Iur. Can. c. 84 de R. I.: *Cum quid una via prohibetur, ad id alia non debet admitti.* La antigua experiencia jurídica: *Wo lex voran, da fraus gespan,* es también hoy popular en las culturas jurídicas dominadas por el formalismo: «Hecha la ley, hecha la trampa».

17 Sobre este punto HELENE BERTRAM, *Gesetzesumgehung im IPR* (Bonner rechtsw. Abh. Heft 6, 1928), en especial 92 ss.

18 Es clásico: § 5 RAO. Aquí se añade que los conceptos jurídicos no pueden ejercer su función de seguridad, porque en interés del fisco han recibido significaciones distintas. Semejante oportunismo jurídico encuentra siempre su castigo, cf. mis «*Fiktionen*», p. 98 ss.

jas que suponen aquéllos para facilitar una labor de elaboración elástica y a la vez fiel a la ley.[19] Las ideas dogmáticas y políticas contenidas en el principio, envejecen rápidamente. La dogmática cae fuera de la misión del legislador, y la formulación de principios hace más difícil a la vida jurídica el adecuado remozamiento de antiguas instituciones, cuya capacidad de desarrollo («heterogonía de los fines») determina la durabilidad de todos los mecanismos culturales. Asimismo, los principios estructurales y constructivos no funcionan en virtud de su mención oficial, sino en virtud de la manipulación real de un ordenamiento. Así, cambian imperceptiblemente al compás de la nueva jurisprudencia, obediente a las nuevas coyunturas económicas y sociales. Con ellos cambia también el espíritu de un código, el cual está también uncido al nuevo sistema conjunto del derecho y la economía. Finalmente, los principios de política jurídica quedan como un programa. El ejemplo del art. 3 II de la Constitución de Bonn nos ha hecho ver lo que significa su fijación, cuando faltan todavía las bases objetivas y estructurales. Pero una vez se dan éstas, no hay necesidad de sentar el principio en forma de postulado.[20]

2. Es frecuente que el legislador haga remisión a «principios jurídicos generales» o a los «fundamentos naturales del derecho» (§ 7 ABGB, artículo 15 Codice Albertino, art. 3 C.c. italiano, art. 6 C.c. español, cf. además § 1 del primer Proyecto del BGB),[21] a la «razón y a la equidad» (art. 3 del Código japonés),[22] o solo a la «equidad» (arts. 565, 1.135, 1.854 C.c. francés y algunos derechos cantonales suizos).[23] La razón obvia de esta práctica es la preocupación suscitada por el problema

---

19 Así, entre otros, SIMONIUS op. cit. 254.

20 Cf. también los principios generales del Code civil, impresionantes ya por el vigor de su lenguaje: *Tout fait quelconque de l'homme, qui cause a autrui un dommage, oblige celui par la faute duquel il est arrivé, a le réparer* (art. 1.382), o bien: *Les conventions légalement formées tiennent lieu de loi a ceux qui les ont faites* (art. 1.134 ap. I C. c.). Una norma elemental de este tipo, o bien es desacertada de antemano (por ejemplo, es demasiado estrecho y necesitado de corrección, como el principio de culpa), o su acierto viene comprobado por su capacidad de adaptarse a supuestos de hecho que ella ha dejado abiertos; cf. los elementos singulares de la responsabilidad que son decisivos en materia de contratos, delitos y enriquecimiento injusto, y que son pasados por alto por todos los principios: causa o *consideration,* legalidad, razones para la protección, concepto de daño, causalidad, círculo de los interesados, alejamiento del daño o concepto de causa próxima, concepto de culpa, relación entre enriquecimiento y empobrecimiento, etc.

21 Primeramente se estableció el derecho judicial a la analogía —cf. artículo 1 I ZGB— y luego se hizo remisión a los «principios que se desprenden del espíritu del ordenamiento», con lo que se subraya el sentido conjunto y la armonía de todas las partes positivas de un derecho, sin remontarse a las «fuentes auxiliares. La disposición fue eliminada con razón en una segunda lectura por ser «pesada, doctrinaria e innecesaria» (Prot. I p. 2). Cf. en cambio la versión aun puramente estatalista del art. 3 II de las *Disposizioni sull'applicazione delle leggi in generale* de la ley italiana de 12.12.1938, según la cual en controversias que no pueden ser decididas según una disposición legal precisa», hay que remontarse a preceptos que regulen casos o materias análogas; si aun así el caso sigue siendo dudoso, hay que resolverlo con arreglo a los principios generales del ordenamiento estatal (!). Los Motivos subrayan que esto no es una modificación meramente formal de la versión de 1865, con su remisión a los 'principios generales del derecho».

22 Ley sobre Justicia y fuentes de derecho en materia civil de 8.6.1875.

23 Basel-Land, Freiburg y otros, cf. HUBER, *System und Geschichte des schweiz. Privatrechts IV* (1893) 63 ss. Sobre el pseudoproblema «equidad» como fuente del derecho, cf. ROTONDI (n. I 200) 409 ss., espec. 412 n. 7, también MEIER-HAYOZ (n. I 69) 32. En contra supra p. 83 ss. y más adelante página 195 ss.

de las lagunas, el cual así parece quedar conjurado, si no en la práctica, sí por un efecto óptico, o sea, en cuanto al sistema, al menos según la ideología del positivismo legal.[24] Sin estas salidas de urgencia oficiales, la prohibición de negarse a hacer justicia[25] pondría al juez, obligado a atenerse estrictamente a la ley, en un conflicto que para semejante positivismo resultaría insoluble.[26] Pero estos seudoproblemas solo surgen si se parte de aquel concepto estatal de la ley.[27] Tal problemática no toma en consideración ni la misión de la jurisprudencia de sentar normas propias, que es independiente de que sea o no reconocida por el legislador,[28] ni la jerarquía y multiplicidad de los componentes que entran en todo *corpus iuris,*[29] En éste deben leerse también necesariamente los principios que informan el ordenamiento total —los cuales son menos evidentes en la ley singular que en la codificación exhaustiva—, los cuales no constituyen una fuente de conocimiento adicional y subsidiaria.[30]

Pero aquellas fórmulas de remisión encienden los principios como fuente subsidiaria, y no como índice de la complejidad de la codificación, y del estar ésta cimentada en el derecho universal. Lo indica la circunstancia frecuente de que primero se haga referencia al derecho consuetudinario en calidad de fuente secundaria, y solo después, y como tercera fuente, a los «principios generales».[31] Con otras

---

24 Por esto la literatura positivista valora el hecho de que, con ello los principios reconocidos se convierten en partes positivas de este sistema. Cf. BRUGI, op. cit. 164: «He aquí por qué los principios generales de derecho de nuestras disposiciones preliminares del Código están dentro del sistema de éste, no fuera o por encima de él.»

25 Cf. art. 4 C. c. francés, art. 6 C. c. español, art. 783 n.° 2 C. proc. civ. italiano, etc. Sobre la repercusión en la teoría de las fuentes cf. HERZOG (n. I 41) 126.

26 Cf. SOMLÓ, *Juristische Grundlehre* (1917) 395 ss.

27 Así acertadamente ASCARELLI, *Il problema delle lacune e l'art. 3 disp. prel. etc.*: Arch. Giur. 94 (1925) = Studi di diritto comparato, 209 ss., 228 ss. Sobre la actitud positivista clásica cf. DONATI, Il problema delle lacune, etc. (1910). Sin modificaciones aún hoy: ENNECCERUS-NIPPERDEY[14] 208 ss., espec 214. Cf. en cambio, fuera de la bibliografía citada supra cap. II, las aclaraciones de ENGISCH (n. 128) 427 ss., también sobre la forma en que se deducen los principios del ordenamiento, por ejemplo, dogmáticamente. Sobre este punto también ASCARELLI, *Saggi*, 58. Una extensa exposición comparatista del problema de las lagunas con bibliografía completa en COSSIO, *La plenitud del orden jurídico* (1939).

28 Cf. supra p. 178 en n. II 168, sobre la análoga situación del Tribunal Permanente según el art. 38 I 3 del estatuto.

29 Cf. POUND, *Les diverses sources du droit, leur équilibre et leurs hiérarchies*, etc. Mém. Acad. Int. II 2 (1934) sobre la gradación en profundidad de todo *body of authoritative materials* (p. 10, 16 ss.). Con mayor razón puede esto decirse del tipo de codificación de los derechos civiles continentales, en el que, gracias a la colaboración de la doctrina, puede advertirse un armazón dogmáticamente independiente de principios, que descansa no sobre su reconocimiento positivo, sino sobre la autoridad jurisprudencial. Cf. ASCARELLI, op. cit. 58, y también ya COSSIO, op. cit.

30 Cf. los estudios citados de ASCARELLI y POUND, y sobre la ponencia de este último también la de DEL VECCHIO, ibíd. 22 ss. con observaciones referentes al «proceso normal de auto renovación» de un ordenamiento codificado, en el que los principios son esenciales para el conjunto, y no subsidiarios, Ibíd. p. 45 se hacen certeras observaciones acerca de las estrechas concepciones del legislador y las «lagunas substanciales», que requieren la ayuda de dichos principios.

31 Así, por ejemplo, art. 6 C. c. español, usándose también a menudo lo uno en lugar de lo otro: equidad (Basel-Land, *Freiburg*, op. cic.) —o de desello común (Derecho privado federal de 1862, § 3, y también C. c. delle repubblica e cantone del Ticino de 1882, art. 3)— o principios generales (Luana, *Ley sobre procedimientos en el derecho civil de 1852*, § 193, Wallis, C. c. e 1853, art. 5). Cf. Meier-Hayoz (n. I 69) 32.

palabras, lo que se busca es salvar el monopolio del derecho legal, que en cada caso puede *y* debe ser «aplicado» como algo ya existente. Por esto se proscribe toda alusión a la jurisprudencia y a la doctrina en calidad de fuentes.[32]

La segunda gran irrupción de los principios jurídicos materiales no incorporados axiomáticamente en el sistema de la codificación, ocurre en las llamadas cláusulas generales, normas en blanco y *standards*,[33]

Lo que aquí sucede en realidad es que se encomienda al juez la tarea de formar normas atendiendo a principios valorativos no codificados y con sujeción (controlada solo por los tribunales mismos) a criterios extralegales pero «objetivos», o sea convencionales, de cambiante base empírica y concreción: usos del tráfico, buenas costumbres, ética profesional, buena fe, antimatrimonial, contrario al tráfico, reprobable, etc.[34] Con ello la técnica codificadora disimula que los principios valorativos autónomos, incluidos aquí en el esquema de la ley a manera de «ventanas»,[35] no

---

32 Cf. art. 6 C. c. español: «Cuando no hay ley exactamente aplicable al punto controvertido, se aplicará la costumbre del lugar y en su defecto los principios generales del derecho.» No se menciona la doctrina, aunque en la práctica esta última remisión la convierte en fuente de derecho (HERZOG, op. cit. 177 ss., con noticias sobre la práctica, aunque también sobre la circunstancia de que el recurrente se ve obligado a señalar los textos legales en los que considera incorporado el principio violado, p. 199, 436: en esto el C. español de 1889 no está concebido dogmáticamente y ni en su sistema ni en sus instituciones refleja ni una sombra de la situación de la ciencia en 1889, cf. HERZOG p. 57); tampoco la autoridad del Tribunal Supremo, aunque la doctrina legal forma parte de las más antiguas tradiciones del país (HERZOG p. 183) y hecho se ha impuesto contra la tendencia del C. c., a pesar de no estar citada entre las 27 fuentes de la Ley de bases de 11.5.1888 (cf. para los detalles SABADIER [n. I 26] 49 ss.).

33 Cf. supra cap. VI, p. 122 n. II 27 ss. Sobre la norma en blanco en deslinde de normas referidas a un supuesto de hecho, cf. WESTERMANN, ponencia en la asamblea de profesores alemanes de derecho civil de 17.10.1952, con reseña en AcP 152 (1953) 445 ss. Sobre este tema también SAUER, *Juristische Methodenlehre* (1940) 334, quien allana demasiado la diferencia entre normas en blanco en sentido estricto y conceptos de estimación (ZITELMANN) o de realización de un valor (LEHMANN) como elementos naturales de la norma y de su interpretación. Últimamente: BACHOF, *Beurteilungsspielraum*, etc. JZ 1955, 97. Sobre el complejo general «arbitrio y concepto jurídico indeterminado» véase las conferencias de la 6.ª Asamblea anual de la Asociación de presidentes de tribunales administrativos de la zona federal del 18.10.1954 en Coblenza, separata de la gaceta oficial de Renania-Palatinado, 1955. Sobre la delimitación entre la facultad discrecional, normas en blanco en sentido estricto y cláusulas generales, véase la tesis de Maguncia de OHLMER, *Richterfreiheit und Begründungspflicht* (1953). Sobre las normas llamadas de equidad, véase lo siguiente.

34 Ejemplos sobre la base empírica y convencional de la «objetividad» de estos criterios en RIPERT (n. I 40) 43 ss., también en PLANIOL-RIPERT II (BOULANGER) n.° 3.065 y VI (ESMEIN) n.° 225 ss. Sobre la hipocresía social y jurídica que en esto interviene: op. cit. 49 ss. Sobre el poder judicial efectivo en la «objetivación» de los criterios, HOENIGER, *Riskante Rechtsausübung* (1917), PLANIOL-RIPERT, *Traité élémentaire*[11] (1939) II, n.° 240: «Es ésta una cuestión de apreciación y de sentimiento, que deja a los jueces una libertad poco menos que completa.» Sobre la intrincada situación en la distinción entre la cuestión de derecho y la textual: ENGISCH, *Logische Studien zur Gesetzesanwendung* (1943) 96 ss., 113 ss., con citas. Sobre el carácter convencional de esta distinción misma: DOHNA, *Strafprozessrecht*[2] (1929) 187; WEHLI en Festschrift f. Wach I (1913) 415 y RADBRUCH en la miscelánea Kant de Arch. R. Phil. (1924) 189.

35 Sobre la cuestión sistemática cf. LUNDSTEDT, *The General Principles of Civil Liability in Different Legal Systems*: Mém. Acad. Int. II 2 (1934) 367 ss.; espec. 378 ss. con ocasión del tratamiento de nuestro § 826 BGB. Hace también una crítica de los métodos BONNECASE, *La notion*

representan ningún derecho regular y material del legislador, sino que son puntos de partida para la formación concreta de normas por parte de la judicatura.[36] La verdad aparece solo en los comentarios: la norma no es aquí sacada del principio por vía de interpretación, sino que es creada por una síntesis judicial. Solo la casuística nos dice lo que es de derecho. De todos modos, el tránsito a la creación interpretativa de reglas adheridas a un supuesto de hecho, es gradual. Pues la .multiplicidad de estratos de todo ordenamiento jurídico da lugar en todas partes a instrucciones de distintos grados de generalidad o concreción. De ahí que el contenido substancial de «líneas directrices y casuística»[37] se sitúe siempre en diversos planos: en el mundo de valores del legislador y en el del juez.[38]

En la estructura normativa de las codificaciones no existe un principio material de equidad, que pueda encarnarse en normas de equidad.[39] En el sistema codificado, la equidad no es un principio en virtud del cual pueda decidirse *ex aequo et bono,* sino solo un concepto general para todos los elementos notativos,[40] que en cada caso son encendidos como contrapeso casuístico al rigor lógico de las instituciones fijadas dogmáticamente, aunque vengan ya dados en la *ratio legis,*[41] Así como la *exceptio doli* es imaginada como contraposición a una acción dada, también aquí se

---

juridique des bonnes moeurs, etc., *Études de droit civil á la mémoire de H. Capitant* (1939) 91 ss. Sobre el «orden público» como brecha en el sistema cf. GUTZWILLER, IPR (1931) 1573/74 Y supra p. 134 n. II 63.

36 Así con referencia a *standards,* supra p. 122 e infra cap. XI, 2 p. 285. Sobre la opinión «de todos los hombres que piensan justamente y con equidad» como criterio «objetivo»: jurisprudencia constante del Tribunal del Reich desde RGZ 48, 114. Sobre ello COING (n. I 67) 107. Sobre el «cambio de la opinión general», que sin embargo no libera a los jueces del deber de atenerse a lo que ellos creen «justo y equitativo», cf. RGZ 120, 144.

37 V. HIPPEL, *Richtlinie und Kasuistik im Aufbau von Rechtsordnungen* (1942), habla de distintos grados de «elevación» y «proximidad al suelo», términos con los que caracteriza el horizonte legislativo y judicial. Cf. las certeras observaciones sobre la corrección casuísticamente intuitiva de «grandes pensamientos» legislativos a propósito del caso Menzel RGZ 130, 69 ss. (p. 17). Sobre este punto supra cap. IV, 2. La concepción axiomática de un «arriba» y un «abajo» corresponde en cierto grado a la concepción abstracta y concreta de los principios de valor, que en modo alguno cuadra con el pensamiento que se atiene a los problemas. Más importante es la calificación de criterios «normativos» rígidos, típicos de la concepción de la aplicación subsumidora de la ley, y los supuestos de hecho «notativos», que contienen un juicio de valor, pero dejan al juez la tarea de decidir según la situación (W. G. BECKER, *Rerum notitia, Die Entscheidung aus dem Sachverhalt*: Jur. Rundsch. 1949, 489, 523 y 1950, 5). Éstos pueden tener el carácter de una «cláusula general» o «directiva», de un *standard o* de una «norma en blanco», o bien estar formulados en normas adheridas a un supuesto de hecho y «fijadas notativamente», que permiten (y exigen) deducir los «pensamientos fundamentales» para la valoración.

38 La antítesis dogmática de «regla y directiva» (MAURY en Recueil Labert [1938] 421 ss.) tiende a prescindir de esto. Pero en la relación entre «supuesto de hecho general» (cf. §§ 823 I, 826 BGB, y más todavía en art. I: 382. Código civil francés) y «supuesto de hecho especial» destaca claramente el carácter de «pensamiento fundamental» y con ello la necesidad de concretar los principios por la casuística, lo cual obliga a reflexionar ante cualquiera ampliación judicial, cf. V. CAEMMERER (n. III 50) 399 s. sobre el «derecho a ejercer la industria instalada».

39 Cf. ENNECCERUS-NIPPERDEY[14] § 50, 191 y mis observaciones supra capítulo VI n. II 27.

40 Con esta clasificación de los supuestos de hecho según el tipo de fijación y expresión de la *ratio* del ordenamiento, BECKER ha dado en la obra citada la más clara exposición de la estructura de las normas en blanco y de equidad. Cf. III a propósito de la cita de STAMBER.

41 Cf. EMGE, *Sicherheit und Gerechtigkeit,* Abh. d. Preuss. Ak. d. Wiss. H 9)1940) 26 ss., SAUER(n. III 33) 274; GRAMSCH (n. I 200) 10 ss.; OHLMER (n. III 33).

opone el valor de la forma y la institución al valor material de justicia.[42] Una vez más, es una concepción aristotélica la que informa esta distinción. Su valor pragmático es innegable, aunque solo sea porque hay problemas de ordenamiento de mayor y menor rigor formal, que acostumbramos designar con los tér minos de *tus strictum* y *ius aequum*. Pero la división falla cuando unas valoraciones éticas reconocidas no dependen de la equidad», sino que son admitidas ya *ratione iuris* y confieren a la propia institución su vida jurídica;[43] la concepción dualística de «forma y contenido» pasa además por alto la continua coexistencia de supuestos de hecho formales (normativamente fijados o absolutos) y materiales (notativamente fijados o relativos);[44] y no debe ocultarnos el hecho de que, incluso dentro del marco de una jurisprudencia que opera no sobre supuestos rígidos, sino según líneas directrices o pensamientos fundamentales, y es, por tanto, elástica, la *constans ac perpetua voluntas suum cuique tribuendi* no puede menos que conducir a la petrificación en series de sentencias con valor de precedentes, y finalmente a la formulación de máximas, doctrinas y reglas fijas.[45]

Todo «superior trasfondo del derecho», que originariamente es concebido como un supuesto orden superlegal situado al margen del sistema estricto,[46] debe tener siempre en cuenca las condiciones jurídicas de estructura y de control, si quiere ser realmente una pieza del ordenamiento. Un principio de derecho no puede culminar en una especie de suprajuridicidad.[47] Por tanto, aun en los círculos en que el derecho estricto y la equidad están yuxtapuestos como sistemas de ordenamiento, cada uno con su propia «legalidad», la realización de un programa de arbitraje *ex aequo et bono* que no sea meramente arbitrario, obliga a introducir principios formales de ordenamiento y a crear «remedios» o instituciones fijas en *ambos* sistemas. Un contenido sin forma es incompatible con la idea de ordenamiento. De ahí que la equidad no sea un principio constitutivo de índole especial, sino una compensación, independizada como principio corrector, de la independencia de la forma, que va necesariamente de la mano con las garantías institucionales.

3. La división de los principios codificadores en materiales y formales aparece también como superficial desde otro punto de vista. Todo principio «material» tiene que ser incorporado en una forma dogmática que se avenga con la estructura y con el efecto buscado, o sea ha de llegar a ser aplicable técnicamente a través de una institución. Además, todo principio estructural, aunque solo sea formal, ya con

---

42 «La equidad considera el hecho, más allá de la forma.

43 Cf. mis observaciones sobre «la formación judicial de instituciones» infra p. 316 ss. También RIPERT (n. I 40).

44 Ejemplo: Los supuestos de divorcio en casi todos los derechos, con la yuxtaposición de motivos absolutos (perentorios, normativamente fijados) y relativos (facultativos, a estimar notativamente). Hay excepciones en las que solo rigen cláusulas generales (CSR Polonia, URSS). Material completo en LE BRAS-ANGEL, *Divorce et séparation de corps dans le monde contemporain I: Europe* (1952).

45 Cf. la evolución de la *equity*. Detalles infra cap. X, 6 p. 273 ss. y ya suprap. 85 s. Cf. también las notas en BECKER op. cit.

46 Cf. CORWINS 42 Harv. L. Rev. (1928/29) 149, 365 ss. y la crítica de BECKER op. cit. Cf. también HAURIOU (n. II 35) 308 ss., quien habla de *sommets du droit y superlegalité*.

47 Así con razón VOUIN (n. II 98) 98, contra HAURIOU: «Equidad o superlegalidad, no es eso lo que hay que buscar en los principios generales del derecho, puesto que, más arriba o al margen, estamos siempre con ella fuera de la simple legalidad.» Igualmente DE VISCHER, *Théories et réalités en droit int. public.* (1953) 402.

su elección representa una concepción valorativa perfectamente determinada en su substancia. Por ejemplo, el principio de la culpa es a un tiempo: *a)* axioma formal de nuestro sistema, *b*) emanación lógica de la justicia compensadora, y *c*) un principio valorativo de la ética jurídica.[48] Ninguna de estas facetas puede entenderse sin las demás. Sin la construcción formal de un derecho delictual, que a su vez presupone un derecho de la distribución o de la carga del riesgo dentro y fuera de las relaciones contractuales, ni los pormenores ni la situación de la doctrina de la culpa poseen sentido ni son inteligibles.[49] En todo caso se llegaría a un concepto dogmáticamente inútil y vaciado de toda substancia de este principio material, en el que la «culpa» quedaría simplemente identificada con los «supuestos de la responsabilidad».[50] Otro ejemplo: La prohibición de enriquecimiento como principio material no es susceptible de funcionar ni de ser delimitada, si la estructura y la construcción de las instituciones no fijan lo que es «injustificado» en el sentido formal de un derecho delictual, que a su vez presupone una fijación de todos aquellos elementos dogmáticos del derecho contractual y de enriquecimiento, y la construcción de estas dos instituciones en virtud de una tradición judicial y doctrinal, para que este principio ''material» pueda sugerirnos una representación concreta.[51] No otra cosa ocurre con los principios de la ética jurídica, como la prohibición de escudarse en una culpa propia, que es reconocido universalmente en todos los derechos civiles[52] y también en la *equity*,[53] y recibe formulaciones muy generales en calidad de principio ético del «más alto rango». Pero son bien conocidas las minuciosas delimitaciones formales y la interminable y a menudo controvertida casuística que se requiere para que pueda funcionar este principio jurídico, tan elemental en su materialidad.[54] Asimismo, la resolución llamada ideológica no es tampoco el único cauce para la formación de principios. Incluso verdades jurídicas fundamentales, que en una cultura gozan del rango de axiomas, como la regla: *Nulla poena sine lege,* o la prohibición de la analogía en el derecho penal, la prohibición de sanciones retroactivas, dependen, como hoy sabemos, de algo más que de la mera actitud ética. Más allá de todos los criterios materiales, vienen también determinadas por la estructura formal de la justicia y de las fuentes, o sea, por la constitución de los

---

48 Sobre este punto mis *Grundlagen* (n. I 29) p. 50 ss.

49 Cf. DABIN (n. II 122) 506 ss., quien intenta en vano, a la manera del derecho natural, desarrollar autónomamente los detalles de la responsabilidad por culpa partiendo de su «misión», pero se ve obligado a acudir continuamente a los problemas estructurales y a las cuestiones y soluciones vecinas y presupuestas (cuestión del riesgo) (p. 530 ss., 545 ss., 553/4, etc.).

50 Así la civilística bajo la influencia del «principio» en el artículo 1.382 C. c. Cf. PLANIOL-RIPERT-BOULANGER (n. II 45) II (1947) n.° 950. Sobre el peligro de una análoga ampliación del derecho delictual del BGB con certero destacamiento del papel de principio y casuística: V. CAEMMERER, *Bereicherung und unerlaubte Handlung*: Festschr. f. Rabel I (1954) 333 (334-405). De todos modos poseemos conceptos dogmáticos fijados para trazar los nuevos límites en los planos de bien jurídico, antijuridicidad, etc.

51 Véase-supra cap. VII y el siguiente acerca de la técnica de interpolar principios partiendo de instituciones codificadas.

52 Cf. § 817 prop. 2 BGB, § 1.174 ABGB, art. 66 OR, art. 1.305 C. c. español, art. 692 C. c. portugués, en otras partes la jurisprudencia, cf. Cass. Belge 4.6.1903, Pas. Belge 1903 I 276, para Francia RIPERT (n. I 40) 192 ss.

53 Máxima inglesa de equidad: «Nadie debe sacar provecho de su propia iniquidad u obtener ventaja de su acto ilícito.» Sobre la aplicación en EE.UU. cf. 1 Am. Jur. 414, *Actions* § 16. Sobre su importancia en el derecho universal, infra cap. XVIII, 375.

54 Más detalles en cap. XV, 3.

tribunales, la formación de supuestos de hecho en las leyes, la codificación u otras formas de dar publicidad a un ordenamiento, etc.[55]

Entre las verdades universales figuran hoy, en todas las teorías, las exposiciones acerca del valor substantivo y de la independencia de los puntos de vista jurídicos frente a la ética. Se consideran justificadas las concesiones que ios principios éticos deben admitir en un ordenamiento positivo de las costumbres y el derecho.[56] Sin embargo, se sienten por lo visto reparos para reconocer que la razón de esto está ya en la naturaleza propia de los principios jurídicos, que sin perjuicio de todos los postulados de la justicia material, se caracteriza precisamente por la naturaleza pragmática del derecho,[57] por la institucionalización de las formas de litigio, posesión, apropiación y defensa[58] – y por la vinculación a un fin y la canalización social de la necesidad de reparación.[59] La moralización del derecho supone, aunque ello suele ocultarse.[60] una convencionalización de la moral. Son criterios jurídicos y en este sentido formales, es más, deben ser criterios empíricamente comprobables, los que han de estabilizar las exigencias éticas sancionadas – incluso el deber social de ayuda[61] —y los juicios de valor— incluso el de lo

55 Cf. Henkel, *Strafrichter und Gesetz im neuen Staat* (1934). Véase también Ripert (n. I 77) 176 ss., con alusiones ilustrativas a la crisis de la técnica legal, que con nuevos conceptos tales como *indignité nationale, aide directe ou indirecte a l'Allemagne,* etc. (Ord. de 26.12.1944; otros ejemplos del derecho económico, ibíd.) hizo ilusorio aquel concepto. Sobre el problema de la retroactividad, que en apariencia es de índole puramente político-jurídica, cf. mis *Fiktionen* § 14 p. 171. De la bibliografía francesa Bqnnecase (n. III 35) 91 y MERLIN en BONNECASE, *Précis de droit civil*² I, n° 110.

56 Cf. mi *Einführung*, p. 19, 28 ss.

57 Lo característico no es el «mínimum» ético, sino el basarse sobre las fuerzas e instintos del hombre medio, en el *quod plerumque fit,* el prescindir de concepciones ideales, el conceder que *primum vivere,* el .mirarse al supuesto de hecho exterior y socialmente eficaz, la función «limitativa del ordenamiento jurídico, el peso que se atribuye a la corrección formal, etc., y sobre todo el rechazar rodo riguroso monopolio de un fin por parte de la institución, y por tanto la continua prontitud a establecer un compromiso con otro modo de valorar. Cf. las palabras de PORTALIS contra el jacobinismo jurídico, citadas en mi *Einführung*, p. 84.

58 Instituciones procesales, protección delictual y posesoria, usucapión y prescripción, el reconocimiento del efecto social del transcurso del tiempo (imposibilidad de prever) y otras modalidades exteriores de una relación que en principio debe evaluarse de otro modo, constituyen perspectivas genuinamente jurídicas, sin valor «derivado» éticamente. Cf. DABIN (n. II 122. 487 ss. sobre la usucapión y sobre la «virtud creadora» de la posesión. Ibíd. 489 n. 4 más noticias sobre la historia redaccional. Es característica la justificación retórica de la usucapión, aunque sea de mala fe, en GAIUS, D. 41, 3, 1: *Bono publico usucapio introducta est.*

59 Cf. mi conferencia inaugural en Maguncia: *Vergeltungsbedürfnis und Dankbarkeit ais Naturrechtszeichen*, publicada en *Impulsi etici nel formarsi del diritto naturale*, Nuova Riv. Dir. Comp. 4 (19511 168 ss.

60 Incluso por RIPERT (n. I 40). Acertadamente, en cambio: RHEINSTEIN, *Relation of Morals to Law* (n. I 196). PERREAU (n. I 28) observa finamente, en su exposición sobre «*Courtoisie, complaisance et usage non obligatoire devant la jurisprudence*»: «Los espíritus de una pieza no acaban de comprender la gradación, como en escalones sucesivos, de los efectos del derecho (p. 121).

61 Cf. DABIN, op. cit. 568 ss. sobre la necesidad del enlace de este deber de asistencia con supuestos, de hecho exteriores e interiores, y también las observaciones de p. 613 sobre el resarcimiento de gastos. El estado totalitario ha dado una clara ilustración de la necesidad de proceder a esta delimitación «formalizadora» de deberes en el derecho. Sobre un *standard* nacional discrepante de la prontitud a prestar ayuda, cf. n. II 42, cap. XVI, 3 y PERREAU

«reprobable» y de lo «brutal»[62] —en principios codificados, que al lego le hacen el efecto de ética incorporada, pero al jurista le recuerdan el desarrollo casuístico de *standards* legales establecidos según senes de precedentes.[63] *Quid leges sine moribus,* exclama el primero, pero el eco del mundo del derecho responde: *Quid mores sine praeiudiciis?*

Los principios constructivos de un ordenamiento (en conjunto y en las instituciones singulares) son ya expresión de una determinada opción entre valores materiales, y los principios valorativos de cada materia (protección al acreedor, protección al deudor, todos los *topoi* de los intereses individuales y colectivos) condicionan una determinada construcción de aquéllos.[64] La ausencia de un principio axiológico claro o su ocultamiento bajo la superposición de formas estructurales arbitrarias, no adecuadas a la problemática objetiva, conduce a graves perturbaciones del desarrollo y a anomalías de las figuras respectivas.[65] En general, la lógica de

---

op. cit. vol. II cap. X. Puntos de partida históricos del proceso: Derecho marítimo (Convención de Bruselas de 23.10.1910) y derecho de circulación. Para su reconocimiento y sanción en el *common law* cf. el material en Dabin p. 587 n. 3, sobre su rápido desenvolvimiento en Norteamérica cf. los datos supra cap. VI número II 42. Es de todos modos inevitable que el reconocimiento jurídico de un deber de actividad quede muy retrasado en comparación con la multitud rápidamente creciente de los deberes de tolerancia y atención que surgen de las relaciones sociales y de vecindad. En este sentido es acertada la afirmación de CARDOZO en *Schichowski* v. *Hoffmann* (1933) 281 N. Y. 389, 185 N. E. 676: «Nuestros conceptos de los deberes jurídicos no se mantienen estáticos en este mundo cambiante. Crecen y cambian a medida que surgen nuevas situaciones, que la vida se complica en sus relaciones sociales, que la conciencia social de la comunidad impone nuevas obligaciones sobre sus miembros... No se ha ampliado mucho el campo en que es lícito pedir responsabilidad a un hombre que ha omitido emprender una acción conducente a apartar de otro daños que pueden surgir de causas que él no ha creado» (p. 678). No así en los deberes de atender a la seguridad del tráfico en el ámbito de peligro propio. Incluso la cláusula de exención de responsabilidad es rechazada como un atentado contra la *public policy;* cf. *Whitcom* v. *Mason,* 102 Vid. 275, 62 A 749, § L. R. A. (N. S.) 565 y *Pessagno* v. *Euclid Investment Co.,* 72 App. D. C. 141, 112 F. (2 d) 577. A comparar con el *standard* vigente no mucho antes: En *Kay* v. *Cain,* 81 U. S. App. D. C. 24, 154 F. 305 (2 d), se había negado la responsabilidad del arrendador en un accidente debido a defectuosa iluminación de una escalera, incluso trente al arrendatario. «Causa» del accidente había sido una botella de leche dejada por el vecino. (Citado según FREIER-BENSON [n. I 83] II, 82.)

62 Cf. BGHZ p. 318 (caso Nürburg). Cf. también las definiciones y recomendaciones para el tratamiento de «desconsiderado olvido de la seguridad» en el *Restatement of Torts II, Negligence,* cap. XIX §§ 500 ss.

63 Cf. supra p. 106 ss. e infra cap. XIII, 3.

64 Cf. supra p. 9 y el trabajo citado allí en nota 12 de F. V. HIPPEL. Aplicación de esta tesis a cuestiones singulares del derecho privado en Das Problem der rechtsgeschäftlichen Privatautonomie (1936), basado a su vez en la teoría de los *realia* de EUGEN HUBER y en la lógica objetiva de WALTER BURCKARDT. En la concepción y exposición de semejante estructura valorativa y lógica de las instituciones y de su contexto en los códigos, siguen sin rival los trabajos de FRANZ KLEIN. Sobre este punto mi estudio Franz Klein als Rechtssoziologe, en el Festschrift para el cincuentenario del ZPO austríaco (Viena, 1948) 35 ss. La ventaja didáctica y la superioridad de esta concepción para el derecho comparado se hace especialmente visible en la obra póstuma de KLEIN: *Der Zivilprozess Österreichs,* vol. 3 de la serie: *Das Zivil Prozessrecht der Kulturstaaten* (1927).

65 Cf. MÜLLER-FREIENFELS, *Die Anomalie der verdeckten Stellvertretung des englischen Rechts*: RabelsZ 17 (1952) 578 y 18 (1953) 12, así como *The Undiscoled Principal*: Mod. L. Rev. 1953, 299 ss., espec. 312 ss.: «*The Anomalies in the Development of Undisclosed Agency Originating in the Lack of Underlying General Principles.*»

los hechos o la «naturaleza de la cosa» se impone incluso contra los obstáculos de un principio formal histórico, si no en la codificación o en la doctrina oficial, en la jurisprudencia práctica. En ésta se muestra lo que es «derecho positivo», aunque rinda un aparente homenaje a los principios oficiales.[66] Los *realia* de la legislación determinan incluso una «autolimitación del sistema positivo».[67] Por consiguiente, si un principio posee el carácter de derecho positivo, solo puede verse por su función efectiva en la práctica, no por la opinión de la teoría.

Si quisiéramos tomar en serio las «máximas» oficiales de un proceso civil —como «máximas de procedimiento o de instrucción»—, de modo que de ellas se dedujeran «forzosamente» determinadas soluciones particulares, nos formaríamos unas ideas totalmente absurdas del procedimiento real. De hecho, en atención a tales máximas escolares, es frecuente que elementos fundamentales sean presentados como meras «excepciones» y expedientes impuestos por el fin perseguido, mientras que se veneran como piezas de aparato escolástico residuos de aquel principio ideológico que han perdido ya todo sentido.[68] El ejemplo de la reforma del procedimiento civil de 1933 nos ha permitido observar cuán funesto es incorporar, en un sistema dogmático impurificado de este modo, exigencias éticas nuevas y oportunas haciéndolas pasar por derecho positivo. Semejante obra sigue siendo una falacia, mientras no se tome la decisión de prescindir de todas las consignas de unidad y de reformar las instituciones concretas para que las nuevas ideas jurídicas puedan funcionar también positivamente.[69]

Es, sin embargo, una experiencia universal que los principios escolásticos de un código y del mundo que le dio nacimiento, pueden permanecer ideológicamente intactos durante largo tiempo, mientras en las leyes especiales se aplica ya un principio de signo contrano.[70] La incorporación oficial del nuevo pensamiento se realiza entonces después de una larga preparación, gracias a una casuística revestida *lege artis* y a la nueva formulación de un «pensamiento jurídico general» hecha autónomamente por la judicatura.[71] Pero a menudo ocurre también que ya la escue-

---

66 Si, por ejemplo, el «principio de la sucesión universal», en el sentido de la herencia en cuotas, no en cuantos, domina el derecho sucesorio del BGB (cf. la polémica sobre la relación de § 2.087 II BGB con el § 1.922 I BGB en la jurisprudencia contemporánea de OLG Colmar, Rspr. 7, 357 y Rspr. 9, 398; sobre ello GOLDSCHE en DJZ 1912, 343), queda siempre el recurso de interpretar la institución de heredero para una *certa res* como dirigida a una cuota de valor con la correspondiente orden de partición; cf. SCHENZER, *Erbeinsetzung auf bestimmte Gegenstände* (tesis, Erlangen, 1934). Así el dicho escolástico: «tal cosa es extraña al BGB», vale solo a reserva de las salidas efectivas que encuentra la jurisprudencia.

67 Así ASCARELLI (n. I 55) p. 20.

68 Cf. por ejemplo la exposición sistemática de las funciones materiales de dirección y preparación del proceso que incumben al presidente según los §§ 139 ss. ZPO con respecto al principio de la tramitación en la concepción liberal del proceso, que queda desbordado por aquéllas; o las controversias sobre el concepto de «deberes de las partes» frente a una ideología procesal basada en el «principio de la acción».

69 Es fundamental sobre este punto y el anterior el análisis crítico de F. VON HIPPEL, *Wahrheitspflicht und Aufklärungspflicht der Parteien im Zivilprozess* (1939). Sobre la necesaria coincidencia del deber material y procesal de veracidad y sobre el reconocimiento del último en una concepción doctrinal menos doctrinaria, cf. RIPERT (n. I 40) 56 n. 3.

70 Así el principio de culpa en el derecho delictual civil; cf. ASCARELLI op. cit. 58.

71 Cf. mi exposición de la evolución del «deber de atender a la seguridad del tráfico» en *Grundlagen*, p. 30 ss. y en *Haftpflichtrecht* (n. I 15).

la sostiene de antemano yuxtapuestos dos principios o máximas contradictorias, que en caso de necesidad pueden ser utilizados el uno contra el otro, como en el ejemplo anterior las máximas procesales.[72]

Cuando la lógica de los hechos ha creado normas positivas en la edificación y estructura de una materia o institución, hablamos de principios institucionalmente corporeizados, o más simplemente de principios institucionales (cf. supra pág. 132 y ss.). La publicidad, *numerus clausus,* principio del rango, etc., son principios institucionales de nuestro derecho de cosas en general, como la accesoriedad lo es ce los derechos de prenda, y la vinculación al fin lo es de las servidumbres.[73] La autonomía privada, la libertad de contratación, la fidelidad al contrato, la relatividad del vínculo convencional son principios institucionales del derecho de obligaciones,[74] aunque también los límites y correcciones inmanentes de estos principios: licitud del fin (causa lícita, legalidad del objeto),[75] facultad judicial de interpretación según criterios objetivos de valor,[76] y otros. Los principios abonan siempre un determinado aspecto de la protección de los intereses, y si el «principio de la voluntad» expresa necesariamente la protección de las partes en cuanto a la auténtica formación de la voluntad y a la libertad de obligarse,[77] el principio de la confianza representa la protección del tráfico.[78] La posibilidad de principio de impugnar u obtener la resolución judicial de contratos celebrados defectuosamente, viene prudentemente contrarrestada por la fijación con supuestos de hecho de los únicos casos en que jurídicamente puede aceptarse un vicio de la voluntad, y la limitación, también de principio, del efecto resolutorio con respecto a terceros y a situaciones creadas definitivamente (aspecto «real»), y por modalidades de procedimiento más o menos estrictas, pero sobre todo también por una apropiada distribución del riesgo («daños a la confianza»).[79]

---

72 Sobre la «elasticidad», equivocadamente encomiada, de estos principios aplicables *ad libitum,* así como sobre el caso límite de dos sistemas antagónicos en general: ASCARELLI loc. cit.

73 Véase supra cap. IV p. 74.

74 Cf. RIPERT op. cit. 37 ss., 74 ss.

75 Sobre la coincidencia objetiva de los límites del *common law* con los principios continentales, a pesar de la discrepancia dogmática y conceptual, cf. ANSON (n. II 60) 219 ss. y WILLISTON (n. II 85) cap. LF§§ 1.726 ss.

76 Cf. las certeras declaraciones de Judge ATKIN en *Russkoe v. Stirk* (1922) 10 Lloyds L. R. 214, y LORD Wright en el *Caso Fibrosa* (1934), A. C. 170, y sobre esto la observación de MEIJERS (n. II 90) 105 n. 4. Sobre el topos: *What is fair and reasonable,* cf. infra en el texto.

77 RIPERT op. cit. 75, 83 ss., y especialmente sobre la aproximación de la jurisprudencia francesa sobre la doctrina del error a la idea de protección de la *laesio enormis.* Derecho comparativo: JUCA (n. I 108) con exposición completa de las diferencias estructurales de los diversos ámbitos jurídicos con respecto a un mismo principio.

78 Cf. infra cap. XVIII, p. 471 ss.

79 Sobre el ciclo de problemas «daños a la confianza», más detalles en capítulo XVIII, loc. cit. Sobre la elección de procedimiento cf. la *action en nullité* francesa y la *action for rescission* inglesa (1873) (Judicature Act), de la cual se toma *cancellation at equity* y hoy un *remedy* general en caso de *mistake (of fact)* e *innocent misrepresentation,* mientras que originariamente *at law* solo se podían rescindir contratos que contenían un especial deber de información *(uberrimae fidei contracts)* o los que iban acompañados de un *warranty* o una *promise of truth.* La rescisión de una adquisición real en bienes muebles está tan claramente atenuada como entre nosotros, que solemos exponerla solo como consecuencia de una adquisición «abstracta»: después de la entrega, no hay rescisión, el último instante es *stoppage in transitu.* No son cuestiones doctrinarias, sino valorativas estructuralmente disfrazadas, las que determinan estas soluciones. Cf. RHEINSTEIN (n. I 102) 213 ss.

Con todo eso, los conceptos no son paráfrasis meramente técnicas de la realidad social y moral, que deben ser tenidos en cuenta al tratar el problema planteado, sino que contienen una previa y concreta elección de lo que es esencial jurídicamente.[80] En combinación con las ideas de valor que informan el ordenamiento entero, son incluso los elementos constitutivos de toda resolución singular, la cual toma en consideración la naturaleza de la cosa y al propio tiempo la opción realizada en el trabajo de codificación.[81] Pues dicha opción —por ejemplo riesgo del que se equivoca o de la otra parte, resarcimiento o no de los daños a la confianza—, aunque temáticamente venga preseñalada por la realidad y la lógica de los hechos, en su decisión queda enteramente libre y depende del espíritu de la respectiva época codificadora.[82] Se refleja en los grandes principios constructivos[83] no menos que en los conceptos jurídicos generales que codeterminan cada figura singular, bajo el simbolismo de los cuales son vistos los postulados de la "razonabilidad» y son ordenados en el conjunto sistemático positivo por vía de construcción dogmática.[84]

---

80 Cf. supra p. 106 ss. También RIPERT (n. I 40) 31 ss. y RHEINSTEIN (n. III 60) 280 ss.

81 Por esto en el sistema axiomático, ningún detalle puede ser encajado armónicamente en el cuadro conjunto sin una construcción conceptualmente correcta, aunque la «teoría» adecuada siga siendo discutida durante largo tiempo. Cf. la introducción de la cesión en blanco. En Alemania: SÖLLE, Bemerkungen zur Blankozession, en Festschrift f. M. Wolff (1952) 23; análogamente en la civilistica italiana: OPPO, Titolo incompleto e titolo in blanco; Riv. Dir. Comm. 1949, 12 ss. Ejemplo de teorías equivalentes: la de la «inoponibilltà» (estar atado, *estopped)* y la de la «nullità relativa» en la extralimitación del poder de representación, la primera defendida por MESSINEO, FERRARA, PASSARELLI, la segunda por BETTI; cf. sobre ello CARRESI, *In tema di difetto e di abuso di rappresentanza*: Riv. Dir. Comm. 1949, 209 ss.

82 Esto lo admite también RIPERT, quien reconoce el dogma de la voluntad y el principio de la libertad en el derecho contractual como productos de las concepciones de la Ilustración (op. cit. 37 ss.), aunque en general tiende a confundir las «verdades» de derecho natural con las soluciones que vienen previamente dadas; cf. también el dicho de JAUBERT por él citado: *Le droit n'est que l'analyse de ce qui est équitahle et bon* (p. 32).

83 Como, por ejemplo, en el principio estructural «derecho público», «derecho privado», que para el pensamiento continental del siglo XIX significaba garantías jurídicas específicas, mientras que el estilo de pensar del *common law* siguió siendo «monistico» y enquistó institucionalmente en esta estructura unitaria las reliquias de los privilegios feudales y la posición aparte de la corona; cf. CRAIG, *Structural Differences between Common and Civil Law*, Seminar IX (1951) 63. Objetivamente, las diferencias funcionales que presenta una misma forma jurídica en los dos campos del derecho, público y privado, aparecen en todas partes, pero hace falta una determinada prehistoria política para que éstas se independicen en calidad de «principios» jurídicos, que a su vez codeterminan la evolución en forma de axiomas. Cf. MONTESQUIEU, Esprit des lois, XXVI 15: «No hay que regular según los principios de derecho político las cosas que dependen del derecho civil.»

84 Cf. lo dicho supra sobre la distinta construcción en la estructura del derecho delictual y contractual (cap. VI n. II 65). Sobre la naturaleza delictual, aún visible, del *indebitatus adsumpsit,* también M. WOLFF en ARMINJON-NOLDE-WOLFF III, 170. Sobre la manera de establecerse la separación en el derecho francés WAHL (n. II 65) 204 ss. Cf. más abajo sobre él tratamiento todavía delictual de formas de inquietación no aseguradas dogmáticamente, por ejemplo, de la *culpa in contrahendo,* en las doctrinas románicas. Un bello ejemplo de cambio de construcción dogmática debido al cambio en la estructura de la codificación, quedando igual la «naturaleza de la cosa» y la «razonabilidad», lo ofrece la bibliografía italiana citada supra (n. III 81) sobre la representación sin poder. El antiguo *Codice* favorecía la representación de una ineficacia en estado de pendencia a cargo del representante, el cual quedaba vinculado, mientras que el contrario podía liberarse unilateralmente; el nuevo código establece de antemano el cuadro de la ineficacia «relativa», que el represen-

Así cada solución particular de un problema objetivamente análogo por ejemplo, en el derecho contractual: la obligatoriedad y cumplimiento de prestación y contraprestación en caso de obstáculos y frustraciones de la prestación—,[85] aunque desempeñen una función universalmente comparable, forman sin embargo una parte estructuralmente única e inconfundible de aquella sistemática positiva en cuyos principios dogmáticos se ha orientado y formado.[86]

4. Ahora bien, en la sistemática de la codificación se da una chocante tendencia a elevar sus principios a la condición de absolutos. La jurisprudencia gusta de generalizar los principios estructurales y también los valorativos implícitos en los textos, por tenue que sea la expresión que en éstos encuentran, con el fin de poder ampliarlos en calidad de *los* principios de su código, al compás de las necesidades de la vida jurídica. Al decir esto prescinda todavía del error del «positivismo armonizante», que tiende a hacer absolutos estos principios declarándolos «una necesidad lógica» o, simplemente, «conformes a razón.[87] Pero aun al margen de esta idea de necesidad, se sigue fiel al lema de LOGAU: «Lo general puede encontrarse en lo particular, y con las ramas de las sentencias puede tejerse una guirnalda para la ciencia»,[88] y se procede a desarrollar una técnica de la interpolación orientada hacia un fin determinado, gracias a la cual pasajes aislados de la ley aparecen como expresión substitutiva de un principio o de un pensamiento general. Esta remisión

---

tado puede sanar en cualquier momento. Pero la antigua dogmática conseguía el mismo resultado con una construcción muy libre del poder de ratificación del principal del negocio, que era razonable ya que no perjudicaba a nadie. Asimismo, la necesaria iniciativa del contrario de fijar plazo al principal para que emita su declaración, y el divergente tratamiento de actos jurídicos unilaterales del *falsus procurator* son construidos de acuerdo con la «naturaleza de la cosa», cf. CARRESI (n. III 81) 212.

85 Del sinalagma «funcional», como lo llama RHEINSTEIN (n. III 60) 208 ss. Establece una contraposición muy gráfica entre éste y el sinalagma «genético» o «condicional», que ya en la figura francesa de la *cause* está en el primer plano. Pero también con *consideration* los problemas del fracaso son resueltos más allá de la «causa» y del «sinalagma», a saber en caso de frustración del fin *(Failure of consideration)* y por tanto los problemas de ejecución en caso de vinculaciones a una finalidad. Nuestro concepto de causa solo lo consigue como representante de la ulterior doctrina del fin del negocio, en la medida en que el § 812 I 2, BGB («el resultado perseguido según el contenido del negocio jurídico») la faculta para semejante función. Cf. VON CAEMMERER (n. III 50) 346.

86 Observaciones de detalle sobre el tema «comparabilidad desde el punto de vista funcional» en caso de diferencias de estructuras, infra cap. XVIII, página 448 s. La comparación que solo parte de la estructura continental solo puede dar sentencias dogmáticas extrañas a la función. Así GRAUER, *Die ungerechtfertigte Bereicherung im französischen Privatrecht* (1930) y por desgracia también FRIEDMANN, *Die Bereicherungshaftung im angloamerikanischen Rechtskreis* (1930); en contra KESSLER, *Einige Betrachtungen zur Lehre v. d. Consideration*: Festschr. f. Rabel I (1954).

87 Sobre el fenómeno general dentro del marco de la *idea del codice,* habla certeramente ASCARELLI (n. 170) 52 ss. De hecho se va diluyendo cada vez más la diferencia entre principios «necesarios» y principios de un Código, mientras que en la ley especial cada principio queda unívocamente restringido a su finalidad, de modo que los «principios generales del derecho» desempeñan el papel de una fuente externa y correctora. Cf. ASCARELLI, ibíd. 57: «Así los principios codificados adquirieron el aspecto de principios generales, en contraste con los de la legislación especial, y el código asumió, a través de esta distinción, un nuevo significado.»

88 Elegido por JOH. ADAM SEUFFERT como lema del primer volumen (1847) del archivo por él fundado.

al sistema garantiza al mismo tiempo la docilidad formal al texto[89] y la fidelidad «rigurosamente lógica» al sistema. Los conocimientos y experiencias ganados gracias a la casuística, son atribuidos al Código, para poderlos utilizar deductivamente como normas supremas del sistema.[90] Pero también ocurre a menudo que sea imposible deducir principio alguno de la arbitraria selección de las soluciones particulares.[91] Entonces se echa mano de la misma analogía pragmática que hallamos en el pensamiento problemático del Derecho del caso. Pero incluso para las «deducciones» hace falta un extenso material casuístico y escolástico, reunido inductivamente, antes de poder pasar al reconocimiento de un «pensamiento general». La labor de anclar este pensamiento en el texto, constituye una *cura, posterior,* y más de una vez la elección puramente casual de los textos legales que parecen los más adecuados, traiciona el verdadero decurso de tales enlaces «sistemáticos».[92]

Como es sabido, pasó largo tiempo antes de que la jurisprudencia alemana se decidiera a «deducir» del BGB, como pensamiento jurídico inmanente en el Código, el principio de la culpa en la conclusión de un contrato *(culpa in contrahendo),* que en el derecho común había sido sistemáticamente elaborado por Ihering, Windscheid, Wellspacher y otros,[93] y la verdad es que el enlace textual con el § 276 BGB es bien arbitrario. Hasta 1910 el Tribunal del Reich persistía en su criterio de que no había «disposición alguna al efecto de que hubiera que responder de toda culpa en la conclusión del contrato», y de que el § 276 BGB hablaba solo de la responsabilidad del «deudor», presuponiendo por tanto la existencia de una obligación.[94] Las discrepantes voces de la doctrina[95] eran persistentemente desatendidas, hasta que llegó un momento en que tan abrumadora fue la masa de material acumulada, que hubo que aceptarse la propuesta conciliadora de Leonhard,[96] de establecer una res-

---

89 Cf. Gaudement (n. III 7). Sin embargo, los juristas axiomáticos (vulgarmente llamados «escolásticos»), ni siquiera en sistemas todavía abiertos (como el derecho internacional), desdeñan tomar este camino. Cf. los esfuerzos de Verdross para demostrar la perfección, en el sentido del derecho natural, de los principios universales, supra n. I 36; también Sperduti (n. 277) 7 se afana en interpolar principios iusnaturalistas en el derecho internacional positivo. Lo que interesa entonces es «reconstruir (!) el contenido (substancial) según los datos directamente suministrados por las fuentes (positivas)». El método de determinación de los principios informadores de un sistema jurídico consiste, de hecho, en entresacar del. examen del contenido de las diversas normas, con un criterio de inducción y de generalización, el criterio de máxima...».

90 Sobre este punto Coing (n. I 67) 249: «Las reglas del derecho no son premisas para deducciones jurídicas, sino reflejo de experiencias morales, pensamientos jurídicos, etc.» Convendría solamente insistir en que desde la experiencia moral y su reconocimiento casuístico hasta la formulación de un pensamiento jurídico, hay un trecho muy largo, en el que deben colaborar por igual la jurisprudencia y la doctrina; cf. ejemplos en lo siguiente, a partir de nota 94.

91 Así acertadamente Del Vecchio (n. I 37) 69 ss. (71).

92 Así en Alemania el § 242 BGB es más manejable que el § 157 BGB; en Francia el art. 1.133 C.c. goza de preferencia sobre art. 6 o 900.

93 Cf. infra n. III 104.

94 RGZ 61, 207; RG JW 08, 657; 09, 684; LZ 10, 82. El punto de enlace doctrinal fue luego la ficción, según los casos, de un contrato tácito de garantía. El paso al nuevo principio está claramente visible en el cambio sufrido por la obra Pandectística de Windscheid, la cual hasta la 5ª. Edición (revisada por Kipp) deriva inmediatamente la responsabilidad de la buena fe.

95 Cf. Kuhlenbeck en DJZ 1905, 1142, y ya Meissner en su comentario al BGB de 1898, nota 3 al § 278.

96 Verschulden beim Vertragsschluss (191 o) (cf. ya su tesis de 1898).

ponsabilidad por *culpa in contrahendo* al menos cuando más tarde se llegaba a una conclusión válida del contrato.[97] El avance realizado seguidamente por autoridades como von Tuhr, SIBER y OERTMANN animó luego a la jurisprudencia a dar un paso más y reconocer la responsabilidad incluso en las negociaciones que no desembocaban en una conclusión válida. Se empezó intentando ampliar, de modo puramente casuístico y con diversas distinciones sobre la naturaleza y causa de la nulidad, el concepto de deudor a los efectos del § 276 BGB, hasta que finalmente en 1920 pudo ya designarse como «doctrina dominante" la responsabilidad general por toda culpa incurrida en las negociaciones contractuales.[98] Pero el principio no alcanzó su asentamiento definitivo hasta una tercera fase, según la cual lo que importa no es que se intentara la celebración de un contrato aunque ésta quedara frustrada, sino que la «relación preparatoria» como a tal fundamentaba ya la responsabilidad cualificada.[99] Y aun en esta fase quedaban por dar importantes pasos, para completar según un principio dogmáticamente asentado la independización de dicha responsabilidad frente a la derivada del contrato. El primer paso fue la admisión de una «relación de confianza análoga a la contractual»[100] —también ésta considerada de un modo auténticamente pragmático y casuístico[101]—, el segundo, todavía hoy discutido, es el de una «tercera causa de responsabilidad» totalmente independiente, que se intenta justificar con razones tales como «contacto social» y similares, sin que de momento se haya logrado una certera delimitación conceptual.[102]

La labor de «hallar» un pensamiento jurídico general en un texto *o* en una fuente autorizada, dista mucho de ser, pues, un proceso lógico de generalización e interpolación. Un determinado problema de hecho obliga a elaborar una solución que de momento se encuentra de un modo casuístico, sin preocuparse por los prin-

97 Cf. RG JW 1912, 743 (n.° 5).

98 Una buena ojeada general en la documentada tesis de NIRK, Die Lehre von der culpa in contrahendo in rvgl. Darstellung (Tubinga, 1951) 24 ss., publicada en extracto en RabelsZ 18 (1953) 310.

99 Cf. FISCHBACH en ArchBürgR 41, 160 ss. y STOLL en LZ 1923, col. 532 ss.

100 Cf. RGZ 120, 251.

101 Y por esto atacada por el peligro de «dilución» dogmática, no sin razón; cf. TITZE, DJZ 1925, 490, y JW 1931, 513; también en Hdwb. d. RWiss. VI, p. 515. Sobre esto NIRK op. cit. 137.

102 Cf. HAUPT, *Faktische Vertragsverhältnisse* (1940); DOLLE, *Aussergesetzliche Schuldpflichten*: ZtStW 103 (1943) 67 ss.; WIEACKER, AZakR 1943, 33; también ESSER, Schuldrecht p. 20 s. Cf. la correspondiente evolución de la aplicación del § 278 BGB, en la que el problema en cuestión encuentra prácticamente su verificación principal en las obligaciones que se dan dentro de la compensación por culpa (§ 254 BGB), ESSER JZ 1952, 257. En realidad, también en la cuestión general de *culpa in contrahendo* la objetiva delimitación de las situaciones de responsabilidad no puede hacerse con estas teorías, sobre todo la solución unitaria «daños a la confianza» no cuadra con algunas situaciones en que el comerciante reclama fundadamente que se atienda a la seguridad del interés de cumplimiento. Por esto NIRK op. cit. 138 ss. distingue con razón las situaciones siguientes: 1.° casos de un precontrato; 2.° culpa (incluso *innocent misrepresentation*) en la fase de negociaciones; 3.° culpa que lleva al fracaso, nulidad o impugnación del contrato; 4.° culpa en una conducta observada «con ocasión» de las negociaciones, donde el carácter delictual solo con relación al § 278 BGB queda recubierta por la responsabilidad «de contacto», y 5.° culpa en casos de contacto, que produce daños no *in contrahendo*, sino de otro modo (por ejercicio de la profesión, utilización de un establecimiento, en situación «análoga a un contrato»). En los dos últimos grupos de casos se da plena responsabilidad delictual con deber de responder según el § 278 BGB.

cipios, y luego se enlaza pragmáticamente con algún pasaje adecuado de las fuentes;[103] solo cuando no hay ya manera de silenciar las contradicciones del sistema, se reconoce que aquellos pasajes son utilizados solo para dar un apoyo sistemático a un principio que los rebasa.[104] Seguidamente, las nuevas figuras y categorías dogmáticas son incluidas en el conjunto del sistema, considerándolas como inmanentes a éste: si el «poder», la distinción entre «derecho» y «ejercicio de un derecho» son instituciones del sistema positivo, es solo en virtud de la creación jurisprudencial, por mucho que se insista, en nombre de la fidelidad a la ley, en que el pensamiento general puede «deducirse» de los párrafos 185 o del 399 BGB, del 1.059 BGB o del 857 II ZPO.[105] En este sentido, un principio como el del resarcimiento de los daños y perjuicios por las expectativas despertadas, con una distribución equitativa del riesgo que trasciende en su alcance el problema de la culpa, puede ser luego presentado por una doctrina nacional como «emanación» de pasajes sueltos de la ley. Así sucede, por ejemplo con los §§ 122, 179, 307, 309, 663, 675 BGB, § 362 HGB, §§ 16, 17 VVG, etcétera.[106] Pese a ello, es bien sabido que se trata de un principio universal, cuya fundamentación positiva se hace depender metódicamente de los azares de la estructura y del texto históricos. Queda a cargo de la teoría el cuidado de poner de acuerdo sus fórmulas para la mejor protección de las garantías de terceros, con la *ratio* de aquellos pasajes positivos.[107]

---

103 Como es propio del pensamiento problemático de los sistemas «abiertos». Así el desarrollo de una regla a partir de un *responsum* en el derecho romano, como la de la compensación por culpa en caso de daños a la cosa del D. 9, 2, 11 pr., o la división del riesgo en el contrato de obra del D. 19, 2, 36 y otros, cf. lo dicho sobre la tópica supra p. 57 ss. Con referencia especial al derecho romano: SCHWARZ, Begnffsanwendung und Interessenwertung im römischen Recht: AcP 152 (1952) 206 ss.

104 Es altamente ilustrativo el «descubrimiento» de nuestro pensamiento general de la *culpa in contrahendo* en IHERING, Iher. Jb. 4 (1861) como supuesta base de cinco lugares en las fuentes. Esta composición, criticada con razón por los romanistas, merece la más alta admiración por la genial captación de la problemática lógico-objetiva: apariencia jurídica y daños a la confianza. Lo que le importa a IHERING no es la verdad histórica, sino .a objetiva: «Nada me importa la jurisprudencia romana», escribía el propio IHERING en aquella época, «más bien creo que es un derecho y un deber de la jurisprudencia actual liberarse de las trabas de aquélla». (Citado en EHRENBERG, *Rudolf v. Ihering in Briefen an seine Freunde* [1913] 65/66.)

105 Cf. KRÜCKMANN en AcP 139, 26 ss. (30 ss.), y en su colaboración en RG-Praxis im dr. Rechtsleben, op. cit. II 83 ss. y *passim,* así cdftio en Zbljur-Prax. 1932, 771 ss. Una buena ojeada en LUDEWIG, *Die allgemeinen Rechtsgrundsätze der Ermächtingung nach bürgerl. Recht* (tesis, Marburgo, 1921). Sobre estos conceptos centrales se levantan luego nuevas series evolutivas, como por ejemplo la de los poderes para cobrar, cf. RGZ 117, 72, A. SCHMID en Gruchot 57, 241 ss., ZITELMANNS AcP 99, 68 ss. y STAUDINGER-RIEZLER, nota 4 al § 185 BGB.

106 Cf. las numerosas diferencias en la fundamentación de las sentencias del Tribunal del Reich. Así, por ejemplo, la 2.ª Sala de lo Civil en RGZ 159, 56, se apoyaba todavía en estas deducciones, cuando ya las había abandonado la 4.ª Sala en RGZ 151.537.

107 Cf. para Austria: KLANG, JB I . 61 (1932) 366: «... en un pensamiento general desprendido de disposiciones particulares de la ley (§§ 878, 866, 248, 869 ABGB) , y WELLSPACHER, ABGB-Festschrift (1911) 197 («emanación»); con respecto a Suiza, donde se mantiene la concepción delictual, MAX KELLER, *Das negative Interesse, etc., Zürcher Beiträge zur Rechtswissenschaft,* NF 157 (1948); SCHERRER, Das negative Vertragsinteresse (tesis, Zürich, 1928) y sobre todo RABEL, *Der Vertrauensschaden im schweizerischen Recht*: ZSR, NF., 27, 317 ss.; para Francia, H. y L. MAZEAUD, *Traite théorique et pratique de la responsabilíte civile délictuelle et contractuelle*[2] 1 (1938) n. 121 (p. 153), donde también se mantiene en pie el concepto de delito a la manera arcaica (según artículo 1.383 C. c., pero con carga de la prueba en contra

La historia institucional de tales pensamientos generales no ha sido en realidad nunca obra de los legisladores, sino solo de la jurisprudencia. En épocas de codificaciones cerradas, la jurisprudencia tiene solo el cometido adicional de conciliar la misión históricamente acreditada y universalmente reconocida de una tal figura con el preciso encuadramiento dogmático de las ideas que presiden la codificación. Para aclarar este punto tomemos de nuevo la idea del enriquecimiento injusto, o empecemos con la figura aún más clara del principio de subrogación, considerada como pensamiento jurídico general: La significación de esta idea en los derechos antiguos podemos seguirla hasta muy lejos gracias a los trabajos de PRINGSHEIM.[108] El pensamiento sigue allí vinculado a problemas concretos; aun la tópica de los postglosadores intenta solo ocasionalmente establecer analogías concretas con el caso de subrogación en la *condictio* furtiva,[109] y sin embargo hallamos ya en Baldus tanto aquí,[110] como en la *gestio negotiorum*,[111] aquella referencia típicamente suya a la *aequitas* de la institución, que eleva a la condición de paremia del derecho común el dicho: *Pretium succedit in locum rei.*[112] Liberado de la significación que le era propia en el derecho feudal y dotado de un interés puramente erudito en la jurisprudencia, es usado ocasionalmente[113] en las nuevas codificaciones (así en arts. 1.407, 1.413, 1.434 C.c. francés), para luego, tras el descubrimiento del complejo de problemas de los «patrimonios separados», ser conocido como figura general por una teoría ya más evolucionada.[114] Ningún sistema positivo puede dejar de lado este círculo de problemas. El BGB alemán, por ejemplo, con la restricción que aportaba al concepto del crédito obligatorio y su fraccionamiento de la función patrimonial, parecía poder pasarse de la idea fundamental de aquella figura.[115] Pero no por ello dejaba de subsistir la problemática de la vinculación de los derechos a su fin, así como la necesidad de una administración separada de los patrimonios. Así la doctrina tuvo que completar las ideas fundamentales. Puesto que la ley no reconocía una subrogación real general,[116] tuvo que acudir

---

de lo dispuesto en art. 1.148), lo mismo que en los demás autores franceses y belgas, citados por NIRK (p. 69 ss.); en cuanto a Italia, MOSSA: Rvgl. Hdwb. I 97 y AcP 150 313, y VERGA, *Errore e responsabilita nei contratti* (1941), quien libera el pensamiento de la atávica idea del «contrato secundario», y otros (NIRK, p. 97 siguientes). Para la universalidad del «pensamiento» es sobre todo probatorio su reconocimiento en el ámbito del *common law*, cf. FÜLLER y PERDUE, *The Reliance Interest in Contract Damages*: 46 Yale L. J. (1936/37) 52 ss., 373 ss., y RHEINSTEIN (n. I 102) 22 ss., 33 ss., 41. El *Sale og Goods Act* opera todavía con «condiciones implícitas» (§§ 14, 15). Sobre el reconocimiento del pensamiento en la doctrina alemana, cf. DÖMPKE, *Die Grundlagen und der Umfang der Haftung für Verhalten bei Vertragshandlungen*: Königsberger r. w. Abh. H. 4 (1933); también BALLERSTEDT en AcP 151 (1951) 501.

108 Der Kauf mit fremdem Geld (1916), *The Greek Law of Sale* (1950), cf. también *Bonum et Aequum*, ZSS rom. A. (1932) 78 ss.

109 Cf. ACCURSIUS, Gl. A D. 12, 1, 31, I y BARTOLUS, Com. a D. 12, I.

110 Com. ibíd. y ACCURSIUS al 12, 1, 32, al 12, 6, 49, al 19, 1, 30.

111 C. 4, 51, 1, y 3, 32, 3 a D. 12, x, 23.

112 La formulación originaria era: *In iudiciis universalibus pretium succedit loco rei et res loco fretii.* Sobre el conjunto de la cuestión: DAWSON (n. I 7) 71 ss.

113 DAWSON loc. cit.; cf. también KOHLER, ArckBürgR. 22, 1 ss.

114 Cf. CAPITANT, *Essai sur la subrogation réeile*: Rev. trim. 1919, 385 y ya DEMOGUE, *Essai d'une théorie générale de la subrogation réeile*: Rev. crit. 1901, 326 ss., pero aún sin un principio teórico claro, interpolado a partir de pasajes singulares como art. 256, 302, etc., C. c.

115 Cf. mi reseña de PINO, *Il patrimonio separato* (1951): RabelsZ 18 (1953) 180 s.

116 Cf. RGZ 94, 22; M. WOLFF, *Derecho de cosas* § 161 III, RGR Komm. obs. 4 al § 1.212 BGB; STAUDINGER-KOBER, obs. 2 ibíd.; pero cf. ya v. TUHR, Allg. T. d. Schw. OR 1 (1924) 345.

a la interpolación caso por caso del «pensamiento jurídico» en párrafos sueltos (como §§ 281, 816, 1.212 BGB, 392 HGB). Era inevitable, sin embargo, que las deducciones «lógicas», respecto al alcance de tales instituciones, resultaran sorprendentemente antinómicas, según fuera la actitud metódica. Dependía en cada caso del intérprete el considerar el caso concreto como caso especial o como irrupción de un principio general.[117]

Por otra parte, la aptitud de los pasajes textuales para servir de puntos de inserción de pensamientos generales, no se limita a ser una cuestión de la formulación. Existen supuestos de hecho generales o formas de protección del derecho *(remedies)*, que no hacen ya referencia a *ningún* principio más profundo o más amplio,[118] y hay recursos totalmente heterogéneos desde el punto de vista histórico y técnico que son universalmente considerados como «expresión» de un principio, aunque el legislador los haya omitido en su sistema. Así las formas, estructuralmente distintas, de responsabilidad por enriquecimiento injusto, para las cuales el vigente ABGB austríaco no posee en absoluto una acción unitaria, mientras el Code civil francés solo tiene una y aún limitada, y el *common law* no conoce ni siquiera el concepto, mientras la jurisprudencia en la práctica y la doctrina está concorde en que aquí la construcción de las formas concretas de un «pensamiento superior» ha sido dejada a los azares de la historia, lo cual justifica que el juez proceda a interpolar lo que falta.[119] Las figuras singulares de responsabilidad y pretensión han ido

---

117 Cf. por una parte Müller-Erzbach: Iher. Jb. 53, 321 ss. en pro de la deducción de un pensamiento jurídico general del § 392 C. com. y de los casos de subrogación en el derecho matrimonial de bienes; por otra parte, Wahl (n. II 65) 171, en favor de la más estricta limitación a las situaciones tratadas, tal como ordena la casuística legal; a su vez, en pro de la simple analogía en el caso singular: Rühl, *Eigentumsvorbehalt und Abzahlungsgeschäft* (1530) 43; o en todo caso en favor de la limitación a la institución en cuestión, por ej., la «representación mediata»: Unzner, Hdwb. d. RW. V, 830 ss.

118 Sea porque abarcan ya por entero un tema de ordenamiento cerrado en sí (así las demandas delictuales generales), sea porque solo representan la forma común de fines de protección totalmente heterogéneos (como la demanda general de comisión).

119 Mientras el código gálico occidental (3 § 383), siguiente al Cód. Ther. (3, XIX, 38 y 2, XX, 5-68), poseía una idea unitaria del enriquecimiento, que comprendía incluso la gestión de negocios sin mandato, el derecho austríaco en los §§ 1.431 ss. ABGB solo conoce la angosta forma de la *condictio indebiti,* o sea que no solo carece de una «acción unitaria por enriquecimiento injustificado», sino también de un supuesto general de hecho de la *condictio sine causa* como nuestro § 812 BGB. La doctrina, en conjunción con la judicatura, partiendo de la figura general de la *actio de in rem verso* y de los casos singulares de una *condictio* (§§ 921, 980, 1.041, 1.174, 1.431, 1-435, 1-447 ABGB) ha reconstruido el «pensamiento fundamental» que el Cod. Ther. conocía como principio en su cap. XX § 5 sobre «actos que están justificados por la simple equidad natural». (Sobre lo cual observa Zenker, *Der. Cod. Ther. und seine Umarbeitungen III* [1884] 336 n. 2, que este principio del D. 50, 17 no debería ser restringido a supuestos singulares, contra la opinión sustentada ya por Martini y Horten.) Cf. Klang-Wilburg^2 (1950) obs. I a 1 y B al § 1.431 ABGB, y I F 1-3 ibíd., con las citas en n. 46 y 47. Hay que destacar a Pflersche, *Die Bereicherungsklagen* (1883); Wellspacher (n. III 5) y Swoboda, *Natur und Inhalt des Bereicherungsanspruchs im osterr. Recht (1916).* Punto final de esta evolución: Wilburg, *Die Lehre von der ungerechtfertigen Bereicherung* (1934). En Francia la tarea ha corrido casi toda a cargo de la judicatura. Después de haberse rechazado la responsabilidad general por enriquecimiento en el arrêt de 11.7.1889 (Req.), D. 89.1.393 (nota Pétition), S. 90.1.97 (nota Labbé) y en el arrêt, ya vacilante, de 2.12.1891 (Civ.). D. 92.1.161, S. 92.1.92, hizo época el famoso arrêt de 15.6.1892 (Req.), D. 92.1.596, S. 93.1.281 (nota de Labbé): «Derivando esta acción del principio de equidad que

surgiendo separadamente como parte del derecho delictual, de mandato o de substitución en el pago, evolucionando aisladamente.[120] La fuerza de sugestión del «prin-

prohíbe enriquecerse a expensas de otro y no habiendo sido sancionado por ningún texto de nuestras leyes, su ejercicio no está sujeto a ninguna condición determinada... Basta para que sea atendible que el demandante alegue y ofrezca demostrar la existencia de un beneficio que él ha procurado al demandado a costa de un sacrificio o una acción personal.» A partir de ahí la regla, formulada de un modo excesivamente amplio, recibe una precisión creciente con arreglo a supuestos de hecho; cf. sobre todo Cass. 12.5.1914 y 2.3.1915, citados en ROUBIER, *La notion française en matière d'enrichissement sans cause*: Trav. Ass. Capitant IV (1940) 38 ss. (40 ss.), pero también los justificados ataques de ROUAST en la nota a Civ. 12.2.1923, D. 1924, 1. 129 y Rev. trim. 1924, 12 número 5. Hoy el principio, con el más exacto deslinde que entre tanto ha recibido (cf. infra cap. XIII, p. 344), es reconocido como una parte «autónoma» del derecho civil francés, cf. GORÉ, *L'enrichissement aux dépenses d'autrui, Source autonome et générale d'obligations en droit privé français* (1949), cualquiera que sea el método por el que se legitime. Cf. ROUBIER op. cit. 42 ss., quien distingue entre un «método formalista» de tipo exegético, un «método idealista» de cuño ético y un «método realista» propio de la sociología jurídica de intereses, con lo que, en realidad, solo se caracterizan tres perspectivas homogéneas. Sobre la evolución francesa cf. también WAHL op. cit. 133 ss. Respecto a la actitud italiana es característico TRABUCCHI, *Diritto civile* (1946) 583: «La moderna acción de enriquecimiento es una acción general, que tiene por tanto un campo de aplicación indeterminado...» También RICCA-BARBERLIS, *L'azione d'arricchimento del progetto italo-francese sulle obbligazioni*: Recueil Gény II, 112 ss., cree que debería bastar el mero principio (art. 73). Sobre el derecho holandés (art. 658 W. B.), BREGSTEIN: Trav. *Ass.* Capitant IV (1949) 56 ss., prestando mayor atención a la procedencia histórica y a los puntos flacos del principio general, admite que la delimitación según supuestos es imprescindible, por lo que aún los proyectos modernos (La Haya 1933, Groningen 1936, Breda, 1937) no se decidieron a establecer una *condictio* general, o en todo caso solo por el reconocimiento de la analogía con art. 1.397 II W. B. (Amsterdam 1935/36).

120 Cf. sobre todo la figura de la *actio de in rem verso,* que de ser una responsabilidad específicamente familiar en la adquisición por parte de esclavos y personas *alieni iuris,* en los ss. XVII/XVIII se convirtió en el representante principal de la idea del enriquecimiento a costas ajenas. Cf. DAWSON (n. I 7) 94 ss. sobre la influencia de DOMAT y POTHIER sobre esta institución ya generalizada por DUMOULIN y D'ARGENTRÉ: la menor originalidad de una figura le confiere más amplias posibilidades de aplicación. Sobre la significación posterior en el Code civil, cf. BAUDRY-LACANTINERE, Oblig. IV, n.° 2.849, y COLIN-CAPITANT II, n.° 417. Véase también la clara exposición de BREGSTEIN op. cit. 57 ss. Sin embargo, no ocurre de otro modo en las codificaciones alemanas inspiradas en el Derecho natural. Cf. la central posición de la *versio in rem* en 13, I, 262 ALR prusiano (sobre ello Dernburg, Preuss, *Privatrecht II,* 670 ss.; EWALD, Gruchot 65, 150; C. E. W. SCHMIDT, *Nützliche Verwendung*: JW. f. d. preuss. Staaten V [1839] 309; JACOBI, *Die Lehre von der nützlichen Verwendung im Zusammenhang mit den individuellen Gestalten der aequitas nach dem pr. ALR* [1861]; Kettner, Die actio de in rem verso utilis etc. [1897] y otros) y en § 1.041 ABGB, que solo es una sombra de la posición general ocupada por la *versio* en el Codex Ther. y en los Proyectos (WELLSPACHER [n. III 5]). Además, la *negotiorum gestio,* de ser un insignificante recurso procesal (cf. D. 3, g, 48 y 12, 1, 23; sobre ello Kaden: ZSS rom. A. 56, 342 ss. y KRELLER ibíd. 59, 390 ss.), por la fuerza sugestiva de la idea de enriquecimiento (así DAWSON p. 61), fue estimada ya por MARTÍN DE BOLONIA como expresión parcial de ésta, y en el código de la Galitzia occidental (3, § 383) figuraba oficialmente bajo este título. Sobre los *quasi contract-remedies* del *common law,* supra p. 82 ss. e infra p. 243 *ss.,* 295 ss. Un recurso soberano en caso de *failure of consideration* es, en la práctica, el *equitable remedy* del *trust canstmctive* y del *implied* (detalles infra cap. XVIII, 6-8), y que en caso de *total failure of consideration* garantiza la reversión del *truststock.* La naturaleza accesoria de esta construcción aparece claramente en casos de *release of contract* o de ineficacia por cualquier otra causa de la relación principal, que hace también

cipio del enriquecimiento injusto» era tan grande, que la doctrina y las codificaciones estaban dispuestas a fundir con este principio incluso elementos heterogéneos. Luego la casuística tuvo que llenar aquel principio vacío con diversos supuestos de hecho adecuados a las situaciones,[121] lo que ante la desdichada confusión de tan complejos problemas de compensación, no podía efectuarse satisfactoriamente en el § 812 BGB.[122]

La fuerza motriz de semejantes procesos es, pues, la voluntad sistematizadora de un legislador o de una doctrina, que al final se ve sin embargo obligada a dejar a la práctica judicial la fijación de los supuestos de hecho concretos.

El afán de descubrir una estructura unitaria dentro de la confusa multiplicidad de preceptos positivos, precisamente en el ejemplo que hemos elegido, en ningún lugar aparece tan claramente como en SAVIGNY. Éste es capaz de juntar en un sistema orgánico todos los casos de *condictio,* incluso la posesoria, «a pesar de lo extraordinariamente variados que nos parecen a primera vista».[123] SAVIGNY demuestra poseer una visión casi profética al entresacar el «pensamiento del enriquecimiento injusto» de pasajes que a veces atribuye erróneamente a la historia de la *condictio indebiti,* puesto que ejerce una auténtica jurisprudencia de intereses ateniéndose a la situación, por ejemplo, ponderando el nesgo especial del mutuante por medio de un finísimo análisis del elemento *de* crédito, que excede del *certum debitum.*[124] Las fuen-

---

inoperante el *trust,* cf. los casos de *Marriage Settlements* como *Essery* v. *Cowlard* (1884) 26 Ch. D. 191, o *in Re Ame's Settlement (Dinviddy* v. *Ames)* 1946, Ch. 217. La actitud iusnaturalista de Mansfield en *Moses* v. *Macferlan* (1760) 2 Burr. 1.005 (véase supra p. 85, no ha podido mantenerse. Solo la evolución ocurrida en los EE. UU. (véase infra p. 243 ss.) ha hecho posible que el *Restatement of Restitution* (1937) exponga los distintos *remedies* como formas equivalentes de expresión de un principio de enriquecimiento concebido de un modo general. Sobre la esterilidad del mero e incoloro «principio» y sobre la crítica de la formación de tipos en el derecho alemán, cf. V, CAEMMERER, *Bereicherung und unerlaubte Handlung,* Festschr. f. Rabel I (1954) 333.

121 Sobre ello infra cap. XIII, p. 344 ss.

122 Cf. la certera crítica de V. CAEMMERER (n. III 50) 335 ss.

123 N. II 12 vo. V (1841) 511 ss. «Sin embargo», prosigue SAVIGNY, «pueden reducirse a un principio muy sencillo, que ha sufrido este rico desarrollo por su pura energía creadora, sin apenas intervención de la legislación. Las adiciones que no puedan deducirse del principio, y son por tanto totalmente positivas, son pocas: y aun éstas no son solo insignificantes, sino definidas como excepciones y como a tales reconocidas en las fuentes, por lo que antes confirman que impugnan la verdad del principio.» Y sigue diciendo: «Para descubrir aquel principio, parto del análisis de un negocio jurídico único, del que con toda seguridad nace una *condictio,* o sea del mutuo...» La primitiva y romántica fe en la energía creadora de un «principio de configuración», accesible solo al pensamiento científico, en la que no se ha despertado aún la actitud propia de las ciencias de la naturaleza, trabaja no «históricamente» en sentido racional, sino imaginativamente en el sentido de la Morfología de GOETHE y CARUS. Su punto débil consiste en despreciar los «aditamentos solo positivos», con lo que se escamotea la «demostración» (cf. p. 507).

124 El pasaje Cod. IV, 2, *Si certum petatur* es considerado por SAVIGNY como una prueba particularmente elocuente, lo cual sin embargo no reduce el valor de su análisis (Beylage XIV, cap. V). Si erróneo es su punto de partida: «al considerar el mutuo como el fundamento de las *condictiones* (!), intentando entender desde aquél la naturaleza de éstas, no hago sino adoptar sin reservas la conducta que puede observarse inmediatamente en las fuentes del derecho romano» (p. 512), acertado es en cambio el reconocimiento de un nexo teleológico entre la desaparición de la protección vindicatoria y la concesión de la *datorum condictio* (p. 514). La delimitación con respecto a la *fiducia* es, por su concisión (18 líneas,

tes son simples piezas de comprobación para la verdad jurídica inmanente en la cosa, a la que ninguna «legislación positiva» puede substraerse.[125]

5. Es cierto, en efecto, que ningún sistema positivo puede desatender los grandes nexos constructivos y funcionales de la materia y de los problemas que plantea al ordenamiento, como tampoco puede pasar de largo ante los principios de justicia material expresados en las *regulae* máximas y doctrinas del derecho común. La valoración factual no constituye en modo alguno un dominio privativo de los programas políticos ni es el juguete de los cambios que en la jerarquía de valores aportan las distintas épocas culturales, cuyo ciclo describió clásicamente RADBRUCH, en su relativismo, con los conceptos de orden de valores «personal» —«colectivo»— «transpersonal».[126] La «idealidad» del derecho en sus exigencias permanentes no se muestra solo en lo formal de cada ordenamiento positivo como un «remo intermedio entre el polvo y las estrellas».[127] Procede más bien invertir esta perspectiva kantiana y considerar lo substancial de los grandes problemas jurídicos como constante y (en virtud de la fijación material de la idea)[128] universal, con lo que se vuelve fructífera para el derecho comparado,[129] mientras que la cuestión de la forma o estructura puede desligarse de ello en calidad de adición positiva debida al azar histórico: suponiendo que, como hipótesis de trabajo, sea factible y conveniente separar la estructura de la substancia de la valoración,[130] y siempre que no se adopte la concepción romántica e historicista y se vea en la fuerza formal de lo histórico la única expresión visible de la idea. Pero de cualquier modo que se

---

p. 517), una obra maestra. Pero no deja de ser forzada vía elevación a «regla» del resultado: «En inmediato desarrollo (?) se juntan al mutuo aquellos casos en que se ha entregado a otro una cosa sin traspaso de la propiedad, y el otro ha destruido arbitrariamente la propiedad del dador, enriqueciéndose con ello. Su acto antijurídico da lugar aquí a una *condictio...* pues sería antinatural que su deslealtad le pusiera en mejor situación que la que le hubiera procurado la confianza del dador (en casos de mutuo)», etc. Durante 100 páginas se esfuerza SAVIGNY en demostrar su tesis sobre los materiales, cuando en realidad la demuestra sobre las ideas. De ahí que su exposición resulte arbitraria: los textos contrarios a su tesis suelen ir introducidos con fórmulas tales como «se objeta...», «generalmente se cree...», mientras que las interpolaciones favorables son utilizadas inadvertidamente como piezas probatorias (p. 519 *ss.).*

125 Así se explica la frase que sigue a las consecuencias decisivas: «Esta conexión interna no ha sido establecida arbitrariamente para apoyar el principio que yo he sentado..., antes al contrario, es reconocida en el *indebitum...* en muchos pasajes de nuestras fuentes» (ps. 521/22). Con ello se justifica que el resumen de los resultados dé lugar a una «ojeada sobre el gradual desarrollo del principio básico» (p. 524). Resulta fatal que después de la formulación final del principio (p. 542) queden aún dos casos clásicos de *condictio,* entre ellos la genuina *condictio furtiva* (p. 552), que luego se eliminan como «subcasos» de la *condictio sine causa* (!), los cuales, de haberse acertado en ver el principio que las subyace, «'no hubieran sido dotadas de un nombre especial». También en otro lugar hay que aclarar algunas «anomalías» (p. 562 ss.).

126 Cf. su *Einführung* (n. I 29), 23 ss.

127 Ibíd. 15. Este formalismo se mantiene también en la obra *Die Natur der Sache als juristische Denkform;* Festschr. f. R. Laun (1948) 157 ss. Es una pieza de aquel relativismo histórico-cultural que siempre frenó el vigor de RADBRUCH y anuló su eficacia pedagógica. Cf. el no resuelto dualismo entre positividad e idealidad (p. 39 ss.), el problema no contestado del valor jurídico positivo de los valores «actuales» (p. 247), etc.

128 Emil LASK, *Ges. Schriiren I* (1923).

129 Cf. infra, Parte V, caps. XVII y XVIII.

130 Cf. supra cap. VI.

entienda la relación entre lo duradero y lo cambiante, no hay ninguna faceta, ni de la problemática objetiva ni del problema de la estructura, que no venga codeterminada por estos dos factores: los principios inmanentes de la cosa, de la función y de la justicia de una solución, y los superiores principios axiológicos que inspiraron históricamente la opción del ordenamiento, y que en un obra legisladora designamos con los términos de *sprit de la loi, idees maitresses d'un code*[131] *o legal mind* de un ¿scema.[132]

Debe entenderse, pues, con reservas si, para mayor claridad de la exposición, decimos que los principios generales éticos y objetivamente lógicos son, en su conjunto, iguales en todas partes, mientras que la jerarquía de rango de los bienes y valores jurídicos, el «orden social», viene determinado por el *esprit des lois* nacional e histórico.[133] En la práctica, ahí radica el centro de gravedad de la formación ideológica: la manera cómo las cuestiones generales de valor y de construcción sean vistas en el «espíritu» de una codificación, no depende solo de la actitud doctrinaria que subyace a ésta,[134] sino aún más, o en todo caso aún más claramente, de la perspectiva política contemporánea. En este sentido se ha llamado al BGB *enfant d'une epoque individualiste, libérale et capitalista,*[135] sin que esta afirmación, excesivamente vaga y general, nos sirva de gran cosa para determinar los principios expresivos de su «espíritu». En último término, la misma calificación es aplicable al Code civil francés, y sin embargo encontramos en éste no pocas discrepancias de detalle, explicables por las circunstancias de tiempo y *de* lugar. El *libre commerce* es proclamado con el mismo o mayor vigor que en el BGB, pero desde un punto de vista liberal informado todavía por el racionalismo y de cuño mercantilista.[136] También el Code civil es individualista, pero la autonomía del individuo está aún velada por las ideas de atención social propias de la Ilustración, y el principio *Nul ne peut se faire justice à soi même* no se aplica solo a la prohibición de la acción directa (el atraso en los alquileres no autoriza a impedir la entrada al inquilino moroso),

---

131 M. WOLFF (n. III 116) II, 248 ss.

132 Cf. la lección inaugural de AMOS, *The Legal Mind*: 49 L. Q. Rev. 27 ss.

133 Los principios jurídicos generales no están a resguardo de la ideología nacional, ni siquiera en los países que los reconocen formalmente como parte de una codificación. Cf. SABADIE (n. I 26) 73/74 sobre art. 6 II C. c. español, a pesar de la clara delimitación en España de los principios nacionales en la Ley de Bases de 1888.

134 Cf. el excelente estudio histórico-dogmático de ELEMÉR BALOGH sobre la relación entre ciencia del Derecho y ley, que presenta modestamente como introducción de su ponencia sobre los intereses de la mora en el III Congreso en La Haya de la Acad. Int. de Derecho Comparado (1928), publicado en Mém. Acad. Int. I (1932) 371 ss.

135 M. WOLFF op. cit. 265/66. Solo es errónea su opinión de que el ordenamiento como a tal ostenta los rasgos de sus «fuentes». Además, que el «espíritu» de una ley sea «el espíritu de sus señores». Su exposición, excesivamente escueta, de la evolución social de nuestro BGB en los focos de elaboración judicial, como §§ 138, II, 242, 617, 823 I y II, etc., no consigue hacer visible este punto. Las dos páginas (!) que escribe sobre la escuela del derecho libre y la jurisprudencia de intereses, para tomar en consideración las tendencias modernas de la doctrina, solo pueden dar al lector no iniciado una falsa idea acerca de los logros de nuestra doctrina. No citar los logros conseguidos por los tribunales, significa desfigurar el derecho privado vigente.

136 El cual pretendía definir y enjuiciar 1a conducta fraudulenta en la concurrencia, como una «perturbación» de la marcha «natural» del mercado, basándose en sus propios principios, mientras que el BGB ha »de acudir a los criterios heterónomos de las concepciones civiles y los usos del tráfico.

sino también a los derechos de configuración en el caso de error o quebrantamiento del contrato, que no incumben al particular sino solo al juez.[137] Es sabido que la relativización del vínculo obligatorio está en el BGB llevada al extremo, mientras que el Code civil observa una acritud comedida, incluso en su posterior evolución;[138] la protección de la obligación y del acreedor en el BGB ha descendido hasta un mínimo, mientras que el Code impone el respeto a lo pactado en muchos casos incluso a terceros, y al adquirente de cosas afectadas por una obligación, solo lo protege en caso de buena fe.[139] Todo ello no son simples consecuencias de un dogma, como nuestra separación de negocio obligatorio y acto de adquisición, ni tampoco consecuencias inmediatas de cambios en el ordenamiento social, sino efectos de una mutua interacción de la doctrina y la ideología política, que se refuerzan una a otra y constituyen propiamente el «espíritu de una ley».[140] Pero justamente los principios de este espíritu del tiempo figuran entre los elementos más discutidos de un código. Mientras la interpretación «histórica», siempre en busca del espíritu original de la legislación, intenta defenderlos viendo en ellos una pieza esencial de la *legal authority,* una ciencia que se ocupa realísticamente de la misión vital de las instituciones, «apartándose adrede del espíritu del siglo XIX», preferiría corregir los errores del legislador, o al menos contrastar sus ideas «sobre las necesidades de nuestro tiempo, de nuestra vida sujeta a lazos mucho más fuertes, de nuestra economía organizada».[141]

Hemos llegado al centro de la cuestión de los principios de toda codificación, mejor dicho de toda obra legislativa: ¿Quién determina su «espíritu», sus ideas directrices, sus enteros específicos de valor, que imprimen su sello histórico a las soluciones que se dan a las cuestiones generales? Después de lo que hemos dicho, nuestra respuesta es clara: la jurisprudencia del presente. Ella «toma» de las codificaciones principios que ningún legislador ha metido en ellas,[142] mientras que las ideas básicas del texto, que son expresión de la ideología de la época, las va dejando

---

137 Cf. art. 1.117 C. c. (impugnación por error), art. 1.184 C. c. (rescisión por incumplimiento) y art. 1.304 C. c. con respecto a la admisión y conformación en proceso. Sobre ello PLANIOL (n. II 40) II, n.° 597.

138 Cf. lo dicho infra, cap. XVIII, 7, sobre la acción directa y la acción oblicua.

139 Cf. art. 1.141 C. c. Sobre ello RIPERT (n. I 40) 312.

140 La institución como a tal nada dice, ya que puede servir a las ideologías y finalidades más distintas. El divorcio por acuerdo mutuo de la época de la Ilustración (cf. la ley francesa de 20.9.1792, también § 115 ABGB) es algo esencialmente distinto de las figuras análogas de las leyes modernas (cf. por ejemplo, art. 148 ss. C. c. belga, las soluciones escandinavas e incluso la ley española de 2.3.1932, válida durante 7 años).

141 DE BOOR, *Die Kollision von Forderungsrechten* (1928) 5.

142 Así BOULANGER sobre el ejemplo de la actual significación del artículo 1.384 C. c. (responsabilidad por riesgo con respecto a *choses qu'on a sous sa garde)* en la ponencia citada (n. I 38) 65: «La jurisprudencia ha deducido de aquí un principio general... y ha recortado en un texto la substancia de una regla que el legislador jamás había sonado en dictar.» Léase empero la indignada réplica del ex presidente del Tribunal de Casación, FREMICOURT (p. 74). Sobre esto la lúcida observación de LEREBOURS-PIGEONNIÉRE, Consejero honorario del Tribunal de Casación, que la práctica se atiene a la divisa de SALEILLES : *Aa delà du Code civil, mais far le Code civil* (p. 75). La hipocresía está, empero, en la afirmación: «En la elaboración de una nueva decisión, el acento debe cargarse sobre el espíritu de la ley.» Cf. p. 76 ss., en que todas las ideas sociales son sacadas, como por arte de magia, del Código. Sin embargo, reconoce el autor: «Es posible que el magistrado encuentre en seguida, intuitivamente, la solución deseable (!), pero solo la adoptará si puede apoyarla (!) con motivos que serán discutidos, deliberados, aunque no figuren en la sentencia.»

de lado a medida que envejecen.[143] Y de hecho, en el proceso de la evolución social, nada está sometido a tales agobios y pruebas como aquella parte de los principios de un Código que está construida sobre las sacrosantas concepciones morales y sociales de una época que solo en ella encontraron su realización económica y política, o al menos su sanción oficial.[144] Ahora bien, ¿son estos principios la «ley», forman parte de la vinculante *ratio legis,* es de ellos que se habla cuando se dice al juez: *La loi régit toutes les matieres auxquelles se rapportent la lettre ou l'esprit de l'une de ses dispositions*?[145] En otros términos, para adoptar una solución, ¿hay que pensar en lo que hubiera decidido el legislador de 1806, 1811 o 1856, si hubiera tenido una idea empíricamente correcta del problema (o sea, si hubiera dispuesto de nuestros medios de investigación y participara de nuestros conocimientos), pero en lo demás se hubiera mantenido fiel a su ideología y a su jerarquía de valores, como si nada supiera de los cambios sufridos en el entretanto por el mundo social (a pesar de tener un conocimiento empírico de ellos)?[146] En este planteamiento va ya implícita la contestación; pero formulemos el problema como una «cuestión de fuentes»: ¿tiene el juez autoridad para dar una interpretación que conceda una nueva protección a los intereses y establezca las bases para el futuro desarrollo?[147] La teoría continental contesta negativamente,[148] disimula el problema incluyéndolo en el de las lagunas, que supone distinto del más general de la interpretación,[149] o justifica místicamente la interpretación haciéndola pasar como el descubrimiento de un sentido que «dormía» en el texto como la Bella en el bosque, pero estaba desde un principio implícito en él.[150] Pues el descubrimiento de los complejos funcionales

---

[143] Cf. la hostil actitud del BGB y aún más del ABGB ante la gestión le negocios sin mandato, como invasión de un círculo de libertad ajena. ¡Cuánto se ha distanciado la jurisprudencia de esta idea, que el § 1.035 llega a precisar con los términos «intromisión» «usurpación prohibida! A la inversa, la jurisprudencia sobre el art. 1.375 C. c. francés se ha hecho más estricta que lo que requeriría su origen (cf. el *Discours du 19 Pluviose de l'an XII devant le corps législatif, sobre los actes de bienfaisance,* que se pretendían estimular).

[144] Así acertadamente Boulanger (n. I 39) 73. Cf. por lo demás infra capítulo XVI sobre el «destino de los principios». Boulanger lo formula magníficamente: «En cuanto a la libertad de contratación, ya se sabe en qué ha venido a parar. También es notorio lo que ha sido del principio de la intangibilidad de los contratos. *Pacta sunt servanda:* ¿qué queda de esta afirmación de la moral tradicional? Por otro lado, ¿no nos hemos familiarizado con la idea de que todo daño, cualquiera que sea su causa, requiere una reparación?».

[145] Texto francés del art. 1 I ZGB.

[146] Cf. las consideraciones de Du Pasquier (n. I 19) 22 ss., y mis observaciones a este respecto (n. I 69).

[147] Así la pregunta de Puig Brutau (n. I 41) 188: «¿Ha de entenderse que solo el legislador y no el intérprete puede vincular de manera indisoluble una determinada protección a un determinado interés?» En la respuesta negativa que esta pregunta recibe en el continente, Puig Brutau ve una expresión del contraste «entre lo que se dice y lo que se hace».

[148] Incluso por Gény y Heck. Aunque Gény lo hace en parte con la intención socrática de usar la prohibición de una construcción sistemática para forzar al juez a un acto creador de *libre recherche scientifique.*

[149] Aunque no se oculta la arbitrariedad que cabe en un tan invisible *limite, qui sépare l'activité créatrice et l'application interprétative* (Du Pasquir p. 26).

[150] Cf. por ejemplo Speiser: ZSR, NF. 4 (1885) 554: «Al medir sobre el texto de la ley las mil formas del tráfico viviente, el juez da a la ley misma, y por primera vez, una forma capaz de tener vida; .. .y al desarrollar las normas jurídicas que yacen escondidas en los términos explícitos de la ley, despierta a una vida independiente (!) el espíritu que en la ley dormita.» No es, en el fondo, otra cosa la idea de la «obediencia reflexiva» o la consigna *Au delà du code, mais par le code,* que Radin (n. II 147) 875 en una crítica de Heck califica acertada-

reales en el proceso hermenéutico, pasa por ser «filosofía jurídica» sin la menor fuerza vinculante, y la doctrina corriente lo ignora con aire condescendiente.[151]

Ya en otro lugar hemos trabado conocimiento con esta peculiar situación del positivismo legal,[152] y hemos observado que el método histórico de interpretación era una reliquia del absolutismo,[153] pues la fidelidad al texto no es sino una continuación de la fidelidad al príncipe Pero ahora se plantea otro postulado: el de la fidelidad a la mentalidad de la época, y esto merece una cierta atención. En efecto, el término «interpretación histórica» es empleado en dos sentidos: en primer lugar se refiere a la utilización técnica de los materiales como medios auxiliares para la inteligencia del texto, y en segundo lugar al hecho de que el juez se atenga a la ideología de los principios representada por el texto. Pero con esto se pone sobre el tapete cuál sea el objeto de la interpretación, y el «texto» es considerado como obra literaria o documento teológico, atendiendo a *su* autoridad personal e histórica, no a su valor actual en tanto que ordenamiento.[154] Y entonces ocurre el chocante proceso de inversión característico de la fidelidad textual positivista, a saber; lo que tiene de razonable la técnica de la utilización histórica de los materiales,[155] la doc-

---

mente de «bigamia metodológica». «Es un fragmento de escoria curiosamente amorfa. ¿De veras estamos reducidos a tales artificios, que tengamos que inventar monstruos y dotarlos de propiedades imaginarias, para entender las leyes?»

151 Cf. el escaso eco obtenido por trabajos tan fundamentales como los de REICHE y otros (supra p. 7, 13, 31 ss.). Así también DARMSTADTER, *Recht und Rechtsordnung, Ein Beitrag zum «Willen des Gesetzgebers»* (f 92), y BETTI (n. II 51) (sobre nuestro tema, principalmente pág. 170 ss.), últimamente con una base más amplia en el Festschrift de Rabel II (1954) 99 ss.

152 Cf. supra cap. VII, p. 154 ss.

153 Ibíd. p. 165 n. 146 ss. También DE BOOR (n. III 171) 35; véase también las referencias en SOMLO (n. III 26) 385 nota 1. Yo creo que lo esencial está en la transmisión de la autoridad del soberano al texto, que PLUCKNETT (n. II 102) 440 hace visible desde el punto de vista de la historia de las ideas. El dicho: *Eius est interpretare, cuius est condere,* propio de todo absolutismo (cf. los datos de MEIER-HAYOZ [n. I 69] 27, desde la Constitutio Tanta, C. 1, 17, 2, 21 in fine, hasta la ordenanza de Luis XIV de 1667, I, 7, el código josefino de 1786, I § 26, y el ALR prusiano, intr. § 47), al desgajarse del monarca el «tercer poder», lleva a la autonomía del texto, que se convierte en intangible para el juez, al reservarse éste la *enumeratio falsi* (Statute of Jeofail). «Así era», observa PLUCKNETT, «a fines del s. XIV, y así sigue más o menos siendo hoy» (443). En Inglaterra se añade a esto el que no se conozca ninguna *desuetudo,* ni para las leyes más antiguas (cf. WORTHLEY [n. II 102] 20 ss.), de modo que, por ejemplo, frente a la antigua prohibición del trabajo dominical, en 1931 hubo que dictar una ley especial para permitir las sesiones de cine en domingo, y el jurado tiene que disimular el valor pecuniario de un robo porque de otro modo, en virtud de una ley de 1808, todo robo perpetrado en una casa habitada por un valor superior a 40 chelines es castigado con la pena de muerte. WORTHLEY observa: «La interpretación de los *statutes* se ha hecho siempre sin consideración a las consideraciones sociales, aunque hubieran cambiado del todo.» Así se entiende la singular comparación: el derecho *(law)* es una corriente, la ley *(lex)* es un dique que la frena.

154 Así RADIN op. cit. 869. Ahora es fundamental BETTIS Rabel-Festschrift II, 79 (142).

155 Cf. POLLOCK, *A Plea for Historical Interpretation*: 39 L. Q. Rev. 163 ss. Sobre la importancia efectiva de la desorbitada polémica sobre los materiales en el continente, cf. GERMANN, *Methodische Grundfragen* (1946) 16 ss., con citas, como BGE 34 II 826, y DU PASQUIER (n. I 19) 11/12, además las citas de la jurisprudencia del Tribunal Permanente, compiladas en el Manual de resoluciones del Trib. Intern. Perm., editado por SCHENK VON STAUFFENBERG III (1935) 32 ss. Cf. en cambio la opinión de ÁLVAREZ en el Avis consultad: de 3.3.1950, Recueil des Arréts 1950, 18, reproducido supra n. II 137, así como la posición, citada también

trina del «sentido claro» lo echa por la borda para poder dar un valor absoluto al texto,[156] sin que nadie ose confesar abiertamente la interpretación teleológica que para ello es necesaria ni reconocer en la doctrina de las fuentes el poder efectivo que posee el juez.[157] Así, ante la injusticia de una resolución, se puede cómodamente elegir entre achacar la responsabilidad al legislador, de cuyo texto no podía prescindirse,[158] o bien demostrar partiendo de las consecuencias que «ésta no podía ser la voluntad del legislador», de modo que se corrige el texto «en el sentido querido por el legislador», sin asumir ninguna responsabilidad propia:[159] *Au delà du code — mais par le code.*

---

supra n. II 130, tomada por LORD BECKETT ante las propuestas de LAUTERPACHl en Ann. Inst. Phil. 43 I (1950) 444. Una exposición comparativa, que por lo demás no va al fondo de las cosas y a mi entender no aprecia debidamente las peculiaridades del *statute law* inglés, en CAPITANT, *Les travaux préparatoires et l'interprétation des lois*: Recueil Gény II, 204 ss.

156 La llamada doctrina del *sens clair*. Cf. BLACK (n. II 146) x 1: «No es permisible, so capa de interpretación, convertir a una ley en algo distinto de lo que el cuerpo legislativo entendía dictar.» De ahí se sigue (p. 45): «Si el sentido es claro, la interpretación debe ser literal, aunque la interpretación literal anulara la finalidad propia de la disposición.» Y por otra parte: «Si es ambiguo, debe haber una investigación del sentido, pero no libertad para poner en su lugar las ideas personales del juez.» Éste es uno de los aspectos de la absolutización del texto: la desconfianza ante la facultad de la jurisprudencia de obtener normas objetivas. El otro aspecto es el desprendimiento del contexto histórico, que obligaría a una interpretación crítica. Cf. GÉNY, *Méthode I*, p. 31 acerca de las razones de esta prohibición *de pénétrer l'esprit d'une loi* y de limitarse a las técnicas de la interpretación verbal. La rigidez en la interpretación inglesa de los *statutes* (la «regla áurea»: «Una vez expresada la intención del legislador, lo que importa es la expresión, no la intención») es debida a la evolución política del poder legislativo anglosajón, al cual se aplica el principio, válido también en EE.UU., de que solo tiene la misión «bastante precisa» de «dictar leyes», misión que le ha sido asignada temporalmente, pero no la de imponer su voluntad a sus conciudadanos, ni siquiera dentro de límites (RADIN, loc. cit.). La emancipación del poder legislativo frente al soberano y el primado del *common law* («El *common law* controla las leyes del Parlamento») colaboran aquí en obtener una cierta degradación del concepto de ley. Por el lado judicial interviene también la emancipación del «tercer poder» de la autoridad real, descrita por PLUCKNETT (n. III 153) (crisis del trono en tiempos de Eduardo III, 30.11. 1340), lo que si de un lado supone un aumento de prestigio de la judicatura, por otro significa también una pérdida de poder. Una ley sociológica acopla de tal modo la vinculación política y la situación por encima del texto, que la liberación de la primera tiene por consecuencia la revaloración de la autoridad del texto. La judicatura, organizada gremialmente, se contenta con una actividad de tipo artesano y, también en el *common law,* se crea con la compilación de precedentes en los Year Books y Reports, los materiales textuales con los que la artesanía judicial puede llevar a cabo sus tareas.

157 Así ya REICHEL (n. I 8) 64-92. Censura no solo el capricho en la utilización de los materiales (desde el punto de vista del fin perseguido), sino también la disimulación de la interpretación teleológica bajo la representación «deontológica» de lo que el legislador hubiera «racionalmente» permitido.

158 Así BGE en DU PASQUIER, p. 12 y 13, según el cual las objeciones son correctas *de lege ferenda,* «lo que no es, de todos modos, una razón para desconocer la ley», o en el caso de las aguas subterráneas, en el que se admite que la concepción «acaso no se avenga ya con la actual conciencia jurídica —sobre todo desde que se está mejor informado sobre el carácter de las aguas subterráneas—, mas no por ello deja de haber sido la voluntad del legislador».

159 Así otros ejemplos de BGE en DU PASQUIER loc. cit. : «Los términos de la ley son demasiado estrechos», «este resultado no puede responder a la intención del legislador», «sería contrario a todo sentimiento del derecho, y por consiguiente (!) no puede estar conforme con la voluntad de la ley», etc. Por lo visto, al legislador puede también aplicársele la regla:

Esta crepuscular idea del espíritu de la ley domina también gran parte de la interpretación civilista alemana,[160] a pesar de que la Pandectística le había enseñado a distinguir con precisión entre la interpretación romanística *ex tune* y la interpretación *ex nunc* determinada *in usum fon.*[161] El «legislador» como figura simbólica de la *ratio legis* no constituiría ninguna desgracia, sino un bello ejemplo del pragmatismo de VAIHINGER,[162] si no diera pie a cometer desviaciones de la ley que permanecen incontroladas por silenciarlas el método y la fundamentación. Ahí tenemos la principal razón para el mantenimiento de la doctrina del *sens clair* incluso en la jurisprudencia civil alemana. Esta doctrina ha desarrollado dos reglas: por una parte, una modificación de la «regla áurea», a la que se ha dado el nombre de «teoría de la alusión»,[163] según la cual solo es interpretable como «voluntad del legislador» lo que viene expresado en el texto,[164] aunque al admitir la existencia de «expresiones imperfectas» se reserva la libertad de establecer uno mismo los lugares en que es licito proceder a una interpretación complementaria, acudiendo, por tanto, a una interpretación teleológica con una utilización selectiva de los materiales.[165] Por otra parte, la regla de que un «texto inequívoco» obliga y excluye la suposición de una laguna.[166] Ello supone cerrar una importante brecha por la que podía entrar la creación jurisprudencial: la de suponer una laguna en la ley cuando es insatisfactorio el resultado dado por los medios interpretativos admitidos, con lo que se justifica la elaboración de derecho *praeter legem.*[167] Como *se* comprende, también aquí la regla se limita a ser un instrumento del control de la revisión, que en caso necesario, si se dan «circunstancias esenciales», por ejemplo, cuando existe lo que se llama una '«laguna ideológica», permite llenar la laguna aunque el texto sea unívoco.[168] Con ello nos liberamos de una vez del absurdo brocardo: *Cum in verbis nulla ambiguitas est, non debet admitti voluntatis quaestio.*[169] La libre y oportuna creación de principios no queda ya obstaculizada por la clásica prohibición de los príncipes

---

Quivis praesumitur bonus, donec probetur contrarium. DU PASQUIER admite: «Ocurre a veces que el Tribunal Federal fuerza el texto legal hasta tal punto, que es de temer una ruptura del vínculo lógico.»

160 Sobre el espíritu de la ley, cf. RGZ 70, 429; 107, 74. En cambio, sobre el «fin» RGZ 113, 328; 117, 429. La creencia de que «la ley puede ser más inteligente que los que la crearon» (ENDEMANN [n. I 28] 152) ha de disimular entre nosotros, a diferencia de Francia, la verdad de que el juez puede ser más inteligente que el legislador.

161 La doctrina llamada de la *duplex interpretatio.* En ella se distinguió certeramente entre la *occasio legis* y la *ratio legis.*

162 REICHEL (n. I 8) la compara no sin razón con las figuras de la mitología o de las religiones antiguas, que acuden a su autoridad como sabios, fundadores, profetas, etc., para convertir en «positivas» verdades morales de validez universal.

163 REINICKE (n. II 139) 1033 en un análisis de los principios del Tribunal Federal. Pero cf. ya HECK en AcP 112, 143. Más infra p. 326.

164 Así ya RGZ 71, 165 y 115, 415; ahora BGHStr. 1, 313 (= NJW 1351, 893).

165 Sobre ello REINICKE op. cit. 1.036, con ejemplos: II Sala de lo Civil en LM n.° 1 al § 4 Allg. HVersBed. y IV ZS BGHZ 3, 162 al § 13 Ley Const. Sub verbo «Uso selectivo de materiales», ya REICHELT, op. cit. 69: «La conducta de nuestros jueces ante los llamados materiales, de hecho es bastante independiente, por no decir a menudo arbitraria.»

166 REINICKE ibíd. 1.035, ejemplo: I Sala de lo Civil, BGHZ 3, 316.

167 Ejemplos en DU PASQUIER op. cit. 20/21 y MEIER-HAYOZ (n. I 69).

168 Así Pleno de lo civil BGHZ 4, 153 (= NJW 1952, 337), también II, S. C. BGHZ 2, 176 NJW 1951, 602; obs. en p. 685) y IV Sala C. LM n.° 1 (al § 77 Ley matrim.).

169 La sigue en gran parte la jurisprudencia antigua. Así todavía RG JW 1912, 69: «Un texto claro no permite interpretación».

codificadores: «A una ley no debe atribuírsele otro sentido que aquel que se desprende de la significación propia de las palabras en su contexto o de la clara intención del legislador».[170] Ha desaparecido la necesidad de proceder a una interpretación ideólogica partiendo del espíritu histórico de la ley,[171] el proceso de evolución casuística queda canalizado en un sistema; solo hay una cosa que nadie reconoce: que se trata de un sistema «abierto». El rumbo se marca no por medio de una dilucidación de los fundamentos y los límites, ni con arreglo a un método, sino con fórmulas vacías, que en la práctica dan carta blanca a la instancia de revisión para extender o estrechar a su antojo las facultades creadoras de los jueces.[172].

Así, cuando se está dispuesto a aceptar la existencia de una laguna, el Tribunal Supremo puede llegar a completar la ley en muy amplia medida; en tales casos *se* supera incluso la «sistemática» de la codificación, tachándola de anticuada. Los «principios» sociales de la época anterior, que son justamente los que definen el «espíritu del Código», encuentran una decidida repulsa de parte del nuevo cuadro social: la evolución del derecho toma la forma de una creación judicial abierta. El sistema del Código es vulnerado con plena conciencia.

Citemos como ejemplo la famosa sentencia del Tribunal del Reich (sala 3.ª de lo Civil) de 6.2.1923, que ya no hace entrar bajo las categorías de imposibilidad y *mora accipiendi* establecidas por el BGB los daños producidos por una huelga parcial, sino que les aplica la figura nueva y extraña al derecho civil del «riesgo de empresa».[173] Aquí el Tribunal del Reich sitúa el sistema actual de ordenación en su conjunto por encima de las ideas del BGB: «Para llegar a una solución satisfactoria del litigio, no hay que partir en absoluto de las prescripciones del Código Civil, antes conviene tener a la vista la situación social tal como ha evolucionado desde enton-

---

170 Así § 6 ABGB. Coincidiendo casi literalmente: art. 3 I Intr. del antiguo C. c. italiano. Aún más rigurosamente § 22 BGB sajón: «Las leyes deben interpretarse según su tenor literal, y si las palabras dan lugar a dudas, según la intención del legislador tal como se expresa en otros lugares.»

171 Cf. la fundamental exposición de este cambio en DE BOOR, *Gesetzesauslegung und Technik im Urheberrecht: Festschrift für H. Niedermeyer* (1953) 31 (36 ss.). Son también instructivos los ejemplos de reelaboración dogmática de las ideas legisladoras por la interpretación correctiva del BGB en BOEHMER (n. I 48) II, 2, 172 ss. Otro ejemplo: El equívoco tratamiento dado en el BGB a la «responsabilidad por vicios del derecho» del vendedor, como si fuera un «deber de saneamiento» que se añade al deber primario de prestación, y la corrección de este defecto por la jurisprudencia. Proporciona también un criterio claro la remisión a normas de otras disciplinas, que entretanto han sufrido una modificación radical. Si, por ejemplo, el art. 9 ap. 2 EG del JN austríaco remite a las «reglas generales del derecho internacional», nadie es hoy tan «fanático del texto legal» que tome por base las reglas del derecho internacional válidas en 1892.

172 El elogio debido a la pluma de RICHARD SCHMIDT (*Das Reichsgericht und die deutschen Rechtswissenschaft: Die RG-Praxis im deutschen Rechtsleben II* [1929] 293 ss.), sobre el «estilo de perfecta coincidencia de ciencia y práctica en la acritud ante la ley, a la fidelidad a la ley y a su desarrollo y mejoramiento», incumbe en realidad solo a la práctica, a la que estaba dedicada la miscelánea; su equilibrio, hallado instintivamente, entre la interpretación conservadora y la progresiva —«Actitud significaría ya la adopción consciente de una línea»— no ha sido por desgracia reducido por la teoría, a pesar de lo que dice SCHMIDT, a un método para comprobar la «vitalidad de los pensamientos jurídicos» y separarlos del lastre histórico. Sobre la confusión aún hoy existe de máximas contradictorias, cf. últimamente ZIMMERMANN, GA 1955, 336.

173 RGZ 106, 272.

ces y ha hallado también expresión concreta en la legislación de los últimos tiempos.» Los jueces se sienten obligados a apartarse abiertamente del espíritu del Código: «El Código Civil, concorde con las circunstancias de su época, se sitúa en un punto de vista individualista. Pero en el entretiempo se ha difundido y adquirido aceptación el pensamiento de la comunidad social de trabajo y de empresa, que es el que domina la relación entre el patrono y los empleados, al menos en las grandes empresas del tipo de la que es cuestión aquí.» La nueva problemática exige una solución nueva: «No se trata solo de la relación entre el obrero singular y su patrono, sino de una regulación entre dos grupos de la sociedad, empresarios y trabajo.» Esta solución viene determinada por el caso y por la justicia concreta. La fundamentación empieza de un modo puramente casuístico y antidogmático: «Si se quisiera adoptar otra solución, se crearía una situación inadmisible.» La solución conforme al texto de la ley es rechazada como un atentado contra los nuevos principios del ordenamiento jurídico total: «Esto es incompatible con la idea de la comunidad de trabajo como base de la empresa.» Solo ahora se procede a examinar la posibilidad de hacer encajar dogmáticamente la nueva solución en el marco conceptual del antiguo sistema, y se demuestra que lo que aquí se ha hecho es solo llenar una «laguna», sin entrar en conflicto declarado con las instituciones del BGB, que subsisten, pero no llegan a abarcar la nueva situación: «Este resultado, que es el que arrojan las circunstancias sociales, puede ser también encuadrado sin dificultad dentro de las prescripciones del Código Civil.» Pero al final de los argumentos siguientes, dirigidos a demostrar que solo se ha colmado una laguna, se vuelve a reconocer francamente la verdadera fuerza motriz de la reforma: La evolución *de facto* obliga a crear nuevas instituciones *praeter legem.* A este propósito, el desarrollo judicial es valorado como un síntoma independiente y se saluda o se critica la existencia o la ausencia de precedentes corroborativos: «El resultado aquí obtenido está también conforme con numerosas resoluciones de los tribunales laborales, que han sido alegadas por la demandante, y si algunas veces, por ejemplo en 1a mencionada sentencia del Tribunal Territorial de Berlín I de 6 de octubre de 1919, se ha defendido una opinión divergente, ello es debido esencialmente a que se ha concedido demasiada atención a las disposiciones del Código Civil y demasiado poca a la evolución que en el entretanto ha experimentado la situación social.»[174]

A la jurisprudencia no le queda otra salida que la de emanciparse cada vez más de la adhesión a principios que no representan tanto al «espíritu de la ley» como el «espíritu de la legislación», adhesión cuya carencia de sentido ha sido ya indicada por GÉNY,[175] y que no podía menos que perder su base al desvanecerse la creencia de que la solución de todos los conflictos estaba potencialmente anticipada en estos «pensamientos fundamentales». Pues de hecho la superación de esta propensión a persistir en una actitud ficticia es aprobada y saludada por todos.[176] Pero

---

174 En la concepción fundamental del deber de interpretación que incumbe a los jueces, esto concuerda totalmente con la sentencia del Tribunal Federal de 30.10.1951 citada por DE BOOR op. cit. 34 (vol. 3, 315). Cf. los pasajes que cito en IV parte, cap. XIII, 5 (n. IV 219) sobre el tema «fidelidad a la ley y aplicación de principios».

175 *Méthode de l'interprétation I*, 257-316, espec. 269 ss.

176 Cf. GERMÁN (n. III 155) 16 ss.; también DU PASQUIER, op. cit., 11: «El Tribunal Federal no coloca al legislador en un Monte Sinaí ni se prosterna ante sus fórmulas.» Cf. también la sentencia del Tribunal Federal citada en página 12: «Lo decisivo no es lo que el legislador quería en la época en que dictó la disposición, sino más bien lo que puede sacarse de la ley a la luz de las concepciones generales del derecho.» En cuanto a voces alemanas, cf. las

cuando la teoría se ve colocada ante el problema positivo de cuál sea, pues, la base y la justificación de los principios actuales de un «derecho de acción» codificado, una vez ha sido éste despojado de los principios de su «espíritu» histórico, se envuelve en un penoso silencio, pues no se atreve a desvanecer las esperanzas de los prácticos de que dicha base objetiva de valoración pueda hallarse en una concepción iusnaturalista[177] superadora del positivismo.[178] Sigue siendo un misterio la manera cómo los principios «positivos» se integran a partir de los «pre-positivos, si no se entiende el propio proceso de interpretación como un acto de integración, o sea, de positivación, de la lógica objetiva y gramatical[179] no solo del sistema codificado, sino del ordenamiento jurídico entero, con inclusión de los *standards* de las costumbres no concretadas en normas.[180] Solo una más exacta observación del proceso de la interpretación jurídica nos permitirá descubrir el papel que realmente desempeñan los principios que, como previamente dados, informan un sistema,[181] y qué importancia poseen los conceptos y construcciones dogmáticas en este proceso de cristalización.[182] En realidad, son las experiencias jurisprudenciales, precursoras de la *lex,* de toda *legis interpretatio, quae deducendo argumenta ac rationes a legibus scriptis, sicut aliae scientiae, a suis principiis generat habitum scientificum aperiendo multas conclusiones et decidendo multa dubia ex virtate legum.*[183]

manifestaciones del presidente del Tribunal Federal, WEINKAUFF, citadas supra (n. I 3). Fundamental también: DE BOOR (n. III 171) 34-38. Pero también aquí falta una alusión a los criterios positivos que dirigen el proceso de adaptación y permiten controlar técnicamente la «practicabilidad» de las nuevas soluciones. Desde las sibilinas palabras de HECK sobre la obediencia supuestamente «reflexiva» (en contra, con razón, COING [n. I 67] 244 ss. [247-249]), jamás se ha vuelto a investigar el claroscuro de esta íntima vinculación a principios que ya no son los de la ley, a despecho de lo cual proporcionan criterios *positivos.*

177 Cf. la opinión de WEINKAUFF, loc. cit.

178 Excepciones: Eb. SCHMIDT (n. I 193), quien termina con estas palabras: «El positivismo ha muerto, viva el positivismo.» Además RIEZLER (n. I 190. Sobre ello mis observaciones en JZ 1953, 521/522.

179 Destacado especialmente por BETTI (n. II 5) 173 ss. Sobre mis reparos contra su idea de una «autointegración», cf. las observaciones en JZ 1953, 523 nota 26.

180 Todo esto es más fácil de ver en la comparación con la argumentación «abierta» en el *common law.* Allí ha ido también más lejos el análisis del proceso de formación de normas, cf. infra cap. X. Así, sobre nuestro tema, podemos citar las palabras de CARDOZO: «Mi propia idea es que el juez tiene el deber de acatar los *standards* aceptados de la comunidad, los *mores* del tiempo (*The Judge as a Legislator*, 3.ª conferencia de la serie «*The Nature of the Judicial Process*» [1921] 98 ss. = Selected Writings, p. 148 ss.). Cf. también la 4.ª conferencia: The Subconscious Element in the Judicial Process, p. 142 ss. (= p. 168 ss.).

181 Sobre esto mis consideraciones acerca de la relación entre *lex* y *law,* infra cap. XIV, p. 383 s., y ya en JZ 1953, 521 ss.

182 Sobre esto supra cap. IV, 2 e infra cap. XI, 6 y XIV, 6.

183 PETREUS ANDREA GAMMARUS, De extensionibus, en T.U.J. vol. 18, c. 248 (cf. n. IV 105).

CAPÍTULO X

«PRINCIPLE AND RULE» EN EL DERECHO DEL CASO

1. La relación entre principio y norma en el derecho casuístico anglonorteamericano,[183a] en el procedimiento *at law* lo mismo que en la *equity*,[184] ha de ser por necesidad de índole distinta, más íntima e intrincada: Mientras no haya un *statute* que formule supuestos de hecho conceptuales con pretensión de validez exclusiva, no se plantean aquí los problemas continentales de la fidelidad a la ley, del juzgar *contra legem*, de la deducción de principios a partir del «espíritu de la ley», y de contraposición de ley y doctrina en la forma descrita del positivismo estatal. Por otro lado, los tipos jurídicos *(legal types)* de las posibilidades de protección *(remedies)* no están teóricamente organizados a la manera de un sistema de instituciones del derecho material, sino que se orientan según las posibilidades de

---

183a Sobre el concepto de derecho «anglonorteamericano» cf. GOODHART, Case Law in England and America: Comell L. Q. 15 (1930) 173; sobre las discrepancias entre ambos sistemas Pound, *The Development of American Law and its Deviation from English Law*: L. Q. Rev. 67 (1951) 49-66, y W. Wengler, *Die Anpassung des englischen Rechts durch die Judikatur in den Vereignigten Staaten*: Festschrift für Ernst Rabel I (1954) 39 ss. Con estas reservas usamos este término. Sobre la peculiaridad del derecho *legal* inglés y angloamericano, cf. supra p. 164 ss. y el final del cap. XI, 4 (p. 290 ss.). Los dos dominios se comportan como un cuerpo y un órgano injertado artificialmente: la misma circulación sanguínea, pero una estructura distinta. La heterogeneidad de esta materia impide también al juez norteamericano, quien gracias a su vinculación a la constitución y al control de las normas no muestra la misma temerosa actitud defensiva frente a los *statutes*, mezclarla con los principios del *common law*. En caso de crisis prefiere buscar el derecho a la sombra *(in leeway)* de las leyes. Cuando su conciencia social le induce a tomar posición contra la ley (por ejemplo, en los años del New Deal), sabotea el statute por el reconocimiento judicial de los negocios que suponen una circunvención de aquélla. Un clásico ejemplo se encuentra en la introducción de la ley fiscal sobre herencias en el estado de Nueva York: se legaliza el fideicomiso como medio de circunvención. Cf. *Van Cott v. Prentice* (1887) 104 N.Y. 45, 10 N. E. 257. La idea de una «reforma del Derecho» es absurda para el juez angloamericano, pues del legislador solo espera *lex*, no *ius* (véase infra cap. XIV, 5) y la reforma de las reglas del *common law* está en sus propias manos. Solo él tiene autoridad para proclamar: «Esto es Derecho.»

184 *At law* significa *common law*, en cuanto éste constituye aun incluso en EE.UU. la más importante masa de derecho, pero en aquellos estados donde partes importantes del derecho privado han sido codificadas, como en Louisiana, Georgia, California, Montana, North y South Dakota, domina también el método jurisprudencial. Sobre el procedimiento en *equity*, véase supra cap. IV página 82 ss.

demanda *(actions)* históricamente dadas.[185] Los principios son, pues, principios de la protección jurídica, principios prácticos, desarrollados inductivamente sobre el caso y sobre el problema, y concretados en máximas y doctrinas al estilo de la técnica retórica.[186]

Faltan, por consiguiente, principios constructivos y enlaces conceptuales en el sentido axiomático; en lugar del «sistema cerrado» de deducción lógica al modo de la crítica de HECK, aparecen principios adheridos a problemas y desenvueltos sobre el caso. La interpretación y el desarrollo no ostentan el ficticio carácter de un refinamiento del sistema concluso, que actúa meramente por interpolación, sino que tienen la misión, «abierta», de ampliar lo existente por vía argumentativa.[187] Y lo «existente» no se reduce ya a las acciones o *writs* históricos —en este punto se produce una desviación del paralelismo, evidente en lo demás, con el método (y desde 1870 también con la forma) del sistema «abierto» del derecho romano clásico y luego del pretorio[188] —, sino los precedentes y las reglas *(rules)* corporizados en ellos. En efecto, el razonamiento jurídico, que procede de precedente a precedente, y que continuamente reintegra aquellas reglas, las transforma, precisa, refina, amplía, se aferra a la ficción de que la regla respectiva está ya fijada como parte integrante del derecho material.[189] Y así es como, lo mismo que en los sistemas codificados, el principio de toda una serie evolutiva se convierte en su «pensamiento jurídico» que, rebasando sus primeros límites, permite corregir la regla, al tiempo que se descubre la idea de la identidad de las dos reglas, la antigua y la nueva, y cuando no la identidad, sí al menos la continuidad.[190]

Por consiguiente, los *principles* en el Derecho del caso anglonorteamericano poseen una doble función: 1.° como punto de partida del razonamiento jurídico, que en el pensamiento problemático ponen de relieve en cada caso un aspecto de la

---

185 Introducción en LEVY-ULLMANN, *The English Legal Tradition: Its Sources and History* (1935); cf. reseña en L. Q. Rev. 51, 708. Cf. también el preámbulo de HOLDSWORTH. Lista de abreviaturas usadas en: Die Zivilgesetze ler Gegenwart II: Das Zivilrecht Englands 1 (1931) 79-100.

186 Cf. JOLOWICZ en el trabajo citado Roman Regulae and English Maxims (n. II 47).

187 Sobre el concepto de *Legal Reasoning* cf. STEBBING, Logic in Practice[3] (1948) 10 ss., 28 ss. Sobre el pensamiento inductivo y la analogía en el derecho angloamericano, sobre todo el trabajo citado de SAMUEL STOLJAR, *The Logical Status of a Legal Principle* (n. I 84): Además ALLEN (n. I 171) 248, y sobre todo LEVY, *An Introduction to Legal Reasoning* (1949).

188 Cf. PUIG BRUTAU (n. I 41) 190, luego BUCKLAND y MCNAIR, Les sources du droit romain et du common law: Recueil Lambert II, 18 ss.

189 A despecho de los ataques de la *realistic school* (supra p. 28 ss.), predomina la idea de que la jurisprudencia es un proceso de descubrimiento («de precedente a precedente emerge una regla», CARDOZO, *The Nature of the Judicial Process* 11 [1941] 48), y cuando después de *shaping the rule* ésta queda al fin asegurada («La regla queda sentada, cantaron las sirenas», LLEWELLYN, *The Ballad of the Glory of Rules*, en: Put in this thumb [1931]), conoce una aplicación constante (LEVI : «Se supone que el Derecho es un sistema de reglas conocidas aplicado por un juez...»). A mi entender, el primero que hace luz sobre el auténtico papel de las *rules* en el proceso de la decisión y sobre la «aplicación de doctrinas establecidas», es WAMBAUGH, *The Study of Cases*[2] (1894). Cf. también DICKINSON en su brillante estudio Legal Rules: Their Function in the Process of Decision: Univ. of Pa. L. Rev. 79 (1931) 833, 1052. Éste muestra cómo toda «aplicación» es al mismo tiempo «elaboración» y describe el desarrollo de las reglas que marchan hacia su especialización. En su crítica de «cómo hallar las doctrinas de un caso», WAMBAUGH se ha anticipado en muchos puntos a los autores posteriores.

190 Cf. LEVI op. cit. 15 sobre la «regla inherentemente peligrosa».

misión fundamental de una institución determinada, misión necesariamente antieconómica, invitando a un tratamiento dialéctico de un problema que, siendo antiguo, se presenta siempre en casos nuevos.[191] De este modo actúan los principios como *topoi* en el sentido de la casuística retórica.[192] 2.°, como recapitulaciones de índole heurística (no obligatorios conceptualmente) de la *ratio iuris.* A este propósito, su tarea es la de caracterizar ideológicamente determinados planteamientos y las senes de sentencias que a ellos se refieren.

En todo auténtico Derecho del caso el concepto de «principio» posee un carácter heurístico, no dogmático. Del mismo modo que el *case law* entero, con su método pragmático, cede gustoso, con todo el respeto pero sin envidia, al método idealista del Derecho codificado la ventaja del «sistema», así también sus principios renuncian a toda forma de validez axiomática.[193] La necesidad de compendiar los conocimientos a que el caso ha dado lugar en un principio que no esté paralizado por la dudosa distinción entre lo que en los precedentes fue *ratio decidendi* y *dictum,* ni amenazado por los artificios forenses de la construcción, ni constreñido por los límites formales del *stare decisis,* no tiene un origen metodológico, sino puramente práctico.[194] Pero este aspecto práctico: elección de los precedentes que cuadran al caso presente, da siempre origen a la idea de que la sentencia no podría encontrarse prefigurada en los precedentes, si a éstos no les subyaciera, como fundamento, una «doctrina general». Esta doctrina es lo que hay que descubrir y «aplicar», piensa también el *common lawyer.*[195]

En realidad, de cómo se aprecie la «doctrina de un caso» depende todo el proceso de selección de los elementos que han de ser tomados en consideración en ei caso real y de las sentencias previas de que hay que echar mano. Sobre el papel clave desempeñado por los principios y la doctrina, cuando se trata de enfrentarse con precedentes claramente discrepantes y de revocarlos, todo el mundo está perfectamente de acuerdo.[195a] No es que se desdeñe aquí acudir al arsenal de la «lógica

---

191 Cf. MARSH, *Principle and Discretion in the Judicial Process*: 68 L.Q. Rev. (1952) 226 ss.; también DAWSON (n. I 7) 25.

192 Cf. supra p. 44 ss., cf. también LIPPS, *Beispiel, Exempel, Fall und das Verhältnis des Rechtsfalls zum Gesetz* (1931); sobre el método del Derecho del caso, especialmente DEAK, *Le role du cas dans le common droit et en droit civil,* Recueil Lambert I, 467 ss.

193 Sobre este pragmatismo y su peculiaridad, cf. la obra fundamental de Stone, *The Province and Function of Law*[2] (1950) espec. 317 ss., 355 ss., 451 ss.

194 Sobre esto STONE op. cit. 186 ss. («*The System of Precedent, based on the Ratio Decidendi*», «*Precedents as Practical Means of Marshalling Past Experience for Present Choice*», etc.). Sobre el problema total de la «delimitación» cf. Goodhart, Determining the Ratio Decidendi of a Case: 40 Yale L. J. (1930) 161, y CARDOZO, *The Nature of the Judicial Process*[11] (1941). El estado actual de la polémica en FRIEDMANN, *Legal Theory*[2] (1949) y J. FRANK, *Courts in Trial* (1950). Cf. también ya WAMBAUGH op. cit. 8 ss., y MOSCHZISKER, *Stare Decisis,* Res Judicata, etc. (1929) y MEIJERS, *Stare Decisis* (1942). Detalles infra p. 246 ss.

195 WAMBAUGH, op. cit. 8, 15, 29, 73.

195a Cf. DEAK, WAMBAUGH así como los autores citados en n. III 194. Introducción general en LLEWELLYN, *Einführung in das amerikanische Präjudizienwesen* (1928). La mejor crítica en FRIEDMANN, 287 ss. Una «justificación» clásica y autocrítica de la técnica de respetar la autoridad de los precedentes acatando el mandato de *stare decisis,* pero de pasar por encima de ella *(overruling)* por una nueva orientación de los principios fundamentales y por medio de distinciones nuevas, hechas en atención al fin propuesto, la da DENNIS LLOYD, *Reason and Logic in the Common Law*: 64 L. Q. Rev. (1948) 468 (482): «En un sistema jurídico que, como jurídica»;[196] pero el *ultimum remedium* sigue siendo la doctrina o el principio, del cual puede decirse: aunque se prescinda de la acuñación concreta que una regla ha recibido en este o aquel *leading case,* el «principio del caso» se mantiene incólume.[197] De todos modos, con ello se realiza al mismo tiempo una importante desviación de la concepción analógica concreta, que se esfuerza en reducir los casos nuevos a otros ya conocidos. Se produce un progresivo trabajo de creación de conceptos superiores, extraño al sistema abierto, que luego lentamente, aunque no oficialmente, va adquiriendo autoridad jurídica a través de los *restatements,* digestos y manuales.[198]

2. Pero no apreciaríamos en toda su importancia el papel de los principios en el Derecho del caso, si solo prestáramos atención a la técnica del *overruling* o revocación de precedentes, o sea a la elaboración progresiva a base de 1a restricción o reinterpretación factual o jurídica de la regla en precedentes formalmente vinculantes. Esto bastaría ya para convertirlos en «custodios» de la evolución del derecho. Ellos deciden si los precedentes en cuestión lo son realmente para mi caso, por cuanto dirigen el proceso inductivo de delimitación y comparación de los casos. «Vista bajo esta luz, la regla del *stare decisis* pierde prácticamente su valor».[199] Los precedentes mismos no tienen orto valor que el que les confiere el principio que se afirma deducir de ellos.[200] El principio no se deduce nunca de ellos con «lógica irrefutable» —es la *ratio* del juez lo que aquí decide sobre la *ratio inris.*[201]

Mucho antes de que el jurista continental hubiera descubierto los elementos «volitivos ′ de la interpretación, el juez anglonorteamericano conocía ya este talón de Aquiles de la formación de doctrina a partir del texto o del precedente. En un trabajo de la última década del siglo pasado —el citado supra (n. III 189) de WAMBAUGH —, se debatían ya todas las inseguridades en que incurre la técnica de «fijar el principio o la doctrina de un caso» por efecto de una necesaria, pero incontrolable, preseleccion de lo que la situación y el supuesto contienen de general. Así el principio de un caso» deviene la fuente de la que un precedente saca sus energías, *su vis ac potestas.*

Pero aparte de esta fundón metodológica del principio, manifestada en giros tales como «el principio aplicado en...» o «la regla deducida de...», el *common law*

el *common law,* está fundado sobre precedentes vinculantes, los tribunales chocan naturalmente con severas limitaciones al aplicar este proceso «racional», en virtud de la necesidad de conformarse con precedentes anteriores. Sin embargo, en tal sistema, entre el caso planteado y las sentencias anteriores, queda todavía un amplio margen para el juez, con el recurso de establecer distinciones entre los hechos, en este sentido, pues, desde el punto de vista del juez, el Derecho hasta cierta medida se reduce al arte de establecer distinciones y, desde el punto de vista del práctico, al arte de prever las distinciones que es probable que el juez establezca.»

196 Material en STONE op. cit. 137 ss., sobre todo en el capítulo clásico «*Fallacies of the Logical Form in Legal Reasoning*», 149-214, así como en FRIEDMANN, loc. cit.

197 Es ilustrativo en este punto CARDOZO en *McPherson* v. *Buick,* 217 N. Y. 382, ni N. E. 1050 (1916). LEVI loc. cit., muestra cómo en tales casos la *ratio* es, en realidad, definida de nuevo, porque el principio sigue su propio camino, más allá de la obligación de *stare decisis.*

198 Sobre este punto infra p. 251 ss.

199 STOLJAR (n. I 84) 193. Cr. ya OLIPHANT, *A Return to Stare Decisis*: Am. Bar A ss. J. 14 (1928) 71, y LLEWELLYN, *The Bramble Bush* (1950) 63 ss.

200 Cf. ALLEN (n. I 171) 159.

201 STOLJAR (n. I 84) 192.

conoce también una significación material y más pririmitiva de los principios jurídicos *(principles of law).*[202] Los *principles of justice* y los *principles of law* constituyen las más antiguas y vigorosas raíces de coda protección jurídica vinculada a acciones y de su desarrollo. La originaria unidad de derecho y persecución en juicio, a la que después de 1933 muchos han querido negar actualidad y viabilidad imponiéndole la etiqueta de *Aktionenrechtliches Denken,* no es en realidad ni impopular ni rígida. El procedimiento *in iure* significa precisamente en nuestra tradición continental la más brillante conquista del pensamiento evolucionista.[203] En el derecho inglés, tal evolución se realiza sin confesarla, el ímpetu creador debe manifestarse solo en una dosificación convencional y guardando siempre las formas; los espíritus ardorosos, como Lord Mansfield, no son sino singularidades privilegiadas. Pero la razón de ello no debe buscarse en el esquema de acciones, sino en la estructura sociológica de la judicatura inglesa. Ciertamente que ya el hecho de que los *writs, breves* y *praecipes* procedieran del soberano significaba una carga para un sistema necesitado de evolución, y cuya rigidez obligó luego a establecer dos vías de protección jurídica, *at law e in equity.* Pero aun esto no hubiera actuado como factor de freno de no haber sido el trasfondo de derecho feudal y el exclusivismo gremial de la judicatura.[204] Los obstáculos que entorpecían el progreso de las acciones representaban menos un estigma del sistema que un efecto de la constitución patrimonial de los tribunales y de la rutinaria actitud de la jurisprudencia. En cuanto ésta se decidió a utilizar los principios y doctrinas no casuísticamente, sino constructivamente, formando instituciones, aquellos obstáculos desaparecieron.[205] Con ello quedó prácticamente destruido el *numerus clausus de* las acciones, que se había conservado a pesar del *statute* de Westminster.[206]

De hecho, hoy el monopolio de las acciones, que antiguamente impedía que se cubrieran las lagunas existentes en el derecho inglés y norteamericano,[207] no

---

202 Cf. SIMONIUS (n. I 24) 239.

203 Cf. KASER, *Das altrömische Ius* (1949) 11, 63 ss.

204 Cf. HOLDSWORTH, *Sources and Literature of English Law* (1925), y también MAITLAND, *The Forms of Action at Common Law* (1936) (reimpresión de la exposición histórica publicada por última vez en la 9.ª ed. de «Equity» de MAITLAND), pero sobre todo FIFOOT, *History and Sources of the Common Law* (1949) (con numerosas citas de GLANVILLE).

205 Los ejemplos son legión. Una obra maestra es el caso *Graven Ellis* v. *Canons Ltd.* (1936), que con una nueva fundamentación del *Quantum meruit* da una visión de conjunto sobre los intentos de crear nuevas formas de *obligationes quasi ex contractu.*

206 2. 13 Edward I c. 24 § 2: «Siempre que, en lo sucesivo, para un caso se encuentre un *writ* en la Cancillería, y en otro caso similar referente al mismo derecho y necesitado del mismo remedio, no pueda presentarse ningún precedente de un *writ,* los funcionarios de la cancillería se pondrán de acuerdo para formar un *writ* nuevo; y si no pueden ponerse de acuerdo la cosa será dejada para el Parlamento próximo, en el que se redactará un *writ* por consentimiento de los peritos en Derecho, para que no ocurra que el tribunal del Rey Nuestro Señor deje de hacer justicia a los que la demandan.»

207 La única forma de desarrollo era la «formación de normas» de las fórmulas de demanda en la asunción caso a caso de un supuesto equivalente. Prototipo: *Trespass on the case.* El *writ of trespass* es solo un modelo externo. Su origen es muy discutido. El antiguo *writ of right* era una fórmula de protección del Rey contra el desposeimiento de tierras, por medio de un *praecipe* real al *shire-reeve* y un *breve de recto tenendi* al propietario. Desde 1265 (Eduardo I) se convierte en un *assize* real general de los poseedores contra los abusos de los señores feudales que obran *vi et armis contra pacem nostram (Assize of Novel Sisseizin,* originariamente: *appeal on jury* en lugar de *trial by battle).* Es característico que cada *writ,* como privilegio real, sea un *praecipe* único y singular, mas por otra parte es concebible para toda

significa barrera alguna para la elaboración judicial.[208] Es más bien — más allá de la vinculación a los precedentes, que ha de ser penosamente soslayada por el procedimiento del *overruling* — la ausencia de una utilización constructiva de los principios reconocidos, lo que induce a la práctica del *common law* a volver al sistema de acciones. Un pensamiento constructivo en este sentido ha de poder apoyarse en un sistematismo dogmático. La mentalidad jurídica anglonorteamericana es la típica de los prácticos, y así al *common lawyer* la concepción del derecho común formada dogmáticamente por el *usus modemus* le parece ya el colmo de la osadía sistemática; es más, al afán constructivo de los comentadores, que tan ingenuo nos parece a nosotros, e incluso el *Corpus Iuris,* compilado con tan poca crítica, le hacen el efecto de obras maestras del pensamiento sistemático.[209]

A medida que la moderna conciencia social exige *remedies* independientemente de los tipos tradicionales de acciones, crece la desproporción entre la importancia práctica de los principios en el *common law* y su rudimentaria elaboración y fecundidad dogmáticas. Así, por una parte, leemos afirmaciones como la siguiente: «La ausencia de precedentes no es razón suficiente para negar asistencia si es posible hallar un sólido principio de derecho que rige o que, por analogía, debería regir»[210] —mas por otra parte echamos de menos aquella precisión conceptual o aquel enlace sistemático, que sitúa el principio y fija su alcance, o sea, que permite darle una fuerza vinculante y proporciona un control de los predicados «sólido», «principio de derecho», «rige», «debería regir», y sobre todo un control de los métodos con los que se descubren y definen estos principios. Esta necesidad explica los esfuerzos, que tanto llaman hoy la atención, para construir un sistema de conceptos, cosa que la historia del *common law* no nos haría esperar, pero que aseguraría justamente la función de aquellos principios cuya amplitud de aplicación no está del todo cubierta por los precedentes.[211]

El moderno *common law* renuncia a la ficción de que el derecho material se halla contenido solo en los precedentes y que solo puede ser definido a partir de la acción.[212] Pero mientras ninguna institución permita entablar una demanda con fundamentos materiales basada en principios reconocidos, tiene que arreglárselas,

---

clase de prestaciones, y por tanto también como *debt - detinue* - (más tarde) *convenant - account.* Pero todo esto no alcanza a explicar el desarrollo del *trespass.*

208 Esto vale sobre todo en EE.UU., donde no son raros los *dicta* del upo del siguiente, y en las obras de ios prácticos (cf. 1 Am. jur., 413, Action) ofrecen una impresionante muestra de la concepción judicial: «Es deber de los tribunales adaptar su práctica ... en la medida de lo posible al estado actual de la sociedad... e imponer derechos para los que no se halla otro remedio» (*State* v. *Obio Oil Company,* 150 Ind. 21: 49 N.E. 809: 47 L.R.A. 627).

209 Cf. por ejemplo STORE (n. III 193) 56/57: «Los pandectistas trabajaban sobre el *corpus iuris* de Justiniano, el cual de suyo representaba una aspiración sin ejemplo y un monumento de consistencia lógica.»

210 *Hill* v. *Chesapeake & P. Teleph. Co.,* 42 App. D. C. 170; 51 L. R. A. (N. S.) 1072.

211 Véase lo siguiente y en cap. XI p. 285 ss.

212 A pesar de toda la oposición de la escuela realista, la idea de una situación de derecho material, independiente de la protección jurídica, se va abriendo camino. Tampoco la ideología del *common law* se contenta con la elección formalmente correcta de la *action.* En el punto central de la discusión está la *cause of action,* que a su vez se hace remontar a un «derecho antecedente primario», cf. *Me Klee* v. *Dodd,* 152 Cal. 637; 93 P. 854; 14 L. R. A. (N. S.) 780; 125 Am. St. Rep. 82, y *Hartigan v. Casualty Co.,* 180 App. Div. 193; 167 N. Y. S. 645.

a parte de las reglas deducidas de los precedentes, acudiendo a conceptos en blanco como «falta de la diligencia debida» (recurso que tampoco nosotros desconocemos) o a tautologías como la siguiente: «surge un motivo de acción cuando no se ha hecho lo que debía hacerse, o cuando se ha hecho lo que no debía hacerse».[213] Hoy la evolución ha llegado a un punto en que las antiguas formas de acción, tantas veces dadas por muertas y calificadas de fantasmas,[214] están realmente muertas y son recordadas con sincera nostalgia por los que desconfían de la formación de principios por parte de los jueces, los cuales se contentan con máximas tan informes como las del moderno *law of torts.*[215] La situación más instructiva es quizá la situación en que se encuentra el derecho anglonorteamericano en materia de enriquecimiento sin causa. Aunque los *remedies* clásicos siguen suscitando el interés literario en lo referente a su desarrollo, significación y destino,[216] la verdad es que ya no definen los límites de la protección jurídica.

La tendencia hacia el pensamiento institucional en los EE.UU. ha conducido a que en la *restitution* no se parta ya de los *remedies* singulares, sino de un principio: *unjust enrichment,* un concepto hoy aún amorfo dogmáticamente, que solo recibe sus supuestos en la práctica, mientras que el lenguaje académico de los *Restatements of tbe Law of Restitution* (Amencan Law Institute, 1937) trabaja sobre todo con definiciones de conceptos de cuño casi continental.[217] La práctica y la doctrina corriente se conforman aquí con reglas substanciales que, a pesar de recurrir a las antiguas formas de acción y figuras dogmáticas corno *implied contract, constructive trust,* etc., no consiguen disimular la falca de supuestos de hechos técnicos y de posibilidades de control.[218] Así se ha vuelto a provocar la resistencia que ya había suscitado la expeditiva -demasiado franca— ampliación hecha por LORD MANSFIELD del *general*

---

213 *Riner* v. *Riner,* 166 Pa. 617, 31 A 347; Am. St. Rep. 693.

214 «Aunque hemos enterrado estas formas de acción, nos gobiernan todavía desde sus sepulcros», MAITLAND (n. I 198) 226.

215 Vea se supra p. 70; en detalle cf. mi estudio: *Die Zweispurigkeit unseres Hapfpflichtrechts* (n. I 15) 221 ss., sobre todo en las notas comparativas. La salida no es la *action,* sino el *principle:* «¿Interviene aquí algún otro principio?» constituye la pregunta clave en *Security Stove & M. F. G. Co.* v. *American Railway Ry. Express Co.* (1932), 227 Mo. App. 175, 51 S. W. 2 d 572, en vista de que la doctrina *Hadley* v. *Baxendale,* que decidía el caso en opinión de la 1 ,ª instancia (*reliance-interest,* véase infra cap. XVIII, 8 *a)* no proporcionaba ningún resultado adecuado.

216 Introducción en lengua alemana: FRIEDMANN (n. III 120); véase también RabelsZ 10 (193 6) 426.

217 Cosa que los entendidos en la materia y en sus *remedies* históricos atacan como incompatible con el sistema, cf. la ponencia de SEAVY y SCOTT en 54 L. Q. Rev. 29; en contra WINFIELD ibíd. 529. Pero cf. también la primera y tajante crítica de WINFIELD en «Law» (A Century of Progress III [1937] 1): Los *restatements* son todavía excesivamente casuísticos, carecen de claridad dogmática en los conceptos para poder dar reglas auténticas materiales.

218 WINFIELD, *The Province of the Law of Tort* (1931) 141, observa certeramente que la nueva jurisprudencia sobre la *restitution* solo en apariencia se basa en el *implied contract* («que es solo su fachada»), en realidad se apoya sobre la idea de «beneficio injusto». Cf. el mismo en 53 L. Q. Rev. 448 y FRIEDMANN ibíd. 451. Como antes el *indebitatus assumpsit* también el *quantum meruit* experimenta una ampliación en el sentido del derecho natural bajo la bandera del *implied contract,* de modo que la libre facultad discrecional del tribunal apenas queda velada. Cf. LORD WRIGHT en *Krook's Wbarf and Bull's Wharf* v. *Goddman* (1937) 1 K. B. 534 (545): «La *obligatio* es impuesta por el tribunal simplemente en atención a las circunstancias del caso y a lo que el Tribunal decide que es justo y razonable, habida cuenta de la relación de las partes.» Sobre la crítica ahora también v. CAEMMERER (n. III 50) 335.

assumpsit conviniéndole en un instrumento de la «justicia natural».[219] Y mientras se tacha de superficial la argumentación que parte de las formas clásicas de acción, buscándose el «equivalente verdadero» en una doctrina imitada de la *condictio indebiti* romana (o sea, del derecho común),[220] se sigue lamentando que se haya abandonado el firme suelo del *implied contract* [221] y la pérdida de las seguridades sistemáticas que ofrecía aún la «insubstituible» categoría del cuasi-contrato.[222] «Concluyo», acaba diciendo HOLDSWORTH,[223] «que las condiciones en que el derecho inglés concede un *remedy* para el enriquecimiento injustificado, no están fuera de razón. Acaso necesiten corrección en algunos detalles. Pero sería un remedio peor que la enfermedad, si se minara la base de la regla del *common law*, substituyéndola por otra regla que dejara toda la cuestión a la discreción del juez... Mejor es un sistema que peque de rígido, que la ausencia de todo sistema».

3. A la luz de lo dicho, podemos hablar de los principios como de puntos de cristalización de un nuevo pensamiento institucional, que si hasta ahora solo con gran fatiga consigue hacer progresos contra el derecho de acciones, es porque, por falta de una dogmática conceptual en el sentido del Derecho civil, no ofrece garantías comparables a las de aquél, y está en contradicción con el tradicional control a base de precedentes. Entretanto, la real frontera de eficacia del principio y de la regla está todavía oculta por la indiscutida autoridad jurídica de los precedentes.[224] Según esto, el carácter de norma jurídicamente vinculante solo incumbe a la regla,

---

219 *Moses* v. *Macferlan* (1760), 2 Burr. 1005; 97 Engl. Rep. 676.

220 HANBURY, *The Recovery of Money*: 40 L. Q. Rev. 31, observa con relación a *Holt* v. *Markham* (1923) 1 K. B. 504, 92 L. K. B. 406: «El Tribunal de apelación... ha agitado ligeramente con un bastón el grueso depósito de capricho que yace bajo la superficie de la acción por dinero tenido y recibido.» Cf. también la polémica de FRIEDMANN: 53 L. Q. Rev. 449, en pro de una formación de auténticos grupos de casos, exenta de la «necesidad de ficciones».

221 HANBURY op. cit. 34, con la bonita observación: «MANSFIELD en *Moses* v. *Macferlan* cruzó definitivamente el puente excesivamente angosto que lleva desde la tierra firme del *implied contract* a las movedizas arenas de la equidad natural» (al conceder el *assumpsit* cuando no se podía implicar ningún *enforceable contract*).

222 P. H. W. en 60 L. Q. Rev. 205 y WINFIELD ibíd. 341. Un primer ensayo a fondo para llevar a un sistema escolástico de «relaciones obligatorias legales» el tratamiento abierto de los casos de enriquecimiento, con acciones históricamente modificadas, partiendo de la categoría práctica del cuasicontrato, se encuentra en KEENER, A Treatise on the Law of Quasi-Contracts (1893). Cf. también WALD, The Law of Quasi-Contract: 14 L. Q. Rev. 253. Sobre la rápida evolución del *equitable principle of unjust enrichment* al punto de cristalización dogmático de una nueva sistematización, cf. WOODWARD, The Law of Quasi-Contracts (1913). La categoría del «quasi» es desde siempre un típico recurso para un enlace abierto a falta de «sistema», cf. ULPIANO D. 12, 6, 26: una deuda a la que se oponga una excepción perentoria es un *quasi indebitum*. No hay que olvidar que ya la introducción de esta categoría por LORD MANSFIELD en lugar del *implied contract* sirvió para la generalización del *assumpsit* como remedio en el caso de enriquecimiento injusto y provocó un gran escándalo. Aún hoy tal ampliación de la *equity* en materia de enriquecimiento constituye un punto neurálgico del *common lawyer* inglés. Cf. DAWSON (n. I 7) 19: «Sin embargo, los mismos jueces ingleses que rechazan los cuasicontratos, de súbito se ponen la equidad por sombrero y hacen las cosas más sorprendentes.»

223 55 L. Q. Rev. 53; cf. también Denning: 55 L. Q. Rev. 54 y WINFIELD: 60 L. Q. Rev. 341; 63, 35 y 64, 46.

224 Sobre la teoría del precedente cf. la bibliografía citada supra p. 237 nota 194, así como el texto siguiente. Introducción: GOODHART, *Precedent in English and Continental Law*: 50 L. Q. Rev. 40 (= Les précédents en droit anglais et continental: Ann. Inst. Phil. 1934/35, 37), y SALMOND (n. I 171) 176 ss. Ibíd. 192-194 sobre «fuentes de los principios judiciales». Sobre la formación de precedentes en el Derecho codificado, véase infra cap. XIII, 3.

con la extensión que se deduce de la concreta *ratio decidendi,* no al principio, ni a la doctrina, máxima, etc. Formalmente, el principio no es hoy ni autoridad jurídica ni «medio de evidencia» deductivamente convincente; es solo el punto de partida del razonamiento jurídico.[225] Pero, cuántas cosas no dependen de este punto de partida. También en el Derecho codificado nos es conocida la postergación del principio a la norma, en cuanto a autoridad formal, y sabemos que esto no significa nada en contra de su capacidad para determinar la sentencia. Solo que los medios de que se vale el principio para influir, son distintos en el sistema problemático que en el axiomático. En un punto coinciden, sin embargo, sus funciones: el principio domina la interpretación de la norma y de la *rule,* o sea, orienta la preelección y el reconocimiento de los hechos jurídicamente relevantes en la situación planteada, y de las enseñanzas pertinentes en el precedente. La distinción entre *ratio decidendi* y simple *dictum* en este último, es decir, entre substancia realmente esencial y 1a simple toma de posición de principio, en una palabra, el destino de la *rule,* depende del principio del que parta el juez en su caso y que él busca en los precedentes «correspondientes». Solo así puede subsistir la ilusión de un sagrado *stare decisis* por medio de precedentes: lo que determina la existencia de las reglas, no son teorías, opiniones y conceptos, sino sentencias; pues el contenido actualmente válido en toda serie de sentencias, viene determinado por las teorías, opiniones y conceptos que el juez, que está en busca del derecho, conoce y aprueba en su tiempo.[226]

La jurisprudencia moderna ha tenido en cuenta esta verdad, por cuanto se ha percatado de cuán ficticia es la subsistencia de reglas fijas y ha reconocido la energía creadora de cada sentencia singular. Por otra parte, esta teoría de la *«realistic school»*[227] deja a obscuras lo que realmente sea el derecho existente —explicándolo como una «anticientífica» necesidad de autoridad— y rechaza todo intento de explicar y predecir la producción de una serie de sentencias uniformes, como no sea de índole estrictamente sociológica y psicológica, del mismo modo que declara vano el afán de conocer los principios que las informan. Sin embargo, esta escuela ha abierto el camino para el conocimiento de tales principios, al destruir la ilusión de las «reglas establecidas» y de la «certeza jurídica» producida por la vinculación del *stare decisis.*[228] Con esto el principio queda por primera vez sentado como punto de partida necesario no solo de una argumentación libre, sino de la formación de series unitarias de sentencias, poniéndose sobre el tapete una nueva concepción de la «certeza jurídica»; es decir, una certeza que no descansa sobre las garantías de los precedentes, sino sobre las de un pensamiento sistemático e institucional.[229] De aquí tomó también impulso el movimiento de los *Restatements,* un intento de concretar los *principles* y *rationales* en supuestos de hecho entendidos al modo del derecho civil.[230]

---

225 Cf. RADIN, *A Short Way in Statutes*: 56 Harv. L. Rev. 343.

226 Sobre este punto LAUN (n. I 80).

227 Cf. LLEWELLYN op. cit. y en «A Realistic Jurisprudence»: 30 Col. L. Rev. 431, así como en «Some Realism about Realism»: 44 Harv. L. Rev. 1220; además FRANK en las obras citadas, y además la reseña de BOHLEN en 79 Univ. of Pa. L. Rev. 822, pero también FRANK: *Are Judges Human?*: 80 Univ. of Pa. L. Rev. 17.

228 RADIN op. cit. Por otra parte con la desilusión sobre el trasfondo psicológico del *legal reasoning,* desde muchos lados se vuelve a insistir en el rigor formal del *stare decisis*; cf. OLIPHANT (n. III 199) 14, 7 y 119.

229 CARDOZO, *Adress before the New York State Bar Ass. Meeting: Select Writings* (1947) 8 s.: «La búsqueda de la certeza» es «una certeza no de palabras, sino de fines y objetivos».

230 CARDOZO, introducción a la serie de conferencias *The Growth of the Law* (1924), en: «The Need of a Scientific Restatement.»

Verdad es que la escuela realista, dado su empirismo, no puede tampoco reconocer al principio como fuente positiva de derecho. Consecuente con su punto de partida pragmático, concluye: «Los principios y reglas no son, en sí y por sí, derecho, no son sino ensayos de explicar las implicaciones contenidas en un juicio... Son experimentos, no conclusiones definitivas...»[231] Así surge la insoluble antinomia: si se concibe, con los austinianos, el *common law* como una masa obligatoria de normas independientes —es decir, preexistentes a su «aplicación»—, lo que se entiende por ellas no son los principios, sino las *rules* formadas históricamente de los precedentes incorporados. Si se reconoce, con la escuela moderna, que esta teoría ortodoxa de la preexistencia de la regla atestiguada en la sentencia jamás ha sido otra cosa que una '«ficción oficial», entonces la única fuente de derecho es la jurisprudencia.[232] La cualidad creadora de la legislación judicial distingue, en efecto, la autoridad jurídica poseída por el juez del *common law* de la del *iudex* romano, el cual en último término no era otra cosa que un árbitro, mientras que la autoridad constitutiva estaba en los *responsa,* o sea, por ejemplo, en los juristas que se sentaban en el *consilium* del pretor. El derecho romano era un derecho de jurisconsultos, no de precedentes.[233] El auténtico derecho judicial *(judge made-law)* oficialmente solo está regido por la *res iudicata* según el principio de *stare decisis,* o sea, de hecho, por los principios que utiliza el juez para enjuiciar el alcance de los precedentes.

Ahora bien, las escuelas dan una respuesta aparentemente clara a esta pregunta acerca del alcance de los precedentes: este alcance viene determinado por la *ratio decidendi,* es decir, la constatación de un derecho que ha de ser justificada concretamente por el objeto en litigio y por la formulación de la sentencia, no la afirmación general y más amplia de una tesis de principio, la *opinion* o *dictum.*[234] Esta *ratio* es a menudo designada sin más como «principio del caso» [235] *(principle of the case),* pero no es principio de derecho *(principle of law)* en estricto sentido, antes solo la concreta norma que ha determinado la decisión del propio caso, o sea, la regla generalmente obligatoria para los futuros casos «de igual índole». Ella es «derecho», como expresa la paremia: «El derecho está en el caso, pero los casos no son el derecho». En nuestra terminología no alcanzaría a caracterizarla bien el término «principio», ni siquiera el de «pensamiento jurídico», ya que éstos son mucho más concretos y

---

231 DICKINSON, *Legal Rules in the Process of Decision*: 79 Univ. of Pa. L. Rev. 833 y 1.052.

232 Así con especial claridad KOCOUREK, *Libre recherche in América*, Recueil Gény II, 450 (465); por primera vez ya SALMOND, *The Theory of Judicial Precedents*: 16 L. Q. Rev. 376 ss. De todos modos SALMOND sigue creyendo en la distinción entre nuevas formaciones «propiamente constitutivas» *(leading cases)* y la masa principal de sentencias en el campo del derecho ya establecido; éstas últimas son «meras declaraciones de principios preexistentes» (!). Por lo demás, es sabido que durante largo tiempo sentencia y *repports* han luchado por la primacía de la autoridad. Una buena ojeada histórica sobre las fases de la teoría y práctica de la utilización del precedente judicial y sus *embodiments* (Bracton - Year Books - *reports)* en HOLDSWORTH, *A History of English Law II* (1932) 235, 243 ss., Ill, 224 ss. y en T. ELLIS LEWIS, *The History of Judicial Precedent*: 46 L. Q. Rev. 207 y 341.

233 Cf. KOSCHAKER (n. II 148) 95, 96, también SIBER, *Praeiudicia als Beweismittel: Festschr. f. Wenger I* (1946) 47 ss., y COLLINET, *Le role des juges dans la formation du droit romain*: Recueil Gény I, 23 ss.

234 Para distinciones más delicadas, cf . RANDALL, *Dicta and Goiter Dieta*; 46 L. Q. Rev. 261; 47, 318; 60, 222; pero también ya WAMBAUGH (n. III 189). Una introducción alemana en RIEZLER, *Ratio decidendi und obiter dictum im Urteil*: AcP 139, 161 ss. El *Stare Decisis* nada tiene que ver con la *res iudicata* en el sentido de nuestra excepción de la autoridad de la cosa juzgada

235 Cf. SALMOND, *Jurisprudence*[7], 201.

representan normas auténticas, aunque sean difíciles de controlar en su valor de subsunción, por no estar fijados abstractamente por conceptos jurídicos técnicos. Solo puede hablarse de principios con referencia a los *underlying principles* que la definen lógica y teleológicamente, las representaciones jurídicas que dirigen su elección y reconocimiento.[236]

A partir de esta distinción que, como veremos, es un tanto académica, podemos decir: El principio posee en el Derecho del caso la significación de un pensamiento directivo material, que determina la regla. Es punto de partida y justificación de la *ratio decidendi* y de la regla integrada con ella. En ella, y como elemento de ella, es derecho positivo y vinculante, pero no lo es en tanto que principio independiente.[237] E incluso en la regla su alcance no aparece claro, ya que en virtud del *stare decisis* incumbe a la *lex artis* judicial el acuñar la regla del modo más estricto y menos doctrinario posible, para mantener abierta la puerta a resoluciones futuras.[238]

En concreto, la delimitación entre principio y regla es can discutible y tan expuesta a las vicisitudes de la práctica, como la distinción entre *ratio decidendi* y *dictum*.[239] La *ratio*, como "regla que se intenta sentar», es, en efecto, una «regla aceptada por los tribunales posteriores como habiendo sido sentada legítimamente», es decir, que la jurisprudencia posterior determina ella misma la extensión de la *ratio*.[240] Por tanto, si tal libertad existe ya aquí, donde se pone en discusión no una *ratio* cualquiera tomada como *reason*, como base de argumentación *in genere*, sino la norma jurídica que apoya concretamente la pretensión, a pesar de que solo a medias puede delimitarse claramente su alcance como precedente y su autoridad jurídica por la comparación de la resolución del caso y las doctrinas sentadas,[241] cuán amplia no será la «tierra de nadie» interpuesta entre el posterior reconocimiento de una regla estatuida legítimamente y la fijación de un principio ya no sostenido por la resolución casuística, una reformulación del principio *(overstatement of the principle)*.[242] Aquí todo depende de la formulación. Además, la necesidad de fijar

---

236 Cf. CARDOZO (n. III 189) 7.

237 Cf. GOODHART, Essays m Jurisprudence and the Common Law (1930) con el bello ejemplo (p. 7) *Lickbarrow* v. *Masón*, (1787) 2 T. R. 63 (70). *Rule* aquí es solo: el endoso en blanco de un conocimiento de embarque hace perder el derecho de detención *in transitu*. El más amplio y famoso *dictum* de LORD ASHURST: «Siempre que una de dos personas inocentes debe sufrir perjuicios por los actos de un tercero, el que ha capacitado a éste para ocasionar la pérdida debe soportarla», es solo un «principio» y un *dictum*, y sin embargo es lo que queda con valor permanente: «Un principio amplio y general que hará de pista segura y firme hacia la decisión.» Así también GOODERSON, Can. Bar Rev. 30, 899. Cf. también los *dicta* citados ibídem de J. WILLES en *Barwick's Case* (1866/67) L.R. 2 Ex. 259.

238 Cf. GRAY, *Nature and Sources of the Law* (1938) 272: «Pero el juez... es lento en aceptar una doctrina general o en sentar una regla como definitiva. Cada nuevo estado de hechos aporta un elemento «nuevo al derecho, y los resultados antiguos deben ser considerados a la luz de este elemento nuevo. Los principios sacados de los casos viejos están siendo continuamente reexaminados a la luz de hechos nuevos». Cf. también MCMILLAN. *Deux maniéres de penser*: Kecueii Lambert 11 (1938) 3 ss.

239 Sobre este punto WANBAUGH (n. III 189) 16 ss. Ejemplos *(at law e in equity) en* 48 L. Q. Rev. 458; 49, 155 y 173; 53, 464; 63, 278; 64, 28. 193, 453 y 463.

240 Así con especial claridad WILLIAMS, *Learning the Law*[2] (1945) 55.

241 Sobre la relación entre ambos elementos cf. GOODERSON op. cit. 893 n. 9; también RIEZLER (n. III 234) 164.

242 Sobre esto GOODHART (n. III 194) 160; también CARDOZO (n. III 229) 21 ss.

principios y la predisposición de la práctica a sacar doctrinariamente ideas básicas de los precedentes, cambia con los tiempos. En la época de los *Year Books* apenas se encuentra una sola *opinion* de carácter general, que vaya más allá de la simple constatación de un derecho.[243] Hoy los *dicta* resultan a menudo no menos sugestivos que nuestras «ideas directrices», no menos ilegales que aquéllos.[244] De ahí que la polémica sobre el principio establecido solo accesoriamente *(obiter),* desempeñe un papel cada vez más importante, que no se compadece con la tesis oficial que le mega carácter vinculante. En verdad, ninguna sentencia que se apoye sobre una regla general en tanto que «establecida», está a resguardo del reproche de constituir una reformulación *(overstatement),* si conviene quitarlo de en medio por medio de un *overruling,*[245] De ahí que la tradición inglesa procura atenuar, como se ha dicho, toda exposición de índole general con reservas tales como «atendiendo a los hechos», etc., que sirven para velar los límites de la afirmación general.

4. Según esto, el razonamiento jurídico no se realiza oficialmente en el plano de los principios, y se diría que los principios no son ni patrón ni objeto de la resolución judicial, *quoad auctoritatem iuris.* Pero aunque el juez prudente procura y sabe evitar las exposiciones y formulaciones de principios, no es menos cierto que para él y para sus críticos los principios están siempre en el fondo del caso.[246] Ellos son los que determinan el tratamiento dado al caso particular, aunque en lugar de *principles* se citen *preceáenis.* Y aunque solo la masa de éstos constituya oficialmente el derecho, ocurre lo mismo que con la masa textual de nuestros códigos: «aplicables» lo son solo los textos, pero lo que decide su aplicación en derecho son los principios que existen antes y más allá de los textos; solo que el fanático del texto oculta tal estado de cosas con su intento de encontrar también los principios en el texto, «sin mirar más allá de las cuatro esquinas del Código».[247] También en el *common law* se advierten fases de un pensamiento exegético, aunque la ilusión de un sistema «cerrado» (axiomático) no consiguió imponerse ni durante la época del racionalismo. Pero si bien los «sistemáticos» de principios del siglo XIX (BLACKBURN, CHITTY, KENT, STORY) con su propagación de formas deductivas de pensamiento no consiguieron ejercer una influencia duradera sobre el método del *common law,* el concepto decimonónico de sistema favoreció tanto en el *common lawyer* como en el jurista continental el prejuicio positivista de que «el derecho referente a los casos nuevos debe hallarse dentro del derecho mismo, y no acudiendo a ideas y consideraciones exteriores al campo de la técnica jurídica».[248] Es un mérito de la «escuela analítica» el haber demostrado la función efectiva de los principios del *common law* fuera de la técnica jurídica y de sus posibilidades de subsunción: «Lo que buscan los jueces, no es una especie de autoridad revelada que les resuelva milagrosamente el

---

243 GOODHART op. cit. 165.

244 Véase el texto siguiente e infra p. 342 ss.

245 Ejemplo: La regla sentada en *Barwick* v. *English foint Stock Bank* (1867) L. R. 2 Ex. 265 sobre la responsabilidad *master and servant* a primera vista está perfectamente garantizada y delimitada con arreglo a las circunstancias del caso. En *Lloyd* v. *Grace, Smith & Co.* (1912) A. C. 716 se reconoce que los elementos del supuesto: «*y* en beneficio del señor», no son partes aseguradas de la regla. Otros ejemplos didácticos de *overstatements* en GOODHART op. cit. 166; ibídem 167-175 se citan también casos de formulación excesivamente estrecha, que llevan asimismo a una deformación del principio y dan *pie al overruling.*

246 Cf. LLEWELLYN (n. III 199) 35 ss.

247 DICKINSON, *The Problem of the Unprovided Case*: Recueil Gény II, 503 (509).

248 DICKINSON, ibídem.

problema que tienen planteado, sino un aserto convincente o la aplicación de un principio jurídico que sea apropiado al caso en cuestión».[249]

Los principios son el punto de partida del razonamiento jurídico: no como simples instrumentos del pensamiento heurístico, sino como expresión primaria de una decisión valorativa de carácter positivo, que es la que confiere su legitimación a la regla que debe ser aplicada.[250] Por esto determinan toda la labor de subsunción, haciendo resaltar las «similaridades clave» en el caso y en el precedente, para lo cual en el Derecho del caso se necesitan puntos de comparación aún más substanciales que en el sistema dogmático de supuestos de hecho.[251] Verdad es que también aquí son conceptos los términos sobre los que el lenguaje efectúa la comparación; la práctica los usa como conceptos clave, hasta que se extiende demasiado su capacidad de rendimiento.[252] Es más, la esperanza de encontrar conceptos sistemáticos capaces de un mayor rendimiento es hoy sintomáticamente característica de la actual tendencia a racionalizar las reglas del *common law,* al menos en EE.UU.[253] pero los conceptos solo poseen una importancia semántica para los «principios subyacentes»; carecen de valor dogmático de deducción, no representan un sistema axiomático, sino los «complejos hatos» de soluciones históricas.[254] El jurista angloamericano no se siente en modo alguno inclinado a substituir esta complejidad de la consideración, que al mismo tiempo refleja el polifacetismo de las posibles valoraciones de intereses, por una lógica conceptual que funcione dogmáticamente; lo único que quisiera es simplificarla.[255] La «necesidad de un *restatement* científico»[256] es solo una necesidad de racionalización, pero no significa un volver las espaldas al pensamiento inductivo, que desarrolla los principios ateniéndose al problema, no deduciéndolos del sistema.[257]

---

249 ALLEN (n. I 171) 334.

250 Por lo que esta legitimación puede ser discutida largo tiempo, cf. STONE (n. I 54) 190 n. 228«: «La verdadera base de *Rylands* v. *Fletcher* estaba aún sujeta a debate en 1939, al cabo de 68 años.»

251 Cf. CARDOZO (n. III 189) 20; también KOCOUREK (n. III 232) 493/94.

252 Cf. LEVI (n. I 177): «Si la sociedad ha empezado a ver ciertas similaridades o diferencias significativas, la comparación emerge con una palabra. Cuando la palabra es aceptada finalmente, se convierte en un concepto jurídico: su sentido sigue cambiando. La tercera fase es el derrumbamiento de un concepto.»

253 Véase infra cap. XI, p. 285 ss.

254 CARDOZO op. cit. 28, 64.

255 POUND (n. II 37) 128: "Puestos en el caso de elegir, si la administración judicial del *ius* debe por necesidad ser totalmente mecánica o totalmente administrativa, fue el seguro instinto de los juristas lo que, en la madurez del Derecho, les condujo a preferir lo primero.» Cf. también POUND en *The Theory of Judicial Decision* (n. II 145) 641, 802, 940; además en Classification of Law: 37 Harvard L. Rev. 933 y en *A Comparison of Ideals of Law*: 47 Harv. L. Rev. (1933) 1 (= Mem. Acad. Int. II, 4 [1935] 200). POUND ha sido el primero en formular este problema metódico desde el punto de vista comparativo. Cf. *What may we expect from Comparative Law?* Am. Bar Ass. J. 22 (1936) 56 y *The Influence of Civil Law in America*: 1 Lousiana L. Rev. (1938) 1. Véase también la exposición resumen en la 5.ª edición de su *Outlines of Lectures on Jurisprudence* (1943). La última contribución de POUND para desentrañar el sentido de esta elección de puntos de partida como opción hecha con arreglo a la jurisprudencia de intereses, es *Some Thoughts about Comparative Law*: Festschr. f. E. Rabel I (1954) 7 ss. (11).

256 CARDOZO., título de la 2.ª parte de su serie de conferencias *The Growth of the Law* (1924).

257 Que en el derecho romano ocurra el caso inverso, y que el *civil law* ha desarrollado sus instituciones no partiendo del problema, sino de un sistema axiomático, es uno de los errores que están arraigados en la historia de nuestro derecho continental; cf. CRAIG (n. III 83) 69.

Bien está que la doctrina desarrolle un sistema: la judicatura ha de mantenerse fiel a su método inductivo; la ciencia puede intentar formulaciones definitivas: los principios de la jurisprudencia permanecen «abiertos».[258]

No se puede negar, sin embargo, la influencia recíproca de la doctrina y la jurisprudencia en la formación de principios. Se muestra sobre todo en la atención creciente que se presta a los *dicta* judiciales, que debaten doctrinariamente y adoptando actitudes de principio un determinado problema jurídico: cosa incompatible con las reglas técnicas del *stare decisis,* y sin embargo indispensable para la auténtica reelaboración de la regla. Hay ocasiones en que el *gratis dictum* prepondera hasta tal punto sobre la concreta *ratio decidendi,* que está justificado preguntarse «si el juicio entero es o no *obiter*».[259] Sin embargo, y a despecho de todas las recetas clásicas de separación,[260] un *dictum* referente a un principio puede ser más antiguo que la autoridad jurídica de la *ratio*[261] Pues es justamente el *dictum* doctrinario el que contiene las inferencias decisivas para la aplicación y reelaboración de la regla,[262] y sería una utopía creer que una creación judicial se ha hecho solo atendiendo al caso, o sea sin el auxilio y el contraste de la doctrina.[263] De ahí que la práctica moderna declare decisivos los *dicta* que «sigan siendo de valor» cuando el punto debatido sea la *quaestio iuris* como tal.[284] Tales *dicta* no han sido pronunciados *obiter.* Se llega a proponer que se extienda el alcance de la *ratio decidendi* a lo «jurídicamente fundamental», puesto que de hecho los tribunales «tienen la responsabilidad de afirmar los principios generales del derecho».[265] Hasta ahora la autoridad de ciertos jueces era ya tan grande, que sus *dicta* eran aceptados sin disputa como vinculantes.[266] Por

---

[258] Una contraposición clara en Gray (n. III 238) 272 ss.

[259] E. C. S. W. a *Lynn* v. *Bamber* (1930), 2 K. B. 72 en 46 L. Q. Rev. 259.

[260] Cf. Lord Mansfield en *Staunderson* v. *Rotules,* 4 Burr. 2.068, o también *Powel* v. *Lloyd,* 2 Y. J. 372 (379).

[261] Cf. reseñas como 47 L. Q. Rev. 318 y 60, 222. Doctrina fundamental sobre el peso de los *dicta* en Wambaugh (n. III 189) 18.

[262] Con referencia al derecho del *trust,* Corbin (n. I 106) da ejemplos de las innovaciones introducidas por la doctrina y la jurisprudencia con sus *dicta.* Sobre la formación, por este camino, de un equivalente que supla la falta de un contrato en favor de terceros, informa últimamente «Käser, Vertragliche Dritterrechte im englischen Common Law (tesis, Tübingen 1953) 62-69.

[263] Sobre la influencia recíproca de precedente y doctrina en la investigación de una figura jurídica, un buen ejemplo es la *consideration.* Las definiciones clásicas de la práctica (por ejemplo, la de Justice Lush en *Curie* v. *Misa* [1875], 44 J- Ex. 94, 99) siguen siendo material de partida para la doctrina. (Cf. Pollock, On Torts[9], 177; Anson, *On Contracts*[16] 82 etc.). Pero el problema del «¿para qué?», o sea de la función y por tanto de la fundamentación y delimitación de este elemento del contrato solo lo plantean los autores. Éstos establecen la distinción entre lo que es azar histórico y la certera interpretación de lo que es actualmente eficaz, posibilitando a la jurisprudencia una aplicación metódica de este concepto. Bibliografía alemana: Rheinstein (n. I 102), Bauch, Der Begriff der Consideración im anglo-amerikanischen Schuldrecht (1940), y Kessler, *Einige Betrachtungen zur Lehre von der Consideration*: Festschrift tur Ernst Rabel [(1954) 251.

[264] R. E. M. en 60 L. Q. Rev. 222, sobre *Res Mc Elligot* (1944) Ch. 216, caso de un *trust* de beneficencia.

[265] Patón y Sawer, *Ratio Decidendi and Obiter Dicta in Appellate Courts*: 63 L. Q. Rev. 461 (477), con cita de series de sentencias que adolecen de falta de unidad en la atención concedida a los aforismos jurídicos que oficialmente pertenecen al campo de los *obiter dicta* y sin embarga constituyen el núcleo propio del problema.

esto hoy se conviene en que los *dicta* carecen de autoridad institucional, pero pueden adquirir autoridad a través de la práctica, *a)* por la categoría del tribunal, *b)* por la personalidad del juez, y *c)* por la convincente fuerza de la fundamentación.[267]

Aquí nos interesa solo esta tercera causa de autoridad, que indica una nueva actitud de respeto ante el pensamiento dogmático. En virtud de ella, principios que doctrinalmente no habían sido reconocidos como elementos vinculantes del *common law,* son reconocidos en proporción creciente como principios judiciales. Esto no vale solo de los principios que han recibido una formulación axiomática, sino también de las «ideas jurídicas» *(legal ideas),* que están todavía en la fase de pensamientos generales, y de los «conceptos jurídicos» que las ordenan A ellas justamente se atribuye la misión de formar, con la creciente masa de los precedentes, «un cuerpo organizado de conocimientos... de materiales autorizados»,[268] tarea que el catálogo casuístico de los *reports* no estaba ya en situación de llevar a término. Por todas partes, en manuales y en enciclopedias, los principios generales y sus elementos conceptuales son puestos antes que la casuística. «La masa del Derecho del caso se ha hecho tan voluminosa y de una naturaleza tan contradictoria, que los juristas prudentes se dedican a un estudio más atento de los principios jurídicos».[269] El principio, en tanto que expresión formulada de la situación del problema en un momento dado, constituye de hecho el enlace más importante de la casuística con una «concepción jurídica».

Podemos afirmar, de un modo muy general, que en cada una de estas tres acepciones el principio es, en el *common law,* una forma universalmente aceptada de la declaración del derecho, a la que incumbe, a diferencia del simple postulado, el rango de una constatación de derecho positivo.[270] Al decidir la selección de los precedentes posibles, determina el rumbo de la solución.[271] No existe para ésta ninguna receta que permita de antemano seleccionar certeramente la regla. Esto queda reservado, sobre todo cuando hay colisión de principios, a la interpretación judicial del problema. Pero el principio dirige la elección de la regla adecuada según una superior idea de finalidad, incluso cuando, al observador psicólogo, esta primera reflexión se le aparezca como una asociación enteramente espontánea. La escuela realista ha escrito tratados enteros sobre este acto primario de la facultad enjuiciadora, que ella llama la «corazonada» *(hunch)* del juez.[272] Ahora bien, este misterioso *hunch* no es otra cosa que el sentido de orientación, adquirido por la experiencia, en el campo de los principios ordenadores del conjunto del derecho,

---

266 Cf. las observaciones de KOCOUREK (n. III 232) 465/466 sobre HOLMES. Lo mismo puede decirse de CARDOZO, cuyos famosos *dicta* en 1938 fueron hitados por SAINER bajo el título «*Law is Justice, Notable Opinions of Mr. Justice Cardozo*». Cf. en el presente capítulo los textos que se reproducen de esta tea, muy adecuada para introducir al lector continental en el arte de tratar, e un modo autoritario y sin embargo discursivo, de los problemas fundamentales del derecho en formulaciones fundamentales y cortadas a la medida del caso.

267 STONE (n. III 143), cf. también HOLLAND, *Elements of Jurisprudence*[12] (1916) 65, con la comparación con la autoridad de los *responsa* no legitimados por la ley de Valentiniano III. SALMOND (n. 111 232) 379 distingue los precedentes investidos de fuerza «autoritaria» y los que la tienen «persuasiva».

268 POUND (n. I 59) 2.

269 CHIPMAN en el prólogo del vol. 4 de su Index to Legal Periodicals (1924).

270 Cf. KOCOUKER op. cit. 461.

271 Suple a todos: CARDOZO (n. III 220) 21 ss. con interesantes ejemplos.

272 Cf. HUTCHINSON en Recueil Gény II, 549.

unido con la facultad de estimar su actual alcance y función. Desde este punto de vista puede decirse con razón que los casos solo son ilustración de los principios, cosa que de momento suena muy extrañamente a los oídos del *common lawyer.*[273]

¿No será, pues —y hacia esto apunta nuestro estudio— que los principios mismos constituyen derecho positivo? ¿Son de veras solo *cuides,* y no *law?* Exactamente como en el derecho continental, son derecho positivo dentro del marco de su acuñación judicial y su reconocimiento institucional en figuras jurídicas permanentes. En la práctica, esta tesis equivale a lo que hoy es comúnmente admitido en la doctrina norteamericana y, gracias a POUND, también en la judicatura. Allí el principio es considerado «dotado de tanta autoridad como los preceptos mismos que determinan el punto de partida del razonamiento jurídico, la marcha del razonamiento e incluso, con frecuencia, el proceso entero que llamamos interpretación y aplicación».[274] Ocasionalmente, como en CARDOZO, encontramos formulada la idea de que los principios jurídicos son las auténticas normas jurídicas en el sentido de la teoría de EUGEN EHRLICH,[275] mientras que las reglas son simples «normas para la resolución».[276] En un discurso de este tenor, CARDOZO cita un dicho de POLLOCK: «La autoridad judicial no pertenece a las palabras exactas pronunciadas, ni siquiera a todas las razones alegadas, sino solo a los principios reconocidos o aplicados como fundamentos necesarios de la decisión»,[277] palabras cuya claridad es meridiana. De todos modos, puede discutirse si POLLOCK no habrá usado aquí el término *principle* como sinónimo de *rule,* cosa que no es raro que ocurra ni a las plumas más cuidadosas. Pues justamente la doctrina inglesa concede un especial valor a fijar más restrictivamente los límites de la autoridad jurídica y considerar solo como *guides* a los principios que no han sido formulados concretamente en reglas establecidas.[278] Sin embargo, POLLOCK llega a hablar de «fundamentos necesarios para la decisión» en el sencido de principios normativamente eficaces, y por tanto dogmatizados, que se han introducido en las reglas.

Ahora bien, de hecho tales principios substanciales desde siempre han sido considerados como parte del *common law.* Según Kent[279] *common law* consta de principios, usos y reglas... «cuya autoridad no descansa sobre ninguna ley expresa o positiva ni sobre otra declaración escrita, sino sobre afirmaciones de principios hallados en la decisión de los tribunales». KENT subraya que no consiste en una simple «reparación de desafueros» o en la «protección contra agravios; por el contrario, es la encarnación de principios amplios, no escritos». Corno hemos dicho, el reconocimiento de este papel del principio como parte de la masa jurídica positiva es todavía más franco en la jurisprudencia norteamericana.[280] El uso puramente

[273] PUIC BRUTAU (n. I 41) 209, con referencia a RAMOS (n. II 146) 1 y 345» así como ROBINSON, Law and the Lawyers (1937). De todos modos, el término se presta a equívocos y según HOLDSWORTH (*Some Lessons from Legal History* [1928] 17) procede, lo cual es característico, de Lord Mansfield: «El Derecho no está formado de casos particulares, sino de principios generales, que son ilustrados y explicados por aquellos casos.»

[274] POUND (n. I 41) 11.

[275] *Soziologie des Rechts,* 366 ss.

[276] (N. III 189) 104 (— Select Writings, 150).

[277] New York State Bar Adress (O1932) en *Select Writings,* 33.

[278] Cf. LLOYD (n. III 195): «Tales principios son, huelga decirlo, ente ramente extraños (!) a las reglas mismas del Derecho y sin duda estarán entremezclados con otros factores de carácter «irracional» o "puramente emocional»,

[279] *Commentaries,* 471.

[280] Cf. POUND (n. I 41).

mecánico de las doctrinas y máximas, es cosa del pasado. El centro de gravedad de los elementos doctrinarios está en el propio concepto jurídico formulado.[281] La pugna entre el derecho de los juristas y el derecho popular no se refleja va en el antagonismo, visible en BLACKSTONE, entre máximas y costumbres. Además, de la gran popularidad de que gozaron las máximas en el siglo XVII,[282] una vez marchitado el estilo de la Ilustración, no ha quedado más que una insípida costumbre profesional y la singularidad de aún hoy en el derecho inglés la «máxima» se usa promiscuamente con el «principio» y la «regla».[283]

Aunque el actual *common lawyer* conoce todavía una serie de máximas que poseen el rango de una *legal authority,* sin necesidad de apoyarse en precedentes,»[284] no se trata ya de verdades de un derecho racional,[285] sino de paremias tradicionalmente reconocidas. De ahí que, aunque se siga todavía hablando de «máximas establecidas», como también de reglas y costumbres establecidas, todo principio transmitido de tal modo sea estudiado *in concreto* para desentrañar su contenido empírico actual. Para la práctica, la máxima tiene más el sentido de una idea directriz que el de un principio propiamente dicho, y solo así es usada también en los manuales y repertorios de casos.[286] Su alcance es ¡acierto, su fuerza de convicción está en la fórmula. De ahí también el frecuente uso de las máximas como punto de partida de la fundamentación de una sentencia. Las nuevas conquistas que por este procedimiento pueden hacerse, las conoce solo el jurista. Así una famosa sentencia de CARDOZO introduce del modo siguiente la clara formulación del principio del «obrar a propio nesgo»: «*Volenti non fit iniuria.* El que toma parte en un deporte semejante, acepta les riesgos que le son implícitos, en tanto

---

281 Por esto subraya POUND op. cit., que el «corpus de materiales investidos de autoridad» del *common law* no sería inteligible sin una tal «gradación autoritativa» de sus instrucciones y formas. Entre estos elementos del ordenamiento que intervienen en la formación de la sentencia, distingue en consecuencia: *rules, principles, legal concepts, doctrines y standards.* A este propósito destaca por primera vez la significación normativa de la formación de conceptos: «El desarrollo doctrinal de las concepciones es en la práctica la base significativa de la decisión, cualquiera que sea la jerarquía de las formas (p. 15). Desde entonces se encuentran también en otras partes otras formaciones de categorías análogas y equivalentes; cf. KOCOUREK (n. III 232); MARSH (n. III 191); FRIEDMANN (n. I 83); STONE, *The Common Law in the M. S.*, en *The Future of Common Law* (1937) 131, etc. Más detalles sobre el papel del *legal concept* en el apartado 5.

282 Comienza ya en BACON, «*Maxims of the Law*», ed. de Spedding, VII, 322, citado según JOLOWICZ (n. II 47) 215.

283 Cf. JOLOWICZ loc. cit. Detalles infra en apartado 6 de este capítulo.

284 Cada máxima es una autoridad suficiente de suyo», JOLOWICZ, lugar citado.

285 Así COKE LITTLETON, citado según JOLOWICZ 215: «Máxima es una proposición que ha de ser profesada por todos los hombres y concedida sin necesidad de prueba, argumento o discurso. *Contra negantem principia non est disputandum*». Hoy conceptos tales como «justicia natural» y «sentido común» siguen aún desempeñando un papel perentorio semejante, pero ya no en forma de máximas y tesis doctrinales. Cf. SALMOND (n. III 232) 376 ('^89). en la época del Derecho natural los *axioms of intelligent reason* constituían un importante apoyo de la práctica norteamericana frente a las *rules* y *doctrines* del derecho metropolitano inglés, cf. los ejemplos en WENGLER (n. III 183 *a)* 58. En efecto, en aquella época, el *common law* pasaba solo, incluso en el Nuevo Mundo, como «la perfección de la razón», de modo que una doctrina jue chocase contra las concepciones iusnaturalistas de los primeros estados, era ominada sin más ni más como «injusta e indefendible».

286 Sobre este papel principal de las máximas, cf. la exposición en 1 Am. Jur. 423, Actions § 29 *ad vocem* «De minimis non curat lex».

sean obvios y necesarios».[287] La substancia de la máxima romana está aquí claramente refinada y modificada del modo más moderno, pero su forma tradicional conserva su fuerza convincente. El poner por delante un principio puede ya tener este efecto cuando solo se trata de criterios o patrones (de deber, de diligencia, de responsabilidad) que han sido elaborados por una jurisprudencia constante. También el derecho continental conoce este procedimiento de destacar — con frecuencia exageradamente — una «práctica» fija y concordante. En el Derecho del caso se habla entonces de la «doctrina de un tribunal», con lo que se acentúa la substancia específicamente de principio que posee una regla en la jurisprudencia del tribunal en cuestión: «La doctrina sentada por este tribunal restringe la responsabilidad de una Compañía de Telégrafos por no transmitir un mensaje, dentro de los límites de la regla aplicada en Hadley v. Baxendale (9 Exch. Rep. 341)».[288] En tales casos la sentencia se basa menos en la autoridad de aquel *leading case,* que en la práctica interpretativa autónoma con la que el tribunal competente aplica esta regla en sentido objetivo y constructivo: «La clave del caso *Hadley* v. *Baxendale* se nos escapa de las manos si no paramos mientes en la relatividad de la causalidad como concepto del Derecho».[289] Por consiguiente, el concepto de «doctrina» no debemos entenderlo aquí a la manera tradicional, sino de un modo actual, como el de un criterio o principio que rige una determinada práctica actual de un tribunal. De ahí que se tienda a identificar este concepto de doctrina con el de la regla que le está sometida, y así se habla de la «doctrina de un caso».[290]

Pero también las doctrinas, aun las de inmemorial antigüedad dentro del *common law,* por efecto de la jurisprudencia cambian en su contenido, aunque a un ritmo más lento. El principio *respondeat superior* constituye desde 1867 la indiscutida base de la responsabilidad por los auxiliares, y sin embargo es innegable que esta responsabilidad ha sufrido desde entonces la más asombrosa transformación y refinamiento en sus supuestos, a la manera de los derechos continentales.[291] ¿Dónde hay que buscar, pues, la «verdadera efigie» de un principio para el que los *restatements* solo ofrecen una académica selección de fórmulas doctrinales y *rationales,*[292] sino en la propia judicatura y en su progreso constante? Esto es justa-

---

287 *Murphy* v. *Steeplechase Amusement Co. Inc.,* 250 N. Y. 479 (1929). CARDOZO vuelve en seguida a hablar en tono concreto y popular: «Las extravagancias del payaso no son espectáculo adecuado para un monje enclaustrado. El demandante no iba en busca de un lugar retirado para entregarse a la meditación».

288 CARDOZO en *Kerr S. S. Co.* v. *Radio Corp. of America,* 345 N. Y. 28 N.Y. 284 (1927).

289 Un bello ejemplo de un *overruling* «frío» a partir de una teoría y opinión jurídicas que en el entretanto han cambiado.

290 Cf. WENGLER op. cit. 58.

291 Cf. NEUNER, *Respondeat Superior in the Light of Comparative Law*: 4 Louis. L. Rev. (1941) 1.

292 Cf. *Restatement of the Law of Torts II* (1934) (Supl. 1948) cap. XV §§ 409-429, Rationale 1: Plena responsabilidad para empleados dependientes dentro del marco de su círculo de trabajo, incluso más allá de su mandato concreto. Ninguna responsabilidad para contratistas independientes excepto: *a)* en caso de observancia de instrucciones dadas, entonces responsabilidad plena; *b)* en la ejecución de trabajos peligrosos o debidos personalmente por el dueño del negocio, entonces responsabilidad por *culpa in eligendo; c)* en el mantener en buenas condiciones los dispositivos para el tráfico, instalaciones en campo o fábrica (deberes de atender a la seguridad del tráfico), entonces responsabilidad por *culpa in custodiendo,* sobre todo por el control personal en el caso concreto (cf. nuestro deber de organización); *d)* en trabajos que llevan consigo peligros para terceros, por *culpa in instruendo et muniendo; e)* al abrir una vía de comunicación en un predio: responsabilidad accesoria

mente lo que explica la importancia siempre creciente del *dicta,* de los que puede deducirse la situación de un principio en cada momento determinado. La polémica con las anteriores concepciones de aquel principio, que se supone inalterado, no es, en cuanto a la forma, más que un *dictum,* en lo que se refiere a las consideraciones generales hechas a este propósito.[293] Precisamente estas reflexiones constituyen, en las sentencias que hacen de guía, la pieza central de la labor del juez, y no desmienten su carácter fundamental ni siquiera cuando, de acuerdo con las reglas del arte, están circunscritas dentro de los límites del caso concreto. Citaremos algunos *dicta* famosos de Cardozo para iluminar este punto y hacer ver el innegable valor del *dictum,* a pesar del escepticismo con que lo miraba el propio CARDOZO: «Confieso que es para mí un misterio que sean justamente los jueces, entre todas las personas del mundo, los que tengan que exponer su fe en *dicta*» .[294]

Como primer ejemplo, elijo un caso de derecho penal en el que CARDOZO despoja de su antigua significación como regla de prueba la de que la posesión inexplicable de los frutos del delito pesan sobre el acusado como indicio de culpabilidad.[295] Demuestra —siempre en sus *dicta*— que el problema: ¿culpabilidad o mera participación? sigue planteado lo mismo que antes a cargo del acusado, desarrolla luego la distinción entre presunción *de iure* e indicio de hecho con todas sus consecuencias en contra de una presunción legal de culpa, en una palabra, su *dictum es* un desarrollo elemental de principios elementales que hasta ahora habían quedado sepultados bajo la casuística de la antigua regla. Se trata, pues, de una doctrina de valor permanente —*¿y* justamente ella ha de quedar como meramente «facultativa»?

El segundo ejemplo se refiere al fundamental problema de la delimitación de los intereses higiénicos y médicos frente a las libertades religiosas.[296] Lo que en concreto se debía contestar, era si el curar por medio de oraciones había de considerarse como ejercicio ilícito de una profesión que necesita ser autorizada; el caso exigía una discusión a fondo del sentido y límites de las antiguas regías del *common law.*

Según ellas, parecía, en efecto, un *stare decisis* que las prácticas religiosas de sectas que creen en la «curación por el espíritu» (Christian Science, etc.) no atentan

---

para el que trabaja en el predio o explota una instalación, en cuanto a su diligencia razonable en asegurar el uso de útiles o métodos razonablemente seguros, es decir, como por un «auxiliar del cumplimiento» (cf. nuestra jurisprudencia). Nos encontramos aquí con un sistema absolutamente cerrado, que distingue escolásticamente los casos de responsabilidad por culpa propia y ajena (topics 1 y 2). Entre estos últimos se cuentan, totalmente de acuerdo con las concepciones continentales, los auxiliares del cumplimiento propiamente dichos, es decir, personas de las que uno se sirve «para obtener un resultado cuya obtención es deber del patrono», pero también todas las personas auxiliares en obras e instalaciones que suponen peligros para el tráfico, para los usuarios legítimos de fincas *(invitees)* y los vecinos, de no tomarse las convenientes medidas de precaución. Para actividades ultrapeligrosas, con riesgos graves exactamente precisados, y en caso de violación de las leyes protectoras existe una responsabilidad absoluta por los auxiliares de índole especial. Asimismo, se distingue entre los daños causados «con ocasión» del trabajo encomendado, según que se trate de una «obra inherentemente peligrosa» o no. Este sistema tiene solo una conexión simbólica con la forma primitiva del *Respondeat Superior.*

293 Cf. OLIPHANT (n. III 199) 71.

294 *The Paradoxes of the Legal Science* (n. I 172).

295 *People* v. *Galbo,* 218 N. Y. 283 (1916).

296 *People* v. *Voagelgesang,* 221 N.Y. 290 (1917).

contra el monopolio de los médicos. CARDOZO dicta una resolución verdaderamente salomónica y al propio tiempo moderna, que por su carácter de exposición de principio es un *dictum,* pero cuya fuerza convincente es inesquivable: La regla: «La ley no exige licencia para un tratamiento efectuado solo por la oración» solo se refiere a actividades puramente religiosas, en las que se ayuda al enfermo estimulándole a una mayor sumisión en su fe, pero no a formas de psicoterapia revestidas de atuendo religioso, en las que el enfermo no colabora como creyente, sino que en calidad de paciente constituye el objeto sobre el que operan las fuerzas de la sugestión.[297]

Pero el ejemplo más instructivo sobre el poder de los *dicta* que contienen un fundamental perfeccionamiento de una doctrina, es sin duda el famoso caso *Mac Pherson* v. *Buick Motor* Co.[298] Se trata de la responsabilidad que incumbe a un fabricante de autos y a sus dependientes frente a un comprador que solo estuvo en tratos con una casa de ventas, por un accidente sufrido a causa de la defectuosa fabricación de una rueda construida en serie por un tercer fabricante de toda confianza. Existen diversas senes de precedentes que establecen responsabilidad por la «introducción en el tráfico» de cosas «peligrosas»,[299] pero lo que falta -lo mismo que en nuestra jurisprudencia relativa al tema— es una clara formulación del principio que rige esta responsabilidad, y de los elementos de la imputación (adecuación, culpa, asunción de riesgos) que lo delimitan. CARDOZO propuso una fórmula, ni demasiado amplia, ni demasiado estrecha, que ha sido admitida desde entonces: el conocimiento de que un tercero está expuesto a un peligro no simplemente posible, sino probable, por causa de un determinado proceso, obliga al que domina este peligro a intervenir activamente, de modo que la omisión de este deber precautorio es «negligencia». La formulación racional de este principio: «El conocimiento anticipado de las consecuencias que probablemente habrán de causar daño, implica la creación de un deber de intervenir», es nueva, y es el auténtico logro conseguido por la sentencia, que viene después de una larga casuística, desarrollada paso a paso y sin control.[300] Liberado de este lastre de particularidades y concentrada sobre el problema general, la antigua regla de *Thomas* v. *Winchester* (1852): «El conocimiento anticipado de las consecuencias implica la creación de un deber», recibe una significación nueva, intemporal, con carácter de «principio». Pero una significación que no se nos presenta abstractamente, como teoría del deber de atender a la seguridad del tráfico, sino como integración de la antigua regla en la relación de los fabricantes con personas distintas de los clientes inmediatos, y que sin embargo, al hacerlo así, consolida la entera institución de la seguridad del tráfico en tanto que derecho positivo.

Debemos constatar que el corazón propiamente dicho del precedente es el *principle,* no la *rute.*[301] Solo aquél determina la preselección de las sentencias ante-

---

[297] «La profesión y práctica de la religión debe constituir por sí misma la curación.» En cambio *Vogelgesang* había suministrado drogas «inocuas», que estimulaban el proceso espiritual. CARDOZO cita a este propósito el dicho de Voltaire, que los conjuros mágicos serían capaces de destruir un rebaño entero, si se les reforzaba con la pertinente dosis de arsénico.

[298] N.Y. 382 (1916).

[299] LEVI (n. III 187) las toma como punto de arranque de su descripción del razonamiento de caso a caso.

[300] Cf. la exposición en LEVI loc. cit.

[301] Así ya ALLAN, *Law in the Making* (1927) 159.

riores, en las que se encuentra la regla buscada y capaz de adaptación. En efecto, los precedentes no son vinculantes sin más ni más, sino que lo son solo para la problemática que en ellos se busca y se reconoce. Justamente esta primera pregunta: «¿Precedentes de qué?»[302] presupone que se está de acuerdo sobre el principio común.[303] Y la adaptación de la regla preencontrada no se convierte en un *overruling* franco, sino cuando el principio como a tal es abandonado total o parcialmente.[304]

5. Si resulta claro, después de lo dicho, que el principio no es solo «punto de partida», sino también piedra angular del razonamiento jurídico ello abre también una perspectiva sobre su posición clave para lo que incluso en el *common law* tiene que llamarse «sistemática». Solo que el hecho de que las reglas formadas históricamente y que siguen vigentes merced a los múltiples cambios y refinamientos sufridos, no hayan sido nunca codificadas, impide que dichas reglas puedan cuajar con precisión conceptual en un sistema oficial que se preste al trabajo deductivo axiomático. A su vez, este defecto dificulta la formación y la organización de los principios en un sistema escolástico, y obliga compulsoriamente a estudiar, en sentido tópico, los problemas singulares desarrollados sobre el problema.[305]

Sin embargo, el carácter heurístico de este pensamiento adherido a los problemas no impide el desarrollo de conceptos dogmáticos y de un control lógico regido por ellos. Un clásico del *common law* como HOLMES podía aún decir en tono auténticamente pragmático: «La vida del derecho no ha sido lógica; ha sido experiencia».[306] El moderno *common lawyer* añade: «Pero HOLMES no nos dice que haya que dejar de lado la lógica, cuando la experiencia calla».[307] Pero la pugna de la lógica jurídica contra la «experiencia muerta» no es solo un simulacro de lucha del juez para recobrar la autoridad que ha perdido por el desprecio a menudo demasiado evidente de la técnica jurídica y por lo subjetivo del punto de partida adoptado (aquella «corazonada», *hunch,* que aunque sea muy popular, no por esto deja de estar libre de la sospecha de arbitrariedad).[308] Es también un síntoma de los avances realizados por el pensamiento conceptual sentado sobre una base dogmática, un pensamiento que desarrolla un método en sentido escolástico sin caer en la ilusión de que el sistema jurídico constituya un cuerpo concluso.[309] La teoría del *common law,* ya antes de las revelaciones hechas por la escuela realista, más todavía, antes de la importación de la enjundiosa crítica de EUGEN EHRLICH, ha reconocido claramente lo engañoso de la deducción meramente formal y lógica: «A cualquier conclusión puede dársele una forma lógica», dice HOLMES ya en 1897- más no por esto se pasa por alto la importancia real de lo formal: «Más allá de la forma lógica hay un juicio..., juicio a menudo inarticulado e inconsciente, es verdad, pero que sin embargo constituye la raíz misma y el nervio de todo el pro-

---

302 STOLJAR (n. I 84) 187.

303 «¿Qué principio condenen?» pregunta STOLJAR (p. 188), entendiendo: «¿Para qué círculo de problemas es decisiva la regla?» Solo cuando es claro el alcance del principio, puede empezar el proceso de «dar forma a la regla». En el mismo sentido dice CARDOZO que los precedentes son siempre expresión de un pensamiento jurídico general que los une. Solo este pensamiento determina la serie de los precedentes. Cf. (n. III 189) 142 ss.

304 CARDOZO op. cit. 150, 158.

305 Cf. LLEWELLYN, *Präjudizienrecht und Rechtssprechung in Amerika* (1933)[3].

306 The Common Law (I 69) 1.

307 CARDOZO op. cit. 33 (= Select Writings 118).

308 HUTCHINSON (n. Ill 272) 549, añadiendo: «Todos hemos conocido jueces capaces de dictar los juicios más sólidos acompañándolos de las opiniones más fútiles».

309 DICKNSON (N. III 247).

cedimiento».[310] Justamente la crítica sobre las «'falacias de la forma lógica» [311] en la fundamentación de una resolución a la que se ha llegado por caminos distintos y en la deducción seudqlógica,[312] abre los ojos para entender la auténtica estructura real del pensamiento judicial. Con ello el enlace de estas representaciones de lógica objetiva con figuras institucionales se convierte, incluso en el sistema de acciones, y de un modo cada vez más claro, en el motor principal de la evolución.[313]

Los elementos de lógica objetiva que en la práctica judicial se concretan en instituciones del derecho material,[314] nos conducen una vez más a considerar el papel del principio y su atuendo técnico, en el que está envuelta doctrinariamente la esencia de una evolución judicial del problema: el concepto jurídico. El papel de los *legal concepts* en la formación de *rules* en modo alguno es, en el sistema abierto, menos fundamental que en el pensamiento axiomático.[315]

No se trata de que, allende los precedentes y el esquema de las acciones, empiece un remo de libertad de construcción. Las máximas y doctrinas son dúctiles, el juez soberano puede usarlas como instrumentos para nuevas tareas, puede incluso en un caso extremo saltar fuera del marco tradicional de las acciones *(Hard cases make bad law)*.[316] Los conceptos jurídicos fijados, no pueden en cambio interpretarse a voluntad. Pues no son unos simples productos de la ciencia escolástica y del arte profesional, sino cada vez expresión de un mandato de justicia, siempre repetido y atendido, en un determinado complejo situacional. Esto explica su importancia constructiva y la confianza que inspiran. En el *common law,* por falta de las repercusiones axiomáticas, este papel no recae sobre el sistema conjunto del Derecho en la misma medida que en el Derecho civil, pero se manifiesta de un modo tanto más insistente en la técnica del deslinde de problemas y del enlace a las series de precedentes existentes.[317] Los

---

310 *The Path of the Law,* Collected Papers (I 53) 181.

311 STONE (n. Ill 189), también en *Interpretations of Modem Legal Philosophies* (1947) 708. Cf. últimamente V. MEHREN, The Judicial Process in the USA and Germany, en Festschrift Rabel I (1954) *bj iSoJ.*

312 «La cuestión es hasta cuándo tendremos que contentarnos con conclusiones *ad hoc.*» CARDOZO (n. I 172) 91 (= *Select Writings* 311).

313 RHEINSTEIN (n. I xoo) 94/95, describe de un modo muy vivo cómo LORD HOLT en *Coggs* v. *Bernard* (1703), independientemente de la estructura accional de una demanda, por lo demás no concluyente, descubre en una relación de mandato elementos del *bailment* y a partir de ellos afirma como institución de derecho material el supuesto de hecho de un *contract in re,* que no necesita de ninguna *consideration.*

314 KEEDY: Penns. L. Rev. 764, según KOCOUREK (n. III 232) 459: «A veces las ideas asumen un carácter institucional.»

315 Sobre ello STOLJAR (n. I 84) 193-197, 201 ss.

316 Así la resolución de LORD ATKINS en *Donoghue* v. *Stevenson* (1932), W. N. 139; 48, T. L. R. 494, encomiada muchas veces como prototipo de *libre recherche,* se refiere a la admisión de pretensiones convencionales de indemnización que el comprador tiene directamente frente al fabricante, o sea, más allá de la vinculación del contrato (análogamente a la acción directa), cf. WORTHLEY (n. II 102) 28. Como tantas veces *in extremis,* aquí se echa mano del *common sense* como de un argumento revolucionario; el sistema jurídico no podría sin más ni más olvidar hasta tal punto las concepciones y necesidades sociales, que un *remedy* fallara en un caso en que «evidentemente" se produce injusticia. Cf. nuestros argumentos igualmente ineptos en la liquidación de daños a terceros.

317 Si la sociedad ha empezado a ver ciertas similaridades o diferencias significativas, la comparación emerge con una palabra. Cuando la palabra es finalmente aceptada, se convierte en un concepto jurídico. Su sentido continúa cambiando. Pero no es simplemente deductivo». LEVI (n. III 187) 3.

conceptos jurídicos son aquí los hitos indicadores para la elección del material casuístico según los problemas que permanentemente se repiten. Con ello constituyen una base para la resolución práctica, no para la mera formación doctrinal. *Misrepresentatton* (declaración errónea) abarca, no solo sistemáticamente, sino también valorativamente el círculo de problemas de la responsabilidad por declaración, de la promesa y del error *(innocent misrepresentation),* del deber de notificación, del error sobre la base del negocio y del engaño culposo *(fraudulent misrepresentation),* haciendo de ellos un círculo problemático independiente en cada caso, que no solo por el azar histórico, sino por necesidad funcional ocupa el lugar que tiene en el sistema inglés del Derecho contractual.

Los conceptos jurídicos son concreción de ideas y distinciones referidas inmediatamente a la cosa. Sus discrepancias nacionales corresponden a las solicitaciones de su respectivo sistema local. Las diferencias advertibles entre *mutual mistake* y *common mistake* por una parte, y los conceptos que les corresponden funcionalmente en nuestro sistema disenso y error bilateral sobre la base del negocio, son exactamente las que eran de esperar dada la sistemática conjunta del *contract. Breach of contract y breach of warranty* se distinguen de nuestras representaciones del incumplimiento y de la violación de los deberes de garantía, del mismo modo que las ideas generales de *condition y warranty* se apartan de nuestros conceptos de sinalagma y deberes de prestación accesoria. Pero todas las parejas de conceptos son, cada una dentro de su respectivo sistema, fijaciones adecuadas de problemas, de las que deben partir las soluciones constructivas en el sentido del sistema total. Puede ocurrir, pues, que una formación de conceptos falle allí donde otra llevaría más lejos, como por ejemplo nuestra «imposibilidad» se detiene ante un campo de perturbaciones a la prestación que la doctrina de la *frustration* cubre satisfactoriamente, y al que nosotros debemos atender acudiendo a la teoría de la base del negocio; y a la inversa, la doctrina de la *frustration* puede fallar allí donde nuestra doctrina de la desaparición del fin del negocio es aún capaz de rendir soluciones adecuadas;[318] de ahí que estos conceptos no sean intercambiables, ni se pueda substituir el uno por el otro. Pues en cada caso representan un encauzamiento según sistema del tratamiento y deslinde de los problemas.[319]

Aunque la moderna jurisprudencia se haya apartado tanto de la doctrina austiniana de las *necessary notions of law,* hoy vuelven[320] a descubrirse la necesidad funcional y la coherencia de los conceptos encuadrados según sistema y la energía

---

318 Cf. las rigideces del *Coronation Case,* o sea, *Chandler* v. *Webster* (1904) 1 K. B. 493 (499) 7 también del caso Fibrosa. Pero cf. también los casos de *past consideraron.*

319 Véase infra cap. XIII, 2; XIV, 5 y XVIII, 4.

320 Cf. AUSTIN, *Lecture II* (1869) 1.108: «Entre los principios, ideas y distinciones que son los temas de la jurisprudencia general, algunos pueden creerse necesarios. Pues no podemos imaginar coherentemente un sistema de Derecho... sin concebirlos como formando parte de él.» Esto es impugnable en cuanto a la tesis iusnaturalista de que tales conceptos no son en cada caso funcionales, sino necesarios de un modo absoluto, o sea en calidad de categorías ontológicas o epistemológicas del Derecho en general. Así RADBRUCH (n. I 88 *a)* 530 (532). El simple desplazamiento de la ideología iusnaturalista al plano de la necesidad epistemológica no significa aún una superación de aquella seudoproblemática que también hace estrechas las concepciones de AUSTIN: los principios necesarios» tendrían que ser o cualidades objetivas de criterios jurídicos o presupuestos inmanentes del pensamiento. También el nominalismo neokantiano de cualquier matiz que sea incurre aquí en intentos sistemáticos ahistóricos.

constructiva que han recibido de su desarrollo orientado hacia un fin. Sobre todo, esto se destaca frente a la dirección realista, que de acuerdo con su ya anticuada tesis sociológica de un derecho libre, solo reconoce vigencia a estos conceptos bajo la etiqueta de moderna mágica jurídica» y explicándolos como partes de un mundo ilusorio e infantil o como manifestaciones de una necesidad de autoridad, propia de gente inmatura.[321] Los conceptos jurídicos, en su interpretación establecida de cara al problema, se dan tácitamente como supuestos en el Derecho judicial. El famoso dicho de CARDOZO: «Detrás de los precedentes están los conceptos jurídicos básicos»[322] se refiere no solo al trasfondo psicológico o a los presupuestos gnoseológicos de la utilización de los precedentes, sino a la situación misma de su autoridad, que está en la consecuencia jurídica de una argumentación, o sea, no en el azaroso contenido de justicia presente en la casuística, sino en su dominio técnico.[323]

Verdad que no es el pensamiento lógico, en el sentido de un cálculo «logarítmico», lo que hace fructíferos estos conceptos, sino un pensamiento funcional que parta de la misión propia del concepto.[324] En el «crecimiento del Derecho» los conceptos solo pueden ser semillas, si antes fueron frutos. Encierran en sí los resultados del conocimiento judicial hasta entonces obtenido.[325] De ahí que el proceso judicial plasme continuamente el concepto, pero al mismo tiempo abre el acceso a sus elementos constantes, es decir, a los *realia* que, como exige la «naturaleza de la cosa», siguen siendo la piedra angular del tratamiento de los problemas, incluso más allá de un esquema de acciones que la historia ha hecho angosto. Entonces los elementos comunes de responsabilidad destacan cada vez más por encima de los puntos de partida formales. Por ejemplo, en materia de delitos civiles *(law of torts)* las acciones clásicas con sus características situacionales desaparecen prácticamente detrás de los conceptos básicos: violación de un bien jurídico — causalidad— deber de obrar *(legal duty to take care)* —culpabilidad (en parte incorporado a título de «previsibilidad» en el elemento de causalidad) — imputabilidad *(according to the circumstances)* — asunción del riesgo *(unreasonable risks)*, etc. En el resultado, se refleja el avance de un derecho general de daños y perjuicios, libre de todo lastre histórico, que supera desde dentro las antiguas formas de responsabilidad.[326] El pensamiento institucional que aquí, de un modo totalmente antihistórico, elige por alojamiento las formas más dúctiles de acción (por ejemplo, la *negligence*), no argumenta ya con *rules* tomadas realmente de los modelos históricos, sino con *principles*, cuyo alcance técnico viene definido con conceptos dogmáticos. Para la

---

321 FRANK (n. 227); también en Courts on Trial (1950) 37 ss. Cf. en cambio, a pesar de todas las concesiones a la *libre recherche*, KOCOUREK (n. III 232) y los trabajos fundamentales de CORBIN, *Legal Analysis and Terminology*: 29 Yale L. J. (1919) 163 y HOHFELD, *Fundamental Legal Conceptions and other Legal Essays*, ed. por W. WHEELER COOK (1923).

322 (N. III 189), 19.

323 Ibíd. 44, 113, 129, etc.

324 CARDOZO (n. I 172) 62 (*Select Writings* 288): C. opone aquí el uso mecánico de las conceptos («lo hacen mejor con logaritmos») y el funcional («los conceptos son útiles, necesarios incluso, si se los mantiene en su lugar debido».

325 (N. III 189) 48.

326 Cf. el trabajo anterior de KESSLER, *Die Fahrlässigkeit im nord-amerikanischen Deliktsrecht* (1932), sobre todo 72-125, que representa un trabajo precursor en la comparación funcional: lo que es distinto es la manera de operar, no la estructura dogmática, y toda peculiaridad es analizada en su significación para el sistema en que se ha desarrollado y en el que cumple su misión actual.

responsabilidad por daños no tenemos más que remitirnos a la famosa resolución de CARDOZO en el caso *Palsgraf* v. *Long Island Company*,[327] Aquí el término «interés jurídico», de ser un incoloro concepto marginal, se convierte en una figura clave y central al modo de nuestro «bien jurídico», que es por excelencia el punto de partida de la responsabilidad delictual.[328] El paso siguiente consiste en extraer dogmáticamente el elemento de la antijuridicidad del complejo de elementos subjetivos y objetivos ¿e la responsabilidad por negligencia.[329] Y solo después de hacerlo aparre a la vista el problema crítico de este caso, o sea el del nexo causal adecuado, el cual es contestado con una fundamentación totalmente autárquica, antes de ser encuadrado en el complejo de los demás elementos de responsabilidad.[330] Es decir, que en ningún caso la decisión se toma según las semejanzas halladas en los precedentes, sino siempre según los factores de imputación racionales y permanentes («abstractos»), que están fijados en conceptos basados sobre principios. Es difícil decir si aquí el desarrollo de un pensamiento conceptual es la causa de que se afloje la vinculación a los precedentes, o si, a la inversa, es este aflojamiento el que creó la necesidad de afianzar los principios en figuras básicas dogmáticas y de crear, con patrones puramente empíricos (aquí, por ejemplo, el de la «causa próxima») un concepto jurídico capaz de subsunción («causa jurídica»).[331] Así, de hecho, hoy el *principle* constituye en un sentido insospechado, el «punto de partida» en la búsqueda de la sentencia: ya no se busca la regla que, según el esquema de acciones, está acreditada «en un caso semejante» en virtud de precedentes, sino que todo esto queda en mera ilustración de un acto, conceptualmente controlado, de la tipificación y ordenación de los intereses jurídicos. Nos encontramos ante un pensamiento dogmático que parte, no de conceptos en su significación histórica, sino de una relación adecuada entre las tareas del ordenamiento y las figuras jurídicas conocidas, y que por canto corrige continuamente estas últimas, porque no se orienta en la lógica jurídica, sino en el «pensamiento» de una institución, o sea en el principio.

Para ilustrar el empleo de estos puntos de parada conceptualmente fijados, en lo referente a la jurisprudencia de intereses, citemos para terminar algunos casos más de CARDOZO. En *Meinhard* v. *Salmon*[332] se analiza un negocio parciario con elementos fiduciarios, sin que la cualificación de la demanda desde el punto de vista del derecho de acciones limite jamás el horizonte. De las partes se nos dice: «Los dos eran coempresarios, sujetos a deberes judicianos afines a los de los socios. Sin

---

327 248 N. Y. 339 (1928).

328 CARDOZO op. cit.: «La negligencia no da lugar a una acción a menos que incluya la invasión de un interés jurídicamente protegido, la violación de un derecho.» Cf. también POLLOCK, On Torts[11], 455: «Una prueba de negligencia, por así decir, en el aire, no sirve.»

329 CARDOZO, loc. cit.: «La negligencia no es un acto lícito a menos que desemboque en la comisión de un agravio, y la comisión de un agravio implique la violación de un derecho», etc.

330 Aunque el propio CARDOZO niega ya la antijuridicidad de la conducta con una exacta limitación a la relación entre demandante y demandado) y encentra por tanto que el problema de la causalidad no es relevante.

331 La *legal* o *jural cause* no es hoy necesario que sea la causa próxima: hasta la adecuación. Los daños lejanos y mediatos no se distinguen ya desde el punto de vista de la causalidad, aunque a veces la exacta gradación de su consideración en el contrato y en *torts* es expresada como un problema de la adecuación. Cf. los ejemplos en CARDOZO (n. I 172) 84 ss. (= *Select Writings* 304).

332 249 N. Y. 458 (1928).

embargo, el peso principal de obligaciones cargaba sobre Salmón. Éste era coempresario con Meinhard, pero al mismo tiempo era gerente. Los coempresarios, lo mismo que los consocios, se deben mutuamente, mientras dura la empresa, la lealtad más exquisita.» Lo que decide el caso no es una serie de precedentes y la regla desprendida de éstos, sino la ponderación de intereses, hecha con arreglo al tipo de concepto de la fiducia y sus puntos de contacto con la sociedad: «Muchas formas de conducta permisibles en este ajetreado mundo entre los que son mutuamente extraños, están vedadas a los que están ligados por lazos fiduciarios.» En otro caso se investiga la implicación de los intereses en el concepto de retroactividad.[333] En una sentencia de divorcio se concedió a la mujer una pensión hasta que se volviera a casar. Ahora bien, el segundo matrimonio de la mujer fue declarado retroactivamente nulo, y ella reclamó también retroactivamente a su primer esposo las pensiones debidas durante este tiempo. CARDOZO estableció el sentido relativo, por ser funcional, de la ficción de retroactividad y resolvió las contradicciones lógicas no partiendo de los precedentes, sino del fin institucional de la anulación y de una interpretación de la promesa de alimentos desde el punto de vista de los intereses en juego. Un tercer caso se refiere a la validez de una subscripción de candad con referencia a la teoría de la *consideration*.[334] Los siete precedentes son usados solo como ilustración, el núcleo de la sentencia es un aclaramiento del fin del concepto de *consideration* (retribución) y su aplicación adecuada a un caso de subscripción benéfica que debe satisfacer solo *post mortem*. Es un fallo brillantísimo que rectifica la fórmula tradicional según la cual *consideration* es el detrimento sufrido por el promisario en virtud de la promesa[335].

El pensamiento teleológico no está obscurecido ni por el lado del precedente ni por el de la doctrina, sino que solo viene determinado por la valoración total positiva del derecho vigente. Las cuestiones de política jurídica quedan al margen de la valoración judicial, totalmente de acuerdo con las reglas clásicas de la jurisprudencia de intereses. «En controversias de este orden, los tribunales no se ocupan de materias de política legislativa sin relación con los privilegios y libertades garantizadas por el derecho orgánico».[336] Los principios de la jurisprudencia deben ser principios del derecho positivo. El juez debe realizar bajo su propia responsabilidad una opción entre los principios que a su entender determinan el tratamiento actual del conflicto de intereses.[337] Pero esta opción no debe ejercerla fuera, sino dentro de los principios que están reconocidos para la evaluación total en derecho positivo.

---

333 *Sleicher* v. *Sleicher*, 251 N. Y. 366 (1929).

334 *Alleghany College* v. *National Chautaunqua County Bank*, 246 N.Y. 369 (1927).

335 «Una fórmula tan compendiosa es poco más que una media verdad.» Después de situar exactamente la tarea sinalagmática y probativa de esta doctrina: «A veces las medias verdades de una generación tienden a perpetuarse en Derecho como siendo la verdad entera de otra. La doctrina de la *consideration* no ha escapado al destino general.»

336 *Hamilton v. Regents of Univ. of California*, 293 U. S. Rep. 245 (1934). Unos estudiantes sancionados de esta universidad habían presentado una demanda porque consideraban que la instrucción militar establecida por los estatutos estaba en contradicción con sus derechos según los *amendments* 1 y 14. CARDOZO constata que no tenían obligación alguna de elegir esta institución y que la instrucción exigida no infringía los *amendments*, ya que ni se exigía un servicio de guerra ni se hería ninguna creencia religiosa.

337 Sobre esto Pound (n. III 255) en *Festschrift Rabel I* (1954) II, con referencia a posibilidades distintas de resolución en casos límite de responsabilidad por culpa y *strict liability*, y ejemplos clásicos al efecto, como *Rylands* v. *Fletcher* (3 H. L. 330 [1868]) o *Rose v. Socony Vacuum Corp.* (54 R. I 422 (1934).

6. En el ámbito jurídico inglés, el papel históricamente principal lo han desempeñado los principios de equidad. Pues aquí lo singular podía y debía ser desarrollado más allá de la tradición del *common law* partiendo de las *maxims of equity,* y la influencia que esta evolución más independiente de las reglas substanciales derivadas de principios ha ejercido sobre el *common law,* no es en modo alguno despreciable. Con ello me refiero no solo a la adopción por parte del *common law* de figuras y categorías sueltas originariamente concebidas en la *equity?*[338] sino la habituación a los elementos de una consideración racionalista incluso en el derecho formal, que desde el Judicature Act de 1873/75 es administrado simultáneamente con la *equity* por los mismos tribunales.[339] Así los principios de equidad penetran también en las instituciones *at law,* de modo análogo a nuestras cláusulas generales en el BGB. Ello ocurre especialmente allí donde también la organización de los tribunales ha borrado la antigua distinción y el procedimiento, en su autonomía, mezcla los elementos.[340] Sin embargo, el sistema del *common law* queda exteriormente intacto, pero en la práctica no hay una sola solución que no abra a un *equitable remedy* el acceso a la jurisprudencia del *common law,*[341] Las ideas modernas de la distribución del riesgo y de la responsabilidad en virtud de la apariencia jurídica han precipitado en reglas del *common law,* que no pueden desmentir su procedencia de principios de equidad.[342] Así hoy *equity* ha acabado siendo menos importante como suma de una masa jurídica cerrada, que como expresión de los «principios o *standards*» de este sistema[343] y del enfoque ético-jurídico que les es propio, el cual solo remite al derecho estricto cuando ambas partes se escudan en principios de equidad igualmente atendibles.[344]

Por tanto, siempre que se quiere ejercer una defensa en «equidad» -por ejemplo, un *equitable estoppel—* debe ser atendida en todo proceso *at law.*[345] En cambio, los recursos de equidad solo valen como base de una demanda cuando la materia presenta un carácter «equitativo», o sea, en la práctica: cuando no cae bajo el rigor de forma que priva, por ejemplo, en materia de títulos valores y otros campos afines.[346] Tam-

---

338 Cf. Winfield, *Equity and Quasi-Contract*: 64 L. Q. Rev. 46 y 175, pero también Hanbury, *A Periodical Menace to Equitable Principles* (n. I 198).

339 36 & 37 Vict. Chap. 66, cf. también el *Supreme Court of Judicature Act*, 1925. Esto no significa una fusión de las masas jurídicas, sino solo de las competencias.

340 Sobre esto en detalle supra cap. IV in fine y n. II 195-213.

341 «Los *remedies* y doctrinas de la equidad hallan amplia aplicación en derecho», así empieza la *American Jurisprudence* vol. 19 sus 515 capítulos sobre *Equity.* Ibíd. p. 40 más precisiones sobre las numerosas discrepancias de organización en los distintos estados federales con respecto a la separación de las cámaras para *law* y *equity.* En cambio los tribunales federales desde las nuevas *Federal rules of Civil Procedure* (cf. ya la ley de 3.3.1915), (28 U. S. C. A. § 398) conocen solo una clase de proceso civil, en la que en general es admitida toda defensa según equidad. Sobre la subsidiaridad tradicional, cf. supra cap. VII in fine y en lo que sigue.

342 Por ejemplo: «Cuando debe sufrir una de dos partes inocentes, debe soportar la pérdida la persona cuya intervención la provocó», once ejemplos en 19 Am. Jur. 335.

343 Ibíd. p. 39.

344 Máxima: Cuando es igual la *equity,* debe prevalecer el *law.''* Cf. supra p. 101 n. II 48 sobre las otras máximas conocidas de *equity.*

345 *Equitable estoppel,* por ejemplo *estoppel* por representación, es tan admisible *at law* como *in equity.*» Bigelow, A Treatise of the Law of Estoppel or of Incontestable Rights (1913) 604.

346 *De ahí que la pregunta de si la causa de acción pertenece de suyo* al *law* o a la *equity* debe ser contestada partiendo de la materia, no de la individualización por parte del demandante. Cf. Am. Jur. op. cit. p. 46, 56.

bién se mantiene el principio de la subsidiaridad de los recursos equitables, según el cual la existencia *at law* de una protección suficiente excluye un *equitable remedy*.[347] Ahora bien, el campo de la defensa según equidad abarca todos los principios, desde la prohibición del abuso de derecho hasta la protección de los deberes de decencia y de la división del riesgo del proceso, que acuñan en forma dogmatizada los modernos criterios de justicia.[348] Precisamente esto caracteriza la substancia de los principios de equidad como algo presento no por la historia, sino por la conciencia jurídica viviente.[349]

También la *arbitration* se basa en gran parte en principios que, independientemente de la estructura del *common law*, valen como *fundamenta iuris*. La significación material de los «principios jurídicos generalmente reconocidos» en el sentido de las instituciones universales del derecho privado, análogas al concepto que subyace al art. 38 II de los estatutos del Tribunal de La Haya,[350] no será objeto de un estudio a fondo hasta la 5.ª parte del presente libro, sobre todo en lo referente a su indispensable papel en la redacción de un «Proyecto de una ley internacional sobre el arbitraje en derecho privado».[351] En relación con nuestro tema, esta significación material pasa a un segundo plano, pues en el ámbito interno angloamericano la libre decisión según equidad no es la forma normal del arbitraje, en contraste con muchos derechos continentales.[352] A diferencia del *amiable compositeur*, el árbitro tiene el «deber de decidir en conformidad con el derecho y los derechos legales de las partes y no según lo que uno pueda considerar justo y razonable dadas las circunstancias».[353] Conviene insistir en ello, porque E. Wolff y Schönke dicen lo contrario, lástima que sin citar sus fuentes.[354] Pero cuando, por voluntad de las

---

347 «Si el *law* proporciona un remedio que es adecuado, la causa no puede servir... de base a una demanda *in equity*», Am. Jur. loc. cit. con extensa casuística en n. 2. Las simples dificultades procesales *at law* deben en todo caso ser aceptadas; por otra parte, las situaciones específicamente de *equity* (situaciones dañosas o prejudiciales no culposas) dan siempre un privilegio, ibíd. página 56.

348 Cf. los principios en Am. Jur. loe. cit. 60-90.

349 «Equitativo e inequitativo significa simplemente justo e injusto», ibíd., 40, con citas de tales *dicta*.

350 Cf. supra p. 45 ss.

351 Cf. el proyecto del *Institut International pour l'unification du Droit Privé*, aprobado en general por la Cámara internacional de comercio, S. D. N. 1936, Études III, Arbitrage Doc. 23 (Roma, 1936) y V. d. P. 1940, Projet III (Roma, 1940). Sobre ello las observaciones críticas infra n. V 64.

352 Cf. la exposición de Simon en Schönke, *Die Schiedsgerichtsbarkeit in Zivil und Handelssachen in Europa I* (1944) 50 ss. Más especial: Kahn, Arbitration m England and Germany 12 J. Comp. Leg. and Int. L. (193°) 58.

353 *Vulcan* v. *Mowinkels Rederi A/S*, etc. (1938), 2 A11E. R. 152 y jurisprudencia constante desde *Blennerhast* v. *Day* (1811) 2 Ball & B. 104, cf. Russel-White, On the Law of Arbitration[15] (1952) 112.

354 Op. cit. II (1948) 52 (distintamente en p. 55). Pero cf. ya NussBAUM, Int. Jahrb. f. Schiedsgerichtswesen in Zivil - und Handelssachen I (1926) 24. Desde entonces hay que constatar, con Prager, *Schiedsrecht* (1932) 130, que la tendencia al uso del *common law* más bien se ha reforzado al aflojarse las instituciones de éste. También en otros derechos la *aequitas* solo es aplicable en virtud de autorización especial, cf. ya art. 28 del antiguo Códice di procedura civile contra, por ejemplo, el sistema alemán. En esto los cantones suizos difieren. Cf. V. Salzer, *Die Schiedsgerichtsbarkeit in Geschäfts - und Organisationsbeziehungen etc.* (1940) 72 ss., así como Fritzsche en Nussbaum II (1928) 54 ss. La América latina distingue claramente entre árbitros de derecho y arbitradores, cf. L. de enjuiciamiento chilena de 1902, art. 784; Nussbaum III (1931) 51 ss., 63 ss.

partes, los poderes del amigable componedor están liberados de las reglas materiales del derecho, aparece la misma inalienabilidad de las garantías elementales del procedimiento que rige entre nosotros (§§ 1.034 I, 1.041 I ZPO). Los requisitos básicos de un arbitraje válido[355] y los deberes fundamentales del árbitro[356] no son ni siquiera derecho judicial , no son en absoluto «reglas», solo principios, y sin embargo, son derecho positivo. Es vano buscar su *legal authority* en otras partes que en la naturaleza de la cosa.

---

355 Según RUSSEL-WHITE loc. cit. entran aquí: 1. Las condiciones básicas de una composición pertinente». El tribunal arbitral no está constituido debidamente cuando se conculcan los principios de exclusión y de recusación de jueces necesariamente parciales. 2. Una cierta asistencia y control de parte de la justicia ordinaria.» En especial: 3. La reserva de la jurisdicción ordinaria para la declaración de ejecución *(award)* de la sentencia arbitral. 4. Una serie de «limitaciones de materias y de formas». Más detalles ibíd. p. 10.

356 En esto entran los deberes siguientes: 1. De obrar lealmente hacia las dos partes. 2. Observar las reglas ordinarias y bien entendidas de la administración de justicia. 3. Prohibición de arbitrariedades en el procedimiento: «Los árbitros no han de ser meros evaluadores; tienen que ejercer funciones judiciales y deben observar las reglas fundamentales que gobiernan los procedimientos judiciales» *(Re Gregor* v. *Armstrong* [1894] 79 L. T. 106). 4. Prohibición de oír una parte o sus testigos en ausencia de la otra parte o de su representante». 5. Prohibición de «recibir información secreta de una parte», etc. Detalles infra página 135 ss.

CAPÍTULO XI

ANÁLISIS COMPARATIVO DEL PAPEL DE LOS PRINCIPIOS EN LOS DOS SISTEMAS JURÍDICOS, AXIOMÁTICO Y PROBLEMÁTICO

1. Hemos designado como axiomático un sistema jurídico lógicamente concluso, que culmina en proposiciones generales que se manejan deductivamente. En él los problemas permanentes y las antinomias del Derecho son objeto de una selección y un tratamiento a priori a la manera escolástica, que no conoce el pensamiento jurídico orientado retóricamente hacia los problemas singulares. Este último no se mueve en la dimensión lógica de la deducción, sino en la histórica del engarce con los precedentes.[357] En él los conflictos de intereses de los distintos grupos de casos se hacen visibles cada vez de un modo nuevo,[358] porque el «sistema abierto»[359] repudia el recurso a la deducción lógica y elabora la solución justa sobre el caso concreto que cada vez se plantea.[360] Esto significa que los principios renuncian aquí, incluso oficialmente, al papel de ser claves mecánicas para determinadas soluciones, y que en lugar de las fórmulas dogmáticas, lo que constituye la base de la sentencia son criterios intuitivos sacados de la vida, como el standard del *bonus paterfamilias,* del «cuidado razonable», etc.

---

357 Cf. MACMILLAN (n. III 238) y GRAIG (n. III 83) 50 ss., pero también ya POUND, A Comparison of Ideals of Law: 47 Harv. L. Rev. (1933) 1 ss.

358 Cf. DAWSON (n. I 7) 25: «Es una experiencia conocida que para cada *cuestión* que merezca plantear un problema, podemos hallar al menos dos proposiciones diametralmente opuestas, y con frecuencia muchas más. La misión del juez o del letrado en gran parte consiste en seleccionar entre las proposiciones y situar el caso dentro de la escala, a la luz de todos los intereses y expectaciones que pueden guiar adecuadamente su elección.»

359 El término procede de FRITZ SCHULZ, *History of Roman Legal Science* (1946) 69. Habla de la «eterna investigación dialéctica» entre las continuas antinomias de las exigencias de justicia y describe el arte retórico de la discusión de los casos *ad exemplum,* que de un modo desconcertante para nuestras ambiciones sistemáticas, renuncia a los complejos deductivos superiores en favor de una tópica exacta. Cf. el mismo autor en *Prinzipien des romischen Rechts* (1934) 36 ss. Este arte no ha sido desplazado por el pensamiento llamado «escolástico», sino solo por la moderna ideología cartesiana. Cf. el trabajo supra citado de VIEHWEG, quien ilustra el mérito de Vico (De nostri temporis studiorum ratione, 1708) al renovar el pensamiento problemático retórico como forma redescubierta de los antiguos «tópicos» y anteponerlo al pensamiento geométrico-deductivo, sin restringir el *novus methódus* a su papel crítico.

360 Sobre esto ya DABIN (n. II 45) 239 ss. (249). Véase también supra páginas 57 ss., 127 ss. y en lo siguiente.

En ningún sistema constituye la «regla» una disposición independiente del ordenamiento. Su contenido normativo viene siempre fijado por los principios del ordenamiento total y de la jurisprudencia. Esto puede decirse lo mismo de las normas fijadas con arreglo a un supuesto de hecho en el Derecho codificado, y de la fijación según precedentes del Derecho judicial. Tanto si la *ratio legis se* decide de caso a caso en abierta argumentación sobre el conflicto planteado como problema —*solvitur atribulando*—, como si es gobernada por la pretensión que un sistema cerrado tiene de poseer una fuerza lógica de convicción en las fórmulas de la dogmática constructiva: en uno y otro caso» un análisis realista del proceso de interpretación revela el entrelazamiento funcional de principio y regla, de intuición y construcción, de lógica jurídica perentoria y discusión abierta del caso.[361] Lo único que es distinto en uno y otro sistema es la jerarquía de estos factores de la creación de normas.[362]

En la ideología exclusivamente dogmática, como la predicada por las escuelas del Derecho natural, aunque nunca la hayan llevado a la práctica,[363] los elementos pragmáticos y técnicos de la formación y aplicación de normas son repudiados de plano. Por esta misma razón las normas formativas de derecho en el sentido de las *leges artis* judiciales desaparecen del campo visual de una ideología, que pretende legitimar todas sus decisiones apelando a los supremos mandamientos de justicia, renunciando por tanto a usar principios para la selección de las notas que son «relevantes en derecho» *(material facts)*.[364]

---

361 Cf. Puig Brutau op. cit. 132. Llamo perentoria a una lógica jurídica que, más allá de su utilidad como instrumento, quiere hacer del pensamiento silogístico el único medio del descubrimiento del derecho, y tanto en la técnica codificadora como también en la construcción especulativa dogmática subordina los criterios pragmáticos a la necesidad de perfección conceptual. Que en esto lo singular sea simplificado, *more geométrico*, convirtiéndose en elemento de un supuesto conjunto, no es un rasgo privativo de las codificaciones modernas, sino propio de toda planificación legislativa en oposición al tratamiento judicial de los problemas: «El juez nunca piensa en sentar un principio, sino en resolver una dificultad», observa Herzog (n. I 41) 135.

362 Esto lo ha subrayado sobre todo Pound, cf. su estudio *Hierarchy of Sources and Forms in different Systems of Law* (n. I 41), además en *Introduction to the Philosophy of Law* (n. II 37) y en comunicaciones a la Am. Bar Ass. (n. II 33).

363 Según Rotteck-Welcker, *Staatslexikon IX* (1847) 499, Derecho natural es «aquel Derecho que deduce todos sus principios de algunos postulados fundamentales, por medio de conclusiones especulativas apriorísticas» (cit. según la edición de 1847). Cuán poco en serio se ha tomado esto la práctica, lo demuestra una ojeada al Comentario de Zeiller a los §§ 6 y 7 del ABGB austríaco, donde de la aplicación, calificada de extremadamente problemática, de las normas de Derecho natural apenas queda nada más que la simple analogía jurídica. También Welcker loe. cit. declara: como principios de interpretación los postulados del derecho natural son inutilizables, y así su época ha llegado a una total renuncia a los puros principios substanciales del Derecho natural. Es instructivo que por aquel entonces fueran Savigny y la escuela romántica los que consideraban el «Derecho no degenerado» como suficientemente estructurado de suyo, y reanimaran la doctrina iusnaturalista en su esfuerzo en pro de un sistema cerrado y una interpretación sistemática. Por primera vez *la ratio legis* es deducida de la «consecuencia interna» de la masa jurídica (*System I*, 291 ss.). Es el momento en que puede desarrollarse el moderno pensamiento codificador con sus principios sistemáticos.

364 Sobre ello W. G. Becker, *Das Common Law als Methode der Rechtsfindung*, Berliner Kundgebung des D. Jur. Tages (1952) 35 ss. (53).

En la ideología codificadora se constituyen supuestos de hecho fijos, la deducción silogística es, por así decir, provocada por premisas mayores aptas para la subsunción, el problema de la justicia se convierte en una tarea de construcción, por cuanto los principios del código y su aparato conceptual poseen la autoridad suprema.[365] Y deben poseerla en interés de la conservación del sistema, que es lo más importante para esta ideología, mientras que es secundario para la mentalidad del Derecho del caso.[366] Así se explica la fuerza de los principios, estructurales y de la construcción lógica en el sistema codificado, en el que sirven no solo para proteger jurídicamente los justificados intereses de las partes en el caso singular, sino que mantienen la cohesión de todo el edificio jurídico, sintonizándolo con la nueva problemática que se va descubriendo.[367] Así también se explica la preocupación extremada por la interpretación: ni un solo conflicto entre la dogmática y la práctica deja de ejercer las más graves repercusiones sobre la autoridad de la ley. De ahí que la tentación de cerrar los ojos a sus defectos, idealizándolos, sea el inevitable estigma de una jurisprudencia que opera «en el sentido de la ley» y sin embargo de un modo «constructivo».[368] La utopía del cálculo jurídico al modo de la logística moderna es el último paso de esta concepción legalista, que con su «aplicación» del Derecho quisiera evitar los conflictos entre problemas de valor propiamente dichos.[369]

Visto desde aquí, parece que la perpetuación de las tradiciones continentales y de su lógica jurídica tendrían que obstruir totalmente el camino a las concepciones problemáticas. Pero, como indicamos ya en el cap. IX, existe en todas partes una segunda tradición, jurisprudencial, de tratar y elaborar los problemas, que solo temporalmente es negada por la ideología oficial de la codificación cerrada. Donde más tiempo se mantuvo esta negación fue en Francia *(école de l'exégese)*, por la significación política que poseía esta ideología, y también en Italia, donde todavía sigue influyendo. En Alemania la concepción problemática era todavía una herencia del Derecho común, y aunque el sistematismo de la «escuela» introdujo nuevos conceptos en los métodos de los prácticos, no consiguió desterrar las antiguas pre-

---

365 Cf. ASCARELLI (n. I 70).

366 «Buenas leyes son aquellas que pueden justificarse con buenas razones». Esta frase de BENTHAM (Works IX, 357) aplicada a la casuística, conduce a un «panorama de jurisprudencia» que al jurista continental le hace el efecto de un «espectáculo salvaje» (W. G. BECKER op. cit. 55). El contraimpulso del pensamiento sistemático está bellamente descrito por MACMILLAN, *Two Ways of Thinking*, loc. cit., y también en: Law and other Things (1938) 102 ss.; cf. la reseña de HOLDSWORTH, 54 L. Q. Rev. 287. MACMILLAN es escocés, como el gran sistemático MANSFIELD, y concibe los inicios de un «enfoque deductivo» desde el punto de vista de la teología calvinista de la iglesia presbiteriana escocesa. «Pero no llegó a mantenerse, porque no era verdaderamente inglés.» Cf. también su ponencia sobre «Scotch Law» en la Conf. Int. Droit Comp. 1932 en La Haya (Mém. Acad. Int. I [1932] 1 ss.).

367 Cf. DÖLLE, *Bemerkungen zur Blankozession*: Festschr. f. M. Wolff I (1952) 25.

368 Así dice la certera crítica de V. HIPPEL, *Zur modernen konstruktiven Epoche der «deutschen Prozessrechtswissenschaft»*: ZZP 65 (1952) 424 ss. (460). Cf. también la clarividente exposición de BOEHMER, Grundlagen I (1950) y sus apasionados ataques contra la «violencia que la lógica hace a la vida jurídica», la «aridez de los principios de la lógica jurídica», etc. Lo que falta es darse cuenta de los inevitables inconvenientes de un pensamiento jurídico que rompe estas «cadenas» sin poseer la tradición de una argumentación «abierta». Cf. mi reseña en AcP 152 (1952/53) 386 s.

369 Cf., por ejemplo, KLUG, *Juristische Logik* (1951). Es también instructivo SCHEUERLE, *Rechtsanwendung* (1952).

tensiones de la judicatura de trabajar directamente sobre los problemas tal como hacía antes de la codificación. Aquí codificación no significaba revolución. Esto se mostraba en todos los casos de lagunas, pero también en la afanosa aceptación de los poderes conferidos por las normas en blanco y las cláusulas generales, y no en menor medida en una impresionante continuidad de la jurisprudencia en amplios campos del derecho civil antes y después de 1900. Sobre todo, el desarrollo problemático a partir de supuestos de hecho unitarios, como los que constituían los §§ 812 y 823 BGB, es extraordinariamente significativo e ilustra cómo en el interior de una técnica de subsunción aparentemente «formal», o sea, normativa, apunta y se impone repetidamente un tratamiento auténticamente problemático y notativo.[370] En los amplios campos de los problemas, desarrollados de un modo enteramente «abierto», de la «inimputabilidad», «desaparición de la base del negocio», «deberes de fidelidad», «inadmisibilidad del ejercicio del derecho», etc., en una palabra, en todo lo que al margen del rígido sistema del BGB y sobre la base de la «buena fe» *(Tren und Glaube)* ha tomado carta de naturaleza en el ámbito de nuestra equidad, lo que decide la evolución no es el sistema, sino la conexión problemática. Más todavía, hay partes del BGB —como el Derecho sucesorio—, en que los antiguos enfoques problemáticos han flotado sin daño alguno por encima de la oleada codificadora.

En la teoría jurídica la tendencia problemática reconquistó, gracias a la jurisprudencia de intereses, la posición que la rigidez del sistema estaba a punto de hacerle perder. Para ello no necesitaba las exageraciones de la escuela del Derecho libre. Bastaba la creciente importancia que iba cobrando la perspectiva propiamente histórica, para que también el código de 1896 fuera colocado en su lugar debido. No olvidemos que partiendo de esta consideración histórica, IHERING se convirtió en el primer jurista de intereses,[371] y no es un azar que su obra sea la única que, desde SAVIGNY hasta EUGEN EHRLICH, llamó la atención de la teoría jurídica angloamericana. Desde que la teoría había entregado a la crítica general los prejuicios del «sistema cerrado»,[372] los medios del pensamiento problemático —inducción, analogía, etc.— han vuelto a ocupar un puesto de honor, reconocido incluso oficialmente. No quiero extenderme aquí sobre las amplias brechas que la mentalidad problemática ha abierto fuera del Derecho civil. Sería sobre todo interesante el caso del Derecho internacional privado, con sus problemas de calificación y enlace. Me limito solo a recordar que *topoi* como los de «interés justificado», «orden público», «naturaleza de la cosa», constituyen aquí los ejes de toda una disciplina. Pero ya en el campo del BGB puede observarse la importancia de tales *topoi,* o sea, supuestos notativos en lugar de normativos, pensamientos jurídicos generales en lugar de aplicaciones singulares y fijas de una *ratio,* y sobre todo el alcance del establecimiento judicial de *standards,* que crece a ojos vista, en la misma medida en que, recíprocamente, en el *common law* se puede comprobar una aproximación a la práctica de crear supuestos de hecho fijados conceptual y normativamente.[373] Ambos sistemas coinciden en el esfuerzo para hallar principios materiales y sin embargo dogmáticos y específicos, que permitan su utilización controlable en la práctica cotidiana judicial, sin que sean un obstáculo para proceder a la corrección de los precedentes y los supuestos

---

370 Cf. W. G. BECKER (n. III 37) 2, 6 etc.

371 Cf. mis observaciones en *Einführung in die Grundbegriffe des Rechtes und Staates* (1949).

372 La expresión y su empleo proceden de Ph. HENCK (n. II 76), pero ya GÉNY (*Méthodes II* [1919] 356) había descrito el cambio metodológico.

373 Cf. supra p. 266 ss.

de hecho legales. Para los dos es, pues, acertado el diagnóstico de POUND, que la norma completa consta de varios de estos cuatro elementos: el elemento formal de la norma jurídica *(rule)*, el material del principio, el técnico del concepto jurídico y el judicial del *standard*.[374] En ambos círculos jurídicos hallaremos formas específicas de la argumentación «abierta» como también de un pensamiento informado por los conceptos dogmáticos de la lógica jurídica, aunque el centro de gravedad sea distinto en cada campo.[375]

2. La aproximación de ambos sistemas se hace patente en el hecho de que la jurisprudencia continental abandona cada vez más claramente el enfoque conceptual para pasar a la casuística de los problemas recién descubiertos, mientras que la práctica angloamericana hace un uso creciente de los conceptos jurídicos como base de la construcción. Un bello ejemplo de esto es la técnica de los *Restatements del American Law Institute*, que de ser una colección de normas directivas en sentido puramente instructivo y de reglas del arte en el sentido de nuestras reglas de la carga de la prueba, pasan más y más a ser una sistemática auténticamente dogmática y, en consecuencia —de momento solo como *tentative drafts*— establecen supuestos de hecho conceptuales y concisos.[375a] Carecen de *legal authority*, pero poseen un singular valor de orientación para el juez y representan además una codificación de principios y reglas substanciales al margen del sistema de acciones, en la que figuras doctrinalmente reconocidas —por ejemplo, *innocent o fraudulent misrepresentation*— quedan fijadas con supuestos de hecho de tal manera que el que busca el derecho puede considerar y consultar las fórmulas como un orden jurídico material, lo cual es indispensable en muchos ámbitos de la vida.[375b] Una ojeada al sistema de semejante codificación permite ver la similaridad con la edificación continental de supuestos básicos y singulares, cada uno de ellos subordinado a un pensamiento jurídico superior.[375c] Otro ejemplo es el papel desempeñado por los

---

[374] POUND (n. I 41) 173 (n. II 33); 445 ss.; cf. también LAMBERT, *Le gouvernement des juges* (1921) 205/206, y PUIG BRUTAU (n. I 41) 179 ss. Por lo demás POUND (y con él PUIG BRUTAU) considera arcaicos los supuestos de hecho normativos «rígidos». En realidad, la formación notativa de supuestos de hecho con notas rígidas y exteriores, es la más antigua. Lo que probablemente se quiere decir es: la formulación apodíctica sin dar al juez ni la *ratio legis* ni el principio (que no estaba aún formulado ni siquiera pensado). Es en todo caso erróneo equiparar estas «reglas estrictas» con el *ius cogens*. Así PUIG BRUTAU, 173.

[375] Sobre esto últimamente V. MEHREN (n. III 311) 67 (76).

[374a] *Restatement of the Law of Contracts* (1932); *of Agency* (1933); *of Torts* (1935); *of Restitution, Quasi-Contracts and Construction Truts* (1937) *of Judgements* (1942); *Model Code of Evidence* (1942).

[374b] Así, por ejemplo, en material de competencia, y además el grupo 3 del *Law of Torts*, cuaderno 17 (1938).

[375c] Cf., por ejemplo, parte 1, cap. XX del Rest. of Torts, *Tentative Draft* n.° 12 (1935); *Absolute Liability*. Topic 1: Liability of Possessors and harbours of ammals. Tide A; Trespass of Livestock. Title B: Otherwise. § 506 concepto del animal «salvaje», «domado» y «manso»; §§ 507, 508 delimitación de la responsabilidad por riesgo y culpa en ambos casos; § 509 peligros especiales con animales domésticos; § 10 *Vis maior* y culpa frente a terceros; § 511 culpa concurrente, propio peligro del *trespassers;* § 512 responsabilidad por omisión del deber de adverar del peligro incluso a este último; § 513 responsabilidad frente a *licensees;* § 514 responsabilidad del tenedor del animal; etc. En el Topic 2 sigue un sistema de responsabilidad por riesgo referido a otras «actividades ultrapeligrosas», de nuevo con todas las excepciones por concurrencia en el peligro, fundamentación del propio peligro y culpa concurrente en estricto sentido. La naturaleza puramente académica de las formulaciones es subrayada cada vez por reservas *(caveat)* y sus explicaciones. No ocurre igual en todos los manuales. Muchos centros de los EE.UU. usan hoy compendios sistemáticos como si fueran textos de ley.

standards en ambos sistemas.[376] Su creciente importancia *como* criterio extradogmático para nuestro desarrollo jurisprudencial de soluciones adaptadas a los problemas, es bien conocida desde las «Cláusulas Generales» de HEDEMANN. Menos sabido es que en el *common law* su importancia va disminuyendo paulatinamente en beneficio de los conceptos fundamentales dogmáticos. Sin duda alguna los *standards of right conduct* forman la espina dorsal del enjuiciamiento problemático abierto. De ellos sigue viviendo el *common law,* y para verlo no hay más que seguir, por ejemplo, el desarrollo de los *torts.*[377] Pero entretanto el juez americano ha descubierto que este *standard* no es de naturaleza empírica,[378] sino que exige una decisión valorativa que tiene por norte un *sistema* positivo.[379] Los principios del sistema delimitan los *standards* y les dan substancia normativa. Lo que sea «descuido» *(careless),* «irrazonabilidad» *(unreasonableness),* etc., nunca viene fijado por precedentes;[380] justamente porque lo empírico no puede constituir por sí solo el postulado superior de la *rule?*[381] Lo «tópico» de esta orientación, como comprende el *common lawyer* con claridad cada vez mayor,[382] no excusa la fundamentación dogmática del deber jurídico de obrar con arreglo a un *standard,* e incluso del deber de obrar en general. De ahí que el análisis de los elementos de responsabilidad, de interés dogmático general, como antijuridicidad, razón del deber de gestión, etc., pasan cada vez más al primer plano en la doctrina y en el precedente,[383] tanto si se trata de *standards* de competencia, de deberes profesionales, de comunidad vecinal o de la diligencia general que hay que aplicar al tráfico. De estos elementos de responsabilidad parte luego la jurisprudencia, o sea, parte de conceptos que de improviso se organizan en un sistema, cuando parecía que el precedente estaba adherido al problema. Pues conceptos tales como «bien jurídico», «antijuridicidad», «causalidad» no valen solo en el ámbito de un grupo específico de casos, sino que por la implicación de diversos grupos extraños entre sí en cuanto a la situación, pero equivalentes desde un punto de vista crítico, provocan la transformación de la «masa» de Derecho en un «sistema» de Derecho. Verdad es que entre las nuevas experiencias que se hacen, las hay también penosas, como la de que una sola corrección dogmática es capaz de barrer como inútil toda una serie de precedentes.[384]

En la misma medida en que el enlace conceptual se sobrepone a la argumentación salida del caso, los principios reciben en el derecho norteamericano una nueva función de control: la del control ético-jurídico. La convicción de que «a la espalda de los precedentes están los conceptos jurídicos básicos» cobra una nueva profundidad gracias a la mayor luz arrojada sobre los «sanos principios de justicia»

---

376 Sobre esto supra p. 123.

377 Véase supra n. I 174, II 78, III 61, etc. Más detalles en PROSSER (n. I 175) sobre todo cap. VI, 220 *ss.* y MARSH, Deduction and Induction in the Law of Torts: A comparative approach: 33 J. Comp. Leg. and Int. L. (1951) 59.

378 Cf. CARDOZO (n. I 172) 51 (= Select Writings 281).

379 Cf. POUND (n. I 41) 19.

380 Así acertadamente STOLJAR (n. I 84) 208.

381 Esto lo demuestra ya muy bien un representante del positivismo escandinavo: LUNDSTEDT (n. III 35) 367 ss. (376 ss.). Cf. también Stone (n, III 193) y, siguiéndole, PUIG BRÜTAU (n. I 41) 206.

382 Para la comprensión del carácter normativo del tipo jurídico ideal cf. incluso una colección tan poco teórica como la *American Jurisprudence* (38 Negligence 676).

383 Cf. PROSSER op. cit. 175 ss.

384 Cf. el descubrimiento del complejo de antijuridicidad por Cardozo en el caso *Palgrar,* supra n. III 327.

que rigen dichos conceptos.[385] Sobre todo la *reasonableness* es aquí un supremo principio de control frente a una lógica conceptual que desatiende el fin perseguido, de modo que se ha podido decir: «Sin embargo, puede afirmarse con una cierta confianza, que el desarrollo entero del *common law* en los tiempos modernos se ha efectuado en el sentido de la incorporación del principio de razonabilidad tanto a la formulación de sus reglas como a su aplicación a casos particulares».[386] Así, no solo se niega autoridad a la lógica jurídica cuando en el caso singular choca contra la situación real,[387] sino que las exigencias mismas de la *reason* obligan desde un principio a rechazar una racionalización excesivamente dogmática del *common law*,[388] Sobre todo en el ámbito norteamericano, la *reason* ha llegado a ser, como ha demostrado WENGLER, un filtro indispensable para la recepción del derecho inglés.[389] Los principios mismos no son otra cosa que instrumentos de la razón.[390] En cambio, los principios constructivos formales se quedan muy atrás, lo cual abona el prejuicio continental de que estas partes del *common law* «carecen de una base científica».[391] Pero si examinamos a fondo nuestros propios principios constructivos dogmáticos, como por ejemplo los conceptos de «Derecho», «antijuridicidad», «bien jurídico», etc., nos damos cuenta de que también ellos contienen juicios de valor extrapositivos, que encarnan la «relación de inexactitud» ética en el mismo grado que la explicación a base de la *reason*. También nuestra responsabilidad delictual carece de una fundamentación «científica» de sus pensamientos básicos, y no tenemos derecho alguno a sonreír ante la tan decantada fórmula de Austin, de la *Obligation arising aliunde*,[392] o de las remisiones de la doctrina norteamericana al fenómeno primordial de la *mens rea*, y los conceptos de culpa *(guilt)* y censurabilidad *(blamevuorthiness)*.[393]

Pero cada vez que un principio pretende poseer fuerza coactiva jurídica, no le es difícil al investigador observar la multiplicidad de los pensamientos que en él actúan y la disconformidad de la ideología oficial con la verdad histórica que le dio nacimiento. DAHM ha demostrado esto con relación al principio *Nulla poena sine lege*,[394] aunque lo hiciera con una segunda intención realmente anticientífica, o sea la de hacer sentir desvío hacia la «validez absoluta e intemporal» de este principio por los resabios que en él quedan de ideas «ilustradas». Así, no debemos despreciar el principio «prejurídico» de la razonabilidad a causa de la histona de su formula-

385 CARDOZO (n. II 37) 19, 45 y passim.

386 LLOYD (n. III 195) 468 (483).

387 Cf. la reseña de *Biddar* v. *Bridges*, 37 Ch. Div. 406, 4 L. Q. Rev. 368: «Pero la irrazonabilidad de la regla ayuda muy poco a determinar la razonabilidad del Tribunal al negarse a seguirla hasta sus consecuencias lógicas.» Ejemplos de la jurisprudencia americana en WENGLER (n. III 183 *a)* 58 ss.

388 Es clásica la advertencia de LORD MACMILLAN en la Cámara de los Lores ante este «atractivo aunque peligroso campo» (1947) A. C. en p. 175; sobre ello LLOYD (n. III 195) 472.

389 WENGLER op. cit. 39 ss.

390 LLOYD op. cit. 482.

391 LÜNDSTEDT (n. III 35) 367.

392 (N. I 226) sec. 25.

393 Cf. SALMOND (n. I 171) 424 y Law of Torts[5], 8 así como LUNDSTEDT op. cit. 375 ss.

394 Conservación o derogación del principio: *Nulla poena sine lege:* Deutsche Landesreferate zum Int. Kongress f. Rvgl. II (1937) 514 ss. Una salida metódicamente clara de este callejón: el derecho comparativo; véase a este propósito GLASER, *Nullum crimen sine lege*: 24 J. Comp. Leg. and Int. L. (1942) y las propuestas de AUBIN, RabelsZ 18 (1953) 121 y GALLAS ibíd. 123.

ción ni a causa de los cambios históricos que —como todos los principios jurídicos— ha experimentado en el entretanto. La exactitud jurídica desemboca en estas evidencias fundamentales: «Nada es menos razonable que las definiciones universales y detalladas de lo razonable. Lo que sea razonable debe determinarse con referencia a un tiempo, lugar y circunstancias definidas».[395] Lo que perdura a través de los tiempos es solo aquella tendencia racionalista, que desde el siglo XVIII informa el arte profesional del jurista angloamericano y confiere a su ideología aquella nota «ilustrada» que le hace equiparar la *reason* con la ética jurídica: «Pues la razón es la vida del Derecho, es más, el *common law* mismo no es otra cosa que razón...»[396]

3. Justamente, porque Derecho es también *recta ratio,* cualquiera que sea la manera como la ideología de la época lo formule, el Derecho es también siempre sistema, y los principios objetivos y funcionales de cada materia poseen una significación universal. El principio del «orden público interno» o de la *res licita* vale independientemente de que haya sido acuñado como norma y, dado el caso, se le haya codificado (cf. art. 6 Code civil, 20 OR, §§ 134, 138 BGB), y se concreta en la dogmática de todo sistema positivo, tanto en la doctrina del objeto lícito *(lawful object)* como en la de la causa *(reasonable cause, redelijke oorzaak).* La misma idea de la materia jurídica positiva como expresión de una *ratio scripta,* fue lo que disparó la primera oleada de codificaciones en el continente. Hemos de considerar esta creencia como un fenómeno humano fundamental, así como la necesidad de adorar todo lo que en el mundo de la naturaleza y del espíritu hay de vivo en símbolos «muertos», en personificaciones, cuyo culto constituye un arte profesional.

En este sentido, todos los productos de la época moderna, las codificaciones, los *Restatements,* son material de una disciplina especializada «positiva», pero también representantes y símbolos de las ideas del ordenamiento que no se agotan en la materia: en una palabra, del sistema. El «espíritu» son los principios de un mundo jurídico formado por el poder legislativo, la judicatura y la doctrina, que se nos presenta como un ordenamiento jurídico nacional y cerrado.[397] Ningún *corpus iuris* es solo masa, sino que en primera línea es un sistema, fijado por los datos de esta masa, de principios que permiten al juez la selección, aplicación y creación de normas positivas.[398] Nosotros, juristas continentales, pensamos en esta función de los principios a propósito, en primer lugar, de la interpretación, es decir, *legis supplendae gratia,* pero no se nos hace menos visible la más extensa fuerza de integración de los principios, cuando consideramos la evolución de una codificación anterior. Los principios son «instrumento de la unidad orgánica y de la integridad del ordenamiento».[399] Con ellos el Derecho no solo se hace «utilizable», sino que solo con ellos recibe su carácter de ordenamiento jurídico. La lógica, la analogía y la creación ulterior no son posibles en virtud de una legalización positiva de estos principios,[400] sino por la esencia y la pretensión funcional del mismo ordenamiento. Con esto no afirmamos una jerarquía intemporal de los principios ni negamos la complejidad histórica y política de las masas de derecho positivo. Es antihistórico

---

[395] Pound, *Some Thoughts about Comparative Law* (n. III 255) 7 (11).
[396] Coke sobre Littleton, libro 2, cap. XI, sec. 1.
[397] Cf. Rabel en RabelsZ 5 (1931) 241 (273 ss.).
[398] Cf. Green, *Judge and Jury* (1930).
[399] Del Vecchio, Título II de su artículo citado (n. I 34).
[400] Así Del Vecchio ibíd. 70.

y poco realista deducir la homogeneidad de las partes del hecho de que se haya formado, o se haya empezado a formar, un sistema.[401] Examinar los conglomerados de derechos crecidos en el curso de la histona para entresacar de ellos los principios sistemáticos permanentes, es misión no de una especulación teorética, sino de las decisiones continuamente reintegradoras de la jurisprudencia práctica,[402] la cual tiene que ponderar la antinomia de los fines y, por tanto, la oposición de los principios, fundiendo en una sola pieza los fragmentos de planes e ideologías jurídicas.[403]

4. En el capítulo anterior hemos considerado las discrepancias en la concepción del *modus operandi* de los principios en el sistema abierto casuístico y en el cerrado continental; en los párrafos que preceden hemos destacado, en cambio, lo que ambos sistemas tienen de común en la formación y aplicación de los principios. Nos quedan, pues, por exponer las diferencias reales que, más allá de la pura ideología, existen en la función de los principios en ambos campos. Por de pronto podemos afirmar que los principios «de un caso», a diferencia de los principios de un sistema jurídico, no son de naturaleza formal, o sea, dogmática, sino que expresan de manera inmediata un juicio de valor. El papel de los principios en el Derecho del caso está claramente determinado de una manera heurística, con referencia a la situación del problema discutido, mientras que en el Derecho codificado lo está dogmáticamente, o sea, está referido a la situación conceptualmente delimitada de cada problema dentro del sistema.

A esta diferencia hay que oponer inmediatamente una restricción: por una parte, en el derecho legal subsisten grandes zonas en que los principios se forman abiertamente sobre el problema singular no previsto, principios que solo lentamente son incorporados sistemáticamente en el aparato de las leyes, mientras por otra parte también los principios del Derecho del caso pasan de su originario papel de guías a ser puntos de arranque de un pensamiento institucional y, por tanto, sistemático. Entonces los precedentes son solo comprobantes de la existencia de un principio jurídico reconocido, y lo que domina la situación es la «doctrina del caso», no un arbitrario corte a través de todas las sentencias anteriores referentes a problemas análogos.

Debemos hacer constar, además de esto, que también en el derecho angloamericano hay un bien delimitado enclave de pensamiento axiomático, inaccesible a los principios del *common law:* el *statute law.* Ya me he referido a los dos fenómenos supra, cap. VII, y aquí añado algunos estudios particulares sobre esta materia.[404] La diferencia en el modo de interpretación usado en el *case law* y en el *statute law* descansa en la acentuación de la autonomía del poder legislativo, que no encaja en los principios de derecho común del Derecho judicial.[405] Lo que allí vale no es la

---

401 Así por desgracia también DEL VECCHIO op. cit. 71-75.

402 BELLINI (n. I 163) 233 señala que solamente son homogéneos los derechos informados por una ideología y nacidos unitariamente, de modo que sus principios pueden ser apreciados directamente, mientras que en otro caso la jurisprudencia contemporánea cumple la continua tarea de restablecer la armonía entre los principios contrapuestos, «entre cui deve effetuarsi un contemperamento» (n. *9).*

403 Acertadamente ASCARELLI, Funzioni economiche... (n. IV 34) 90.

404 Por ejemplo, en JZ 1953, 129 y 521; además, sobre el *statute law,* en RabelsZ 18 (1953) 751.

405 Cf. BLACK (n. II 146); además Maxwell (n. II 145), PLUCKNETT (n. II 102) 434, y GUTTERIDGE (n. II 145) 105. RADIN (n. II 147) 863 ss. es en cambio un *outsider,* cuando cree que los «*statutes* son afirmaciones de principios» (866).

sabiduría judicial, sino la voluntad del Estado.[406] La doctrina y la tradición del derecho común no poseen en este campo la menor fuerza de convicción.[407] En el *statute law* no rige el pensamiento de un ordenamiento sin solución de continuidad, mantenido coherente por los principios, sino el privilegio de la libertad jurídica: lo que no está prohibido, no es contrario a Derecho. La legislación política es una intromisión en la libertad, y el *statute law,* a diferencia del *common law,* debe ser aplicado restrictivamente. Solo deroga la vigencia del *common law* en casos singulares regulados con toda precisión.[408]

No es una parte de la corriente histórica de la formación del Derecho, sino una construcción artificial que la desvía o la obstruye incluso.[409] De aquí se nutre también la perpetua lucha del juez contra el legislador. El juez no es un «funcionario del Estado», sino el custodio de principios jurídicos autónomos. Más para un pensamiento problemático, la creación de derecho a partir de estos principios solo es posible con relación al caso concreto. De ahí que tampoco los *Restatements* puedan dar normas, sino solo directrices. Solo poseen valor, y valor para la interpretación, a la luz de determinados círculos de problemas y de sus casos típicos.[410] Ni la formulación doctrinariamente reconocida de una regla admitida o de un principio alcanza a dar un concepto exacto de su *vis ac potestas:* solo lo hace el examen de los precedentes. Pero, ¿acaso ocurre de otro modo en el Derecho legislado? Lo que cambia es solo el método de argumentar a partir del texto, o de la doctrina o del caso.[411]

Como diferencia más destacada puede citarse la argumentación que parte de la similitud de los casos, de *standards* reconocidos, de deberes de diligencia, etc., en una palabra: el pensamiento inductivo frente a la labor deductiva con conceptos y construcciones. Carecería de sentido negar el especial carácter que tiene la asociación en el sistema abierto.

---

406 Maxwell op. cit. empieza la pág. 1: «Un *statute* es la voluntad del legislador, y la regla fundamental de interpretación, a la cual se subordinan todas las demás, es que un *statute* debe ser explicado de acuerdo con la intención de los que lo hicieron.» Cf. Salmond (n. I 171) 85: «La máxima fundamental de la sana interpretación es: *ita scriptum est,* y no es misión de los jueces ser más sabios que las leyes y amoldarlas sobre las opiniones judiciales de lo que es justo o injusto. La letra de la ley es la ley misma.» Asimismo Black op. cit. 11/12: «La ciencia, la prudencia o la oportunidad de la legislación, es una materia de la que los tribunales no tienen que ocuparse en absoluto. Si una ley es o no adecuada para obtener el efecto requerido, es una cuestión que no entra en la competencia de los tribunales, ni pueden éstos corregir lo que juzguen excesos u omisiones de la legislación.» Cf. las intrincadas reglas técnicas en estos manuales, así en Black en p. 141-610 los 12 capítulos especiales sobre «ayudas intrínsecas y extrínsecas» de la interpretación del *common law* y de la de los *statutes,* distinguiendo entre *mandatory, director y statutes by amendments, revised statutes and reamended statutes,* etc.

407 Paton, Res Judicatae (1935) 12: «Faltando autoridad es difícil ser dogmático.»

408 Con mucha frecuencia un *statute* proclama la primacía de las reglas del *common law,* cf. sec. 73 de Uniform Sales Act.

409 Así el significativo cuadro descrito por Worthley en la miscelánea Gény, vol. II (1923) 16 ss., cf. también supra cap. X n. 183 *a.* Lo ilusorio de esta concepción del *common law* tiempo a que ha sido descubierto por la escuela realista, pero también la sentencia singular creadora es sentida todavía como formación orgánica del derecho en el sentido de formación estatal; cf. Holdsworth (n III 232) y Allen (n. III 301) 107 ss.

410 Cf. McColvin: Mém. Acad. Int. II 2 (1934) 175.

411 Deak (n. III 192).

En él rigen las concepciones predogmáticas, no los conceptos. Pero esta fase es sucedida por un sistema de conceptos jurídicos que producen una petrificación doctrinal, y el mismo proceso se repite en los nuevos «principios fundamentales» e instituciones surgidos en el Derecho del caso y más tarde encuadrados en el sistema legal. Tomemos el famoso deber de atender a la seguridad del tráfico, dicho de otro modo, *the duty to take care.* Dogmáticamente considerado, se trata de una idea auxiliar o, con palabras de BUCKLAND, un «mito».[412] En las argumentaciones abiertas, como las resoluciones citadas supra de CARDOZO, recibe una fundamentación que en nada es más aforística que en nuestra jurisprudencia del Tribunal del Reich. La suposición de que al *tort* debe precederle un *wrong,* se aviene del todo con nuestra propia confusión de criterios éticos y positivos en este campo. O elijamos el «abuso del derecho». Sigue diagnosticándose[413] «abiertamente» y desde el punto de vista ético, pero aumenta la tendencia a fundamentarlo a partir de la doctrina formulada y del concepto. En sentido jurídico, un principio solo tiene validez cuando el tribunal puede cortar la discusión acerca de su justificación ética con estas palabras: «No es ni justo ni injusto, es de derecho.» Aquí entra también su incorporación al ordenamiento dogmático. Por tanto, también los dominios de la jurisprudencia que quedaban «abiertos» van revistiendo un atuendo doctrinal y encajándose en el sistema, hasta que vuelven a liberarse de este revestimiento.[414]

5. Es característico de la argumentación aún no dogmática en el sistema «abierto» el puesto central ocupado por la analogía.[415] El pensamiento tópico parte del caso conocido y de la mano de éste se dirige hacia soluciones imitadas. Antes de que un principio se haga consciente, es captado intuitivamente en la «semejanza».[416] Verdad es que STEINWENTER en su famosa obra[417] ha subrayado la contradicción implícita en una analogía que carezca de postulados superiores sólidos. Pero su concepto de la analogía está mal entendido o se presta a equívocos, puesto que lo concibe como un instrumento deductivo. La analogía no parte de la conciencia de un sistema, sino que es un proceso lineal, que se orienta sobre el caso, el ejemplo, el precedente, y no reduce las similaridades a un denominador común.[418] Podríamos hablar, con SCHWARTZ,

---

412 BUCKLAND (n. II 40).

413 Un bello ejemplo en CARDOZO, *Evangelical Lutheran Church* v. *Sahlem,* 254 N. Y. 161 (1930). Todos los socios de la construcción habían convenido en la erección de una iglesia contrariamente a los estatutos, excepto el demandado que vivía frente a la obra y no quería sujetarse a esta intranquilidad. El caso fue visto según los principios de *equity* y en primera instancia el demandado fue sentenciado a consentir. En cambio Cardozo: «Ni *at law* ni *in equity* está escrito que se haya concedido licencia a corporaciones religiosas, en atención a los altos fines de su existencia, para reducir a la nada los convenios.» «Si no hay nada en la conducta del demandado que pueda servir para expulsarlo de la equidad, debe plantearse todavía la cuestión de si en la conducta del demandante, o también un inconveniente intolerable, pueden producir el mismo resultado. Nada de tal aparece.» «Ni los principios ni los precedentes apoyan este decreto de absoluciones concedido así a un delincuente. No hay un caso de inconveniente irreparable, que choque a la conciencia.»

414 Ejemplos de tales intentos en materia de responsabilidad: MARTON, Les fondements de la responsabilité civile, Revisión de la doctrine, *Essay d'un systéme unitaire* (!) 1938; ya también BIENFELD (n. II 65).

415 STOLJAR (n. I 84) 186/187: «Analogía en este sentido es inherente, por ser en realidad el factor central, a todo razonamiento inductivo.»

416 Cf. para el derecho romano SCHWARTZ (n. III 103) 207 ss.

417 *Prolegomena zu einer Geschichte der Analogie*: Studi Albertario (1950) 105 *ss.* Le contradice en nuestro sentido Schwartz op. cit. 207.

418 Cf. mi trabajo sobre las ficciones en derecho (n. I 1), especialmente 51 ss., 91 ss.

de un "asociar intuitivamente los supuestos de hecho concretos», a los que subyace una «íntima intuición de los juicios de valor».[419] Pero justamente estas valoraciones no constituyen sistema alguno, sino que representan una justificación pragmática. La *utilitas* y la *aequitas* de la solución singular se colocan, con toda ingenuidad, en primer plano, mientras la *ratio ordinis* permanece en la inconsciencia.[420]

La analogía está dirigida aquí a partir del resultado y de una imagen valorativa no dogmática, no a partir del sistema. La solución reconocida y el *remedy* adoptado para un determinado círculo de problemas se impone a los nuevos casos por la equiparación de la situación de intereses, se echa mano de remisiones, ficciones, *implied facts* para traducir la substancia del problema, ajurídica todavía, en el mundo figurativo de la técnica jurídica.[421] Lo característico de semejante técnica imitativa es la introducción del término «cuasi», expresivo de perplejidad, aplicado a la categoría que no es objeto de una elaboración sistemática, sino que se desarrolla como un declarado calco de figuras conocidas.

La designación «cuasicontratos», por ejemplo, es el recurso clásico de una disciplina que no sabe asignar un lugar propio e independiente a los problemas del enriquecimiento y de la gestión de negocios, sino que los enlaza con otros problemas conocidos bajo la rúbrica de «contratos implícitos».[422] La exigencia de equidad, que en un principio no tenía nada de dogmática,[423] es aquí dogmatizada por primera vez y de una manera muy ingenua, pues es necesario separar estas relaciones obligatorias legales tanto de los contratos propiamente dichos (incluso los que surgen de *facta concludentia*) como también de los actos ilícitos (*torts*).[424]

---

419 Schwartz loc. cit.

420 En contra Beseler ZSS rom. A. 66 (1948) 276, 379.

421 Para la ficción lo he demostrado sobre todo sobre el ejemplo de la llamada ficción histórica. Cf. sobre este punto por el lado inglés el estudio de Fuller, What Motives Give Rise to the Historical Legal Fiction?: Recueil Gény II, 157 (159, 161). También Fuller destaca contra la romanística clásica lo inconsciente de este proceso (167 ss.). Sobre el estado de la investigación en Francia cf. las ponencias en la asamblea de la Ass. Henri Capitant de 24/25.11. 1947 en Lieja sobre «Le problème des fictions en droit civil»: Trav. Ass. Capitant III (1948) 242. Lástima que las ponencias no atiendan a la bibliografía no francesa y apenas salgan del campo de la romanística para abordar la cuestión de método. Sobre la técnica de la implicación cf. Williams, *Language and the Law*, parte IV (n. II 148) 384 *y* muchas otras contribuciones a la problemática de los *implied trusts*, etc. en 50 L. Q. Rev. 165 y 450; 55, 486; *61*, 130, etc. El *leading case* inglés para este sentido de la condición implícita es *Taylor* v. *Carderell* (1863), 3 B & S 826; cf. Mac Nair, *Legal Effects of War*[3] (1948).

422 Cf. sobre este punto Dawson (n. I 7) 18 ss. Conviene advertir a los juristas continentales que *implied* (p. ej., *conditions* o *terms*) no son partes de un contrato que la interpretación considera implícitas en éste, sino —análogamente a nuestros complementos según el § 157 BGB— obligaciones en virtud de criterios jurídicos objetivos, y por tanto «implicados por el Derecho».

423 Cf. además los títulos XIX-XXI 1. 3. Cod. Theresiani: «De aquellos actos que equivalen a contratos», y «de aquellos actos que obligan por la simple equidad natural», asimismo el Proyecto Horten, 3, XXI. Martini creó en su proyecto que sirvió de inspiración al código de Galitzia occidental el concepto de los contratos llamados de presunción (Ct. Cód. Gal. occ. III § 381). La motivación ético-jurídica sigue siendo también eficaz en el derecho inglés: «Sin embargo, los mismos jueces ingleses que niegan el descubrimiento de los cuasicontratos, de súbito se ponen sus sombreros de equidad y hacen las cosas más inesperadas», dice maliciosamente Dawson (19).

424 Cf. Kenner (n. III 222); J. B. Scott, Cases on Quasi-Contracts (1905); sobre ello también Friedmann (n. I 54) 32.

El empleo del (general) *assumpsit* a partir de MANSFIELD para esta zona intermedia ostenta y conserva claramente el estigma de una libre creación de la «equidad».[425] En efecto, el principio no está en el sistema, sino en el pensamiento jurídico de que los deberes *ex delicio* que imponen una restitución o un resarcimiento merecen la misma sanción en derecho que los derivados de un contrato. Esta idea viene claramente expuesta en el *topos* cuasicontrato,[426] que se basa en la práctica de los «contratos implícitos», pero posee una fuerza institucional propia.[427]

Solo cuando los vicios de semejante analogía se hacen insoportables, se renuncia al enlace con una forma histórica de demanda y se postula una «categoría propia», o sea, una clasificación sistemática.[428] Ahora el enlace histórico es sentido como una pesada traba de la «tarea jurídica substancial»,[429] y el «sistema» de la responsabilidad por enriquecimiento,[430] que los civilistas buscaban en vano, surge por primera vez de los núcleos de cristalización de sus acciones dando lugar a un derecho general de recuperar *(right to recover)*[431] Este principio sistemático queja oculto a quien lo mire desde el punto de vista procesal, pues solo los *remedies* históricos habían sido objeto del encuadramiento doctrinal, con lo que el interés práctico había postergado el sistemático.[432] Los *writs de* los funcionarios de la Cancillería *in consimili casu* poseían ya el carácter puramente pragmático de todo engarce «abierto», y su suerte no venía determinada por las exigencias de una sistematización, sino por su valoración en la práctica. En el sistema abierto hay reglas que son actuales y otras que son anticuadas. Entre unas y otras existe una gradación extraordinariamente matizada de modernidad o de preferencia jurídicas. En el sistema cerrado todas las normas poseen, virtualmente, la misma validez.

Esta diferencia demuestra una vez más que en el Derecho del caso los principios tienen carácter autárquico, es decir, cada uno domina su campo con total independencia. La regla singular no vale en virtud del sistema, sino que recibe la autoridad de la

---

425 Cf. supra n. III 423; sobre ello *Moses* v. *Macferlan* (1760) 2 Burr. 1.005; 97 Eng. Rep. 676.

426 Cf. WALD (n. III 222).

427 Cf. WINFIELD: 53 L. Q. Rev. 447 y la exposición de la jurisprudencia inglesa en 28 L. Q. Rev. 122 y 53, 302; sobre el desarrollo americano cf. WOODWARD (n. III 222) y DAWSON loc. cit. Los nuevos sectores que surgen en todas partes son diseñados ya por A. L. G. en *Fraud, Quasi-Contract and False Pretences:* 54 L. Q. Rev. 201.

428 Cf. ahora WRIGHT (n. I r7) sobre *United Australia Ltd.* v. *Barklays Bank Ltd.* (1941), A. C. 1. Allí mismo ataques anteriores contra aquella «reverencia medieval o arcaica por la forma y el método escolástico (!) de interpretación» (AMES), que desde el punto de vista del sistema de acciones desnaturaliza la solución objetiva.

429 Cf. la resolución antes citada en la que el Lord Canciller para superar el *assumpsit* halla palabras como las siguientes: «My Lords, me satisface que sea posible alcanzar este resultado, pues la opinión opuesta basada sobre una falsa lectura de las reglas técnicas, hoy felizmente eliminada, habría tenido por resultado una injusticia substancial.» «Los 'principios generales del Derecho' a que hizo referencia el Tribunal de Apelación en su sentencia, seguramente indicarían que el banco demandado no escaparía etc.»

430 Un ejemplo de esta búsqueda totalmente extraña al *common lawyer* es la obra antes citada de FRIEDMANN. Constata resignadamente, desde el punto de vista del Derecho civil, que el número de normas elaboradas es precisamente reducido en materia de cuasicontratos, ya que la mayoría solo están fundadas casuísticamente y mucho falta aún para que haya un sistema capaz de aportar claridad y estructuración (op. cit. 136).

431 Cf. *National Malleable Castings* v. *Iroquois S. a J. Co.* (1929), 165 N. E. 203.

432 Cf. la serie de estudios de LANDON, PLUCKNETT y *otros* sobre «The Origin of the Action on the Case» en 47 L. Q. Rev. 334; 52, 68 y 220; 53, 568.

resolución del caso y del principio que sustenta esta resolución. De ahí la gran reserva aplicada en la utilización «lógica» de tales resoluciones. «Un caso solo es autoridad para lo que efectivamente resuelve», dice LORD HALSBURY,[433] «Niego de plano que pueda ser citado en apoyo de una proposicion que pueda parecer lógicamente derivada de él. Tal modo de razonar supone que el Derecho es por necesidad un código lógico, siendo así que todo jurista ha de reconocer que el Derecho no es siempre lógico ni mucho menos». O sea, que el jurista está facultado para deducir argumentos perentorios del principio que rige un caso determinado, argumenta no a partir de la lógica de las proposiciones superiores, sino a partir de la situación real. «No existe un solo principio que pueda aplicarse con lógica rigidez a todos los casos».[434] Y sin embargo, es impensable que de las interpretaciones posibles de los precedentes pueda entresacarse la «regla efectiva», sin una minuciosa observación de los pensamientos superiores del ordenamiento y de la lógica objetiva que ellos imponen.

Justamente la escuela analítica ha descubierto este aspecto realista de la lógica jurídica, subrayando que la experiencia jurídica derivada del caso solo se adquiere por la valoración hermenéutica de los principios.[435] La jurisprudencia moderna sigue hasta sus últimas consecuencias este papel realmente constructivo de la lógica, hasta llegar al resultado de que «toda representación que induzca a pensar que el *common law* no tiene nada de sistemático, es engañosa y errónea».[436] El famoso dicho de HOLMES: «La vida del Derecho no es la lógica sino la experiencia»[437] valía para una época que creía en la evolución, y que solo atribuía un carácter pragmático a la fundamentación racional de una institución jurídica.[438] Desde entonces la fundamentación lógica pasa por ser una convención profesional sin valor demostrativo real.[439] El juez inglés confiesa: «En Inglaterra sentimos una profunda desconfianza hacia el razonamiento lógico; y las más veces está bien fundada.»[440] Toda forma de pensamiento deductivo le resulta sospechosa;[441] la siente además como una cortapisa a su búsqueda de la justicia material.[442] «El Derecho no puede ser constreñido a meterse dentro de la camisa de fuerza de la lógica formal, como tampoco puede la vida real misma».[443] Pero bajo esta ideología problemática, en apariencia liberada de sistematismo, trabaja la lógica objetiva de las instituciones formadas en el curso de la historia y de sus conceptos doctrinales. Pues aunque en la mente de los prácticos los conceptos jurídicos sean desarrollados de un modo puramente heurístico, la verdad es que, una vez fijados, asumen también en el derecho casuístico la condición de claves para la comprensión jurídica del proble-

---

433 *Quinn v. Leatben* (1901), A. C. 506.

434 LORD SIMONDS en la Cámara de los Lores 1947 (A.C. en pa. 180).

435 Cf. ALLEN, Precedent and Logic (n. I 171) 329.

436 CRAIG (n. III 83) 54.

437 HOLMES (n. I 69).

438 HOLMES ibíd. 35: «La historia anterior... ilustra bien la paradoja de forma *y* substancia en el desarrollo del Derecho. En la forma su crecimiento es lógico.»

439 Así sobre todo STONE, *The Fallacies of Logical Form, y Uses and Limitations of Formal Logic* (n. III 193) 114 ss., 135 ss. Pero cf. ya HOLMES, The Path of the Law; 10 Harv. L. Rev. (1897) 465/466.

440 Juez KONSTAM en 60 L. Q. Rev. (1944) 232.

441 Cf. STONE op. cit. 196 sobre *Rose* v. *Ford* (1837), A. C. 826.

442 «Pues, por sacrosanta que una doctrina jurídica pueda ser, el tribunal siempre se reserva la facultad de decir: 'hasta aquí *y* no más'», Lloyd loe. cit. 482.

443 *Lübosch and otbers* v. *Edison* (1933), A.C. 449. Cf. también *Coljar* v. *Coggins* (1945), A.C. 197.

ma.[444] Solo merced a ellos surge de los precedentes «un *corpus* de reglas».[445] Pero también aquí la lógica jurídica se pone al lado de la comparación inductiva de los casos, que ahora ya no son meros precedentes de una determinada situación problemática, sino un paradigma para una determinada estructuración orgánica del Derecho.[446] Esto no significa, empero, como se ha temido a menudo, que el Derecho del caso pierda su carácter y haya llegado a la «esterilidad de un sistema plenamente desarrollado».[447] Pues aquí el concepto lleva solo a la sentencia, opera solo como un medio de enlace y delimitación; para salir del conflicto por él precisado, solo actúa de guía la valoración en virtud de los precedentes hallados, que son los únicos que ofrecen autoridad. La lógica sola es aquí siempre ambivalente.[448]

6. El salto característico desde la comprensión de la justicia de un caso y la construcción conceptual ha recibido en la teoría americana el peculiar nombre de *hunch* («corazonada»).[449] La desilusión de las partes ante una convicción que no está fundada lógicamente, obliga al juez a revestir de un atuendo constructivo su razonamiento, que en último término ha sido realizado *ad hoc:* «Pues aunque el juez pueda ser arbitrario, no puede aparecer como tal. Debe por lo menos parecer razonable, y si no halla una categoría que en apariencia al menos apoye su opinión, se sentirá incómodo.[450] O sea, que aquel *hunch,* «que es el triunfante precursor del juicio justo», incluso en el sistema abierto solo es utilizable cuando recibe un fundamento constructivo. Exige el uso de conceptos y categorías jurídicas, incluso las que hay que inventar al efecto.[451] Si el pensamiento continental descuida a menudo la valoración del caso, por dar demasiado valor a lo dogmático, es frecuente que la valoración abierta incurra en el defecto contrario: «Todos hemos conocido jueces capaces de dar los juicios más sólidos y de escribir las más banales opiniones sobre ellos».[452]

Aparte de esto, en el sistema continental al estructurar la sentencia se produce la misma tensión entre *hurtch* y argumentación. Los límites del argumentar «exacto» o «lógico» son visibles en todas partes, sobre todo en los actos de creación.[453] Pero aun sin esto hace tiempo que el juez continental sabe que «de lógica no suele adoptar más que la apariencia».[454] Tampoco para él es un secreto la primacía del acto volitivo. Sin embargo, precisamente porque ha de partir de un sistema cerrado, ya en la fase de selección y valoración dispone de una ayuda en lo «constructivo» que le es negada al *common lawyer,*[455] La jurisprudencia constructiva es un control jurídico del *hunch* a

---

[444] Cfr. HOGG, Legal Conception from Practical Point of View: 22 L. Q. Rev. 172.

[445] POUND, Mechanical Jurisprudence: 8 Col. L. Rev. (1908) 605.

[446] Id. (n. I 41) 15.

[447] Id. (n. III 445) 606.

[448] Cf. CARDOZO, *Growth of the Law,* 100 (= *Select Writings* 229): Ahora la verdad es que, como un simple juego dialéctico, estas analogías conducirían al juez a un callejón sin salida. Ningún proceso de deducción meramente lógica podría determinar la elección entre ellas.»

[449] Cf. sobre todo HUTCHINSON (n. III, 272) 531 ss.

[450] HUTCHINSON op. cit. 549.

[451] Íd., ibídem.

[452] Íd., ibídem.

[453] Cf. ESMEIN en la discusión de la ponencia de BOULANGER: «Role du juge en cas de silence de la loi»: Trav. Ass. Capitant V (1950) 80.

[454] PUIG BRUTAU (n. I 41) 186.

[455] «Llamamos construcciones... a la corrección de un todo partiendo de sus partes anteriormente separadas artificialmente, con el fin de hacernos cargo de la necesaria conexión de estas partes, de sus dependencias mutuas o comunes», RADBRUCH (n. I 28) 245.

partir del sistema. No podía ser más insensata la autodenigración de la «jurisprudencia conceptual» alemana, aunque sea cierto que sus ventajas, universalmente reconocidas, tuvieran que ser adquiridas a costa de defectos doctrinales que le son típicos.[456] La barrera opuesta por la «plausibilidad jurídica» y la vinculación a la «lógica jurídica» garantiza que una solución está apoyada en el sistema y evita el puntillismo del derecho judicial antidogmático, del que se lamenta el jurista angloamericano: «La cuestión es saber hasta cuándo nos hemos de contentar con una serie de conclusiones *ad hoc*. Está bien que vayamos marcando las líneas, pero un día vendrá que lo prudente será mirarlas en su conjunto y ver si forman un dibujo coherente o solo una confusión de trazos y manchas».[457]

Podemos comprobar que, después de todas las decepciones que causó en el Derecho angloamericano una aceptación demasiado ingenua de la lógica jurídica conceptual,[458] la irregularidad del desarrollo jurisprudencial empuja con renovado y más profundo impulso hacia la dogmática jurídica y la formación de un sistema. Como único medio de una auténtica sistematización, al *common lawyer* se le ofrecen también, una vez más, los principios constructivos y los conceptos jurídicos.[459] Puesto que los *standards* reconocidos son objeto de discusión, e incluso los intangibles «fines de política social» están ahora desacreditados,[460] la evidencia jurídica debe obtenerse merced a los argumentos autónomos del pensamiento dogmático. Diríamos que el «pensamiento ordenatorio concreto» retrocede ante el pensamiento institucional. En consecuencia, la misión de ordenamiento que originariamente estaba a cargo de la casuística comparativa, ahora pasa a los conceptos: causalidad, antijuridicidad, *remoteness of damage*, etc. Lo razonable es substituido por la necesidad lógica, la ponderación del caso cede ante las construcciones. Lo que en último término se busca, no es el precedente, sino el principio constructivo: ¿Es éste un caso de «acción a propio nesgo», de «aceptación en virad de la conducta», de «ofertas continuadas», etc.? [461] La «utilidad de los conceptos jurídicos» es descubierta, también en el sistema abierto, desde un nuevo aspecto.[462] Es más, se llega a clamar abiertamente por un sistema «escolástico» de conceptos.

Así, como base de una responsabilidad no se toma ya la acción histórica y su concesión según reglas existentes, sino que cada causa de responsabilidad debe poseer una validez dogmática general, incluso en los casos en que nunca fue generalizada históricamente.[463] Las instituciones no son entendidas ya en su peculiari-

---

456 Sobre esta prematura polémica cf. Schwartz (n. III 103) 193. Éste muestra con bellos ejemplos el fructuoso trabajo constructivo de los clásicos sobre conceptos institucionales y elementales. Acerca del positivo valor del pensamiento constructivo cf. también Dölle, *Bemerkungen zur Blankozession*: Festschr. f. M. Wolff (1952) 23 (25).

457 Cardozo (n. I 172) 96 (= Select Writings 311).

458 Así también en la jurisprudencia norteamericana, cf. Hutchinson (n. III 449) 535/536, Stone (n. III 439) 149 ss., 160 ss., 166 ss., 192 ss.

459 Esto lo nota también el observador continental. Cf. Dabin (n. II 75) 249.

460 Dickinson (n. III 247) 517 ss.

461 Cf. Harris en Fryer-Benson (n. I 83) 449, 633 (639) ss.; Bradshaw en Res iudicatae (1936) 119; Patón ibíd. (1935) 6 (12); sobre la dogmática de Offer & Acceptance los ejemplos en 8 L. Q. Rev. 268; 9, 102; 33, 202; 47, 459; 50, 29; 55, 499; 56, 291.

462 Véase el título del artículo de Corbin en Fryer-Benson op. cit., 613 ss. Sígase también el preciso análisis conceptual de Corbin en su tratado On Contracts (1950).

463 Cf. Holmes (n. I 69) 77 ss. Allí se busca el terreno común en el fondo de toda responsabilidad por *tort, y* aunque la singularidad histórica de la acción precisamente aquí justifica el

dad histórica, sino como expresión de un principio general.[464] Ésta es también la valoración intrínseca para la estructuración de los *Restatements* según conceptos constructivos y no según reglas históricas.[465] Incluso las enciclopedias se esfuerzan en dar exposiciones sistemáticas.[466] Por ejemplo, la solución del problema del deber de ayuda entre automovilistas no se entiende como resultado de una determinada jurisprudencia, sino que se hace remontar a una «regla general de conducta social».[467] Menos aún puede renunciarse a una fórmula como «deber general de no causar daños a otros»,[468] y ésta obliga luego al tratamiento sistemático de las causas y elementos de responsabilidad.[469]

Como resultado, comprobamos, pues, en el derecho angloamericano una creciente importancia de los conceptos básicos dogmáticos y de su valor sistemático. Merced a estos conceptos la casuística se va estructurando en un verdadero *corpus iuris,* con ellos el pensamiento argumentador es completado con uno constructivo, *y* la «meditación sobre el caso» recibe una significación racional; no es ya una ciega asociación de precedentes, sino una selección comprobable de circunstancias jurídicamente relevantes, hasta llegar a aquel *hunch* que surge con la coincidencia del acto volitivo (juicio de valor) con el descubrimiento «cognoscitivo» de la posibilidad de ser encuadrado en el sistema.[470]

Así «construcción» es todo lo contrario de solución «mecánica». Es una labor realizada en el problema del caso, que los conceptos han hecho comprobable, comprobable tanto en el sentido de la «plausibilidad jurídica» en general, como en calidad de reconocimiento positivo de las valoraciones en un típico conflicto de intereses. Presupone, por tanto, la inteligencia del problema objetivo y del sentido simbólico de los conceptos en un sistema de instituciones positivas. Precisamente esto: que la construcción es comprensión de la vida y del sistema, que pone a la vista la situación del problema singular dentro del conjunto de un ordenamiento, es lo que fundamenta el papel de los principios dogmáticos en todo ordenamiento jurídico bien formado. Por ellos y por sus posibilidades constructivas los procesos vitales son, no violentados, sino explicados jurídicamente, es decir, ordenados dentro del sistema.[471] El exceso de celo con que la jurisprudencia conceptual alemana emprendió su autocrítica, no es compartido en absoluto

---

lamento: «cuán difícil es hallar una visión general así», no solo se desarrollan dogmáticamente los elementos comunes de todos los *torts* (Lectures III *y* IV), sino también su relación con el concepto fundamental del *wrong* (Lecture V), con el principio del obrar a propio nesgo, etcétera. Que semejante sistematización según principios supuestamente generales es anticientífica para el *common lawyer,* es un reproche que se ha hecho a menudo por el lado inglés; cf. FRIEDMANN (n. I 54) 328.

464 Así HOLMES loc. cit., para la responsabilidad del *bailee,* también Lecture VI para las formas de la protección posesoria y de las acciones de propiedad, mientras que a partir de la Lecture VII en las acciones contractuales se mantiene la exposición histórica, al menos como marco para la exposición dogmática de los elementos (Lectures VIII y IX).

465 Cf. precisamente el *Restatement of Torts,* pero también el *Restatement of the Law of Restitution.*

466 Cf. la jurisprudencia americana, por ej., vol. 52, Torts.

467 Op. cit. 52, 368.

468 Op. cit. 52, 369

469 Cf. p. 385 ss., especialmente la doctrina de los bienes jurídicos *(doctrine of the protected interests).*

470 Cf. HUTCHINSON (n. III 272) 531 (541 ss.); STONE (n. III 439) 196 ss.

471 Así certeramente DÖLLE (n. III 456) 23 ss. (25).

por los descubridores de los valores conceptuales dogmáticos en el Derecho del caso. Y esto vale tanto para el derecho casuístico romano clásico, como para el angloamericano de hoy.[472]

7. El resultado de nuestras observaciones sobre la evolución convergente de la utilización de los principios en el Derecho del caso y en el pensamiento codificador, no tiene por qué sorprendernos. A la larga, tampoco la evolución abierta» de los problemas puede pasarse de un complejo deductivo que opera sobre conceptos y valores, gracias al cual las resoluciones singulares son comprobables racionalmente y su totalidad puede convertirse en sistema. Por otra parte, ninguna axiomática «cerrada» puede renunciar, confiando en su sistema deductivo dogmáticamente afianzado, a su posterior ampliación por medio del pensamiento problemático y la formación de principios al estilo del Derecho del caso. Verdad es que las necesidades comunes a los dos sistemas no alcanzan a borrar el carácter propio y los efectos de cada postura específica. El pensamiento problemático es lineal, sigue una orientación ingenuamente histórica. Yuxtapone, no construye; toma y vuelve a dar, sin que ello efecte a los conocimientos que quedan al margen de este problema concreto. Una opinión jurídica se va desarrollando sobre el caso y sus evidencias, apoyándose en lo ya conocido, pero siempre como una verdad exclusiva para este caso. Mas también para este caso no es sino un pedazo de histona, nace, cobra autoridad y desaparece, con la casación o por el abandono tácito y el *overruling* de una jurisprudencia.

El pensamiento sistemático es de una dimensión ahistórica, en cuanto a su ideología. Está construido y limitado lógicamente, y tiene una fundamentación ingenuamente ontológica. Lo que sostiene la resolución no es el *hic et nunc* de la *doxa* y de la *opinio iuris,* sino la «esencia» de una relación y una institución jurídicas y el nexo interno del ordenamiento, que se refleja en el sistema dogmático. Así, las soluciones son sacadas de éste por interpretación y construcción, su autoridad no es quebrantada por efecto de las nuevas soluciones, pues no es abandonado en favor de otro sistema (que sería inimaginable), sino «perfeccionado» por el encuadramiento de las nuevas soluciones. El nacimiento de tal sistema está presidido por el afán de una fundamentabilidad ahistórica, inspirado en una optimista confianza en la garantía supratemporal de la *ratio.* Al final del sistema está el escepticismo frente a la verdad de esta fuerza ordenadora, nacido de las experiencias políticas de su abuso, y del descubrimiento psicológico de los elementos volitivos que intervienen en una búsqueda del derecho que se quiere hacer pasar por puramente racional. Lo que con tanto trabajo se había ido edificando partiendo de la primitiva generalización de las soluciones recibidas, el sistema de deducción lógica, se hace junto con su aparato intelectual constructivo. Se le superpone un pensamiento problemático, que en los puntos candentes de los conflictos actuales toma en sus manos la dirección y, con gran escándalo de la dogmática, empieza dictando valoraciones abiertas, hasta que éstas se condensan en principios adheridos a los problemas (pensamientos jurídicos) y adoptan un revestimiento dogmático. Aun hoy este proceso dura decenios. Piénsese en los círculos de problemas de la vinculación social de los derechos (abuso del derecho), de la protección a la confianza (responsabilidad por la apariencia

[472] Cf. Schwartz (n. III 103) 193 ss.

jurídica), de la atención a la equivalencia de la prestación (base del negocio), de la compensación por nuevos riesgos comunes (responsabilidad por sacrificio y riesgo), etc.

La construcción y la desintegración del pensamiento sistemático se reflejan en la preferencia de cada época por la asunción de un determinado estilo jurídico o al menos en su reconocimiento, sea inconsciente o motivada por consideraciones científicas. El comienzo del pensamiento sistemático continental en los postglosadores se caracteriza por una actitud ingenuamente histórica frente a aquellos estratos del material de las fuentes romanas que más apropiadas eran para la generalización y la armonización en un «sistema».[473] De ahí la preferencia de esta época por los postclásicos romanos, de los que se entresacaban los pasajes mejor utilizables para el concepto contemporáneo de la equidad, intuyendo obscuramente la afinidad de las situaciones.[474] Hoy nuestra preferencia por el pensamiento clásico parece también ir de la mano con la moderna restauración del pensamiento problemático y de la desaparición de la ciega confianza en el sistema, que había tenido su punto culminante en la axiomática de los derechos subjetivos, animada todavía por el espíritu del derecho racional.[475]

Cualesquiera que sean los cimientos de tal sistema cerrado, su herencia espiritual y el alimento político recibido, es innegable su superioridad en fuerza ordenadora, elasticidad y claridad frente al tratamiento problemático que procede paso a paso a través de la historia. Aun sin necesidad de una ideología que afirme la existencia de un orden «interno» o «natural», este sistema hace posible la preparación y escudriñamiento de la maten a, de lo que tan necesitado está el derecho de los prácticos, cuando la argumentación abierta de los casos llega al límite extremo de su capacidad de rendimiento y de su claridad. Verdad es que con la adopción y construcción de un sistema de ciencia en el sentido griego y ciceroniano, las reglas profesionales de la formación del juicio son fácilmente arrinconadas por la técnica del descubrimiento del derecho; pasan a un lugar subordinado no solo con respecto a los axiomas del sistema, sino también frente a la dogmática que representa estos principios de valor. Pero entonces, cuando el pensamiento constructivo cobra por su parte conciencia de la insuficiencia de esta dogmática y se hace inevitable la formación de principios sobre los problemas, se hace penosamente sensible la carencia de una tradición profesional en el «racionamiento jurídico de caso a caso». Esto es cierto sobre todo de las «resoluciones sobre principios» hoy tan de moda, que no se contentan con dar solución a una controversia ya madura, sino que al principio mismo de una nueva problemática y con desconocimiento de las condiciones previas de un auténtico derecho judicial, pretenden asumir la autoridad de un nuevo tipo de *leading cases*.

---

473 Sobre esto MEIJERS, Tijdskr. v. R. XVII, 120, y H. LANGE, ZSS de A 71 (1954), 328.

474 Cf. H. LANGE, *Die Verarbeitung klassischer und nachklassischer Lehre in der ma.* RWiss., ZSS romA 72 (1955), 211. Cf. también Dawson (n. I 7) 64 ss.

475 Sobre esto último recientemente COING en su discurso rectoral de Frankfurt de 14.11.1955: *«Geschichte und Bedeutung des Systemdenkens in der Rechtswissenschaft»* (Frankfurt 1955). Una notable paradoja de esta evolución secular es, en mi opinión, que la voluntad sistemática del s. XIX fue atestiguada y estimulada, más que por nadie, por SAVIGNY (Cf. supra p. 1).

A la inversa, el *common lawyer* advierte la carencia de un sistema cuando se pone en busca de los límites de sus principios recién descubiertos. Encuentra precedentes en uno y otro sentido, pero no está en situación de ponderar su importancia, pues solo un sistema permite establecer la relación entre regla y excepción. Así ocurre con frecuencia que en los manuales se hallen postulados contradictorios uno al lado de otro, sin que se explique su oposición, y aun esto suponiendo que hayan ya alcanzado la fase de ser formulados.[476]

[476] Lo cual puede durar siglos, sobre todo con la amalgama de diversos pensamientos en una regla. Cf. la regla llamada de Bettini, de *Bettini* v. *Gye* (1876) 1 Ch. B. D. 183, que aún hoy, análogamente a nuestro riesgo de empresa, está entre las dos luces del soportamiento del riesgo y la violación del contrato, uniendo las cuestiones de la preferencia del acreedor y de la imposibilidad.

CUARTA PARTE

LA FORMULACIÓN DE PRINCIPIOS JURÍDICOS GENERALES POR EL JUEZ CONTINENTAL

CAPÍTULO XII

LOS PRINCIPIOS GENERALES COMO BASE DE LA INTERPRETACIÓN CREADORA Y DEL PROGRESO DEL DERECHO

1. La constitución jurídica estatal que prevalece en el continente ha monopolizado hasta tal punto el concepto de ley, que la formación judicial de normas en cuanto se sale de la mera «aplicación» e «interpretación» hace el efecto de una extralimitación fuera de los límites constitucionales.[1] Para que se reconozca formalmente la autoridad de los jueces para formular reglas que obliguen objetivamente, hace falta una disposición legislativa expresa, y aun entonces tal delegación es objeto de dudas muy serias (piénsese en las controversias suscitadas por el § 31 I de la Ley Constitucional Federal).[2] Pero a un análisis realista no puede ocultársele el hecho de que el papel de la legislación judicial es también muy importante en el Derecho privado codificado, a despecho de la teoría de que el juez «no tiene que sentar un derecho nuevo, sino solo aplicar el ya existente».[3] La autoridad política de este dogma pone al juez continental en una situación apurada frente al encargo oficial de elaborar el derecho de un modo unitario (§ *137* Ley Const.), sobre todo cuando se enfrenta con el problema de dónde ha de acudir para crear este derecho nuevo.[4]

---

1 En contra ya Radbruch: Arch. Soz. Wiss. 22 (1906) 355.

2 Ap. I: «Las resoluciones del Tribunal constitucional Federal obligan a los órganos constitucionales de la Federación y de los *Länder,* así como a todos los tribunales y funcionarios.» Esta inequívoca facultad de sentar normas podría explicarse como ampliación de la «autoridad de la. cosa juzgada» (cf. los comentarios, por ejemplo, Lecner, obs. I a - f), pero hay que reconocer que, rebasando el campo en que opera la autoridad de la cosa juzgada, eleva la resolución general y abstracta del juicio al rango de la norma empleada (ibíd. Obs. II). Así también Geiger: NJW 1954, 1.057. El *Bundesgericht* quiere atenerse a la delimitación ortodoxa de la autoridad de la cosa juzgada, según la cual los «motivos básicos» a causa de su naturaleza puramente judicial no crean ningún derecho objetivo, tanto si son *ratio decidendi* como meros *dicta* (GS Z 6/53 de 20.5.1954; NJW 1954, 1.073). Pero al hacerlo cierra los ojos a la conexión de sentido, inevitable incluso en el normal efecto prejudicial, que existe entre sentencia y motivos. Por esto el Tribunal Constitucional ha adoptado hábilmente el punto de vista sofístico de que la sentencia se ha de interpretar en cada caso a partir de sus motivos (Res. De 13.5.1954: NJW 1954, 1.093).

3 Palandt-Lauterbach, p. 1.265. Véase también infra n. 220. En contra ya el material citado supra, cap. I desde nota 1 y cap. IX desde n. III 141.

4 Cf. mi trabajo (n. I 220) 521. En su cap. I hay una exposición del reconocimiento continental del derecho judicial.

Muchas veces no encontrará otra cosa que la justicia concreta de una solución que contradice al antiguo sistema, y que, por tanto, «no puede haber sido la voluntad del legislador». Esto le autoriza a colmar lagunas y a aplicar una interpretación correctora, pero no le suministra otro patrón que el de determinadas circunstancias sociales o económicas «desconocidas aún por el legislador». Aunque se decida a prescindir del sistema de su codificación y «considerar las circunstancias sociales tal como se han desenvuelto hasta ahora y han sido reconocidas expresamente en la legislación más reciente»,[5] no puede juzgar estos nuevos conflictos de intereses sin apoyarse en un principio de derecho implícito al nuevo ordenamiento general.

Ahora bien, el fenómeno social no lleva dentro de sí los criterios de valoración. La clave de la ordenación ha de ser un pensamiento jurídico reconocido ya en otras partes (aquí, por ejemplo: el de la comunidad de empresa). La creación judicial solo puede llevar a cabo su misión de ordenación sistemática, cuando ante la sociedad adopta una postura lo bastante crítica para superar el sistematismo legal incompatible con la nueva necesidad de ordenamiento, y a la vez lo bastante dogmática para poder ser reducida a un nuevo principio jurídico constructivamente fecundo. La sentencia quedaría como un caso aislado, sin eficacia legislativa, si el tribunal, aparte de los argumentos *ad hoc* de la «justicia social» o de la «equidad», no pudiera demostrar la «idea fundamental», o sea la regla, que de un modo u otro ha sido ya reconocida por la sistemática positiva. Esta regla debe manifestarse en la nueva resolución fundamental, la cual se convierte con ello en forma integradora y perfeccionamiento de anteriores ensayos positivos. Pues bien, el camino principal para llegar a esta convicción es la apelación a los principios y pensamientos generales del Derecho.

Una cosa, empero, habrá que tener siempre en cuenta: el hecho de que estos mismos pensamientos jurídicos solo a través de la práctica jurisprudencial reciben su forma y su substancia.[6] Nos encontramos aquí con un auténtico derecho de juristas,[7] *ius commune quod sola prudentium interpretatione existit* (D. 1, 2,2,5 y 12). No se trata solo del fenómeno general de que la práctica y la doctrina van dejando poco a poco su sedimento sobre un texto.[8] Hay más que eso: a todos los puntos candentes del Derecho civil, en materia contractual, delictual y de enriquecimiento, a todas las figuras fundamentales de la *Verwirkung,* del apoderamiento, de la fiducia, de la compensación de daños, de la responsabilidad por auxiliares y por riesgos de explotación —en fin, todo lo que la moderna problemática ha obligado a crear—, son aplicables aquellas proféticas palabras: «Llega un momento en que la interpretación sumerge el texto; la *lex* cae en olvido, el *ius* hace autoridad».[9] Tampoco se trata meramente de resoluciones fundamentales por su contenido, o sea, *leading cases* que renuevan los criterios generales de la judicatura; pensamos más bien en la elabora-

---

5 RGZ 106, 272 (275); cf. supra cap. IX n. III 173.

6 Así ya PACCHIONI (n. I 34) 133. Últimamente también ROUSSEAU (n. I 34) 894-898. La doctrina de la eficacia del derecho consuetudinario (CAVAGLIERI) se ha abandonado también en el derecho internacional. Cf. también HÄRLE, *Die allgemeinen Entscheidungegrundlagen des ständ. Int. Gerichtshofs* (1933), así como ZOff. R. 1931, 206.

7 Esta expresión ha sido injustamente degradada por la escuela histórica entendiéndola como contrapuesta a «derecho popular», cf. BESELER, *Volksrecht und Juristenrecht* (1843). Sobre la afectación poética de los románticos antiguos y modernos cf. Koschaker (n. II 155) 197 ss., 207 ss.

8 KOSCHAKER op. cit. 184.

9 HAESAERT (n. I 42) 342.

ción de normas e instituciones materiales independientes. Lo que pesa aquí no es el prestigio que una resolución adquiere merced a su carácter fundamental, sino su función de creadora de normas a partir del caso concreto. Lo que tiene tuerza de ley no es la sentencia en sí misma —como la del Tribunal Federal Constitucional en el procedimiento abstracto de control de normas y en otros casos (cf. §§ 31 II BVerGG) — sino el reconocí, miento en ella expresado de un pensamiento jurídico perfilado casuísticamente.

2. El papel de los principios generales en este proceso creador puede fácilmente conducir a subestimar la influencia de la doctrina. Con todo, la formulación del principio representa ya una cierta conexión, que presupone el reconocimiento casuístico del «pensamiento».[10] Cierto que hay épocas de la historia del Derecho que atribuyen a la doctrina un destacado papel de guía.[11] Pero la consolidación de un «derecho común» propiamente dicho es obra de la práctica, como demuestra el derecho internacional no menos que la histona del *common law* y de los sistemas continentales anteriores a la codificación. Tampoco hoy puede negarse una vivaz influencia recíproca entre doctrina' y práctica en la formación de los «principios generales», pues cada fase dogmática del mismo pensamiento (inimputabilidad, límite del sacrificio, imposibilidad económica, etc.) proporciona nuevos puntos de vista dogmáticos.[12] Así el propio principio recibe luego a menudo el nombre de una «teoría» (por ejemplo, teoría de la imprevisión). De ahí que sea tan fácil para el *common lawyer* educado en el Derecho del caso, caer en el prejuicio de que el juez continental concede menos atención y respeto a los precedentes que a una cita de un «libro de texto» de la doctrina. Es innegable que las formulaciones de nuestra doctrina jurídica ejercen una más intensa acción estimuladora e informativa sobre la práctica que en cualquier otro sistema de Derecho. Pero eso no nos ha de ocultar que de las fórmulas doctrinarias no sale nada que no haya sido previamente buscado y aprobado por la jurisprudencia. El acto volitivo determina el alcance del principio y de la norma.[13] «El hecho jurisprudencial», «el derecho consuetudinario moderno»,[14] he ahí la creación judicial, es más, el único acto decisivo y conductor. «Esta sentencia ha hecho jurisprudencia», dice RIPERT [14a] de la sentencia del *Conseil d'État* de 30-3-1926 en favor de la fábrica de gas de Burdeos, en la que se inicia el revisionismo contractual cuando la carestía de carbón en Francia.[15] Solo después siguieron los estudios de JEZE, BERTHELEMY, DUGUIT y otros, y luego, a cierta distancia,

---

10 Acertadamente: ROUBIER (n. I 47). Citas de la jurisprudencia francesa en Boulancer (n. I 39) 57.

11 Así en Alemania la época de los dictámenes facultativos concluyentes y de la sistemática especulativa, cf. además el reconocimiento de «doctrinas legales» en España (HERZOG op. cit. 121 ss.) y el papel de las doctrinas de derecho internacional en el art. 38 de los estatutos del Tribunal Internacional permanente (véase supra cap. II).

12 Cf. SIMONIUS (n. I 24) 246-251; sobre la evolución italiana en tomo a este problema de *eccessiva onerosità* cf. PINO: Arch. giurid. 143 (1952) 32 ss. Ejemplos del derecho privado alemán supra cap. IX n. III 93 ss.

13 Así ya ISAY, *Rechtsnorm und Entscheidung* (1930). En el pensamiento continental hay todavía errores sobre este punto, cf. por ejemplo la tesis de VOUIN (n. II 98) 99, que del principio de la buena fe pueden deducirse *toutes les regles de détail.* Es también característico» DEL VECCHIO (n. I 34). En cambio, ve la cuestión con los ojos del práctico experto: GORPHE, *Les décisions de Justice, Étude psychologique et judiciaire,* 1952.

14 MAURY (n. I 47).

14a (N. I 40) 139.

15 D. 1916, 3, 25; p. 3, 17 con observ. de HAURIOU.

las leyes (6-7-1925; 21-7-1927; 23-3-1928). Hasta entonces la Loi Faillot había sido un caso aislado; ahora se convierte en expresión de un principio general. Pero un texto legal puede ser tan antiguo como se quiera; si la necesidad se presenta, la jurisprudencia lo convertirá siempre en una mina de aquellos «principios generales» que le interesa proclamar. Respecto a Alemania, podemos citar el singular renacimiento de la «pretensión de sacrificio» según los §§ 74, 75 de la ley de introducción al ALR. Aquí entra en operación «aquella famosa fuerza creadora de la jurisprudencia», que «cediendo a la comprobación de una urgente necesidad del tráfico», pone las disposiciones del derecho escrito al servicio de los fines de la época.[16] Lo vacilante de tales procesos, que empiezan con el reconocimiento de la insuficiencia de una ley y terminan con un «principio jurídico reconocido», corresponde exactamente al modo de pensar del sistema abierto, ligado siempre al problema concreto. Reconocer este hecho bajo la capa del esquema codificador, significa «arrancarlo a las abstracciones, recordando que el Derecho es una ciencia experimental».[17] En realidad, el «arte judicial de hacer hablar la ley» apenas se ha estudiado todavía, es más, su simple exposición basta para suscitar las iras de todos los prácticos «biempensantes», como demuestra la discusión que siguió a aquella sensacional ponencia de BOULANGER.[18] Sin embargo, el *gouvernement des juges* en la mayoría de materias del Derecho civil es ya clásico en Francia[19] y las *regles jurisprudentielles* constituyen al lado de las *regles legislatives* una categoría independiente de la teoría jurídica general.[20]

Ya PERREAU llenó un volumen entero de su «*Technique de la jurisprudence en droit privé*»,[21] con ejemplos de auténtico derecho judicial cuya lesión da lugar a casación. Por impugnable que pueda ser su tesis de que «el juez en los libros de derecho solo busca la fórmula de sus decisiones»,[22] el material que aduce para afirmar que «en la práctica los tribunales poseen un derecho muy vecino al de la abrogación o derogación»[23] es tan convincente como la exposición de la «creación independiente de normas partiendo de máximas y pensamientos fundamentales del tipo de la prohibición de enriquecimiento a costa ajena, del abuso del derecho, etc.

Buena parte de esta intensa labor judicial se atribuye a «la fuerza normativa de lo factual», que impulsa a legalizar los estados normales y a condenar los «insoportables».[24] Sin duda alguna este punto de vista explica el aumento de la legisla-

---

16 ZITELMANN, *Die Rechtsgeschäfte im Entw. eines BGB für das Deutsche Reich* (1889) 6.

17 BOULANGER, *Le Methode depuis le Code civil de 1804 au point de vue de l'interpretation judiciaire*: Trav. Ass. Capitant VI (1952) 57.

18 Cf., por ejemplo, las vehementes protestas de FRÉMICOURT, Président honoraire de la Cour de Cassation (n. III 142) 69, pero ya también la oposición de los prácticos a la anterior ponencia de Boulanger (n. I 39) 61 ss. (74, 75).

19 Cf., por ejemplo, SAVATIER, Le gouvernement des juges (supra p. 71) 453 ss.

20 Cf. ROUBIER (n. I 47) 7 ss.; WALINE, Le pouvoir normatif de la jurisprudence, etc.: Études G. Scelle II (1950) 612 ss. (617 ss.); CHRÉTIEN, La règle de droit d'origine jurisprudentielle (tesis, Lille 1936); sobre el derecho español últimamente PUIG BRUTAU (n. I 41); sobre la doctrina legal cf. HERZOG (n. I 41) 205. Allí mismo indicaciones para la formación de principios judiciales de derecho penal. Sobre Italia BETTI (n. II 50 218 ss. Sobre Portugal la exposición de Angel (n. I 69) 250.

21 2 volúmenes (1923) cf. vol. 2, 12 ss., 59 ss., 69 ss.

22 Vol. r, 4.

23 Vol. 1, 21 ss.

24 Cf. la legalización del «pensamiento de la comunidad de empresa» en la huelga parcial; RGZ 106, 272 (276).

ción judicial en épocas de crisis social y cultural, no solo como consecuencia de la necesidad sino también como expresión de labilidad: «En el curso de las crisis de civilización, lo que es normal... es rápidamente considerado como merecedor de convertirse en regla».[25] Ello caracteriza también el camino regular de las nuevas nociones jurídicas: la relación contractual «fáctica», la situación «de hecho» merecedora de protección, la responsabilidad «fáctica» arrancan para sí el reconocimiento judicial mucho antes de que la dogmática haya preparado el suelo para una reforma legislativa. Así las «relaciones *de* los hechos» ocupan una posición avanzada y precursora de las modernas *actiones in factum conceptae*,[26] con lo que no andan desencajados los que se preguntan preocupados: «¿Gana terreno el hecho a expensas del derecho?»[27] Solo que este avance de las relaciones «fácticas» hacia lo dogmático no sería en absoluto imaginable, si el juez no hallara, en el suelo de las antiguas instituciones, cuyo uso formal es repudiado por el tráfico moderno que considera angosta e insuficiente su tutela, un pensamiento jurídico general que se presta a ser empleado en favor de estas relaciones de hecho. Así ha ocurrido ya con el prototipo de la relación jurídica «fáctica», la posesión,[28] y esto se repite hoy con todos los supuestos putativos y de apariencia jurídica.[29] El llamado principio de la confianza[30] no es un axioma superior que ataque desde fuera las instituciones legales. Es más bien un nombre colectivo que se aplica a todas reglas que el arbitrio judicial ha creado, inspirándose en aquel principio, para protección del que confía en la apariencia jurídica y que originadas en los conatos legislativos de atender a tal protección, han sido luego transferidas a nuevas necesidades. Ahí está justamente la clave para remozar la vida y vigencia de las petrificadas normas legales: librar el «pensamiento jurídico» de la corteza que lo reviste.[31] La conformación histórica de las figuras dogmáticas nunca tiene valor por sí misma. Si hoy la «degradación» de la estructura ideal de una institución da lugar a preocupaciones,[32] es porque se sobreestima la energía ordenadora de una opinión dogmática a la que se ha atribuido precipitadamente un valor supratemporal. Las instituciones no son logros perdurables del descubrimiento dogmático de un principio, sino que éste designa solo un determinado estadio del conocimiento del problema y de su tratamiento pragmático. En la jurisprudencia, la relación entre principio y aplicación es totalmente distinta que en las ciencias, naturales. No es la hondura de la intuición científica lo que hace fructífera a una institución jurídica, sino la amplitud de la casuística que antecede a la legalización de un principio, y la flexibilidad de la fórmula que sitúa a esta casuística bajo un denominador favorable a la construcción dogmática.

---

25 NO SE VE 47) 277.

26 P. II, cap. IX, Material p. 233 ss.

27 SAVATIER. *Réalisme et idéalisme en droit civil d'aujourd'hui*: Mélanges Ripert I, 75 ss.

28 Cf. IHERING, *Die Consolidation der bonae fidei possessio und der dinglichen Rechte durch die Analogie des Eigentums*: Abh. aus dem röm. Recht (1844); véase también su obra: über den Grund des Besitzschutzes[2] (1869).

29 Cf. la compilación en VOUIN (n. II 98) 285 ss., 444 ss. Detalles infra capítulo XIII, 8.

30 Cf. SIMONIUS, *Die Bedeutung des Vertrauensprinzips in der Vertragslehre*: Festgabe der Basler Juristenfakultät zum Juristentag (1942) 235 ss.; también MEIER-HAYOZ, *Das Vertrauensprinzip beim Vertragsabschluss*: Zürcher Beiträge, Heft 151 (1948), y últimamente PATRY, *Le principe de la confiance du contrat en droit suisse*, tesis, Ginebra, 1953.

31 «El punto fuerte de la vida jurídica alemana es el estilo de perfecta coincidencia de ciencia y práctica en la actitud ante la ley, en la fidelidad a la ley, en su evolución y mejoramiento, el método de investigar con independencia y espíritu crítico las ideas jurídicas capaces de vida.» RICH. SCHMIDT, *Das Recht und die deutsche Rechtswissenschaft* (n. III 172) 293 ss. (297).

32 SAVATIER op. cit. 78.

3. Podemos decir que el principio crece de la práctica y con la práctica, y lo que recibe de la doctrina no es vida sino forma, una forma, empero, que ya por la mera liberación del pensamiento fundamental de sus ataduras casuísticas, puede constituir el inicio de una nueva práctica. En virtud de esta interacción, un *corpus iuris* contemporáneo es siempre un producto de la judicatura, atenida a la substancia y a la doctrina estructuradora.[33] Las instituciones jurídicas vivientes nacen solo de la colaboración de estas dos fuerzas, y los éxitos obtenidos por las fórmulas legislativas solo transitoriamente pueden obscurecer la continuidad de *la* evolución surgida de estas fuentes.[34] Es, en efecto, un error creer que una problemática está dominada por un conjunto de supuestos de hecho que, por su parte, solo reciben una significación exacta gracias a un engranaje reconocido de casuística y doctrina. Recordemos el desarrollo de la idea del enriquecimiento a partir de las *condictiones y*, en el derecho anglosajón, de los *remedies* históricos.[35] Toda fórmula textual, incluso la tan elaborada del § 812 BGB, solo es legitimación de una doctrina ya desarrollada y requiere ser llenada de substancia por una nueva casuística. Por esto una fijación como la de los *Restatements of the Law of Restitution* se limita desde el principio a lo fundamental. Un principio como el expresado por sec. 1: «Una persona que se ha enriquecido injustamente a expensas de otra está obligada a restituir a esta otra», solo se convierte en norma jurídica por obra de la casuística, que es la que da a cada elemento del supuesto todo su alcance dogmático, después de haber superado el aislamiento histórico de las formas de acciones.[36]

Ejemplos de desarrollo judicial de un principio general hasta convertirlo en una institución propia, antes de toda legislación y con independencia de ella, los hay en abundancia: el catálogo de las evoluciones puramente casuísticas con las correspondientes repercusiones de la doctrina, va desde el «abuso del derecho» hasta la «inimputabilidad». La reacción doctrinal puede favorecer decididamente el proceso —así en la concepción del derecho de autor— o dejarla seguir libremente su camino— como en el derecho de fiducia, en el de responsabilidad por riesgos y en tantas formaciones extrañas a la dogmática ortodoxa; lo que no puede es impedir estas creaciones o trabar su avance. La teoría del abuso del derecho ha sufrido los desarrollos más distintos según los países, y sin embargo la práctica sigue una tendencia indiscutiblemente universal.[37]

---

[33] A veces puede también ocurrir, como destaca Koschaker (n. II 155, 63 ss.) con referencia al derecho común, que una amalgama casi caprichosa de una casuística anticuada y nuevos comentarios eruditos (glosas) dominen la masa jurídica actual. Pero también entonces es menester una larga práctica armonizadora, hasta que del amorfo amasijo salga un «Derecho común» funcionalmente satisfactorio. Semejante práctica solo se convierte en «sistema», en el sentido de una estructura unitaria desde dentro, cuando se ha desarrollado una nueva doctrina completamente desligada del texto y su exégesis.

[34] Así de un modo particularmente gráfico Ascarelli, *Funzioni economiche e istituti giuridici nella tecnica dell'interpretazione: Saggi giuridici* (1949) 83 ss.

[35] Véase supra cap. IX, p. 214-219.

[36] Que es a lo que se prepara hoy el derecho angloamericano, cf. Dawson (n. I 7), pero que el derecho continental realizó ya gracias al trabajo de generalización de los postglosadores. Contra la errónea creencia de Dawson en una idea romana clásica universal de la prohibición del enriquecimiento, c£. H. J. Wolff (n. I 143), también ya G. H. Maier, *Pratorische Bereicherungsklagen* (1932).

[37] Cf., por ejemplo, la teoría francesa del *intérét legitime* frente a la regla aparentemente tan diversa en *Alien* v. *Flood* (1898), A. C. 1 (H. L.). En contra la práctica moderna en Winfield (n. III 218) 34. Es éste un punto al que con frecuencia se acude para la comparación de dogmas. Cf. Josserand, *De l'esprit des droits et de leur relativité* (1927).

Un campo clásico de la formación de instituciones es la «responsabilidad sin falta», y justamente aquí podemos seguir con SAVATIER[38] las etapas a través de las cuales el «pensamiento jurídico» se ha desprendido de la casuística; la idea está al principio restringida al *horizon des juges*, limitado a su vez por la «humanidad y sentimentalidad» y los prejuicios de una determinada corriente temporal, y no se libera de él hasta que el «descubrimiento del problema» hace posible una consideración de los intereses en juego a partir de los principios, tanto si esta consideración es o no introducida por una determinada teoría, como la teoría del riesgo. Es sabido que precisamente la jurisprudencia francesa renuncia a tal doctrina y se contenta con el elástico y proteico concepto de la *faute* (art. 1.382 C.c.).[39] En cambio la jurisprudencia carece de semejante apoyo en lo referente a los «deberes de asistencia»,[40] y aquí se plantea la inesquivable tarea de reconstruir el pensamiento general a partir de los textos singulares que reconocen este deber de auxilio en materia laboral y de tráfico.[41]

Sea grande o pequeña la asistencia de la doctrina, el hecho es que de los nuevos pensamientos jurídicos nacen nuevas instituciones positivas, que la ley no conoce: o no conoce en la misma medida. Puede ocurrir que surjan categorías totalmente nuevas, como en Italia los *contratti agrari (la sorcida, la mezzadria, la colonia parziaria, l'enfiteusi)*, o instituciones singulares que se oponen al sistema legal, como la cesión de seguridad, y que al final o son aceptadas por la ley —así la reserva de la propiedad[42]— o se ven obligadas a seguir luchando por su existencia.[43] Pueden aparecer nuevas «figuras fundamentales» —como la del «poder»[44]— o instrumentos especiales —como el de la «imposibilidad económica».[45] Las lagunas jurídicas flagrantes, como el reconocimiento de los derechos persona-

---

38 Le gouvernement des juges (supra p. 71) 453.

39 Cf. RIPERT (n. I 40) 199; también ya Planiol, Du fondement de la responsabilité: Rev. crit. 1905, 277 y 1906, 80; últimamente la ponencia de NAGEL y OFTINGEN en la jornada franco-suiza de Zurich, junio 1946, publicada ibíd. 249 y 263. Sobre movimientos de retroceso cf. sobre todo SAVATIER ibíd. 458 ss. y algunas protestas por él citadas contra la inercia de tales desarrollos, por ejemplo las observaciones de CAPITANT, en Chronique D. H. 1931, 18 ss. con referencia al tema del *passage clouté.*

40 RIPERT op. cit. *269* ss.

41 Documentado por RIPERT, 278 ss.

42 Sobre todo en Alemania y Suiza; en todos los demás países es aún dominio de la jurisprudencia. Cf. la visión de conjunto de BERNAYS en *Eigentumsvorbehalt und Ersatzsicherungen im Ausland*, ed. por KAPPEL, vol. I (1937) 33 ss.; véase también LEHMANN, *Reform der Kreditierung in Fahrnis und Forderungen* (1937).

43 Cf. la jurisprudencia italiana sobre la discutida *affiliazione,* que en contra de la ley (art. 405 C. c. it.) se la quiere extender hasta a los hijos adulterinos. En contra sobre todo la sentencia del pleno de las salas de la Corte di Cassazione de 13.3.1943. Riv. Dir. Eccl. 64 (1943) 614, con recensión y amplia exposición del proceso de BERRI. Una apreciación positiva de esta lucha social en NUTÍ: Arch. Giur. 129 (1943) 34 ss. De la bibliografía alemana cf. THURMAYR, *Die «Aufnahme» im neuen ital. ZGB*; DRW 1941, 2.556.

44 Cf. ENNECCERUS-LEHMANN, *Schuldrecht,*[13] § 203 I, 2 *a,* ya también la evolución del Derecho común, por ejemplo en REGELSBERGER, Pand. 592 o en RGZ 10, 48.

45 Cf. WEBER, *Der Einfluss des Krieges und der Kriegstolgen auf die privaten Rechtsverhältnisse* (1948) 31 ss. Para Francia TRASBOT en Études Ripert II (1950) 159 ss.; para Italia DI MARTINI, L'eccessiva onerosità nell'esecuzione del contratto (1950) *y* PINO (n. IV 12). En Italia la jurisprudencia ha llevado a una formulación enteramente nueva del instituto en el art. 1.467 del C. c. de 1943.

les sobre cartas y manuscritos[46] o el de la unidad jurídica de la empresa,[47] solo han sido colmadas por el constante desarrollo de los problemas por parte de los jueces. En Francia, el reconocimiento legal de este concepto (ley de 30-6-1926 y de 3-9-1947) no ha surtido ningún efecto sobre la evolución, ni favorable ni desfavorable. Aun en los casos de un reconocimiento legislativo, la jurisprudencia sigue siendo dueña de la materia por ella desarrollada como ha demostrado gráficamente ASCARELLI en el tema de los derechos derivados de la condición de socio antes y después de la reforma introducida por la ley italiana de 10-12-1948: nunca se interrumpe la continuidad de la judicatura, en sus esfuerzos por liberarse del antiguo derecho, en la cuestión de distinguir entre derechos individuales y de socio entre las rentas afectadas de nulidad y las que solo sufren anulabilidad en la cuestión del abuso de derecho de la mayoría y en la de las formas de protección a la minoría, etc.[48]

Las necesidades jurídicas tienen por efecto que las construcciones judiciales especialmente fructíferas se aclimaten en los sistemas más refractarios. El caso más conocido es la universalidad del concepto inglés de *trust,* que ha realizado una verdadera marcha triunfal mundo a través.[49] Pero aun sin estas figuras unitarias, cuando la necesidad es la misma) aparece una judicatura idéntica: así, por ejemplo, es universal la práctica de acentuar el deber de publicidad en los contratos de seguros, tanto si se conoce la categoría de *uberrimae fidei contracts* como si se habla de *contrats de bonne foi* u otras expresiones similares.[50]

---

46 Cf. la sentencia clásica de casación Req. 5.2.1867, Ann. propr. ind. 1870 105; sobre esto PERREAU (n. I 28) II, 249. Sobre la total evolución moderna del derecho de personalidad por obra de la jurisprudencia cf. DE BOOR, *La notion du droit moral*: Droit d'auteur 64 (1951) 87 ss.

47 Cf. las ponencias de SAVATIER, BASTIAN, ROTONDI, RENAUD y VAN REEPINGHEN sobre el desarrollo del concepto de *propriété commerciale* y *profriété aziendale* en la reunión de la Asociación H. CAPITANT de 4.5.1951 en Verviers; con excepción de la primera, que solo ha sido publicada en traducción italiana en Riv. Dir. Comm. 49, 333, publicadas en Trav. Ass. Capitant VI (1951) 76-158. Cf. también las contribuciones a la discusión ibíd. 159 ss., 179 ss. *y* los materiales sobre el ámbito jurídico español en SOLA DE CAÑIZARES, ibíd. 174 ss. Sobre la evolución histórica del concepto de empresario, ya las ponencias de DURAND, METZLER *y* FRÉDÉRIQ en Trav. A ss. Capitant III (1948) 45 ss. El estado de la jurisprudencia alemana está profundamente analizada en BRECHER, *Das Untemehmen ais Rechtsgegenstand* (1953).

48 ASCARELLI, *Sui poteri della maggioranza nella società per azioni ed alcuni loro limiti;* Riv. Dir. Comm. 48, 169.

49 Cf. LEPAULLE, *Traité théorique et pratique des trusts en droit interne, en droit fiscal et en droit international* (1931); sobre ello las reseñas de H. G. H. en 48 L. Q. Rev. 590; además la ponencia de LEPAULLE sobre «*Le phénomène de migration du trust*» : Actes du Congrès Int. de droit privé, Pubi, par l'Institut pour l'unification du droit privé (Roma, 1951) 197 ss. Análogamente ya AMOS: 50 Harv. L. Rev. 1.263 y las ponencias de DEMOGUE, SAVATIER, GUISAN, AZEVEDO y otros en la Semaine Int. de droit, París, 1937, Publ, de la Société de Législative Comparée V (1938): La fiducia en droit moderne. Cf. también WEISER, Trusts on the Continent of Europe (1936). Sobre la historia de los trusts ingleses cf. WORTHLEY en la ponencia «*La notion de trust et ses applications dans les divers systèmes juridiques*». Actes loc. cit. 185, y HART, The Place of Trust in Jurisprudence, 28 L. Q. Rev. 250. Sobre la variedad norteamericana cf. A. W. SCOTT, *The Laws of Truts* (1939) y la reseña de Holdsworth: 56 L. Q. Rev. 405; sobre ello también el Am. Restatement to the Law of Restitution y las observaciones de WINFIELD 54 L. Q. Rev. 529. Sobre la variedad alemana cf. ERICH HUBER en Actes du Congrés, ibíd. 208 ss., *y* E. COHN, *Truts in German Law*: 50 L. Q. Rev. 122.

50 Sobre la práctica francesa, que amplía el art. 348 C. Comm., y sobre la crítica de la terminología, cf. Ripert (n. I 40) 89/90.

La necesidad de llenar lagunas parece estimular especialmente la formación de instituciones universales.[51] No es extraño, pues es precisamente aquí donde los pensamientos generales desempeñan un papel más fundamental. Se ha dicho con razón que el problema de las lagunas solo se puede resolver con ayuda de principios acuñados por la jurisprudencia.[52] Esto se aplica también, como ha demostrado BOULANGER[53] a la jurisprudencia continental, pese al cuidado que pone en colmar las lagunas «según el espíritu de la ley». También aquí el positivismo legalista niega a la jurisprudencia el carácter de fuente de derecho[54] e intenta, por una parte, reducir el alcance del problema de las lagunas, y por otra, tender un puente hacia la autoridad de la ley gracias a la analogía, entendida como un método de deducción lógica. Pero con todos los elementos sistemáticos y lógicos con que la analogía sistemática se distingue de la llamada jurídica,[55] la formación analógica sigue siendo siempre una decisión del juez, es decir, un acto valorativo y volitivo, como ha dicho ZITELMANN;[56] no es fuente de conocimiento, sino argumento y justificación de un acto creador de derecho y ajeno a la ley.[57] En las lagunas auténticas, las de «concepción», falla incluso el recurso a la «voluntad del legislador».[58] Los criterios hábiles aquí para justificar una analogía son los principios y pensamientos judiciales. Por tanto, aunque la argumentación analógica no «concluya» a partir de principios,[59] los presupone, sin embargo, como puntos de referencia, criterios y patrones de comparación.[60]

---

51 Sobre el estado del problema: lagunas de la ley y lagunas del derecho, cf. ENGISCH, *Der Begriff der Rechtslücke*: Festschr. f. W. SAUER (1949) 8g. Un resumen de los métodos en REICHEL (n. I 8) 92 y en WEGELIN, Die Lücken im Recht: Iher. Jb. 88, 1. Sobre la actual situación metódica cf. la ponencia de BOULANGER (n. I 38) 61, así como últimamente DU PASQUIER (n. I 19) y mi reseña (n. I 69).

52 CARDOZO (n. II 37) 16 (=Sel. Writings m).

53 (N. I 39).

54 Así el propio REICHEL op. cit. 102, a pesar de su opinión, por lo demás acertada, de que la interpretación usual en realidad saca de quicio a la ley (134). Sobre la moderna visión de la legislación judicial en el derecho continental cf. infra cap. XIII, 4 y XIV, 2. Así hoy mismo el comentario del RGR (10.ª ed. 1952) no tiene reparos en calificar la jurisprudencia como una «fuente de derecho» (vol. I, 4/5).

55 Cf. BOBBIO (n. II 112) 10 ss., 113 ss., donde se incluye una excelente exposición de la historia del método.

56 (N. IV 16) 3. Ya la sola (y decisiva) pregunta de si hay que admitir la existencia de una «laguna» en la ley, constituye un juicio valorativo y una decisión de la voluntad.

57 Así certeramente Rousseau (n. I 34) 891; también ya WEIGELIN op. cit. 13, discutiendo la doctrina del encubrimiento de KISS (Iher. Jb. 58, 465) y otros, que describe la solución analógica como parte integral de la ley y confunde las fronteras con la simple interpretación ampliadora. En contra también BOBBIO loc. cit. Cf. también RADBRUCH (n. I 28) 160. Último intento en favor de esta doctrina: HANS-PETER FRIEDRICH, *Die Analogie ais Mittel richterlicher Rechtsfindung*: Z. Schw. R. 71 (1952) 439. Pero «medio» no es «fuente» (cf. ROUSSEAU loc. cit.) y justamente el art. 1 II ZGB marca claramente la distancia entre analogía y «aplicación de la ley».

58 Precisamente por esto la formación por analogía está prohibida en el *statute law*, exigiéndose «aplicación estricta y directa» (POUND, *Common Law and Legislation*: 21 Harv. L. Rev. [1908] 385). El *casus omissus* queda entonces inaccesible incluso al juez; cf. Black (n. II 148) 80; también Maxwell (n. II 145) 183.

59 Véase supra p. 294 ss.

60 Así acertadamente BOBBIO op. cit. 123; también ya DEL VECCHIO (n. I 34) 69. Erróneo y con una clara mala inteligencia de BOBBIO: BELLINI (n. I 163) n. 3.

Verdad es que la formación analógica y la creación libre según principios se diferencian una de otra por el grado de su adhesión a autoridades existentes,[61] pero esta adhesión no es el hecho primario en la creación del derecho. El punto de parada es siempre la *ratio* que es atribuida a la ley según los cátenos facilitados por los principios judicialmente elaborados, y por mucho que uno se esfuerce en demostrar esta *ratio* sobre los textos positivos, esta labor es accesoria, no constituye la base de la analogía. La misma demostración de que el "pensamiento jurídico se encuentra en la ley solo convence al que parte de la autoridad de una judicatura que hasta ahora no ha hecho sino interpretar la ley. Esta práctica constante es lo que hace a los textos legales hábiles para la analogía: o sea, la legislación judicial."[62]

4. Tampoco el procedimiento normal de la construcción jurídica es imaginable sin la elaboración judicial y el empleo de principios generales. Cada «aplicación» de la ley es ya interpretación, pues ya el decidir que el tenor literal de un texto es tan inequívoco que hace superflua toda interpretación (doctrina del «sentido claro»), descansa sobre una interpretación.[63] *Interpretatio Iuris* es la clásica denominación genérica de la investigación del derecho en el litigio, o sea, de la actividad judicial en general.[64] La investigación jurídica no es nunca un mero trabajo de subsunción[65], por lo que aun cuando consiste en aplicar la ley dentro de los límites del texto, necesita de principios positivos superiores que faciliten los criterios para entender los textos a la luz de los fines o según el sistema.[66] Desde que hemos aprendido a distinguir la interpretación sistemática de una norma de la comprensión filológica de las fuentes,[67] aparece también en la aplicación textual la necesidad de determinar la función, o sea, de ordenar objetivamente un instituto, que históricamente había sido ordenado de un modo completamente distinto, dentro del actual conjunto del ordenamiento, destacándolo cada vez más como una misión autónoma del juez que no puede llevarse a cabo con una simple reconstrucción de lo que podía haber sido la voluntad del legislador.[68] Aunque la escuela histórica disimulaba esta verdad con su tesis de la totalidad orgánica de cada fuente sujeta a interpretación,[69] lo que con ello entendía en el fondo era la unidad funcional de una disciplina no la unidad histórica genuina. En todo caso, con esta representación de una conexión inmanente del ordenamiento, más fuerte que todo arbitrio positivo del legislador, suministró la legitimación de la interpretación objetiva o

---

[61] La analogía, como observa Gmur al art. 1 ZGB, «sienta cuando menos un pie en el firme suelo de la ley» (*Die Anwendung des Rechts nach Art. 1 des schweizerischen Zivilrechtsbuchs* [1908] 69). Sobre la práctica del Tribunal Federal suizo con referencia a esta distinción, cf. Meier-Hayoz (n. I 69) 163 ss.; a este propósito mi reseña (n. I 44).

[62] Cf. los oportunos ejemplos de Reichel (n. I 8) 113 ss.

[63] Cf. supra cap. VII, p. 157 ss. Para más detalle cf. mi estudio: *Die Interpretation im Recht*, Studium generale (1954).

[64] Cf. D. 1, 2, 2, 5.

[65] Cf. Engisch (n. III 34) 27 ss.

[66] Así mi estudio citado supra, *Studium Generale* (1954) 372. Cf. ya mi *Einführung*, 184 ss. También Sacco (n. II 51) 114 ss.

[67] El precursor fue aquí Savigny (n. I 66) 23 ss., 39 ss.

[68] Cf. mi estudio citado supra. Ahora más extensamente Betti, *Zur Grundlegung einer allgemeinen Auslegungslehre*: Festschr. f. E. Rabel II (1954) 79 ss. Cf. 89, 129 (voluntad y sentido), 99 (inmanencia), 102 (conexión total), 109 (relación de fin), 112, 123, etc. (actualitad), 133 (intención normativa), 138 (problemática de la «lealtad»).

[69] Savigny op. cit. 21.

sistemática.[70] Esto es lo que permitió descubrir el problema de las lagunas como una tarea de la interpretación, la cual puede entresacar, del «estado no adulterado de la ley», el pensamiento incompletamente formulado del sistema.[71] Según esta concepción, la laguna es un fenómeno patológico cuya curación incumbe al juez, en virtud de la función interpretadora de éste.[72] Quedaba reservado al positivismo legal el efectuar la radical resección del problema de las lagunas restringiéndolo al caso en que «la ley calla», y en el que por tanto termina la facultad interpretadora del juez, el cual se ve obligado a acudir a la autoridad de otras fuentes.[73]

En modo alguno queremos con esto prescindir de la diferencia cuantitativa entre el uso, por parte del juez, de los principios generales en la «aplicación interpretativa», y su uso constructivo para «colmar lagunas» en el derecho legislado, ya que la necesidad de la creación judicial solo se comprende en su plenitud si se tiene en cuenta lo limitado de las posibilidades de la adaptación interpretativa de la ley.[74] Pero sí queremos acentuar, de acuerdo con los modernos críticos de la ideología codificadora y del monopolio político de la creación de derecho,[75] la importancia que reviste la formación judicial de normas a partir de otras «fuentes» -sobre todo los principios jurisprudenciales — en los dos campos señalados, de los cuales la función de colmar lagunas solo representa la situación «límite» y macroscópica de una elaboración incesante hecha a base de elementos no escritos.[76] En este sentido, no existe una diferencia substancial entre la interpretación extensiva y el llenar lagunas por analogía.[77] El recurso a los principios de la doctrina o de la práctica no queda restringido a una determinada indicación de la ley para el caso de una laguna, como sería el art. 1, III del ZGB con su remisión a «la doctrina y tradición acreditadas».[78] De hecho tal recurso se observa en todo acto de interpretación que busque algo más que una mera documentación histórica e «integre» los pasajes textuales en una unidad funcional.[79] Las normas legales son simplemente

---

70 Cf. SAVIGNY (n. I 211) § 35, p. 222. Merece la pena insistir sobre esto, porque los teóricos del Derecho natural dejaron muy bien delimitadas las cuestiones de la interpretación del derecho positivo.

71 SAVIGNY, loc. cit.

72 Así todavía GÉNY (n. III 12) 591.

73 Esta distinción domina todavía hoy (cf. DU PASQUIER [n. I 19]) y está incluso a la base de la «jurisprudencia de intereses» (cf. HECK AcP 112, 231). Distintamente la concepción romana de *lex* e *interpretatio* (cf. POMPONIUS, D. i, 2, 2, 5 y GAIUS 1, 165) y también la inclusión que hace el Derecho común del derecho «no escrito» en la interpretación (cf. PUCHTA, *Kursus der Institutionen*[4] I, § 78, 316/317 y KISS: [n. II 105] 58, 413 ss.), mientras que el *statute law* anglosajón limita la interpretación de la exégesis («exploración del texto escrito»): BLACK (n. II 146). Sobre este fenómeno y sus razones cf. el texto siguiente, 7. Sobre la evolución en Francia desde la *école de l'exégése,* cf. la ponencia de BOULANGER, *Méthode d'interprétation juridique*: Trav. Ass. Capitant V, 61 ss., también en Riv. Dir. Comm. 49, 257 ss.

74 Cf. el estudio citado supra JZ 1953, 521, en IV. Cf. BETTI (n. IV 68) 163: No hay que confundir, pues, el plano de la invención creadora con el de la interpretación.»

75 Cf., por todos, ASCARELLI (n. I 55) 62 ss., también en *Studi di diritto comparato* (1952) 165 ss.

76 Prescindiendo esta vez de las fórmulas de delegación, igualmente capaces de sentido, de las normas en blanco y de los *legal standards,* cf. ASCARELLI op. cit. 64/65.

77 Así también BETTI (n. II 51) 178/179.

78 Análogamente el art. 22 Legge sulle fonti del diritto della città del Vaticano.

79 Cf. RETTI op. cit. 385; contra la idea de la «autointegración» (173 ss.) abrigó todos los reparos que puedan oponer los sociólogos contra la autonomía «ontológica», o sea entendida históricamente (en el fondo romántica) de las realidades espirituales.

modelos o «formas representativas» para un precepto cuyo contenido el juez ha de determinar.[80] Su *ratio,* la *mens legis* que hay que reconstruir, no es descubrible sin acudir a los criterios de la superior idea funcional (o sea, de los principios): sin acudir, pues, a las ideas que la judicatura se hace al respecto en virtud de su tradición jurídica y de los principios generales por ella reconocidos.[81] Con otras palabras, la *massima da ricavare no* se desprende de una exégesis textual históricamente orientada que aprecia la ley como expresión de una voluntad, sino de los principios jurisprudenciales que representan las «fuentes de valoración jurídica» en el derecho actual y que ni están escritos ni la práctica los ha solidificado en una norma constructiva formal.[82]

5. La ilusión de una genuina posibilidad de interpretación histórica que pudiera ejercer su función rectora y orientadora prescindiendo de los principios de vigencia actual, hoy se ha desvanecido en todas partes.[83] El camino que desde el descubrimiento de la posición pre-positiva del juez, realizado por BÜLOW, ha llevado al reconocimiento por parte de Isay de los elementos volitivos en la interpretación, ha sido largo y no es reversible.[84] Llegados al cabo de esta evolución, sabemos que en derecho toda reproducción de normas es, en realidad, producción, y que toda reconstrucción presupone una construcción propia,[80] tanto en el derecho codificado como en el casuístico. En ambos sistemas la «interpretación» de un texto no es el inicio de un proceso cognoscitivo, sino que depende de la comprensión que se ha adquirido de la situación objetiva y el fin del ordenamiento actual, bajo la perspectiva de principios jurídicos existentes que históricamente no vienen dados como «positivos». «La interpretación es, pues, el resultado de su resultado», observa certeramente RADBRUCH.[86] El elemento volitivo, el *hunch* de la sentencia, es lo primario. «El medio de la interpretación no es elegido sino cuando se ha decidido ya el resultado, los llamados instrumentos de interpretación en realidad solo sirven para fundamentar sobre el texto lo que ha sido ya hallado gracias a un acto creador de complementar el «texto». «El error de creer que la regla singular dormía ya en el texto «como la estatua en el bloque de mármol», solo puede aceptarse como una saludable traba a la arbitrariedad judicial».[87]

Que la interpretación «objetiva», es independiente de la «voluntad» histórica del legislador, está hoy reconocido tanto en el derecho civil como en el *common.* RADIN, apoyándose en HECK, habla de la mezcla de argumentos históricos y teleológicos en la interpretación calificándola de «bigamia metodológica», y dice bajo el lema de interpretación sistemática: «El propósito de las entidades legales es mucho más simple, aparente y evidente en el carácter de la cosa misma, que la

---

80 Cf. BETTI 3, pero también mi *Einführung,* 178.
81 Cf. BETTI op. cit. 171.
82 HELLWIG, Lehrbuch des Zivilprozesses I I (1919) 168, y análogamente hoy BOULANGER (n. IV 73) 68.
83 Cf. DARMSTÄDTER (n. III 151). Observaciones de derecho comparado en HERBERT A. SMITH, *Interpretation in English and Continental Law*: 9 J. Comp. Leg. and Int. L. (1927) 153 (156); véase ya supra cap. VII, p. 157 ss. y cap. IX, p. 228 ss.
84 BÜLOW, *Gesetz und Richteramt* (discurso rectoral de Tubinga 1885); ISAY (n. IV 12).
85 Cf. W. C. BECKER (n. III 364) 3 n. 15; Betti op. cit. 385, ASCARELLI op. cit. 61.
86 RADBRUCH (n. I 28) 161.
87 Ibídem.

intención del legislador».[88] Así como la finalidad de un instrumento se hace visible en su construcción, independientemente de lo que sobre él pensara el que lo ha fabricado, y así como su empleo se modifica, ampliándose o restringiéndose, al compás del cambio de las necesidades, así ocurre también con la finalidad de una institución.

En la jurisprudencia continental es un mérito de WACH haber descubierto la autonomía de la *ratio legis* frente a la *intentio legislatoris.* «Interpretar la ley no significa escudriñar y descubrir una voluntad que ha sido la fuente de la palabra, sino una voluntad que constituya el contenido de la ley».[89] Esta eliminación de los motivos históricos, que corresponde a la «regla de oro» inglesa, obliga al juez a buscar en el presente las fuerzas que dan vida al texto. El estatalista lo ve de otro modo: La ley es considerada como una voluntad que pretende poseer una vigencia continua, y se le atribuye una «energía viviente constante» que hace posible su propia evolución.[90] Sin embargo, lo que con esta ficción se ha hecho no es sino proyectar en el concepto de ley la fuerza real de la jurisprudencia. De hecho, los criterios para la evolución de la ley nadie los ve en la ley misma, sino en «la conexión del ordenamiento jurídico como un todo», es decir, como un todo que existe en el presente. Por esto no se le oculta tampoco a WACH que la teoría según la cual la interpretación es el descubrimiento de los pensamientos del legislador, lo que hace es cargar sobre el legislador sus propias opiniones,[91] para luego exclamar con aire de asombro: «La ley puede ser más clarividente que el legislador».[92]

No solo puede ser más clarividente, sino que debe serlo, en vista de lo incompleto de las ideas de los redactores del texto legal, de sus prejuicios dogmáticos y de las trabas políticas que en su tiempo les obligaron a contentarse con términos medios y componendas contradictorias. De ser documento de una época tiene que convertirse en «sistema», pero éste no se crea por obra de una energía y una tradición ocultas, sino por la acción de la jurisprudencia práctica, que ha fundido en un todo los heterogéneos elementos de los textos. Sin embargo, el hierro candente de una interpretación «fiel a la ley» pero superior al texto, es decir, purificada por las «leyes no escritas» extrañas a éste, solo se atreve a asirlo con las tenazas de la «voluntad del legislador», y esto justamente en cosas en que ni el legislador ni el creador de la constitución habían pensado en absoluto.[93]

---

88 Op. cit. 875. Cf. también KILGOUR, *The Rule against the Use of legislative History*: 30 Canad. Bar Rev. (1952) 769. Cf. ya supra p. 157 ss., 228 ss.

89 (N. II 115) 256. Además: «Solo es ley la idea aparecida en términos constitucionales. Pero lo es incluso cuando es distinta que la idea que le ha dado nacimiento. Al objetivarse en forma legal vinculante se ha desprendido de la persona del autor», etc. Sobre esto también Sacco (n. II 51) 40 ss.

90 Op. cit. 257.

91 Ibíd.

92 Op. cit. 258. WACH infiere de ello una serie de conclusiones acertadas, inauditas para su época, contra la sobrevaloración de los *materialia* de la ley (258-265). De todos modos mantiene firmemente el axioma de que «hay un sentido inmanente de la ley» (258), aunque califica la doctrina del sentido claro» de «contradicción interna», pues para decir de algo que es unívoco hay que haberlo previamente interpretado. Las palabras, separadas del sistema, no tendrían «nunca en sí y por sí un sentido determinado» (268). WACH solo se muestra hijo de su tiempo al eludir la cuestión de quién controla en realidad el sentido supuestamente inmanente de un sistema.

93 Cf. la ponencia de V. MANGOLDT: Veröff. der Tagung deutscher Staatsrechtslehrer 10 (1952) 56 (58); además mi ponencia citada supra (n. IV 63) 372 ss.

La demostración retórica de lo que el legislador debe haber pensado o no puede haber querido, es un artificio de esta técnica de tenazas no menos suspecto que la idea de los significados que duermen, como un «juego de la naturaleza», en la palabra.[94] El aforismo de GOETHE: «Una palabra una vez pronunciada, entra en el círculo de las demás energías que operan necesariamente en la Naturaleza», es muy adecuado para ilustrar la fuerza propia que poseen las palabras con independencia de su autor y destaca la autonomía de un complejo semántico con respecto a sus «motivos»; pero en modo alguno mistifica el programa social de fines y valores explicándolo como un anónimo entrelazamiento del destino al modo del sentimiento vital romántico.[95] Interpretación es decisión, una decisión según patrones que no vienen ya dados con la palabra que hay que interpretar, sino que el intérprete debe introducir en el objeto, atendiendo a las finalidades que son compulsivas para él y su época.[96] Estos patrones no los suministran los medios de interpretación aislados, sino los principios jurídicos con arreglo a los cuales se emplean.[97] Visto «hacia arriba», a partir de estos principios, el texto positivo es siempre incompleto.[98]

Esto es tanto más evidente cuando el nuevo «pensamiento» hace saltar en añicos el sistema dogmático de la antigua ley. En efecto, también las innovaciones judiciales, que son necesarias en vista de las «actuales circunstancias sociales» si no se quieren sancionar «situaciones imposibles», se convierten, junto con el pensamiento que les subyace, en una parte de la *sedes materiae* legal así regenerada, en la que a parar de ahora «encajan sin dificultades».[99] El ulterior aprovechamiento de este pensamiento es entonces una tarea de la *interpretatio legis* en la misma medida que la restricción del uso del texto antiguo a los problemas que originariamente el legislador tenía en vista.

6. En este sentido, interpretación y progresiva creación del derecho son una y la misma cosa, aunque en aquélla se destaque más el método estabilizador de la *explicatio* de algo implícitamente ordenado, y en ésta aparezca sobre todo el proceso que abierta u ocultamente pugna para alcanzar un fin.[100] El colmar lagunas y el interpretar en sentido complementario no constituyen misiones accesorias del juez, sino que son idénticas con aquel carácter general reproductivo de la interpretación, que no es concebible sin una imagen conductora, sin una representación de los principios que integran lo heterogéneo en un sistema.[101] Es en vano,

---

94 Sobre todo este problema: RADBRUCH, Arten der Interpretaron: Récueil Gen y II (1935) 217 ss. (221, 224); últimamente BETTI (n. IV 68) 79.

95 Como evidentemente entiende RADBRUCH, 222 («ningún tejedor sabe lo que teje»).

96 Así ahora RADBRUCH (n. I 28) 244: El «sentido suprahistórico de una obra del espíritu es recreado de nuevo por cada generación. «La historia de una idea jurídica no llega a su término... por el hecho de haber recibido concreción en una ley, la historia ulterior de sus diversas interpretaciones ... no es solo una historia de las erróneas maneras de entenderla», etc.

97 BETTI (n. II 51) 176 ss.

98 RADBRUCH op. cit. 247.

99 RGZ 106, 272 (275/276). Se puede hablar entonces de una «aplicación de la ley en dos grados», refiriéndose a la incorporación de cada nueva capa de derecho judicial a la substancia de la ley, que por su parte vuelve a ser aplicada e interpretada como un todo en un indefinido proceso de integración.

100 Cf. BOBBIO (n. II 112) 134, también mi artículo en Studium generale (n. IV 63).

101 La integración en virtud de la labor jurisprudencial es negada por aquella teoría que pretende separar tajantemente el «orden vital» y el «procedimiento de protección jurídi-

dice Radbruch,[102] que se quiera llegar desde las prescripciones singulares del derecho vigente a tal visión unitaria de los fines y valores.

El juez tiene que atenerse a los principios que se transforman dentro de la evolución casuística y a los patrones de valor reflejados en la técnica y ética de su profesión. Precepto positivo y profundo conocimiento jurídico, es decir, conocimiento del fin perseguido y de la dogmática que sirve a este fin, como dice RADBRUCH, dos sistemas que engranan el uno con el otro, cada uno de los cuales es, empero, fragmentario en sí mismo.[103]

Interpretación es dos cosas a la vez: inteligencia de las instrucciones empíricamente halladas en el texto o en el precedente, y elaboración progresiva, complementación, más todavía, corrección de lo previamente hallado a partir del sistema, a su vez integrado por la jurisprudencia – no porque también él estuviera ya dado en los textos, sino porque lo implica así su actual misión ordenadora en el nivel de la conciencia jurídica, histórica y concreta. «La interpretación jurídica no es una reflexión sobre lo anteriormente pensado, sino un pensar hasta el fin algo pensado, es más: pensar hasta el fin algo que es pensado umversalmente».[104]

La interpretación *contra legem* solo se hace posible por el hecho de que el sistema de los principios jurisprudenciales aplicado «desde arriba» a lo positivo, descansa sobre sus propias verdades (como, por ejemplo, las de la lógica objetiva), que aunque están al servicio de la ley, lo están solo porque constituyen su fundamento: *Leges scriptae sunt illis tamquam prima principia, quae in qualibet scientia pro claris et veris ponuntur. Et quoniam per legem. scriptam impossibile est omnes casus comprendere, subintrat legis interpretatio, quae deducendo argumenta et rationes a legibus scriptis, sicut aliae scientiae a suis principibus generat habitum scientificum, aperiendo multas conclusiones et decidendo multa dubia ex virtute aliarum* legum.[105]

El sistema no está en el plano de lo empírico, sino en el método dictado por la misión de la jurisprudencia, y en la técnica desarrollada por dicho método. En efecto, incluso en los casos que se suponen ya regulados o comprendidos, esta

---

ca», evidentemente como reacción contra la mezcla, realizada por el derecho común, de elementos procesales y de consideraciones materiales en el siglo XIX (concepto de «pretensión» *[Anspruch]* de WINDSCHEID). Ciertamente que el proceso no es el caso normal, sino la «clínica» de la salvaguarda del derecho. Pero la clínica comprende también la ortopedia. La «vida» del derecho material solo recibe forma y reconocimiento en la sentencia judicial. Sobre esto mi Einführung 164 ss. Lo que hay que destacar aquí no es la primacía de la consideración procesal, sino la observancia de la formación de normas, que experimenta también el derecho continental en la práctica continuada de los tribunales. Sobre ello BETTI, *Ergänzende Rechtsfortbildung als Aufgabe der richterlichen Gesetzesauslegung*: Festschrift für Leo Rappe (1948) 37g ss. (385/387). Verdad es que el punto de partida sistemático es distinto según que el ordenamiento jurídico se conciba como un todo institucionalmente dado o como un producto nuevo cada vez de un organismo encargado de la custodia del derecho; cf. ASCARELLI (n. IV 34) 83 ss. (87/88). Existe además un innegable antagonismo entre las funciones estabilizadoras y las adaptadoras del juez, cf. GERMANN, *Zur Überwindung des Positivismus im Schweizerischen Recht*, en: 100 Jahre Schweizerisches Recht (1952) 129 ss.

102 Op. cit. 247.

103 Ibíd. RADBRUCH llama «una ineluctable fatalidad» la ambigüedad de la jurisprudencia empírica y apriorística.

104 RADBRUCH op. cit. 243.

105 GAMMARUS, *De extensionibus*, en F.U. I. vol. 18, c. 248.

técnica recorta el supuesto de hecho según sus principios, de modo que encaje dentro de la *lex scripta.* El procedimiento de subsunción queda, pues, reducido a una demostración. Por darse cuenta de esta fuerza realmente «normativa» de la jurisprudencia hace tiempo que la escuela realista ha reconocido que una aplicación del derecho en sentido tradicional no existe. Toda clasificación jurídica presupone la elaboración e interpretación de casos, y ésta a su vez condiciona una conciencia del sistema (o sea, una comprensión del ordenamiento) mucho más amplia e independiente de la disposición positiva. Incluso el intérprete continental pide antes que todo «que se examine si el caso a decidir cae bajo una norma de derecho y si está o no regulado por ésta».[106] Pero ¿qué significa caer bajo una norma o estar regulado por ésta, si el proceso no es necesario y automático, sino que depende del «caso» que aquí vea y construya el juez?

La ideología de la aplicación del derecho quita importancia al preponderante papel de los *principia iuris et artis,* que en virtud de esta delimitación, selección y encuadramiento de los casos dominan el proceso entero de subsunción.[107] Cuando una ley procesal habla de la «apreciación de los hechos» (cf. § 590 III ZPO), lo que pretende es hacer creer, apelando a una idea convencional, que la cuestión de hecho se puede separar claramente de la cuestión de derecho. Pero la verdad es que tal separación no *es* posible, ni en la selección del caso ni en la apreciación de la norma. Si un aparato es «peligroso», una enfermedad «repugnante», un empleo «artístico», todo ello son calificaciones que presuponen ya la comprensión de la norma. Pero no ocurre de otro modo con la comprobación factual del enriquecimiento, de la ampliación, de la desfiguración, de la lesión, etc.

Resulta, pues, que no solo en la elección de los precedentes la selección de los supuestos de hecho, que pretende pasar por escuetamente factual, en realidad constituye el acto de valoración decisivo para el alcance de la regla,[108] sino que también en el derecho legislado existe una zona previa de aplicación oficial del derecho que está dominada por principios previamente dados de la *lex artis* y del sistema de valores. Aquí radica el centro de gravedad de la decisión, antes aún que se haga visible la valoración del texto; más todavía, la selección de los caracteres del caso que se consideran relevantes influye de antemano sobre la interpretación jurídica, del mismo modo que ésta repercute sobre aquélla.[109] Esta doble calificación de supuesto de hecho y concepto jurídico es una parte de la interpretación.[110] Por tanto, sus criterios no podrán encontrarse ya en la materia previamente dada, ni en los hechos ni en la ley. En el *common law* hace tiempo que se ha visto claramente este

---

106 RGZ 93, 184.

107 Aunque tampoco se da cuenta de que la «aplicación» de la regla fijada con arreglo a un supuesto de hecho exige la comprensión de su *ratio,* la cual no ha de ser deducida mediante artificios especulativos, sino solo elaborada sobre el caso. Acertadamente Betti op. cit. 389/390: «Ya la obtención de la máxima en que se ha de fundir la sentencia exige por lo regular una elaboración de la norma existente en la ley, que va mucho más allá de una simple subsunción de la situación de hecho bajo la norma».

108 Cf. Goodhart (n. III 194): «Es por su elección de los hechos materiales que el juez crea derecho»; igualmente en la jurisprudencia y en el Common Law (1931) 10.

109 Cf. Engisch (n. III 34) 15; sobre ello también mi estudio citado supra, *Elementi di diritto naturale* (n. I 11), 1. c. 3. También ya Perreau (n. I 28) XVII/XVIII.

110 Sobre ello Salvatore Romano, *Osservazione sulle qualifiche «di fatto» e «di diritto».* Miscelánea en honor de Santi Romano IV (1940) 127 ss.

círculo en que se mueve la interpretación.[111] Ahora sabemos en qué plano, solo en parte asegurado por el dogma, del proceso de «dar forma a la regla», se encuentran aquellos criterios; y la cosa es a menudo tan inconsciente, que las más veces se destaca esta resolución anticipada como siendo una parte volitiva de la sentencia aislándola en calidad de *hunch* del proceso técnico de interpretación.[112]

Solo que, cuando este *hunch,* aparentemente arbitrario y espontáneo, tiende el puente entre los dos ámbitos del ordenamiento, calificados por RADBRUCH de fragmentarios, o sea, la materia jurídica positiva y los principios «superiores» que guían al juez, demuestra con ello que en realidad procede —aunque de un modo que escapa al control— de una superior conciencia del sistema en la que aquellos dos fragmentos encajan y armonizan.

Interpretación significa aquí adecuación recíproca de principio y texto. Pues, de suyo, uno y otro son solo fragmentos, ya que ni lo «adecuado a la cosa», lo «razonable», etc., se hace visible por sí mismo, ni lo que está prescrito concretamente puede funcionar sin criterios que fijen el fin del ordenamiento.[113]

El carácter fragmentario de la *lex positiva* salta a la vista no sola por la falta de una casuística suficiente, sino también por un exceso de problemática no reconocida. Es éste el campo en que aparecen las lagunas de la ley: lagunas de concepción, prejuicios doctrinarios y otros tipos de *vues erronées du législateur* exigen de la jurisprudencia una labor complementaria a partir de los principios.[114] Es más, cuando se producen contradicciones con el sistema, manifestadas en una conclusión palmariamente absurda, exigen la *interpretatio contra legem*,[115] Aquí el juez, en virtud del encargo que ha recibido de integrar el sistema con su época, tiene la obligación de allanar los anacronismos. La «obediencia bien entendida» a la ley es en realidad una obediencia al ordenamiento total.[116] El espíritu de la ley no le vincula.[117] Debe volver conscientemente la espalda a aquel espíritu ya superado y substituir las anticuadas «representaciones de la ley» por una solución que haya sido puesta a prueba sobre las «necesidades de su época»,[118] pero cuya legitimación dogmática no puede efectuarse más que merced a los principios generales que entresaca de la substancia de las antiguas normas, oponiéndose cada vez más a la doctrina clásica de éstas, pero perfeccionando los conceptos desarrollados por tal doctrina.[119]

---

111 Cf. STONE (n. III 193) 193/194.

112 Cf. también los análisis repetidamente citados de CARDOZO, por ejemplo en *The Nature of the Judicial Process* (1921) 98, 108, 112, 142, etc. (= Sel. Writing, 148 ss.).

113 Cf. BETTI (n. IV 68) 135.

114 Cf. DU PASQUIER (n. I 19) 11 ss.

115 Cf. los tres grupos y reglas establecidas por REICHEL (n. I 8) 131-142: El juez debe decidir contra la ley, cuando una disposición está en contradicción con los principios de ordenamientos jurídicamente reconocidos en la actualidad, cuando su aplicación en unas circunstancias exteriores distintas conduciría a resultados fuera de razón, o cuando estos resultados habrían de significar para la autoridad del derecho y la ley un peligro peor que el causado por una consciente desviación del texto.

116 Así REICHEL 142; COING (n. I 67) 247/248.

117 Véase supra p. 228 ss. Cf. ASCARELLI (n. I 70) 105 ss.; BOULANGER (n. I 39) 73 ss.; AMOS (n. III 132) 27 ss. y otros.

118 DE BOOR (n. III 141) 5.

119 Cf. BOULANGER (n. I 38) 65 sobre la «teoría del riesgo», «que del artículo 1.384 I C. c. ha deducido un principio general... y destacado de un texto la substancia de una regla que el legislador jamás soñó en dictar». Cf. también las palabras del Tribunal Federal suizo

Las concepciones jurisprudenciales de derecho común, que se aplican «desde arriba» (como dice Radbruch) a los textos de la legislación política, constituyen un factor de continuidad que une los cambiantes aspectos políticos del poder legislativo. Sería erróneo querer contar entre los principios jurídicos que aquí dominan, a los axiomas doctrinales de una época. Justamente ellos están anclados en el espíritu de una determinada época legislativa. Las más veces, lo«irrazonable» de unas consecuencias, es decir, lo insoportable para la conciencia jurídica de un período, procede solo de semejantes prejuicios doctrinarios.[120] Los conflictos que se plantean entre una solución legal, originariamente satisfactoria, y nuevas concepciones vitales o nuevos fenómenos sociales, tampoco pueden resolverse apelando al espíritu de una doctrina tan ligada a su época. Para entrasacar de las palabras de la ley las normas jurídicas ocultas en ellas, no hay que mirar hacia atrás con objeto de hacer vivir y conferir vida independiente al espíritu que duerme en el texto legal,[121] sino que hay que practicar una jurisprudencia orientada en la realidad social actual e inspirada por la conciencia jurídica de su tiempo: una concepción del Derecho en modo alguno ingenua, sino controlada por la dogmática establecida, aquilatada y hecha experta en el tratamiento de los problemas concretos, estabilizada por la técnica del procedimiento casuístico, lo que podemos llamar una «mentalidad jurídica».[122] En ella, y no en la angosta concepción doctrinal, radican las fuerzas capaces de deducir «pensamientos fundamentales» de la masa histórica de textos, pensamientos que ningún legislador» había tenido y que la «heterogeneidad de los fines» ocultaren toda institución hace utilizables para su tiempo, con independencia de toda *ratio legis* histórica.[123] Lo que una jurisprudencia ha excogitado en el plano de la política jurídica para ser luego desarrollado consecuentemente en la tradición de su dogmática, está más allá de la pregunta de cuál sea la genuina *intentio legis*. No es que en el ámbito de la creación jurisprudencial haya sido allanado el conflicto entre la observancia del derecho y su renovación.[124] Pero ha sido sacado del plano de la ideología de la codificación y situado en el plano superior de una progresiva elaboración fiel al sistema o —tal como el historiador lo ve— «crecida orgánicamente», un plano en el que la auténtica teoría posee plena soberanía para la determinación de lo acertado y lo erróneo.[125]

7. Tales poderes concedidos a la jurisprudencia y los principios generales que informan a ésta presuponen que todo el ordenamiento jurídico interior de un Estado es concebido como un sistema. No pueden darse, en cambio, allí donde coexisten un derecho, común y un derecho legislado como dos ámbitos política y culturalmente heterogéneos, como es tradicional en Inglaterra.[126] De ahí la impotencia de los

citadas por Du Pasquier op. cit. 12: «Lo decisivo, no es lo que quería el legislador en el momento de dictar una disposición, sino lo que se puede sacar de la ley a la luz de las concepciones generales del derecho.»

120 Cf. los ejemplos en Boehmer (n. I 74) 6 ss. Sobre ello las reseñas de Paulus: JZ 1953, 62 y mía, AcP 152 (1953) 387.

121 Así Speiser (n. III 150) 554.

122 F. Beyerle, *Der dingliche Vertrag*: Festschrift für G. Boehmer (1954) 164.

123 Cf. Germann (n. III 155) 17 ss. y la jurisprudencia suiza allí citada.

124 Cf. los ejemplos de Germann loc. cit., y también en su estudio citado supra: Zur Überwindung des Positivismus (n. IV 101) 129 ss.

125 Beyerle op. cit. 176.

126 Esta grieta queda más y más superada en la doctrina moderna, pero el reconocimiento de los principios del *common law* para completar y realzar el *statute law* no es aún suficiente para quitar los obstáculos que la *statutory interpretation* aislada y estricta impone al juez; cf. mi reseña de Williams (n. II 148).

principios jurisprudenciales en la progresiva elaboración o incluso en la corrección del *statute law*.[127]

Los *statutes* son actos de legislación política, y su vigencia no es afectada ni por el decurso del tiempo ni por la casuística.[128] Pero si aquí no se conoce ninguna *desuetudo*, el *common law* no puede penetrar en la zona de los *statutes*, y todas las interpretaciones deben limitarse a ser exégesis del texto.[129] Hay que apreciar ya como una gran concesión a la libertad judicial el que no se prescriba el método interpretativo histórico, que por lo demás apenas hubiera podido imponerse ya que no se publican los trabajos preparatorios de la legislación.[130] Mas por otra parte la injerencia de los principios del *common law* sigue siendo considerada inadmisible.[131] El resultado es un positivismo legal específicamente inglés, que hace como si en el ámbito del *statute law* no se supiera nada de lo que no está escrito en la ley»,[132] y que da lugar a las más minuciosas prescripciones legales para la interpretación.[133] El lenguaje legal adquiere un monopolio semántico extraordinariamente sensible y dotado de una fuerza poco menos que mágica,[134] que induce a especiales «estudios semánticos acerca del sentido de las palabras.[135] Los supuestos de hecho legales nunca satisfacen, ya que los conceptos nunca dejan margen suficiente para poder ser interpretados teleológicamente: su contorno es demasiado acusado, y basta un pequeño desplazamiento Je sentido para que el derecho se convierta en falta de derecho.[136]

La doctrina del «sentido claro», que remite al texto «claro» y al «significado corriente de las palabras», presenta como un juego de prestidigitación la búsqueda acerca del sentido «propio» de los términos.[137] ¿Que otro recurso queda, si se proscribe toda «construcción que vaya más allá de explorar el texto escrito» y que, so capa de interpretación intente atribuir subrepticiamente a la ley la propia opinión del tribunal *(to subsitute its own ideas*?[138] ¿De qué sirve darse cuenta de que «un

---

127 Véase supra p. 164 ss., 291 ss.

128 Cf. WORTH LEY (n. II 102) 20 ss.

129 Cf. BLACK (n. II 146) n, 45 ss. y MAXWELL (n. II 145) 55, 70, 117, 134, etc. Para la historia PLUCKNETT (n. II 102) 434 ss.

130 Cf. la unánime oposición a este método en los testimonios citados por WORTHLEY, loe. cit. De otro modo ocurre, como es natural, en la moderna técnica legal de los EE.UU., desde que una disciplina especial, «Legislation», enseña el exacto uso de estos materiales. Cf. Stone (n. III 193) 200, n. 290. Cf. también TEN BROEK, *Use of Extrinsic Aids in Constitutional Construction*: Calif. L. Rev. 25-27 (1937-1939).

131 Cf. el punto 3 del Report of Ministers' Powers, Cmd. 4.060 (1932), 135, citado por WORTHLEY 22. Cf. también FRIEDMANN, *Legal Theory* (1947) *281 y* GUTTERIDGE (n. II 145) 116.

132 PLUCKNETT op. cit. 441.

133 Cf., por ejemplo, la *Interpretation Act* (1889) (56 & 53 Viet. c. 63); pasajes de este tipo: las relaciones humanas incluyen también en general el sexo femenino, las palabras en singular pueden ser aplicadas a conceptos plurales y a la inversa. Cf. también la multitud de definiciones legales que a nosotros los parecen superfluas (see. 12-38).

134 Cf. WILLIAMS, *Language and the Law*: 61 L. Q. Rev. 71, 179, 293, 384; también CHAFE (n. II 148).

135 Por primera vez en OGDEN-RICHARD, *The Meaning of Meaning*[1] 1923). Bibliografía en WILLIAMS op. cit. 72.

136 WILLIAMS op. cit. 183.

137 WILLIAMS op. cit. 384 ss. En contra ya RADIN (n. II 147) 863 ss. (867). Cf. también ALLEN (n. III 301) 273-289.

138 BLACK (n. II 146) 4, 11, 45, 66.

statute no es ni un texto literario ni una revelación divina»,[139] si el uso de la analogía *y* de los principios del *common law* está oficialmente prohibido?[140] Y aunque fuera permitido, la mentalidad adiestrada en el trabajo sobre el caso «no ha adquirido las técnicas de manejar los materiales legislativos de una manera creadora y similar a la aplicada en el manejo del *case law*»[141] *Así,* más allá de los expedientes de las reglas técnicas de la *statutory interpretaron,*[142] no queda más que una azarosa exégesis de palabras, que, en los casos en que se permite una «interpretación liberal»[143] con los medios de la *beneficial construction,* cede a los *sophismes du coeur* que en aquel momento prevalezcan, pero sin poder llegar a una elaboración y adaptación unitanas.[144] El ficticio carácter de semejante exégesis verbal, en el sentido de una pretendida congruencia con la materia y los criterios legislativos, se hace patente cuando los textos permiten reconocer que la nueva situación no fue ni prevista ni regulada. Aquí las reglas tales como *ut magis valeat o* «presumir que no se ha querido lo que es inconveniente o irrazonable» se sitúan fuera de toda sistemática y en el terreno de la argumentación casuística abierta.[145] Ésta es justamente la situación de la escuela exegética en Europa después de haberse desencadenado la primera oleada de codificaciones modernas.[146] En efecto, las reglas tradicionales de interpretación, como la regla *eiusdem generis* («las palabras genéricas siguen a las más específicas), solo proporcionan una ayuda técnica.[147] Según esto la extensión de una forma a objetos nuevos está permitida, cuando solo se trata de una especie de un género ya reconocido en la ley. Pero cuando la ley no toma ninguna posición de principio, el intérprete, desprovisto de la ayuda de los principios, se enfrenta con la paradójica necesidad de sacar de la ley principios que no están en ella. De hecho, la teoría inglesa de la interpretación ha desarrollado una rúbrica especial respecto a esta cuestión: «Intenciones que se atribuyen al legislador, cuando éste no expresa ninguna».[148]

---

139 RADIN, op. cit. 865. Más crítica en «*A Short Way to Statutes*» (n. Ill 225) 388.

140 Véase supra n. IV 55. Sobre la infracción clásica de esta prohibición cf. STONE (n. III 193) 165/166 sobre todo n. 92.

141 El mismo, ibíd. 200.

142 Contra RADIN op. cit. 872 ss.

143 Lo contrario es la *strict construction* (en leyes penales, *statutes* que invaden derechos o imponen cargas, *by-laws,* etc., cf. MAXWELL [n. II 145] 267 ss.).

144 Cf. WORTHLEY (n. II 102): «La interpretación de los estatutos se ha hecho siempre sin prestar atención a las condiciones sociales, que a lo mejor han cambiado totalmente.»

145 Cf. MAXWELL op. cit. 198 ss.

146 Así con razón STONE op. cit. 151 ss.

147 MAXWELL las cuenta con razón entre los «principios subordinados» (op. cit. 308 ss., 336).

148 MAXWELL op. cit. 355 ss.

CAPÍTULO XIII

LA RELACIÓN DE PRINCIPIO Y PRECEDENTE EN LA ELABORACIÓN JUDICIAL DE LOS DERECHOS CONTINENTALES

1. Hemos comprobado antes que la formulación del principio representa un estadio tardío de la casuística jurídica.[149] Contra una opinión que está todavía muy difundida,[150] los principios jurídicos no poseen un propio sentido que sea aprovechable como base de la deducción, ni están capacitados para dominar la creación del derecho hasta el punto de que la casuística no sea sino un mero producto de la aplicación consecuente de los principios.[151] Ningún principio es aplicable por sí mismo; se le descubre, entiende y conserva como elemento positivo en el precedente. Solo las «deducciones» casuísticas de una jurisprudencia constante proporcionan la base positiva sobre la cual el principio posee una autoridad legal vinculante: como un lazo para el empleo unitario de ideas análogas, dentro del marco de la solución que originariamente solo se había elaborado teniendo en cuenta su concreta adecuación al caso:[152] *Non ex regula tus sumatur, sed ex iure quod est regula fiat* (Paulus, D. 50, 17,1).

La enumeración de motivos o elementos de unidad' para el ulterior tratamiento constructivo de los conjuntos así descubiertos, constituye, propiamente, una sistemática teórica, y no una descripción obligatoria del complejo positivo del ordenamiento.[153] Ni una sola de todas las fórmulas racionales de este tipo conduce a una solución exacta, si no se incluyen los fines concretos de su aplicación y la evaluación de la problemática corporeizada en las precedentes. El principio solo es una fórmula para una serie de puntos de vista típicamente certeros. En los casos atípicos o cuando se produce un cambio, por pequeño que sea, de los criterios de valor que en el curso de la historia dieron vida al principio, cabe que la solución sea exactamente la contraria, y nunca faltará la manera de justificarla acudiendo a una *ratio legis*. Pero la resolución «según principios», que por primera vez aclara un problema discutido por la dogmática, resolviéndolo de manera auténtica en el

[149] Supra cap. VI-XI.
[150] Cf. Marton (n. I 18) especialmente 340 ss., 383 ss.
[151] «De una aplicación lógica de principios preconstituidos», Ascarelli (n. IV 34) 89.
[152] Djuvara (n. I 155) 90. Cf. BGH: NJW 1954, 913: El derecho vigente no conoce una responsabilidad derivada de principios generales.»
[153] Cf. mi reseña de Wilburg, citada supra.

sentido de la suprema concepción judicial, es también un precedente, nada más ni nada menos. El reconocimiento de un deber de operar «en principio», en casos inaplazables en que el paciente está sin conocimiento, queda limitado por los precedentes que establecen un deber igualmente «de principio» de informar al paciente en todos los demás casos, y estos últimos lo están a su vez por precedentes relativos al tacto necesario con que el médico ha de notificar la necesidad y los riesgos de la operación con el resultado de que, para la decisión del caso concreto, se dispone de normas dotadas de la suficiente extensión y susceptibles de ser valoradas.

Dado el carácter que en el continente poseen tales precedentes, aunque los coméntanos les concedan un lugar preferente en calidad de «decisiones según principios», el juez de instancia posee libertad para enjuiciar su alcance y fuerza de convicción. Lo que le liga, no es la sentencia, sino el reconocimiento general del principio en una larga casuística que precede a aquélla. En esta casuística tiene que buscar los patrones para su valoración jurídica, sin dejarse influir por la apariencia abstracta o auténtica asumida por el nuevo postulado, a lo cual puede ayudar la moderna técnica de la redacción de postulados.

Con otras palabras: la sentencia según principios en sí misma es solo el producto de precedentes anteriores que siguen tomando parte en la formación de normas, y por su parte las sentencias siguientes son elementos de este proceso, no simples «aplicaciones» del postulado. Si se habla de «sentencias según principios» que pretenden establecer de antemano un derecho general en el caso singular, es solo por un malentendido en que incurren nuestros tribunales.

En todo caso, el precedente nunca se limita a dar contenido concreto a un principio previamente dado y establecido, sino que siempre constituye la razón positiva de la validez de éste: no es su "expresión», sino el acto por el cual cobra forma. Por consiguiente, la inquisición del derecho a partir de principios no puede prescindir de una tradición y una técnica desarrolladas en la utilización de las concreciones que el principio ha sufrido en un sistema positivo.[154] Ellas son las que confieren autoridad legal al principio. De ahí que incluso cuando los principios generales han sido objeto de una recepción en un ordenamiento como partes de su texto, su fuerza vinculante y la sanción de su infracción se fundamentan en la existencia de normas singulares apropiadas en la ley o en la judicatura.[155]

La comprobación general de que los tribunales renuncian tímidamente a hacer uso de la libre aplicación de los principios generales, que generosamente se les ofrece, y se aferran escrupulosamente a las analogías textuales o a los precedentes,[156] se explica justamente por la necesidad de apoyarse en una norma que solo surge gracias a la concreción de un principio obtenida heurísticamente o por fijación de un supuesto de hecho. Hasta el primero y vacilante ensayo de una innovación, o la animosa afirmación de una solución nueva y fundamental, necesita enlazar con lo ya conocido. *Il s'inspire des solutions consacrées par la doctrine et la jurisprudence* (art. 1 III ZGB suizo); esto no es sino una pálida descripción del papel constitutivo que la dogmática y la práctica desempeñan en la producción de este

---

154 Así BOULANGER (n. IV 73) 257 (273 ss.).

155 Así para la remisión del art. 1 II del Cód. suizo los ejemplos de DU PASQUIER, op. cit. 36, 72; para art. 6 C. c. español HERZOG (n. I 41) 198.

156 Cf. MEIER-HAYOZ (n. I 69) 179 ss.; EISENMANN: Trav. Ass. Capitanc V (1948) 73; y otros.

leading case. Y es que el caso nunca surge en un vacío jurídico, y la densidad de las normas dotadas de autoridad legal crece de año en año.[157] Así el primer derecho alemán que se desarrolló en materia de accidentes de trabajo se edificó sobre los cimientos de la responsabilidad civil en el contrato de servicios, el derecho de responsabilidad en cuestiones de tráfico se apoyó en el derecho delictual, etc. Y a pesar de ello iba sacando a luz principios siempre nuevos —y carentes de denominación—, que más tarde recibían su propia formulación.[158]

Pero no solo en cuanto a la inquisición del derecho, sino que también desde la esfera vital el principio constituye una orientación incompleta si carece de enlace con la casuística o con un supuesto de hecho. La «situación jurídica» que crea un principio solo se hace visible merced a la casuística. De poco sirve al interesado la remisión a un empleo «sano» o «lógico» del principio, que se supone evidente, si ello no le permite calcular de antemano la práctica jurídica que será decisiva para su caso. La seguridad jurídica, como postulado, no solo de la administración del derecho sino del propio orden vital, obliga a que una serie ininterrumpida de sentencias ejerzan un papel normativo en los casos en que los principios han de surtir efectos jurídicos materiales.

2. Nuestro «pensamiento del enriquecimiento injustificado», que hemos tomado como piedra de toque, nos permite observar cuán distintas pueden ser las «consecuencias» positivas, según sea el sistema de derecho y el índice ético-juridico, incluso cuando la ley ha formulado unos supuestos de hecho. Pero cuando faltan éstos, la casuística es en verdad —incluso en el continente— una fuente de derecho. Lo demuestra todo el desarrollo jurisprudencial en Francia y, bajo el antiguo *Codice civile* de 1865, también en Italia. Ni siquiera la precisión efectuada por el art. 2.041 del nuevo C.c. italiano ha creado norma alguna positiva que sea clara en sí misma, ya que la delimitación de *liceità* e *illiceità* sigue todavía abierta. Compete aquí a la jurisprudencia el fijar los límites dentro de los cuales la idea ético-jurídica de la *giusta causa* puede infiltrarse en el concepto dogmático, con lo que los conceptos de los bienes jurídicos, por ejemplo el de la propiedad, experimentan una limitación correlativa. Semejante proceso depende de la evolución política.[159]

---

[157] BOULANGER, op. cit., 276.

[158] También el desarrollo americano de la compensación del obrero enlaza con la regla establecida en el famoso caso *Priestley* v. *Fowler,* 3 M & W 1 (Exch. 1837), para la compensación entre «señor y criado»; la responsabilidad por riesgo enlaza con las autoridades clásicas sobre pura «negligencia», cí. EHRENZWEIG, *Negligence without Fault* (1951).

[159] Sobre todo esto RICCA-BARBERIS, *Diritto d'ingiusto arrichimento*: Arch. giur. 142, 160 s s., y en Recueil Gény II, 112 ss. Sobre la evolución de la jurisprudencia suiza en esta delimitación de la causa en sentido técnico y moral, cf. SIMONIUS (n. IV 30) 267-271 y JANNER, *Wandlungen cer Bereicherungslehre im Schweizer Recht,* Basler Studien H. 16 (1943). El incremento del influjo ético sobre la concepción francesa de la *cause* ha sido descrito por RIPERT en «La règle morale» (n. I 40) 244 ss. Cf. también ROUBIER y ESMEIN, Trav. Ass. Capitant IV (1949) 38 ss., 91 ss. Es característica que la diferencia sea ésta: la falta del principio de *condictio* en el C. c. francés ha obligado a la jurisprudencia a proceder a una formación de supuestos de hecho cada vez más precisos (véase supra, en el texto), hasta que finalmente ésta tuvo que ser abandonada a su vez y apareció una teoría especial del *enrichissement sans cause* en lugar de la antigua fundamentación textual, de modo parecido a nuestra teoría del desplazamiento del valor fundada por STAMPE; cf. MAURY, Essai sur la notion d'équivalence en droit civil français II 1920). La jurisprudencia suiza se veía inmediatamente ante la obligación de atenuar en sentido ético el concepto técnico de enriquecimiento del art. 70 OR (versión antigua = nueva redacción art. 62); cf. SIMONIUS, op. cit., 268, con referencia al BGE 64, 127; 73 II 108; 70 II 120, etc.

Dejemos que la doctrina hable de «formas de manifestación de la idea del enriquecimiento», con tal que se dé cuenta de que la «idea» viene determinada, en su alcance y contenido, por la jurisprudencia práctica, de la que, por otra parte, procede históricamente. El descubrimiento de la idea puede luego ampliar los casos de aplicación, pero tal ampliación no se sigue de él, sino que es obra de les prácticos, como lo era también la ampliación de los casos clásicos de *condictio,* que por su parte incitó a la búsqueda del principio que les era común.[160]

Como regla general, podemos afirmar: Donde existe un principio o una cláusula general, la responsabilidad de «dar forma a la regla» recae sobre la jurisprudencia. Donde existen supuestos de hecho o acciones singulares, la práctica, al ampliarlos, obliga a la doctrina a dar una fórmula general que por su parte queda aguardando la limitación casuística. Volvamos a nuestro ejemplo: la ausencia de un supuesto de hecho de enriquecimiento propiamente dicho en la civilística franco-italiana, fundada en la *versio in rem* (cf. art. 1.312 C.c. francés, art. 1.307 C.c. italiano; cf. ahora el principio en el art. 73 del proyecto franco-italiano de un derecho de obligaciones), provocó un desarrollo jurisprudencial espontáneo y desordenado, carente al principio de límite alguno,[161] y que luego se apoyó en la tesis de AUBRY-RAU acerca de la necesidad de demostrar una responsabilidad legal subsidiaria por enriquecimiento a partir de los «casos de aplicación» (art. 555, 559, 565, etc.).[162] Pero las reglas así obtenidas seguían resultando excesivamente angostas —así en caso de gastos que solo producen ahorros y en el «enriquecimiento» sin gastos— y cedieron paso a una auténtica y unitaria teoría de la causa,[163] que hasta hoy no puede presentar una casuística suficientemente discnminadora.[164]

El *common law* había desarrollado *remedies* singulares y aislados.[165] Las necesidades de la práctica habían quedado satisfechas con el concepto genuinamente inglés de la *consideration,* el cual como *quid pro quo* abarcaba por igual el nexo sinalagmático y la base casual del contrato.[166] La retroliquidación de prestaciones en caso de ausencia o error en la causa de la deuda fue llevada a cabo por medio de acciones especiales, como la del *assumpsit super se* y del *quantum meruit,* sin llegar a formular un cuadro del *unjust enrichment* en el ámbito total de causas de deuda cuasicontractuales, que rebasara las *condictiones* más estrictas.[167] De ahí que los casos

---

160 Cf. F. SCHULZ: ZSS rom. A. 43, 171 (228 s., 240 ss.) y LÉVY, ibíd. 50, 648. Véase ya supra cap. IX, p. 213-219.

161 Empezando con la famosa sentencia del tribunal de casación de 15.6.1892, Req. D. 92.1.596; p. 93.1.281, más ejemplos en RIPERT (n. I 40) 248.

162 AUBRY-RAU 4 vol. VI, § 578. En esta dirección las sentencias Req. 12.5.1914, p. 1.918. l. 41 y Req. 2.3.1915, D. 1920.1.120.

163 Véase supra n. IV 155, también ROUAST en Rev. trim. 1922 n.° 23; DEMOGUE, *Traité des Obligations II,* n.° 161; además la bibliografía citada supra cap. IX n. 119.

164 Cf. RIPERT op. cit. 253. Visión de conjunto sobre la situación de la práctica francesa, belga y holandesa en las ponencias de ROUBIER y BREGSTEIN (contribuciones al debate de ESMEIN y SIMONIUS) en la asamblea de la Ass. H. Capitant en La Haya el 11 y 12.5.1948 (n. III 119) 38 ss., 65 ss., 68 ss.

165 Cf. FRIEDMANN (n. III 120) 32 ss.

166 Cf. RHEINSTEIN (n. I, 100).

167 Solo el lazo del cuasi contrato mantenía unidas las construcciones, lo cual ya era mucho, a la vista de la revolucionaria irrupción de la *equity.* Véase supra p. 244, 295. Todavía KEENER (n. III 222) observa al efecto: «La recuperación de una cantidad pagada por error es la ilustración más impresionante de la naturaleza equitativa de las obligaciones

de *restitution* se fueran fundiendo cada vez más en un único problema institucional, que ha quedado siendo hasta hoy un campo de la práctica jurisprudencial. Las acciones históricas, por falta de una nueva doctrina completamente elaborada, devienen dentro de aquella práctica unos medios auxiliares cada vez más equivalentes para los casos de una *frustration of contract o* de una *failure of consideration.* Pues no existe una sistemática de motivo, fin del negocio y causa jurídica que corresponda a la doctrina del derecho común sobre el título o a las modernas teorías continentales de la causa.[168]

Así, el *Restatement of the Law of Restitution* americano (1937) tuvo que acudir a una creación de principios totalmente extradogmática, en la que el principio del enriquecimiento injusto dejaba de lado tanto los elementos históricos como también los doctrinarios, para que fuera posible una formación uniforme de supuestos de hecho en el libre campo de la práctica: «Una persona que se ha enriquecido injustamente a expensas de otra, viene obligada a restituir» (§ 1).[169] Sin embargo, este supuesto general de la responsabilidad por enriquecimiento, corriente entre nosotros, es tan incapaz de prestarse a la subsunción como nuestra regla del § 812 BGB. El supuesto propiamente dicho deben crearlo la casuística y la doctrina por ella orientada, estableciendo lo que es un "beneficio», cuando una ventaja merece el calificativo de «injusta», etcétera. A su vez esto depende de las ideas que la práctica se haga acerca de la ineficacia o caducidad de los negocios obligatorios, por ejemplo en los diversos casos de error e información errónea.[170] También fuera de esto la formación de un supuesto de hecho es cometido de la práctica. Así, si el § 45 del *Restatement* prohíbe la repetición por error de derecho en el cumplimiento de deberes de decoro, cuando había motivo para creer en un derecho, la definición de lo que debe entenderse por *bonest claims* y de lo que el receptor podía conside-

---

cuasicontractuales, cuando la responsabilidad descansa sobre la doctrina del enriquecimiento injusto.» Por grandioso que parezca este principio, la casuística sigue partiendo de los remedios singulares y sus supuestos concretos, por ejemplo *mistake;* cf. FRIEDMANN opúsculo citado 36-56. La protección jurídica mencionada queda como subsidiaria, pues «el derecho a recuperar está gobernado por principios de equidad, aunque la acción (a saber, por dinero tenido y recibido) es *at law». Así* aún *National Malleable Castings Co. Iroquois (1920) 165 N.E. 203.*

168 Cf. ya SALMOND: 3 L. Q. Rev. 179; más tarde WALTON: Rev. trim, droit civ. 1919, 469; por parte americana SNELLINGS: 8 Tulane L. Rev. 178 y LORENZEN: 28 Yale L. J. 621. Exposición reciente con buena bibliografía, en GORLA, *La causa nel pensiero del giuristi del Common law*: Riv. Dir. Comm. 49, 344.

169 Op. cit. 12.

170 *Mistake of debt, of validity, of contract, of basic bacts.* O, respecto a la causa económica: *mistake in making gifts;* los *common mistakes* impiden siempre el acuerdo contractual. Las *misrepresentations* lo estorban cuando son fraudulenta o, en todo caso, «materiales» -análogamente a nuestras causas de impugnación—. Sin embargo, en la práctica norteamericana no se exige una rescisión formal del contrato. La restitución no es una solución especial para cuando falta la causa jurídica, sino que abarca todos los *remedies* de la retroliquidación por resolución, impugnación, pero también en caso de disposiciones erróneas dentro de relaciones obligacionales poco firmes. La cuestión que en el continente es decisiva: ¿Se suprime o no el negocio básico? pasa, por consiguiente, a un segundo plano. Tampoco en caso de *damages,* refiéranse éstos al interés de cumplimiento o a los daños de la confianza *(reliance interest)* se parte de la alternativa de una causa de responsabilidad convencional o delictual, siempre que exista culpa. Así los daños de la confianza son resarcidos al margen de la base contractual en caso de *fraudulent misrepresentation* y de *constructiv fraud (en contratos uberrimae fidei).*

rar —«aún irrazonablemente como un título jurídico, es también misión de la casuística. Pero cuando no se apuntan tales principios, sino instituciones propiamente dichas —cf. § 160: la figura del *constructive trust,* § 161: el *equitable lien,* § 162: la *subrogation*—, ello significa entonces un inventario meramente descriptivo de las figuras desarrolladas jurisprudencialmente con codas sus características y toda su tradición en tanto que precedentes.

En ningún sistema existe el peligro que los autores que pensaban históricamente habían señalado en el reconocimiento de principios universales.[171] Es verdad que en materia de enriquecimiento, como en todas partes, su formulación dogmática ha situado en un plano distinto los esfuerzos para dar una elaboración casuística a los supuestos de hecho históricos. Pero en nada ha sufrido con ello su derecho a ser tenidos en cuenta en la discusión. En ninguna parte se procede deductivamente a partir de unos «principios unitarios», como temía (y en su época el temor era justificado) el siglo XIX. Las fórmulas doctrinarias, tanto las establecidas por la propia doctrina como las de la práctica, incluso en nuestros sistemas no son otra cosa que los postulados conductores de un *Restatement.* El «principio de la confianza» en materia de contratos y poderes, el «deber de atender a la segundad del tráfico» en el derecho delictual, y cualquier otra formulación aunque sea de principio: todos ellos presentan tantas variantes como exigen los típicos problemas vitales al aumentar la casuística. Pero la figura constructiva modelada por ésta, con toda su obligatoriedad dogmática, no es más que un tipo, o sea, un instrumento para la solución, no un criterio. Incluso aquellas disciplinas que en el curso de su historia problemática han ido siempre en busca de principios racionales y, en ausencia de acuerdo político, han intentado encontrar apoyo en la doctrina, como el moderno derecho internacional privado, en realidad no se basan en las veinte o treinta reglas que la teoría ha dado por buenas, sino en la casuística que estas reglas han conseguido sistematizar por medios heurísticos. El teórico puede olvidar este hecho,[172] mas para el práctico es una perogrullada. Tampoco el enlace «natural», como *locas regit actum* para las cuestiones de forma o la *lex fori* para los asuntos procesales, son obligatorios a priori, sino en virtud y dentro del marco de una casuística heurísticamente acreditada.

Lo que no se acredita en concreto como aceptable (*reasonable),* tampoco puede justificarse deductivamente a partir del principio; el principio se construye de otra manera, y en esto es más fácil llegar a un acuerdo que en las cuestiones estructurales del derecho nacional que dan lugar, por ejemplo, al problema de la cualificación. Aunque estos principios, por su forma y estructura, sean «normas de derecho», como las normas de colisión codificadas o dogmáticamente reconocidas de los derechos nacionales, ello no debe hacernos olvidar[173] que lo que aquí tenemos son solo principios que la jurisprudencia práctica ha dotado de un contenido normativo concreto.[174] De ahí que para entenderlos lo decisivo no sea la «definición de

---

[171] Cf. sobre el principio de enriquecimiento, ya C.E.W. Schmidt (n. III 120) 308 y Sell en «*Versuche im Gebiete des Civilrechts*» I (1833) 116, con admoniciones contra aquella «fábula del derecho común» o «un lugar común tan desdichado ', o «aquella Caribdis, *quae omnes fere actiones et exceptiones absorbebit*», etc. Otros recelos, en parte justificados, en Ricca-Barberis (n. IV 159) 119-121.

[172] Así certeramente Neuner (n. I 111) 131.

[173] Como, por ejemplo, Zitelmann, IPR I (1897) 205 ss., y lástima que todavía Gutzwiller (n. III 35) 1.540.

[174] Acertadamente Neuner, op. cit., 132: «Las normas de colisión existentes son más bien postulados cuyo alcance y significación en los detalles hay que ir aclarando cada vez más».

los principios empleados», sino el acuerdo sobre su función en los casos de colisión típicos. No quiere ello decir que las reglas de colisión no sean derecho substancial, sino solo *leges artis, o* que no puedan ser objeto de codificación.[175] Solo hay que insistir en que una «aplicación» de las normas de colisión se distingue de la técnica tradicional del ordenamiento jurídico en el mismo sentido en que la judicatura según principios se distingue de la judicatura según supuestos de hecho. Verdad es que las normas de colisión contienen supuestos de hecho (del «enlace»), y que en la remisión al derecho competente se puede divisar formalmente 1a «consecuencia jurídica» de la norma. Pero ambas cosas, el supuesto de hecho y la consecuencia jurídica, dependen de la clasificación sistemática de las relaciones a subsumir y de las categorías positivas, lo que se llama la calificación; y ésta a su vez viene determinada por los pensamientos fundamentales que rigen la regla de colisión. Semejante *regressus* puede comprobarse en toda interpretación, y también aquí se puede hablar sin reparos de la «interpretación» de las normas de colisión,[176] con solo que se entienda la necesaria imperfección de estas últimas como síntoma de una mera estructura de principio, que exige una interpretación en sentido completivo, y no exegético.[177]

3. Principio y casuística constituyen una unidad funcional. Según el sistema continental, ninguno de los dos posee una autoridad legal por separado. Incluso en el caso de que la codificación admita formalmente los principios reconocidos como parte de la ley, la infracción de un principio solo es causa de casación cuando puede demostrarse que se ha contravenido una jurisprudencia del tribunal supremo que utilizaba este principio para el supuesto de hecho en cuestión.[178] Viceversa –*y* también según el sistema continental– el precedente no obliga en virtud de la autoridad formal del *stare decisis,* sino por la imposición de un principio que en él se afirma. La energía de configuración material de nuestros precedentes se basa en la evidencia del principio, en la conformidad con la «opinión común» y en su reconocimiento en una práctica constante, no en la autoridad de un tribunal.[179] Cuando un tribunal supremo insiste en justificar sus decisiones creadoras por remisión a «principios reconocidos» o a una casuística, que con más o menos correcciones puede hacer pasar, a su antojo, como una jurisprudencia constante o fija, esto no se ha de atribuir solamente al temor de exponerse personalmente o a la repugnan-

---

[175] Cf. en cambio los arts. 3 ss. del proyecto de ordenamiento de un tribunal internacional de arbitraje en materia privada, trab, del 14 com. del Inst. Dr. Int., proyecto de SAUSER-HALL, Ann. Inst. Phil. (1952) 473.

[176] Cf. MAURY (n. I 228) 433 ss. (458).

[177] Por desgracia MAURY entiende mal esto, y además en su muy completa exposición de los problemas de la cualificación (460 ss.) y en su polémica con RABEL y NEUNER (n. 471 ss.), adolece de la miopía metodológica de la teoría estatalista, que sigue dominando en la doctrina oficial francesa *y,* por ejemplo, identifica la *lex fori* en el sentido del derecho internacional privado, con el ordenamiento material estatal. Así queda obstruida la visión de la autonomía de los conceptos del derecho internacional privado y del alcance de las cuestiones de calificación.

[178] Sobre España y el art. 6 del C. c., cf. HERZOG (n. I 44) 436: «El Tribunal Supremo dice que los principios generales del derecho no poseen en sí mismos valor normativo alguno y que sacan toda su fuerza obligatoria de las leyes o de las decisiones de justicia a través de las cuales se expresan. Ha rechazado todos los recursos en casación en los que las partes no mencionan la violación de textos legislativos o las resoluciones de justicia sobre los que descansaban los principios generales del derecho invocados.»

[179] Sobre esto habla convincentemente ENDEMANN (n. 28) 150 ss.

cia a dar muestras de su poder, ni tampoco al deseo de convencer en el sentido de la máxima: *Lex flus laudatur quando ratio probatur.* Lo que más bien se hace es tomar en consideración el peculiar efecto que los precedentes surten en nuestro pensamiento continental, el cual busca el fundamento de validez en la formación o formulación de principios de valor general y cuya presencia en el sistema pueda demostrarse convincentemente, o sea en lo material, no en la constitución y soberanía del Tribunal. Ésta es a mi entender la diferencia clave entre los precedentes continentales y los anglosajones, cuya comparación ha puesto a la vista tantas otras peculiaridades estructurales,[180] pero dejando de lado justamente este punto fundamental.

La preocupación por la continuidad y la «objetividad» en el sentido de la regularidad (cf. art. 1 II ZGB) es siempre la misma en toda creación de derecho judicial; pero la sanción de esta objetividad a partir de las instituciones materiales o procesales no es cuestión de ideología. Los sistemas se dividen aquí según que su centro de gravedad radique en el ordenamiento vital o en el ordenamiento de las resoluciones. Verdad es que ningún sistema puede desconocer la importancia complementaria de la estabilidad formal y de la fuerza de convicción objetiva. El simple hecho de que exista una práctica continuada e indiscutida confiere prestigio a los precedentes, incluso en el derecho continental.[181] Pero es un prestigio meramente «factual». Es lo mismo que en el derecho inglés, que en las cuatro fases de la evolución del *stare decisis,* incluso durante la época de los *authorized reports* (1765-1865), ha reconocido siempre la autoridad factual de las decisiones que iban abriendo camino y formaban escuela, aun las de los *country-courts,*[182] Pues según el Diccionario de Oxford, precedente no significa otra cosa que un «ejemplo o caso anterior que sirve, o puede ser tomado, como modelo o regía para casos subsiguientes, o en virtud del cual puede defenderse o justificarse algún acto o circunstancia similar». El efecto vinculante puede ser de índole autoritaria (*binding precedents* en estricto sentido) o puramente persuasiva. Para comprender el alcance de esta última, no hay que limitarse a considerar los casos relativamente poco. frecuentes en los que los precedentes sin autoridad vinculante ha hecho escuela,[183] sino que hay que apreciar el efecto de los simples *dicta,* que tan enigmático resulta desde el punto de vista de la doctrina oficial del *stare decisis,* el efecto de las «meras opiniones», que —justamente por su carácter fundamental— no participan de la autoridad formal del precedente, pero que revelan tanto más la potencia de la formación de reglas materialmente convincentes.[184] Precisamente por ello forma parte del arte profesional del juez de apelación el dar a las sentencias basadas en principios (que más allá de la

---

180 Véase Goodhart (n. III 224) 37 ss. También Lewis *Precedents in English and Continental Law,* en 50 L. Q. Rev. 180 etc.; 51, 333, etc.

181 También se aplica a los precedentes continentales la frase de Salmond ([n. I 171] 382): «Un precedente adquiere autoridad adicional por el transcurso del tiempo. Cuanto más largamente se ha mantenido sin ser discutido ni derogado, mayor daño resultará, en cuanto a inseguridad, de su revocación.»

182 Cf. Worthley (n. II 102) 25; también Allen, Law in the Making[2] (1930) 180. Resumen de la evolución en Lewis (n. III 232).

183 En Inglaterra es precedente no vinculante todo lo que no ha sido decidido en la High-Court o en la Court of Appel, o en la casa de los Lores. Y solo estos dos últimos tribunales se obligan a sí mismos.

184 Véase los *dicta* de Cardozo citados supra, cap. X, p. 262 ss. Cf. también Frank, Law and the modern Mind 6, 103. Derecho comparado en Puig Brutau (n. I 41) 211 ss.

ratio decidendi, y en el continente más allá del complejo procesal carecerían de toda fuerza formalmente vinculante) una formulación lo suficientemente precavida y llena de reseñas, para no impedir su paulatino perfeccionamiento en manos de la casuística.[185] La autoridad está al servicio de la exactitud en la formación ce la sentencia, es decir, de una comprensión del problema que solo alcanza su *optimum* gracias a la extensión y duración de los conocimientos casuísticos, para prescindir ahora de los factores que operan los cambios de la concepción jurídica. Por esto la autoridad, por su parte, no solo presupone una amplia tradición casuística, sino que debe hacerla posible. Entre el vacilante juicio de equidad, que resulta tan penoso para e. juez como para el que acude en busca de derecho y no quiere depender del *bon paisir du roi* sino de la regularidad de reglas coordinadas, y la subalterna «aplicación» que se va congelando en un esquema de precedentes autoritarios, se sitúa la casuística en progresión continua, que sigue teniendo participación en la creación de normas sin dejar por ello de constituir un factor de estabilización, puesto que, como toda jurisprudencia, actúa en el sentido de formar reglas, por floja que sea su constitución.[186]

El *leading case,* el conocimiento del principio, sigue siendo siempre un miembro de una cadena de experiencias y sentencias, que en una comunidad jurídica viviente se impone siempre con medios encubiertos o francos *(overruling)* contra una autoridad formal de los precedentes, cuando estos últimos se han hecho objetivamente insostenibles. Por consiguiente, no puede darse un más burdo desconocimiento de los factores constituyentes de los auténticos precedentes y del papel mediador de las resoluciones a través de las cuales se efectúa este proceso de elaboración, cualquiera que sea el sistema jurídico, que el que revela la propuesta de autorizar al tribunal del *Reich* alemán, a iniciativa de un organismo de administración de justicia, para dictar veredictos generales, que luego el gobierno publicaría, sin más fundamentación, en el boletín legislativo oficial y quedarían investidos del carácter material de ley.[187] Piénsese en cuántas veces se han corregido o cambiado las resoluciones del Pleno de lo Civil, por haber surgido en el entretanto una nueva e imprevista casuística.[188] Las precauciones que en la constitución continental de los tribunales se toman para mantener la uniformidad de la jurisprudencia suprema, evitan toda intromisión de una nueva casuística en la ulterior evolución del problema concreto, incluso cuando se la califica de ordenación de precedentes.[189] También

---

185 Así, cuando una reacción en cuestiones de principio contra exigencias políticas extrajurídicas toma la forma de una sentencia, entonces justamente ésta debe evitar un rigorismo que impediría hallar una solución singular adecuada. De qué modo se lleva esto a la práctica lo muestra muy bien la resolución RGZ 151, 348 (= JW 1936, 3.112), que se opone por principio a la concepción totalitaria del ''derecho profesional» del médico para intervenir a un paciente en contra de la voluntad de éste. El principio de que en todo caso es necesaria la conformidad del paciente, sufre excepciones imposibles de prever todas *a priori.* Aquí se deja, abierta, por ejemplo, la posibilidad de que el silencio del paciente sea simplemente indicio de miedo, y por tanto no era entendido «seriamente», o —lo cual sería una disculpa— podía no ser tomada en serio.

186 Cf. J.W. STEIN, *Classifying Arbitration*: Arb. J. 7 (1952) 153 ss.

187 Cf. BLOMEYER, GERLAND y ZEILER, en DJZ 1931, col. 1.348. Sobre ello KIRCHNER, *Generell bindende Gesetzesentscheidungen* (tesis, Jena, 1932).

188 Así también RIEZLER (n. I 110) 197 y 198, n. 68.

189 Así la ley austríaca de 7.8.1872, que solo permite la revocación de una sentencia del Tribunal Supremo inscrita en el repertorio de sentencias, cuando la realiza una sala aumentada a 15 miembros; todo ello análogamente a nuestros §§ 136, 137 GVG.

el recurso a la autoridad del pleno en virtud de la «importancia fundamental» de la decisión, «para el progreso del derecho o para asegurar la unidad de la jurisprudencia» (§ 137 GVG), tiene solo un carácter coordinante interno y no excluye la ulterior elaboración de la problemática en nuevos procesos.[190]

No puede imaginarse una sola «decisión según principios» sin la casuística de los precedentes; y ninguna puede ser fructífera, si no la corrige la casuística ulterior. Un *arrêt de principe* se basa en una serie de *arrêts ordinaires,* que evitan cuidadosamente toda cuestión de principio y todo carácter reglamentados[191] Pues los *tâtonnements* de la nueva formación[192] suelen ser muy a menudo seguidos de una *cessation du developpment*[193] o de un *changement d'argumentaron,*[194] antes de que una judicatura firme pueda confirmar que aquel primer *revirement* ha recibido su sitio definitivo en el sistema jurídico. Pero no es en este conocimiento del principio que descansa la pretensión de validez de la nueva concepción jurídica, sino en la continuidad de la casuística precedencial en este ámbito de problemas.[195] La decisión según principios no da ninguna receta, como tampoco la da el principio mismo. Solo la cadena de precedentes permite indagar el contenido inmediato de la norma, y este proceso de *shaping the rule* no tiene fin. Ésta es la causa de que la importancia de la casuística vaya en aumento incluso en el derecho continental; y con ella, a causa justamente de la nueva libertad de los jueces frente a la ley, va creciendo la autoridad vinculante de un auténtico derecho del caso, que delimita la substancia normativa de un principio,[196] de modo que hasta en un país tan legalista como Italia se ha hecho la siguiente observación: «Los precedentes jurisprudenciales han adquirido de hecho en la Europa continental una importancia que a menudo es prácticamente decisiva».[197]

4. Después de lo dicho, la acuñación de principios en el continente no es un acto legislativo único de los tribunales supremos, sino un proceso continuo en el que los precedentes de significación más o menos amplia se desarrollan paulatinamente hasta madurar en principios, hasta llegar al reconocimiento de un principio jurídico material que sale a la luz con la jurisprudencia constante y que sigue estan-

---

190 Es digno de nota el hecho de que el Tribunal de casación francés no conoce ninguna forma cualificada de tal autovinculación, es más, el mismo juez de primera instancia solo queda obligado después de la segunda apelación: Loi du 1-IV-1837 relative à l'autorité des arrêts rendus par la Cour de Cassation après deux pourvois. Sobre ello Perreau (n. I 28) 50. En España existe el muy singular reconocimiento de las «doctrinas legales», es decir, se admite la fuerza materialmente eficaz de opiniones doctrinales recibidas judicialmente. Pero en su origen ello no constituía ninguna prerrogativa del tribunal de casación, sino que éste usurpó gradualmente este monopolio; cf. Herzog (n. I 41) 112 ss. La movilidad de la casuística se conserva por la distinción de los casos, de un modo análogo a la técnica anglosajona del *overruling;* Herzog, op. cit., 439 ss.

191 Perreau op. cit. 36 ss.

192 Ejemplos del derecho francés en Perreau, 57 ss., sobre la superación de la *actio de in rem verso* con el nuevo reconocimiento de contratos en favor de terceros.

193 Ejemplos ibíd., 60 ss.

194 Ibíd., 62 ss.

195 Así para la jurisprudencia del Tribunal Federal suizo Germann (n. III 155) 145, 146; cf. también «100 Jahre Schweizer Recht» (n. IV, 101) 135.

196 Cf. las comprobaciones de Angel y Warlom Ont, y sobre todo de Boulanger: Trav. Ass. Capitant V, 61 (72) y VI, 63 (64).

197 Ascarelli (n. I 70) 79.

do sujeto a ulteriores moldeamientos. Sobre la duración de esta práctica de preparación, no existe norma alguna. Las normas de la constitución de los tribunales, que declaran vinculante una sentencia única o repetida del tribunal supremo, solo tienen importancia dentro del proceso. Para la elaboración de un principio reconocido (o de una doctrina legal) se exige algo más, una casuística que exponga el círculo de problemas desde vanos puntos de vista, sin haber llegado aún a una formulación general clara.[198] La estrechez del horizonte casuístico, la peculiaridad de los casos, la fidelidad a la ley, todos estos factores influyen en la duración de semejante proceso, con sus *revirements, tâtonnements, cessations de développement y changements d'argumentation*,[199] Pero una toma de posición de principio puede también presentarse de un modo tan súbito e inevitable, que el juez se encuentre dispuesto a acudir a un solo precedente, por alejado que parezca, para justificar su opinión.[200]

Cuando falta no solo esta posibilidad de enlace sino también cualquier otra concretización del principio buscado en el ordenamiento positivo, el juez se encuentra en aquella delicada situación que hemos señalado en el cap. V, con respecto al desarrollo de un nuevo régimen de bienes o de una nueva forma de comunidad matrimonial según el «principio de equiparación de derechos». Sin apoyo en puntos concretos de arranque para la nueva solución, el «sistema» no le da tampoco respuesta alguna a cuestiones que surgen de un nuevo programa de política jurídica. Si este programa es claro, puede comenzar un desarrollo jurisprudencial. Si no lo es, como en la polémica sobre el derecho electoral del famoso «onzavo hombre» según el § 8 de la ley de disposición simultánea, lo que en el fondo se pide al juez, carente como está de criterios positivos, es que dicte una sentencia de espaldas a la justicia, pues obedecerá más bien a la política social o económica. Se han rebasado los límites de la justiciabilidad. En el caso regular de que exista una serie anterior de precedentes concordantes para la resolución según principios, no es tampoco la fuerza vinculante del uso legal o de una *consuetudo* o *desuetudo* entendidas en el sentido del auténtico derecho consuetudinario, lo que establece la autoridad del principio,[201] sino la regla desarrollada en esta casuística y nunca asegurada definitivamente, o la «doctrina dominante» (doctrina legal) que depende igualmente de la práctica viviente.[202] Los mismos precedentes, incluso los *leading cases* quedan como modelos desprovistos de una propia autoridad material para el principio que hay que crear.[203] La afirmación ce que una judicatura es definitiva *(qu'elle soit fixée ou qu'elle soit faite)*, solo vale en tanto que el principio en ellos corporeizado incluye la nueva situación, lo cual es siempre una «cuestión de hecho» y abre el camino al *overruling*.

La diferencia entre el efecto definitivo de la sentencia y el efecto nunca definitivo del principio se aprecia con particular claridad en la prohibición que la idea continental (y especialmente francesa) de la división de poderes impone al juez de

---

198 WEIGELIN (n. IV 51).

199 PERREAU, op. cit. 51 ss.

200 PERREAU, ibíd., 56.

201 Así todavía REICHEL (n. I 8) 134 ss.

202 Cf. HERZOG, op. cit., 218. Cita de LEBRUN, La coutume, ses sources, son autorité en droit privé (1932) 257, la acertada definición de la «jurisprudencia constante»: «une série de décisions judiciaires conformes, rendues sur le cas d'espèces semblabes, *á où se dégage un principe général...''*.

203 Así también en Francia, cf. COLIN-CAPITANT, *Cours Élémentaire de Droit Civil Français*[6] (1930) 34.

formular su fallo como norma material y objetiva. El principio está siempre «en camino».[204] En esto no cuenta solo la cantidad de las sentencias, sino sobre todo su cualidad, es decir, su valor central de declaración y demostración; a pesar de que muchas veces una práctica precipitada reúna *ad hoc* las sentencias previas.[205] En este sentido la práctica continental carece de la técnica de selección anglosajona, y esta deficiencia se hace mucho mis sensible en la actualidad, por la práctica moderna de establecer los principios fundamentales en redacción no oficial u oficial (como en el «Massimario ufficiale» italiano). El paso desde un sistema de precedentes ocultos a uno de precedentes declarados, que muchos autores reclaman,[206] no se realiza con la introducción de fórmulas autoritarias ajenas a la materia, sino por el conocimiento de la verdadera razón de la autoridad precedencial dentro del contenido de los principios, que hay que desentrañar cada vez de nuevo y de un modo cada vez más diferenciado.

La validez del derecho judicial continental no descansa sobre una autoridad de los tribunales *(authority of courts)* histórica, sino sobre una *autorité judiciaire* institucional,[207] es decir, no en la organización de un estamento judicial con atribuciones para la creación del derecho, sino en la fuerza creadora de la jurisprudencia como institución. Esto no tiene solo causas político-históricas, como ha demostrado KOSCHAKER.[208] Es verdad que la ausencia de un estamento autónomo de juristas que hubiera podido formar un derecho privado judicial alemán y defenderlo contra el poder territorial soberano, es una raíz histórica de la actual falta oficial de una autonomía judicial. Y esta falta no puede simplemente subsanarse por una nueva ley judicial, pues en conjunción con la «burocratización» de la judicatura alemana desde la época guillermina ha provocado una profunda modificación de estructura en el sentido social. Nos hace falta una sociología de la judicatura que arroje luz sobre las diferencias de los sistemas jurídicos en cuanto a la peculiaridad del cuerpo judicial.[209] Pero esta diferencia estructural se ha transferido entretanto a la relación objetiva entre la autoridad anónima de la ley o de la constitución y la autoridad de los juristas, y los ataques contra los esfuerzos del Tribunal Constitucional federal para consolidar su autoridad legal judicial contra su empleo instrumental político, muestran claramente lo difícil que es alcanzar aunque solo sea el grado de autonomía judicial que el siglo XIX conocía todavía en el campo del derecho común subsidiario.[210]

---

[204] Cf. LAMBERT y otros, *The Sources and the Interpretation of Labour Law in France*: Intern. Labour Rev. 14 (1926) 32: «El nacimiento y la desaparición de regulaciones judiciales no puede fecharse con la misma precisión que en Inglaterra, porque en la mayoría de casos constituye solo el resultado paulatino de una serie de decisiones».

[205] «Au Palais, on compte les arrêts, à l'École on les pèse »; cf. PLANIOL, *Traité élémentaire de droit civil français*[10] (1925) 49.

[206] Cf. GERLAND, *Problème des englischen Rechtslebens* (1929) 24.

[207] HERZOG, op. cit., 146. Otro es el caso cuando semejante autorización política para la formación de derecho objetivo está delegada expresamente. Cf. § 31 de la ley del Tribunal constitucional alemán de 12.3.1951.

[208] (N. II 155) 230 ss.

[209] Un primer avance es la obra de ENSOR, *Courts and Judges in France*, Germany and England (1933). Por desgracia este libro adolece de los típicos errores del *common lawyer* sobre la supuesta subordinación a la doctrina de la práctica continental. Primer estudio sociológico de la constitución jurídica alemana: E. Döhrinc, Geschichte der deutschen Rechtspflege seit 1500 (1953); cf. la reseña de WIEACKER: *Tijdschrift for Rechtsgeschiedenis* 22 (1954) 221. DÖHRING destaca con razón las raíces absolutistas en el carácter todavía «patrimonial» de nuestra jurisdicción (35-110).

[210] Sobre esto KOSCHAKER, op. cit., 245.

Pero también dentro del campo objetivo y factual del ámbito de soberanía de los precedentes judiciales, a pesar de la aproximación que ha podido observarse entre la práctica anglo norteamericana y la continental, hay que constatar[211] la existencia de notables diferencias en el grado y en la esfera de acción, y no solamente en el sentido de una mayor rigidez del Derecho del caso auténtico. Nos son ya conocidas las salidas del juez inglés y más aún del americano para escapar al principio formal del *stare decisis*,[212] Muchas veces se las ha comparado con los medios que el juez continental tiene para seguir elaborando el derecho.[213] Lo que aquí nos interesa es la libertad en la apreciación de los principios perfilados precedencialmente, que va en constante aumento no solo en derecho americano sino también en el inglés,[214] de modo que en la moderna práctica de los *International Courts* empieza a diseñarse una nueva actitud fundamental en el empleo de los precedentes,[215] mientras que la práctica continental, con su respeto creciente por los postulados fundamentales y las decisiones de índole abstracta según principios, está en trance de crear una autoridad que precisamente es desconocida en el auténtico derecho del caso.[216] Si a esto se añade el reconocimiento de la función de llenar lagunas en sentido creador y de realizar una interpretación correctiva, la introducción a menudo esquemática de una casuística llenadora de conceptos en blanco, en los comentarios que influyen sobre la práctica forense cotidiana, y la fusión de los principios e instituciones de formación judicial con el texto legal para formar con él un sistema totalmente nuevo, entonces se comprende la frase antes citada de RABEL:[217] que a pesar de todas las discrepancias estructurales en el efecto precedencial de las decisiones del tribunal supremo, las diferencias prácticas «deben buscarse con lupa».[218]

5. La antinomia «realismo» y «fidelidad a la ley» parece encontrar su solución en la conexión, funcionalmente necesaria, de principio y precedente, supuesto de hecho y empleo según conceptos formados jurisprudencialmente, blancos de la ley y casuística, textos e «ideas jurídicas» interpoladas. De hecho, la fidelidad a la ley no

---

211 Sobre esto supra cap. XI, 2; véase también LIPSTEIN, *The Doctrine of Precedent in Continental Law*: 28 J. Comp. Leg. and Int. L. (1946) 34.

212 Cf. ARMINJON-NOLDE-WOLFF (n. I 62) 505. Véase ya supra cap. XI en n. III 194.

213 GOODHARDT, en Ann. Inst. Phil. (1934/35) 37 = Precedent in English & Continental Law: 50 L. Q. Rev. 40, 180, 196; 51, 333, 441, 507; RANDALL, *Case Law on the Continent*: 35 L. Q. Rev. 101; ANCEL (n. I 69; MEIJERS (n. III 1); SCHWARZ, *Das Zivilrecht Englands* (1931); GERLAND, LAMBERT y otros en: *Science of Legal Method*, Modem Legal Philosophy, Series IX (1917).

214 Cf. el discurso del Lord Canciller en la apertura de la Facultad de Derecho de la Universidad de Bristol en 6.10.1933: Law Times de 14.10.1933, página 2.957.

215 Cf. GOODHARDT en el artículo anteriormente citado (n. IV 213); últimamente V. MEHREN (n. III 311) 65 (72, 80, 82 ss.).

216 Aunque de esto tiene también la culpa el lenguaje autoritario de las sentencias alemanas, en el que, para compensar las debilidades de nuestra judicatura, no se procede nunca discursivamente, como suele hacerse en el estilo de las sentencias angloamericanas, sino que se afirma de una manera autoritaria y en el mejor de los casos se demuestra y fundamenta lo que es de derecho con ayuda de argumentos previamente seleccionados; el enojoso sermoneo sobre los «erróneos" ataques de la revisión se ha convertido poco a poco en una características de la sentencia en Alemania; cf. SIEBERT: DRZ, 1954, 93.

217 RabelsZ 16 (1951) 340 (345).

218 Por desgracia en el continente faltan por completo estudios sobre la ideología y la realidad del empleo de los precedentes. El estudio antes citado de GERMANN sobre «*Präjudizielle Tragweite*» (n. I 23) 297 ss., 422 ss. es, de todos modos, un comienzo.

es ni fidelidad al texto ni al principio en atención a la ley misma. Es la *constans ac perpetua volutas* en el mantenimiento de un sistema, que aunque parte de la *ratio legis,* se regenera continuamente a lo largo de la evolución problemática por medio de los precedentes y la doctrina.[219] La contradictoria doctrina de que el juez solo tiene que aplicar la ley, pero sin dejar de seguir perfeccionándola, y que este perfeccionamiento es parte de la ley, pues el derecho simplemente judicial solo tiene un fuerza persuasiva, etc.,[220] adolece de una concepción excesivamente angosta de lo que es «contenido» de la ley y de la naturaleza, que se supone puramente cognitiva, de la sentencia que en realidad da forma a la norma.[221] Por esto la admisión, que hoy es casi general, de que también la jurisprudencia es fuente de derecho, está condenada a quedar sin sentido mal comprendida y estéril.[222] Aquí no se da oposición alguna entre fuentes de derecho legalistas y decisionistas, entre hallar y dar forma, sino una necesaria colaboración de sentencias casuísticas, inteligencia del texto y «pensamientos fundamentales», colaboración que cada vez integra lo conocido con lo nuevo en la ley: entendiendo ésta no como una construcción histórica, sino como la norma hoy obligatoria del *corpus iuris* vigente.[223]

La pregunta de si los jueces hacen o descubren el derecho,[224] ha recibido un planteamiento torcido incluso en el Derecho del caso, como hemos ya señalado.[225] Tampoco en éste hay que entender los principios inmóviles y los actos de decisión judicial continuamente renovados, como dos fuerzas antagónicas o como dos aspectos inconciliables del *common law;* pues toda aplicación de lo que existe es ya una nueva elaboración, y viceversa.[226]

La asombrosa fuerza convincente de los *dicta* generales que no pertenecen a la *ratio decidendi,* viene justamente de que la decisión del caso hace visible en una forma nueva y más plástica que hasta ahora el principio que es formulado en aquel *dictum*[227] La regla queda liberada de sus accesorios casuísticos y es reducida a una tesis jurídica elemental fundada en un complejo objetivo y de ordenamiento. Así el acto de la decisión se convierte en acto de conocimiento; el precedente no es solo el medio a través del cual se hace visible un principio hasta ahora mal comprendido:

---

219 De Boor, en su artículo sobre la interpretación de la ley y la técnica en el derecho de autor (n. III 171) 36, alude a la reflexión que esta tarea ha provocado hoy día hasta en los jueces conservadores, y que ha dado lugar a una revisión del concepto de «fidelidad a la ley» en algunas sentencias decisivas. Cf. por ejemplo BGH I. ZS de 30.10.1951 (BGHZ 3, 315): «El principio de vinculación no tiene el sentido de una vinculación del juez a la ley entendida como una norma que ya no es susceptible de perfeccionamiento. La aplicación recta, o sea, adecuada al derecho, del derecho positivo permite al juez no solo perfeccionar el derecho en el sentido de desarrollarlo por interpretación (!) del derecho existente, sino que le obliga incluso a hacerlo, cuando lo exige así la búsqueda de una sentencia recta (!)».

220 Cf. Enneccerus-Nipperdey (n. I 27) I, 165/168; Lehmann (n. I 69) 16 ss.

221 Así ya Bülow (n. IV 84); Reichel (n. I 8); Isay (n. IV 12). Cf. también Schwister: DJZ 1934, 1430.

222 Cf. RGR-Kommentar[10], 4/5; sobre ello la bibliografía anteriormente citada. Cf., por todos, Radbruch (n. I 28) 48; Germann (n. IV, 101) 424, 435; Wieacker (n. I 187) 306 ss.

223 Cf. E. Schmidt (n. I 193) 12, pero también ya Regelsberger: Iher. Jb. 58, 146; Hellwig (n. IV 82) I, 37 y Reichelt op. cit. 61. Sobre ello mi estudio citado supra en Studium Generale (n. IV 63) 372.

224 Chafee en Proc. Am. Philos. Society 91 (1947) 405.

225 Supra cap. X, n. III 189.

226 Dickinson (n. I 87).

227 Cf. los ejemplos supra cap. X, n. III 95 ss.

no, el principio no existiría sin el precedente. Y a la inversa: la casuística no es un puntillismo decisionista, sino un destaque fragmentario de regularidades continuas que el caso da a conocer: «En la decisión de cuestiones nuevas, los auténticos principios del derecho no se transparentan claramente... tal como vemos el paisaje a través del cristal de una ventana. El hombre mismo es parte de lo que decide. Por otra parte el derecho es mucho más que el *fiat* de un juez único cualquiera o de un grupo de jueces... Es la personificación de ciertas normas generalmente reconocidas que están más allá de todo individuo singular. Lo que sobre todo impone la obligación de obedecer la ley es el reconocimiento racional de las verdades y valores objetivos presentes en aquélla. Las reglas de reciente formulación, los jueces no las cortan de una pieza. Son entresacadas del cuerpo de reglas ya existentes gracias a una búsqueda y por analogía. Es por tanto legítimo reconciliar las dos partes de la secular controversia diciendo que los jueces hacen la ley con los materiales que descubren...»[228]

Ésta es exactamente la situación de la creación judicial del derecho en el continente, en lo que respecta a los principios y pensamientos ocultos de la ley. El contenido de la ley lo determina la casuística: «La ley es solo un documento y nada más, y un simple documento para la investigación jurídica». '«Desde este punto de vista, es perfectamente exacto decir que la jurisprudencia representa el verdadero derecho positivo».[229] Pero esta casuística no actúa según inspiraciones arbitrarias, sino que viene determinada por la máxima de objetividad del *sicut legislator,* gracias a la cual su sentencia tiene sentido y fuerza de convicción como regla en un sistema históricamente dado.[230] De ahí que los principios estructurales y valorativos de este sistema, sus nexos objetivos, todos sus pensamientos jurídicos «que la legislación no ha acabado de expresar perfectamente»,[231] sean en esta casuística objeto de un auténtico esfuerzo en busca del conocimiento. Pero ese conocimiento no se limita a ellos, sino que son solo parte de su fundamento, un fragmento de la escala de valores determinada por el sistema conjunto del derecho vigente. Las instituciones legales de un código no son un índice definitivo de valoración para el juez, sino solo instrumentos para los conflictos sociales y las posibilidades de solución que el legislador en su tiempo reconoció como necesitadas de regulación según su «modelo social».

El legislador no es la autoridad que podría determinar el campo definitivo de acción y la practicabilidad técnica de las instituciones legales. Es la técnica del propio derecho lo que ante un nuevo caso decide sobre la adecuación, aptitud o necesidad de mejorar los instrumentos: lo obligatorio no son ellos, sino el fin de la operación. «Los jueces no son infalibles, pero son mucho más competentes para extender y exponer la ley que los legisladores, que son siempre ignorantes y generalmente cargados de prejuicios...»[232] Es posible que ésta sea una opinión extrema nacida del resentimiento específico de un estamento de

---

228 CHAFEE, loc. cit.

229 GÉNY, Méthode d'interprétation et source en droit privé positif² I (1919) 91 y 213, n. 1.

230 Cf. BRUSIIN, *Über die Objektivität der Rechtsprechung* (Helsinki, 1949) 85 ss. Así se explica el tan criticado deseo del juez continental de «apoyarse» en criterios legales, cuando podría gozar de la facultad de crear libremente; cf. mi reseña de DU PASQUIER y MEIER-HAYOZ (n. I 69) 168, 172 y las observaciones de ZWEIGERT (n. I 246) 385 sobre la «leyenda» de una judicatura libremente creadora.

231 BÜLOW (n. IV 84) 45.

232 Descripción del caso *Finlay v. Chirney,* 20 Q. B. Div. 494, en 4 L. Q. Rev. 364.

juristas educado en el *common law*, pero en las cuestiones centrales del derecho común vale también para nosotros el juicio siguiente: «A cualquiera que reflexione sobre el crecimiento del derecho inglés, acaso parezca plausible la teoría de que el país ganaría mucho si se extendiera la legislación judicial y se recortara la del Parlamento».[233] La doctrina del derecho común y la continuidad de la evolución de los problemas constituyen un factor de estabilización, no solo en la variedad de ocurrencias legislativas de los políticos; este derecho de juristas no ha abandonado su papel conductor ni siquiera ante las grandes codificaciones, pues éstas no tienen otra vida que la que les insuflan la ciencia del derecho y la práctica judicial.[234]

Todo esto es nuevo para el *common lawyer*. Cree éste que el juez continental actúa en gran parte bajo la ilusión de su «sistema cerrado» y de la dogmática que le dio origen.[235] No advierte el origen jurisprudencial de los principios que permiten el funcionamiento de este sistema; le hacen el efecto de axiomas inmanentes de las instituciones y conceptos codificados. Con esto se atribuye a este cosmos una armonía y autonomía fabulosas, y se quita importancia a la elaboración judicial, explicándola como un empleo puramente lógico de aquellos principios.[236] Estos prejuicios ocultan el hecho de que también nuestro derecho está en gran medida sujeto al dualismo de *lex* y *ius*. No debe esto entenderse en el sentido de la coexistencia clásica de un derecho de juristas y de un derecho autoritario en dos planos políticamente dispares,[237] sino corno la dinámica funcional en «dos tiempos» del moderno derecho legislado: la planificación administrativa 110 es solo vivificada y corregida por la tradición judicial, la casuística y la autoridad de los

---

233 Cf. sobre ello los estudios de SALMOND y LEFROY en 16 L. Q. Rev. 376; 20, 399; 22, 293 y 416.

234 ASCARELLI (n. I 70) 41 ss. (59 ss.), ya en el preámbulo al estudio de derecho comparado, ibíd. 7. En su revisión del Derecho sucesorio de KIPP, COING da continuamente ejemplos de cómo los jueces alemanes prosiguen el tratamiento de los problemas llevándolo más allá del nivel del Tribunal Federal; cf. también su estudio en JZ 1952, 611 ss.

235 Véase supra cap. IX, n. III 1.

236 Cf., por ejemplo, WALTON en su coponencia: *Delictual Responsibility in the modern Civil Law* (more particularly in the French Law) as compared with the English Law of Torts: Mém. Acad. Int. II 2 (1934), 445 ss. (453): «Comparada con esta *law of torts* inglesa, que parece un vetusto y retorcido roble, lleno de asperezas e irregularidades y con algunas ramas medio muertas, la *law of torts* francesa es un sistema simple y coherente (!).» «En el derecho continental empezamos por los principios, y los casos son meras aplicaciones de éstos», etc., ibíd. 454, análogamente en 49 L. Q. Rev. 70. Es también característica su errónea inteligencia del alcance dogmático de un código, por ejemplo en *Cause and Consideration in Contracts:* 41 L. Q. Rev. 306, con la idea de que es importante que un código mencione la causa como parte esencial de la obligación. Su polémica con CAPITANT parte del hecho de que las doctrinas de éste no se «encuentran» en el Code civil. Pero ¿acaso nuestra jurisprudencia 110 echa mano también, si el caso viene, de este tipo de argumentación? Lina bienvenida rectificación de esta mala inteligencia del «sistematismo» continental, que sigue siendo típica del *common lawyer*, en N. S. MARSH (n. III 377) 59. MARSH se enfrenta con la teoría de WALTON y llega a la cuestión central: «Cuando establecemos una comparación con el derecho continental, lo que deseamos saber es si los principios son racionalizaciones *ex post facto* de decisiones que, en realidad, se hacen pragmáticamente de caso a caso, o si los principios son auténticamente tales en el sentido de permitirnos predecir la decisión en casos que no se han presentado todavía ante el tribunal» (op. cit., 64). Ésta es justamente la cuestión que espero haber contestado, en toda su complejidad, en el presente capítulo.

237 Sobre ello KASER (n. III 203) especialmente 67 ss. Cf. el clásico *tam iure legeque* en la fórmula de arrogación transmitida por GELIO.

comentaristas, sino que también depende de la existencia de un derecho común, de sus principios y métodos.[238]

En el capítulo siguiente vamos a describir la misión de seguridad que tales principios de derecho común desempeñan frente a los atareados legisladores políticos. Aquí nos limitamos a sacar una consecuencia para la doctrina de las fuentes del derecho: el derecho judicial continental no se hace solo visible al margen de la ley y en las lagunas de ésta, como creía todavía GÉNY.[239] Cada interpretación representa un enlace de la *lex scripta* y el *ius non scriptum,* que solo establece la norma positiva propiamente dicha *(law in action)*.[240] La interpretación del derecho es algo más que una hermenéutica, por cuanto supone una incorporación de los principios del derecho común en el texto, que la jurisprudencia pretende «aplicar».[241] Esto se hace particularmente visible en el caso macroscópico de las sentencias según principios, de los *leading cases,* de los *arréts de principes,* cuando esta jurisprudencia da pie al legislador político para emprender una reforma.[242] Pero también se advierte en la interpretación regular, y en la autonomía con que se abandona o modifica la jurisprudencia relativa a un texto, cuando han cambiado las convicciones generales, o la autonomía con que, viceversa, se mantiene el resultado obtenido por una judicatura, a despecho de las intromisiones legislativas.[243]

Esta fuerza autónoma de la jurisprudencia ha creado muchas veces confusiones en la doctrina de las fuentes, porque parece que es la mera *opinio iuris* la que crea la continuidad o la ulterior elaboración; y esto es inconciliable con la doctrina de las fuentes tradicional.[244] En efecto, semejante papel creador no puede ser justificado por una teoría que solo reconoce como legislador a la voluntad política, explicando la formación de la sentencia por el juez como una mera aplicación cognitiva de la ley. Estas opiniones solo gracias a la conjunción de la ideología rousseauniana de la *volonté générale* con el tipo de estado nacional de comienzos del siglo XX y en los bellos sueños de sus codificaciones podían despertar la fe que aún hoy sigue actuando. Pero también el pragmatismo de la doctrina norteamericana del Derecho del caso deja de lado lo esencial. Lo que ésta considera expresión de una opinión decisionista, es en verdad la continuación metódica de pensamientos de ordenamiento dogmáticamente asegurados. Cierto que su punto de partida es la casuística, pero su centro de gravedad es un principio fundado objetivamente; alrededor de éste se desarrolla la tradición conceptual. El derecho de juristas no sería posible sin esta constante precisión de la dogmática; el problema es dominado jurídicamente no partiendo de la *communis opinio* carente de criterios, sino de la comprensión técnica del complejo de tareas y soluciones. Es esta comprensión de los hechos, vinculada a una forma, lo que hace de la *communis opinio doctorum* el norte de la formación del derecho común,[245] lo que estabiliza la

---

[238] Cf. KOSCHAKER (n. II 155) 184 ss.; derecho comparativo en Puig BRUTAU (n. I 41) 80 *ss.*

[239] (N. IV 229) 103 ss., 457 ss.

[240] Cf. MAURY (n. I 47); pero también ya KISS (n. II 105) 413 ss. e ISAY (n. III 13) 33 ss.

[241] Así certeramente WALINE (n. IV 20) 623 ss. (629): *elle s'incorpore par le jeu de cette fiction, á la régle qu'elle est censée interpréter.*

[242] WALINE 624 ss.

[243] Ejemplos en WALINE 627 ss., 630.

[244] Cf. BOBBIO (n. II 155) 12 ss.; ya también CAESARINI SFORZA, *La crisi delle fonti*: Arch giur. 115 (1936) 18.

[245] Cf. KOSCHAKER (n. II 155) 92 ss.

regla jurisprudencial[246] y eleva la «jurisprudencia constante», que corrobora aquella comprensión, a la condición de fuente de derecho en el sentido substancial.[247]

Con razón se ha achacado a la distinción romántica establecida por la escuela histórica entre un supuesto «derecho de juristas» y un auténtico «derecho nacional» la responsabilidad de que falte en Alemania una —teoría del derecho judicial, y en particular una teoría de los precedentes.[248] Pero si nuestros manuales siguen dando a entender que solo es obligatorio el texto de la ley, la cosa no tiene solo un fundamento ideológico. El arte profesional del juez continental ha entrado en las *leges*, tanto en el *usus modernus* como en el derecho codificado, y en estrecho contacto con la doctrina ha penetrado e informado el «derecho material». Por esto el siglo XIX no se fijó en la función del derecho judicial como fuente especial de derecho, y del puro efecto de los precedentes, dogmáticamente improductivos, no quedó otra cosa que el *mos iudiciorum* metajurídico, la simple costumbre de los tribunales, más allá de las verdaderas fuentes de derecho.[249] Está de acuerdo con el estilo continental del juez docto, el que no sea su oficio, sino su jurisprudencia, no su sentencia sino su aportación a la dogmática lo que crea derecho. De ahí que ya Savigny en la famosa controversia en torno a D. 1,3, 38 y C. 8 solo reconozca la autoridad de las *res indícatele* como testimonio de la realidad jurídica pre-forense, no como fuente en el sentido del *stare decisis*.[250] La significación normativa de la *source jurisprudentielle* no está en el mero hecho del *sic volo* de un Tribunal supremo, sino en la fuerza de convicción de la formulación dogmática, que garantiza la repetición.[251] Fuente de derecho lo es este proceso como unidad, no la sentencia singular.[252] Nunca está terminado, y la instancia de revisión o de casación tiene siempre a mano la posibilidad de tolerar una desviación de su jurisprudencia o de revocarla como «infracción de la ley», afirmando con esto su propia interpretación como parte del *corpas iuris* vigente.

Los criterios y factores valorativos de una judicatura llegan a ser parte substancial de las leyes, no de otro modo que los conceptos y figuras de la doctrina aceptada, pero su exactitud actual se hace de nuevo impugnable en cada proceso, y debe comprobarse otra vez sobre el nuevo caso. La regla se ha de comprobar constantemente, y con cada uno de estos cambios el principio se íntegra de nuevo.

---

246 Maury, op. cit., también Le Bras-Angel: *Travaux et Recherches de l'Institut de Droit Comparé VII* (1952) 110 ss.

247 Del Vecchio (n. II 155) 20; Haesaert: Ann. Inst. Phil. 1934, 35.

248 Cf. Lipstein (n. IV 211) 34 (38, 43).

249 Cf. por ejemplo Wlassak, *Kritische Studien zur Theorie der Rechtsquellen* (1884) 134.

250 (N. II 12) 136, 148 ss.

251 Bobbio, op. cit., 49 ss.

252 Rouast, La méthode depuis le code civil de 1804 au point de vue des sources: Trav. Ass. Capitant VI (1952) 41 ss.; de otra opinión Djuvara, *Quelques Considérations sur la nature des sources et sur la formation du droit positif. Études de droit civil à l'honneur de Henri Capitant* (1939) 219 ss. (233). Sobre ello supra cap. VIII, p. 175 ss.

CAPÍTULO XIV

IMPORTANCIA DE LOS PRINCIPIOS DESARROLLADOS POR LA JURISPRUDENCIA PARA LA ESTABILIDAD Y CONTINUIDAD DEL DERECHO

1. La crisis del moderno derecho legislado empieza con la conquista e instrumentalización de las concepciones del derecho común por parte del monopolio legislativo político. El concepto de ley sufre políticamente una desvaloración, en la medida en que el Estado se inmiscuye en todas las relaciones de la vida, so capa de ofrecer «garantías» y de atender a «obligaciones» sociales.[253] La ley moderna es «ley reglamentaria», y el jurista se encuentra «bajo la servidumbre de las leyes». La Ilustración, la idea del estado nacional y las oleadas codificadoras han contribuido cada una por su parte a desmontar la autoridad suprapolítica de la jurisprudencia, reduciendo a la nada la significación autónoma de la formación judicial de normas.[254] Verdad es que el jurista conservaba como campo propio el gran coto de la dogmática, y hasta las grandes codificaciones le encomendaban el desarrollo de las «grandes reglas jurídicas», de las doctrinas generales del derecho civil y penal, de las cuestiones hermenéuticas y sistemáticas, por más que la burocracia ministerial se esfuerce en conseguir un tipo técnico de ley «cuyo texto se aplique automáticamente.[255] Pero dicho coto reservado el positivismo lo entendió solo como una autorización para el refinamiento formal de los conceptos y la estructura; la necesidad de soluciones elementales de justicia en forma de principios y de una casuística de la jurisprudencia práctica y teórica, a pesar del avance de los postulados de una «libre» búsqueda del derecho y del inesperado éxito de las llamadas

---

[253] Véase la apasionada obra de la vejez de Ripert, *Le déclin du droit* (1949), con la impresionante descripción de la efímera labor legislativa que se realiza en la Francia de hoy.

[254] Sobre esto Ascarelli en su escrito varias veces citado: *L'idea del códice...* (n. I 70) 51 ss.

[255] Ripert op. cit. 71. La formación de figuras generales del derecho no era solo dominio de la jurisprudencia en el derecho común. Cuán poco tales figuras eran consideradas como objeto de codificación, incluso en la época de la Ilustración, lo muestra elocuentemente el código sueco de 1743, en el que faltan todas las reglas generales sobre negocios jurídicos y contratos. De ahí la ley de 11.6.1915 sobre «Contrato y otros negocios jurídicos en el campo del derecho patrimonial», impreso en *Das Zivilgesetze der Gegenwart* X 1 (1933) 171; sobre ello Karlgreen, ibíd., 133 ss. Cf. también Lejman, *Einige Prinzipien des schwedischen Vertragsrechts*: Einführung in das schwedische Rechtsleben, Vorlesungen an der Universität Lund (1949) 117.

«cláusulas generales» en los textos, no llegó a hacerse consciente hasta que el quebrantamiento de la seguridad civil en conjunción con un nuevo sentimiento de la vida dieron también lugar a la aparición de un nuevo estilo en el pensamiento jurídico.[256]

Las ambiciones de los órganos legislativos se hacen ahora sospechosas no solo al pueblo, sino al propio estamento de los juristas,[257] reconociéndose lo que tiene de problemático un tratamiento judicial de los casos sin criterios substanciales de justicia que vayan más allá de la «interpretación de la ley» a la manera antigua. Una prueba de esta irrupción de los postulados jurídicos autónomos en el pensamiento legal estatalista es el hecho de que FRANÇOIS GÉNY termine los dos volúmenes de su «Méthode», en el que tantas concesiones se hacen aún al legalismo jurídico, con esta confesión: «Los elementos puramente formales y lógicos... (o sea, de la ley escrita) son insuficientes para satisfacer los desiderata de la vida jurídica. De donde resulta como consecuencia inevitable que la jurisprudencia ha de buscar, fuera y por encima de estos elementos, los medios que necesita para llevar a cabo toda su misión. He aquí el principio esencial de mi tesis».[258]

2. La «degradación» del concepto de lev por efecto de actos políticos de oportunidad meramente efímera[259] ha provocado, en efecto, una revisión de la teoría estatalista de las fuentes del derecho, tanto por parte de la teoría continental, de inspiración iusnaturalista, como también por parte de la doctrina sociológica. Ambas tendencias, la de examinar la estructura real del derecho legislado y la de separar los elementos regulativos políticos de las aportaciones independientes y creadoras de la jurisprudencia, pueden agruparse bajo la rúbrica de «teoría pluralista de las fuentes».[260] La comprensión de la decadencia del sistema legislado por pérdida de las superiores conexiones de ordenamiento, inaugurada, por ejemplo, por RIPERT y EBERHARD SCHMIDT, es completada por el descubrimiento de la base jurisprudencial de las auténticas codificaciones y de la continuidad del tratamiento judicial de los problemas, en principios, reglas y precedentes, más allá de la «sabiduría del legislador». Esta escuela sociológica, autorizada con nombres como EHRLICH, HUBER, LÉVY, LAMBERT, MOOR y SINZHEIMER, recibe constantemente nuevo material por la importancia que modernamente han cobrado las fuentes extraestatales en el de-

---

256 Sobre esta materia, que ya en otro lugar («*Einführung*» cap. III) invito a considerar como punto de partida del análisis jurídico, cf. BEYERLE: ArchoffR 76 (1950/51) 504.

257 A lo que se añade también la lucha general contra la hipocresía de los juristas estatales, que se produce también, y esto es significativo, con relación a los órganos centralizados del *common law*. Cf. los graciosos versos que GILBERT en su «Jolanthe» (acto I) pone en boca del Lord Canciller: *The Law is embodiment of everything that is excellent. It has no kind of fault and flaw, and I, my Lords, embody the Law.* (El Derecho es la encarnación de todo lo que hay de excelente. No tiene defecto ni mancilla alguna, y yo, señores, encamo el Derecho.)

258 (N. III 12) II, 234.

259 EB. SCHMIDT (n. I 193) 10.

260 Cf. la ponencia de GURVITCH, *Théorie pluraliste des sources et du droit positif*: Ann. Inst. Philos. du Droit et de Soc. Jürid. (1934) 114. Sobre el trasfondo político cf. ROSS (n. I 55) 177. Es verdad que el concepto se presta a ser mal interpretado. En parte sirve de pretexto para la introducción de elementos puramente iusnaturalistas sin positivación alguna, en parre como signo de la multiplicidad de vías legales de positivación fuera de la legislatura política; es sabido que el derecho de gentes llama pluralista a la teoría que parte de la autonomía de los ordenamientos nacionales. Nada tiene esto en común con nuestro concepto del pluralismo de las fuentes. Cf. PICCARDI, *La pluralità degli ordini giuridici, Scritti in onore di Santi Romano I* (1940) 251.

recho laboral y en los procedimientos arbitrales[261] y se defiende con toda razón contra una terminología que quisiera hablar a este respecto de «fuentes secundarias». Pues ella puede alegar el carácter prelegislativo de la formación extralegal de la casuística o de los *standards, rules, principles* e instituciones enteras, que forman una «jerarquía de los hechos».[262] En esto viene a coincidir con la escuela comparatista americana, que por su parte ha descubierto los factores constantes de los principios y de la formación de conceptos allende la clásica autoridad del precedente. Al avanzar esta escuela hacia un sistema de instituciones, partiendo de un puro Derecho del caso, se ve por su parte obligada a reconocer una jerarquía interna de elementos y fuentes del derecho.[263] En su caso, como en el nuestro, los elementos judiciales y legislativos surgen en «esquemas lógicamente independientes», pero son servidores comunes de lo institucional: «acoplamientos sistemáticos de reglas, principios y concepciones».[264] La «formulación de la ley» es solo un marco, un esquema, cuya efectividad depende de la jurisprudencia.[265]

En una palabra, un análisis realista hace surgir en ambos lados una nueva imagen del conjunto del ordenamiento jurídico y de la importancia poseída por los principios prelegales para la creación de instituciones.[266]

El decepcionante descubrimiento de «la escasa relación que puede haber entre la autoridad formal y la efectiva»[267] conduce necesariamente a una revaloración del

---

[261] Cf. SANTAMARIA, *La giustizia privata* (1937): en el capítulo «La lotta per la giustizia privata nell'attualità» (201 ss.) llega a hablar de un renacimiento del antiguo *ius respondendi.* En este punto la doctrina alemana ha seguido siempre el camino del estatalismo. Cf. V. STAFF en el manual «*Das Schiedgerichtsverfahren nach heutigen deutschen Recht*» (1926) 152, con su paralelo con la teoría del cargo en el caso del ejecutor judicial. Sobre la importancia de los principios del derecho universal para el arbitraje internacional, véase infra cap. XVII, p. 433 ss.

[262] GURVITCH op. cit. 124.

[263] POUND (n. I 41) 425, idéntico al informe francés en Mém. Acad. Int. Droit Comp. II 2 (1934) 9. Para la repercusión de esta teoría sobre la doctrina continental cf. la obra varias veces citada de PUIG BRUTAU. La tesis sobre la jerarquía de las fuentes de derecho no tiene nada de nuevo. Cf. ADIKES (n. II 54) 67.

[264] POUND op. cit. 12; cf. también LLEWELLYN, *Law and the Social Sciences*: 62 Harv. L. Rev. 1.286; además LLEWELLYN *y* HOEBEL, The Cheyenne Way (1941) 16.

[265] POUND op. cit. 16: «Las formulaciones legislativas no son efectivas en grado notable... Esto es tan verdad en el derecho angloamericano como en el continente», etc.

[266] Como pionero de esta teoría pluralista en Europa SANTI ROMANO es acreedor a todos los honores. Su trabajo *L'ordinamento giuridico* (1.ª ed. 1918, 2.ª ed. 1945) es la base de todas las ulteriores investigaciones de RENARD, DELOS, GURVITCH, DESQUEYRAT y otros acerca de la teoría de las instituciones (1930 ss.). Aunque sus tendencias son más organicistas que analíticas, da el impulso para que se aprecie la unidad funcional de todos los elementos del ordenamiento en tanto que «fuentes del derecho» substanciales y el hecho de que la tarea de las instituciones venga determinada previamente a la ley. Sobre todo la parte II proporciona un material convincente para demostrar la falsedad histórica y actual de la tesis del monopolio de las fuentes del derecho por parte de la legislatura estatal. Cf. también los ingeniosos ensayos de ROMANO: *Frammenti di un dizionario giuridico* (1947) ad vocem «Diritto (Funzione del)» o «Interpretazione evolutiva», «Mitología giuridica», etc. sobre el mito de la planificación estatal y el *ius involuntarium,* los factores estabilizadores y progresivos de la jurisprudencia, ideología y realidad de la interpretación de las leyes, etc.

[267] POUND, op. cit.

«derecho en acción» determinado por el proceso, es decir, de la parte que en el derecho actual pertenece a la jurisprudencia, del *ius* en contraposición a las vinculaciones de los *foedera et leges* en sentido clásico.[268] Se llama jurisprudencial a una creación de derecho en virtud de la ciencia de los juristas, que no procede de una fijación superior de tradiciones o resoluciones, ni por edictos o estatutos oficiales, ni por «disposiciones» de cualquier linaje que sean, sino que echa sus raíces en el caso mismo y en el problema.[269] La casuística, al margen de toda planificación, da a luz el tipo de caso y su «principio», antes aún de que éste halle expresión abstracta en una *regula* o paremia. Es un Derecho del caso independiente de la autoridad, en el que tradiciones nacionales y profesionales se funden en una masa autónoma de convicciones jurídicas, en un *common law,* que goza de primacía frente a los actos del poder legislativo político.[270]

Es la auténtica constitución jurídica de la nación.[271]

3. La destrucción de esta base de derecho común por la administración de justicia estatal es, como se ha dicho, la obra de tres factores: el Absolutismo, la Ilustración y la idea del estado nacional. Su ímpetu se nos hace plenamente visible al leer en el § 6 de la Introducción al ALR prusiano: «En las decisiones futuras no debe prestarse atención alguna a las opiniones de los maestros del Derecho o a anteriores sentencias de los jueces».[272] En realidad, no es el «espíritu de la codificación», sino la moderna concepción del Estado que desde la famosa ordenanza de Luis XIV de 1667 (tit. I, art. 7) y el código josefino de 1786 (parte I § 26) prohíbe a los jueces todo comentario a la ley o que se apoyen en prácticas jurídicas anteriores. ¿No es acaso una parte de la moderna pesadilla de la interpretación, la advertencia que hace el pasaje últimamente citado de que el juez, «so pena de incurrir en nuestra suprema desgracia y en una severa reprensión» se abstendrá sobre todo «de permitirse la menor desviación de las claras disposiciones de la ley por razón de un supuesto razonamiento filosófico o so pretexto de interpretar el fin perseguido por la ley o la intención de ésta»?

---

268 Cf. GUARINO, *Il concetto dell'ordinamento giuridico*: Arch. giur. 142. ir. Cf. también ARANGIO-RUIZ en Rariora (1946) 252. Obra clásica alemana: KASER (n. III 203) espec. 63 ss.

269 *Ius civile* en sentido estricto: en oposición al *ius honorarium* de los edictos y al *ius gentium,* que aunque tampoco es dominio de las *leges,* en la última época republicana representa, por influjo del pensamiento aristotélico, más allá del derecho estricto, es decir, del derecho autónomo y dogmático de los juristas —después del florecimiento de la ciencia—, una disciplina de principios jurídicos «naturales» determinada por el «sentido común» (el δίκαιον φυσικόν en oposición al δίκαιον νομικόν cf. KASER op. cit. 71, 82 ss.).

270 Para Roma: KASER op. cit. 69; para Inglaterra: PLÜCKNETT (n. II 102) 439 ss.; cf. POLLOCK, *The Nature and the Meaning of Law*: 10 L. Q. Rev. 228 (230, 237): «Las concepciones e ideas del derecho, incluso sus formas, son anteriores en la historia a la intervención oficial del Estado.» Así también GOODHART, *Law and the State*: 47 L. Q. Rev. 118, a propósito de la reimpresión inglesa de la «Teoría del Estado» de KRABBES (Leyden, 1930). Sobre la terminología exacta cf. WILLIAMS, *The Controversy Concerning the Word Law*: ArchRSozPhil 38 (1949) 1; también en «*Language and Law*» (n. IV 134).

271 «El *common law* controla los actos del Parlamento», privilegio que, por lo demás, y de un modo significativo, con la restauración de 1688 tuvo que ceder ante el nuevo concepto de la soberanía, PLUCKNETT, op. cit., 445.

272 Cf. también § 47 ibíd., con respecto a la interpelación desestimada en 1798 por la Comisión legislativa, pero también § 50, según el cual las presuntas lagunas deben ser inmediatamente denunciadas al *Chef* de la justicia.

La situación de los juristas continentales ante el Estado no ha cambiado oficialmente desde entonces. Sigue existiendo un totalitarismo jurídico de la idea del Estado, que diviniza la sabiduría del legislador y hace de la jurisprudencia una sumisa sirvienta de la ideología política. En las constituciones liberales, gracias a la ausencia de una ideología oficial, la situación no resulta insoportable, pero puede hacerse grave con cualquier cambio que se produzca en la «ética» política. Así DEL VECCHIO en una ponencia sobre el discurso arriba citado de POUND sobre «Les diverses sources du droit, leur équilibre et leur hiérarchie dans les divers systèmes juridiques»[273] cita, sacándolas de un discurso del ministro italiano de Justicia ROCCO, las siguientes tesis con motivo de la constitución de una comisión para recopilar el derecho consuetudinario italiano: 1.° Solo el Estado posee la facultad de ser fuente de derecho. 2.° El Estado moderno no puede conceder participación en este atributo de su soberanía a ninguna otra fuerza social. 3.° Por esto las costumbres solo pueden ser complemento e interpretación del derecho legislado, aun cuando pretenden «rejuvenecerlo, vivificarlo y modernizarlo».[274]

Nada tiene, pues, de extraño que en Italia la liberación política haya causado un abandono del concepto estatal de la ley, el cual llevaba, por ejemplo, a la absurda conclusión de que la huelga, como base del contrato de tarifa creador de derecho objetivo, era una especie de acto legislativo del Estado.[275] Un fenómeno peculiar es, empero, la ausencia de reacciones similares en Alemania —si prescindimos de la resurrección repetidamente citada de algunas concepciones inusnaturalistas en la Constitución, la doctrina y la administración de justicia. El primer indicio animador es la preparación de una ley judicial, que sacará a los jueces del *status* general de los funcionarios. Pero ¿no vendrá demasiado tarde, y no surgirán otras realidades que se opondrán a que se restaure el concepto de la judicatura como fuente del derecho?

La renovación de una convicción del *ius commune* extrapolítico debe ir de la mano con una concepción más profunda de la fertilidad de la dogmática jurídica. La teoría pluralista de las fuentes señala con razón la substancial función de justicia que la formación de conceptos y sistemas confía a la jurisprudencia.[276] Entra también en esto la superación de todos los intentos de despojar al derecho de juristas de su carácter genuino, —y por así decir, de ocultarlo ya como fenómeno—, por el rodeo de una «teoría de fases escalonadas» y otras tesis delegacionistas.[277] Pero lo que sobre todo hay que evitar es el hacer depender el reconocimiento de los principios jurídicos de una artificiosa remisión a los párrafos de la ley.[278]

La recepción de principios de derecho común en la *lex scripta* corresponde a la pretensión totalitaria del legislador, que con esta incorporación pretende dar por

---

273 (N. III 29) 22 (46).

274 Atti della Commissione Reale per la raccolta delle consuetudini (1930) 3.

275 Cf. El trabajo repetidamente citado de ASCARELLI sobre «*L'idea del códice...*», pero tambièn el estudio de VASALLI, *Estrastatualità del diritto civile*, en: «Doctor communis» (1952) 128.

276 Cf. la conferencia de GUARINO en la 46.ª reunión de la *Società Italiana per il Progresso delle Scienze*, Perugia, 1-4.7.1952, pubi, también en Arch. jiur. 142, 3. Además BETTI (n. IV 101) 387.

277 A este peligro sucumbe, por ejemplo, ZANOBINI, Gerarchia e parità fra le fonti, en: Scritti in onore di Santi Romano I (IV 260) 591. Se opone de un modo claro y convincente a estas mixtificaciones: BETTI op. cit. 383/384.

278 Lo que corresponde a la práctica del Tribunal Supremo español, no de otro modo que a la francesa y alemana, cf. HERZOG (n. I 41) 201/202.

definitivamente cerrado el sistema y hacerlo formalmente invulnerable. Semejante autarquía pertenece al ideal enciclopédico de la codificación como un "cuerpo completo y autosuficiente de reglas y principios, que no ha de ser ni desarrollado ni modificado por disposiciones legislativas».[279]

Hemos mencionado en otro sitio el clásico solipsismo del pensamiento codificador francés.[280] La utopía enciclopédica de un «código simple, y completo» iba a la par con la hostilidad contra el estamento judicial del *ancien régime* [281] y condujo a la ambición de popularidad de la legislación napoleónica, que como expresión del Cesarismo no podía tolerar ninguna tradición profesional [282] Todo intento de interpretación de su obra, era mirado por Napoleón como *suspect, idéologie subversive et principe d'anarchie*,[283] El servilismo de sus juristas colaboró, con dóciles autoacusaciones, a la divinización del texto: «Las buenas leyes se explican por sí mismas».[284] «Si el texto parece silencioso al que lo lee por encima, los principios que sienta son elocuentes para el que se aplica a meditar sobre ellos».[285] «Es, por tanto, en el Código Napoleón, donde hay que estudiar el Código Napoleón». Cada laguna es un fracaso del juez, «que calumnia a la ley».[286]

No puede hallarse una más elocuente ilustración de la impotencia Je una jurisprudencia encadenada al Estado, y de la fuerza liberadora de la comparación de los derechos, que la que estos hechos nos proporcionan: el tenaz empeño de la doctrina en entender el código «por sí mismo», la ingenua amalgama, en la primera época exegética, de fidelidad al texto, «buen sentido» y «costumbres», la inauguración en el segundo período de una nueva sistemática teórica con influencias del derecho común (Zacharia), las perfectas fórmulas que en el momento culminante de esta autarquía. acuñó el análisis conceptual, hasta que la vista de otras y más modernas codificaciones da lugar a una crítica comparativa y una meditación realista que empuja al espíritu sociológico a distanciarse del sistema y a reflexionar críticamente sobre el «método». Dada la existencia de excelentes estudios sobre este punto,[287] nos limitaremos aquí a destacar solo un fenómeno: la jurisprudencia que los tribunales de Alemania occidental desarrollaron sobre el Code Napoléon. no

---

279 Courtenay Ilbert, Legislative Methods and Forms (1901) 122; cf. también la ponencia arriba citada de MacMillan, To Ways of Legal Thinking (n. III 238).

280 Supra cap. IX, p. 186 ss.

281 Robespierre en 18.11.1790 ante la Asamblea Constituyente: «E1 término jurisprudencia de los tribunales debe ser borrado de nuestra lengua.

282 Cf. la excelente exposición de esta época y de la evolución ulterior del Code civil en Gaudemet (n. III 7).

283 Gaudemet op. cit. 13. Es conocida la exclamación de Napoleón, cuando en 1805 apareció el primer volumen del modesto comentario de Maleville: *Mon code est perdu*.

284 Thierit en un discurso de 1808, citado por Gaudemet 16.

285 Toullier, cit. Gaudemet 24/25.

286 Proudhon ibíd.

287 Además de los trabajos de Gaudemet merecen citarse sobre todo las ponencias de Rouast, Roubier y Boulanger en la Semaine Internat, du Droit de l'Ass. H. Capitant en conjunción con el Inst. Int. de Droit Comp. de 16-21.10.1950 en París, publicadas bajo el título «La méthode depuis le Code civil de 1804, au point de vue des sources, de la technique juridique, de l'interprétation judiciaire» en Trav. Ass. Capitant VI (1952) 40-70. También en «Livre du Centenaire du Code Civil» de 1904 se encuentran ya contribuciones que interesan a nuestro tema, así la de Charmont y Chausse sobre «Les Interprètes du Code civil» (I, 133 ss.) y Meynial sobre «Les recueils d'arrêts et les arrêtistes» (I, 175 ss.).

tardó en demostrar que no era el espíritu de la ley, sino las tradiciones del estamento de los juristas, su doctrina y su método, lo que determinaba el derecho positivo.[288] Se ha observado certeramente que «bajo la misma ley existen tantos ordenamientos jurídicos como métodos de interpretación»,[289] y se puede decir, a la inversa que lo eficaz de la ley no es la concepción política del textc», sino su inspiración y preformación por parte de los principios y métodos jurídicos que estaban ya vigentes en la doctrina y en la práctica.

Donde falta esta unidad de los principios jurídicos, le es muy difícil a un código» el imponerse. Así el Código civil español de 1889 ni pudo derribar las barreras políticas de los derechos consuetudinarios locales (fueros), ni quebrar la autoridad de las tradiciones jurisprudenciales.[290] Por eso se mantuvo un auténtico derecho local, que por su parte obligó a la formación de un auténtico derecho común – aunque desde 1884 solo por parte del Tribunal Supremo. La Ley de enjuiciamiento civil de 1855 disponía expresamente que la doctrina legal reconocida por el Tribunal Supremo era causa de casación (art. 1.012). Por más que el art. 6 del C.c. español mitigara este privilegio por la remisión a los «principios generales del derecho» como un caso de aplicación formal de la ley, la ilusión de un código autárquico no pudo abrirse camino en España, y la jurisprudencia siguió siendo fuente de derecho en el sentido pluralista.

4. Este problema de la formación de un derecho común no debe olvidarse ahora, ante la necesidad de cordmar las jurisprudencias o de llegar incluso a una jurisprudencia supranacional. Sabida es la crisis a que ha llegado, por causa de la concepción estatal del derecho, el derecho de gentes y el derecho internacional privado. En el primero se reconoce, por lo menos, una práctica y una tradición comunes como testimonio de un derecho de gentes universal y como base de decisión,[291] pero en el derecho internacional privado no hay doctrina o procedimiento unitario que valga como fuente, en tanto no haya actos estatales legislativos que reconozcan formalmente una solución. Que con esto se deja de lado la cuestión fundamental, lo demuestra el permanente problema de la calificación, cuya historia constituye un veredicto de la concepción estatal del derecho.[292] La frecuente mezcla del plano judicial de la calificación con la *lex fori* material en sentido estatalista,

---

288 Fue naturalmente un comparatista de la talla de JosEF KOHLER, que hizo de este punto el tema de una contribución al Livre du Centenaire (II, 617 ss.): «Le Code Civil français dans la théorie et la pratique allemandes.» Por lo demás esta comparación jurisprudencial ha encontrado también partidarios en Bélgica. Así los ensayos de JANNE en Rev. trim. 1934, 177 sobre «Quelques differencee d'application aux faits des mêmes principes juridiques par la jurisprudence belge et française».

289 Merkl, Zum Interpretationsproblem : GriinhutsZ 42 (1916) 548 (549)-

290 Cf. HENRI SABADIE (n. I 26) 65 ss. y passim. Detalles en SÁNCHEZ ROMÁN, Estudios de derecho civil^2 II (1911) 73 ss. y DE BUEN, Derecho civil español común (1920) 27 ss.

291 Véase supra cap. III p. 45 ss.

292 «El problema de la calificación es la secuela de la teoría positiva nacionalista del Derecho privado internacional, tal como se desarrolló en el continente en la 2.ª mitad del siglo XIX», dice NEUNER en su precursor trabajo citado infra (9). Cf. la exposición en NIEDERER (n. I 111) 7-28, 30 ss., 80 ss. La teoría de la «calificación» autònoma encuentra su fòrmula clásica en RABEL (n.I in). Cf. una visión de conjunto en NIEDERER, Einführung in die allgemeine Lehre des IPR (1954) 246. Sobre el estado actual de la discusión cf. MAURY (n. I in) 564 ss. con bibliografía completa, y ROBERTSON, Charactenzation in thè Conflict of Law (1940). Más noticias en el texto siguiente.

caracteriza la ceguera respecto a la autonomía de los conceptos jurisprudenciales de ordenamiento. En vano esperan los positivistas recalcitrantes que el conflicto de significaciones pueda resolverse por una concordancia meramente terminológica, en lugar de proceder a la elaboración de auténticas ecuaciones funcionales en las diversas estructuras.[293]

También en el derecho de gentes el desconocimiento de la eficacia productiva de la jurisprudencia —o el miedo a ella— es la última razón de que se mantenga, como base de obligatoriedad, el dogma de la voluntad del Estado, del acuerdo estatal, de la «voluntad colectiva de los estados», etc.[294] Sin embargo, en la teoría moderna del arbitraje internacional privado los partidarios de la concepción estatalista son precisamente los que se atreven a aventurarse en el inseguro suelo de la doctrina pluralista.[295] Los obliga a hacerlo la clara y creadora independencia de la *arbitration,* y la teoría contractual permite «explicar» el atentado contra el monopolio jurídico estatal. De hecho, aquí como allí los factores jurisprudenciales de ordenamiento son independientes de la «voluntad del Estado».

Pero, ¿cuáles son los criterios de semejante formación judicial de ordenamiento, en el momento en que el árbitro intenta rebasar el papel conciliador del «amigable componedor», o sea, acuña reglas sistemáticamente enlazadas entre sí, y crea instituciones jurídicas que son, sin embargo, independientes de la estructura de las figuras jurídicas nacionales? Son los principios jurídicos y técnicos de la sistematización «abierta», a que nos hemos referido en el cap. VI, 3, que, sobre la base de la uniformidad universal de los problemas permanentes típicos y de las posibilidades de solución (naturaleza de la cosa, etc.) hacen posible distinguir en las diversas soluciones nacionales la existencia de instituciones comparables y sacar de ellas — por vía de auténtica comparación del derecho — el concepto funcional «general», estructuralmente neutral y libre de lastre histórico.

Este es justamente el núcleo del problema de la calificación. Las categorías de los conceptos de remisión en el DIP no pueden basarse sobre la calificación estatal y nacional de tales conceptos en los derechos singulares. Pues la formación de un sistema y el encuadramiento de un cometido no son decisivos para determinar la función de una institución, o la comparabilidad de la situación de los intereses y de las soluciones, o el contenido de justicia que éstas posean. Pero quien dude de la posibilidad de una calificación «supraestructural», tiene que volver, puesto que el derecho de colisión carece de estructura propia — como todos los ordenamientos supranacionales —, al campo de la doctrina estatalista, según la cual el juez solo puede tener una *lex fori:* el ordenamiento positivo y estatal de su país, de su doctrina y de su historia. Con ello la inescapable alternativa de ausencia de normas o acumulación de normas, viene también planteada al que se da cuenta de que, «de suyo», la calificación material de los derechos particulares prejuzga tan poco la

---

293 Así todavía W. BURCKARDT en el Festschrift für E. Huber (1919) 276. En contra NIEDERER 31-35.

294 Cf. la exposición del estatismo clásico en derecho internacional y sus aporías desde AUSTIN y ZORN hasta ANZILOTTI y KAUFMANN en AGO (n. II 149) 16 ss. No es convincente el distanciamiento de AGO del normativismo de KELSEN.

295 Cf. precisamente del lado italiano: SOALOJA, Gli arbitrati liberi, en: Scritti in onore di A. Marghieri (1921) 458; SATTA, Contributo alla dotrina dell'arbitrio privato (1931); SANTAMARIA (n. IV 261) y ASCARELLI en Nussbaums Jb. I (1926) 76. Más bibliografía en SCHÖNKE (n. III 352) 1; sobre el art. II i del Prot, de Ginebra especialmente SCHRÖDER ibid. 30.

cualificación del derecho internacional privado, como la norma material prejuzga la norma de colisión.[296]

Así se ha ido comprendiendo poco a poco que la tarea de liberar los conceptos del DIP «de las cadenas de los códigos civiles», como llama RABEL a los vínculos estructurales, solo puede llevarse a buen fin por medio de una casuística jurisprudencial autónoma sobre la base de principios universales.[297] Pues los simples hechos pre-jurídicos sin caracterización jurídica, no se presentan como objeto de una decisión, de modo que fallan los expedientes de M. Wolff y (primitivamente) RABEL. Lo que hay que calificar no es todo el material originario y sin cerner, sino el «supuesto de hecho» jurídicamente relevante. La cuestión de derecho se plantea ya en la selección del caso, es decir, no podemos evitar la aplicación de un criterio preestructural a la cuestión de si «algo es relevante y en virtud de qué», y con ello la erección de conceptos de encuadramiento *(concepts de cadre)*.[298]

Es característico que sea precisamente la doctrina francesa la que rechaza todos estos ensayos como metódicamente inexactos.[299] La figura abstracta o estructural de un instituto, obtenida de la casuística por vía de comparación funcional, sería inutilizable en vista de las grandes diferencias estructurales de los sistemas. Casi nunca daría un resultado y conduciría a una *serie de proces-verbaux de carence* a pesar del *manstrueux travail* que – según palabras de DE CASTRO – impondría al juez. El intemacionalista no está en situación (según esta escuela) de representar al legislador, y menos por una «interpretación creadora» que pretendiera edificar sobre conceptos científicos que están todavía por descubrir.[300]

Uno de los pnncipales propósitos del presente libro es mostrar la identidad de este camino con la evolución de los «sistemas abiertos», en los que no se formula ni el concepto ni el principio, sino el precedente y la regla, hasta que se hace posible fijar los principios así encontrados.

Los conceptos dogmáticos son siempre el producto, no el presupuesto, de una evolución, e incluso en el derecho codificado lo que MAURY llama *la possession du texte* es una ilusión, mientras no exista una jurisprudencia uniforme que proyecte sin más ni más en el código prin_ cipios que en realidad no están en éste, para luego argumentar *au déla du code mais par le code.* Desde este punto de vista merecen aprobación completa las afirmaciones de Wengler,[301] quien busca los principios generales para la calificación preestructural precisamente en el plano en que desde siempre se ha situado el juez para 'colmar las lagunas» más allá de la doctrina estatalista de las fuentes.

---

296 Sobre todo ello NIEDERER (n. I 111). Un precursor científico es ROBERT NEUNER (n. I m); el mismo en Die Anknüpfung im IPR: RabelsZ 8 (1934) 81 ss. Cf. también V. STEIGER, Die Bestimmung der Rechtsfrage in IPR, Ein Beitrag zum Qualifikationsproblem (1937). Fimdamental hoy: RABEL, Conflict of Laws I (1945) 49 ss.

297 WENGLER, Die Vorfrage im Kollisionsrecht, I: Die Bildung des Inhalts präjudizieller Begriffe: RabelsZ 8 (1934) 148; RAAPE, Recueil IV (1934) 401; MAURY, ibid. III (1936) 554; WENGLER (n. I 45) 1.

298 Así acertadamente v. STEIGER op. cit. 11 ss., 13.

299 MAURY op. cit. 471 ss.

300 Id., 475.

301 (N. I 45) 1 (11, 13, iS, etc.), remitiendo a interesante material de sentencias italianas, a la vía de transformación anglonorteamericana de los «principios de justicia natural» y al avance de una comparación desde el punto de vista de la función, no de la situación sistemática de una figura jurídica.

5. Cuando nos preguntamos qué es lo que permite a los sistemas nacionales soportar los *shocks* de la moderna cirugía legislativa, o qué es lo que mantiene incólumes las relaciones jurídicas internacionales por encima de catástrofes políticas y crisis culturales, entonces se nos hace clara la importancia estabilizadora del desarrollo junsprudencial de los principios del derecho. El carácter universal de los problemas y de sus soluciones, que queda oculto en las legislaciones nacionales, conduce a la jurisprudencia hacia soluciones conformes y equivalentes más allá del *esprit du code*. Por encima de la multiplicidad de «justicias sociales» que cambian con cada constitución política y cada victoria electoral de un partido, la jurisprudencia sienta la justicia pura y simple, la que no soporta atributos.[302] En lugar de la discontinuidad y de las oleadas legislativas, que muestran altos y bajos según los cambios de temperatura de los pueblos respectivos, encontramos aquí un progresivo conocimiento y un tratamiento cada vez más perfeccionado de problemas según principios que no gozan de la popularidad ni del éxito inmediato que promete la política, pero que tampoco decepcionan nunca la confianza puesta en el derecho por culpa de su arbitraria anulación por parte del «legislador».[303]

Semejante pragmatismo jurídico desacredita el concepto de ley más que la tan decantada justicia de clase; justamente las leyes que se proponen un fin no son nunca «populares», pues desatienden demasiado los verdaderos criterios de la mayoría para poder servir a ésta de norma.[304] Un estudio «behaviourista» del derecho ha confirmado la expenencia que desde hace cuarenta años venimos sintiendo en nuestro propio cuerpo, o sea, que en la vida jurídica hay algo que es más importante que el moderno arte legislativo: la ininterrumpida tradición en el empleo por parte de los junstas de los principios comunes del derecho, que a salvo de los intereses del día y de la ley política de los detentores del poder y de su ideología, mantienen erecto el prototipo del respeto y la responsabilidad sociales que define una época y un círculo de cultura. Tal era aún en el siglo XIX el concepto de la «ley». Hoy la situación se ha invertido: la seguridad jurídica, que nuestros padres encomiaban en la ley, es un privilegio del derecho de junstas afianzado en el siglo XIX o al menos de partes del mismo que quedaron inmunes de la legislación política. Cada nuevo reparto de la túnica de nuestro derecho común se hace a costas de la cultura jurídica fundamental.[305]

Es muy posible que el Derecho del caso en su forma genuinamente inglesa no pueda soportar el ritmo de la nueva época ni la «carrera con la tormenta legisladora».[306] Pero hay amplios campos del derecho privado y penal en los que esta tormenta provoca verdaderas devastaciones. La permanencia de un *common law* apolítico, resultado de una victoriosa lucha contra el absolutismo centralista, constituye

---

302 RIPERT (n. III 55) 7: «Desconfiemos de todo calificativo aplicado a la justicia.»

303 Cf. la descripción de la moderna devastación jurídica en RIPERT, capítulo V, 125 ss.: «Erramos por en medio de restos de leyes, unas completamente arrumadas, otras aún parcialmente en pie y consolidadas de cualquier modo» (131), mientras el oportunismo político va concertando sus componendas, anulando sin el menor escrúpulo y con efecto retroactivo unas leyes, restableciendo otras, etc.

304 HARPER, The Forces behind and beyond Juristic Pragmatism in America: Recueil Gény II, 243 (261).

305 Cf. las advertencias de GIERKE, que he tomado por lema en mi trabajo «Entwickhmg und Bedeutung der Gefáhrdungshaftung» (1941). Sobre ello ahora también VASSALLI, *Estrastatualitá del diritto civile I-II* (1052) 128.

306 RABEL, Deutsches und Amerikanisches Recht: RabelsZ *16* (IQCI) 128.

para el ámbito cultural anglosajón una garantía mucho más firme cjue cualquier constitución.[307] La concepción «autoritaria»' del derecho es en sí misma sospechosa —y con razón— para *el common lawyer.*[308] Mira con ojos recelosos toda reforma que tienda a rellenar el foso de seguridad que se abre entre el puro derecho de juristas *y* el ámbito estatal del *statute law,* menoscabando la antigua división precentraKsta de las competencias.[309] Y el mismo jurista continental, en los países en que existe una tradición de juristas ininterrumpida, se niega a reconocer las sanciones o abrogaciones legislativas del derecho judicial o consuetudinario.[310]

6. Las objeciones que pueden oponerse al poder ordenador del derecho judicial, saltan a la vista para quien considera la casuística moderna. El «horizonte de los jueces» no está, en efecto, menos limitado por su situación social y el carácter de su función que por las perspectivas especiales que ofrece el «caso» concreto. Aquí un auténtico derecho según precedentes no es siempre garantía de un trato igualitario al modo de la ley, pues la dureza, del caso puede también inducir a que se mutilen los principios incorporados en la regla: «los casos difíciles crean mal derecho».[311] Este es el contrapunto al realismo de un pensamiento adherido a los problemas, si oponemos en calidad de «realista» el derecho judicial al boceto especuladvo del derecho legislado, cuyos prejuicios ideológicos a menudo inducen al práctico a dudar solo de la justicia concreta del resultado: «El legislador da la sensación de un miope armado con un arma poderosa».[312]

Otro es el apoyo que permite al juez, a despecho de sus limitaciones sociales y de los riesgos políticos, aceptar el temible regalo de una formación de reglas bajo su propia responsabilidad:[313] el tejido de «doctrina y tradiciones acreditadas», gracias al cual su sentencia, encontrada *Itge artis,* como parte de una convicción de la que responde solidariamente el estamento entero, considerándola parte de una *communis oyinio doctorum,* es encajada dentro del derecho total. Aunque el derecho de juristas sea derecho de prácticos, su continuidad y su entrelazamiento con el sistema vienen asegurados, en el ámbito continental, por la doctrina.[314] El tratamiento del caso es lo primario, pero la casuística confía, mucho más aún de lo que observábamos en el *case law,* en los principios que se ofrecen al jurista bajo el

---

307 Cf. POLLOCK y MAITLAND, History of Engüsh Law before the Time o£ Edward *P* (1905); LASKI, The Rise of European Liberallsm (1936) 106; compárense las inútiles advertencias de nuestros juristas a partir de GIERKE, y no solo de los alemanes. Cf., por ejemplo, las palabras finales de BOULANCER en su ponencia arriba citada (n. IV 287).

308 Léase, por ejemplo, el folleto, instructivo a este respecto, «The Place of Law in Germany»: 53 L. Q. Rev. (1943) 134. Allí'se menciona como algo típicamente alemán: «Según la opinión prevalente en Alemania, y no solo entre los nazis, el derecho deriva su autoridad del poder detentado por el legislador.» «El derecho no está por encima el gobierno, sino que es una regla establecida por el gobierno.» «Los hechos políticos y militares, no los definidos legalmente, son los que determinan la legitimidad.» «Una experiencia tan larga ha enseñado a los alemanes a concebir el derecho como una emanación del poder político», etc.

309 Cf. RADIN, Anglo-American Legal History (1936) 115; el mismo (n. III 225) 338.

310 Para el derecho privado español: HERZOG op. cit. 197.

311 RADIN, The Law and Mister Smith (1938) 40.

312 PUIG BRUTAU (n. I 41) 19.

313 Cf. el debate que siguió a la conferencia de BOULANGER sobre el «Papel del juez» en 25.2.1949: Trav. Ass. Capitant V, 73 ss.

314 Cf. KOSCHAKER (n. II 155) 188. Sobre ello infra cap. XV, 9.

revestimiento conceptual y técnico de la dogmática, es más, que se le imponen por la fuerza de la «lógica». Dogmática es la traducción eficaz de un conflicto vital y de la clave para su valoración y solución (ganada originariamente gracias a la experiencia), a un campo técnico de conceptos y de términos, en el que los conceptos y dogmas, aunque aparenten ser un fin por sí mismos, en realidad solo representan la coordinabilidad total y la consecuencia lógica de las respuestas singulares así obtenidas, garantizando su capacidad para ser comprobados y enseñados racionalmente.[315]

Así, no es una convención arbitraria, sino una necesidad de racionalización lo que induce a la jurisprudencia de todas las épocas a agrupar cada vez más sus soluciones en torno a conceptos dogmáticos: «estas formas intelectuales donde vienen a moldearse los datos de la vida social que constituyen la materia del derecho».[316] Pues, con cada nueva valoración el concepto sufre modificaciones que alteran su futura significación dentro del ordenamiento, en el sentido de que la significación específicamente dogmática de un concepto, al comienzo incoloro, le viene dada por la jurisprudencia. Lo hemos observado en la evolución del concepto de causa en el pensamiento romano clásico, pero puede también observarse *in vivo* en cualquier concepto moderno que sea todavía ajeno a la codificación. Un concepto semejante, por ejemplo, el de «patrimonio separado», conduce desde problemas singulares determinados a la captación dogmática y «de principio» del conflicto de intereses típico, y por medio de su empleo según las reglas del arte permite a la judicatura proceder con una constancia y uniformidad muy por encima de los argumentos ligados al caso. El problema prejurídico se transforma en jurídico.[317] Más allá del lenguaje metafórico, y a. menudo discutible, de un ciego positivismo conceptual,[318] el término técnico certeramente apoyado en una casuística de suficiente amplitud sirve para fijar todas las cuestiones reconocidas de valoración en un plano substraído a la lucha de los sentimientos y a sus argumentos *ad hoc*.[319] En este plano la valoración de intereses no queda desplazada, sino que se la hace «conforme a la justicia» por medio del estudio y aprovechamiento de los criterios fundamentales de solución reunidos en el concepto. El «substrato social», «el conjunto de datos reales» no queda recubierto de un modo dualístico por la red de los conceptos;[320] todo lo contrario, «es siempre posible discernir los datos amalgamados con la construcción»,[321] y su experiencia controla la construcción «lógica» a partir de la *notitia rerum*. Pero ninguna judicatura podría resolver las eternas cuestiones de justicia partiendo solo del *simile* del precedente, si renunciara a considerar las conexiones teleológicas y sus necesidades de ordenamiento a través del prisma de las instituciones jurídicas. Formalización es aquí transposición del problema de la justicia al entrelazamiento de soluciones y efectos ya existentes. Lo que en la perspectiva predogmática es problema funcional y valorativo, es visto ínticamente por el

315 Por eso las luchas en torno a un dogma en una disciplina normativa 10 son una mera polémica erudita, sino pugnas ideológicas en tomo a cuestiones le valor. La ortodoxia no es una «cuestión de forma». La materia dogmática :s solo el medio de la lucha, no su causa.

316 BOULANGER (n. IV 17) 62. «Así las soluciones francesas en materia nacionalidad moral.» Cf. también la contribución de SIMONIUS a la controversia, ibíd. 67.

317 Cf. mi reseña de PINO (n. III 115) 180.

318 Cf. V. HIPPEL (n. I 10).

319 ESSER, Einführung 186-192.

320 En contra ya GÉNY (n. III 12) 1-20 y 351-422.

321 El mismo, IV, 142.

jurista como una cuestión de calificación dogmática.[322] Pero esta óntica no es especulación, sino busqueda de postulados y verdades de justicia objetivamente condicioñados siguiendo el hilo de Ariadna del concepto.[323]

Precisamente este hecho es el que empuja más y más el pensamiento *del case law* hacia el campo de la auténtica construcción y de la sistematización institucional.[324] Así inscribe bajo el concepto de *damages* coda la masa de precedentes que conducen a la delimitación y calificación de la pretensión de resarcimiento por daños, y los modos específicos de cálculo y las reglas que caracterizan este concepto en el *common law* y lo distinguen, por ejemplo, de los conceptos, igualmente claves, de *domage y Scbadenersatz*.[325] *Fraudulent misrepresentation* es una fijación auténticamente dogmática de antiguas reglas del *common law,* que no corresponde literalmente al *dol par réticence* o a nuestra *culpa in contrahendo.* El principio ético se expresa en deberes de manifestación que la casuística positiviza de diversas maneras; el concepto es producto de una evolución que condujo a la especialización de los conceptos elementales de *fraus* y *dolus*.[326] Reconocemos, pues, diversos niveles de la formación de conceptos, correspondientes a la positivación y revestimiento dogmático de los principios subyacentes. Lo éticamente elemental es traspuesto cada vez más al plano técnico, la *ratio iuris* queda en apariencia desplazada por la peculiaridad institucional — en apariencia pues para el experto todo concepto jurídico es sinónimo de la totalidad de valoraciones que la jurisprudencia ha condensado en él.

Queda así aclarado el reproche que se hace a la dogmática, de ser incapaz de captar adecuadamente el «pensamiento básico» de una institución.[327] Su tarea, que es moldear conceptos jurídicos que puedan ser usados técnicamente de un modo autónomo (accesoriedad, subrogación, parte integrante, pertenencias, mora, etc.), la aleja en apariencia de los conceptos elementales inmediatamente evidentes (como culpa, reprochabilidad, buena fe) en dirección hacia lo constructivo. Pero los fundamentos éticos subsisten, y los tránsitos de lo «notativo» a lo «normativo» son visibles en sus diversas gradaciones, — también aquí según la novedad o tradición de una evolución (cf. «nesgo de empresa», «base del negocio», *Verwirkung,* «inimputabilidad»). ¿Acaso no se ha visto que incluso las formas históricamente entrelazadas de la formación de principios en el derecho de obligaciones y de cosas,

---

322 ESSER (n. IV 317) 181: «Así, lo que en lo económico es función, en lo jurídico pasa a ser cualidad e institución.»

323 Cf. mis dos estudios «Elementi di diritto naturale nel pensiero giuridico dogmatico» y «Le garanzie della dogmatica del diritto ed il cosidetto formalismo giuridico» (n. I 11). Un ejemplo escolar es el descubrimiento de las «facetas» del derecho de autor. Remito a la exposición de DE BOOR (n. IV 46).

324 Cf. supra p. 157 ss. Se aviene con la tendencia anglosajona hacia el nominalismo el estudio desde el punto de vista de «lenguaje y derecho» (véase supra cap. VII, n. II 148) o «definición y teoría» (cf. EL L. A. HART: 70 L. Q. Rev. 37). Sin embargo, la cuestión predominantemente terminológica de las categorías (como *servant or agent* en la responsaE>fl:3ad dehetuaf por el personal, cf. BROOKE-SMITH en 70 L. Q. Rev. 253) corresponde con toda exactitud a nuestra técnica de trasposición dogmática en figuras jurídicas (aquí, por ejemplo, «auxiliares de la ejecución o del cumplimiento»).

325 Por ejemplo, en el *common law,* como tampoco en nuestro concepto romanista del daño, no hay un *dommage moral,* pero sí *exemplary and vindicative damages* en caso de *wilful wrongs (assault, seduction, libel).* Cf. la *Genugtuung* suiza.

326 Véase DEL VECCHIO (n. I 34); ASCOLI, La interpretazione delle leggi (1928) 12.

327 Cf. RIPERT (n. I 40) 89.

han tenido que ceder sus secretos valorativos a los medios hermenéuticos de la jurisprudencia de intereses y a las explicaciones de la historia del derecho, como siendo producto de una doctrina y una tradición en otro tiempo acreditadas? [328] Los conceptos dogmáticos no poseen una energía normativa que opere por sí misma, sus declaraciones solo arrojan juicios de valor «analíticos» en el sentido kantiano, no «sintéticos».[329] Su reducción al contenido ético, más allá de toda forma histórica, muestra que carece de sentido querer enfrentar los principios «de derecho natural» a las construcciones de la dogmática, y que tal proceder solo se explica por el fracaso de esta última, cuando se ha desvanecido la conciencia de la función. Aquí es cuando el «principio» se rebela contra la «construcción».

[328] Cf. ya las revelaciones sobre la evolución del dogma de la culpa en la mora, en la obra de Heymann (n. II 87) 15 ss.

[329] De ahí que todas las apologías de la importancia normativamente interpretadora de los conceptos jurídicos y de su lógica sean combates simulados. Cf. Jemolo, I concetti giuridici, Atti della Reale Acad. delle Scienze di Torino, vol. 75 II (1940) contra Pugliatti en Arch. Giur. 113 (1935) 158, y la continuación de la polémica en Riv. Dir. comm. 1941, 197 o 1945, 130.

CAPÍTULO XV

LA PARTICIPACIÓN DE LA CIENCIA DEL DERECHO EN EL DESARROLLO DE LOS PRINCIPIOS EXTRALEGALES

1. Que «los casos difíciles crean mal Derecho» *(Hard cases make bad law)* es una expenencia del *common lawyer* por la que también tiene que pasar la jurisprudencia continental. En un derecho basado sobre precedentes, esta experiencia se hace en el caso mismo; nosotros la hacemos a propósito de las controversias sobre principios y «teorías». En el Derecho del caso el papel conductor de los principios queda a salvo de todas las desviaciones que, en atención a la justicia concreta, se hacen respecto a una regla claramente sentada. La sentencia es mala, pero justa, «el juicio más sólido» es fundamentado con «la opinión más anodina», porque la doctrina que aquí se oponía a la recta resolución del caso, no podía ser corregida y cambiada con medios dogmáticos «de principio». El *principle* de una serie de *leading cases,* por falta de una fundamentación sistemática, no admite ninguna interpretación que se desvíe de los precedentes, y sin embargo la nueva situación obliga a motivar una interpretación de esta clase, por los medios que sea: bien disimuladamente, dando a los hechos una apreciación distinta, bien a las claras, ejerciendo una crítica sobre el precedente, ai que se acusa de *overstatement of the principle.* Pero esto no se lo puede permitir eí modesto juez local. De hecho, el positivismo del Derecho del caso hace perfectamente comprensible aquel prejuicio sobre el angosto «horizonte de los jueces».

En eí derecho continental hay aquí un elemento que es, en principio, independiente: la teoría jurídica. Para las controversias hermenéuticas tiene preparadas diversas «teorías» que permiten al juez, que no está forzosamente vinculado, una desviación, objetiva y jurídicamente impecable, de una regia que hasta ahora se daba por sentada, con el resultado de que la instancia superior puede revisar su acncud con respecto al principio sobre el nuevo caso. Pero aquí lo que sufre violencia es el principio, puesto que el problema no puede resolverse de otro modo, en una palabra, el ''caso difícil» surte efectos mucho más amplios para toda la judicatura. Ejemplos publicados de semejante influencia de la consideración casuística sobre la línea general de una judicatura, son difíciles de hallar, pues el secreto de las deliberaciones y la ausencia de *dissenting opinions* nos impiden conocer los motivos reales de una deformación doctrinal. Algunas indiscreciones, muv de agradecer, arrojan a veces luz sobre tales ocurrencias.[330]

[330] Cf. los recuerdos del magistrado del *Reichsgericht* D. HARTUNG sobre el «caso de la bañera» (RGSt 74, 84) en JZ 1954, 430.

Podemos observar, además, a lo largo de senes enteras de decisiones las causas sociales de una formación abusiva de principios, como he demostrado respecto a la ampliación de la junsprudencia sobre los deberes de atender a la segundad en el tráfico.[331] Finalmente, cualquiera que esté al corriente de la bibliografía sabe que determinadas controversias solo siguen en pie gracias a estos *hard cases*, que pueden ser o casos reales o ejemplos didácticos inventados, que se hacen servir para fundamentar una tesis.[332]

Si prescindimos de estas repercusiones, que por su parte proporcionan también a la sistemática impulsos positivos y oportunas correcciones, podemos afirmar que también para nosotros el «caso» y su solución correcta siguen siendo el último contraste para comprobar la recta delimitación de una norma o doctrina. ¿Dónde se encontrarían los critenos para determinar la adecuada colocación de aquéllas dentro del sistema, si no es en el caso, mejor aún, en el caso límite, en el caso que plantea un conflicto? No es que el caso sea el origen de todas las evoluciones, pero sin él ninguna llegaría a buen término.

2. De todos modos, en la formación del derecho judicial, lo mismo que en las codificaciones, rige el principio de que ninguna solución es satisfactoria en tanto no se compagine con las de ios problemas correspondientes, y que ningún concepto produce por sí solo esta coordinación, si previamente y de un modo unánime no se han fijado su alcance y su función. Ambas cosas son cometido de la escuela, de la doctrina. Donde falte su influencia, la jurisprudencia se ha de atener exclusivamente a las formas históricas, cuyos residuos estorban luego hasta tal punto la función total del sistema, que no alcanza ya a remediarlo el derecho judicial, sino que hay que acudir a la intervención de la ley. Esta es la situación del derecho inglés.[333] Por tanto, doctrina y derecho judicial en el sentido de creación institucional, van de pareja. De hecho, una parte de lo que nosotros esperamos de la doctrina, en el derecho americano lo ejecuta el juez, o sea, en sus *opinions*, que iluminan las cuestiones constructivas. En efecto, éstas son siempre — en el senado escolástico del *case law* — *obiter dicta*, y por tanto no pueden sentarse con efectos vinculantes. Y sin embargo, sus efectos son a menudo mucho más amplios que los de la propia *ratio decidendi*, con gran sorpresa de todo el mundo (véase supra, cap. XII, 4). Así debe ser, si un derecho judicial pretende lograr una auténtica formación institucional con base dogmática.

Salta a la vista que la función de ordenamiento de la dogmática, descrita en el capítulo antenor, no puede realizarla a partir del caso. Los conceptos jurídicos son el producto de una síntesis: no de una síntesis arbitraria, sino enlazada a las cosas e incluso al lugar. En el estadio del derecho del caso preaogmático es válida la afirmación de que «la expresión es creadora, pero en sí misma ciega todavía».[334]

---

331 S. N. I 15.

332 HANBURY, Modern Equity[3] (1949) 4: «Todo sistema jurídico debe de vez en cuando topar con el caso particularmente difícil que pide a gritos ayuda, el caso que ningún juez puede decidir conforme a las reglas sin cargar un peso insoportable sobre su conciencia».

333 De la multitud de ejemplos disponibles, elijo solo el arcaico papel del *warranty*, que pesa absurdamente sobre el problema, que también nosotros conocemos, de la «delimitación del deber de cumplimiento y garantía», cf. RABEL, The Nature of Warranty of Quality: 24 Tulane L. Rev. (1950) 273. RABEL intenta aquí eliminar el concepto desde largo tiempo anticuado del deber contractual «colateral», que debe su vida a una construcción formada por una rara mezcla de *contract y tori*.

334 BOLLNOW. Das Verstehen (1949).

Su cometido casuístico le oculta de momento el horizonte del principio; es más, en todo auténtico derecho judicial se pone el mayor cuidado en soslayar los peligros de una deducción a partir de un principio: *Omnis definitio in ime civili periculosa est, rarum est enirn, ut non subverti fossit.*[335] La evolución se hace asistemáticamente, es decir, de un modo puramente asociativo, enlazando con lo ya existente y con su revestimiento conceptual sin preocuparse por el sistema, por medio de analogías, presunciones, ficciones que en último término se justifican con la adecuación objetiva de la solución, o sea, reciben una justificación «abierta».[336]

Los principios no poseen aquí ningún contenido sistemático utilizable deductivamente, son en todo caso «reglas de rutina en forma de consignas», o sea, *guides,* que en nada se anticipan a la concreta evaluación de los intereses.[337] *Definitio y regula* tiene carácter puramente heurístico, y al mismo tiempo una intención dialéctica, pero no un valor propio de norma, como en un sistema cerrado.[338] No hacen sino sintetizar el contenido del caso singular: *Regula est, quae rem quae est breviter narrat.* Por falta de un horizonte dogmático, no sirven para la deducción de nuevas normas: *Non ex regula tus sumatur, sed ex iure quod est regula fiat,*[339] Por esto dice aún SAVIGNY que nunca hay que sacrificar la más insignificante norma singular a una supuesta regla.[340]

3. Es la doctrina la que introduce este valor sistemático de concepto y principio, extrayendo de la expresión pragmática su virtualidad creadora y usando los «pensamientos jurídicos» heurísricos para formar de ellos un principio obligatorio. *Verwirkung,* base del negocio, gestión a su propio riesgo, todo esto no son en su origen más que denominaciones, que a nada comprometen, de pensamientos jurídicos que deben primero ser reducidos por la dogmática a un buen esquema de criterios conceptuales, para que, junto con la situación que en el sistema les señala una teoría reconocida («teoría de la base del negocio), reciban, como verdaderos principios, un valor para dar soluciones, como el que han recibido los principios ya de antiguo dogmatizados en su consecuencia lógica (principio de confusión, principio de accesoriedad, etc.).

La pregunta acerca de la amplitud de eficacia de una fórmula de solución, o sea, la introducción de un «horizonte» de principios, es en cada círculo jurídico idéntica a la transición del derecho casuístico a la «teoría» y a la formación de una escuela, que por encima del mosaico de las soluciones extiende su red uniforme de categorías y conceptos y, sin respeto a la independencia histórica y a la peculiaridad de cada recurso, agrupa las soluciones heterogéneas en un sistema que en su tiempo

---

335 D. 50, 17, 202 (Javoleno). Sobre ello MARANCA, Le «Regulae iuris» e la «Definitio m iure civile»: Recueil Gény II, 91.

336 Por esto, incluso dentro del marco de la ley, cuando valoraciones «abiertas» (inimputabilidad, rigor 110 equitativo, causa esencial, etc.) completan el supuesto de hecho, recurrimos a auténticos métodos del Derecho casuístico, especialmente el apoyo en las autoridades (precedentes, dictámenes, doctrina) o el uso de una argumentación abierta de tipo ético.

337 SCHWARZ (n. III 103) 196.

338 MARANCA, op. cit. 92.

339 D. 50, 17, 1 (PAULO).

340 System I, 69/70. Sobre el derecho romano clásico cf. F. SCHULZ (n. I 140) 30, 34.

aparece como convincente.[341] Una fase previa y permanente de esto es la «formación de teorías», que todavía no procede a tejer un sistema completo, pero que ante una solución ajena al sistema crea una doctrina que de un modo u otro se compadece con el sistema reconocido.[342] En tal caso tenemos derecho judicial sobre base doctrinaria . al lado del derecho legal, incluso cuando se echa mano de artificios interpretativos e intentos de analogía para introducir en el sistema de la ley una *ratio* oportuna. El principio queda como independiente,[343] en realidad no tiene base alguna en la ley y no ejerce influencia sobre la ideología y formación sistemática de ésta. De un postulado de la ética jurídica la jurisprudencia deduce sus propias consecuencias de justicia, que la doctrina procura encuadrar dentro de la «naturaleza jurídica» de la institución respectiva.[344] Pero lo que convence no es esta construcción, sino la masa de la casuística, que proporciona a la doctrina sus argumentos *ad hoc.*

Siempre que un principio ético-jurídico, por ejemplo el de enriquecimiento, sea encuadrado y fundido sistemáticamente en un *corpus iuris,* ello constituye una tarea de la dogmática, que amplía el acervo de conceptos, y, abandonando los antiguos argumentos casuísticos, utiliza el nuevo principio para configurar los supuestos fijos que podrán ser catalogados como «casos de aplicación» de aquél. No le basta la pura «razonabilidad» y la búsqueda de precedentes, sino que da la clave para hallar la solución adecuada al sistema adaptando un nuevo concepto técnico a la nueva tarea. Precisamente en materia de enriquecimiento este proceso puede seguirse muy bien. El derecho norteamericano se encuentra todavía en la fase de la dogmatización,[345] mientras que el derecho francés permite observar la fase posterior,-hasta la corrección definitiva del sistema. Mucho después del primer reconocimiento, todavía extradogmático, del principio en la famosa resolución del Tribunal de casación de 15-6-1892, y después de haberse superado la fase puramente casuística en que se intenta hallar un apoyo en las figuras reconocidas y las categorías del cuasicontrato, una concepción más clara de la *causa* condujo finalmente a una ampliación del sistema de 1806 y a la formación de supuestos independientes del *enrichissement — sans cause — aux dépens d'autmi.*[346] Esto fue exclusivamente obra de la doctrina, representada aquí por los nombres de ROUAST, AUBRY-RAU, PLANIOL-RIPERT, etc., y a partir de entonces la junsprudencia se sitúa en el papel de un artesano que trabaja según modelos que otro le proporciona.[347]

---

341 Convincente no «objetivamente», sino solo «en su tiempo», pues, como dice BOLLNOW (loe. cit.): «La formulación científica no es autónoma, sino que depende de las fuerzas motrices de la vida social, y solo en la interpretación se hace visible el significado de la vida social que ea ella está contenida.» —

342 Cualquier sistema codificador anticuado ofrece ejemplos de semejantes anejos provisionales. Pero también en una nueva redacción pueden subsistir doctrinas extrasistemáticas, que luego se interpolan en la ley del mejor modo posible. Cf. la jurisprudencia, tampoco incluida en el nuevo Codice civile italiano (art. 1.467 ss.) sobre la doctrina de la *eccesiva onerosità* y la nueva bibliografía al respecto en el estudio del mismo título de PINO (n. IV ix) 50 ss.

343 En este ejemplo: el del *equilibrio fra due prestazioni* en sentido económico.

344 Aquí: de la relación contractual sinalagmática.

345 Cf. supra p. 265 ss.

346 Cf. la exposición en RIPERT (n. I 40) 244-269.

347 Y no es fácil convencerla de la posibilidad de conciliarios con la ley (nos referimos a los tribunales franceses): de ahí el atenerse al *carácter subsidiario* del instituto. cfr. Ripert, 267.

Según lo dicho, la fuerza legislativa de la doctrina no debe buscarse en la creación directa de elementos del ordenamiento,. instituciones ni siquiera normas, y eso tanto en el derecho codificado como en el *case law.* Se limita a ofrecer al legislador y al juez los elementos formativos de normas, principios, conceptos, categorías e ideas sistemáticas, y sobre todo reglas metódicas, las *leges artis. Así* ha ocurrido en todas las épocas, independientemente de la *legal authority* poseída en cada una de ellas por las opiniones doctrinales y que entre nosotros tuvo su culminación en el instituto de derecho común de la remisión de actas, y en Inglaterra en tiempos de los *books of authority,* o sea en la época de Glanville, Bracton, Littleton, Coke y Blankstone.[348] La diferencia es solo gradual. La influencia de la doctrina, lo mismo si actúa como teoría sistematizadora o en forma de *opinio* vinculante de los «clásicos» con respecto a un problema dado, no es nunca más que una contribución mediata al auténtico acto creador de la práctica. El sistema escolástico no es una fuente, sino una reproducción del derecho positivo. El «derecho de profesores» [349] no constituye una rama propia del derecho, sino que representa la cambiante participación en el derecho de los juristas, que es un puro derecho de prácticos, tanto en el Derecho del caso como en el codificado.[350] Es cierto que su eficacia sería inimaginable sin el trabajo previo y el arte sistematizador de la doctrina, la cual fija los conceptos, saca de la casuística los principios y su mutua relación y establece las formas, fines y límites de la construcción jurídica.[351] Por otra parte, se falsifica el proceso de formación del derecho cuando se separan, en su actividad, la doctrina y la práctica. Las dos de consuno crean el *law in action.*[352]

Una cosa hay que conceder: las épocas de la recepción y de la Ilustración tenían mucha más fe en la ciencia que la jurisprudencia moaerna. La *communis opinio doctorum,* que en Bartolo era un simple *factura,* en Baldo estaba ya investida de *auctoritas,*[353] El derecho romano en calidad de *raison écrite* deparó a los comentadores un monopolio de las fuentes aparentemente intemporal, que solo cedió el puesto a la pretensión codificadora de la época moderna.[354] La formación del derecho común concedía a sus corifeos la situación de un verdadero legislador, y si los grandes espíritus de la Ilustración no ejercieron una acción más amplia fue solo culpa de su estilo profesoral. Si en Alemania hombres como CARPZOV, MEVIUS y STRYK no alcanzaron la autoridad práctica de un POTHIER ni siquiera la de un DUMOULIN o un COQUILLE, fue, entre otras razones, porque sus exposiciones eran, para los prácticos, excesivamente eruditas. Pero éste ha sido uno de los vicios permanentes de la cultura alemana. El siglo XIX deparó a las autoridades alemanas del derecho común, si no una auténtica popularidad, al menos una eficacia didáctica homogénea, cuyas repercusiones se dejan sentir mucho más allá de las codificaciones europeas tardías.[355] Y aun estas últimas, como traducción técnica que son de aquella ciencia

348 Cf. HOLDSWORTH (n. III 204) 235.

349 Puig BRUTAU (n. I 41) 195.

350 KOSCHAKER (n. II 155) 210.

351 BOULANGER (n. I 39) 66/67: «La doctrina ayuda a la jurisprudencia a entresacar los principios al edificar las construcciones jurídicas, pero se limita a declarar las reglas, no las crea.»

352 Así incluso el clásico representante de la *libre recherche scientifique,* GÉNY, Méthode II. o ss., 51. 02. 144 ss. (147).

353 KOSCHAKER op. cit. 92.

354 GÉNY loc. cit.

355 ASCARELLI, que trabajó como abogado doce años en São Paulo, decía sin rebozos que aún hoy allí se tiene más éxito en un pleito con una cita de Windscheid que con un texto del Código.

de juristas a la concepción estatalista y burocrática, están en su «espíritu» hondamente influidas por la precursora labor de la doctrina. Un texto es hoy lo que de él han hecho la jurisprudencia y la doctrina modernas, y podemos decir, anacrónicamente: al actual derecho alemán en materia de ejecución forzosa no es la ley de 1877, sino que viene de Friedrich Stein. La actitud retrospectiva de la oleada de codificación está superada hace tiempo, y la doctrina no restringe su tradicional función de tutora de la *naturalis ratio qme auctoritate senatus commutari non potest,* a las técnicas exegéticas del *au delà du code mais par le code,* sino que se esfuerza en interpretar las concepciones de los prácticos para formar con ellas un sistema vivo.

4. Esta tarea no se lleva a cabo con una simple exposición teórica. Pues cuando surgen nuevas instituciones, las antiguas cambian también de sitio. Su posición sistemática no viene determinada en ninguna parte por la estructura histórica, y mucho menos por la legal. El mejor ejemplo es, una vez más, el de las figuras del principio de enriquecimiento, tanto en el derecho continental como en el inglés.[356] Un nuevo derecho casuístico exige una nueva dogmática, y una doctrina nueva, al dar nuevos significados a los conceptos, crea también en los prácticos una nueva concepción del sistema. Esto vale también respecto a la jurisprudencia inglesa, que aparenta ignorar toda autondad teonca. La tesis oficial de que la opimon de los profesores no posee el menor valor ante los tribunales ingleses,[357] indica solamente que las afirmaciones de los autores no valen como argumentos forenses. Pero la creciente influencia de la labor dogmatica en el concepto y en el sistema demuestra también aquí la situación clave ocupada por la doctrina: *Taught law is tough law* («el derecho de la escuela es un derecho tenaz», Maitland). Y no se trata de una influencia efímera: Esta parte de los fundamentos del pensamiento jurídico es mucho más longeva que las reglas particulares del derecho, los ideales tienen en sus efectos un alcance mucho mayor».[358] Lo que ha cambiado es solo el modo de la influencia. Aunque la autonomía del pensamiento judicial ha reabsorbido en Inglaterra el poder de los *books of authority* [359] formales,[360] en una fase de creciente racionalización de los conceptos jurídicos no puede sin embargo substraerse a las fuerzas escolásticas de la sistematización.

El avance del *statute law* contribuye a este afianzamiento de la dogmática. Pues si ya la judicatura según precedentes y principios pierde la onentación en cuanto le falta el control coordinador de la lógica jurídica y el empleo doctrinal de conceptos e instituciones,[361] así también el acto legislativo carente de base dogmática es ya de antemano un viaje sin meta.[362] Por algo en el continente es tan general el reconocimiento del papel constitutivo de la doctrina en su relación con el poder legislativo.[363] La hegemonía histórica y metodológica de la doctrina en la configuración de

---

356 Véase supra cap. XIII, p. 342 ss.

357 Dicey: 28 L. Q. Rev. 344.

358 Pound (n. I 41) 11. Cf. también las observaciones de Kqschaker, op. cit. 214.

359 Bracton, Leges et consuetudines Angliae (s. xm), Littleton, Upon tenures (s. xv), Coke, Institutes (s. xvi) y Blackstone, Commentaries on the Law of England (1765/68).

360 Sobre ello Koschaker op. cit. 176 ss.

361 Cf. Allen (n. I 171) 329 (334).

362 Cf. Boulanger (n. IV 287), también Riv. Dir. Comm. 49, 271.

363 Para Alemania: Wieacker n. I 187); para Francia: Morin, Le role de la doctrina dans l'elaboration du diuit positif: Annuaire de 1'Inst. Intern, de Phil, du Droit et de Sociol. Jurid. (1934) 64; para Italia: Vassalu (n. Ill 12); para España: Herzog (n. I 41) y Puig Brutau (n. I 41).

«creaciones» legales aparece cada vez más a la vista, a medida que progresan los estudios comparativos.[364] Ninguna de las ideas fundamentales se origina verdaderamente en un código, y su descubrimiento es asunto de la teoría anterior o posterior, que de este modo domina a la ley.[365] Esto es válido no solo de las «teorías» o «doctrinas» singulares que son base de una nueva fórmula, de una nueva delimitación o interpretación,[366] sino también de la síntesis de soluciones dispersas en un principio autónomo que rebasa los marcos de todos los textos y es evidente que no necesita ya de codificación alguna.[367] Es válido sobre todo con respecto al proceso global de la formación de conceptos e instituciones, ya sea abstrayendo las figuras «generales» según la tradición continental, o exponiendo solo sus notas con referencia a la situación vital que en cada caso se plantee, como hace el método anglosajón.[368] En este sentido, la *communis opinio doctorum* reconocida figura, en ambos sistemas, entre las fuentes substanciales del derecho.[369]

5. Tan íntima es la colaboración de doctrina y práctica, que el juez apenas distingue nunca entre la «teoría» del enriquecimiento (desaparición de la base del negocio, confusión, *Verwirkung,* abuso del derecho, etc.), y la «institución» o las «reglas» del mismo nombre. Una obra que se presenta como puramente doctrinal, como la de WINDSCHEID, «Lehre von der Voraussetzung» (1850), por fundarse en la observación de la practica, ha llegado a ser una parte orgánica del pensamiento de ésta, un miembro necesario en la evolución de la vida misma del derecho. La jurisprudencia espera incluso la fundamentación dogmática de tales reglas «objetivas» que pasan por encima de sus argumentos casuísticos, y en las que la doctrina concreta un principio reconocible casuísticamente.[370] La ciencia del derecho es una disciplina «normativa», es decir, trabaja en sentido nomotético, sea que establezca estas reglas por primera vez,[371] sea que por la descripción idiográfica de una evolución descubra el valor fundamental que una institución posee para el

---

364 Cf. el estudio, hecho muy a fondo, de BALOCH (n. III 134) 371-985, especialmente 372 ss., 416 ss., 436 ss., 479 ss.

365 Cf. la ponencia de MEIJERS (n. II 90) 99.

366 Cf. la *théorie du risque* (PERREAU [n. I 28] 57 ss.), la *théorie de l'imprevisión* o bien la *doctrine of frustration* (cf. p. 312, 450, etc.) y la moderna legislación inglesa (Frustrated Contracts Act). Sobre ello la visión de conjunto de COOPER, LEE, DAVID, COHN, etc., sobre: The Treatment of «Frustration of Contract» in Foreign Legal Systems: J. Comp. Leg. and Int. L. 28 (1946) 1.

367 Cf. las proposiciones de Meijers op. cit. 113 como prototipo de semejante evolución. Finalmente, es también inevitable aquí el descubrimiento de una teoría general de la representación: *The relaiion of agency arises, whenever..*etc. Cf. Evans en Halsbury Laws of England I (1952) 147, *ad vocem «agency»* n.° 327. Es característica de la evolución en Francia: PILON, Essai d'une théorie genérale ele la représentation (1898).

368 El cual, en lugar de una doctrina general de la representación, desarrolla doctrinas singulares para las relaciones: *principle and agent, master and servant, husband and wife, parent and child, guardian and tuard,* etc.

369 Así también ALLEN (n. I 171) contra la separación que establece Salmond entre *legal e historical sources.*

370 Cf. BRUSIIN (n. IV 230) 83.

371 Así en el derecho internacional, donde como es sabido las doctrinas son más antiguas que el *droit commun des gens* (n. I 133); cf. VERDROSS (n. I 36) 208/209. El mismo autor en 210/211 señala que aún a fines del último siglo (cf. el *affaire* FABIANI, sentencia arbitral de 30.12.1896, Pasicrisie intern. 1902, 356) se consideraban sinónimos *Les principes généraux du droit des gens, c'est-à-dire les régies communes à la plupart des législations ou enseignées par la doctrine.*

ordenamiento,[372] sea que haga fructífera la conexión de los textos legales o de los precedentes respectivos, y tanto si al proceder de una de estas maneras ejerce una acción estimulante o — como corresponde a su cometido de control y sistematización — actúa como un freno.[373] La actitud de observación supera aquí los horizontes del pensamiento puramente casuístico, y conduce desde un «decisionismo» que erróneamente se hace pasar como una propia ideología ordenadora,[374] a la consideración de complejos de soluciones propios y extraños. Sin este estudio histórico sistemático y comparativo no es posible una formación de instituciones, y la influencia de tales frutos de la teoría pura sobre los derechos particulares, la famosa eficacia «uniformadora» del derecho de los juristas, descansa sobre la superioridad de dicho horizonte.[375] Las instituciones no se «reciben» o imitan como parte de una legislación extraña y prestigiosa, sino en virtud de ia fuerza de

---

372 Cf. supra cap. Iil n. I 82.

373 Cf. la reserva que durante varios decenios ha guardado la doctrina francesa sobre la jurisprudencia referente al *abus de droit,* iniciada ya con la sentencia del tribunal de apelación del Colmar de 2.5.1855 (Dalloz, 1856, 2, 9) y anticipándose con mucho a la evolución alemana — por lo menos en materia de derechos reales (Cass. Dalloz, 1891, 1.193; 1895,-1, 169; más tarde íirey 1925, 1, 217; 1926, 1, 252; en el derecho de obligaciones Cass. Dalloz [913, 1, 408; 1917, 1, 1). En cambio sigue rechazándolo Planiol (n. IV 205; II, 284). Era un obstáculo el temor, muy de la época, de que el juez se erigiera :n censor moral (cf. Esmein en la Note Sirey 1898, 1, 17). Estos recelos no se lesvanecieron hasta que Saleilles hubo descubierto la fórmula finalista del lerecho subjetivo (Théorie générale des obligations, 370) y Josserand (n. IV 57) pudo fundamentar dogmáticamente los límites de la interpretación permitible. Esto caracteriza el papel de la doctrina como guardiana de la objetividad urídica. Otros obstáculos, en cambio, tienen una explicación puramente histórica. Cf. las esporádicas resistencias contra el reconocimiento de contratos en favor de tercero (Holanda), que en Alemania se dan todavía con referencia a las «disposiciones en favor de terceros», y los recursos hallados por la dogmática, que entretanto ha allanado en Francia estos obstáculos (Colin-Capitant, Traite élémentaire[13] [1949] 219). Así se explica también el art. 1.411 del nuevo Codice civile italiano. No así la jurisprudencia inglesa, cf. Williston, On Contracts[2] II (1936) 1.030 ss.

374 Las fórmulas que da Carl Schmidt, Die drei Arten des rechtswissenschaftlichen Denkens (1934), son punto por punto irrealistas. La «última idea» no es en ninguna parte o norma o decisión u ordenamiento, en ninguna parte puede hallarse un pensamiento institucional sin casuística o sin conciencia de forma o de sistema —la antinomia de forma y contenido valorativo es idealizada tendenciosamente por Schmitt— y en ninguna parte concuerda con la realidad aquella arrogancia «decisionista» frente a los presuntos ideales burgueses de seguridad; y menos que en parte alguna en el *common law.* El funcionamiento de un auténtico Derecho del caso en Inglaterra está tan mal comprendido (p. 53} como la evolución de un derecho del caso continental, que Schmitt parece haber creído que estaba en el nivel de la *École de íexégese,* para poder explicar su esquema. Tanto más satisfactoria resulta su ulterior apología de la jurisprudencia como un «tesoro» de una conciencia jurídica suprahistórica y especialmente «europea», a la que Schmitt apela para dirigir una insistente llamada a nuestra ciencia para que en lo sucesivo no se contente con desempeñar el papel de «comentarista e intérprete de las cada vez más numerosas ordenanzas positivas emanadas de las autoridades estatales» (Die Lage der europäischen Rechtswissenschaft, 1945). Si alguna vez se acomodó a desempeñar este papel subalterno, fue, entre otras causas, porque ciertos especuladores de las novedades políticas echaron a perder el prestigio de la teoría sólida, y con razonamientos de filosofía del derecho elevaron arcos de triunfo al activismo político de la época.

375 Esta doctrina se abre camino incluso en «sistemas» extraños y en condiciones desfavorables. Cf. David, Le doctrine de l'erreur dans Pothier et son interprétation par la Common Law d'Angleterre: Études du droit civil à la mémoire de H. Capitant (1939) 145.

convicaón con que una doctrina ha trasladado al plano dogmático unos principios reconocidos.[376]

Si falta esta adecuada comprensión de los principios, si falta el aprovechamiento histórico-sociológico de lo que erróneamente se llama el substrato de la ciencia del derecho, tal como se ofrece sobre todo en la formación del derecho casuístico, no se puede hablar de una auténtica teoría del derecho. Una dogmática que, por una falsa rigidez metódica, cierre los ojos a las verdades «metajurídicas» de sus impulsos y fines sociales y éticos, no debe llamarse «normativista», sino «doctrinarista».[377] Significa desconocer el contenido y las premisas de la auténtica teoría, el separar el problema «substancial» del «metodológico», las categorías cognoscitivas de las valorativas, y el creer en una antinomia o al menos una mezcla de las tareas teorético-empíricas y práctico-teleológicas,[378] donde la ciencia práctica en el sentido kantiano no puede conocer la materia sin recurrir a un armazón de valores, ni «fundamentar» la norma sin una teoría adecuada.[379]

Los principios del pensamiento jurídico y de la labor científica en general *(principi scientifici)* no pueden ser tratados como hechos meta-jurídicos; se imponen a la legislación como principios estructurales de la dogmática y son la red cristalina de la formación judicial «abierta» del derecho. La doctrina del Derecho internacional privado ha sido la primera en darse cuenta de esto.[380] Las cuestiones de enlace, lo mismo que el problema de calificación, son tareas que no se resuelven por medio de un encuadramiento histórico ni por una decisión política, sino por la rectificación científica de las concepciones de los juristas y por el traslado de estos conocimientos a la dogmática y al método de la practica.[381] El camino seguido por

---

376 Cf. RABEL (n. IV 306) 348: «desde entonces lo que aparece como fenómeno singular no es tanto el BGB como el sistema jurídico alemán». Exposiciones generales de la influencia ejercida por instituciones del *civil law* sobre el pensamiento jurídico angloamericano en COLVIN, The Path of the Civil Law in the United States. Its Geographical Dissemination and its Institutional Fusion with Common Law, etc. Mém. Acad. Int. II 2 (1934) 108.

377 Leyendo la clara exposición de SAVIGNY de los dos aspectos del método jurídico (que él llama «histórico» y «filosófico», cf. la conferencia inaugural editada por WESENBERG [n. I 66]), no se comprende la ceguera de una «pura» doctrina del derecho que se hace pasar por «normativista», que al sacrificio de la *iusti atque iniusti scientia* añadió aún el de la *rerum notitia,* para no ser molestada en su ocupación con la cuestión de las categorías. Cf. mi estudio Über Wissen und Glauben im Kampf um das Rechtsgesetz: Festschr. f. Boehmer (1954).

378 Así todo el Neokantismo, incluso RADBRUCH (n. I 28) 247/248; más todavía el Neohegeliamsmo, cf. BINDER, Die Wissenschaftlichkeit der Rechtswisenschaft, Kant-Studien Heft XXV, 335. En contra ESSER, Hundert Jahre Anklagezustand über der Jurisprudenz ORZ 1947, 315.

379 Es también errónea la popular distinción entre una teoría jurídica que no sería normativa, y una técnica, que no sería científica, cf. BOBBIO (n. I 86) 6 ss., 47-50: el jurista no es nunca científico y práctico en una misma persona, si practica la exégesis debe traicionar la ciencia, etc.

380 Cf. AGO (n. I 227) 62-64.

381 Cf. Maury (n. I u) 329, Robertson (n. IV 29) y Cook, The Logical and Legal Bases of the Conflict of Law (1942). Hay que tener también en cuenta que las categorías de la doctrina nacional se incorporan siempre en la estructura del ordenamiento y las instituciones del derecho de cosas, de modo que la doctrina recibe fuerza constitutiva desde dos aspectos distintos. Habida cuenta de esto es ambigua la tesis de NEUNER (n. I 111, 97) de que sea metodológicamente inadmisible derivar de una calificación puramente científica... una

la teoría caractenza siemprelalítúación de la práctica,[382] y los restos de doctrinas tiempo ha superadas siguen aún hoy influyendo en la polémica ideológica y nos invitan a reflexionar sobre la responsabilidad de una ciencia «práctica».[383] Pero, ¿acaso no sucede lo mismo en las restantes disciplinas jurídicas, en el derecho penal, el privado, por no hablar del constitucional? La doctrina no es solo «comadrona», ni solo un factor en la realización ce principios y normas latentes que se convierten en realidades gracias a la casuística y la legislación. Con sus teorías, conceptos y métodos determina el encuadramiento de las ideas y el modo de pensar de la práctica: tal es, en efecto, su papel y su responsabilidad históricos en la vida del derecho.

6. Para la exposición del fenómeno que nos ocupa, «función de los principios del derecho», las doctrinas singulares nos deparan ejemplos más firmes y concretos que las influencias dogmáticas constantes sobre conceptos y métodos. A su vez, entre estas doctrinas, llaman particularmente la atención las máximas preparadas mecánicamente y las paremias de repercusión popular, pues en ellas el principio aparece más claramente cortado a la medida del uso forense, conservando, sin embargo, el carácter de una simple «guía» *(guide).*[384] Aun careciendo de *auctoritas* dogmática o judicial,[385] en muchas épocas, como en la práctica reciente del derecho común, han dmgido y determinado la jurisprudencia. La práctica francesa nunca ha podido substraerse al influjo de tales paremias *(adages, brocards),* como *pater est quem iustae nuptiae denuntiant, superficies solo cedit, res perit domino, ne-,no subrogat contra se, semel beres semper beres.* Su influencia ha sido frecuentemente atacada por el espíntu codificador. Así Demolombe se rebela contra la máxima: *nemo auditur propriam turpitudinem allegans,* y pregunta: *Où donc est-elle écrite cette maxime} Et en vertu de quel texte prononce-t-on contre une partie figurant en justice une telle indignité?*[386] La antigüedad de estas máximas siempre ha salido vencedora de la fidelidad a la ley, cada vez más quebradiza: *Le reproche est aujourd'hui sans portée. La règle a un assez beau passé pour ne pas avoir besoin de l'appui d'un texte du Code civil,*[387] De hecho la casuística francesa que se adhiere a adagios tales como el citado de Pompomo (en

---

consecuencia normativa». Si aplicamos derecho extranjero, ha de ser con su doctrina, incluso cuando ésta es dejada de lado para decidir en materia de colisión, ya que hemos de apoyarnos en una caracterización «universalmente» utilizable de la norma por el fin, función, naturaleza de la cosa, etc.

382 Cf. para el complejo de problemas «colisión temporal, derechos bien adquiridos» y *fraus legis,* la exposición del desarrollo en Horst Müller, Der Grundsatz der wohlerworbenen Rechte im internationalen Privatrecht (1935), y Verplaetse, La fraude á la loi en droit internacional pnvé (1938).

383 Ejemplo: El principio *locus regit actum,* cuya historia puede seguirse hasta la opinión de los postglosadores de que en el derecho romano existió una *regio ubi contractum fuit.* Es conocida la extensa influencia de la teoría de SAVIGNY sobre la «sede de la obligación». Cf. la exposición en BARMAT, De regel Locus regit actum in het Intemationaal Privaatrecht (1936), pero también la crítica de GUTZWILLER en su «Derecho Privado internacional»: Stammlers Enzyklopädie VIII (1932) I. 601 ss.

384 Véase supra cap. VII, p. 143 *ss.*

385 Así ya las *regulae inris antiqui* romanas y los famosos *dicta* generales que acompañan a los textos originales o que también se intercalaban aisladamente, por ejemplo, el texto atribuido a POMPONIO, D. 12, 6, 14: *Nam hoc natura aequum est, neminem cum alterius detrimento locupletiorem fieri,* que es evidentemente postclásica, quizá incluso obra de los postglosadores. Cf. supra p. 57, 75, 214 ss., especialmente los trabajos citados de COING, H. J. WOLFF FRITZ SCHWARZ, KADEN y VON LÜBTOW.

386 XXI, n.° 436, citado por RIPERT (n. I 40) 184.

387 RIPERT, loc. cit.

francés: *Nul ne peut s'enrichir au dépens d'autruiJ,* llena muchas páginas de los comentarios. PERREAU[388] dedica diez páginas solo al tema *qui per alium fecit ipse fecisse videtur,* y la regla: *Fraus omnia corrumpit* es el lema de toda la casuística que se liga con la *actio doli generalis,*[389] Naturalmente que tales principios siempre son puestos en relación con artículos concretos del código, en los que han hallado su «expresión legal», pero ya sabemos lo que tiene de convencional esta idea.

Al ahondarse y refinarse el utillaje conceptual dogmático, estas máximas se hacen superfluas. En lugar de las antiguas recetas artesanas aparecen el concepto de causa, la construcción «con» imposibilidad, la «vulneración positiva del contrato», etc., la «doctrina» de la *frustration,* el «pensamiento» de la obligación básica, la «teoría» de la base del negocio. Las paremias conservan solo distritos estrechamente acotados dentro del ámbito de la institución dogmáticamente asegurada. Y está bien que así sea. Pues, prescindiendo del desdichado papel que a menudo desempeñan como residuos de situaciones anteriores y ya anacrónicas —cf. la máxima: *consideration must move from the promisee*[390]— la delimitación por parte de la judicatura presenta muchas vacilaciones.[391] Pero el tránsito de la receta singular al pensamiento sistemático abre también enlaces y perspectivas positivamente nuevas. Solo cuando ya no partimos del aislado *res perit domino* o del igualmente rígido *periculum est emptoris,* aparece el problema de la asunción del nesgo en toda la multiplicidad de sus aspectos: descubrimos los círculos específicos del nesgo y las causas de imputación y las diversas cuestiones (nesgo en la prestación, en la cosa, en el precio) planteadas por las formas obligacionales que conducen a las más vanadas situaciones. Solo cuando superamos el *Qui facit per alium facit per se,* aparecen a la vista los tipos de la responsabilidad por los auxiliares. Solo cuando dejo de argumentar partiendo de D 50, 17 203: *Quod quis ex culpa sua damnum sentit non intellegitur damnum sentire,* y me pongo en busca de una solución institucional en el sentido de la compensación por culpa, supero los rigores de una plena desestimación de la demanda y, partiendo del «principio», encuentro también el camino que conduce a una nivelación del riesgo.

Las máximas poseen un valor permanente como puntos de partida de nuevos desarrollos, libres aún de incrustaciones dogmáticas, en los que un «pensamiento», como el de nuestro § 817, 2 BGB, rompe los marcos de su sistema y en su forma antigua, *In parí turpitudine melior est causa possidentis,* pone a la vista las conexiones universales con instituciones estructuradas de otro modo *(abus de droit, estoppel in país, clean handsdoctrine).* Las paremias pueden incluso pasar como prototipos de la formulación de principios universales del derecho. Hasta en sus acuñaciones específicamente nacionales (como, por ejemplo, *possession vaut titre)* emerge pronto la ubicuidad de los principios que las subyacen.[392]

---

388 Technique I, 148 ss.

389 Cf. RIPERT op. cit. 292.

390 Cf. RHEINSTEIN (n. I 102) 165, últimamente KASER (n. I 106) 23-30,

391 Cf. la jurisprudencia francesa sobre *En fait de meuble, possession vaut titre,* art. 2.279 C. c. Este principio se ha ido restringiendo paulatinamente hasta su actual función, que es la de defender la buena fe. Cf. el camino seguido desde Req. 1.2.1893, Sirey 94, 1.86, hasta Req. n. 1.1937, D. H. 37, 39. Más detalles en JOSSERAND, Cours élémentaire I (1933) n.° 1.629. Pero cf. también la confusión de que sufre nuestra bibliografía acerca de *Nemo auditur culpam propriam allegans.*

392 Cf. sobre el ejemplo citado el 19 Am. Jur., 775 (Estoppel, § 118): «La posesión es una notificación constructiva dirigida a todo el mundo, de que la parte poseedora sostiene ser el titular legítimo o según equidad de la propiedad», etc., con lo que se fundamenta el riesgo de un *estoppel* (silencio) por parte del titular material.

7. La «teoría» aislada (del negocio jurídico, por ejemplo, principio de la declaración o de la voluntad) no ha ejercido sobre la práctica una influencia tan gráfica y clara como la «máxima», pero su influencia es más directa. Pues las consecuencias lógico-dogmáticas de una teoría semejante («teoría de la declaración», «teoría del acceso», cf. las numerosas teorías de la doctrina penal general sobre tentativa, participación, error, etc.), en cuanto ésta es reconocida, adquieren fuerza vinculante. Entonces, toda infracción a la doctrina es conculcación de la ley.[393]

También aquí muestra la doctrina una fuerza expansiva y la tendencia al cambio y a la universalidad, por nacional que sea su origen y aunque al principio nos desconcierten sus modos de operar específicamente nacionales. Piénsese, por ejemplo, en las numerosas teorías de la causa o de la base del negocio, que parecen surgir con completa independencia la una de la otra, a pesar de lo cual llevar, a cabo misiones idénticas.[394] Compárese la «base del negocio» con la *doctrine of frustration,* la *théorie du risque creé* con la doctrina alemana de la «seguridad del tráfico» y los principios anglonorteamericanos de responsabilidad estricta en caso de *negligence without fault.*[395] En todas partes aparecen las mismas atenuaciones del principio legal de culpa, los mismos tipos de responsabilidad por nesgo, la misma inclinación a la idea de segundad y con ello hacia la afectación colectiva[396].

Pero téngase también en cuenta que tales «marchas triunfales» de una doctrina no se fundan en definitiva en su originalidad o su finura, sino en la igualdad de la situación social y económica establecida en todas partes y en la similitud de las nuevas necesidades jurídicas.[397] Mientras una vida económica sin crisis o al menos sin conciencia de su misión social consideró como una perogrullada indiscutible la máxima *Qui ture utitur suo neminem laedit,* no existía necesidad alguna de una teoría del abuso del derecho fuera de la *exceptio doli* casuística. De no haberse producido las modernas catástrofes políticas y económicas, tal vez se hubiera desarrollado, de los rescoldos de la cláusula *rebus sic stantibus,* la modesta teoría de la «base del negocio», pero jamás la vital *tbéorie de l'imprévu,* que exige por principio la intervención judicial. ¡Cuán remisa se mostraba la antigua práctica cuando se trataba de modificar algo, aunque fuera solo una tarifa del siglo XVI! [398] A nuestra generación, atormentada por toda suerte de crisis, estaba reservado descubrir la problematicidad de una rigurosa fidelidad contractual; verdad es que entonces apareció en toda su extensión el problema del intervencionismo judicial, con todas sus facetas obscuras, y la lucha para fijarle fronteras ya no se limitó al reconocimiento de una construc-

393 Sobre este aspecto de la eficacia vinculante de los principios doctrinales, cf. SIMONIUS (n. I 24) 242; el mismo (n. IV 30) 235 *ss.* Sin embargo, este proceso no se detiene nunca, ya que el juez continental es virtualmente libre de preferir «su» teoría a la oficial, y además la doctrina ha tenido aún fuerzas para confirmar las certeras palabras de NIETZSCHE : «No es el menor atractivo de una teoría el hecho de ser refutable : precisamente per esto atrae a los espíritus más inteligentes.»

394 Es, por ejemplo, de gran alcance en el ámbito románico «La théorie de la cause» de DABIN (1929).

395 Cf. p. 263, 284, 422, etc.

396 *Le risque est devenu collectif,* Ripert (n. I 40 . C:. también MARTON (n. I 18) 156 ss., y EHRENZWEIG (n. IV 158).

397 Véase infra p. 461 sobre «la marcha triunfal del trust».

398 Arrét de la Cour d'Appel d'Aix del 6.3.1876 en el asunto Canal de Craponne, en sentido positivo; en cambio, rechaza la intervención la Cour de Cassation, D. 1876, 1.193; citado por RIPERT op. cit. 144/145.

ción dogmática.[399] Siempre que hay que discutir *ab ovo* las últimas cuestiones de valor, los problemas de construcción aguardan en un segundo plano. Pero se engaña el que minimiza, ya en esta fase de la decisión, el poder conductor de la teoría. Ninguna valoración de conjunto puede prescindir del conocimiento de los valores lógico-objetivos del ordenamiento, como los que con respecto a este tema han sido formulados por la teoría general de la asunción del riesgo.[400] La «teoría» en este senado reduce las doctrinas, aparentemente aisladas, a su valor funcional y fija, desde un horizonte más amplio, aquí el del «riesgo exigible», la situación de diversos principios.

8. Según esto, las «instituciones» en el tradicional sentido de la romanistica,[401] son obra conjunta de la jurisprudencia práctica y de la teoría, que se estimulan o frenan la una a la otra, delimitan las formulaciones o las amplían por encima de sus límites, usando alternativamente la casuística, la fidelidad a la ley y la doctrina para la integración de un pensamiento», de un «principio» o de un «concepto fundamental», y exponiendo luego las reglas singulares como «formas de manifestación de este concepto. La unidad de la figura no es comprendida hasta más tarde y a menudo queda como una convención puramente escolar. La «responsabilidad por enriquecimiento» solo pudo convertirse en institución» siguiendo un largo camino que llevaba del caso único de la *condictio furtiva* hasta las tardías formaciones de la *causa turpis* o *iniusta,* y gracias al forzado uso que los comentarios de la recepción hacían de estos términos tan adecuados para servir de conceptos sistemáticos.[402] Y la visión total es todavía borrosa, pues los conceptos actuales de la *condictio indebiti* y de 1a *condictio sine causa* son tópicamente independientes y la unidad de «la» idea de enriquecimiento no viene avalada por un sentido unitario de la *causa.*

Mucho importa aquí que la doctrina agrupe cosas realmente enlazadas bajo un mismo principio y una misma construcción sistemática. Si así ocurre, entonces se hace posible «descubrir» que los diversos problemas son facetas de un fenómeno vital único y de sus conflictos permanentes, como ocurre con el derecho de autor.[403] Pero si un fenómeno que ni sociológica ni especulativamente (en el sentido del derecho natural) posee esta unidad, como por ejemplo el de «empresa», después de una observación histórica mucho más breve ha de ser reducido a una caracterización dogmática unitaria, entonces la doctrina debe antes que todo buscar cuál es su lugar dogmático entre las instituciones y principios, ya que hasta ahora éstos eran los que decidían los casos de conflicto. También aquí es solo la visión de conjunto de los problemas dispersos, y su reducción a cuestiones unitarias, lo que da el carácter institucional, y mientras no podamos juzgarlos con arreglo a una fórmula común, en las distintas materias jurídicas coexistirán diversos conceptos de «empresa».[404]

---

399 Cf. la «*Discussion de la résolution judiciaire dans les contrats*» en las «Journées de droit civil» de Mons de 10-11.6.1948; Trav. Ass. Capitant (1939) 63 ss.

400 Por primera vez: SÁNCHEZ JIMÉNEZ, *El riesgo en la vida, del derecho privado* (1929).

401 No en el sentido del «institucionalismo» o de las teorías de HAURIOU y RENARD, en las que una organización (por ejemplo, un establecimiento) dotada de leyes propias se enfrenta con el contrato, sino en el sentido de «institución jurídica».

402 Véase supra p. 74/75, 214 ss.

403 DE BOOR (n. IV 46), sobre ello ESSER, *Elementi di diritto naturale* (n. I n).

404 Una función algo más estrecha y en mi opinión más prometedora es la que se ha propuesto el concepto de *proprieté commerciale, ci.* la ponencia de BASTIAN: Trav. VI (1952) 70 ss. Para Italia ROTONDI, ibid. 93 ss. Para Bélgica VAN REEPINGHEN y RENAULT ibid. 108, 131, todos con exposición del reconocimiento particular en la judicatura y proyectos de ley desde 1919 hasta 1951.

Los casos como éste son especialmente difíciles, porque las ideas de ordenamiento de la cultura respectiva, que normalmente actúan en sentido integrador, dejan aquí abandonada la construcción jurídica.[405] Faltan además principios y funciones de ordenamiento que posean evidencia general, como las que en todas las doctrinas procesales han apadrinado el instituto de la eficacia material de la cosa juzgada. Los de las soluciones judiciales de los problemas *(topoi forenses)* discrepan tanto entre sí, que las doctrinas que en el ínterin han nacido de ellas no se pueden condensar expeditivamente en supuestos unitarios normativos y en preceptos jurídicos, o sea, en una institución legal. Semejante visión global es precisamente la que estampa sobre una evolución como la de la mencionada doctrina de la «base del negocio», el sello de institución.[406] Cooperan aquí en el mismo problema antiguos medios retóricos como la condición implícita de la cláusula *rebus sic stantibus (Semper subintellegitur haec conditio, si res in eodem statu manserit)* junto con pensamientos constructivos (objetivación del fin del contrato), principios de origen casuístico *(frustration doctrine)* y una interpretación complementaria, para formar entre todos una nueva fórmula. Cuando se espera aquí una orientación legislativa, sin. la cual semejante fórmula sería una pieza de «política jurídica»,[407] no se advierte que todo supuesto de hecho legal trabajosamente formulado y sin embargo necesariamente «elástico», ha de quedar aquí como una norma en blanco. Ningún legislador puede aquí dar más que el «pensamiento».[408]

9. Una masa de derecho se convierte en «sistema" por la coordinación de las instituciones en sus ámbitos de eficacia y en sus conceptos dogmáticos característi-

---

405 Aunque intervengan abierta o inconscientemente en un problema como el del intervencionismo judicial. Cf. entre otros FEDELE, *L'influence du droit canonique dans la doctrine des contrats*, Actes du Congres int. de droit privé, ed. Inst. para la unificación del Derecho privado II (1951) 131 ss.

406 Cf. MEIJERS (n. II 90) 102 ss.

407 DE PAGE, *Traite élémentaire de droit belge* II n.° 579. «Es precisamente porque el mal es general, que se imponen igualmente remedios de orden general. Ahora bien, apenas hay necesidad de decir que semejante tarea es de la incumbencia del *legislador*, y no del juez. Tal es, en nuestra opinión, uno de los principales motivos de que la imprevisión no pueda ser admitida como principio de derecho común. El remedio casi siempre rebasa las posibilidades de intervención del juez.»

408 Cf. art. 1.467 C. c. italiano (nuevo), art. 388 C. c. griego, art. 147 I Código civil egipcio. Más claro el art. 269 del C. de obligaciones polaco de 1934. El que más a fondo va es el art. 1.550 I del proyecto de C. c. húngaro de 1928. «Si después de la conclusión de un contrato bilateral, se produce en la situación económica general un profundo cambio que excede considerablemente del riesgo corriente en los contratos, cambio con el que las partes no podían razonablemente contar y por el cual se anula el equilibrio económico que habían imaginado entre prestación y contraprestación o desaparece cualquier otro presupuesto básico del contrato, de modo que una parte consiguiera un provecho inesperado, desproporcionado y contrario a la buena fe, y la otra sufriera una pérdida en la misma proporción, entonces el Tribunal puede modificar las obligaciones recíprocas de las partes según equidad o autorizar a una parte a resolver el contrato, siempre repartiendo las pérdidas según equidad. Renuncio a reproducir el ap. II, que es de parecido tenor, pues basta la parte transcrita para mostrar que todo lo que hizo el legislador fue reunir las notas de todas las doctrinas en un solo texto, y por cierto muy desmañado. Pero una cosa es el pensamiento de «escuela» y otra el arte de redactar una ley, y en los puntos en que no alcanzan los supuestos de hecho exactos, mejor es atenerse a una «teoría acreditada». Comparación de otras formulaciones en KECEL, Gutachten zum 40. Dt. Jur. Tag., Verh. d. 40. Dt. Jur. Tags I (1953) 234-236.

cos. También esto es obra de la doctrina. Porque en ninguna parte reina un ciego devenir orgánico, todo concepto es el resultado de la delimitación y coordinación doctrinaria de una institución y su alcance con las categorías de los medios positivos del ordenamiento («carga de la prueba» = especie del género «cargas jurídicas», etc.).[409] En este sentido podemos distinguir[410] los conceptos institucionales de los conceptos auxiliares técnicos y de los conceptos superiores del sistema. Pero no son los conceptos, sino las instituciones las que forman el sistema.[411] Su conexión viene determinada por los principios constructivos y estructurales, que encarnan el programa del ordenamiento en el aspecto material y en el formal-constructivo (lógico), mientras que los «principios vinculados a problemas» aislados, no intervienen en la construcción sistemática, y los *principi istruttori* o *informativi* muestran incluso una tendencia a aflojar o romper el antiguo sistema dogmático.[412]

Resulta, pues, que los conceptos, con su continuidad, en modo alguno garantizan la invariabilidad del sistema. Están «condicionados por la función», cambian su contenido específico junto con las instituciones que encarnan o a las que sirven. Cada vez que un ordenamiento general cambia de rumbo, planteando *nuevas* tareas a las instituciones introducidas en virtud de la «heterogonía de los fines», el concepto dogmático tradicional recibe una nueva nota. La terminología puede seguir siendo la misma, pero en todo caso se refina y se hace capaz de una nueva función por el establecimiento de nuevos principios o de pensamientos jurídicos generales.[413] Así, el «momificado aparato conceptual» se hace utilizable desde un nuevo punto de vista, conserva sus cualidades constructivas y deja intactas» tas garantías de la dogmática, sin que cada cambio en la tabla de valores sociales le obligue a adaptarse a nuevos modos de pensar.[414]

De análogo modo, conceptos que parecen sinónimos poseen una distinta significación en los diferentes derechos nacionales. Esto es precisamente lo que en el Derecho internacional privado obliga a buscar conceptos de calificación independientes de toda estructura.[415] Ello es cierto incluso de los conceptos elementales del rango superior —si prescindimos de los conceptos generales que carecen de equivalente en los derechos de estructura distinta (como, por ejemplo, *unenforceable).* El concepto alemán de *causa* tiene tan poco de común con el francés de *cause* como con el uso de los pandectistas, que ante el doble sentido de este término distinguían correctamente entre *causa próxima (Recbtsgrund) y causa remota (Gescâdftszweck).*[116] Las figuras dogmáticas abstractas no son sillares inmutables, sino medios de expresión, mudables según los sistemas, para determinadas tareas que van a la zaga de la mutación histórica de las instituciones. Lo que está al principio de una dogmática

---

409 Cf. ad vocem *onere* ALLARA, *Le nozioni fondamentali del diritto privato* I (1939, 2.ª ed. 1949).

410 Con F. SCHWARZ (n. III 103) 196 ss.

411 Así también hoy la teoría italiana, que al principio era de tendencia conceptual: BARBERA, Sistema istituzionale del diritto privato italiano (1949); CANDIAN, Nozioni istituzionali di diritto privato (1946); TRABUCCHI, *Istituzioni di diritto civile* (1950).

412 SCHWARZ loc. cit. confunde todavía estos tres grupos: «A esto se añaden todavía los llamados principios, reglas jurídicas en forma de consignas, ideas de valor, que contienen un programa legislativo (entiéndase: nuevo)».

413 Cf. MORIN (n. III 363) 64 ss.

414 Por esto creo prematura la polémica de MORIN contra este «aparato conceptual» (loc. cit. 67 ss.).

415 Véase infra p. 427 ss. Cf. RABEL, NEUNER y NIEDERER, loc. cit.

416 Sobre la doctrina suiza cf. SIMONIUS en la miscelánea H. CAPITANT arriba citada (1939) 753 ss.

no es una «doctrina de la representación» basada en principios, sino una serie de figuras singulares *sui generis* del derecho de obligaciones, de familias, de cosas y sucesorio.[417] El principio está al final de una evolución, y en un sistema «abierto» y no dogmatizado, aunque en todos estos «casos de aplicación» se use una terminología unitaria jamás encuentra una colocación inequívoca.[418] El análisis y la tipificación teóricos de tales «figuras fundamentales», cuando no procede comparativamente, sino histórica y especulativamente, llega a «explicaciones» de los «elementos eficaces de aquéllas que son completamente distintas de las que da un estudio comparativo de las funciones.[419] Deja justamente de lado las peculiaridades del enlace histórico y de la adaptación estructural, que obscurecen la significación racional de las figuras fundamentales. Es cierto que sin él, el principio en sentido ético-jurídico (como interesa, por ejemplo, en la cuestión del reconocimiento universal según el art. 38,3 de los Estatutos del Tribunal Permanente Internacional) resulta más fácil de abstraer, pero en cambio no se puede apreciar la problemática específicamente nacional de la institución y su doctrina, que es lo decisivo en cuanto a su eficacia práctica en una jurisdicción internacional o coordenada.[420]

El principio racional de una institución no es ningún demiurgo, sino el extracto históricamente incoloro de la solución especial que la judicatura y la doctrina, con sus ideas condicionadas por la época y la sociedad, han dado a una necesidad social y a un conflicto de intereses igualmente condicionados por la época.[421] Luego la doctrina desarrolla estas figuras específicas, quizás intenta también racionalizarlas, pero queda ella misma presa en el sistema de pensamiento recibido de la historia. Según sea el peso de la tradición profesional y según predomine una concepción dogmática o una puramente práctica, persigue un cambio total de matiz de la institución o solo un progresivo aflojamiento de los elementos irracionales. Así, por ejemplo, el concepto de causa en derecho canónico experimentó una gran generalización y racionalización en el sentido de la ética jurídica de Aristóteles,[422] que sigue estimulando a nuestra dogmática continental y no solo en el derecho civil,[423] mientras que fracasaron los

---

417 Sobre la evolución francesa cf. Lèvy-Ullmann (n. III 185) 341 ss.

418 Así para la doctrina inglesa de la representación Anson, *Principles ot the English Law of Contraer and of Agency in its Relation to Contract*[1] (1879, 2.ª ed. 1920) p. VIII: según él es imposible dar a la *agency* un lugar fijo en la doctrina del contrato.

419 Es instructiva la «teoría de la representación» de H. J. Wolff s (*Organschaft und juristische Person* II, 1934), que ofrece las dos perspectivas. Sobre la comparación estructural de las figuras básicas cf. las ponencias de Rouast e Hijmans van den Beegh en la asamblea de la Société Henri Capitant del 10, 4 y 11-12.5.1948 en La Haya y Leiden, sobre el tema «*La représentation dans les acres juridiques*», Trav. Ass. Capitant IV (1949) 110, 121 y 148.

420 Más detalles sobre esto en capítulo XVII.

421 Compárese la historia del *trust* en Maitland, *Trust and Corporation*, capítulo IV de sus Selected Essays editados por Hageltine, Lapslay y Winfield (1936) con la teoría alemana de la corporación tal como la ha trazado von Gierke.

422 Cf. Giacchi, La causa negli atti amministrativi canonici: Scritti giuridici in onore di Santi Romano IV (1940) 249.

423 Cf. Pugliatti, *Nuovi aspetti del problema della causa nei negozi giuridici*, miscelánea «In Memoria di Giacomo Venezian» (1934) 188; para la influencia sobre la teoria del acto administrativo, cf. Jéze, Les principes généraux du droit administratif[3] I (1920) 210, *y* Essai d'une théorie générale sur l'influence des motifs déterminants sur la validité des actes juridiques en droit public français: Rev. de droit public 1922, 377. El reverso de esta ampliación es, naturalmente, la coexistencia de diversos estratos de un mismo pensamiento, con la consiguiente confusion de conceptos, tal como hallamos, por ejemplo, en la doctrina de la causa. Cf. Capitant, De la cause des obligations[2] (1924).

intentos de la jurisprudencia inglesa de los siglos XVIII y XIX para liberar la doctrina de la *consideration* de su estrechez histórica y de su antigua vinculación estructural.[424] Por esto la *consideration* aún hoy escapa a toda comparación institucional con las figuras continentales, y se adivina que incluso su consideración racional según sus efectos en el sinalagma «genérico» o en el «funcional» del contrato aplica una categoría ajena al objeto, que el dogmático continental aporta a este trozo de historia del pensamiento contractual.[425] Aunque muchas otras instituciones han perdido su estrechez y rigidez históricas gracias a un más enérgico desplazamiento de su finalidad y a una reordenación genial —cf. la fundamentación que LORD MANSFIELD da al *general assumpsit*—, sin embargo, en el sistema «abierto» desarrollado en el sentido tradicional todas las formas del pensamiento jurídico reciben un estigma histórico y no dejan el concepto libre para una ulterior elaboración racional y dogmática: «Aunque hayamos enterrado estas formas de acción, siguen todavía gobernándonos desde sus sepulcros».[426] El pensamiento constructivo exige un mínimo de despreocupación por la historia. Si la doctrina tiene que cambiar las formas tradicionales de protección jurídica haciendo de ellas un sistema de instituciones adaptadas a la época, debe estar autorizada a llenar las figuras anticuadas con un nuevo contenido de ordenamiento y poner a los conceptos jurídicos, más allá de su marco histórico, al servicio de un principio viviente.

---

424 Cf. HOLDSWORTH, *The Formation and Break of Contract*: Mém. Acad. Int. II 2 (1934) 472 (479-481).

425 Véase RHEINSTEIN (n. I 100).

426 MAITLAND, *Lectures on Equity* (1920) 296.

QUINTA PARTE

LA FUTURA IMPORTANCIA DE LOS PRINCIPIOS UNIVERSALES DEL DERECHO EN COMUNIDADES JURÍDICAS SUPRANACIONALES

CAPÍTULO XVI

EL DESTINO DE LOS PRINCIPIOS ANTE LOS CAMBIOS DEL DERECHO NACIONAL

1. En un derecho natural racional, los principios jurídicos pueden pasar como necesarios, en sentido ontológico o intelectivo. Lo cierto es, empero, que como principios de un derecho positivo, no son necesarios, sino que participan de los cambios que en este sistema sufren la escala de valores o la estructura. Aquí tratamos de estos principios positivos axiológicos y constructivos del método jurídico, aun cuando por encima de las soluciones singulares que cada nación adopta, nos preocupemos de buscar los principios universales» de los derechos civilizados.[1] Intemporales no lo son ni siquiera los derechos y principios «fundamentales" que rebasan las formulaciones estatales, ni los privilegios «naturales» como el derecho de legítima defensa o en caso de fuerza mayor.[2] Las coincidencias de las diversas soluciones son a menudo sorprendentes, pero solo se dan en iguales circunstancias de sociedad y cultura, es decir, mientras sea igual la legalidad inmanente en la «naturaleza de la cosa». Por otra parte idénticas necesidades, que conducen a soluciones equivalentes, no siempre, ni mucho menos, se expresan en las mismas figuras dogmáticas. Este es el campo de las singularidades históricas, de las variantes condicionadas por el sistema y de las consideraciones políticas. Puede también ocurrir que estas últimas obliguen a tener en alta estima principios que son ilusorios, o inversamente, a menospreciar las concesiones a un principio. Todo ello enturbia la imagen de la homogeneidad racional inmanente de los problemas y de los límites naturales de sus vías de solución.[3] La nota de lo permanente ha sido equivocadamente atribuida a lo histórico.

---

1 Así también Del Vecchio (n. I 34) (traducido como suplemento 16 de ARWPhil. 1923), 8, 12, 37 ss. Cf. también E. F. C. *«Rational» and «Positive»* Law: 30 L. Q. Rev. 504 y la reseña de la obra de Cohen, *Ethical Systems and Legal Ideas* (1933) en 50 L. Q. Rev. 114.

2 Cf. Savatier, *L'état de nécessité et la responsabilité civile extracontractualle*: Études de droit civil à la mémoire de H. Capitant (1939) 729 (751).

3 Las reglas del Derecho internacional privado están en gran parte, como ya se ha dicho, fijadas científicamente, por necesidades racionales. Sin embargo, tales necesidades constituyen solo «guías» para las normas positivas de colisión. Cf. Ago (n. III 158) 64, también ya en Teoría (n. III 158) 55, 80, 91 (= Rec. des Cours de l'Acad. du Droit Int. 58 [1936] 258, 281). Una de estas necesidades es, por ejemplo, la autolimitación de las pretensiones monopolíticas de los estados frente a la soberanía jurídica extranjera. Semejante reciprocidad puede expresarse en forma de principio jurídico (y recibir diversas configuraciones), pero también en forma de «deferencia» *(comity of nations)*. La doctrina y la práctica norteamericanas se ha aferrado durante largo tiempo a esta idea eufemística; cf. Supreme Court en Clunet 1925, 1067, y New York Court of Appeal, Clunet, 1927, 200.

Invariables no lo son ni los «principios que informan las soluciones nacionales» en las grandes codificaciones, ni las concepciones valorativas que forman su cimiento histórico.[4] Verdad es que los conceptos en blanco (buena fe, inmoralidad, conducta incompatible con el matrimonio, libertad de la persona, etc.) son siempre utilizables, y por eso crean la ilusión de que la valoración material permanece constante y con las mismas proporciones.[5] También parecen estables los principios «supremos» de valor y de estructura de «todo derecho». Pero la incompatibilidad («antinomia») de su fines («justicia natural» contra «seguridad jurídica», «fidelidad contractual» contra «imputabilidad», etc.) obliga históricamente a encontrar variantes siempre nuevas en la composición de diferencias, es más, su reconocimiento unilateral provoca incluso fenómenos contrarios a los buscados[6] o un dualismo de la total construcción jurídica, como el que encontramos en la coexistencia de un derecho estricto y otro de equidad en los sistemas inglés y romano.[7] La solución «normal» es aquella selección ponderativa de las cuestiones singulares entre los principios axiológicos, supuestamente últimos, del sistema positivo, la seguridad jurídica, el bien común, etc., que es tan característica de las formulaciones de los más altos tribunales[8] y que la antinomia de estos principios hace inevitable.[9]

---

4 Véase supra cap. IX, p. 223 ss.

5 Cf. RIPERT (n. I 92) 44 ss. sobre el derecho matrimonial francés, VOUIN (n. II 98) sobre la *bonne foi.*

6 Véase supra cap. IV, p. 69. Sobre ello DICKINSON (según CARDOZO, *Paradoxes* [n. I 192] 62 = Sel. Writings 287): «Casi todos los conceptos o principios jurídicos resultan ser el final de una escala que en su último extremo se funde insensiblemente con otra de tendencia exactamente opuesta, y la divisoria entre las dos oscila según el contexto de un caso a otro. CARDOZO, no sin ingenuidad, cree ver aquí la operación de la dialéctica hegeliana.

7 Cf. supra cap. IV, p. 67. Sobre el proceso inglés de filtración de los actos singulares de los Chancery Courts (originariamente abundantes y asistemáticos), como «custodios de la conciencia del Rey», cf. HANBURY (n. III 332) 2: «El río del derecho, cuyo manantial era la Cancillería, iba a parar a una esclusa cuyos guardianes eran los jueces del *common law,* y solo un tenue hilillo de agua salía por el otro lado.»

8 Cf. la resolución del Tribunal del Reich (citada ya al comienzo de este libro, p. 5) sobre el problema del derecho de los médicos a intervenir: RGZ 151, 349: «o un interés general superior (!) e inmediato (!)...».

9 Debemos a RADBRUCH la más clara exposición de estas antinomias. Cf. su ponencia «*Le but du droit*» en la 3.ª sesión del Inst. Int. de Phil. du Droit et de Sociol. Jurid. 1937, Ann. Inst. Phil. III (1938) 48. También el escrito antes citado de CARDOSO está por entero dedicado a este fenómeno. Cf. Paradoxes 4 (= Select. Writings 254): «La conciliación de lo inconciliable, el allanamiento de las antítesis, la síntesis de los contrarios, tales son los grandes problemas del derecho (entiéndase, el judicial). Podríamos decir que «nomos» es hijo de antinomias, nacido en un parto doloroso.» Más lejos, p. 5: «Las exigencias de la estabilidad deben ser armonizadas con las del progreso. Hemos de reconciliar la libertad con la igualdad y ambas con el orden. Debemos respetar los derechos de propiedad del individuo, pero guardándonos de extremarlos hasta un punto en que puedan amenazar el bienestar o la seguridad de la mayoría. Hemos de conservar a la justicia su cualidad universal, y sin embargo dejarle la posibilidad de ser individual y particular. El precedente, o la ley, aunque duros, deben ser obedecidos, pero obedecidos deben ser también, y no raras veces con sacrificio de la palabra escrita, los preceptos de la equidad y la conciencia susceptibles de introducir una mejora.» Transformando una frase de DEMOGUE, afirma CARDOZO: «La meta del esfuerzo judicial no es la síntesis lógica, sino el compromiso», un proceso que revela a la comprensión científica un secreto parecido al de la actividad de los átomos, que en apariencia es continuo pero de hecho procede por «quanta»: «La meta es alcanzada a saltos» (página 3).

El moderno derecho codificado ha hallado una nueva salida en las «cláusulas generales», para mantener formalmente intacta la axiomática de valores del derecho estricto: sin conflicto exterior con la estructura y la autonomía de éste, las valoraciones éticas que lo contradicen son acogidas por él en calidad de la «cara interna» de las instituciones.[10] Lo mismo sucede con todo concepto en blanco que esté abierto a la estimación ética, y hasta con los conceptos de apariencia puramente «técnica», hasta llegar al despotismo de la forma en el derecho de cosas o procesal. Cuando éstos se resisten al «ablandamiento», queda como último recurso el echar mano de figuras como la *exceptio doli,* la objeción de la obtención subrepticia de una sentencia firme, el abuso de la forma, etc. El arte legal moderno busca abrirse una nueva vía con el concepto del «rigor excesivo». También puede ocurrir que la doctrina se vea forzada a desarrollar, junto a los antiguos conceptos del derecho estricto que por razones de segundad desatienden la «cara interna», conceptos paralelos que luego ayudan a que la justicia individual sea reconocida según patrones de justicia material (así el concepto de «base del negocio» junto al de «causa»).[11] Finalmente, el moderno estudio de la interpretación ha demostrado que el juez, incluso en el sistema cerrado de las instituciones codificadas, en su interpretación se deja inconscientemente guiar por la estimación que su época hace de semejantes componendas entre valores,[12] del mismo modo que el *common lawyer* en la elección de los precedentes y en su revocación *(overruling).*[13] La pareja siamesa del derecho estricto y del equitativo[14] hoy parece un arcaísmo, pero se explica por la menor libertad de interpretación que poseía la antigua judicatura, y es el ejemplo más palmario de la permanente antinomia en que están los «valores jurídicos supremos».

2. ¿Qué debemos, pues, pensar de las repetidas propuestas y ensayos de incluir en una codificación los principios jurídicos nacionales o aunque sean los «supremos principios del derecho»? Hemos de oponerles una franca repulsa. Por fortuna la elemental prudencia del juez y su arte se substraen a la letra impresa de los boletines legislativos. El inventario programático de los 'derechos fundamentales» de una nación es incumbencia del demagogo, y el jurista tiene solo la ingrata misión de construir, tras estas imponentes fachadas, una barraca que resguarde cuando menos lo que en derecho es realmente indispensable —en el bien entendido que su techo no será nunca impermeable. ¡Cuán confusas parecen aquellas anacrónicas y «académicas» compilaciones de derechos fundamentales, contradictorios entre sí y por eso acreditados, en los modernos textos constitucionales![15] ¡Cuán suspecto es el celo de los sistemas totalitarios, para dorar la infalibilidad de su

---

10 Sobre esta función, en comparación con la *equity:* MARTIN WOLFF en el Traite de droit comparé (n. I 62) 250, editado en colaboración con ARMINJON y NOLDE. Cf. también supra cap. IX, p. 197 ss.

11 Cf. RIPERT (n. I 40) 61 ss., CAPITANT (n. IV 423) n ss.

12 Cf. ASCARELLI (n. I 70) y (n. IV 34) 89; véase también AGO, *Lezioni* (1945) 66, además la bibliografía citada supra, cap. IX p. 228 ss.

13 CARDOZO (n. I 172) 7 ss. (= Sel. Wntings 255 ss.) hace finas observaciones sobre los súbitos cambios de la judicatura con arreglo a una nueva orientación ético-social respecto al «caso».

14 HANBURY observa que en la Edad Media *law* y *equity* «ofrecen el aspecto de hermanos siameses que están contentos de que no los separen».

15 Cf. la descripción de los avatares de la «declaración de los derechos del hombre» en la IV República en BOULANGER (n. I 39) 71. Sobre la situación actual cf. FECHNER, *Die soziologische Grenze der Grundrechte* (1954) (*Recht und Staat,* Heft 177).

constitución política por la incorporación de la ciencia y la tradición autónoma de los juristas! [16] ¡Qué desgracia sería que el actual desencanto sobre el valor de las legislaciones estatales se extendiera a los principios objetivos de la jerarquía jurídica de valores! ¡Y cuán sin sentido, y aun pernicioso, sentar afirmaciones sobre principios substanciales de valor, que al cabo de pocos años se revelan necesitados de corrección! [17] La verdad no la establece la legislación, sino una investigación sometida a comprobaciones constantes. Pero los catálogos que solo contienen residuos de verdades, son falsos.

La vida jurídica no es un estado, sino una pieza de la evolución cultural, o como dicen los organicistas: un metabolismo. Las células no viables, son eliminadas.[18] Las formas elementales que son indispensables, como el contrato obligatorio, al cambiar la estructura económica reciben funciones nuevas y por tanto una nueva significación.[19] ¡Por cuántos avatares no ha pasado el principio de la libertad de contratación! [20] ¡Cuánto no ha cambiado por obra no solo del régimen económico y laboral, sino también desde dentro, por la nueva concepción del «principio de la confianza»![21] ¡Qué fundamental alteración no han sufrido en poco tiempo nuestros criterios de responsabilidad! No basta decir que se ha destronado el principio de culpa por haber quedado anticuado: lo que ocurre es que asistimos a una especie de «socialización» de las causas de responsabilidad y de los riesgos cotidianos y de empresa.[22]

3. Los principios del derecho no viven en un mundo aparte, sino que siguen la «tendencia social de la vida», entre cuyos rasgos característicos figura hoy la «senda humanitaria» con su nueva concepción de la seguridad.[23] Este rasgo no es privativo del derecho de accidentes, aunque en éste es donde aparece por primera vez y de un

---

16 En el capítulo de necedades es insuperable el programa propuesto en 1937 Por ministro italiano GRANDI en el «Convegno nazionale» (véase supra página 17) para el tamizado (!) y la incorporación del derecho consuetudinario en los «principios generales del ordenamiento jurídico creado por el Fascismo» y la discusión entablada entre auténticos sabios y corifeos políticos (loc. cit. 7, 10, 14-19, 24-27) sobre fórmulas que habían de pasar a la eternidad como *precise rególe di diritto* (p. 5), sin que ni de lejos estuviera nadie de acuerdo acerca de la substancia de los principios discutidos.

17 Ni siquiera tenemos necesidad de referirnos a ciertas profesiones de fe política cuyo fracaso ha sido tan lamentable, sino que podemos limitarnos a las concepciones jurídicas doctrinarias: «Cuántas reformas útiles fueron al principio condenadas en nombre de estos principios generales del derecho, tomados como axiomas... cuando no representaban otra cosa que verdades relativas... o parciales...» (DABIN [n. II 49] 244).

18 SAVATIER, *Les métamorphoses économiques et sociales du droit civil d'aujourd'hui* (1948) 15: «Cada vez que en el contrato la libertad humana pierde algo, se ínstala otra cosa en su lugar. Las personas públicas que regulan mediante leyes sus relaciones con los privados, *ne sont que a es meneurs de jeu, d'un jeu qui n'est pas fait par elles.*

19 DIKOFF, *L'évolution de la notion de contrat*: Miscelánea en honor de H. Capitant (1939) 201; SIMONIUS (n. I 24) 242; BOEHMER (n. I 74); SAVATIER op. cit. 41 ss., cap. III: «La technique de démolition de l'ancienne notion du contrat», un ejemplo de auténtica sociología del derecho.

20 SAVATIER loc. cit. : «*L'éclatement de la notion traditionnelle du droit.*»

21 SANHOURI, *Les restrictions contractuelles à la liberte individuelle du travail* (1925); lo mismo en Recueil Gény II, 148; sobre ello HAURIOU (n. II 35).

22 SAVATIER loc. cit. cap. X: «Vers la socialization de la responsabilité et des risques individuels»; cf. también BOULANGER (n. I 39) 73, así como mis *Grundlagen* (I 29).

23 POÜND, *New Paths of the Law* (1950) 25 ss.

modo más palpable, sino que caracteriza la racionalización y planificación de todo nuestro pensamiento social, cualquiera que sea el atuendo revestido por la constitución económica oficial.[24]

Otra nota es la nueva tendencia a la moralización del derecho. La distancia entre los deberes sociales no obligatorios y los deberes jurídicos sujetos a sanción, exagerada por el liberalismo, tuvo que ir desapareciendo a medida que las convicciones y sanciones sociales iban perdiendo su eficacia. El estrecho contacto social de hoy no procede de una condensación del armazón tradicional de la sociedad, sino de los nuevos medios políticos, culturales y técnicos que intensifican el tráfico y aumentan el contacto de las masas. La substitución de los antiguos deberes patriarcales o de clase por responsabilidades de organización, hace surgir en el plano jurídico nuevos principios de responsabilidad. El nuevo pensamiento de la comunidad» aparece incluso fuera de la «empresa» y de la «organización». Los actos de favor no pueden ya contar con la indiferencia del jurista liberal. Una auténtica cortesía sin cualificación jurídica, se hace cada vez más rara.[25] El deber social de ayuda no es ya simple cuestión de «filantropía». Incluso en un continente que tiene aún tal fama de individualista como Norteamérica, desaparecen a ojos vistas los restos de la vieja despreocupación de los pioneros, para dejar sitio a nuevos deberes jurídicos de ayuda y camaradería en caso de «relaciones especiales».[26] «El deber moral de ayudar a otros es una base de responsabilidad por delito civil»: esta afirmación ha adquirido en poco tiempo una posición central en el derecho del tráfico.[27]

En el cambio de ideas sociales se fundan también las alteraciones de nuestros principios contractuales, desde el reconocimiento de les «efectos factuales del contrato», la «obligación básica» y los «deberes de fidelidad» hasta el incremento arriba descrito del intervencionismo judicial. *Difficultas non tollit obligationem:* este principio representa para el jurista moderno un insoportable punto de vista formal.[28] De poco nos sirve hablar aquí de un envejecimiento de los principios jurídicos; son más bien las realidades de la vida económica las que, con sus nuevos fenómenos, conducen hacia nuevos enfoques. Los progresos del revisionismo en

---

[24] Cf. el capítulo *Schicksal und Planung*, en mi Gefährdungshaftung, página 80 ss. Sobre la uniformidad de esta evolución, manifestada en materia de responsabilidad civil, cf. las cuatro ponencias sobre los principios generales de la responsabilidad delictual de FABRE-SURVEYER, LUNDSTEDT, SWOBODA y WALTON: Mém. Acad. Int. Droit Comparé II 2 (1934) 335-471; además el escrito citado supra de EHRENZWEIG (n. IV 158).

[25] Cf. PERREAU, *Technique* II, 131 ss.

[26] Sobre la evolución a partir de la sentencia, de cuño todavía enteramente liberal, en *Griswold* v. *Boston and Ma. R. R. Co.* (1903), 183 Mass. 434, 67 N. E. 354; sobre *Osterlind v. Hill,* 263 Mass. 73, X, 160 N. E. 301, 56 ALR 1.123, cf. la casuística en Am. Jur: 38, 658/659 (*Negligénce* § 16).

[27] Hasta qué punto este tíralo de un ensayo de BOHLEN, que significa un gran adelanto sobre su época (n. II 42, cf. también AMES n. II 42), se ha convertido en una realidad jurídica, lo muestra una ojeada a la jurisprudencia sobre los «deberes de los automovilistas», por ejemplo en PROSSER (n. IV 175) 193/194, n. 32-36.

[28] Incluso con el añadido *sed excusat a mora* (glosa a D. 12, 1, 15), la máxima ha suscitado vivas discusiones. Cf. sobre la perspectiva histórica HEYMANN (n. II 87), sobre el derecho comparado MEIJERS, Le changement des circonstances sour lesquelles un contrat est conclu doit-elle influencer l'existence du contrat? Ponencia ante la Sociedad Jurídica Holandesa (1918) 44 ss.

el derecho de obligaciones, sea como *Théorie de l'imprévu,* como ficción de la voluntad de las partes *(condition résolutoire tacite, implied condition),* como revisión judicial del contrato, modificación por desaparición de la base del negocio o solo como interpretación complementaria del contrato, eran simplemente inimaginables dentro del marco de la jurisprudencia cautelar del tiempo de nuestros abuelos. Sus presupuestos son la moderna problemática de las crisis, pero también la técnica de los contratos en masa o por serie, los «contratos de adhesión», con su específica tendencia hacia el monopolio.[29] Aquí es donde se hacen por primera vez agudas las reformas legislativas para conceder oficialmente al juez facultades de configuración.[30]

En el mismo plano social se sitúan las razones que explican el actual cambio de las máximas de interpretación, el avance de los *topoi* «objetivos» y teleológicos, que en el sentido exegético quedan como puras ficciones.[31] Con respecto a la «teoría del nesgo» es fácil señalar el avance del proceso de industrialización como una fuerza que se intensifica por igual en todas partes.[32] Toda la teoría del nesgo de empresa no es sino un reflejo de nuestra colectivización del destino individual. La búsqueda de fórmulas de asunción del riesgo que sean socialmente adecuadas es un índice de la renuncia a aquella actitud moralmente indiferente que es tan característica de los jueces civilistas de viejo cuño como puedan serlo sus máximas.[33] Podemos hablar de una substantivización de la concepción jurídica, para indicar que la restauración del pensamiento problemático judicial tiene por efecto el rellenar los conceptos estructurales con un contenido ético.

Pero no basta con esto. Los principios de la justa distribución del riesgo o del ejercicio permisible del derecho no solo ocasionan una revaloración del correspondiente «control judicial» en el derecho de cosas y de obligaciones; la reviviscencia del planteamiento iusnaturalista en problemas del precio justo *(laesio enormis)* o del derecho de vecindad no solo se deja sentir dentro de los límites de las «cláusulas generales» legales: su repercusión más profunda tiene efecto en el concepto dogmá-

---

29 Cf. las ponencias de NIBOYET, VOLKMAR, GUETERIDCE y otros en la Sem. Int. de Droit (Paris, 1937), Publ. de la Société de Legisl. Comp. II (1938): La révision des contrats par le juge. Es también instructiva la antes citada «*Discussion de la résolution judiciaire dans le contrats*» en Mons, Trav. Ass. Capitant (1939) 63 y más tarde las ponencias de ESMEIN y DE HARVEN en la jornada de los grupos franco-belgas de la Société H. Capitant en Bruselas, Trav. Ass. Capitant I (1946) 118, 134; diagnóstico: aunque la práctica rechaza en muchos casos la teoría de lo imprevisto (en Francia y Bélgica), opera en cambio con tanta mayor despreocupación con la hipotética voluntad de las partes (exposición clásica en AUBRY-RAU IV, § 302, ya también BAUDRY-LACANTINERIE[3] II, n. 902). Prognosis: no hay manera de detener el revisionismo. Sobre la reforma francesa RIPERT (n. I 40) 132-157; sobre la italiana MEDEIROS DA FONSECA, La forza obligatoria dei contratti e le sue modificazioni nei diritti positivi moderni: Riv. Dir. Comm. 48 (1950) 437.

30 Cf., por ejemplo, las atribuciones del juez para «interpretar o anular condiciones de seguros «evidentemente inequitativas» según la ley suiza de seguros de 8.4.1927 (cf. KARLGREEN [n. IV 255] 162).

31 Cf. KISCH op. cit. 16, quien trata el caso *Hibernia* (1908) como un precursor. MEIJERS loc. cit. 105, n. 4, alude a las proposiciones aún más programáticas de LORD WRIGHT en el caso *Fibrosa* (1943) A. C. 170.

32 Cf. FABRE-SURVEYER, *Les principes généraux de la responsabilité délictuelle dans les différents systèmes juridiques*: Mém. de Tacad. Int. de Droit Comp. II (1934) 2, 335 (356-366).

33 Cf. la máxima antes citada *Caveat emptor;* sobre ello HAMILTON, The Ancient Maxim Caveat Emptor: 40 Yale L. J. (1931) 1.133, 1.156.

tico de la prelación obligatoria e incluso de la propiedad.[34] Las significaciones «clásicas» de los conceptos son muy duras de morir, pero las fuerzas sociales que sobre ellas operan no cejan un momento.[35] El *trend of life* que transforma nuestros principios, no se detiene ante los conceptos de la dogmática. Cada nueva problemática especial y las funciones de ordenamiento social que con ella se descubren, repercuten sobre la totalidad de la dogmática.

4. Verdad es que aún hoy conviene guardarse de subestimar los coeficientes de estabilidad de la antigua doctrina. Un edificio doctrinal, aunque haya quedado vacío, se sostiene durante largo tiempo solo por su mole. Aunque a su lado las formaciones independientes de los «campos especiales» se establezcan en nuevos conceptos y principios, poco a poco, la nueva formación va corroyendo el antiguo edificio, pues éste no está ya sostenido por la vida económical real,[36] y «solo está habitado por los modestos moradores de sus sótanos —acaso por los profesores, que en sus ruinas llevan una vida aparatosa con fúnebres ceremonias del viejo estilo.

En conjunto, la actual doctrina civilista ha superado estas vanidades y se afana en controlar sus principios atendiendo a la práctica legislativa y judicial. El foso que separaba las fórmulas teóricas y las concepciones de los prácticos es rellenado sin cesar desde ambos lados, precisamente en virtud del proceso descrito del nuevo pensamiento problemático. Ninguno de los ataques que la época lanza contra el esquema legal deja de tener alguna repercusión sobre las ideas dogmáticas de la escuela,[37] *Tofoi* acreditados como la «naturaleza de la cosa» actúan como primeros mediadores, hasta que el pensamiento constructivo ha renovado los conceptos sistemáticos.[38] Los precursores más conocidos de estos procesos de transición son las clausulas generales y *standards* con sus plenos poderes para la formación de supuestos de hechos notativos. El incremento de la libertad de valoración notativa es precisamente una característica de la formación de un derecho judicial en los nue-

---

[34] Cf. SAVATIER, Les transformations de la notion traditionnelle de contrat et de le propriété, etc. (n. V 18), en especial 225 ss. Sobre el renacimiento de la *laesio enormis,* RIPERT op. cit. 105 ss. y 116-127. Cf. también JOLOWICZ, *L'origine de la laesio enormis*: Recueil Lambert I, 185, y las ponencias de la asamblea en Gante de la Association H. Capitant, de MAZEAUD y KLUYKENS : Trav. A ss. Capitant I (194 6) 179 y 189. Sobre las repercusiones dogmáticas de la doctrina del abuso del derecho cf. PERREAU II, 180; LAMBERT, *Introduction*, páginas 9 y 11; SCERNI (n. I 109) especialmente 32 ss.

[35] Del antiguo concepto de propiedad dice ALLEN, *Legal morality and Ius Abutendi*: 40 L. Q. Rev. 164: «En Inglaterra resistirá mucho antes de morir; pero cuanto antes lo haga, mejor para la jurisprudencia inglesa.»

[36] Cf. E. BRUCK, *L'évolution des principes généraux du droit civil grace au droit des transports et au droit de l'assurance*, conferencia ante la Sociedad jurídica de Zurich, separata de la Revue gen. assurances terrestres (1936) n.° 1, 10 ss. (15); «... cómo el seguro privado ha pulverizado sus consecuencias, según un proceso ligado al desarrollo económico». «El derecho común de la responsabilidad civil, un macizo legislativo antes infranqueable, solo tiene ya una aplicación exclusiva en las relaciones de particular a particular; en todos los demás campos cede el paso a reglas nuevas.»

[37] Cf. RINCK, *Zur Wirkung der Preisgesetze seit 1939*: AcP 152, 482 (508): «atendiendo a los resultados, el poder que el (anterior) derecho de precios tenía para completar el contrato, era más fuerte de lo que hasta ahora suponía la jurisprudencia». Sobre la doctrina del «contrato corregido» BOEHMER (n. I 74).

[38] A este propósito cf. la resolución atada por RINCK, RGZ 88, 250. En la reforma del derecho de familias, los ejemplos que doy en JZ 1953, 521.

vos problemas, y no está desacertada la comparación que se ha hecho entre este campo y la categoría de las *actiones in factum conceptae.*[39]

Hay ámbitos jurídicos que a causa de sus notas políticas o religiosas sienten recelo ante una revisión franca de los principios. En ellos se hace esperar más el proceso normal de adaptación dogmática y de refinamiento y corrección de los supuestos de hecho conceptuales. También al legislador le es bienvenida la técnica de colocar, como amortiguador, entre los supuestos normativos envejecidos estimaciones judiciales notativas. Esto explica, por ejemplo, el avance observable por doquier de los llamados motivos de divorcio «relativos», incluso en círculos jurídicos que, como el inglés, hasta ahora solo los habían conocido «absolutos».[40] Se puede decir de una manera muy general que la técnica legal solo hace uso de supuestos esquemáticamente fijos y enumerativos en materias en las que es inevitable la fijación normativa en interés de la seguridad. Pero allí donde los criterios jurídicos vienen determinados por *standards* sociales, organizaciones económicas y una *communis opinio* sensible a los valores culturales, el legislador deja la juste nivelación de los intereses en manos de la creación judicial y de la acción de los precedentes.

---

39 Perreau (n. I 28) II, 233.

40 Cf. Simson, *Les transformations du droit européen du divorce depuis dix ans*: Rev. Droit Int. 23 (1949) 25 y Le Bras-Ancel, *Divorce et séparation de corps dans le monde contemporain* I- (1952) (Travaux de recherche de l'Institut de Droit Comparé de l'Université de Paris. n.° 8): completa estos estudios aportando el punto de vista norteamericano: Rheinstein (n. I 102).

CAPÍTULO XVII

SITUACIÓN DE LOS PRINCIPIOS EN EL ESPACIO DEJADO ENTRE LOS DIVERSOS ORDENAMIENTOS JURÍDICOS

1. Las esperanzas que en el Derecho de gentes y en el Derecho Internacional privado hemos puesto en la energía unificadora de los principios universalmente reconocidos,[41] han quedado algo amortiguadas por el conocimiento adquirido de los presupuestos necesarios para la eficacia de los principios, a saber la existencia de una casuística uniforme con una tradición doctrinal común. No podemos decir que falten ambas cosas, pero sí que hay muchas deficiencias en las disciplinas jurídicas supranacionales, con tan escasa producción forense y tantas interrupciones en la comunidad histórica y dogmática. Por consiguiente, la formación de una ideología jurídica comunitaria habrá de apoyarse, en lo esencial, en la coincidencia de las prácticas nacionales, aunque haya discrepancia en los conceptos y figuras dogmáticas. Por fortuna, esta coincidencia en el campo de los principios establecidos por los jueces sobre los problemas mismos, viene facilitada, como hemos visto, por la creciente aproximación de los *standards* sociales y de las ideas de valor. El derecho supranacional ha sido siempre un derecho de juristas. Aún hoy la creación de un derecho universal en todas las cuestiones elementales encuentra aquí un suelo más favorable que en la ideología de las codificaciones, con su terquedad doctrinaria.[42] Pero ¿a quién incumbe la configuración positiva de esta convicción universal, si no es a los tribunales supranacionales? Así ya en el caso del artículo 38,3 de los Estatutos del Tribunal Internacional Permanente: «fuente de derecho» no es aquí ni la costumbre supranacional, que no existe todavía, ni el «principio formado por la doctrina y la práctica nacionales, ni el estatuto habilitador, antes de cuya existencia aquellos principios habían sido ya sentados por los tribunales de arbitraje, sino solo la judicatura internacional que éstos van creando.[43] Es verdad que ya el «principio» ha de tener fuerza normativa —¿cómo se podría, si no, justificar la adopción

---

[41] Supra cap. Ili p. 40 ss.

[42] Cf. V. Roth, *The Minimum Standard or International Law applied to Aliens* (1949). También Verdross (n. II 36).

[43] «Norma jurídica internacional es, no el principio general tomado de los ordenamientos internos, sino lo que, sobre la base del principio general, estatuye concretamente el juez». Morelli, *Nozioni di diritto internazionale*[2] (1947, 3°. ed. 1951) 45.

de sanciones jurídicas contra actos reconocidamente contrarios al derecho?[44] Los *standards* de los derechos nacionales, como dice la concreta instrucción del art. 38,3 del Estatuto, deben ser respetados, dentro del marco de los principios universalmente reconocidos, como *standards* del tráfico internacional. La conculcación de esta norma fundamental del derecho de gentes da lugar a un acto ilícito que la sentencia o el dictamen califica con mayor precisión. Entonces la norma concreta del derecho de gentes, con la casuística del mismo que —aunque sea solo por «'constatación»— configura aquel principio universal, viene creada de un modo adecuado al carácter de la formación jurisprudencial según la relación que ya conocemos entre «regla» y «principio».[45] El descubrimiento del derecho se hace según el método del *case law*, le falta solo la autoridad vinculante de los precedentes en el sentido inglés, y la regla no es sacada de la casuística propia de la jurisprudencia internacional, demasiado escasa para ello, sino de la comparación entre las prácticas nacionales substancialmente coincidentes.

2. Ésta es la misma perspectiva que en el Derecho Internacional privado permite la solución «universalista» del problema de la calificación, aquella «tercera» dirección más allá de la teoría nacionalista, que lejos de la polémica sobre rango y categorías de las escuelas monística y dualista, ve en los puntos de coincidencia de las ideas básicas jurisprudenciales un plano «autónomo» de conceptos fundamentales extraestatales.[46] El teórico solipsismo jurídico de la actitud estatalista corresponde del todo a la pretensión de exclusividad del positivismo político, tal como se ha encarnado en el principio de la territorialidad absoluta. La única doctrina aquí consecuente es la anglosajona, según la cual las normas extranjeras solo son respetadas por «deferencia» *(comity)*, teoría que no puede negar su procedencia del siglo XVII.[47] Gracias a ello la teoría anglosajona puede ignorar del todo la polémica escolástica sobre la conciliabilidad de dos «sistemas normativos», o sea, sobre la posibilidad gnoseológica de reconocer como vinculante, desde un ordenamiento estatal, un concepto jurídico distinto, polémica que en el continente traslada aquel positivismo al campo de la «teoría del conocimiento» (en sentido neokantiano).[48]

Pero un estudio más de cerca hace ver que con ello no se hace más que desplazar hacia atrás el planteamiento del problema. En efecto, al justificar la *comity* como un «principio de razón» *(reasonable principle)*, se vuelve a entrar en aquel plano de ordenamiento ultraestatal que con su etiqueta de «iusnaturalista» da por desgracia lugar a tantos equívocos. En él conviene entonces buscar también los conceptos de calificación que hacen posible el funcionamiento de la técnica de remisión entre todos los ordenamientos singulares interesados.[49]

---

[44] Cf. el trabajo antes citado de BALADORE-PALLIERI, *I principi generali del diritto riconosciuti dalle nazioni civili nell'art. 38 dello statuto della Corte Permanente di giustizia internazionale* (1931) (vol. XI de las Pubi. dell'Istituto Ginrid. dell'Università d; Torino).

[45] Cf. ZICCARDI, *La costituzione dell'ordinamento internazionale* (1943) 399-412 (402-405). Renuncio a discutir la teoría de este autor sobre el carácter de fuente de derecho que según él tienen incluso los principios establecidos por los juristas, la lógica jurídica, etc., limitándose a remitir a las exposiciones dadas supra.

[46] Véase supra cap. XIV, p. 375 ss.

[47] Cf. CHESHIRE, *Private international Law* (1934 3 y art. 1 de los *Restatements* americanos del *Conflict of Laws*.

[48] En AGO (n. I in) 245 ss., encontramos el último refinamiento de este positivismo neokantiano sobre base estatalista.

[49] Sobre esto MAURY (n. I 111).

Que estos últimos, en sus respectivas construcciones conceptuales históricas no puedan realizar por sí mismos la función descrita, se explica por las condiciones mismas de la avenencia supraestructural. La norma de revisión del Derecho Internacional privado, como todos los preceptos jurídicos, viene determinada en su contenido obligatorio por la función normativa, la misión del ordenamiento. Pero ésta no puede expresarse con un supuesto de hecho formulado solo por el derecho de un solo Estado, sino que presupone una calificación jurídica, que prescinda de la organización interna del derecho, de la relación vital enjuiciada y del concepto jurídico que decide la competencia del derecho propio o del ajeno. El problema de si en el caso de conflicto hay que usar éste o aquel derecho, depende de las posibilidades de clasificación de la relación jurídica (deber de alimentos o efecto general del matrimonio, contrato *inter vivos o* sucesión testamentaria), que por su parte no pueden ser dejadas al criterio del derecho interno. La relación jurídica afectada o el acto jurídico en cuestión debe ser calificado según su propio carácter, antes de que recaiga la decisión sobre la caracterización nacional, con la cual vendría ya determinada la solución adecuada al caso.[50] Con otras palabras, el Derecho internacional privado presupone una definición jurídica de la cualidad, que es independiente de la estructura dogmática de aquel derecho nacional que hace uso del correspondiente concepto de remisión o enlace.[51] El matiz que reciba la relación jurídica en virtud del ordenamiento interno «competente», no ha de determinar la cualificación con ayuda de la cual debe averiguarse precisamente dicha competencia.[52]

Los criterios para una definición extraestructural de la «naturaleza» de una institución jurídica, no pueden deducirse de su posición dogmática, sino solo de su función común en los diversos círculos jurídicos interesados. La misión y modo de operar de una figura, y no su atuendo dogmático, es lo que sirve a la consideración comparativa como clave para desentrañar el principio de las versiones históricamente tan distintas de instituciones equivalentes.[53] La teoría autonomista de RABEL,

---

50 Por tanto, como señala NEUNER (n. I m, 29), en el estadio de la calificación, se debe también prescindir de la perspectiva interna de la construcción dogmática. No tiene sentido creer que el conflicto de la calificación –para citar el conocido ejemplo de BARTIN— consiste en si la validez de un testamento ológrafo debe ser tratado como un problema de la «forma del negocio jurídico» (Francia) o de la «capacidad personal» (Holanda), con lo que también se prejuzgaría la cuestión de la remisión *(lex fori* o *patriae).*

51 Cf. las obras citadas en p. 45 y 378 s., sobre todo RABEL (n. I 111) 241; NEUNER (n. I m) y VON STEIGER (n. IV 296).

52 RABEL op. cit. 243; NEUNER, *Anknüpfung 82;* VON STEIGER op. cit. 10.

53 KAHN, *Latente Gesetzeskollisionen*: Iher. Jb. 30 (1891) 107 (115), es que yo sepa, el primero que habla de la «identidad de la significación funcional» de las instituciones. Contra la calificación del carácter abstracto de una institución habla acertadamente RABEL loc. cit. Lo que hay de abstracto en la calificación autónoma, lo muestra Rabel en las soluciones que propone en su *«Conflict of Laws»* (1947): el desentrañamiento por vía comparativa de la base común de la institución. Ejemplo: los *torts* según el derecho internacional privado inglés vienen calificados según la *lex fori.* Pero solo con que se quisiera reconocer las acciones del *common law* como supuestos de hecho de responsabilidad delictual, la *lex loci* quedaría con ello paralizada o al menos menguada. El reconocimiento de «cualquier tipo extranjero de responsabilidad» no abre el camino para una delimitación autónoma de un concepto neutral de *torts,* y menos aún se puede establecer un *tortious character* general (op. cit. II, 232/33). Salida: «Por generalización inductiva a partir de los tipos singulares y reconocidos de las peculiares responsabilidades por *torts,* pueden formularse principios de *tort»* (cf. también SEAVEY, *Principles of tort*, 56 Harv. L. Rev. [1943] 72). De los elementos

en el sencido de una emancipación de los conceptos normativos de la colisión, con respecto a los conceptos de idéntico tenor de la norma objetiva, surge y se derrumba juntamente con la posibilidad de captar tales principios funcionales comunes detrás de la distinta estructura de las figuras jurídicas nacionales. Pues no basta una eliminación puramente negativa de las peculiaridades históricas,[54] y tampoco la formación de una terminología normalmente independiente de conceptos de enlace, cuando lo que importa es reducir a un denominador común lo que es substancialmente efectivo. Lo que ha de ser comparable no son los conceptos, prescindiendo de su relieve histórico, sino que es el mismo proceso de ordenamiento que debe ser entendido como fenómeno universal, y debe serlo de un modo general, es decir en su significación para la relación vital considerada y en sus repercusiones necesarias sobre los demás problemas por él afectados.

Sin una comparación que se atenga a los objetos («comparación funcional»), el juez solo puede entender los conceptos, incluso los abstractos de la colisión, partiendo del ordenamiento de su propio derecho objetivo y de la estructura de éste.[55] A su vez, las instituciones que le son estructuralmente extrañas, solo puede ponerlas en relación con el ordenamiento de derecho objetivo del que «proceden».[56] Pero ¿cómo ha de entender el concepto general de una institución universal, tal como viene presupuesto por las normas de remisión? El concepto, por ejemplo, de la «tutela» con arreglo al art. 23 de la ley de Intr. del BGB no puede m ser reducido a las estrechas «normas nacionales del código alemán, m a una figura específica del derecho extranjero que acaso deba aplicarse, mientras lo que está sobre el tapete es justamente esta cuestión de competencia.

Ahí está el motivo de la búsqueda de un principio universal de figuras equivalentes, en el sentido de aquella teoría «autonomista»; y este principio no puede definirse de otro modo que por la similar función que en su sistema nacional respectivo desempeñan las instituciones a pesar de su distinta estructuración.[57] Aca-

---

de la responsabilidad delictual, que encontramos por todas partes: 1.° Capacidad de cometer un *tort,* 2.º ano juridicidad (= conducta ilícita o violación de un deber general en ausencia de autorización), 3.º causalidad, 4.º falta, 5.º un demandante apropiado y un demandado apropiado, 6.° daños (por violación de intereses protegidos), se constituye el concepto neutral (no abstracto) de delito en el plano del enlace: «*Tort (= delict)* en el sentido del conflicto de reglas en toda invasión contraria a derecho de los intereses (entiéndase, protegidos jurídicamente) de otra persona, que causa perjuicios o daños a esta persona» (op. cit. 235, análisis detallado en 255-276).

54 Tampoco por el recurso a la técnica de doble selección, que ha propagado la escuela italiana (GHIARDINI-CAVAGLIERI-FEDOZZI-AGO, sobre ello NIEDERER [n. I 111] 78): primero hay que calificar los conceptos de colisión según la *lex fori,* pero luego según el ordenamiento jurídico que debe objetivamente aplicarse (llamado por SCHNITZER, 109, calificación de 1.° y 2.º grado), para evitar las deficiencias de la teoría francesa de la *lex fori,* que ya FRANKENSTEIN (n. I 111, I, 278) señaló como causa de la quiebra del Derecho internacional privado. Un doble cernido a través de dos sistemas dogmáticos no arroja una «selección» de lo substancialmente eficaz, sino solo una reducción mecánica a lo formal. «Elemental» no es lo mismo que «rudimentario».

55 Cf. NIEDERER op. cit. 33 ss.

56 Cf. NIEDERER, op. cit. 36.

57 Cf. sobre el ejemplo anterior: RABEL, RabelsZ 5 (1931) 241 (257). «Bajo el nombre de tutela en el art. 23 hay que entender, no lo que entiende el BGB, sino todo el mundo civilizado, más exactamente: todos los institutos jurídicos destinados a regular la representación o cuidado personal de personas carentes de plena capacidad y que no están sometidas a la autoridad paterna o de los abuelos.»

so pueda llamarse a esto un «proceso de interpretación»,[58] pero debe quedar bien claro que aquí pasamos de lo dogmático a lo sociológico. Pues lo que aquí es erigido como criterio, es el *modus operandi* real de la figura singular, tal como se expresa en la peculiar tradición judicial del «Derecho en acción» más allá de todo revestimiento dogmático. Las formas jurídicas positivas y sus conceptos son, en su singularidad, el producto de esta tarea universal y de las valoraciones específicamente nacionales, de los enlaces doctrinales y metódicos que determinan la posición y ámbito de operación de los conceptos. Sin su ponderación histórica y sociológica —en todo caso «metajurídica»— no podemos, pues, establecer la «homogeneidad interna» de lo que KAHN llama «relaciones jurídicas conmensurables». Esto es precisamente lo que empuja a la doctrina francesa a su polémica contra lo «anticientífico» de esta escuela, la cual se queja sin razón de que con tales equiparaciones «se ha procedido hasta ahora con excesiva pusilanimidad» (RABEL). Pues a esta especie de comparación abstracta se le reprocha la ausencia de «método».[59] Las aportaciones «empíricas» del derecho comparado jamás podrían constituir un «sistema». Para llegar a una fórmula universal que abrace construcciones nacionales dispares, falta tanto la legitimación como también la necesaria práctica conceptual dogmática. Incluso como hipótesis de trabajo el universalismo tendría necesariamente que decepcionar, por muy genial que parezca. Pues todo comparatista parte inconscientemente de su propio pensamiento de escuela e introduce prematuramente en la estructura ajena el mundo conceptual de su *lex fori*. Solo la práctica internacional construye conceptos generales, y un derecho uniforme no es el presupuesto, sino el producto de procesos de adaptación y de la formación de un auténtico derecho común.[60]

En este último punto tiene MAURY toda la razón; pero ¿no hace referencia también el derecho de gentes a aquellos principios jurídicos internos universalmente reconocidos, sin dejar que su «comparabilidad» substancial se estrelle contra su diferencia de estructura? ¿No se convierte también aquí el derecho de juristas en derecho vivo? El proceso es exactamente el mismo. Pero en cuanto al carácter científico, precisamente es la jurisprudencia comparada francesa la que nos ofrece los más esperanzadores inicios de una superación de la yuxtaposición puramente idiográfica y positivista: auténticas observaciones de sociología jurídica, tales como las que hicieron SAVATIER y el propio MAURY, análisis de series de sentencias creadoras judiciales en sistemas dispares, como los que leemos en las ponencias de las sesiones de la Association Henri Capitant, reflexión sobre el papel de los principios generales, como la que inaugura BOULANGER. Del lado continental los esfuerzos en pro de una jurisprudencia comparativa realista y supranacional no pueden recibir un apoyo más estimulante, y este creo yo que es el único camino para llegar a un acuerdo sobre el contenido efectivo de las ideas dogmáticas fundamentales.

La comparación funcional de las figuras jurídicas estructuralmente dispares es algo mucho más practico que aquellas especulaciones acerca del utópico *abstrait droit commun identique,* que MAURY tacha con razón de anticientífico.[61] Pero el que, por otro lado, tampoco admita las comparaciones puramente «empíricas» de la práctica como un camino científico para determinar el contenido de principios jurí-

---

[58] Así VON STEIGER, loc. cit.

[59] Cf. MAURY (n. I 111) 433 *ss.* (476).

[60] Op. cit. 496 ss. (504).

[61] Op. cit. 476.

dicos empleados universalmente *(Mais où est alors cette science?)*, me parece ser debido a dos malentendidos: por un lado a una exageración de esta perspectiva comparatista, que es verdad que no descubre un nuevo «sistema» como pide MAURY, pero sí la fuerza unificadora del pensamiento problemático judicial (abierto) y sus principios fuera de los «sistemas»; por otro lado, a una subvaloracion de los presupuestos metódicos de semejante «empirismo», que intenta nada menos que una profunda reorientación de la teoría continental de las fuentes y de la interpretación, en la medida en que ésta se opone a la concepción del proceso de formación judicial de reglas y principios a partir de las instituciones jurídicas autónomas. Que aquí faltan por dar aún los pasos más importantes, nadie lo siente más en su carne que el propio comparatista. Pero que no haya camino practicable alguno, es un pesimismo que no podemos compartir con MAURY.[62]

3. Hay un campo, cada vez más extenso, de formación uniforme de derecho judicial, que nos hace dirigir la atención sobre el futuro que en el derecho universal aguarda a los principios de origen jurisprudencial: los tribunales de arbitraje internacional en el derecho privado. Aquí el juez arbitral no emplea, en absoluto, las normas del derecho de su patria, y la base jurídica del arbitraje está formada por los principios universalmente reconocidos —tanto en el derecho material como en el procesal. El desarrollo de principios y reglas extrasistemáticas está justamente vinculada para bien o para mal a la práctica del arbitraje internacional. Es verdad que en muchos derechos nacionales los jueces arbitrales están primariamente facultados para dictar soluciones puramente de equidad,[63] pero esta figura del «amigable componedor» aparece cada vez más como una forma especial que retrocede ante la resolución según principios, a no ser que las partes renuncien expresamente a ello.[64]

---

62 Sobre todo no con referencia al futuro de la escuela universalista en Derecho internacional privado. Compárese la ponencia en sentido francamente optimista de BALOCH, Le role du droit comparé dans le droit International privé, Recueil des Courts III (1936) 577-728.

63 Así Francia, Italia, los Países Bajos, Suecia, algunos cantones suizos, Alemania, con las conocidas exigencias mínimas de conformidad jurídica en el aspecto procesal (§§ 1.034, I, 1.041 I ns. 3-6) y material (§§ 1.041 I, n.° 2). E. WOLFF yerra al incluir aquí también a Inglaterra (en: SCHONKE, *Die Scheidsgerischtsbarkeit in Zivil- und Handelssachen in Europa* II [1948] 52). Por el contrario, Inglaterra se mantiene aferrada materialmente a la vinculación primaria a las reglas del *common law* y exige sentencias arbitrales «en conformidad al derecho y a los derechos legales de las partes y no según lo que uno pueda creer equitativo o razonable dadas las circunstancias»: *Vulcaan* v. *Mowinkels Rederi A/S etc.* (1938), 2 All. E. R. & ZB. 104, véase RUSSEL-WHITE (n. III 353) U2. Cf. también infra n. IV 65; documentaciones de los derechos en SCHÓNKE, op. cit. I (1944), II (1948). Véase también Nussbaums Jb. II (1928) 54 ss., 187 ss.; III (1931) 51 ss., 63 ss.

64 Sobre esta tendencia confirmada últimamente por la comisión de arbitraje de la Cámara internacional de Comercio de París, hablaba ya PRAGER (n. III 354); en distinto sentido todavía Nussbaums Jb. I (1926) 24. Hicieron obra precursora los países latinoamericanos con la preferencia concedida a los «árbitros de derecho» sobre los «arbitradores» (cf. la Ley de enj. civil chilena de 1902, art. 784, y otros textos en VAN LENNEP, *Recueil de textes d'arbitrage* [1954] 79 ss., 93 ss.; sobre ello FUCHS: Nussbaums Jb. III, 51 ss., 63 ss.). El «projet d'une loi internationale sur l'arbitrage en droit privé, aprobada en su tiempo en sus rasgos generales por la Cámara Intern. de Comercio, en el proyecto I (S. D. N. 1936, Études III, arbitrage Doc. 23, Roma, 1936) solo prevé una impugnación de la sentencia arbitral por conculcación del derecho, cuando las partes han convenido expresamente en esta consecuencia; pero considera como caso normal la resolución según derecho, no según equidad, incluso cuando falta esta sanción (art. 30). El proyecto II hace aún más clara esta ordenación, al añadir como ap. II que la decisión según equidad solo es admisible si las partes han

Normalmente las partes quieren que se les den razones jurídicas que sean también comprobables. ¿Pero razones jurídicas de qué nivel? No del derecho nacional que es competente según el Derecho Internacional Privado, entre otras razones porque las cuestiones de enlace, con su impenetrable fatalidad, no resultan simpáticas ni a las partes ni a los árbitros, en general carentes de especialización jurídica.[65] En lugar de la primitiva alternativa entre el derecho nacional y la equidad, se exige con insistencia creciente una práctica universal de principios universalmente reconocidos a tenor del artículo 38,3 del Estatuto del Tribunal de Arbitraje.[66]

La elucidación científica de estos principios universales en cuanto a su existencia y alcance es, por tanto, en el derecho privado extraestatal un presupuesto de la

---

designado expresamente a los árbitros como «amigables componedores». Todo esto se refiere al aspecto material. Que el procedimiento está por entero sometido a la autonomía privada (arts. 15-21) con excepción de las tradicionales reservas del orden público, etc. del país al que se pide el *exequatur* (art. 26), y de las posibilidades de anulación *(setting aside)* en caso de *ultra vires,* de graves defectos de forma en la constitución del tribunal o en la redacción de la sentencia (art. 29 ss.), es algo que se sigue de la naturaleza del procedimiento arbitral y está también reconocido en Inglaterra. Por desgracia falta una pretensión sobre la vinculación a principios de procedimiento generalmente reconocidos, cf. la crítica de DAVID, Un projet de loi uniforme sur l'arbitrage: Recueil Lambert II (1938) 884 y el «*Rapport explicatif*» sobre el proyecto III, publicado como U. d. P. 1940, Projet III.

65 Así RABEL (n. I 47) 209 ss.: «El inconveniente es que un opaco velo de misterio oculta toda la operación.» «El sistema inglés de reservar el derecho de una parte para un 'caso especial' y la regular reseña de las decisiones del tribunal ha sido saludada por muchos juristas británicos.»

66 Cf. RABEL loc. cit., mientras los trabajos legislativos de la 14.ª comisión del Inst. de Droit Int. buscan inútilmente la solución sobre la base de un derecho nacional que debe ser señalado por el derecho internacional privado. Cf. Ann. Inst. Phil. 44 I (1952) 469 ss., sobre todo las conclusiones p. 471 ss. y 593 ss., así como las observaciones de los miembros, p. 476 ss.; entre las exposiciones científicas, véase sobre todo la del ponente SAUSER-HALI sobre *le droit applicable au fond du litige,* p. 570 ss. De todos modos también aquí se presupone primariamente una resolución según derecho, no según equidad (arts. 11 y 12). Extremadamente obscura es aquí la actitud de los proyectos de una *loi internationale sur l'arbitrage en droit privé,* que por lo visto esperan una resolución según derecho, pero dejando abierta su base. No se espera en cada caso un acuerdo sobre la aplicación de un derecho nacional o la vinculación a las reglas del derecho internacional privado, sino que se considera posible una impugnación por conculcación del derecho incluso cuando la base está solo Cf. p. 67 del Rapport explicatif: «Si las partes quieren estar seguras de que en la solución de su litigio se respetan los principios generales del derecho, es necesario que lo estipulen expresamente.» Por consiguiente, se presupone aquí como posible, y hasta como comprobable, una base jurídica no nacional, cuya especie está caracterizada, pero no delimitada, con ayuda del concepto de «principios generales del derecho». Este párrafo del Rapport —lo mismo que otro en p. 68— podría inducir a un error: el de creer que la resolución según derecho constituye la excepción, que solo se produce en virtud de un acuerdo privado. Pero no es así, sino que, como se ha dicho, el claro tenor del art. 30 I y II obliga al árbitro a proceder según derecho, de no poseer una autorización especial para obrar de otro modo. De ahí que observe también el Rapport en página 69: «Esta situación constituye la regla. El sistema general del proyecto... es que los árbitros vienen obligados a estatuir según derecho.» De este modo está de acuerdo con la concepción inglesa y latinoamericana. Un acuerdo especial es exigido solo para la impugnabilidad por conculcación del derecho y la cuestión del derecho a aplicar. Si faltan las dos cosas y los árbitros no han sido nombrados como amigables componedores, entonces la base debe ser constituida por los principios generales del derecho, sin definirlos con mayor precisión.

formación judicial de reglas, no menos que en el derecho de gentes. Y lo es de un modo aún más inexcusable que en éste, por falta de árbitros dotados de la correspondiente calificación jurídica. La falta de claridad sobre la riqueza y la importancia de los principios generales es la mayor tentación ejercida sobre los interesados, y en primer lugar sobre los propios órganos arbitrales, para renunciar a una resolución según derecho, que aparece incierta, y preferir el papel más «práctico» de amigable componedor.[67] No podemos pasar en silencio otro obstáculo que se opone a la constitución de un derecho universal de arbitraje. Si no se publican las sentencias y sus motivaciones, no puede darse, según las reglas conocidas del Derecho del caso, una utilización uniforme de aquellos principios. En general los intereses de las partes se oponen a toda publicidad, y esto impide la auténtica formación de reglas, por mucho que se insista de todos lados en su necesidad, reclamando *standards* de arbitraje uniformes.[68]

4. La importancia de esta práctica uniforme sobre principios generalmente reconocidos, para materias unificadas o coordinadas, salta a la vista. Tanto si hay una ley unitaria, como la propuesta por el proyecto de ley de compraventa en su artículo 11 II, que coloca expresamente los principios generales de su sistemática ante las peculiaridades de los derechos nacionales *(exclut l'application des lois nationales),* como si no existe, la existencia y el reconocimiento y comprobación prácticos de «reglas comunes» y «principios del razonamiento jurídico» es un presupuesto funcional para un ordenamiento supranacional de este tipo. Esto se aplica a los principios materiales y a las *leges artis,* a las reglas de interpretación con inclusión de los métodos de calcular los daños, a las reglas de la carga de la prueba y a todos los *standards,* judiciales (estimación de la prueba) y materiales (riesgo o diligencia razonable). Las leyes unitarias no pueden remitir a los derechos nacionales, ni para colmar lagunas, ni en el necesario recurso dogmático a figuras jurídicas generales (por ejemplo, del contrato). Si quieren inaugurar una práctica unitaria, han de construirla sobre un derecho común de juristas, en el sentido de los principios generales del derecho, y de la comparación funcional de instituciones al modo de la escuela «universalista» del Derecho Internacional Privado.[69]

---

[67] Cf. DAVID en su crítica del citado proyecto I, op. cit. 887.

[68] Por ejemplo, W. A. STURGES, *The Need for Modern Arbitration Laws*: Arb. J. 7 (1952) 130; el mismo, Some General Standards for a State Arbitration Statute: ibíd. 194; cf. también STANLEY MOSK, The Lawyer and Commercial Arbitration: 39 Am. Bar Ass. J. 193. Verdad es que en EE. UU. lo que más preocupa es la unificación del procedimiento. Pues allí, además del Federal Arbitration Act de 30.7.1947 hay aún 49 leyes de los estados que forman parte de los *statutes o codes* en cuestión con un promedio de 10 a 15 secciones en el capítulo sobre «Arbitration and Award», cf. la compilación en Arb. J., op. cit. 182-187, y el proyecto de un Arbitration Act debido al Arbitration Act Committee of the Am. Arbitration Association: ibid. 201-209. Pero dentro del cuadro de esta unificación del procedimiento se quiere conseguir un extenso control objetivo por medio del recurso al juez ordinario *(orders vacating award),* así por ejemplo por recusación de solicitudes de pruebas «pertinentes e importantes para la controversia» (sec. 17 lit. c.): lo cual es al menos un primer camino para lograr la publicidad de los precedentes.

[69] En este sentido también las intervenciones de BREGSTEIN en el debate que siguió a 1a ponencia (no publicada) de DÖLLE sobre el proyecto de ley de compraventa en la asamblea de juristas germano-holandeses del 30.10.1953, en Dusseldorf.

CAPÍTULO XVIII

LOS PRINCIPIOS UNIVERSALES COMO BASE DE LA COMPARACIÓN FUNCIONAL DE LAS INSTITUCIONES DE DERECHO PRIVADO

1. El «principio» o «pensamiento» que informa una institución solo revela su carácter universal, si se le somete a una consideración ideológica que explique las peculiaridades dogmáticas de cada figura a partir del complejo del sistema histórico respectivo. Para que salga a la luz la similitud intencional de la fundón, hay que dar una explicación genética de las diferencias estructurales advertibles en el concepto y la perspectiva. Ambos aspectos, la estructura histórica y el contenido actual de una institución jurídica, no constituyen en absoluto una unidad necesaria aunque en su coincidencia estribe tal vez el especial encanto del carácter nacional, sino que en ellos se refleja la pugna entre las fuerzas tradicionales y las racionales.[70] Por grande que pueda ser la adhesión del jurista al mundo de formas y a la estructura mental del derecho de su patria —una lealtad que va menguando con el tiempo, como puede observarse incluso en la cultura jurídica inglesa, tan tradicionalista—, al situarse en el punto de vista del Derecho Internacional ha de prescindir de estos elementos, y así lo hace ya instintivamente cuando se pone en busca del «pensamiento jurídico». Aquí puede observarse el cambio de significación que sufren los principios (y que antes hemos descrito) en los estadios evolutivos anterior y posterior a la codificación. El *case law* común mantiene la mirada afanosamente fija en la tradición, mientras que el Derecho codificado pone su orgullo en el definitivo encadenamiento de los principios a las «formas» halladas.

En cambio, el derecho judicial, que aparece secundariamente, ocupado en la ulterior elaboración de este ordenamiento, por fiel que sea a la estructura, se esfuerza en captar por separado la finalidad perseguida por cada figura y ponerla al servicio de las nuevas tareas.[71] Por consiguiente, es aquí, en la formación del Derecho judicial, donde más saltan a la vista las coincidencias de los principios funcionales, pues el *esprit de la loi* no los hace cambiar, y, como se ha dicho, se hacen tanto

---

[70] «Casi siempre existe cierta pugna entre una institución como estructura y la finalidad a que ha de servir», Puig Brutau (n. I 41) 18.

[71] Boulanger, Riv. dir. Comm. 49, 273: «La concordancia de los principios en las diversas jurisprudencias nos obliga, pues, a rendir homenaje al juez por la fidelidad que sabe conservar al espíritu del derecho positivo... y la operación es conducida con un instinto tan seguro, que a lo largo de los derechos positivos de la misma familia espiritual aparecen los mismos principios.»

más llamativas cuanto más uniformes son las necesidades y concepciones jurídicas producidas por una vida social y cultural unitaria. Lo que aquí domina, no es una axiomática de Derecho natural, y tampoco el ciego azar, sino la ley de una correspondencia lógico-objetiva entre las tareas y formas del ordenamiento si se dan las mismas condiciones.[72]

Se comprende que donde antes se impone esta lógica objetiva, es allí donde las coincidentes necesidades no tienen necesidad de disimularse ante los prejuicios de la tradición, con otras palabras, donde las consideraciones racionales se sobreponen a ideas de valor que son inaccesibles a toda discusión.[73] Se puede llegar a un acuerdo —incluso dentro de tradiciones distintas— sobre los principios que regulan la responsabilidad por vicios en la compraventa; pero la pertinencia de las demandas de omisión y resarcimiento contra el adúltero, o la exclusividad de las sanciones de divorcio constituyen cotos cerrados de las diversas culturas nacionales y de sus respectivas formas de protección jurídica (que precisamente aquí son a menudo producto del azar).[74]

Lo que se opone a estos acuerdos, incluso en los más prosaicos ámbitos del Derecho, es, más allá del orgullo que siempre inspira la tradición nacional, la difícil y, sin embargo, necesaria «sincronización» de cada detalle con el conjunto del ordenamiento jurídico local. De ahí que aún las nociones comunes más difundidas, como la fiducia, presenten la mayor variedad de figuras especiales, e incluso sus conceptos básicos y elementales tienen que adaptarse al «sistema» propio de cada Derecho (por ejemplo, *agency*, o *mandatum).* Aunque el análisis tenga que distinguir entre estructura y principio de eficacia, genéticamente aparece como unidad lógica lo que para la sociología jurídica es un compuesto.[75] Así ocurre también con la primitiva unidad de figuras «materiales» y formas de la protección jurídica; un análisis comparativo de las instituciones, en el intento de aislar el principio «universal» de las soluciones «materialmente» equivalentes, no debe olvidar la dependencia en que está de la concepción procesal y de sus formas.[76]

2. La igualdad de elementos reales en los problemas del ordenamiento da lugar a «pensamientos» equivalentes en instituciones de distinta estructura históri-

---

72 RADBRUCH comprende mal esta ley en su polémica, transida de escepticismo pragmático, contra las «nociones necesarias del derecho» de AUSTIN. Cf. su ensayo (n. I 88 *a)* 530 (532): «Los principios jurídicos, incluso los de naturaleza fundamental, son comunes a varios sistemas de derecho no por efecto de una necesidad lógica, sino solo por una coincidencia más o menos casual de las condiciones sociales y la sensibilidad jurídica.» La «casual» coincidencia de circunstancias y convicciones no conduce, por su parte, «casualmente» a soluciones que son substancialmente análogas. Fue un mérito del Derecho natural alemán el captar el valor demostrativo ontológico de tales coincidencias. No es casualidad que fueran las grandes corrientes iusnaturalistas de las filosofías estoica, aristotélico-escolástica e «ilustrada», las que destacaron el carácter universal del Derecho.

73 Aquí hasta en las medidas legislativas la uniformidad salta cada vez más a la vista. Cf. la discusión acerca de las formas de la intervención estatal en el derecho económico (por ejemplo, de HUBER, Berna), Veröff. d. Vereinigung dtsch. Staatsrechtslehrer XI (1954) 113 (123).

74 Cf., sobre la confusión en el derecho matrimonial alemán, BOEHMER: JZ 1953, 754.

75 Cf. RAY, Essai sur la structure logique du Code civil français (1926).

76 Cf., por ejemplo, la problemática referente a la falta de *specific performance* en el *common law* para el adecuado tratamiento de las consecuencias de la mora en el proyecto de ley unitaria sobre la compraventa.

ca y dogmática, aún siendo discrepantes las formas de la ideología jurídica. La doctrina del «negocio jurídico» se ha concretado en todos sus pormenores de un modo distinto en el Derecho anglosajón y en los sistemas continentales, y, sin embargo, en cada uno de estos pormenores —por ejemplo, en la doctrina del error— una idéntica problemática real se refleja en principios de solución equivalentes.[77] Las instituciones no «consisten» en principio y estructura, pero en ellas podemos separar las verdades racionales o de la lógica objetiva y valorativa, de la carga histórica de su estructura, haciendo así posible una comparación universal de las instituciones más allá de la comparación idiográfica de las figuras. Esto puede mostrarse a partir del principio, que no está al lado de las «formas» como parte propia del derecho positivo (como *rational law),* pero se hace eficaz en ellas, como demuestra cualquier interpretación; pero al mismo resultado se llega también por «vía de substracción» a partir de la historia de las formas, en la que se ve cómo éstas sirven al pnncipio.[78] Por ambos caminos se llega a la conclusión de que el medio de la comparación no es el ciego paralelismo de contenido y forma, sino la equivalencia funcional de formas que discrepan por efecto de la estructura. La *Verjährung* alemana es comparable, en cuanto a la tarea del ordenamiento, con la *prescription* o la *mors litis,* pero no lo es a partir de un principio doctrinario.

Si hablamos de la «coloración» institucional de un pensamiento general, no es que especulemos con un «arquetipo» ahistórico, sino que partimos de las configuraciones históricas necesariamente peculiares, que cada vez repiten pensamientos equivalentes en una figura conceptual y mental heredada de la sistemática del derecho nacional. La noción de «enriquecimiento» no es la raíz histórica de las vanadas formas de la responsabilidad por enriquecimiento injusto, sino su principio eficaz universal. «Las ideas no andan sobre patas —pero tienden siempre a convertirse en regla».[79] Esta acción teleológica no tiene nada de metafísico, sino que descansa en la justicia objetiva vinculada al problema 3ue desentraña el principio conductor, sacándolo de la casuística y de a configuración, por estrechas que sean éstas.[80] Así se despierta la aparienda de que un principio ya positivo se «disfraza» con las formas que cada vez le convienen, mientras que en realidad es en ellas y gracias a la casuística que *se convierte* en derecho positivo.[81] Cómo de estas últimas se forma la doctrina, es una cuestión histórica de estructura, tanto si se parte de una *versio in rem,* de una *negotiorum gestio,* de un *constructive trust* o de otros *remedies* previamente existentes.[82] Podríamos decir que lo histórico no es causa, sino solo

---

77 Cf. CHESHIRE, *Mistake as Affecting Contractual Consent*: 60 L. Q. Rev. 175; sobre la totalidad de la cuestión cf. el capítulo de su *Law of Contract*, publicado en 1945 en colaboración con FIFOOT, hoy en su 3.ª edición (1952).

78 Buenos ejemplos de este método en la ponencia general de CLAUDIUS VON SCHWERIN, *Der Einfluss germanischen Rechtsdenken auf neuzeitliche Rechtsordnungen*: Mem. Acad. Int. II 2 *(1934)* y la coponencia romanística de EGON WEISS ibíd. 213; pero cf. También la ponencia supra citada (n. IV 276) de COLVIN ibíd. 108.

79 DAWSON (n. I 7) 7.

80 Cf. FRIEDMANN, *The Principle of Unjust Enrichment in English Law*: 16 Canad. Bar Rev. 11: «Los debates en estos casos ni mencionan a Pompomo ni contienen el menor rastro de un principio sobre el enriquecimiento injusto. De lo que se preocupaban era de la propiedad de usar el recurso del *assumpsit,* propio del contrato, en casos en que no podía descubrirse elemento contractual alguno.»

81 DAWSON loc. cit.: «En algunos aspectos toma el aspecto de una regla de derecho, de la que pueden derivarse directamente reglas subsidiarias o incluso las soluciones de casos particulares.»

82 Cf. sobre la evolución francesa del «pensamiento de enriquecimiento», PERREAU, Technique II, 163; sobre la inglesa cf. supra, cap. XIII p. 345 ss.

modalidad del desarrollo de cada figura especial. Esta queda, allende la tradición nacional, unida con los universales problemas básicos de su función dentro del ordenamiento. Pero no la podemos explicar «abstractamente», en sí misma, ni compararla con otras soluciones, sino solo como una parte de su ordenamiento total histórico en el que ejerce la misma función que las figuras correspondientes en los sistemas que se comparan. Esto es lo que he querido expresar con la tesis de la «ley de equivalencia funcional» de conceptos y figuras jurídicas entre los sistemas, y, dentro de un mismo sistema, con la «ley de la dependencia recíproca de las formas de institución».

No es éste el camino de la comparación jurídica: descubrir en un sistema rasgos aislados de otro, para luego explicarlos de un modo más o menos forzado a partir del primero como una solución «similar»; tampoco consiste en partir de los diversos sistemas positivos para reconstruir un hueco edificio de principios doctrinales, en los que la teoría pretende ver «imperfectas» formas positivas de expresión. El verdadero camino es éste: en las mismas funciones del ordenamiento y en circunstancias sociales comparables, descubrir la identidad de soluciones que sirven cada una al mismo fin, aunque distintas por la historia de su origen y condicionadas por su propio sistema.[83] Carece, pues, de sentido —para volver sobre el ejemplo del derecho delictual— confrontar aisladamente las anomalías del *law of torts* inglés con los principios de los derechos delictuales continentales, o bien explicar todas las singularidades acudiendo a una supuesta comunidad de pensamientos de responsabilidad, cuya combinación determina la peculiaridad de las figuras.[84] Lo que importa es comprender las discrepancias de perspectiva, construcción y principios básicos en su orgánica oportunidad para cada sistema, y, sin cerrar los ojos a todos los caprichos de la historia, destacar en calidad de principio funcional», sus coincidencias teleológicas con las figuras que objetivamente le corresponden en otros sistemas.[85] Así podemos comparar la moderna ampliación de la doctrina de *negligence* o *nuisance* con la *responsabilite du fait des choses* francesa y la responsabilidad alemana por omisión del deber de atender a la seguridad del tráfico, siempre

---

[83] Sobre la historia de la evolución, aparentemente tan aislada, del *Statute of Fraud,* cf. Rabel, *The Statute of Fraud and Comparative Legal History*: 63 L. Q. Rev. 174. Rabel sitúa a la luz de la historia universal las observaciones idiográficas de Holdsworth, Plucknett, Lord Wright y otros sobre las causas procesales y políticas de este *Statute.* Muestra cómo la decadencia de las formas germánicas del negocio jurídico obligó en todas partes, *y* también en Francia, Handes, etc., a tomar medidas parecidas para el control del nuevo contrato consensual. Solo una perspectiva así permite distinguir los rasgos individuales e históricos de una formación jurídica, de los elementos objetivos *y* universales de la misma.

[84] El primer error se encuentra en Walton, *Delictual Responsibility in the Modern Civil Law* (n. IV 236), también en 49 L. Q. Rev. 70; el otro intento, de sepultar las peculiaridades estructurales en un sistema unitario, lo hace Marton en su obra antes citada (n. I 18), *Les fondements de la responsabilité civile. Révision de la doctrine. Essay d'un systéme unitaire.* Las obras clásicas de la comparación enciclopédica renuncian prudentemente, y con criterio estrictamente idiográfico, a aquel rasgo especulativo y dejan a cargo del lector el buscar por sí mismo el *tertium comparationis* básico. Sobre el derecho delictual anglosajón cf. M. Wolff en el manual de Arminjon-Nolde-Wolff III, 168 ss.

[85] En este aspecto, el mismo tema es tratado de un modo incomparablemente más fecundo por Fabre-Surveyer en su ponencia (n. V 32); en cambio, a coponencia de Lundstedt, ibíd. 367 ss., aplica criterios excesivamente apriorísticos y francamente ilusorios a la racionalidad de las figuras jurídicas. Un esperanzador programa para la superación de la comparación idiográfica de las instituciones en Craig (n. III 83) 50.

desde el punto de vista del «pensamiento jurídico» actual, o sea de la función de la distribución del nesgo aparte de todo reproche de culpa propiamente dicha. Pero esta evolución, que suele considerarse empezada con el caso *Ryllands* v. *Fletcber*,[86] solo descubre sus dificultades y trabas estructurales a quien analice el esquema histórico de acciones atendiendo a las iniciativas judiciales, o sea, a los elementos finalistas, de tal distribución del riesgo: así en la elaboración de la antigua responsabilidad por invasión *(trespass)* hasta hacer de ella un *trespass on the case* calificado solo por las consecuencias de hecho; así en la utilización del criterio de *negligence* para establecer una base de responsabilidad en la «omisión indebida» —sin precisar todavía la especie de aquel deber jurídico[87]— hasta llegar a una comprensión cada vez más exacta del deber concreto de dominar el peligro;[88] así en la formación de la doctrina general de *nuisance* (inquietación) partiendo de la angosta forma de la «conducta impropia de un vecino» *(unneighbourly conduct)* de los *documenta* de BRACTON, y pasando su forma independiente de protección jurídica (escindida desde 1270 por los *assize of novel disseisin)* al ámbito general de los *remedies* en caso de *torts*;[89] y finalmente en la nueva especialización de las modernas responsabilidades por riesgo en instalaciones e industrias en doctrinas tales como *public nuisances* y *attractive nuisances*,[90]

3. La lógica objetiva y la homogeneidad de las tareas del ordenamiento demuestran muchas veces su energía unificadora ya en los conceptos fundamentales de la ética jurídica. Si estos conceptos, en estructuras tan diversas como las del derecho inglés y continental, resultan no solo comparables funcionalmente, sino que, en gran parte, son incluso sinónimos de suyo, de modo que podemos traducir sin más *void* por «nulo» y *voidable* por «anulable»,[91] la causa consiste solo en la ubicuidad de las tareas y del principio que las soluciona. Regularmente estos conceptos de ordenamiento son obra de la doctrina, que redondea artificialmente las formaciones nacionales especiales suministrándoles el concepto general de que carecen. Así *contract* sigue siendo un vínculo específicamente obligatorio, con todas las peculiaridades anejas a su protección jurídica fundamentada por medio de *Roy al*

---

[86] (1866) L. R. 1 Ex. 265. (1868) L. R. 3 H. L. 330.

[87] Leading case; *Blyth v. Birmingham Waterworks Co.* (1856), 11 Exch. 781.

[88] Con relación a la causa, medida y círculo de personas protegidas, cf. la evolución que va desde *Thomas* v. *Quatermain* (1887), 18 Q. B. D. 685, y *Lane* v. *Cox* (1897), 1 Q. B. 415, hasta *Donoghue* v. *Stevenson* (1932), A. C. 562 y *Bourhill* v. *Young* (1943), A. C. 92.

[89] Ya BLACKSTONE (Commentaries 3, 5) define: Todo lo que inquieta o perjudica contrariamente a derecho a otra persona, es *nuisance*».

[90] Citas y material en 38 Am. Jur. 802 ss. y 39, 275 (300-326).

[91] Sobre el sorprendente paralelismo con la doctrina francesa que se da también en la delimitación objetiva de los grupos de casos, cf. WOLFF en el manual de ARMINJON-NOLDE-WOLFF loc. cit. III, 129. De todos modos, en el alemán *Anfechtbar* («impugnable») se da una formación conceptual divergente, pues *rescission* no significa solo *Anfechtung* ("impugnación»), sino también *Rücktritt* («resolución»); ello es consecuencia de las discrepancias dogmáticas en los respectivos derechos de obligaciones. Por otra parte, a veces las diferencias son debidas a discrepancias puramente terminológicas o a una tecnificación distinta o más tardía. Cf. los variados empleos del concepto de *mistake* (superado en Alemania por la teoría del error) para formas de perturbación del contrato *(viciatinq elements)* tan distintas como: imposihilidad originaria, error sobre la base del negocio, vicios en la voluntad de obrar, vicios en la voluntad negocial, etc., con ayuda de las formaciones técnicas: *common mistake, mutual mistake, unilateral mistake, innocent & fraudulent misrepresentation, undue influence,* etc.

Writs (writs of debt, writs of covenant), con la remisión específica a una *lawful consideration,* con la ausencia de una protección jurídica general en los *simple contraéis,* hasta la introducción de la *action of assumpsit,* que a su vez con su causa de responsabilidad de naturaleza delictual solo alcanza a cubrir el interés de cumplimiento, mas no a obligar al cumplimiento mismo, etc.[92] Por tanto, el concepto general de contrato tuvo que ser introducido de un modo puramente literario con el término *agreement,* y bajo él puede desde entonces la doctrina catalogar: *contracts* (que crean una obligación contractual, o sea, un derecho *in personam), agreements,* que crean un *status* (por ejemplo, matrimonio), y otras figuras como la de los *grants* (convenios de garantía).[93]

La doctrina está evidentemente en camino, incluso en Inglaterra, de revestir con una superestructura racional los tradicionales conceptos de los prácticos, con su colorido local. Pero no hemos de esperar que esta terminología moderna aproxime la estructura de las doctrinas del *common law* a la del continente. Aunque una rúbrica como *legal capacity* despierte de momento asociaciones familiares en la mente del civilista, éste no tarda en percatarse de que las vías de solución desde el *nasciturus* hasta la persona jurídica, pasando por el menor de edad, conservan tercamente su carácter peculiar. Prescindiendo de la multitud de singularidades privativas del derecho inglés (por ejemplo, *legal disability* del *alien enemy,* concepto del *outlaw,* de *felony,* de *Corporation sole,* del matiz indígena del concepto de *domicil,* de la privilegiada situación de los *heirs* en el derecho sucesorio, vestigio de una organización de clanes, etc.), es la atención a otras particularidades, por ejemplo, del derecho patrimonial, lo que aquí obliga a construcciones discrepantes. «Limitado en su capacidad negocial» sería la categoría adecuada para el deudor solidario inglés, de no ser por la distinción entre *real y personal property,* desconocida en el continente, la última de las cuales ni por la *adjudication* pasa al *trustee in bankruptcy.* Las repercusiones del derecho feudal en el plano del *status* patrimonial[94] dan lugar por doquier a nuevas singularidades. Así no son los conceptos y las construcciones lo que permite la comparación, sino las funciones que persiguen idénticas finalidades de protección. Desde este ángulo, la «propiedad contingente» *(contingent ownership)* del feto puede compararse, en cuanto al fin, con la situación expectante de nuestro *nasciturus,* la capacidad negocial del menor de edad en *necessaries* con nuestra «capacidad limitada»,[95] la capacidad pasiva para ser parte de uniones no reconocidas como personas jurídicas *(partnership y trade-unions)* con la regulación de la ley Procesal Civil alemana, la judicatura acá y allá coincidente sobre la limitación de responsabilidad incluso en sociedades incapaces jurídicamente, etc.[96] Pero hay otras cuestiones cuya solución es distinta incluso en cuanto a la afirmación de valores. Así, en el derecho de

---

92 Quien, más allá de lo elementalmente positivo, quiera comprender los procesos de evolución histórica, lea el excelente resumen de HOLDSWORTH n. IV 424) 472 ss.

93 Cf. WINFIELD en su coponencia sobre el citado es radio de HOLDSWORTH loc. cit. 490 ss.

94 Sobre *things real,* el individuo es solo *tenant,* no existe *ownership,* sino *state.* El concepto superior es *assets.*

95 Aunque en concreto destacan muchas soluciones especiales, así por ejemplo en la limitación a negocios beneficiosos no solo por el tipo, sino por el contenido, revisión del *reasonable price,* ratificación después de entrar en la mayor edad en lugar de consolidación automática, etc., a las que se añaden en cada caso particularidades procesales, aquí a tenor de la *Infants Relief Act* de 1874.

96 Leading case: *Taff Vale Railway Co. v. Amalgamated Society of Railway Servants* (1901), A. C. 428.

sociedades la vinculación, al fin formalmente sancionada, de corporaciones competidoras por la famosa doctrina de *ultra vires,* la especial situación de las *inacted societies* (por ejemplo, *friendly societies),* que por intermedio de sus *trastees* adquieren una posición patrimonal análoga a la de las corporaciones, etc.

Así, también lo que he llamado el principio de eficacia es solo comparable cuando con medios dispares se buscan soluciones iguales; por lo demás, es éste un campo sorprendentemente amplio. Si tomamos en consideración la multiplicidad de particularidades del Derecho de cosas, los inagotables caminos de las construcciones de *trust,* y sobre todo el entrelazamiento de cada figura con peculiaridades procesales, la amplitud y alcance de estas comparaciones llega a ser realmente asombrosa. Ya hemos dicho que la problemática civilista de los vicios de voluntad en los negocios jurídicos se refleja punto por punto en las *rules y doctrines* bajo las rúbricas *mistake, fraud, duress, threats, undue influence,* etc. La lógica de las cosas se impone con todo rigor.[97] También hemos señalado que una norma especial como la del § 181 BGB es substituida en el procedimiento «abierto» por la presunción (refutable) de *undue influence.* Hemos visto paralelismos como éste en el campo de la doctrina sobre el enriquecimiento, en la generalización hecha por Mansfield de la máxima *in vari turpitudine,*[97a] en el difundido uso de la figura del *estoppel* para casos de la *Verwirkung,* de responsabilidad por apariencia jurídica, etc.[98] En todas partes donde concurren postulados éticos de evidencia universal, puede observarse la misma uniformidad de los principios de eficacia. Las causas de nulidad en contratos, el deber de publicidad en contratos *uberrimae fidei* la limitación de las prohibiciones absolutas de enajenar (por ejemplo *restrain on anticipation* por *marriage y wills),* el 'pensamiento del § 162 BGB», la responsabilidad por enriquecimiento, la negación de acción en caso de *turpis causa,* en una palabra, la mayoría de máximas del derecho universal entran en este capítulo —aunque solo las máximas, pues la configuración queda en gran medida libre.[99] Libre también queda la solución singular técnica allí donde la influencia del Derecho natural y del canónico ha creado fue universales «en occidente», como por ejemplo, en la libertad para contraer matrimonio y en las «causas de impugnación» de ella derivadas en caso de error, *impotentia coeundi,* etc.[100]

---

97 Cf. sobre «declaraciones aparentes y *iocandi causa»* ya el antiguo caso *Weeks* v. *Tybald* (1605) I Roll. Abr. 6; pero también *Guthing* v. *Lynn* (831), 2 B. § Ald. 232.

97a *Holman* v. *Johnson* (1775) 1 Cowp. 341 (343).

98 Véase supra cap. III, p. 42; se refiere a *estoppel in pais (by conduct)* en virtud de conducta concluyente en el ámbito problemático de la *Verwirkung, de la misrepresentation, etc., en oposición a estoppel by record (corres*ponde a nuestro efecto absoluto de prueba en el § 415 ZPO) y *estoppel by deed* (a comparar con la validez «abstracta» de nuestro reconocimiento formal de deuda, etc.). Pero el lazo de unión es también aquí el «pensamiento jurídico» de la protección a la confianza. Alcanza hasta las figuras, conocidas también entre nosotros, del poder en virtud de apariencia jurídica *(agency by estoppel),* solo que aquí el centro de gravedad se traslada a la situación procesal de *estopped* en que se encuentra el perjudicado.

99 Sobre *ex turpi causa non oritur actio,* cf. *Taylor* y *Bowers,* 1 Q. B. D. 291 y *Hermán* v. *Jeuchner,* 15 Q. B. D. 561: se concede la restitución siempre que la *turpis causa* no se haya realizado; o *Reynell* v. *Sprye* (1851), I De G. M. & G. 656: si ambas partes se encuentran *in pari turpitudini,* queda el recurso de apreciar los grados. Contra delitos públicamente denunciados, como *champerty,* el engañador engañado, relativamente inofensivo, no queda sin defensa. A la inversa, hay formas públicas de protección jurídica que pueden eximir ciertos actos de adquisición de la nulidad general, incluso en caso de prohibición absoluta de enajenar: así los intereses de *leasehold* con sus cláusulas de caducidad exclusivas.

100 Sobre las peculiaridades del *common law* M. WOLFF (n. III 116) II 600 ss.

4. Lo que llama la atención al comparatista son las coincidencias de soluciones obtenidas con medios de distinta estructura que no ostentan el sello de influencias culturales comunes y por ello solo pueden explicarse por la universalidad de las necesidades jurídicas y el valor concedido a unos mismos postulados de justicia, que acaban imponiéndose bajo cualquier sistemática, y no solo eso: que con sus medios específicos se abren nuevos caminos para ser reconocidos.

Los factores de imputación para la responsabilidad y asunción de los daños no pueden hallarse en ninguna otra parte que en los elementos de la pertenencia a la empresa o a personas, de la causalidad y de la culpa. Las soluciones singulares divergen doctrinariamente, en tanto que substituyen o completan por otro uno de estos elementos: pero el resultado sigue siendo sorprendentemente análogo.[101]

El nexo entre prestación y contraprestación puede protegerse dogmáticamente con diversos medios, pero donde falta una forma como la que ofrece el «sinalagma» romanístico, su función ha de ser desempeñada por la teoría de la condición (Francia) o la figura de la *consideration* (Inglaterra).[102]

La delimitación de prestaciones desinteresadas, que han de subsistir aún sin semejante *valuable consideration,* requiere en todas partes las mismas medidas de precaución, lo mismo si se dice que el contrato de donación está necesitado de reforma, o que son donaciones *(gifts)* todas las atribuciones carentes de *consideration* válida, mientras que los contratos sin ella —por ejemplo, con *past consideration*— solo son *enforceable* cuando han sido concluidos «bajo sello» *(deed).*[103]

Las prohibiciones vitalicias de enajenación no se compadecen con un sistema de derechos subjetivos de personas dotadas de libre capacidad negocial. Por tanto, se los puede excluir de antemano (§ 137 BGB) y crear la correspondiente compensación con ¿pos de derechos reales limitados (usufructo, reserva rústica, etc.), o, sin formular tal principio, restringir las formas históricas de esta autolimitación *(settlement* de un *life estate* o de un *leasebold-interest)* con limitaciones correspondientes *(rule against perpetuity; restraint on anticipation* o bien —no al mismo tiempo— cláusula de caducidad *for life or until he shall atempt to alien).*[104]

Deberes principales son, por naturaleza, aquellos con los que el contrato surge o cae. Esto puede expresarse por la vinculación sinalagmática o por la noción de la *condition,* que es la materialmente implícita en el fin del contrato (*condition in law,* no *in deed)* y, por tanto, es interpretada por el juez *(implied condition).* Los deberes accesorios, deberes de fidelidad, *warranties* tienen otras sanciones, pero les falta

---

[101] Véase ya supra, cap. X, p. 259 ss. Compárese también, sobre la valoración del daño y sobre la admisión del *lucrum cessans* la regla derivada de *Vict. Laundry Ltd.* v. *Newman Industries Ltd.* (1948), 2 K. B. 528; 65 Tulane L. Rev. 274, con la práctica continental de atender a los elementos subjetivos en la «adecuación» de las causas del daño. Es sabido que según esta regla solo se puede liquidar aquella pérdida de beneficios que o bien era previsible en general o que podía prever precisamente la parte que faltó a lo contratado. Sobre ello Honig: RabelsZ 16 (1951) 399 s.

[102] Sobre ello Rheinstein en su obra citada supra, n. I 100. Véase también infra, n.° 5, p. 451.

[103] *Hall v. Palmer* (1844), 3 Ha. 532; *Beaumont* v. *Reeve* (1846), 8 Q. B. 483.

[104] *Dean* v. *Dean* (1891) 3 Ch. 140: *Condition* o *grant;* cf. también *Blackmann* v. *Fysh* (1892), 3 Ch. 209: *Limitation* no es *condition.* La colocación de un *life interest* en el propio patrimonio, «hasta enajenación o quiebra» es inválida, incluso en forma de limitación testamentaria de un derecho heredable *(fee):* Baldwin, *Law of Bankruptcy*[9] (1904) 312.

precisamente este carácter. La posibilidad de entrega que erróneamente se daba por supuesta en el momento de concluir el contrato, puede tomarse en .consideración como «base del negocio», o bien como *implied condition* en el sentido de la teoría de la condición: la estimación práctica es la misma.[105] La máxima *impossibilium nulla est obligatio* puede prestar los mismos servicios en la deuda de especie, pero es demasiado rígida. Por esta razón la antigua regla: «no necesita justificarse la proposición de que, si no hay nada sobre lo cual contratar, no puede haber contrato», fue pronto substituida en la práctica inglesa por la elástica técnica de la *implied condition.*[106]

Cuando un contrato pierde ulteriormente su objeto, se produce el mismo conflicto de intereses entre la parte perjudicada y la beneficiada.

Estos límites de la fidelidad formal al contrato pueden fijarse a partir de la idea del sinalagma (imposibilidad que no ha de cargar sobre ninguna de las partes) o de una teoría de la «desaparición de la base del negocio» o de la doctrina de la *frustration;* en cada caso debe resolverse el problema del enriquecimiento en caso de que se haya recibido algo anticipadamente, y si la práctica tradicional no descubre ningún camino (así la del *common law* según el *coronation case:* «las partes solo quedan liberadas con respecto a ulteriores prestaciones»), entonces el legislador se ve obligado a proporcionar un remedio (ss. 2, § 3 de la Frustration Contracts Act).

La necesidad de conferir directamente un derecho a un tercero en virtud de un contrato puede o no ser satisfecha en una figura dogmática básica de «contrato en favor de terceros», pero la urgencia de casos determinados se hace atender en leyes especiales (Workman's Compensation Act 1925, c. 84, 2.7; Road Traffic Act 1930, c. 43, s. 36; Third Parties —Right against Insurers— Act 1930) y la práctica halla en el *trust* un equivalente con cuya ayuda puede dar a toda promesa la efectividad práctica (aunque no procesal) de una autorización directa a un tercero.[107]

5. Según lo dicho, el *tertium comparationis* del «principio de eficacia» no está en la forma jurídica, sino en el fin perseguido. Las doctrinas de las figuras están atadas a su época y a la estructura, pero sus funciones no dependen más que de los problemas, y por consiguiente son comparables. La doctrina del sinalagma no es una cosa definitiva, pero el principio en ella incluido pertenece a las realidades de todo derecho de obligaciones. La doctrina de la causa es sumamente vacilante —como lo demuestra la variedad de conceptos en que se expresa—,[108] pero el principio de enriquecimiento injustificado se encuentra en todas partes.[109]

---

105 *Solle* v, *Butcher* (1950), 1 K. B. 671 (p. 691) per DENNING: «LOS casos en que los bienes han perecido en el momento de la venta, o pertenecen al comprador, son realmente contratos que no son nulos por error, sino nulos por razón de una condición implícita precedente, porque el contrato partía de la suposición básica de que su realización era posible.» «Condición» está aquí entendida como modo de validez *(condition precedent o subsequent),* no como tipo de prestación *(condition-warranty-grant).*

106 *Couturier* v. *Hastie* (1852), 8 Exch. 40 (p. 54), per PARKE: «ES muy cierto que cuando hay una venta de bienes muebles específicos (no un contrato para vender y entregar un bien mueble en el futuro), existe la presunción implícita de que tal bien existe; y si en este caso no hubiera más que el trato y la venta de un cierto cargamento para el 15 de mayo, se daría una condición o un compromiso por parte del vendedor de que el cargamento existiera en aquel tiempo.»

107 CORBIN (n. I 106) 12; criticado por KASER (n. I 106) 63 ss., 70 ss. Detalles infra, p. 461 ss.

108 Aunque cuanto más polifacético es un concepto, tanto más larga es su vida, como lo demuestra la idea de causa. Según sea el sistema, significa: *intentio, vestimentum pactis,*

En antiguo pensamiento del *quid pro quo* en el concepto de la *consideraron* no solo es un elemento en la fundamentación del contrato (sinalagma genético), sino que realiza también una función en el proceso de rescisión *(failure of consideration)* que, con precisión creciente, es la misma que corre a cargo del concepto romanístico de *causa* en el control de la legalidad del contrato y de la intacta reciprocidad de las obligaciones.[110] Vista históricamente, esta fundamental función puede aparecer como «extraña al sistema», y la introducción de las modernas consideraciones sobre el fin del negocio (a partir del *coronation-case)*[110a] representa una innovación frente a los antiguos precedentes; pero en la finalidad de la *consideration* estaba ya incluido este aspecto de la «base de ponderación» del contrato. Su triunfo había de venir como una consecuencia del refuerzo del control ético frente al formalismo del derecho estricto.[111]

Este antagonismo entre forma histórica y consideración racional del fin en modo alguno se interrumpe con la ampliación de conceptos tales como causa o *consideration.* La racionalización ética sigue su marcha y «desnaturaliza» el principio formal, creando, por ejemplo, nuevas categorías del *Law of Restitution;*[112] pero a cambio de un precio auténticamente jurídico: los criterios ético jurídicos que se transparentan todavía en el concepto de la «justa causa» y que todavía en el de la *lawful consideration* exigen un juicio concreto sobre lo que va «contra la equidad y la recta conciencia», son ahora formalizados en sentido técnico o bien «devaluados normativamente».[113] La dogmática transforma el pensamiento ético del enriquecimiento en reglas del Derecho positivo, situándolo así en el plano técnico y regulativo de los actos comprobables, más allá de los motivos y de los juicios sobre la intención. Solo el coto reservado de la *turpis causa* sigue siendo comprobable «notativamente», puesto que *fraus* y *dolus* presuponen crite-

---

iustus titulas, consideratio, animus negotiandi, etc. CAPITANT pone a la vista este juego de las significaciones en su estudio: De la cause des obligations² (1924). Lo completa desde el punto de vista del derecho inglés el escrito de WALTON, evidentemente inspirado por el trabajo de Capitant, Cause and Consideration in Contracts: 41 L. Q. Rev. 306 (313). De todos modos su tesis resulta algo unilateral y se esfuerza en ilustrar la «penetración» de la doctrina de la causa en las figuras del *common law.* Lo que aquí sale a la luz no es una doctrina, sino el pensamiento jurídico universal.

109 *Watson* v. *Shankland* (1871), 10 Macph. 142 (p. 152) per. LORD INGLIS: «En nuestra propia práctica estos remedios están representados por la acción de restitución y la acción de repetición. Y en todos los sistemas de jurisprudencia debe haber remedios similares, pues la regla que se proponen imponer es de universal aplicación en los contratos mutuos.» Esto no es en modo alguno, como reprocha WALTON op. cit. 308, «puro derecho romano», sino una fundamentación de la forma jurídica (las *actiones*) sobre el principio de eficacia. Que esta fundamentación está en la base de toda aplicación jurídica, es difícil de demostrar. Pero precisamente en materia de enriquecimiento, hay muchos jueces ingleses, incluso los menos influidos por MANSFIELD, como LORD BIRKENHEAD., que afirman una y otra vez este «pensamiento jurídico»; cf. la resolución ya citada *Cantiere San Rocco* v. *Clyde Shipbuilding Co.* (1923), A. C. 105.

110 Cf. RHEINSTEIN (n. I 100) 209 ss.

110a *Chandler* v. *Webster* (1904), 1 K. B. 493.

111 Cf. FRIEDMANN (n. I 83) 85, 91 ss. Véase también RABEL (n. V 83) 174 ss.

112 Cf. supra cap. X, p. 243. Cf. también Lord Wright en 57 L. Q. Rev. 198: «La abolición de las formas de acciones ha puesto en claro que, además de las categorías de contrato y *tort,* hay otra categoría bien determinada...» Una visión de conjunto sobre la labor del Law Reform Cummittee en esta materia (6. Interims Report, 1937, Cmd. 5.449. §§ 17-50), la da Hamson, The Reform of Consideration: 54 L. Q. Rev. 233.

rios éticos que no pueden substituirse por un concepto autónomo de *fraus* «en sentido jurídico».[114]

La comparación de los principios ve en la superposición continuamente renovada de formas y fines jurídicos una secuela de la evolución de figuras tradicionales dotadas de una finalidad dentro del ordenamiento, hasta convertirse en instrumentos racionales de valoración y en un sistema que lleva aún consigo aquellas antiguas formas de pensamiento, de modo que deben tomarlas en cuenta incluso las necesidades universales. Por eso las «regularidades fundamentales que proceden de la naturaleza de la institución»[115] no alcanzan el ámbito de las categorías dogmáticas. El principio ὅμοια ὁμοίως no se aplica a las leyes culturales, y por tanto en la comparación de instituciones jurídicas no halla su material en lo estructural, sino en lo funcional.

Podemos decir, con razón: una misma necesidad no obliga a derechos estructuralmente distintos a desarrollar figuras idénticas, sino solo principios similares de ordenamiento, que son aplicados por medio de figuras dispares. Aparte de las influencias de la escuela y de construcciones racionales, que solo flojamente enlazan con la propia tradición,[116] las instituciones solo son comparables en cuanto a su función, no en cuanto a su posición y concepción técnica. *Interplead* solo se puede comparar con el «nombramiento de autor» alemán en cuanto al fin de la protección, no en su construcción,[117] ya por el hecho de ser distintos los supuestos del derecho de cosas (por ejemplo, no hay relación de mediación posesoria). Las *injunctions* solo presentan coincidencias con nuestras «medidas provisionales» (prescindiendo ahora de todas las discrepancias del procedimiento) en lo referente a la necesidad de protección, no en cuanto a su alcance y situación en el sistema, puesto que los supuestos de hecho materiales son distintos; piénsese solo, en el caso de las «pretensiones de omisión», en las divergentes figuras de la doctrina del *ultra vires* y de la *nuisance*.[118] Así ocurre por doquier y ahora hacemos caso omiso de conceptos de ordenamiento totalmente singulares, que dan una ordenación distinta a senes enteras de problemas. Así, formas mentales técnicas como nuestra categoría de «relación interna y externa» pueden perfilar aspectos típicos de los intereses y cuestiones de imputación en un concepto superior que se avenga con el esquema de abstracción de la escuela de Derecho común, mientras que el *common law* agrupa las mismas (y otras) delimitaciones bajo la categoría, más notativa e intuitiva que conceptualmente caracterizada, de la *privity*, la cual en las más vanadas cuestiones de la comunidad y sucesión jurídicas *(privity of blood, of contract, of estate)* abre una amplia perspectiva que nosotros desconocemos.

---

113 BECKER (n. III 37) 5 y 14.

114 *Weir* v. *Bell* (1878), 3 Exch. D. 243 per LORD BRAMWELL: «Para declarar a una persona responsable de fraude, hay que probar que ha cometido un fraude moral. No entiendo qué sea un fraude jurídico. En mi opinión, tiene tan poco sentido como calor jurídico o frío jurídico, luz jurídica o sombra jurídica.» Sobre la fusión de las antiguas acciones en la solución legislativa de la *fraus* en sentido técnico, cf. la historia del Statute of Frauds. Además las aportaciones en 26 L. Q. Rev. 113; 41, 79 y 195; 54, 220.

115 HAESAERT (n. I 42) 290.

116 Cf. la figura de *agency of necessity* como reproducción de la *negotiorum gestio* del derecho civil sin la posición sistemática de ésta. Más detalles en ANSON (n. IV 418) ed. por GWYER (1920) 510.

117 Originariamente permitido solo en el procedimiento *in equity*, y general desde las Rules of Supreme Court de 1883 (o 57).

118 Cf. HOLDSWORTH (n. IV 424) 487 ss.

6. La unidad del problema, no la de las categorías conceptuales, es lo que proporciona el ángulo de comparación, desde el cual podemos observar la incesante aproximación de las tendencias de las soluciones. Las perspectivas dogmáticas se entrecruzan. Lo que nosotros agrupamos bajo la rúbrica de la «accesoriedad», en el *common law* es una serie de figuras separadas. La accesoriedad no es un principio unitario de ordenamiento, sino una figura de pensamiento aplicable de muchos modos. Así, en materia de fianza este pensamiento es captado por el *common lawyer* por medio de la doctrina de la *consideration,* que a su vez nos abre una perspectiva que nosotros desconocemos, desde el tratamiento de los convenios de favor hasta la frustración del fin.[119] Nuestra categoría del «error» hemos visto que no era en modo alguno idéntica con la de *mistake; mutual mistake* no figura en nuestro círculo de problemas, aunque sí la *innocent misrepresentantion.*[120] Tampoco necesita ser igual el tipo de la solución: en lugar de la exoneración del equivocado entra también en consideración el prohibir a la parte que ha dado lugar al error —aunque sea «inocente»—el apoyarse en una realidad que está en contradicción con su conducta o su silencio *(estoppel by conduct)*— en lo que tenemos otro ejemplo de intervención de otras categorías que nos son familiares solo dentro del complejo de abuso del derecho».[121]

Lo que en la *misrepresentation o misleading conduct* hemos puesto aquí en relación con la prohibición de *venire contra, factum proprium,* se nos aparece, desde un lado completamente inesperado y en calidad de instrumento de la usucapión y silenciamiento *(estoppel by privity),* como idéntico con nuestro «principio de preclusión»: «que el título a la propiedad rústica o real de una persona que se excluye a sí misma de afirmar su título puede pasar como un *equitable estoppel».* Como no puede ser de otro modo, ello confiere al problema una nueva perspectiva, que introduce en la usucapión y la prescripción el elemento de culpa que nosotros encontramos en la *Vewirkung,* pero no en la idea de preclusión.[122] Otros ejemplos: las categorías civilistas de la novación y la confusión, en el *common law* quedan comprendidas en una noción de *merger* que abarca aquellos dos problemas, tanto si se trata de la absorción de derechos limitados por un derecho pleno, o de seguridades parciales por otras más extensas, o si viene a cuento la substitución de una responsabilidad en virtud de contrato simple por otra *by deed,* o su revestimiento con un «instrumento negociable» o su modificación por una transferencia que da lugar a una novación.[123] Dos procesos jurídicos para nosotros dispares son aquí

---

119 Cf. RHEINSTEIN (n. I 102) 98, también VON CAEMMERER (n. III 50) 344/346: esta función no la cumple nuestro concepto de causa. El § 812 I 2.ª parte es un fragmento perdido de *frustration;* por otra parte, los §§ 320 ss. funcionan sobre la resolución sin preocuparse de la teoría de la causa.

120 Cada vez se cultiva más la dogmática de *mistake and error, honest and implied misrepresentation, constructive fraud, voidity and nullity;* cf. solo L. Q. Rev. i, 287; 2, 78; 3, 255; 4, 472; 5, 101 y 334; 6, 112; 7, 97 y 3:2, etc. hasta 38, 201; 44, 72; 48, 148 y 309; 51, 650; 52, 79; 55, 90.

121 Sobre ello los artículos 15 L. Q. Rev. 384; 27, 276; 40, 124 y 55, 400.

122 Am. Jur. 19, 743 (Estoppel § 78) con material. Ibíd. 746 también sobre la función del *estoppel* en la pérdida de derecho por adquisición de buena fe y en deberes de proporcionar y prestar garantía.

123 Cf. ANSON, On Contracts (ANSON-MILES-BRIERLY, Principles of the English Law of Contracts[18] [1937] 279 ss.). Es de notar que tampoco aquí rige una ciega lógica jurídica, sino —estamos en el reino de la *equity*— la valoración de los intereses. Por ejemplo, el derecho del *lease* —que según el sistema del *common law* es un *estate* del derecho de cosas— no es

comprendidos bajo un pensamiento común, de modo que solo queda como novación en nuestro sentido la modificación de la deuda básica intentada por negocio jurídico, por ejemplo en el reconocimiento de deuda.[124] *Fraud and deceit* es una categoría que solo por aproximación coincide con la de negocio jurídico «inmoral», aunque rebasa claramente la problemática de la usura. *Illegaliiy* y *Public Policy* son, a su vez, dos perspectivas que en parte superan y en parte especializan la delimitación alemana,[125] a pesar de lo cual la casuística desarolla las mismas máximas substanciales.

Una y otra vez tropezamos con el fenómeno que nos anima a buscar los pensamientos idénticos escondidos bajo la heterogeneidad de formas mentales: que del extraño mosaico dogmático resalta una imagen de justicia que nos es familiar, puesto que está determinado por la realidad y la cultura. Ya en otras ocasiones nos hemos referido a los problemas de la responsabilidad delictual y del derecho de daños y perjuicios, tomándolos como ejemplo.[126] El tratamiento aplicado por el *common law* partiendo de los *remedies* históricos, tal vez haya dificultado la formación de un sistema a base de instituciones y supuestos de hecho en el que los fue racionales arrinconan cada vez más la autoridad de las reglas, pero en modo alguno ha podido detenerla.[127] Hemos visto como la *negligence* se ha convertido en una doctrina cada vez más firmemente cimentada sobre los principios racionales de responsabilidad, que en conjunción con la *nuisance* tiene por misión resolver los modernos problemas del tráfico y del nesgo de empresa.[128] Los problemas así disfrazados de la *strict liability,* por *dangerous chattles* y por *personal,* hace tiempo que no caben en los viejos vestidos de la doctrina de *res ipsa loquitur* y de la categoría de *master and servant.* En todas partes son objeto de la misma ponderación, solución y estimación crítica, tanto si se trata de la seguridad del tráfico, como de la responsabilidad por los auxiliares o la del Estado por sus órganos.[129]

---

alcanzado por el efecto del *merger,* si otros disfrutes o intereses quedaran perjudicados por ello; cf. GOLDSCHMIDT, artículo Real Property en Rvgl. Hdwb. VII, B. *Leading case:* in re Fletcher (1917) 1 Ch. 339.

124 Sobre ello WILLISTON (n. II 85) §§ 1.865 7 3-186; material en Am. Jur. 39, 253 ss. La asunción de deuda actúa también en sentido novador (§ 1866), pero ya no el *assignment* (cesión) según la última opinión (en otro sentido todavía ANSON loc. cit.), ya que la obligación antigua no es *discharged,* sino *merely transferred* (§ 1.867 A).

125 Cf. los artículos de KNIGHT, LAUTERPACHT, WINFIELD y otros en 38 L. Q. Rev. 207; 52, 494 y 524; 54, 155 y 162; 64, 230, 347 y 440.

126 Véase supra cap. X.

127 Cf. WINFIELD, *The Law of Torts*, 1885-1935: 51 L. Q. Rev. 249. En contra todavía la exposición, carente de todo principio, de JENK, Theories of Tort in Modem Law: 19 L. Q. Rev. 19, así como artículos más antiguos sobre Concurrent Remedies in Tort and Contract: 14 L. Q. Rev. 107 y 18, 338.

128 Cf. también al respecto WINFIELD, *The History of Negligence in the Law of Torts*: 42 L. Q. Rev. 184 y 397; además los escritos citados supra de KESSLER (1932) y EHRENZWEIG (n. IV 158).

129 Sobre esto último WINFIELD, *The Myth of Absolute Liability*: 42 L. Q. Rev. 37 y EHRENZWEIG loe. cit.; sobre la garantía estatal en Europa (prescindiendo de las particularidades de los EE.UU.) las ponencias de WALTON y FABRE-SURVEYER : Mém. Acad. Int. de Droit Comp. 38, 242; 50, 71; 57, 305; 58, 17; 60, 211; 61, no. Sobre la responsabilidad estricta respecto a mercancías, instalaciones, animales, etc. peligrosos, tal como se ha desarrollado 3. partir de *Rylands* v. *Fletcher,* cf. 19 L. Q. Rev. 119; 30, 6; 44, 140; 45, 343 y 421; 46, 2; 49, 22; 50, 28; 52, 151 y 313; 54, 46; 55, 6, 289 y 352; 56, 20 y 288; 57, 162 y 445; 59, 9; 60, 207; 63, 15 y 160. Sobre la moderna doctrina de la *nuisance* además 56 L. Q. Rev. 143 y 59, 63.

Los «pensamientos jurídicos generales» que aquí se reflejan, en esa situación de derecho universal carecen de estructura positiva, pero determinan la «esencia», la «diferencia esencial» y la «comparabilidad» de instituciones de diferente origen y configuración. La historia de la *agency* es fundamentalmente distinta de la «representación» en derecho civil, pero la problemática objetiva es tratada con toda consecuencia, desde el caso del § 164 II del BGB alemán, pasando por el problema de la imputación de «mala fe» (§ 166), hasta la autorización aparente.[130] Incluso una forma tan peculiar como la *undisclosed agency* contiene posibilidades de comparación no solo históricas o formales con las figuras continentales de la fiducia oculta, sino que incluso en su contenido presenta todas las notas del círculo de problemas referente a la «defensa fiduciaria de los intereses», tal como aparecen entre nosotros, por ejemplo, en la figura de la autorización.[131] Es más, los pensamientos jurídicos generales pueden también recibir una propia significación dogmática, como elementos constructivos, en las relaciones jurídicas más complejas. Así ocurre cuando en el negocio parciario distinguimos los componentes «sinalagmáticos» de los «negociales»; lo mismo hace el *common lawyer* cuando en el mandato, que en calidad de contrato consensual sin *consideration* no es accionable, «descubre» los elementos del *bailment*, propios del contrato real.[132] Pues lo que aquí justifica la acción de *assumpsit*, es el hecho de «confiar», considerado como un tipo propio de interés, no el artificio de interpolar un contrato real.[133]

Los mismos pensamientos jurídicos pueden convertirse en figuras básicas fijas, independientes y eficaces, como vemos en la ley, universalmente reconocida, de la subrogación real,[134] o bien intervenir en la fundamentación de una más extensa institución jurídica *sui generis*, aquí, por ejemplo, en el campo del «patrimonio dirigido a un fin» en la figura del arresto, que permite tratar eficazmente casos de este tipo como *resulting trust* ,[135] Así, finalmente —y esto no era ningún secreto para IHERING— la estructura total de una institución puede llegar a estar tan penetrada de sus ideas de finalidad, que incluso en la dogmática hallemos formas y *remedies* en gran parte uniformes. No puede extrañarnos que, por ejemplo, la posesión, hasta en sistemas tan dispares como el derecho romano y el inglés, reciba iguales efectos de prueba, supuestos de adquisición congruentes y análogos recursos de autoayuda y protección judicial. Pues sus funciones como

---

130 Sobre la primera cuestión cf. ANSON op. cit. 404 (428, 430): «Esta regla descansa sobre la doctrina del *estoppel*.» *Univ. Steam Navigation Co.* v. *McKelvie & Co.* (1923), A. C. 492 (4Q6) per CAVE; sobre las dos últimas los artículos 3 L. Q. Rev. 106 y el estudio The Apparent Authority of an Agent of a Company: 50 L. Q. Rev. 224. Para la historia de su evolución: History of Anglo-Saxon Agency Law: 50 L. Q. Rev. 431.

131 Cf. MÜLLER-FREIENFELS, *Undisclosed Agency*: RabelsZ 17 (1952) 518; 18 (1953) 12 y The Undisclosed Principal: Modem L. Rev. (1935) 229. Sobre la doctrina del *holding-out:* 9 L. Q. Rev. in; 2, 204; 14, 2 y 224; sobre el *leading case Farquharson* v. *King: 17* L. Q. Rev. 384; 18, 18, 159 y 333; sobre *Parol-Evidence* 61 L. Q. Rev. 130; 62, 20; sobre la problemática alemana de la autorización: LÖBL en AcP 129, 257 y 130, 1.

132 *Coggs v. Bernard* (1703), 2 Ld. Raym. 919; al respecto RHEINSTEIN (n. I 100) 92-96.

133 Cf. los artículos History of Bailee's Liability, *Volenti non fit iniuria and the Liability of Bailees, The Relation of Bailment to Contract*, en 41 L. Q. Rev. 433; 47, 323; 59, 107.

134 Sobre esto PERREAU, Technique II, 197; sobre la subrogación real vid. supra cap. I, cf. también MC KLINTOCK, Handbook of Equity (1936) 210 ss.

135 Cf. UNDERHILL, On Truts[9] (1939) 158. Sobre la «raíz» elemental, cf. la definición de BLACKSTONE en Commentaries II, 451: *Bailment is a delivery of goods in trusts.*

medio de publicidad, *root of title* y medida en bien de la paz jurídica tienen que llamar la atención siempre y en todas partes.[136]

7. Así hallamos un «íntimo parentesco» de las figuras en la equivalencia de la función, por distintos que puedan parecemos los conceptos dogmáticos que están dominados por finalidades comunes del ordenamiento. Nadie puede negar las diferencias constructivas en la situación de la obligación natural, por ejemplo entre la doctrina romana clásica (D. 15, 1 41), la francesa y la alemana por una parte,[137] y por otra la forma en que el *common law* reviste la *unenforceable obligation*. Pero tampoco se puede desconocer su equivalencia, si las consideramos desde el punto de vista de su fin.[138] Nadie se asustará de que se aplique el predicado de «esencialmente iguales» a los conceptos, estructuralmente distintos, de *Verjährung —prescription — limitation.*

Es frecuente que los fines jurídicos que no alcanza a obtener un pensamiento dogmático, sean realizados en forma substitutiva introduciendo divergencias en otras figuras. El derecho de indemnización por daños nos proporciona aquí instructivos ejemplos. Lo que no queda adecuadamente delimitado por el factor de imputación, es abarcado por doctrinas independientes de origen autónomo. Concepto de culpa —causalidad— carácter directo del daño causado — complejo de antijuridicidad, todos estos son factores que en sus funciones de control pueden en gran medida intercambiarse; una atrofia de uno — por ejemplo, de la doctrina de la causalidad — puede ser compensada por otro pensamiento que ha sufrido una especialización correspondiente — por ejemplo, el de *remoteness of damage*,[139] El pensamiento jurídico es el mismo, aun bajo un ropaje disanto. Los problemas elementales de la imputación del daño, del daño remoto y a terceros, de la «interrupción del nexo causal», de la culpa concurrente, etc., no pueden quedar sin respuesta y de hecho reciben en formas culturales comunes soluciones que llaman la atención por su uniformidad —cualquiera que sea el esquema ideológico jurídico.[140] La identidad del pensamiento jurídico no reside en la figura dogmática, sino en el fin perseguido por su empleo dentro de un mismo y permanente problema.

Como ejemplo clásico de esta tesis podría acaso citarse la atención concedida a las justas pretensiones de terceros derivadas de relaciones contractuales, atención

---

136 Cf. POLLOCK-WRIGHT, An Essay on Possession in the Common Law, 1888 y los estudios de Lighwood I. M. C. y BOND sobre *Possession in the Roman Law*: 3 L. Q. Rev. 32; 5, 315; 6, 259. Es también muy instructivo PRICE, *The Possessory Remedies in Roman-Dutch Law* (1947).

137 Sobre ello RIPERT (n. I 40) 365 ss. (366, 369). En el C. c. italiano no se trata de la obligación natural, sino que se presupone como tradicionalmente inequívoca (por ejemplo, en materia de enriquecimiento). DEL VECCHIO (n. I 34) 55 ss. demuestra que, de hecho, dentro de un determinado sistema de derecho privado, la peculiaridad de aquella obligación ha de fijarse inequívocamente partiendo de la función de la *causa acquirendi sed non petendi* o bien de la *causa retinendi.*

138 Sobre ello WILLISTON (n. II 85) §§ 1.665-1.688.

139 Cf. los estudios de KAHN-FREUND en 50 L. Q. Rev. 512 y 52, 557. Para el escaso desarrollo de la teoría de la adecuación hay pruebas sorprendentes sobre todo en la judicatura norteamericana. Cf., por ejemplo, la resolución de Cardozo en *Vastóles* v. *Connecticut Protestive System Inc.* (1946) 133 Conn. 18, 47; 165 A. L. R. 1.251.

140 Cf. las comunicaciones sobre Subsequent Events and Damages: 55 L. Q. Rev. 10; 56, 22 y 59, 115; y sobre Novus Actus Interveniens: 6r L. Q. Rev. 7 y 64, 161; sobre la adaptación en el campo de la *contributory negligence* cf. la obra antes citada de WILLIAMS y mis observaciones al respecto (n. II 148) 751.

que aunque asuma formas distintas es sin embargo siempre del mismo sentido: en el derecho inglés por la figura del *trust,* en el continental por diversas variantes del concepto de pretensión obligatoria, como por ejemplo en la *action directe* francesa. La doctrina inglesa, con su especial preocupación por la *considerаron,* no puede admitir nuestro supuesto de hecho del contrato en favor de terceros.[141] Un *stranger in consideration* no puede substanciar pretensiones en base de un contrato.[142] Aquí el *trust,* resto del derecho inmobiliario feudal,[143] se convierte en una figura auxiliar sorprendentemente importante, con una secular autoridad incluso en este campo. El promisario es considerado como *trustee* del tercero, cuyos derechos vienen entonces a corresponder a los del *beneficiary* de un *trust.*[144] Aunque falten los fondos de un *trust,* y aunque en el contrato no suele tampoco hacerse mención alguna del *trust,* esta forma se ha impuesto por ser adecuada a la defensa de los intereses,[145] e incluso las leyes hacen de ella un uso oficial para legalizar la titularidad de un tercero.[146] Es cierto que el sedimento histórico producto de su particular procedencia del derecho de cosas, resulta un obstáculo para su papel *equitable* en el Derecho de obligaciones. Una vez aceptada la existencia de un *trust,* éste no puede ya ser derogado por las partes contratantes solas;[147] menos satisfactorio es aún que el beneficiario, por su

---

141 Porque «la *consideration* debe salir del promisario». De todos modos pueden admitirse los casos en que un tercero toma a su cargo el cumplimiento en lugar del deudor, cf. Rheinstein (n. I 100) 113.

142 *Tweddel* v. *Atkinson* (1861), 1 B. 8.S. 393; reconocido como *leading case* desde *Dunlop Pneumatic Tyre Co., Ltd. v. Selfridge & Co., Ltd.* (1913) A. C. 847. Lord Haldane declaró finalmente que el derecho inglés nada sabía de un *ius quaesitum tertio.* Más comprensiva es la práctica norteamericana, cf. ya *Lawrence* v. *Fox* (1859) 20. N. Y. 269.

143 Desde la escisión de *legal rights* y *equitable interests,* o bien desde el dualismo en la protección jurídica del *legal state* y del *beneficial ownership.* Fundamento: el Statute of Uses de Enrique VIII (1535). Cf. Roth, Der Trust in seiner Entwicklung vom Feoffee to Uses zum Amerikanischen Trust Co. (1928). Aquí se formaron los *uses* como un medio equitativo de evitar la infeudación de tierras en caso de matrimonio o muerte por medio de un *trust (feoffment with delivery of seisin* para toda la vida), también con «supresión del uso pasivo», de la contraprestación, en la que el señor feudal hubiera podido intervenir. Desde 1660 el Canciller protegió los *uses* en calidad de *trust* en toda *conveyance,* añadiendo *unto and to the use of X in trust for Y.* Cuando faltaba este añadido, el enajenante pasaba por beneficiario de un *resulting trust,* cf. Hanbury (n. IV 332) 166. Desde 1925 la figura de los *uses* ha quedado anticuada incluso formalmente, ya que la *conveyance* (en *equity)* procura el pleno derecho real, y el *fee simple* incluye la *absolute possession in law.* La antigua definición *Equitable rights and interests are iura in personam, not iura in rem* (así todavía Maitland, Equity, 12) ha perdido hoy su validez; cf. Hohfeld (n. III 321) 115 ss. Pero es también falso considerar el *trust* como figura del derecho de cosas, cf. Hanbury, op. cit. 23.

144 Cf. Corbin (n. I 106) 12 (17). Sobre la evolución de la *equity* hasta este punto, cf. Maitland op. cit. 44, y Hanbury op. cit. 117.

145 Cf. después de los intentos anteriores: *Tomlinson* v. *Gill,* (1756) Ambler 330, *Gregory* v. *Williams* (1817) 3 Mer. 582; *Lamb* v. *Vice* (1846), 6 M. & W. 467; la fundamental resolución *Robertson v. Wait* (1853), J. Exch. 209 con las palabras de Parke, característicamente antidogmáticas: «No tengo duda alguna de que los demandantes, como *trastees* de E. & Co., tienen derecho a recobrar la cantidad entera.» En los casos posteriores se hace simplemente remisión a estos precedentes; así en *Touche* v. *Metropolitain Railway* (1871), L. R. 6 Ch. 671, y, después de promulgada la Judicature Act, en *Lloyd's v. Harper* (1880), 50 L. J. (Ch.) 140. El crédito que subsiste en la relación interna de los contratantes se considera como una especie de *trustfonds (frustres),* lo que es claramente un círculo vicioso.

146 Es característico que la primera vez apareciera como ficción: cf. sección II de la Married Women's Property Act (1882) respecto al seguro de vida.

147 Cf. Pollock, *Principles of Contract* (1946) 163.

parte, no pueda accionar, o en todo caso no pueda hacerlo sin la colaboración del *trustee.* A pesar de todos sus intentos, la práctica no ha hallado hasta ahora ningún camino adecuado [148] para dar al favorecido por un contrato ajeno la posibilidad de deducir demanda, de modo que quedara exactamente en la posición jurídica del *trustee.*[149]

Es conocido el empleo que hacen los jueces de la figura del *trust* como motivo para entablar una demanda encaminada a la restitución en la relación propietario – poseedor en caso de adquisición inválida *(constructive trust)* o para la pretensión de entrega del enriquecimiento contra la disposición eficaz de un no titular *(resulting trust)* y en general como *equitable remedy* en caso de enriquecimiento injusto.[150] Pero esta vinculación fiduciaria, aceptada como substancia implícita del contrato, de la que se ha dicho que «todo bien considerado, es la contribución más importante de la *equity*», se encuentra también usada como instrumento de vinculación en el testamento recíproco,[151] para conservar al titular los resultados obtenidos por otro en el negocio,[152] para la liquidación de daños a terceros,[153] para el negocio de comisión,[154] y para todos los casos posibles de protección jurídica inmediata del que ha sido afectado por la actividad de otro, sea *negotiorum gestor, agent, tenat for life, partner* o *employee.*[155]

Con una finalidad muy semejante, la *action directe* del Derecho francés abarca casos de este pensamiento fundamental en los que el derecho de una persona formalmente interesada ha de ponerse al servicio de los intereses dignos de protección de un tercero – sin atender a las excepciones derivadas de la situación jurídica personal del mediador.[156] La práctica puramente judicial ha desquiciado la opuesta teoría romanística de la naturaleza rigurosamente relativa de la obligación.[157] Así, por ejemplo, sin el menor apoyo en la ley, las pretensiones de saneamiento del intermediario han sido atribuidas por *cessio ficta* al último adquirente, quien de otro modo hubiera perdido sus derechos.[158] Ya antes se había permitido la demanda de

---

148 Ejemplos en CORBIN op. cit. 18-20. Todas las argumentaciones carecen de justificación dogmática. Cf. las exposiciones de TOMLIN en *Roy al Exchange Assurance* v. *Hope* (1928), Ch. 179: cuando el «verdadero contenido» del contrato sea que una de las partes contrata para el tercero como *trustee,* entonces es «claro» que solo podría reclamar judicialmente sus derechos en favor del tercero. Pero si el *trastee* no quisiera reclamar personalmente, también el *beneficiary* podría hacerlo en ausencia de aquél, etc.

149 Cf. las propuestas del Law Revision Committee, 29/30.

150 Detalles en DAWSON (n. I 7) 26-33, y HANBURY (n. IV 322) 185.

151 *Re Oldham* (1925), Ch. 75, 88; *Re Hagger* (1930) 2 Ch. 190.

152 *Leading case: Keech* v. *Sandford* (1726), 2 Sel. Cas. Ch. 61; cf. HANBURY op. cit. 187.

153 *Land* v. *Vice* (1840), 6 M. & W. 467; *Robertson* v. *Wail* (1853), 8 Ex. 299; *Lloyd's* v. *Harper* (1880), 16 Ch. D. 290; cf. RHEINSTEIN (n. I 100) 113.

154 Trust for Sale, M. WOLFF (n. V 84) III, 78; sobre las cuestiones obscuras (problemas de soportar el riesgo) HANBURY op. cit. 69.

155 DAWSON op. cit. 33.

156 Sobre esto el trabajo fundamental de WAHL (n. II 65). Sobre el conjunto del problema cf. HEINZ WAGNER, Vertragswirkungen gegenüber dem Einzelrechtsnachfolger im französischen Recht. Ein Beitrag zur Lehre von der Relativität der Verträge. Diss. Mainz, 1955.

157 Así PLANIOL-RIPERT, III n.° 154: no existen ya los arts. 119, 1.121 Código civil. COLIN-CAPITANT[10] (1948) hablan acertadamente de un *texte desséché, dont la vie s'est retirée depuis longtemps* (n.° 1.411).

158 Cass. 12.11.1884; p. 86, 1, 149; sobre ello WAHL, 21 ss.

pago del alquiler del arrendador contra el subarrendatario, pasando por encima del arrendatario, pretendiendo legitimar este proceder con el art. 1-753 C.c. En efecto, éste delimita la garantía prendaria del mobiliario del subarrendatario a los propios atrasos de éste y reconoce así al arrendador principal como acreedor prendario.[159] Pronto siguieron el ejemplo todas las demás situaciones similares: transmisión de pretensiones contractuales de indemnización, pretensiones de liberación y cumplimiento en materia arrendaticia, de contrato de obras y mandato, reconocimiento de la vinculación al fin de las pretensiones de seguros,[160] hasta que finalmente, después de superados trabajosamente los reparos de la dogmática, se impuso el «pensamiento» de que se trata de la defensa general del obligado a la prestación y del fin que se propone, en el sentido de que los derechos del intermediario están subordinados al fin y a una relación fiduciaria. Cuando, por ejemplo, se dan dos contratos en una inmediata relación objetiva, o cuando las pretensiones por daños, gastos o garantía superan económicamente el interés interno de las partes contratantes, es evidente que el pensamiento del fin, tal como se expresa también en las pretensiones de aplicación y en el principio de la subrogación, ha de hacer estallar la antigua categoría de la relatividad de las pretensiones obligatorias.[161]

La figura del *trust* y la multitud de creaciones en que la jurisprudencia inglesa ha formado a partir de la estrecha protección especial del *usus,* nunca hubieran podido vencer con tanta facilidad las dificultades derivadas de la *privity of contracts,* si el principio fiduciario no estuviera tan íntimamente avenido con el pensamiento jurídico germánico.[162] Sin embargo, un principio semejante, como hemos observado, carece de vida propia, y solo da pruebas de su existencia, manifestando sus puntos fuertes y débiles, en las formas creadas jurisprudencialmente. Así resulta que ningún otro derecho, ni siquiera el alemán —impregnado y vinculado como está al mundo de formas romanístico— ha encontrado una «expresión» equivalente para tal situación de intereses y para su solución. El «pensamiento» de la fiducia, a pesar del favor de que académicamente goza su peculiaridad y con todos los sutiles análisis que .se han hecho de sus funciones,[163] sigue siendo entre nosotros una pálida imagen, cuyos reflejos en la doctrina de la representación y el contrato del derecho común se habían casi desvanecido, cuando una vez superado el esquema de codificación de la dogmática, consiguió reencontrar sus huellas en las nuevas creaciones de la vida económica e incluso en los tipos contractuales del BGB.[164] Con

159 Cass. 24.1.1852; p. 53, 1, 125; cf. WAHL, 41 ss.

160 WAHL op. cit. 48 ss., 67 ss., 75 ss. En el último caso el legislador le siguió con la ley de 25.5.1913.

161 WAHL, op. cit. 215 ss. Es sintomático el descubrimiento de la figura del *avant-cause* (art. 1.122) como un fósil dogmático que en la práctica no se emplea en parte alguna. La crítica de WAHL sobre el «fracaso de las categorías tradicionales» que no aprecian la persistencia de los efectos «intercontractuales» está totalmente justificada. Por lo demás, lo que debería hacer la comparación jurídica es mostrar el principio de eficacia incluso en los grupos mencionados últimamente por WAHL (p. 220) de «casos que escapan por completo a una clasificación general». La relación con la idea jurídica que actúa en el principio de subrogación aparece también en la figura paralela de la *action oblique* (WHAL 18 ss., 115 ss.).

162 Cf. BEYERLE, *Die Treuhand im Grundriss des deutschen Privatrechts* (1932).

163 Cf. SIEBERT, *Das rechtsgeschäftliche Treuhandverhältnis* (1933). Este autor distingue acertadamente: función de simplificación, de circunvención, de ocultación, de seguridad, de administración, etc.

164 Cf. BEYERLE loe. cit. Acerca de la influencia sobre la sistemática del derecho de obligaciones, cf. mi Lehrbuch des Schuldrechts, §§ 34 y 249 ss. *ad vocem* tipos de *Treuhand.*

todo, en los campos más importantes de la participación de terceros, de la representación indirecta, del poder y del ejercicio fiduciario de un derecho, las perspectivas romanísticas como escisión del derecho, etc., estaban ya demasiado afianzadas para que la noción de la fiducia pudiera desarrollar aquí una eficacia análoga a la de la noción del *trust,*[165] y por lo visto su ayuda no nos es tampoco en absoluto necesaria en materia de enriquecimiento.[166] Así la figura anglosajona del *trust* en sentido corporativo queda en Alemania, lo mismo que en otras partes, como un bloque errático que destaca aislado entre la sistemática de las pretensiones del Derecho civil.[167] Un suelo más favorable halla en el derecho de sociedades.

El avance del *trust* inglés con su incomparable elaboración del pensamiento jurídico, le aseguró un papel conductor en las cuestiones de la asociación económica por encima de otras soluciones nacionales, que a partir de su estructura no podían ofrecer ninguna forma de organización dotada de la misma capacidad de adaptación y de tal adecuación objetiva.[168] En el *phénomene de la migration du trust* aparece claramente la operación, en las culturas jurídicas de hoy, de una ley de vasos comunicantes: cuando a igualdad de necesidades los pensamientos jurídicos universales no reciben una configuración equivalente, las culturas que resultan perjudicadas por la estructura de su Derecho proceden a la recepción de elementos tomados de otros sistemas.

8. Donde más claramente se observa la continuidad de los problemas y la universalidad de sus principios objetivos de solución, es, como se comprende, en el

---

165 Cf. SIEBERT op. cit. 214 ss., 232 ss. Sobre el estancamiento de las figuras alemanas de *Treuhand* en otros campos (derecho de cosas, procesal) cf. WÜRDIGER, The Germán Trust: J. Comp. Leg. and Int. L. 33 (1951) 31.

166 «En apariencia»; cf., en efecto, los dilemas que se plantean al querer hallar una solución con el § 816 BGB, así cuando el disponente no titular ha enajenado por su parte sin *insta, causa.* En lugar de la doble *condictio,* BOEHMER ([n. I 74] 27) propone considerar al mediador como *trustee* del empobrecido; esto es *common law.*

167 «El *trust* inglés se ha implantado por todas partes como un cuclillo en el nido de los derechos derivados del romano», observa con injusta e instructiva hostilidad Lepaulle en la coponencia seguidamente citada remitiendo a las observaciones de AMOS sobre la carrera triunfal del *trust:* 50 Harv. L. Rev. 1.263.

168 Cf. la ponencia de WORTHLEY, *La notion de «Trust» et ses applications dans les divers systèmes juridiques*: Actes du Congrès Intern. de Droit Privé (Roma, 1950); Anales del Inst. romano para la unificación del Derecho privado II (1951) 185. Además la coponencia de LEPAULLE antes citada ibíd. 197 ss. LEPAULLE describe esta *migration* por Norte, y Sudamérica, la influencia sobre la concepción española e italiana de la relación fiduciaria, los esfuerzos de los autores alemanes para delimitar y clasificar este elemento extraño; explica luego su recepción legislativa en Sudamérica, Canadá, Japón, hasta en el derecho internacional (sobre ello los informes de los distintos países, ibíd. 209-221). LEPAULLE caracteriza la repugnancia del pensamiento romanístico hacia las figuras poco claras y el abandono de este prejuicio ante la marcha de los tiempos, que por su parte es también obscura y difícil de calcular: «La agilidad del *trust* es el corolario de la imprevisibilidad del futuro.» «Todos los que han visto hijos arruinados por las reglas de la tutela y mujeres reducidas a ia miseria por el régimen dotal, me comprenderán lo bastante para que sea inútil insistir.» Pero este autor pasa por alto el origen elementalmente jurisprudencial de la figura básica y, al modo típicamente latino, propone hacer del *trust* una «persona jurídica» legal (206/207). Muestra en 14 tesis cuáles de sus propiedades serían entonces rectamente entendidas por primera vez (por el pensamiento civilista) y termina, naturalmente, con una nueva propuesta de ley.

campo de las verdades y postulados ético-jurídicos. La general popularidad de doctrinas como la del abuso de derecho, de la *mora accipiendi,* de 1a «pretensión de sacrificio», se puede seguir, alfabéticamente, a través de todas las categorías de los principios de cuño ético.[169] Pero con frecuencia esta ética jurídica no aparece ya en forma de máximas aisladas, sino como una exigencia del ordenamiento de naturaleza lógico-objetiva dentro de un círculo ya dogmatizado. Así, aunque en la defensa propia o la fuerza mayor podemos aún exponer aisladamente el proceso abierto de ponderación ética y su «pensamiento jurídico», no podemos hacer cal cosa a propósito de los deberes accesorios derivados de contratos, los deberes de saneamiento en la compraventa y otros puntos similares. En general, concebimos inconscientemente este elemento ético como parte de la polémica dogmática respectiva y de su solución. No se nos presenta aislado, sino que nos va acompañando insensiblemente a lo largo de toda la construcción. Las más veces nos olvidamos de que el «pensamiento jurídico» se deposita en aquella construcción o doctrina como un precipitado de la conjunción de la consideración finalista, de la ética y de la casuística. Es posible que la casuística no haya todavía discutido abiertamente los elementos éticos. El dogmático considera el pensamiento desde el punto de vista de su peculiaridad constructiva. Con ello el pensamiento se convierte en una parte de la institución positiva reconocida y, también en el método, adopta totalmente la coloración de la dogmática del ámbito jurídico respectivo.[170] Como es natural, ello dificulta su identificación y comparación con otras instituciones del Derecho universal.[171] Hay que remontarse a su conexión funcional, al «sistema interno» de las

---

169 Sobre la pretensión de sacrificio cf. la judicatura norteamericana en Am. Jur. 1, 426 (Actions, § 33), partiendo típicamente del fracaso de la pretensión de defensa en caso de intromisiones públicas que representan *nuisances;* es sobre todo instructivo *Killiam v. Norfolk & W. R. Co.,* 122 Va. 541, 96 S. E. 506, 6 A. L. R. 701. Sobre la *mora accipiendi* las observaciones de Rabel al proyecto de una ley internacional de compraventa, 1935, y Williston (n. II 85) § 1.808 ss. Sobre el *abus de droit,* Markovitch, La théorie de Fabus des droits en droit comparé (1936), vol. 41 de Publ. de l'Inst. de Droit Comparé de Lyon; Riviere, L'abus de droit en droit comparé, Rev, Maroc. de Droit, 1952, 145; además Vouin (n. II 98) 141 ss.; sobre todo Jossérand (n. II 98), 2.ª ed. 1939. La tendencia de la práctica sigue siendo puramente *équitable,* cf. Vouin loc. cit. y Perreau, Technique II, 180 ss.; es clásico Demogue, *Obligations* VI n.° 12; de ahí también la larga resistencia del *common lawyer,* cf. el *leading case Alien* v. *Flood* (1897), A. C. 1. La salida consiste en recurrir al concepto de delito; cf. Walton, La responsabilité délictuelle dans le droit civil (torts): Études Lambert II, 48 (63); sobre la práctica norteamericana según la máxima del *common law, Sic utere iure tuo ut alienum non laedes,* cf. la extensa casuística en Am. Jur. 38, 657.

170 Sobre el complejo de «fuerza mayor» cf. la jurisprudencia norteamericana, en todo equivalente a la continental, bajo la rúbrica *acts in emergency or sudden peril,* casuística en Am. Jur. 38, 686 ss. Sobre la estructura que en el *common law* tiene la responsabilidad por vicios, cf. Rheinestein (n. I 102) 155. Pero la peculiaridad de la *warranty* como obligación «colateral», su diferenciación técnica de las *condictions,* no es obstáculo para una sorprendente coincidencia en las reglas fundamentales objetivas; cf. la solución análoga en los §§41 ss. del proyecto de ley intern. de compraventa. El que también sean universales los problemas de concurrencia con otros recursos, es una consecuencia de la relación entre generalidad y especialidad; cf. Dalloz, Rép. pratique XII (1926) *vente,* n.° 101.

171 Véase ya supra n. V 91 ss. sobre error y *mistake, Verwirkung* y *estoppel by conduct, breach of contract* y *breach of warrarty, frustration* y frustración del fin, etc. A esto se añade que en el *common law* los precedentes pueden crear confusiones incluso cuando el principio ha quedado ya anticuado, hasta que por fin se encuentra una base dogmática adecuada. Así ia mencionada restitución incompleta después de *frustrating events* a partir del *coronation case (Chandler* v. *Webster* [1904] 1 K. B. 493) en p. 499 per Lord Collins: «Sigue siendo hasta

instituciones, para hallar el punto donde puede establecerse la comparación. Entonces se ve que la coincidencia de los resultados, y hasta de las propias doctrinas, no tiene nada de casual. Concordancias tan extensas como las que muestra la teoría de los vicios de la voluntad en el contrato, por ejemplo, vienen determinadas por la realidad, puesto que son decisiones éticas y no políticas las que prescriben la solución, cuyas consecuencias singulares están fijadas por la conexión funcional.[172] Lo único que hace la diferencia técnica de los conceptos es destacar con mayor fuerza el hecho de que en los diferentes ámbitos jurídicos el mismo juego de factores conduce a soluciones equivalentes.[173] Con solo poner la atención en la misión señalada a una figura nacional para conseguir una determinada regulación de los intereses, se advierte en seguida que las discrepancias de la construcción dogmática sirven precisamente para llegar a los mismos resultados partiendo le sistemas distintos.

Esta comparación funcional viene a veces dificultada por el hecho de que muchas cuestiones modernas son tratadas por la técnica oficial a partir de figuras dogmáticas fundamentales que históricamente poseen una significación del todo distinta. Estas figuras persisten aun después de la introducción de nuevos pensamientos, hasta que éstos se han conquistado un lugar firme en la doctrina. Entonces las máximas clásicas se superponen con las nuevas soluciones concretas y conservan su valor de ordenamiento para los nuevos campos del Derecho, en los que apadrinan una nueva judicatura.[174] Es bien conocida la conservación de la concepción delictual en el campo de los problemas relativos a la asunción y soporte del riesgo.[175] En la mayoría de familias jurídicas el principio de la culpa preside todavía aquí como máxima que regula las cuestiones de los daños, cuando en realidad éstas hace tiempo que se han hecho independientes de aquél. Lo mismo se diga de prin-

---

este punto un contrato perfectamente válido, y todo lo que se haya hecho en virtud de él debe considerarse como bien hecho, cero ambas partes quedan descargadas en lo sucesivo.» Falta incluso la base dogmática de la causa, tal como surge por primera vez en el mencionado caso *Cantiere San Rocco* v. *Clyde Sbipbuilding Co.* (1923), A. C. 105; es significativo que venga de Escocia.

172 Así con razón RIPERT (n. I 40) 75 ss. Entre otras cosas describe el abandono de la doctrina realístico conceptual del *vice du contrat* en favor de una concepción teleológica de la protección a la confianza y la atención a la adecuación material del contrato, por ejemplo en razón de una *laesio enormis.*

173 JUCA lo prueba por medio de un completo examen de los sinónimos jurídicos (*duress,* etc.) de «violencia» (n. I 108).

174 Así la citada teoría de la «asunción voluntaria del riesgo» en materia de viajes de favor, del niveíamiento de daños en supuestos de responsabilidad estricta, etc., en una palabra, en los nuevos campos de una distribución del riesgo en los que no cabe aplicar la máxima *volenti non fit iniuria,* más bien hay que establecer: «se ha obrado a su propio riesgo»; cf. *Smerkinich* v. *Newport Corp.* (1912), 76 L. P. 454 y *Gilmour* v. *Belfast Harbour Commissioners* (1953), 150 L. T. 63.

175 Sobre el enlace de la teoría inglesa del «nesgo de pérdida» con la especial problemática del derecho de compraventa, cf. RABEL lo. cit. y WILLISTON (n. II 85) § 1.972. Sobre la separación de la doctrina americana del esquema *Casara sentit dominas (The loss lies, where it falls)* cf. WILLISTON íbid. y RHEINSTEIN op. cit. 217. Para la delimitación de *casus y vis maior (act of God)* y para la diferenciación moderna de los «accidentes inevitables», cf. *Stanley* v. *Powell* (1891) 1 Q. B. 86 y *Greenock Corp.* v. *Caledonian Ry* (1917), A. C. 556. Véase también la categoría americana de la *misfortane:* Am. Jnr. 38, 649. Sobre 1a doctrina de la «asunción voluntaria del riesgo», del todo conforme con nuestra «acción a propio riesgo», da sorprendentes detalles PROSSER (n. I 175) 376 ss. Además la abundante casuística en Am. Jur. 38, 845-919 (Negligence, §§ 171-173).

cipios más móviles que en el entretanto han desbrozado los nuevos campos, como los de la protección a la confianza en el tráfico jurídico, el de la adquisición de buena fe, etc.[176] Inversamente, principios que luchan todavía para ser reconocidos por la dogmática —como el principio de la confianza en una apariencia jurídica creada por la otra parte *(théorie de l'apparence)*— por el momento tienen que recurrir aún a las figuras singulares reconocidas por la ley, que sancionan estos «pensamientos». Aunque no haya todavía un dogma utilizable de modo uniforme, el principio se muestra en todas partes con la misma naturaleza, a pesar de las variedades de detalle. Esta uniformidad de lo que es substancialmente fundamental, choca menos en los casos en que escuelas anteriores han creado ya conceptos dogmáticos de la misma naturaleza. Las funciones éticas (o políticas) de figuras como el «servidor de la posesión» o el *negotiorum gestio,* desde la época de los postglosadores han sido tenidas en cuenta en las definiciones dogmáticas. La unidad de tales valoraciones e intenciones de la ética jurídica no es producto de aquellos dogmas de la escuela, sino su presupuesto. Descansa por su parte en la perspectiva histórico-cultural, con la que muchas generaciones de juristas han abordado el problema respectivo, la protección a la confianza en la actuación de un representante, los gastos realizados en patrimonio ajeno, la atribución de relaciones de señorío, la autonomía de la voluntad o el concepto de propiedad. Así el pensamiento continental, con la colaboración de la teoría romana de las formas, la lógica y la metafísica aristotélicas y la ética cristiana, ha desarrollado una sistemática que le es totalmente específica de todos los problemas y figuras fundamentales.[177] Pero su comparación con un sistema tan distintamente desarrollado como el del *common law* hace ver cómo la finalidad perseguida es la misma en ambos casos y hace posible la inclusión de vías nuevas en la ya petrificada sistemática.[178]

Semejante perspectiva universal facilita también el redescubrimiento de leyes funcionales, disimuladas bajo la dogmática, en las distintas instituciones, leyes que son iguales en todos los sistemas. El espacio de que disponemos solo nos permite tocar tres de estas leyes, referentes al Derecho contractual: *a)* la necesidad de una delimitación, al atender a la formación real de la voluntad, por medio del llamado principio de la confianza; *b*) las barreras que a la libertad de contratación imponen los principios referentes al orden público; y c) la atenuación del *rigor iuris* exigido por la segundad jurídica, por causa de las exigencias de la *bona fides.*

a) La noción de la confianza ha sido ya tenida en cuenta por la antigua teoría del contrato al hacer hincapié sobre la declaración como elemento constitutivo. Sin embargo, no fue reconocido como principio autónomo hasta que la Ilustración hubo puesto en el primer plano la libertad de la «voluntad», dando con ello a la formación de la voluntad la condición de único factor de obligatoriedad. Esto necesitaba ser corregido por medio de un principio de sentido opuesto, ya que la vincu-

---

176 Sobre la adquisición de buena fe en el derecho de cosas en virtud de *estoppel (by failare in disclosing red-property interests)* cf. el *leading case Pichará* v. *Sears* (1837), 6 Ad. & E. 469. Para el desarrollo de esta doctrina *by reason of failure to disclose an interest while a transaction pertaining thereto is carried on,* cf. la práctica norteamericana en Am. Jur. 19, 747 (Estoppel, § 117) con exigencias muy detalladas sobre el supuesto de hecho de la *Verwirkung.*

177 DAWSON (n. I 7) 71 ss.

178 Cf. LÉVY-ULLMANN, *La contribution essentielle du droit anglais à la théorie générale de la représentation dans les actes juridiques*, Rapport général à la 3ième session de l'Acad. Int. de Droit Comp. à la Haye (1932) Mém. Acad. Int. I (1932) 341.

lación por el solo efecto de la voluntad no puede justificarse ni psicológicamente ni por los dogmas de una metafísica jurídica, sino que una decisión que atienda a la justicia práctica debe atender más bien a la situación de la contraparte del declarante. Este conflicto de intereses entre el declarante y el que confía en la declaración se nos aparece en todos los sistemas como un problema del Derecho: ¿Quién *soporta* el riesgo de la seguridad de una declaración, sea en caso de disenso y error común o mutuo, sea en caso de *culpa in contrahendo,* de error o de *misrepresentation?* Por un lado encontramos posibilidades de resolución, más por el otro también de indemnización por daños a la confianza.[179] Pero también encontramos en todas partes principios análogos para la reciproca responsabilidad en caso de ignorancia y error, que han dado lugar a la determinación de las circunstancias en que la voluntad es decisiva: así dentro del marco de los «deberes de información», así en la prohibición de escudarse en situación de error creadas por uno mismo.[180] Variaciones

---

[179] El «pensamiento jurídico» implícito en § 122 BGB es universal y también en el *common law* es entendido como principio independientemente del problema de la estructura: «Cuando una pérdida o daño ha de caer sobre una de dos partes inocentes, debería ser soportado por la parte causante del error que ha extraviado a la otra», *Afenson* v. *Banks,* 180 Iowa 1066, 163 N. W. 608, L. R. A. 1918 D. 482. Sobre la dogmática en la estructura del *common law* cf. FULLER y PERDUE (n. III 107) 52 y 373. Es significativo que se parta de la inculpación delictual, tal como está también a la base del *breach of contract y* de la acción del *assumpsit.* La responsabilidad contractual descansa sobre la promesa (= *accepted offer,* que antes era por principio no obligatoria) como un «tomar sobre sí» del que hay que responder. De todos modos, ya aquí se parte del conocimiento y del deber de confiar del oferente, cf. *Dickinson* v. *Dodds* (1876), 2 Ch. D. 463. Sobre la concepción del *breach of contract* como un caso de *tort* por abuso de confianza *(deceit)* cf. Rheinstein op. cit. 22-34. La *fraudulent misrepresentation* no ofrece, a partir de aquí, ningún problema para la *action of deceit* (pero cf. *Perry* v. *Peek* [1889], 58 L. J. Ch. D. 864-890), mientras que *innocent misrepresentation* presenta más bien el carácter de una cuestión de riesgo; cf. POLLOCK, Principles of Contract[11] (1946) 421; Anson (n. V 123) 165; WILLISTON-THOMPSON op. cit. (1937) 4-152. No se trata aquí de indemnizar el daño entero, sino el «interés de la confianza». Partiendo del *assumpsit,* esta motivación en la rescisión es harto problemática. Haría falta un *leading case* «duro», como *Britton* v. *Turner* (1834) N. H. 481, y aun entonces seguiría rigiendo la regla, difícilmente soportable: «no se concede *assumpsit* por obra y trabajo, cuando no puede denegarse el cumplimiento parcial»; cf. supra cap. VI n. II 65 sobre *Hadley* v. *Baxendale.* Un caso extremo de la atención continental a la protección de la confianza en materia de error: la ley sueca de 11.6.1915 *(avtal lagh)* en § 32 I, que, a la manera del estar *estopped,* en caso de supuestos de error no conocibles no permite la impugnación, ni siquiera contra compensación de los daños a la confianza. Así también el § 90 del Restatement of the Law of Contracts: «Una promesa de la que el prominente podía razonablemente esperar que diera lugar a una acción ... es vinculante si la injusticia solo puede evitarse obligando a cumplir la promesa.» (!).

[180] También esta responsabilidad, que nos hemos habituado a llamar *culpa in contrahendo,* es un principio universalmente reconocido. KLANG habla de un «pensamiento fundamental derivado de disposiciones singulares de la ley» (Jur. Bl. 61 [1932] 366). Pero ya sabemos interpretar como es debido tales teorías de un «efecto de derivación». También aquí domina, al principio, la consideración delictual. Cf. supra cap. IX, p. 212. Así la doctrina clásica en los derechos francés y suizo, cf. sobre la situación actual OSER-SCHÖNENBERGER, Obi. R.[2], observ. 12 al art. 20 y H. & L. MAZEAUD (n. III 107) 153; NIRK, RabelsZ 18 (1953) 319, 326, mientras la doctrina italiana prefiere la construcción igualmente arcaica de un contrato auxiliar, cf. MOSSA en Rvgl. Hdwb. I, 97 y en AcP 150 (1951) 313, así como la bibliografía atada en NIRK, 323. Como se ha dicho, en el derecho anglonorteamericano es posible una ayuda en caso de culpa demostrable de cualquier especie; *lack of volition,* sea *deceit,* sea

semejantes de estos deberes de información, las encontramos de una parte en los contratos aleatorios y, de otra parte, en los contratos *uberrimae fidei*.

La idea de la «protección del tráfico» conoce también *standards* exteriormente uniformes. En primer término da lugar a una serie de axiomas sistemáticos: así la denegación de la *exceptio ex iure tertii*, la naturaleza «abstracta» del poder frente a la relación interna, etc.[181] Luego procede a crear aquella innovadora judicatura sobre la responsabilidad por apariencia jurídica en supuestos de hecho putativos, que hoy se abre camino por todas partes y ejerce importantes repercusiones sobre nuestra dogmática de la «causa» de la vinculación obligatoria en el contrato.[182]

concealement, da plena indemnización por *damages*, lo mismo que la *duress*; el engaño consciente y de algún modo activo hace además al responsable *estopped by misrepresentation: Pickard* v. *Sears* (1837), 6 A. & E. 469, 45 R. R. 538; *Johnson* v. *Crédit Lyonnais* (1877), L. R. 3, C. P. D. 32. También se conservan los *equitable remedies* de la *cancellation* o *reformation*: cf. la casuística en Am. Jur. 19, 60 (Equity, §§ 32 ss.). Pero ¿en qué se basa el juicio de una *inequitable conduct* sin engaño activo, cómo se delimitan los derechos y deberes de la parte enterada para la revelación de la situación del contrato? Según el principio de confianza de la «regla de previsibilidad», a tenor de la cual se acusa de negligencia al enterado cuando podía saber que la contraparte había de interpretar mal la situación perjudicial. Depende del tipo de negocio o de contrato, hasta qué punto este último «tenía derecho a confiar en la representación del demandado», cf. *Lutkin* v. *Republic Blag. & L. Assn.*, 80 SW (2d.) 1.110; *John* v. *Stearns*, 97 Vt. 37, 122 A 116; 31 A. L. R. 653; también desempeñan un papel las circunstancias personales, cf. *McGhee* v. *Bell* 170 Mo. 121, 70 S. W. 493; 59 L. R. A. 761, en una palabra: se actúa según la buena fe. Igualmente la doctrina francesa (DEMOGUE, *Obligations*, II n.° 69, VOUIN [n. II 98] 53 ss., 130 ss.) con respecto al deber de información. Éste es exactamente el punto de partida alemán según el § 242 BGB, y no puede extrañar que aquí la cuestión del riesgo y los deberes de indemnización derivados de una «conculcación positiva del contrato» sean también muy afines en otros derechos; cf. Am. Jur. 19, 70 y 86 (Equity, §§ 47 y 70). Sobre la evolución y la delimitación en Inglaterra cf. NIRK op. cit. 337/339.

181 Cf. PERREAU (n. V 25) 187-198.

182 Cf. EICHLER, *Die Rechtslehre vom Vertrauen* (1950); pero ya también HASTMANN, Wort und Wille im Rechtsverkehr: Iher. Jb. 20 (1882) 1 (además AcP 72 [1888] 161); WELLSPACHER, *Vertrauen auf äussere Tatbestände* (1906); HILDEBRANDT, *Erklärungshaftung* (1931) y otros. Derecho comparativo: PATRY, Le principe de la confiance et la formation du contrat en droit suisse, tesis, Ginebra 1953. Para la evolución francesa, los supuestos de hecho putativos en PERREAU op. cit. 199 ss. y en VOUIN (n. II 98) 285 ss., 444 ss. Este termina sus consideraciones sobre la *bonne foi dans l'apparence* con esta observación: «No hay, pues, más remedio que considerarla como una institución original, cuyo artesano es una jurisprudencia abundante (a saber, sobre las especies del estado de hecho, sociedades de hecho, contratos de hecho, etc.), apoyada en una doctrina que la aprueba» (op. cit. 444). En coincidencia con la doctrina italiana (STOLFI, *L'apparenza del diritto* [1934] y otros) formula los pensamientos jurídicos del contenido: las situaciones de hecho a las que por lo regular corresponde un supuesto de hecho jurídico, pueden ser equiparadas, para el tráfico digno de protección, a los supuestos de hecho jurídicamente eficaces de instituciones correspondientes. Quien crea o tolera dentro del ámbito a su alcance un supuesto de hecho de típica relevancia jurídica, de modo que un tercero, por medios del examen que le es exigible, no puede reconocer este vicio, debe pasar porque el supuesto de hecho sea eficaz contra sí mismo (teoría de la apariencia, op. cit. 361 ss.). En sus fines esto corresponde a lo que hace el derecho anglonorteamericano con el *estoppel in pais* (*by conduct, by silence*, etc.), cf. supra cap. III, n. I 99 y los casos en Am. Jur. 19, 799 ss. (Estoppel §§ 148 ss.); cf., por ejemplo, *Stagg* v. *Connecticut Mut. L. Ins. Co.*, 10 Wall (U. S.) 589, 19 L. ed. 1.038, respecto a un agente de seguros «de hecho»; véase por lo demás la doctrina del *undisclosed principal*, de la *agency by estoppel*, de la *agency by necessity*, etc. Sobre la dogmática de la «apariencia jurídica»; WRIGHT: Col. L. Rev. 1926, 917.

b) El papel del juez como custodio de la justicia objetiva en los contratos, no siempre ha sido juzgado del mismo modo, ni mucho menos. Al cambiar la imagen del hombre y la concepción del Estado cambia también la actitud ante el derecho exclusivo de las partes a determinar sus intereses en el contrato; cambia la opinión sobre las fronteras que a esta autonomía privada ponen las reglas del derecho forzoso, de las *boni mores* y del *iustum pretium;* pero con ello se altera también la idea acerca de la misión que tiene el juez de imponer la justicia material y el orden público interno aunque sea en contra de las partes contratantes. Todos hemos presenciado estas vacilaciones en la actitud adoptada frente al intervencionismo judicial. Sin embargo, en todas partes se da una consideración permanente y funcionalmente necesaria al «mínimum ético», incluso en el derecho contractual liberal. La «regla moral», que así llama RIPERT a esta ley funcional del tráfico jurídico, es la que sitúa en su lugar oportuno a todas las normas del derecho de obligaciones hasta en la última fase del cumplimiento o de la rescisión. Por consiguiente, no puede ser desatendida en ninguna parte, tanto si el legislador introduce expresamente los criterios accesorios de buena fe y buenas costumbres, como si no lo hace. Dicha ley determina el alcance de las vinculaciones privadas, el reconocimiento o repudiación de los fines perseguidos por las partes en su contrato, los límites dentro de los cuales se puede recurrir a formas jurídicas que todavía pueden llamarse *lawful,* los requisitos y formas de una liberación de las obligaciones imposibles de cumplir; en una palabra: la extensión efectiva de los deberes jurídicos.[183]

c) El problema se presenta primero como una cuestión de rango entre la autonomía privada y el ordenamiento objetivo, pero luego también como un trato de privilegio a los intereses formalmente reconocidos como merecedores de protección y que pueden apelar al *rigor iuris,* frente a los postulados de la ética jurídica. La constancia formal de los actos jurídicos, es decir, su legitimización efectuada ya por la conveniencia de proteger la institución respectiva, crea siempre y por doquier conflictos entre lo jurídico y lo ético. Naturalmente que también aquí se advierten las fluctuaciones en la cotización del valor «seguridad jurídica».[184] Pero como nota permanente del Derecho subsiste siempre la disyunción de lo típico y de lo individual, es decir, la separación entre el significado exterior de la acción social y su contenido intencional, sobre el cual en la mayoría de ámbitos del derecho —así en el privado— la sociedad no ejerce control alguno. Menos aún se ha de preocupar el tráfico jurídico de los motivos, que en modo alguno han de desviar la atención del contenido negocial.[185] Pero también aquí aparecen principios universalmente

---

183 «Causa lícita», *lawful consideration, undue inflttence, unconscionable bargains, fraude a la loi, Sittenwidrigkeit,* en todas partes estos conceptos en blanco se introducen en 1a comprobación (en apariencia puramente técnica) de la confianza concedible, la cual obliga al juez a «tomar el pulso de la opinión pública» (CAPITANT, *Essai sur la notion de bonnes moeurs,* etc. [1935I 74; cf. también sobre la «causa ilícita» en: La cause des obligations³ f 1930] n.° 107). Sobre el art. 6 C. c. (orden público interno), dice acertadamente RIPERT: «En el texto que encabeza el Código civil, todo parece hecho para escandalizar a la Escuela de la Exégesis, tanto la restricción que impone al derecho natural de contratar, como la imprecisión de la fórmula» (op. cit. 92).

184 Sobre su desvalorización desde 1900 cf. la ponencia de RADBRUCH en la 3.ª sesión del Inst. Intern. de Phil. du Droit et de Sociol. Jurid., Ann. Inst. Phil. III (1938) 55, basándose en MAX WEBER, Wirtschaftsgeschichte (1923) 289 ss.

185 Lo que es legal en cuanto al supuesto de hecho, no se convierte en ilegal por los motivos *(malicious motives).* Es una excepción (prescindiendo ahora del fin del negocio) el abuso del

equivalentes sobre el mínimum ético que tanto las partes como el juez deben tomar en cuenta: en la delimitación de lo que es irreprochable jurídicamente como en la medición del contenido positivo de los deberes y de la fidelidad al contrato que puede exigirse. Esto aparece con particular claridad en el aspecto negativo. Todos los sistemas conocen la máxima: *Fraus omnia corrumpit.* Donde se da fraude y engaño debe atenuarse el *rigor iuris.* ¿Qué ocurre, empero, si lo jurídico debe ser definido y completado en su contenido por el criterio de lo que es adecuado? También aquí se hace patente que ningún sistema puede subsistir sin las correcciones que los mandatos de la *bona fides* y la *aequitas* realizan sobre lo que debe estrictamente exigirse. Por reparos que tenga un jurista para escudriñar el trasfondo de un contrato, no tiene más remedio que decidirse a ello, si quiere enjuiciar con justicia los deberes contractuales.[186] Tiene que conocer, si no los motivos, sí al menos el fin del negocio.[187] A partir de ahí se desarrollan los criterios de la conducta correcta y conforme al contrato, del cumplimiento irreprochable o deficiente, pero también las variadas figuras de la *frustration,* del error sobre la base del negocio, de la desaparición de esta base, etc.

El principio de la *bona fides,* tras la fachada de las instituciones del Derecho estricto, va ganando en todas partes en substancia y afianzamiento, incluso en los países en que se distingue entre las obligaciones *stricti iuris* y las *bonae fidei.*[188] Funcionalmente, la *bona fides* es un principio general para el enjuiciamiento de todos los círculos de deberes; tiene validez universal, aunque sus fórmulas y casos de aplicación se hayan adaptado a la estructura del derecho nacional respectivo. Así, aunque históricamente se den diversas gradaciones en los tipos de relaciones jurídicas *equitables,* aunque la relación entre deberes principales y accesorios esté configurada diversamente en atención a las formas introducidas de protección jurídica, los efectos que surte el principio sobre la atribución de deberes es can uniforme, que apenas si el comparatista puede descubrir la menor diferencia.

La mismo hay que observar sobre el segundo de estos puntos de sutura entre la justicia material y *el rigor iuris,* la consideración a la exigibilidad de un cumplimiento exacto del contrato cuando los profundos cambios sufridos por los tiempos hacen imposible conseguir el fin propuesto. Al intervencionismo judicial se le pue-

---

derecho (véase supra n. V 169). Subsiste el principio universal: «Haciendo una cosa legal de un modo legal, no se invade derecho legal alguno» (Am. Jur. 1, 425, Actions § 33 con casuística). «Sin embargo, el modo de ejercer un derecho legal, cuando se da una elección de medios, puede por sí mismo dar causa de acción... especialmente si semejante acto, en el curso ordinario de las cosas, está calculado para dañar a otro, si se ha hecho intencionalmente y sin causa o excusa justas», etc. (op. cit. 425/426).

186 Con el concepto de la *bonne foi* la ley invita al juez a escudriñar la base del contrato, observa críticamente Jossérand, *L'essor moderne du concept contractuel*: Recueil Gény II, 340. Análogamente Democue, *Traité des Obligations* VI (1931) n.° 3, y —más positivamente— Gèny (n. III 12) (2.ª ed. 1932) 158.

187 Esta distinción se ha impuesto en todas partes, cf. Demogue op. cit. número 4.

188 Así también el sistema francés, cf. Vouin (n. II 98) 57 ss. y Josserand, Cours de droit civil positif français[3] (1938/39) n.° 19. Sobre esta superación substancial ya Perreau (n. V 25) 216; pero véase aún las dudas dogmáticas de Esmein en Planiol-Ripert (n. II 45) VI n.° 379. El propio Vouin, que preferiría conservar los conceptos clásicos de los «contratos de buena fe», admite que el uso general de estos criterios crea un enclave de derecho objetivo en el corazón de la autonomía privada que rige el derecho contractual (op. cit. 103). Así también en el *common law* moderno, impregnado de *remedies* de la *equity,* cf. Gutteridge (n. II 145) 93.

den oponer argumentos de gran peso.[189] Pero el aferrarse a la estricta obligación de cumplir el contrato es mal visto siempre que se den aquellos supuestos, que luchan todavía por adquirir una completa precisión jurídica, y que calificamos de *common mistake, frustrating events,* desaparición de la base del negocio, imposibilidad económica, etc. Incluso aquí las doctrinas nacionales son solo variantes de un principio universal que exige la intervención libradora o adaptadora del juez.[190]

9. La visión de aquella masa de coincidentes «principios reconocidos por todas las naciones civilizadas» pierde su elemento inicial de sorpresa, a medida que, de entre lo que las doctrinas nacionales tienen de azaroso, emerge aquella ley que, partiendo del mandato de justicia y a consecuencia de la nivelación social y económica de la época, exige unas decisiones de principio que sean iguales en todas partes, y con ello la creación de instituciones equivalentes aun en sistemas y estructuras distintas del derecho. Si separamos los pensamientos básicos, las *regles de fond,* de las *regles techniques,*[191] en todos los dominios del Derecho civil se nos aparecen las mismas tendencias de solución con sus expresiones dogmáticas adecuadas, tanto en la esfera contractual como en la delictual.[192] Consignas como *force obligatoire du contrat, relativité de l'obligation, consentement tacite, théorie de l'apparence, cause licite, impossibilité y ordre public,* forman, en unión de las correspondientes doctrinas de otros sistemas, una unidad de sentido fundada en la lógica objetiva a la que, dadas las mismas condiciones, obedece la recta elaboración de una elección de ordenamiento hecha de una vez para todas.[193] Y no de otro modo ocurre más allá de las instituciones de derecho material en sentido estricto, lo mismo si consideramos los principios reconocidos del ejercicio del derecho o los de la prueba o la interpretación.[194]

El recurso a la «naturaleza de la cosa», *aux principes qui régissent la matière,* pierde, visto desde aquí, el penoso aire de recurso para salir de apuros, que presenta en la práctica de los tribunales internacionales.[195] Ahora es más bien expresión de

---

189 Así, por ejemplo, DA FONSECA en su coponencia antes citada con MEIJERS (n. V 29) II (Roma, 1951) 115 ss. Este autor brasileño, conocido como observador crítico de esta evolución con su obra sobre *Caso fortuito e theoria da imprevisao* (1932), justifica la actitud antirrevisionista de los derechos latinoamericanos (con excepción del excepcional avance de CARDINI, Argentina [1939]), pero ha de reconocer los crecientes progresos del revisionismo incluso en la judicatura y en leyes especiales de su país (123 ss.).

190 Visión de conjunto en la ponencia antes citada de MEIJERS, op. cit. 99 ss., y en las de COOPER, LEE, DAVID, COHN y otros (n. IV 366). Típicas soluciones modernas en § 33 del *autal lagh* sueco y en los Frustrated Contracts de 5.8.1943; al respecto, MC NAIP (n. III 421) y en 60 L. Q. Rev. 160, así como KEGEL-RUPP-ZWEIGERT, *Die Entwicklung des Kneges auf Vertrage* (1941) 44-132.

191 Así RIPERT en su muy detallada enumeración (n. I 119) 643/44, aunque manteniendo la distinción, refutada supra p. 137 ss., entre principios del derecho y principios de los juristas.

192 RIPERT op. cit. 588-607 y 608-627.

193 Se encuentran en cada una de las reglas del derecho común mencionadas por RIPERT, desde la eficacia de la declaración de voluntad («de la que solo varía según los países la organización técnica», 597/598), pasando por los problemas básicos del derecho de poder, el principio de reciprocidad, la responsabilidad por los auxiliares, las reglas de la indemnización y de las penas convencionales (al respecto mi ponencia *Les clauses pénales,* etc., al III Congreso de Derecho comparativo [Londres, 1950], Publ. de l'Istituto Italiano di Studi Legislativi [1954]) hasta la «teoría del riesgo creado» y la compensación por riesgos.

194 RIPERT op. cit. cap. IV y V (628 ss.); también VERDROSS (n. I 36) 239 ss.

195 VERDROSS op. cit. 247.

la atención prestada a las leyes interiores que regulan la relación entre los principios y sus fines, tanto en el Derecho axiomático como en el pragmático. Esta perspectiva lo mismo vale para las doctrinas del *case law* como para las figuras dogmáticas de los sistemas cerrados, y con ello nos proporciona la clave para su calificación en el Derecho internacional.[196] Cómo un principio semejante se hace valer técnicamente, ésta es una cuestión de la estructura dogmática. La usura puede tratarse como un caso especial de *undue influence*;[197] el resarcimiento del mandatario puede construirse, al modo románico, con una *actio contraria*, o derivándolo de la relación fiduciaria o de la idea de enriquecimiento; la imputación de daños extraordinarios puede ser delimitada con el concepto de *remoteness*; los daños a soportar en caso de *mora accipiendi* pueden tratarse según la figura continental o según la anglosajona del *tender*:[198] pero una práctica y una legislación internacionales habrán de partir siempre de las ideas básicas que operan detrás de cada una de estas figuras.[199] Ellas son las que en las series de las judicaturas nacionales producen aquella coincidencia tantas veces observada de los resultados, incluso en los países en que la jurisprudencia enfoca el problema con medios dogmáticos totalmente distintos.[200]

Aunque se den discrepancias singulares en la valoración concreta de los intereses — ¿y no las hemos experimentado también dentro de nuestro propio ordenamiento? — queda visible la identidad del problema y de sus exigencias de justicia

---

196 AGO (n. I 227) 61 ss.

197 Cf. § 31 del *autal lagh.*

198 Ejemplos en RIPERT op. cit. 282 ss.

199 Cf. el régimen de la *vis maior* según supuestos de hecho no dogmáticos en el Avant-Projet d'une Convention pour le Transport International de Marchandises en Route, art. 19 I, a-h (Publ. de l'Institut pour l'Unification du Droit Privé II [1951] 249).

200 Agrupemos por rúbricas algunas resoluciones americanas, que, dentro del *common law* actual, coinciden completamente con las doctrinas continentales allí «desconocidas»: deber de atender a la seguridad del tráfico incluso en «relaciones de favor»: *Greenfield* v. *Miller* (1921) 183 Wis. 184, 180 N. W. 834, 12 A. L. R. 982. Complejo de antijuridicidad (omisión del deber de quitar nieve y accidente causado por niños que patinaban): *Hanley* v. *Fireproof buildings Corp.* (1922) 186 N. W. 534. Causalidad de una culpa propia (conculcación de una norma protectora referente a otra cosa): *Berry* v. *Sugar North Borrough* (1899), 191 Pa. 345, 43 Atl. 240. Responsabilidad por materiales peligrosos y compensación por riesgo: *Stevens* v. *City of Butte* (1939), 1 C. C. H. Neglig. 39 y *Van* v. *Ionta* (1935), 284 N. Y. S. 278, 257 Mise. 461. Peligro profesional: *Kelley* v. *Henry Muhs Co.*, 71 N. J. L. 358, 59 Atl. 23. Asunción de riesgos: *Vel Bar Airport* v. *De Vries* (1950), 43 N. W. 2d. 369. Casos análogos tratados anteriormente como «culpa concurrente»: *Severini* v. *Sutter-Butte-Canal Co.* (1922), Cal. App. 154, 210, Pac. 49; cf. ya el caso inglés *Marlor* v. *Ball* (1900), 16 T. L. R. (C. A.). No hay exculpación en caso de trabajos inherentemente peligrosos en el derecho de vecindad (como en el «caso Imker», RGZ 159, 68): *S. A. Gerard Co., Inc.* v. *Fricker* (1933), 42 Anz. 503, 27 Pac. 2d. 678. Responsabilidad por conductores no autorizados: *Ballock* v. *Dablstrom* (1946), 46 Atl. 2d. 370. Culpa in contrahendo: *Ann. E. Green- ley* v. *Miller s Inc.* (1930), 111 Comn. 584, 150 Atl. 500; *Gertrude A. Welch* v. *Enright* (1939), 2 C. C. H. Negligence 39 (N. Y. App.). Interpretación teleológica de contratos y condiciones de seguros: *Booker et al.* v. *Chief Engineer of Fire Dept. of Woburn* (1949), 85 N. E. 2d. 766; *Hall* v. *Mutual Ben. Health & Accidents Ass.* (1949), 220 S. W. 2*d*. 934. Aquí, como en las sentencias de CARDOZO citadas arriba p. 270 ss., se demuestra la segundad con que el *common lawyer*, partiendo de una argumentación y clasificación de los problemas completamente distintas, llega exactamente a las ideas expresadas por nuestras rúbricas. La más estricta dogmática escolástica continental no llegaría a otros resultados.

material. La identidad de las necesidades del ordenamiento halla expresión en los «pensamientos básicos» correspondientes.

Esta regularidad interna en la construcción de cada Derecho privado se expresa en aquellos «fue generales de Derecho» y aquellos «pensamientos jurídicos» y en su creciente y universal importancia para la judicatura, allende la sistemática tradicional, sin perjuicio de su adecuación al estilo mental del país respectivo. La creciente coincidencia de estos pensamientos, que partiendo de problemas iguales en todas partes dirigen la evolución judicial, tiene algo de fascinador. En ellas se manifiesta el moderno derecho de los juristas, y este papel histórico representó siempre la superación de la estrechez del horizonte nacional. De ahí que tales «pensamientos jurídicos» ocupen el centro de los actuales problemas del ordenamiento. Por distinta que parezca su función como mediadores entre el sistema y la casuística en el Derecho del caso y en el codificado, en último término representan siempre el «Derecho en acción». La visión de soluciones concretas que en la substancia coinciden, aunque dogmáticamente sean tan distantes las unas de las otras, alienta la esperanza que ponemos en una comprensión universal, independiente de las estructuras, de los pensamientos jurídicos fundamentales:

De ella y del aprovechamiento funcionalmente comparativo de la jurisprudencia relativa a todas las figuras y doctrinas de finalidad semejante, esperamos que pueda partir el desarrollo de aquellos conceptos jurídicos uniformes que siempre se han echado de menos en los problemas de calificación del Derecho internacional privado. Hoy son ya indispensables para la labor de los tribunales y arbitrajes internacionales. Mañana lo serán para la formación de una jurisprudencia coordinada fundada en leyes supranacionales.[201]

---

[201] Respecto a la aplicación uniforme de los conceptos en las leyes internacionales de derecho privado, cf. RABEL en su obra antes citada: Das Recht des Warenkaufs, 48 y en el estudio en RabelsZ 9 (1935) 1 54); más a fondo todavía er. *The Conflict of Laws* (1945) 44. Sobre la función de la creación de instituciones universales en general: LAMBERT en su ponencia: La conception nationaliste et la conception internationaliste du droit comparé, sobre el tema «Le droit commun de la S. d. N.» en la conferencia de La Haya de la Acad. Intern, de Droit Comp. de 1928: Mém. Acad. Int. I (1932) 126 ss. Cf. también MOSSA, Di un diritto privato dell'Europa: Nuova Riv. Dir. Comm. 6 (1953) 1 ss., y ya ZITELMANN, Die Möglichkeiten eines Weltrechts[2] (1916). Sobre la importancia de los principios universales para la coordinación de la jurisprudencia, cf. F. A. MANN (n. II 147). Mann critica, entre otras, la doctrina francesa de la calificación según la *lex fori* y remite a la progresiva actitud del Tribunal del Reich, que en conceptos derivados de normas interestatales rechaza la calificación intraestatal, en favor de una interpretación autónoma del contrato que tenga en cuenta el sistema de las dos partes. Sobre la problemática semejante de la práctica según las numerosas Uniform State Laws de los EE.UU. (*Negotiable Instruments Act.*, Warehouse Receipts Act, Bills of Landing Act, etc.), cf. Lawson en J. Comp. Leg. and Int. L. 26 (1944) 16.

PRINCIPIO Y NORMA EN LA ELABORACIÓN JURISPRUDENCIAL
DEL DERECHO PRIVADO, de JOSEF ESSER
se imprimió en la República Argentina en abril de 2019.

Made in United States
Orlando, FL
05 November 2026

90230596R00203